VALENTIN M. BERESCHKOW

ICH WAR STALINS DOLMETSCHER

VALENTIN M.
BERESCHKOW

ICH WAR STALINS DOLMETSCHER

HINTER DEN KULISSEN DER POLITISCHEN WELTBÜHNE

UNIVERSITAS

Übersetzung aus dem Russischen von Kurt Baudisch,
Vera Stutz-Bischitzky und Yvonne Thiele

Schutzumschlag: Wolfgang Heinzel, Merching
Satz: Fotosatz Völkl, Germering
Druck: Jos. C. Huber KG, Dießen
Binden: R. Oldenbourg, München
Printed in Germany
ISBN: 3-8004-1228-4

Inhalt

Erstes Kapitel

Zweites Kapitel

Drittes Kapitel

Viertes Kapitel

Fünftes Kapitel

Sechstes Kapitel

Erstes Kapitel

Beginn

Ich werde das Gefühl nicht los, daß sich in meiner Erinnerung Ereignisse einprägten, die lange vor dem Moment lagen, als mein Bewußtsein erwachte. Wahrscheinlich reiften diese von Gehirnzellen fixierten, scheinbar lebendigen Bilder später nur aus. Sie gehen zurück auf nicht klar erkennbare und nicht von Verstand erfüllte wahre Begebenheiten, Erwachsenengespräche, erlauschte Geschichte, Gesprächsfetzen, alte Bilder, Fotos aus Großmutters Album und möglicherweise sogar auf Kinderträume. Jetzt aber, wo ich gedanklich noch einmal meinen Lebensweg nachvollziehe, erstehen vor mir nicht nur Episoden, deren Zeuge ich in allerfrühester Kindheit war, sondern auch ungewöhnlich leuchtende Bilder solcher Ereignisse, die vor meiner Geburt lagen.

Ich sehe einen elegant eingerichteten Salon. Von Kordeln geraffte bordeauxfarbene Samtvorhänge, Spitzengardinen an den Fenstern. Gemütliche Sessel mit hohen Lehnen, kleine Tische mit cremefarbenen, langfransigen Deckchen. Auf dem Boden ein schwerer Teppich und ein Eisbärfell. Sein Kopf mit den fletschenden Zähnen scheint lebendig zu sein. Im Kamin knistern die Holzscheite. Großmutter und Mama treten ein. In ihrer Begleitung ein junger Offizier mit dem Georgskreuz. Es ist Mamas Bruder, mein Onkel Ljonja, der von der Front kommt. Sein schönes Gesicht trägt ebene Züge. Die akkurat geschnittenen Haare sind zur rechten Seite gekämmt. Der Scheitel ist wie mit dem Lineal gezogen. Onkel Ljonja setzt sich an den Flügel, und wunderbare Klänge, die mich verzaubern, erfüllen den Raum. Das Bild verdunkelt sich allmählich, verschwindet ...

Das Speisezimmer ist hell und sonnig. Am Ende des Tisches ein großer glänzender Samowar aus Kupfer. Er ähnelt einem kleinen Faß. Geschwungene Thonet-Stühle. Das Teegeschirr in leuchtenden Farben. Papa und Mama trinken Tee. Dazu gibt es duftendes Hausgebäck. Plötzlich stürzt Mamas Mutter, also Großmutter, ins Zimmer. Im weißen Spitzenkleid mit einem ebensolchen Schirm. Dazu trägt sie einen breitkrempigen leichten Hut. Ihre Leidenschaft gehört dem Wetten bei Pferderennen. Sie kommt von der Rennbahn und ist völlig aufgelöst.

»Wieder verspielt?« fragt Mama.

Großmutter läßt sich müde auf den Stuhl fallen. Ihr Anblick verrät Schuldbewußtsein und Zerstreutheit.
»Schimpft nicht mit mir, Kinderchen. Ich werde schon noch gewinnen. Heute bin ich alles losgeworden. Ich mußte Ringe, Ketten und Armbänder verpfänden. Sogar die goldene Uhr von Großvater ...«
Papa beruhigt sie. Mama gießt Tee in eine Schale und schiebt sie Großmutter hin. Sie küßt ihr die Wange.
»Sei nicht traurig, es ist doch nicht das erste Mal. Nur Großvaters Uhr müßte schnell wieder her, Mischenka«, wendet sie sich an Papa. »Laß uns sie sofort zurückkaufen.«
»Nein, nein«, protestiert Großmutter. »Es ist meine Schuld, und ich bringe alles in Ordnung.«
Papa lächelt und nickt Mama zu. Er hat dichtes pechschwarzes Haar, einen ebensolchen Schnurrbart und ist elegant gekleidet. Ein langer brauner Gehrock betont seine athletische Figur. Der weiße Hemdkragen ist gestärkt. Die gestreifte Krawatte ist zu einer Schleife gebunden.
Großvater, also mein Urgroßvater mütterlicherseits, wird in der Familie hoch geachtet. Er ist aller Stolz. Seinerzeit war er bekannt als »Großvater der russischen Romanzen«. Nikolai Alexejewitsch Titow, geboren 1800 (gestorben 1875), war ein Zeitgenosse und Verehrer Puschkins. Viele seiner Gedichte vertonte er. Besonders liebten wir Urgroßvaters Romanze »Talisman«. Oft trugen wir dieses Gedicht vor, das Puschkin in der Nacht zum 6. November 1827 geschrieben hatte.

Wo des Meeres Wogen prallen
Ewig an die Felsenwand,
Wo der Mond mit wärmren Strahlen
Leuchtet überm nächtigen Strand,
Wo im Harem ungestrafte
Lust genießt der Muselman,
Gab mir eine zauberhafte
Schöne einen Talisman.

N. A. Titow schrieb über 100 Romanzen, Märsche, Quadrillen und Walzer. Einige seiner Werke sind auch heute noch populär: »Lied des Postkutschers«, »Lampada«, »Matuschka-Golubuschka«, »Der heimtückische Freund«.
Bis zum Krieg blieb uns Urgroßvaters Bild erhalten: ein tapferer Of-

fizier mit flaumigem Backenbart und Schnurrbart, in Epauletten, mit dem Andreaskreuz auf der Brust.

Und da ist noch eine Vision: das aus Balken gefügte Sommerhaus in Kolomjagi bei Petrograd. Ein heller Frühlingstag. In der von wildem Wein umrankten, weiträumigen Veranda sitzen in Korbsesseln zwei Frauen: Großmutter in einer weißen Jacke aus leichtem Stoff und im langen schwarzen Rock. Sie hält einen Band von Lermontow in den Händen. Mama im rosafarbenen Hauskleid näht eine Spitzenborte an ein Kinderhemdchen. Sie bereitet sich auf Familienzuwachs vor. Das bin ich, der bald geboren werden soll. Mit einer Droschke kommt Papa vom Bahnhof, wo die Vorortzüge aus Petrograd ankommen. Immer ruhig und zurückhaltend, kann er diesmal seine Erregung nicht verbergen.

»Was ist passiert?« fragt Mama, die seine Unruhe bemerkt.

»Ich muß mit dir sprechen«, antwortet er und zu Großmutter gewandt, bittet er diese um Verzeihung.

Sie gehen ins Speisezimmer und ich bin dabei. Konnte ich etwa schon ihr Gespräch verstehen? Oder gestaltete sich dieses Bild in meinem Bewußtsein aus den fernen Erinnerungen der Eltern?

»Ljussenka«, sagt Papa, »reg' dich nicht auf. Es ist nichts weiter. Man hat mir lediglich den Vorsitz für eine Kommission vorgeschlagen. Sie soll nach Amerika, um Kriegs- und Handelsschiffe zu übernehmen. Es ist für länger, und du fährst mit mir ...«

»Ach«, ruft Mama, »wie ungelegen. Bis zur Geburt unseres Kindes ist nicht mehr viel Zeit. Und dazu der Krieg ...«

»Macht nichts, wir fahren mit einem großen Dampfer. Dort gibt es Ärzte, die dir helfen werden. Außerdem hast du noch zwei Monate Zeit. Dann werden wir schon in New York sein ...«

Das war im Frühjahr des Jahres 1916. Ich wurde am 2. Juli geboren.

Sie kehrte zur Veranda zurück.

»Was ist passiert?« fragt Großmutter neugierig.

Papa erklärt alles.

»Unter gar keinen Umständen«, lehnt Großmutter energisch ab. »Kann man Ljussenka in einem solchen Zustand über den Ozean schicken? Es ist Krieg! Im Atlantik gibt es deutsche U-Boote. Und wie ist es überhaupt in eurem Amerika? Laßt das Kleine erst einmal geboren werden und etwas heranwachsen. Dann könnt ihr fahren.«

Papa versucht sie zu überzeugen, jedoch umsonst. Da beginnt auch Mama zu zweifeln.

»Vielleicht fährst du besser allein, Mischenka?«
»Unter gar keinen Umständen. Wir fahren nur zusammen.«
»Wie können Sie, Michail Pawlowitsch«, mit ungewöhnlich offiziellem Ton spricht Großmutter vorwurfsvoll weiter, »Ljussenka und das Kleine solchen Torturen aussetzen? ...«
Großmutter, die einer Familie angehört, die schon immer im Überfluß und im Komfort lebte, ist davon überzeugt, daß nur das Haus in Petrograd alle Voraussetzungen bietet, daß der neue Sproß der Familie wohlbehalten zur Welt kommt. Ljussenka, erzogen in Zufriedenheit und Reichtum, Absolventin des Smolnyj-Instituts für Höhere Töchter, ist zu einem so zweifelhaften Abenteuer, wie der Schiffsreise nach Amerika, kaum fähig. Und da ist Mischa, Sohn eines Provinzlehrers, Vollwaise, der es zu etwas gebracht hat und jede Situation zu meistern weiß. Großmutter aber wird Ljussenka nicht weglassen.
»Dann bleibe auch ich hier«, antwortet Papa. »Ich sage dieser Kommission ab ...«
Hätten sie gewußt, welche Strapazen unserer Familie in den Jahren des Bürgerkrieges und danach bevorstanden, wäre ihnen die Fahrt über den Ozean, sogar bei der ständigen Gefahr deutscher U-Boote, wie ein fröhlicher Spaziergang erschienen. Hier spielte auch der Zufall, der eine große Bedeutung in meinem Leben haben sollte, einen Scherz mit mir, als ich noch gar nicht geboren war. Ohne Großmutters Hartnäckigkeit hätte mein Geburtsort in den USA gelegen. Möglicherweise wäre ich dann nicht Stalins, sondern Roosevelts Dolmetscher geworden.

Von Petrograd in den Süden

Ich erinnere mich gut an die Zeit, als wir das hungernde Petrograd verließen. Im Lande tobte der Bürgerkrieg. Im einst glänzenden Nördlichen Palmyra ein finsteres, kaltes, undurchsichtiges Wirrwarr steinerner Gruften. In Decken gehüllt, fristen die Bewohner der ehemaligen Hauptstadt des Zarenreiches ein elendes Leben. Die Sowjetregierung hat ihren Sitz nach Moskau verlegt. Die »stolze Stadt« an der Newa gewinnt den Status einer Provinzstadt, den sie auch gegenwärtig trägt. Mama zieht mich an der Hand hinter sich her. Ihr Gesicht ist bis zu den Augen verhüllt. Ich bemühe mich schneller zu laufen. Der Wind treibt Zeitungsfetzen, Flugblätter und Schalen von Sonnenblumenkernen den Newskij-Prospekt entlang. Eine Gruppe von Matrosen marschiert uns entgegen. Auf den Schultern Gewehre mit aufgepflanzten Bajonetten. In Papas Fabrik erhielt Mama eine Wochenration: einen halben Laib Schwarzbrot, zwei Plötzen und vier Kartoffeln. Sie eilt nach Hause, wo Papa im Typhusfieber liegt. Er, der immer stark und energiegeladen war, ist völlig hilflos.

Vater stand besonders in seiner Jugend der Politik fern. Trotzdem begrüßte er die Februarrevolution und heftete sich, als er sich in die Stadt begab, eine rote Ansteckblume an den Rockaufschlag. Er war der Ansicht, daß die Befreiung Rußlands von den Fesseln des Zarismus eine rasche industrielle Entwicklung des Landes ermöglichen würde, und er träumte davon, selbst daran teilzunehmen. Aber das Chaos, das nach der Oktoberrevolution entstand, und den Bürgerkrieg, der zum Brudermord ausartete, betrachtete er als persönliche Katastrophe. Er, der einer armen Lehrerfamilie aus der Provinz entstammte, war früh Vollwaise geworden und hatte sich aus eigener Kraft hochgearbeitet. Nachdem er beim Abschluß des Gymnasiums mit einer Goldmedaille ausgezeichnet worden war, ging er nach Petersburg, wo er ebenso erfolgreich die Fachschule in Gatschine und die Petersburger Polytechnische Hochschule absolvierte. Sein Name prangte in goldenen Lettern auf einer Marmorplatte. Aber während des Studiums mußte er darben. Er erzählte, daß er zusammen mit anderen Studenten aus armen Familien in eine Schenke zu gehen pflegte, wo auf dem Tisch eine Karaffe mit Wasser und ein Korb voll Brot standen, das in große Stücke geschnitten war, für die man nichts zu bezahlen brauchte. Man konnte sich von einem Ständer eine Zeitung nehmen und sie lesen, ohne etwas bestellen zu müssen. Während sie so taten, als ob sie läsen, stopften sie heimlich Brot in sich hinein und tranken dazu Wasser aus der Karaffe. Vater erteilte auch Privatunterricht, um die Jahre seines Studiums durchzustehen. Gleich nach Beendigung seines Studiums erhielt er den Posten eines leitenden Ingenieurs an der Putilow-Werft. Dadurch verdiente er gut. Er heiratete ein Mädchen aus einer angesehenen, aber etwas verarmten Familie. Es schien, als halte das Leben Glück und Zufriedenheit für ihn bereit. Aber plötzlich war es damit vorbei. Alle seine großen Mühen und all die Entbehrungen seines Lebens als Waisenkind erwiesen sich als vergebens ...

Großmutter verkauft den Familienschmuck, um Lebensmittel bei den Spekulanten zu erstehen. So kann man Vater besser ernähren und auch uns irgendwie über Wasser halten. Die Wohnung ist kalt, und wir leben alle in einem Zimmer. Für den Kamin gibt es kein Heizmaterial. Uns rettet der kleine Kanonenofen »Bourgeois«. Mit seinen vier langen Beinen steht er auf einem Blech mitten im Speisezimmer. Der Abzug ähnelt einem Wasserrohr. Er krümmt sich unter der Decke und führt durch das kleine Lüftungsfenster nach draußen. Wir haben schon ein Dutzend Stühle und Großvaters Schreibtisch verheizt. Jetzt ist das Büfett aus dem Speisezimmer an der Reihe. Findige Leute bauen Öfen. Sie erhitzen sich sehr schnell, glühen und das Wasser im Teekessel beginnt in wenigen Minuten zu kochen. Aber ebenso schnell wird der »Bourgeois« wieder kalt. Nachts herrschen in der Wohnung Minustemperaturen.

In den Jahren 1941/42, als in Moskau nicht geheizt wurde, tauchten solche Kanonenöfchen wieder auf. In der Wohnung, die mir zugewiesen wurde, als 1942 mein ältester Sohn Sergej geboren war, war ein solcher kleiner Ofen unsere Rettung.

Allmählich wird Papa wieder gesund. Ab und zu geht er auf die Straße. Die Putilow-Werft, wo er als Oberingenieur gearbeitet hatte, ist geschlossen. Es gibt kein Heizmaterial, kein Metall, keine Aufträge. Ein großer Teil der Arbeiter ist an der Front. Das Leben in der Stadt wird immer schwerer. Der Familienrat tagt. Papas Schwester Ljubow wohnt in der Ukraine. Sie arbeitet als Hebamme in einem Dorfkrankenhaus 100 Werst von Tschernigow entfernt, der Heimat Papas.

»Vielleicht sollten wir dorthin gehen?« schlägt Papa vor. »Dieses Gebiet war immer reich und gastfreundlich.«

»Wovon sollen wir dort leben«, fragt zweifelnd die Großmutter.
»Irgendwie werde ich schon Arbeit finden. Jedenfalls ist es leichter als hier. Sieh nur, wie mager dein Enkel ist. Hier hält er nicht lange durch. Er braucht jetzt Milch, Gemüse, Obst. Das gibt es in der Ukraine zur Genüge.«
Während ich ihnen zuhöre, sehe ich mich schon in einem kleinen Sarg. In diesen Wochen habe ich viele solcher Leichname gesehen. Armselige Figuren schleppen sie über die vereisten Trottoirs von Petrograd. Ich liege reglos in meinem Sarg. Sie beugen sich zu dritt darüber, und ich werde von ihren Tränen überschüttet. Da beginne ich selbst zu heulen.
»Was ist denn los?« schilt Mama. »Hör auf jetzt und sei endlich still ...«
»Ljussenka, sei nicht so streng«, mischt sich Großmutter ein. »Siehst du nicht, wie schwach er ist. Nerven hat er überhaupt keine mehr.«
Ich vergieße noch mehr Tränen. Ich kann es einfach nicht aushalten, wenn man mich bedauert. Es braucht bloß einer im Scherz zu sagen: »der Arme, der Unglückliche«, und schon fange ich an zu heulen.
Meine Hysterie und mein abgemagertes Aussehen erwiesen sich als zusätzliches Argument für die Abfahrt. Großmutter spricht betont weiter:
»Fahrt Ihr nur fort, ich bleibe hier ...«
Wir bedrängen sie, doch Großmutter bleibt bei ihrer Meinung.
»Allein halte ich durch«, beteuert sie. »Ich verkaufe alles. Außerdem brauche ich wenig. Es ist sowieso bald alles zu Ende. Ich habe genug gelebt. Hier sind die Gräber von Papa, Großvater und Urgroßvater. Hier bleibe auch ich ...«
Letztlich entschlossen wir uns, ohne sie zu fahren.
Die Reisevorbereitungen dauerten nicht lange. Mama verpackte Kleider, Decken und Bettwäsche in kofferähnliche Körbe. Sie bat Großmutter um das Familienalbum. Ich legte noch einige Hefte der illustrierten Zeitschrift »Goldene Kindheit« dazu. Dort gab es sehr schöne Bilder, gleich den heutigen Comics. Nach ihnen lernte ich später lesen.
Die Stunde der Trennung nahte. Den ganzen Tag hatte mich Großmutter an sich gedrückt. Sie gab mir süßes Mus, das sie selbst aus einem Pulver aus der Zeit vor der Revolution zubereitet hatte. Ich sah sie das erste Mal weinen. Möglicherweise fühlte sie, daß wir uns

niemals wiedersehen. Sie verhungerte ein Jahr nach unserer Abreise. Es war eine lange, schwere und verworrene Fahrt in den Süden. Durch die Fronten des Bürgerkrieges. Einmal in überfüllten Eisenbahnwagen, ein andermal auf einem Leiterwagen. Dann wieder zu Fuß mit allen Habseligkeiten auf dem Schubkarren, den Papa bis zur nächsten Unterkunft schob. Für mich als Vierjährigen war das eine sehr große Belastung. Ich erinnere mich an einen bisweilen auftretenden Schmerz in der Brust, der jenem ähnelte, den ich viele Jahre später bei einem Herzinfarkt empfand. Ich konnte mich nicht bewegen. Selbst die Hand vermochte ich nicht zu rühren. Papa, von dieser endlosen Reise völlig erschöpft, wurde böse, weil er annahm, daß ich simuliere. Einmal schlug er mich sogar. Mama setzte sich für mich ein und bat um eine Rast. Papa aber versuchte, mich erneut zum Weitergehen zu zwingen. Ich fühlte, noch ein Schritt, und dann ist alles aus. Dann fiel ich auf den Boden. Man mußte mich auf den Schubkarren legen. Ich verstand, daß es für Vater auch ohne mich schon schwer war. Aber was sollte ich tun. Mir schien es sogar, als wären sie froh, wenn ich tot wäre. Natürlich waren solche Gedanken ungerecht und schlecht. Wenn die Schmerzen kamen, wollte auch ich sterben, um die anderen von mir zu befreien.
Einige Episoden prägten sich besonders in mein Gedächtnis ein. Auf einem kleinen Bahnhof bildet sich an einem Güterzug ein großer Menschenauflauf. Alle sind mit Kisten, Säcken, Körben und Reisekoffern beladen. Sie stoßen, drängen und schreien. Die Lokomotive hatte schon gepfiffen. Der Zug fuhr gleich ab. Man mußte rechtzeitig da sein, um einen Platz im beheizten Güterwagen zu bekommen. Papa, mit einem Korb auf dem Kopf, drängt sich durch die Tür. Er gibt Mama die Hand. Mit der anderen Hand zieht sie mich hoch. Von den Seiten wird so gedrängt, daß es überall wehtut. Als ich in den Wagen will, werde ich zur Seite geschleudert. Mamas Hand entgleitet mir, und ich falle auf den Bahnsteig zurück. Die Menschen drängeln, und ich sehe, wie Mama immer weiter in den Waggon gedrückt wird. Papa will zurück. Er ist aber wie von einem eisernen Ring umschlossen. Der Zug fährt los, und ich bleibe allein auf dem Bahnsteig. Ich sehe Mamas Kopf und höre sie schreien. Niemand schenkt ihr Beachtung. Die Waggons huschen an mir vorbei. Noch schneller aber gehen mir die Gedanken durch den Kopf: ich sehe sie nie wieder und werde obdachlos sein, wie die vielen Zerlumpten und Hungrigen, die ich überall gesehen hatte. Vor Schreck kann ich

nicht einmal weinen und füge mich völlig ruhig meinem Schicksal. Plötzlich packt mich eine starke Hand. Auf dem Trittbrett des letzten Waggons steht ein riesiger Matrose mit offener Jacke. Er zieht mich auf die Plattform hoch. Warum hat er das getan? Vielleicht hat er gesehen, wie ich zurückgedrängt wurde, oder hat er Mamas Schrei gehört? Ich habe keine Antwort darauf. Ein Nervenzusammenbruch läßt alles im Dunkel versinken. Ich weiß nur, daß ich die Eltern wiederfand ...

Irgendwo in der Ukraine, am Ende des Dorfes eine schiefe Hütte. Eine jüdische Familie gibt uns dort Unterkunft. Ein Winterabend. Es ist noch nicht spät, aber es dunkelt schon. Im Ofen wird in einem gußeisernen Gefäß Wasser erwärmt. Mama will mir die Haare waschen. In der Ecke sitzt der Hausherr. Er wärmt sich mit einer Decke und murmelt ein Gebet. Am Tisch zwei halbwüchsige Söhne. Sie machen Schulaufgaben. Papa flüstert Mama zu:

»Sieh nur, wie fleißig sie sind. Sicher gibt es hier gar keine Schule mehr. Aber sie lernen von sich aus und werden es bestimmt zu etwas bringen.«

Die Hausfrau stellt einen alten Trog auf einen Schemel und schüttet kochendes Wasser hinein. Mama gießt kaltes Wasser zu und beugt meinen Kopf über den Trog. Da sehe ich, wie aus den Trogspalten viele kleine gelbliche Tierchen kriechen, die sich ruckartig im heißen Wasser bewegen und dann sterben.

»Sieh nur«, rufe ich. »Das sind Läuse ...«

»Du liebe Zeit!« ruft die Hausfrau. »Entschuldigt bitte. Ich habe den Trog ausgewaschen und glaubte, alles sei in Ordnung. Läuse findet man jetzt überall. Es gibt keine Seife. Die Menschen sind schlecht ernährt. Die Läuse machen sich breit ...«

»Macht nichts«, beruhigt sie Mama, »man findet sie jetzt tatsächlich überall.« Wir gießen alles aus und spülen den Trog noch einmal nach. »Da haben Sie zwei Stückchen Seife aus unserem Vorrat ...«

»Vielen Dank«, erwidert die Frau.

Wenn ich mich dieser fernen Geschichte entsinne, denke ich daran, daß auch jetzt, im Jahre 1990, in Moskau aus Mangel an Waschmitteln und nicht zuletzt infolge schlechter Ernährung, viele Schulkinder Kopfläuse haben ...

Am Morgen laufe ich mit den beiden Söhnen durch das Dorf. Es ist halb verwildert. Wir gehen in einen kleinen Laden. Der Besitzer, Onkel Iossif, ein wohlbeleibter, nicht mehr junger Mann, mit deutlich ausgeprägtem semitischem Aussehen, gibt uns einen Kanister mit Kerosin, dem zuverlässigsten Mittel gegen Läuse. Mir schenkt er eine Tonpfeife.

Nachts werden wir von Schüssen, Pferdegetrampel und lauten Schreien geweckt. Flüsternd warnt uns die Frau, ganz leise zu sein.

»In unserem Gebiet räubert Seljonijs Bande«, klärt sie uns auf. »Heute haben sie unser Dorf überfallen ...«

Plötzlich klopft es an die Tür.

»Kommt raus, ihr Judenpack«, ruft eine betrunkene Stimme.

»Hier sind keine Juden. Wir sind rechtgläubige Ukrainer«, sagt Papa, der sein Ukrainisch noch nicht vergessen hat.

»Ist schon gut ...«

Ein Pferd wiehert, Hufgeklapper ist zu hören. Dann einige Schüsse ...

Als wir morgens aus dem Fenster schauen, sehen wir die Leute zum kleinen Laden laufen. Wir eilen ihnen nach. Neben der aus einer Angel gerissenen Tür liegt Onkel Iossif in einer Blutlache. Sein Hemd ist zerrissen. Sein nackter Leib ragt wie ein Berg in die Höhe. Neben ihm kniet seine schluchzende Frau ...

Kurze Rast in Kiew

Der Zug hat in Darnina gehalten. Weiter geht es nicht. Alle Brücken über den Dnjepr, nach Kiew, sind gesprengt. Ein früher frostiger Morgen. Es ist noch ganz dunkel. Keine Laterne, keine Lichter. Die Passagiere, in der Dämmerung nur undeutlich erkennbar, klettern aus den Wagen, schleppen ihre Habseligkeiten mit sich. Auch wir müssen auf den vereisten Bahnsteig hinaus. Der Winterwind fegt über den Boden und sticht uns wie Nadeln ins Gesicht. Der Bahnhof ist zerstört, die Fenster sind eingeschlagen. Eine Türhälfte, die noch in den Angeln hängt, schlägt immer wieder gegen die Wand. Es klingt, als würde geschossen. In der Hoffnung, uns vor dem bohrenden Wind zu schützen, gehen wir ins Bahnhofsinnere. Auch hier zieht es überall. In einer Ecke, wo sich früher die Kasse befand, ist es etwas geschützter. Dort legen wir uns auf den Boden, um auf den Sonnenaufgang zu warten. Mama breitet eine dicke Wolldecke aus, legt mich hin, und ich schlafe sofort ein.

»Aufstehen«, vernehme ich noch halb im Schlaf Mamas Stimme. »Papa hat eine Kutsche aufgetrieben. Wir müssen weiter ...«

Der kleine verschneite Bahnhofsvorplatz ist menschenleer. Die Passagiere sind auseinandergelaufen. Papa steht vor einem Schlitten mit einem kleinen mageren Pferd. Daneben der Kutscher in einer zerrissenen und verschmutzten kurzen Pelzjacke. Der Korb und die Bündel sind schon eingeladen. Ich werde dazwischen gezwängt. Die Eltern setzen sich seitlich. Wir fahren los. Bis zum Dnjepr sind es nur wenige Werst. Das Pferd kommt kaum vorwärts. Ich habe eine eigentümliche Erscheinung: wenn ich die Augen schließe, scheint es, als würden wir rückwärts fahren. Vielleicht ist es wirklich so? Möglicherweise erreichen wir deshalb das Dnjeprufer nicht? Ich kämpfe gegen den Halbschlaf und bemühe mich krampfhaft die Augen offenzuhalten, damit wir ja nicht rückwärts fahren. Der Weg führt durch einen Wald. Hier gibt es viele Unebenheiten, und unser Gefährt macht kleine Sprünge. Es rutscht oft zur Seite. Das macht mir Spaß, und mir geht es wieder etwas besser.

Wir erreichen den Dnjepr. Am Ufer ist der Fluß fest zugefroren, und auf dem Eis schimmert dunkel ein schmaler Pfad. In der Flußmitte gibt es noch eine offene Stelle. Dort, zwischen den Brückenpfeilern aus Ziegeln, sieht man die in den Fluß gestürzten Träger der

gesprengten Brücke. Dann zieht sich die verschneite Eisdecke weiter bis zum steilen, gegenüberliegenden Ufer. Dort sieht man die Kuppeln des Kiewer Höhlen-Klosters.
»Wie kommen wir zum anderen Ufer?« in Mamas Stimme klingt Verzweiflung mit.
»Sie werden sich schon irgendwie durchschlagen, Gnädigste«, erwidert der Kutscher gelassen. Er hilft Vater unsere Sachen abzuladen. Sie werden in den Schnee gestellt. »Alle schlagen sich schon irgendwie durch. Gehen Sie den Pfad weiter und dann über die Träger. Aber bitte vorsichtig, damit keiner ins Wasser fällt.«
Neben uns Leute, die von der anderen Seite kommen. Sie beteuern, daß die Träger halten. Der Kutscher wendet, neue Passagiere steigen zu. Um uns kümmert sich niemand.
Wir ziehen unser Gepäck über das Eis und erreichen endlich die Träger, die noch aneinander hängen. Jemand hat einen dicken Strick gezogen, an dem man sich festhalten kann. Zuerst hilft Papa Mama auf die andere Seite. Dann geht er noch zweimal zurück, um die Sachen zu holen. Nun bin ich dran. Ich halte Papas Hand ganz fest. Er führt mich über einen querliegenden Träger. Es ist sehr glatt, und ich bemühe mich seitlich zu gehen, wobei ich mit der anderen Hand den Strick festhalte. Einige Windböen wollen mich ins Wasser drücken. Es scheint, als würden wir nie den nächsten Brückenpfeiler erreichen, unter dem Mama uns auf dem Eis mit Ungeduld erwartet ...
Wieder versinkt alles im Dunkel ... Ich sehe ein Zimmer in Podol, im unteren Teil der Stadt, der vorwiegend von Bewohnern jüdischer Herkunft besiedelt ist. Die Familie, die uns Unterkunft gibt, bereitet sich auf die Ausreise nach Amerika vor. Dann könnten wir über die ganze Wohnung verfügen: zwei Zimmer, die Küche und das Bad. Nach allen Strapazen eine herrliche Perspektive. Papa hofft Arbeit zu finden. Unser Wanderleben wird hoffentlich zu Ende sein. Dennoch, trotz aller seiner Pläne, müssen wir auch in Kiew hungern. Unsere Ration besteht aus einer wässrigen Haferbreigrütze, Brot, zu Dreiviertel aus getrocknetem Rübenblatt; selten gibt es rostfarbenen Salzhering. Papa hat Arbeit als Wächter in einem Speicher. Mama geht schon früh in einige Ämter, um dort für eine Tüte Hafer die Fußböden zu wischen. Ich bleibe allein zu Hause und langweile mich. Bilder und Text aus der »Goldenen Kindheit« kenne ich schon auswendig. Spielzeug habe ich keins, und auf die Straße darf ich nicht. Dort treiben Banden ihr Unwesen. Es gehen Gerüchte um,

daß sie kleine Kinder stehlen und aus ihnen Seife machen. Spielzeug habe ich nicht. Am besten gefällt mir das Eisenbahnspielen im Bett. Die Zwischenräume der Stäbe am Kopfende sollen Fenster sein. Dort kann der Lokomotivführer rausschauen. Ich stelle mir vor, daß da vorn ein Mensch auf den Schienen liegt, und stecke den Kopf durch die Stäbe. Aber niemand ist zu sehen. Der Lokomotivführer hat sich geirrt. Nun will ich mit dem Kopf zurück, aber es gelingt mir nicht. Die Ohren sind im Weg. Alle Bemühungen, die Stäbe auseinanderzubiegen, scheitern. So finden mich abends die Eltern. Ich bin mit heruntergefallenem Kopf und rotgeriebenen Ohren eingeschlafen. Papa drückt mühelos die Stäbe auseinander. Ich aber muß als Strafe zwei Stunden in der Ecke knien ...

Kiew befindet sich in ständiger Belagerung. Es geht von einer Hand in die andere: Deutsche unter dem »Hetman« Skoropadski, Petljuraleute, Weiße, Rote, Polen und wieder Rote. Alles ist ausgeraubt, weggeschleppt und niedergebrannt. Hafer ist nicht mehr aufzutreiben. Auf der Wladimir-Anhöhe ist ein Pferd gestürzt. Es wird gleich aufgeteilt. Auch wir bekommen ein Stück davon ab. Aber wie wird's weitergehen? ...

»Wir können nicht länger hierbleiben«, sagt Papa. »Wir müssen weiter zu Ljuba ins Dorf. Dort werden wir abwarten, bis der Bürgerkrieg vorbei ist ...«

Papa konnte nicht ahnen, daß dem Bürgerkrieg der Kriegskommunismus folgen würde ...

Eine große Kajüte im Laderaum des Dampfers. Entlang der Zwischenwände und Bordwände stehen lange Holzbänke. Auf ihnen machen sich die Passagiere breit. Wir haben eine Ecke gefunden. Über mir ein Bullauge. Wenn ich meinen Kopf reinstecke, sehe ich, wie unter den Schiffsrädern große Wasserspritzer hochwirbeln, die in den Sonnenstrahlen einen schaukelnden Regenbogen bilden. Entlang der Bordseite laufen die Wellen zurück, wobei sie eine Vielzahl von Trichtern mit weißem Schaum bilden. Stundenlang betrachte ich dieses faszinierende Schauspiel. Wir fahren nach Norden, in Richtung Ljubitsch, einem alten Zentrum der Kiewer Rus. Irgendwo auf dem Weg dorthin liegt das kleine Dnjeprdorf Stanezkoje. Gewöhnlich hält der Dampfer dort nicht. Papa hat den Kapitän gebeten, uns dort aussteigen zu lassen. Die Entfernung von Kiew beträgt nur etwas über 150 Kilometer. Da der Fluß starke Windungen hat, fahren wir nach einer jähen Krümmung erneut nach

Süden. Immer wieder schlingen wir uns so weiter. Außerdem fährt der Dampfer mit geringer Geschwindigkeit und dazu stromaufwärts. So dauert die Reise fast einen ganzen Tag.
Die meiste Zeit bin ich auf dem Deck. Dort sind die Passagiere, die keine Kajüte haben. Sie drängen sich um den schwarzrauchenden Schornstein. Hier ist es warm und nicht so windig. Ich liebe unter freiem Himmel zu stehen und den Wind von allen Seiten zu spüren. Als ich auf dem Deck dahinschlendere, sehe ich am Heck zwei Maschinengewehre und am Bug eine kleine Kanone. Sie ist mit Segeltuch bedeckt, aber das Rohr ist zu sehen. Papa erklärt, daß sie zur Abwehr von Banditen dienen. Ich möchte natürlich, daß wir überfallen werden.
Am Morgen bin ich wieder auf dem Deck. Über den Wiesen steigt die Sonne hoch. Sie wärmt schon etwas. Der Dampfer schmiegt sich an das hohe Ufer, um nicht auf Sandbänke zu stoßen. Die meisten Deckpassagiere schlafen noch auf den Bänken. Andere wickeln ihr Essen aus und frühstücken. Plötzlich hört man vom Ufer einen Schuß, dann einen weiteren. Aus dem Gebüsch kommen einige Reiter. Sie schwenken ihre Stutzen (das sind Gewehre mit abgeschnittenem Lauf, die meist von Banditen benutzt werden, weil sie sich leicht verstecken lassen) und schreien. Die Passagiere flüchten unter die Bänke. Diejenigen, die am Fallreep stehen, lassen sich in den Laderaum herunter. Ich verstecke mich hinter dem Schornstein. Der Kapitän gibt das Kommando:
»Volle Kraft voraus!«
Da beginnen die Maschinengewehre zu schießen, und auch die Kanone kracht los. Mama kommt hoch und winkt mir mit der Hand. Der Kapitän bemerkt sie.
»Bürgerin, lassen Sie den Jungen dort wo er ist. Er hat hinter dem Schornstein guten Schutz. Sie aber gehen bitte wieder runter ...«
Ich freue mich, die Schlacht beobachten zu dürfen. Der Dampfer fährt unbeirrt weiter. Auch die Reiter bleiben nicht zurück. Im Schutz des Gebüschs galoppieren sie neben uns her und schießen weiter. Einige Kugeln prallen vom Schornstein ab. Einen der Banditen streckt unser Maschinengewehr nieder. Des anderen Pferd strauchelt. Es wirft seinen Reiter ab. Hinter der Flußbiegung ein dichter Eichenwald. Das ist unsere Rettung. Dort können die Pferde nur im Schritt gehen. Die Banditen bleiben zurück und erscheinen auch nicht wieder.

Swaritschowka

Vom Spasskij-Turm ertönt erneut das Glockenspiel und erinnert an die unaufhaltsam verrinnende Zeit. Ich muß die Überprüfung des Protokolls abschließen. Meine Gedanken aber schweifen in die weit zurückliegende Vergangenheit, dorthin, wo der Weg begann, auf dem ich schließlich in dieses kleine Zimmer im Kreml gelangte ...
Wir waren rechtzeitig zum Aussteigen bereit. Unsere Sachen befanden sich schon auf dem Unterdeck, wo auch wir warteten, bis der Schiffsbug auf das sandige Ufer stieß. Die auf Fahrplänen nicht ausgewiesene Anlegestelle zwang zur Eile. Da aber außer uns niemand ausstieg, brauchten wir insgesamt nicht mehr als fünf Minuten. Tante Ljuba erwartete uns. Bei allem derzeitigen Chaos hatte Papa ihr unser Kommen mitgeteilt. Sie schien mir Papa so wenig zu ähneln, daß ich schwerlich an eine Verwandtschaft glauben konnte. Sie war dunkelhaarig, hager, mit nervösem, langgezogenem Gesicht, verschlossen und wie mir schien, nicht sonderlich erfreut, daß wir über sie hereingebrochen waren. Übrigens erwies sich dieser erste Eindruck als nicht ganz richtig. Sie umhegte uns Flüchtlinge aus Petrograd mit mütterlicher Sorge und bemühte sich auf alle erdenkliche Weise, unser Leben am neuen Wohnort zu erleichtern. Ihr strenges Aussehen, so kann ich mir heute vorstellen, hing wohl damit zusammen, daß sie sich gekränkt fühlte, weil ihr Mann sie verlassen hatte. Mit dem Kind allein war es gewiß sehr schwer in diesen stürmischen Zeiten. Sie litt unter quälender Eifersucht. Ihr ehemaliger Mann heiratete eine wesentlich jüngere Frau, und sie versäumte keine Gelegenheit, diese als heimtückische, ehrlose Verführerin zu beschimpfen. Papa kannte Tante Ljubas Mann noch aus der vorrevolutionären Zeit. Er lebte in Tschernigow und kam uns einige Male mit seiner neuen Frau, einer hübschen Blondine, in Swaritschowka besuchen. In solchen Fällen schloß sich Tante Ljuba in ihr Zimmer ein und zeigte der Konkurrentin hinter den Gardinen einen Vogel ...
Auf dem Wagen, vor den zwei Pferde gespannt waren, saß mein Cousin, der die Zügel hielt. Sergej war zehn Jahre alt. Ich hatte von seiner Existenz gehört, sah ihn aber natürlich zum ersten Mal. Er sah rüpelhaft aus, hatte zerzaustes rotes Haar und ein mit Sommersprossen übersätes Gesicht. Ich fühlte aber gleich, daß wir Freunde werden würden. Meine Eltern und Tante Ljuba küßten sich. Sie

strich mir über den Kopf. Dann nahmen wir auf dem Wagen Platz. Die Sachen hatten wir vorher aufgeladen.
Der Weg führte zuerst durch einen dichten Kiefernwald, dann entlang eines Kartoffelfeldes. In der Ferne zeigte sich eine gleichmäßige Reihe pyramidenförmiger Pappeln.
»Das ist Swaritschowka«, sagte Tante Ljuba. »Früher war das ganze Krankenhausgelände mit solchen Pappeln bepflanzt. Wir mußten einen Teil fällen, um die Krankenzimmer und unsere Wohnungen zu heizen ...«
Wir fuhren durch das Dorf Grekowka, kamen auf eine breite, von uralten Weiden gesäumte Allee, polterten über eine Holzbrücke, die über einen kleinen Fluß führte und fuhren durch ein geöffnetes Tor in einen von dichtem Gras bewachsenen Innenhof. Rechts erhoben sich zwei dreistöckige Gebäude aus roten Ziegeln. Die Tante erklärte, daß es die Poliklinik und die stationäre Abteilung mit 40 Betten sei. Das Landkrankenhaus, oder wie es heute heißt, Dorfkrankenhaus Swaritschowka, wurde Ende des vorigen Jahrhunderts gebaut und nach seinem Begründer, dem damaligen fortschrittlichen Gutsbesitzer Swaritschow, benannt. Eingerichtet zur Versorgung der Bewohner von fünf umliegenden Dörfern, galt es seinerzeit als beispielhaft. Von Bürgerkrieg und Intervention verschont, hatte es noch sein ursprüngliches Aussehen. Nach wie vor arbeiteten hier der Chefarzt Konstantin Konstantinowitsch Wassiljew, die Hebamme Tante Ljuba und der Arzthelfer Prokofij Fjodorowitsch Uschatsch. Auch das übrige Personal war noch fast vollzählig.
Hinter dem Krankenhaus zogen sich entlang des Hofes Pferdestallungen und die Stellmacherei. Dort befanden sich neben dem Wagen der uns herbrachte, noch Kutschen und Schlitten. Der Kuhstall war leer. Früher befanden sich hier Tiere, die dem Krankenhaus sowie dem dort tätigen Personal gehörten. Dadurch garantierte man die Versorgung der stationären Patienten und des Krankenhauspersonals mit Milchprodukten. Etwas weiter entfernt standen eine Scheune mit Heuboden und der Schweinestall. Auf der gegenüberliegenden Seite des Hofes waren die Wohngebäude: das Haus des Chefarztes und ein Seitengebäude mit den Wohnungen der Hebamme und des Arzthelfers. In der stationären Abteilung gab es Zimmer für das Betreuungspersonal. Hinter den Wohngebäuden lag der Obstgarten, daneben ein Gemüsefeld. Entlang dem Garten floß ein quicklebendiger, von Weiden umsäumter, kleiner Fluß. In einer

ausreichend tiefen kleinen Bucht hatte man eine Badestelle angelegt. Den Garten gab es offensichtlich schon lange vor der Existenz des Krankenhauses. Die Zweige der Antonowka-Apfelbäume streckten sich zum Seitengebäude und wuchsen über das Dach hinaus. Wir konnten Äpfel von ganz oben abpflücken. Die Birnbäume waren so riesig, daß sie fast hundertjährigen Eichen glichen.

Anfangs wohnten wir bei Tante Ljuba. Bald bemerkten wir jedoch, daß es zu eng wurde. Die Zweizimmerwohnung reichte gerade für sie und Sergej. Unsere Ankunft brachte ihr Leben durcheinander. Sie mußte mit dem Sohn in einem Zimmer schlafen. Wir aber drängten uns im kleinen Schlafraum. Außerdem brachte Tante Ljuba in komplizierten Fällen die Frauen bei sich zu Hause unter. Fast jeden Tag hatten wir eine Patientin. Sie schlief in der Küche. Nachts, wenn die Wehen kamen, hörten wir Schreien und Stöhnen. Die Tante sprang aus dem Bett und lief zur Küche. Im Haus gab es viel Unruhe. Nun waren auch wir noch da. Wir mußten eine neue Unterkunft finden.

Vater klapperte die Dörfer ab, jedoch ohne Erfolg. Da rettete uns der Arzthelfer Prokofij Fjodorowitsch. Er lebte unverheiratet in einer Dreizimmerwohnung und schlug uns vor, zu ihm zu ziehen. Wir bekamen zwei zusammenliegende Zimmer und aßen gemeinsam in der großen Küche, wo ein russischer Ofen stand. Außerdem gab es eine Vorratskammer mit Fenster, in der Papa später seine Schuhmacherwerkstatt einrichtete. Der Arzthelfer Prokofij erwies sich als ein selten guter und feinfühliger Mensch. Wir kamen uns bald näher und lebten wie in einer Familie. Später, als wir nach Kiew zurückkehrten, kam Onkel Proscha, wie wir ihn alle nannten, für drei Jahre zu uns, um sein Studium am medizinischen Institut abzuschließen.

Vater versuchte, irgendeine Arbeit zu finden. Aber es klappte nicht. Die erste Zeit lebten wir davon, daß Mama ihre Kleider den Dorfmädchen gegen Lebensmittel verkaufte. Bald aber besann sich Vater seines natürlichen Unternehmungsgeistes und kümmerte sich um Dinge, die die Dorfbewohner brauchten. Er kochte Seife aus Fischfett, Asche und anderen Zugaben. Sie roch nicht besonders, erfüllte aber ihren Zweck als Waschmittel. Dann fuhr er in seine Heimat nach Tschernigow, das etwa 100 km von Swaritschowka entfernt lag. Er brachte von dort Schuhmacherwerkzeug mit und für mich die Märchen der Gebrüder Grimm, einige Bände von Karl May in

deutsch sowie Walter Scott in englisch. Alles war herrlich bunt illustriert. Das weckte in mir das Interesse für Fremdsprachen. Bald eignete sich Papa die Kunst eines Schuhmachers an. Leder war nicht knapp. Man überschüttete ihn mit Bestellungen für Stiefel und elegantes Schuhwerk für die Dorfschönen. Mir fertigte er wunderbare Stiefelchen aus rotem Saffianleder. Ich liebte sie so sehr, daß ich mich auch nachts nicht von ihnen trennen konnte.
Unsere Ernährungslage verbesserte sich dadurch spürbar. Trotz des harten Besens des »Kriegskommunismus« gelang es den Dorfbewohnern zumindest in unserem Gebiet, sich irgendwie zu versorgen. Auch wir hatten Eier, Grütze, Quark, hausgemachte ukrainische Wurst und mitunter sogar Fleisch. Zu Ostern färbte Papa sehr kunstvoll die Eier; das brachte ihm auch die Gunst der Nachbarn ein. Damals gab es in den Dörfern den Brauch, mit Ostereiern »anzustoßen«. Der eine hielt ein hartgekochtes, bemaltes Ei in der Hand. Sein Gegenspieler schlug mit einem ebensolchen Ei zu. Verlierer war derjenige, dessen Ei zerbrach. Er mußte sein Ei dem Sieger geben. Damit die Hühner Eier mit einer festen Schale legten, fügte man dem Futter alle möglichen Beigaben zu. Das erforderliche Resultat wurde nicht immer erreicht. Papa erfand eine zuverlässigere, wenn auch unerlaubte Methode. Aus Quark, Kalk und Eiweiß fertigte er eine Masse, die er auf die Eispitze auftrug. Dann färbte er die so bearbeiteten Exemplare unterschiedlich ein, um dadurch die künstliche Schicht völlig zu bedecken. Diese Eier waren absolut bruchfest. Wenn Sergej und ich sie beim »Stoßspiel« benutzten, brachten wir viele Preise nach Hause und bereicherten damit den Festtagstisch.
Im Krankenhausgelände lebten wir freundschaftlich zusammen. Solche Oasen hiesiger und zugereister Intellektueller bildeten sich um die Försterei, die in einem großen Waldmassiv, wenige Kilometer von Swaritschowka entfernt lag und in der Kirchgemeinde von Stanezk am Ufer des Dnjepr. Der Oberförster Onkel Jegor, einige Zugereiste und die Jäger lebten auf einem großen Gelände, das von uralten Fichten umgeben war. Jeder hatte Familie und Kinder in meinem und Sergejs Alter. Wir liebten die Festtage zu Ostern, Pfingsten, Weihnachten und zum Neuen Jahr. Gäste kamen, unter denen viele Talente waren. Anfangs gab es ein Konzert. Man spielte Klavier, Gitarre, Mandoline und Geige. Dann folgte das Abendessen. Es gab auch viele Süßigkeiten. Die Kinder spielten im Wald Verstek-

ken. Im Winter gab es Schlittenfahrten. Die Erwachsenen tanzten zu den Klängen eines Grammophons. Die Atmosphäre solcher Feste ließ für einige Zeit vergessen, daß außerhalb dieser Oasen Not, Haß und blutige Brudermordkonflikte herrschten.
Die heißen Sommertage verbrachten wir am Dnjepr, in gleicher, lauter und fröhlicher Gesellschaft. Frühmorgens spannten wir den Wagen an, beluden ihn mit vielerlei Essen und fuhren zum Treffpunkt am Feldweg, der nach Kapatschew führte. Dort befand sich vor der Revolution das große Gestüt des Grafen Miloradowitsch. Heute sind dort nur noch verwahrloste Pferdeställe mit eingestürzten Dächern und endlose Wiesen, die sich längs des Flusses erstrekken. Die Miloradowitschs flohen, die Pferde wurden konfisziert, und der große Besitz blieb herrenlos. Im hohen Gras gab es Stellen mit herrlichen leuchtendroten Erdbeeren. Ihr mit dem Geruch der blühenden Gräser vermischter Duft lag über dem ganzen Feld. An der jähen Flußkrümmung gab es eine seichte Stelle mit weißem Sand, in dem die Füße tief versanken. Eine kleine, von Weiden und Hagebuttensträuchern bedeckte Erhöhung teilte die Flußniederung in zwei Strände. Auf der einen Seite badeten die Frauen, auf der anderen die Männer. So konnten sich alle nackt ausziehen. Die Älteren tauchten einmal ins Wasser und kehrten zum Platz zurück, wo sie an einem Lagerfeuer das Essen zubereiteten. Die Jungen aber ließen sich braunbrennen und bespritzten sich im Fluß. Als wir das erste Mal am Picknick teilnahmen, rief Wolodja, der älteste Sohn von Jegor, mich und Sergej zu sich. Er war siebzehn Jahre alt. Um ihn herum standen seine Freunde. »Jungs«, wandte sich Wolodja an uns, »lauft zum Frauenstrand und seht mal nach, wie die Mädchen aussehen. Ihr seid noch klein. Sie werden euch nicht beachten. Dann berichtet ihr uns alles.«
Ich lehnte ab, weil ich mich der Warnung der Erwachsenen erinnerte: Beim Anblick eines nackten weiblichen Körpers wird man blind.
»Ihr braucht nur ein Auge zu riskieren«, beharrte Wolodja. »Es ist doch auch für euch interessant ...«
Da ich Frauen bislang immer nur in langen Kleidern gesehen hatte, glaubte ich, sie hätten ganz kurze Beine, vielleicht ein wenig länger als der Teil, der zu sehen ist. Demzufolge mußte der Körper dann sehr lang sein. Jetzt hatte ich Gelegenheit, mich selbst davon zu überzeugen. Letztlich stimmten wir dem Auftrag zu. Übrigens lei-

stete Sergej, der drei Jahre älter war als ich, fast keinen Widerstand. Von den Heckenrosen zerkratzt, krochen wir zur anderen Strandseite und gingen dort zum Wasser. Wir warfen heimliche Blicke auf die wunderbaren, entblößten Grazien. Ich konnte mich überzeugen, bislang eine absolut falsche Vorstellung von weiblichen Formen gehabt zu haben. Um aufmerksamer alles betrachten zu können, begannen wir entlang des Wassers auf und ab zu gehen, wobei wir die Mädchen beobachteten. Zuerst beachteten sie uns nicht. Als sie aber merkten, daß wir weiter flanierten, drehte sich eine mit dem ganzen Körper um und rief verächtlich:

»Ihr Kleinen, hört auf unser Wasser zu verdrecken! Weg von hier! ...«

Beschämt liefen wir zurück. Die hinter den Sträuchern wartenden Burschen fragten uns genauestens aus ...

Vielleicht weckte dieser Versuch in solch frühem Stadium bei uns ein gewisses spezifisches Interesse. Mama nahm sich ein Mädchen zur Hilfe im Haushalt. Paraschka war siebzehn Jahre alt. Sie kam aus dem Nachbardorf. Im Herbst salzten wir Pilze, Gurken und Äpfel für den Winter ein. Paraschka war sehr geschickt. Auf einem großen Brett aus Eichenholz hobelte sie die Kohlköpfe. Sergej und ich drückten uns hinter ihrem Rücken herum. »Los, kneifen wir sie in den Po«, flüsterte mir Sergej zu. Wir schlichen uns näher heran. Ich streckte die Hand aus, um den Streich auszuführen. Ihr praller Körper und die vielen Röcke, die sie nach Bauernart trug, vereitelten das Vorhaben. Die Finger rutschten ab, und Paraschka schob nur ihr Hinterteil etwas hin und her, gleich einer Stute, die die Fliegen vertreibt. Wir wichen zurück, um uns dann erneut heranzupirschen. Jetzt versuchte Sergej das Experiment zu wiederholen. Auch er kam nicht zurecht. Diesmal wurde Paraschka böse und wollte uns auf ihre Art bestrafen. Sie drehte sich nach uns um, hob die Vielzahl ihrer Röcke vom Boden und schlug sie mit einem Ruck bis hoch an ihren Kopf. Vom Gürtel bis zur Sohle war sie völlig nackt. Wir standen wie angewurzelt: erstarrt und beeindruckt von ihrem schwarzen, kraushaarigen Dreieck ...

Nach dieser Schocktherapie belästigten wir sie nie wieder.

In Sanezk errichtete man eine Werft zur Reparatur von Flußschiffen. Dort wurden auch Dampfer für die Rote Dnjepr-Kriegsflottille umgebaut. Als Papa davon hörte, bat er um Arbeit. Dort konnte er seine Kenntnisse nutzen. Er errechnete die Tragfähigkeit der Decks zum

Aufstellen von Artilleriegeschützen. Für diese Arbeit erhielt er monatlich zwei Säcke Hafer. Das war damals ein Reichtum. Die Bauern gaben für Hafer, was man wollte.
Im Dorf Grekowka lebte ein uralter Greis, Großvater Onystschuk. Er verstand es meisterhaft, Boote in der Art der Nachen herzustellen, wie sie seit alters her von den Saporoschzern verwendet wurden. Aus dem dicken Stamm einer Weide wurde mit der Axt der Bootsrumpf mit spitzem Bug und abgerundetem Heck gehauen. Danach wurde das cremefarbene Holz außen und innen mehrere Male mit einer speziellen Masse eingestrichen, wodurch das Boot wasserundurchdringlich und lange haltbar wurde. Solche Nachen konnten hundert Jahre ihren Dienst tun, und auf dem Dnjepr waren sie ziemlich häufig zu sehen. Auch die Zubereitung der Masse, die heutigem Kunststoff ähnelte, war originell. Aus Birkenrinde wurde Holzteer gekocht, dem Harz, feiner Sand, Asche und zerriebene Kohle beigemischt wurden. Wenn die Masse getrocknet war, bildete sich eine undurchdringliche Schicht, die fest wie Feuerstein war. Im Bootskörper wurden Sitze angebracht. Ein solcher Nachen war unglaublich leicht, und saß man im Heck, konnte man mit einem einzigen Ruder eine große Geschwindigkeit und Manövrierfähigkeit erzielen. Die Saporoschzer hatten früher mit ihnen große Schiffe angegriffen und waren bei Gefahr stets blitzschnell in kleinen Flußarmen verschwunden.
Vater als Schiffsbauer interessierte sich für diese Boote. Zusammen mit Großvater Onystschuk baute er für mich einen kleinen Kahn, der mir viel Freude bereitete. Er fuhr schnell, war wendig und so flach, daß ich damit leicht Untiefen passieren konnte. Im Heck sitzend, so daß die Bootsspitze in die Höhe ragte, fuhr ich auf unserem Flüßchen weiß Gott wie weit. Mühelos das Ruder gebrauchend, glitt ich mit dem Kahn zwischen weißen und gelben Wasserlilien und riesengroßen Klettensträuchern, auf denen sich Frösche paarten, hindurch. Ich streifte tagelang auf dem Flüßchen herum. An irgendeiner Flußbiegung legte ich am binsenbewachsenen Ufer an. Dort schwamm ich, oder ich ruhte mich auf grünen, von der Sonne erwärmten kleinen Waldwiesen aus. Ich besaß natürlich keinerlei Spielzeug. Ich selbst bastelte mir aus Gerten, Wasserpflanzen, Muscheln und Kiefernrinde ganze Armaden von Segelschiffen und bevölkerte sie mit Piraten, geraubten Königstöchtern und Rittern, die entweder auf die Suche nach den Prinzessinnen gingen oder die sich

auf einen richtigen Kreuzzug begaben. Als ich lesen gelernt hatte, schenkte mir der Ortsgeistliche eine kleine Ausgabe des Alten Testaments, das zu meinem Lieblingsbuch wurde. Bei meinen Kahnwanderungen spielte ich biblische Szenen nach: Mal war ich ein Pharaonensohn, der im Schilfdickicht das Körbchen mit Moses fand, mal wieder Noah, der mit seiner Arche auf den Wassern der Sintflut schwamm ...

Gerüchte über die Neue Ökonomische Politik liefen um. Vater fuhr nach Kiew, und bald schrieb er uns, daß sich die Lage bessern würde. Man hatte ihm eine gute Stellung in einer der Fabriken versprochen. Wir sollten zu ihm kommen. Mama freute sich sehr, und wir bereiteten unsere Abreise vor ...

Der rote Direktor

An einem sonnigen Augusttag des Jahres 1912 näherte sich der Dampfer »Kolzow« Kiew. Er fuhr an den grauen granitenen Pfeilern der während des Bürgerkrieges gesprengten und immer noch nicht wiederaufgebauten Eisenbahnbrücke vorbei. Links lagen die Sandbänke von Tschertoroj und der Truchanow-Insel. Eine leichte Brise trug den an reife Äpfel erinnernden Duft der von der Sonne erwärmten roten Weintrauben mit sich. Vom Deck aus war die Silhouette der Stadt gut zu erkennen: die goldenen Kuppeln der Kirchen, die grünen Zelte der Parks, die Schornsteine von Podol, des unteren Teils der Stadt. Die patschenden Schläge der Radschaufeln verlangsamten sich immer mehr. Das Schiff verringerte seine Geschwindigkeit und drehte seinen Bug gegen die Strömung. Immer näher kamen wir der Weißen Pier, der Anlegestelle für Passagierschiffe im Kiewer Hafen.

Schon von weitem erblickte ich meinen Vater, der an der Landungsbrücke stand. Er trug einen hellen, cremefarbenen Anzug aus Rohseide und eine ebensolche Schirmmütze. In der Zeit, in der wir getrennt gewesen waren, hatte sich Vater merklich erholt, eine frische Gesichtsfarbe bekommen und eine forsche Haltung angenommen. Endlich wurden seine Kenntnisse und Erfahrungen gebraucht. Er brauchte seinen Lebensunterhalt nicht mehr mit dem Nähen von Stiefeln und dem Sieden von Seife verdienen, er konnte seinem eigentlichen Beruf auf dem Posten des technischen Leiters und Chefingenieurs des Werkes »Bolschewik« nachgehen, eines damals großen Betriebs, der Ausrüstungen für Zuckerfabriken herstellte.

Das Schiff wurde rasch festgemacht. Auf die Pier wurde ein breiter Laufsteg hinabgelassen. Vater drängte sich durch die Menge der Passagiere und eilte zu uns. Mama fiel ihm nach der langen Trennung um den Hals, und ich konnte es nicht erwarten, bis ich an die Reihe kam. Da hob er mich endlich hoch und küßte mich; er roch nach Tabak und kitzelte mich mit dem akkurat geschnittenen schwarzen Schnurrbart. Träger schleppten unsere Sachen – Truhen aus geflochtenen Weidenruten, Schachteln, Sperrholzkisten und Bündel. Wir betraten den großen gepflasterten Platz vor der Anlegestelle. Hier warteten die Droschkenkutscher in einer Reihe. Zwischen den verschiedenen Droschken standen auch einige elegante Kutschen.

Diese Relikte des alten Regimes hatten wie durch ein Wunder alles überdauert – die Revolution, den Bürgerkrieg, den Ruin und die Requisitionen, welche von den häufig wechselnden Machthabern in Kiew vorgenommen worden waren: von den Deutschen, von Herman Skoropadskij, von den Petljuraleuten, von den Roten, von den Polen und wieder von den Roten. Auf den Böcken saßen wohlgenährte Kutscher, die dunkelgrüne Kamisole anhatten und zylinderähnliche Velvethüte der gleichen Farbe trugen. Etwas weiter entfernt verhandelten Passagiere mit Fuhrleuten. Ihre starken Gäule und ihre riesigen Wagen waren in der Lage, zu jedem beliebigen Ende der Stadt die sperrigste Last zu befördern. Mit einer Plane bedeckt und mit Stricken umwickelt, erreichte sie auch bei schlechtem Wetter unbeschadet und ohne Verzögerung die Besitzer. Unser Gepäck war nicht groß, aber es wurde auf einen dieser Wagen geladen. Der Vater gab dem Fuhrmann die Adresse, und dieser fuhr sofort los. Mama fragte besorgt:

»Aber wird er nicht mit unseren Sachen verschwinden?«

»Das gibt es nicht«, beruhigte sie der Vater. »Die Fuhrleute sind ein stolzes Volk. Sie achten sehr auf ihren Ruf ...«

Eine solche Ordnung hatte ich bisher noch nicht kennengelernt. Nach dem Leben in dem vom Bürgerkrieg ruinierten Dorf, wo jeder bereit war, zu nehmen, was herumlag, verwirrte mich die Unbekümmertheit des Vaters. In dieser großen Stadt gab es offenbar Leute, auf die man sich verlassen konnte, die nicht betrogen und stahlen. Und ich mußte an die mir als zweifelhaft erschienenen Erzählungen meiner Eltern über das vorrevolutionäre Petersburg denken, wo sich die Beziehungen zwischen den Menschen auf gegenseitiges Vertrauen gegründet hatten.

Wir begaben uns zu einer schönen Kutsche, vor die zwei hervorragend gepflegte Apfelschimmel gespannt waren. Das war – wie Vater erklärte – ein Gespann, das dem Betrieb gehörte. Ställe, Pferde und Kutschen hatte das Werk »Bolschewik« von den früheren Besitzern, den tschechischen Kapitalisten Greiter und Křivanek, übernommen. Vom Bock stieg der Kutscher, Onkel Iwan, ein liebenswürdiger, zuvorkommender und selbstbewußter Mann. In der Folgezeit freundete ich mich mit ihm an und verbrachte, da ich bemüht war, bei den Pferden zu helfen, unzählige Stunden im Pferdestall. Ich war entzückt von der Kutsche mit ihrem schwarz glänzenden, mit goldenen Vignetten verzierten Wagenkasten, mit ihren mit roten Speichen versehenen gummibereiften Rädern, mit ihren Samtkissen und den beiden spiegelblanken kupfernen Karbidlampen. Onkel Iwan half Mama, es sich auf der hinteren Sitzbank bequem zu machen, und mich plazierte er auf dem Klappsitz gegenüber.

Auf ihren Federn angenehm schaukelnd, rollte die Kutsche erschütterungsfrei und lautlos über den gepflasterten Fahrdamm. Dank den kautschukbeschichteten Hufeisen war das Trappeln der Pferde kaum zu hören. Onkel Iwan schnalzte mit der Zunge und rief von Zeit zu Zeit unaufmerksamen Passanten zu:

»Platz daaaa! ...«

Heute will man kaum glauben, daß in meiner Kindheit das Pferd, das dem Menschen jahrtausendelang diente, immer noch das Hauptmittel der städtischen Personenbeförderung war. Autotaxis kamen in Kiew erst Anfang der dreißiger Jahre auf, und die Fuhrleute konkurrierten mit den Lastautos fast bis zu Beginn des Krieges ...

Nachdem die steile Auffahrt zur Wladimir-Anhöhe hinter uns lag, bogen wir in den Kreschtschatik ein. Die Sonne stand bereits im Westen und beschien die linke Straßenseite. Es war viel gut gekleidetes Publikum zu sehen. Vor den Cafés saßen Städter in ungezwungener Haltung an kleinen Tischen und labten sich an kühlen Getränken. Auf dem in altrussischem Stil umbauten zentralen Markt – der Bessarabka – drängte sich besonders viel Volk. Direkt auf der Straße lagen Wasser- und Zuckermelonen in Haufen, überall gab es Verkaufsstände, die verschiedene Obstsorten feilboten, Eisbuden und Grills, von denen der Duft von Hammelschaschlyks aufstieg. Hier bogen wir nach rechts ab und fuhren den Bibikow-Boulevard (jetzt Schewtschenko-Boulevard) hinauf, der von pyramidenförmigen Pappeln umsäumt war. Auf der linken Seite hingen Akazienzweige mit verspäteten, einen betäubenden Duft verbreitenden weißen Blütentrauben über den gußeisernen Zaun des Botanischen Gartens. Dann kamen wir zum Jüdischen Basar, kurz Jewbas genannt, und tauchten in das laute, bunte Gewimmel des Trödelmarktes. Händler versperrten uns den Weg und boten ihre Waren feil, indem sie sie über den grünen Klee lobten und Preise hinausschrien, die gleich wieder unterboten wurden. Es war ein prächtiges, farbenfrohes Bild, das stets in meiner Erinnerung aufsteigt, wenn ich bei Besuchen in Kiew über den öden Asphalt des Siegesplatzes fahre, der an Stelle des einstmals fröhlichen und lauten Jewbas geschaffen wurde ...

Nachdem wir die Brest-Litowsker Chaussee erreicht hatten, fuhren wir schneller und waren nach etwa drei Kilometern am Ziel: Links, hinter einer Mauer, standen die Gebäude des Werks »Bolschewik«. Unmittelbar daneben befand sich ein Anwesen, das den Besitzern der früheren Fabrik gehört hatte. Unser Gespann hielt vor dem hohen, zweiflügeligen, weißgestrichenen Brettertor. Onkel Iwan sprang gewandt vom Kutschbock, öffnete das Tor und führte die Pferde an den Zügeln. Die Kutsche fuhr, ohne zu holpern, über die kleine Schwelle, und wir befanden uns in einem kleinen gepflasterten Hof. Auf der linken Seite in etwa dreißig Metern Entfernung lag das Werksgelände. Rechts war ein Zaun aus Maschendraht zu sehen. Hinter einem ebenfalls mit Maschendraht verkleideten Tor führte eine Allee zu einer einstöckigen Villa mit grünem Dach. Die oben halbrunden, vierfach unterteilten Fenster, die Säulen am Haupteingang und die große offene Veranda erweckten den Eindruck, als ob das Anwesen ein vorstädtischer Gutshof sei. Der Vater führte Mama hinein, damit sie die Wohnung besichtigte, und ich lief gleich in den Garten. Er war riesengroß. Es gab dort viele kleine abgelegene Winkel, Dickichte, die aus exotischen, bambusartigen Gewächsen bestanden, und Gartenhäuschen. Es wuchsen hier Park- und Obstbäume, riesige Walnußbäume, Himbeer- und Johannisbeersträucher. Den Garten zierten kleine Bassins mit Wasserlilien und kleinen Fontänen, Blumenrabatten und Rosarien. Gegenüber der von wildem Wein umrankten Veranda ragte eine kegelförmige Grotte aus Schlackenbeton auf, wo auf kleinen Flächen Maiglöckchen wuchsen. Im Frühling glich dieses wohlriechende Wunder einem riesigen Zuckerhut. Von der Grotte aus erstreckten sich Pfade, die mit gelbem Sand bestreut waren, in verschiedene Richtungen. Das Anwesen verfügte immer noch über einen Gärtner, einen bärtigen, bejahrten Mann, der sehr gewissenhaft seinen Pflichten nachging.
In der Tiefe des Gartens stand ein Nebengebäude, in dem, wie ich später erfuhr, der Hauptbuchhalter Schechter sowie der Chef der Werksfeuerwehr, Perekrjostow, ein ehemaliger zaristischer Offizier, wohnten. Die Villa bewohnten wir zusammen mit dem Direktor des Betriebs, Wladimirow. Unsere etwas kleinere Hälfte bestand aus fünf Zimmern; das war mehr, als wir brauchten. Mama sagte, daß zwei bis drei Schlafräume und ein Wohnzimmer reichen würden. Wir konnten dafür kaum Möbel auftreiben. In den Jahren der Anarchie war die ganze Ausstattung der Villa verschwunden. Die Zim-

mer standen absolut leer. In zwei unbewohnten Räumen richteten wir, nachdem ich Freunde gefunden hatte, ein Kindertheater ein, in dem Laienspieler auftraten. Wir hatten auch ein Badezimmer und eine kleine Küche, die durch einen langen Korridor, in dem etliche Truhen standen, mit der Veranda verbunden waren. Durch die bitteren Erfahrungen der Hungerjahre gewitzt, füllte meine Mutter diese Behältnisse mit Graupen, Mehl, Zucker, Kartoffeln, Eingesalzenem und anderen Vorräten. Übrigens bestand dafür gar keine Notwendigkeit. In Kiew war in der NÖP-Zeit alles in Hülle und Fülle vorhanden.

Mit der Einführung der Tscherwonzen – großer Zehnrubel-Banknoten, auf denen ein Pflüger und ein Hammerschmied abgebildet waren – wurde der Rubel wertvoll und konvertierbar. Meine Eltern, die sich in der Zeit des Umherirrens im Lande die Zähne verdorben hatten, kauften für die Anfertigung von Zahnkronen Goldmünzen aus der Zarenzeit – drei Zehner für zwei Tscherwonzen. Jede Woche fuhren meine Mutter und ich mit der Straßenbahn zum Jewbas, um Lebensmittel einzukaufen. Mich verzauberte das farbenprächtige Bild des unwahrscheinlichen Überflusses, und mich umhüllte der aromatische Duft von Obst und Gemüse. Für drei Rubel füllten wir zwei große Körbe, die wir nur mit Mühe nach Hause schleppten. Häufig schickte man mich zum Lebensmittelhändler Paremskij einholen. Entsprechend dem Zettel, den mir meine Mutter mitgegeben hatte, wog er Fleisch, Fisch, Butter, Käse und sonstige Dinge ab, packte mir alles in den Korb und machte in ein dickes Buch in seinem kleinen Kontor eine Eintragung. Geld gab man mir nicht mit, und Paremskij sagte gewöhnlich, wenn er für den Einkauf dankte:

»Sobald dein Vater Geld bekommen hat, bezahlt bitte ...«

Die ganze Umgebung kaufte bei ihm Lebensmittel auf Kredit, und niemals traten Mißhelligkeiten auf. Genauso verfuhr der Wurstmacher Schuk. Zu ihm ging ich besonders gern. Schon von weitem wurden die Kunden von den Gerüchen der Räucherei angelockt. Und im Laden hingen von den Eichenbalken der Decke Schinken, Würste und Ketten von Würstchen herab. Es gab jedoch noch einen anderen Grund für mein häufiges Erscheinen in Schuks Wurstmacherei. Ich war heimlich in seine rotblonde Tochter Swetlana verliebt, die schon ganz erwachsen war. Sie half dem Vater häufig im Laden.

Die ersten Wochen in Kiew haben sich mir wie ein märchenhafter Traum eingeprägt. Es gab sicher Regenschauer, und den Himmel bedeckten bestimmt manchmal graue Wolken, aber mir sind nur sonnige, warme, liebliche Tage mit den weichen Farben des Frühherbstes und dem gerade erst gelb werdenden Laub der Bäume in Erinnerung geblieben. Nach dem sehr armen und primitiven Leben auf dem Lande, wo es weder Elektrizität noch eine Wasserleitung gab und wo nach den Verwüstungen durch den Kriegskommunismus gerade erst eine Besserung einzutreten begann, versetzte mich in der Stadt alles in Erstaunen: die Straßenlaternen, die asphaltierten Gehwege und die Straßenbahnen, die wie durch ein Wunder auf Schienen fuhren, von den Autos ganz zu schweigen. Alles schien unwirklich, phantastisch. Blieb ich in der Wohnung allein, betätigte ich in der ersten Zeit stundenlang den Lichtschalter, als ob ich nicht begriffen hätte, warum die elektrische Glühlampe sofort aufleuchtete. Mir schien, daß eine gewisse Zeit vergehen müßte, bis die Substanz, die die Glühlampe zwingt aufzuleuchten, sie erreicht hat. Und ich wollte diesen Zeitabstand feststellen. Ebenso versetzten mich eine weiße Semmel, die ich noch nie in meinem Leben gesehen hatte, eine rote Kugel holländischer Käse und eine Wassermelone in Erstaunen. Bisher kannte ich nur Kürbisse. Als der Gipfel des Unvorstellbaren erschien mir ein Glasgefäß, das im Wohnzimmer auf Vaters Schreibtisch stand. Ein Kabel verband es mit Kopfhörern, und oben ragte ein Knopf heraus, an dem eine bis zu einem am Boden festgeklebten Kristall reichende Nadel befestigt war. Setzte man die Kopfhörer auf und drehte am Knopf, damit die Nadelspitze den kleinen Kristall kratzte, konnte man Menschen sprechen oder Musik hören. Es war ein Detektorempfänger – ein Wunder der Technik in der damaligen Zeit.

Unser Nachbar – der rote Direktor Wladimirow – gefiel mir von den ersten Tagen an. Er nahm mich dadurch für sich ein, daß er mit mir wie mit einem Erwachsenen umging, mit mir wie mit seinesgleichen redete und mir aufmerksam zuhörte, wobei die Eltern, die mich für begriffsstutzig hielten, keine Gelegenheit – wie mir schien – ausließen, um mich das spüren zu lassen.

Der rote Direktor verstand natürlich nichts von der Produktion. Er sollte den Betrieb politisch leiten und den technischen Spezialisten, das heißt meinen Vater, kontrollieren. Ich begriff sofort, daß zwischen ihnen ein gutes, vertrauensvolles Verhältnis entstanden war. Wladimirow hatte alles dem Chefingenieur übertragen und mischte sich nicht in die Angelegenheiten des Betriebes ein. In den Jahren des Bürgerkrieges und der militärischen Intervention war Wladimirow einer der Kommandeure der Division von Kotowskij gewesen, die in Bessarabien operiert hatte und später in die Rote Armee eingegliedert worden war. Dann wurde die Einheit, in der Wladimirow diente, zum Kampf gegen die japanischen Invasoren in den Fernen Osten versetzt. Seine Heldentaten, für die er mit dem Rotbannerorden ausgezeichnet wurde, gipfelten darin, daß er aus Primorje eine sehr hübsche, zierliche, freundliche und arbeitsame Japanerin als Ehefrau mitbrachte. Von früh bis spät wirtschaftete sie im Haushalt, hing im Garten Wäsche auf, die sie fast täglich wusch, und bereitete herrliche Pelmeni mit einer sagenhaften Füllung zu. Sie hatten ein dreijähriges Töchterchen, Soja, das sich aus irgendeinem Grunde sofort in mich verliebt hatte. Abends, nach dem Baden, entwischte sie ihrer Mutter, rannte völlig nackt in unsere Hälfte des Hauses und jagte mit dem Ruf »Bräutigam, Bräutigam!« im ganzen Haus hinter mir her. Ich genierte mich sehr; denn mit Ausnahme der Tochter des Wurstmachers Schuk verhielt ich mich zu allen Geschöpfen weiblichen Geschlechts äußerst skeptisch.

Faktisch lag die Leitung des Werkes »Bolschewik« in den Händen meines Vaters, und auf ihm lastete die ganze Verantwortung für das, was dort geschah. Selbst mit den Fragen des Betriebsschutzes betraute er niemand, zumal ihm klar war, daß er als Spezialist aus der Zeit vor der Revolution im Falle einer Havarie der Sabotage bezichtigt werden konnte und mit allen sich daraus ergebenden Folgen rechnen mußte. Kurz bevor der Vater hierher versetzt worden war, war einer der drei großen Tanks mit Erdöl, das als Brennstoff für das Kesselhaus diente, in Brand geraten. Den damaligen Chefingenieur – ebenfalls ein alter Spezialist – hatte man deswegen verhaftet und in ein Lager gesteckt, obwohl die Brandursache nie endgültig geklärt worden war. Der ausgebrannte, rostige und beschädigte Tank diente als ständige Mahnung vor einem eventuellen Sabotageanschlag. Der Leiter der Feuerwehr, Perekrjostow, stellte auf jede nur denkbare Weise seinen Eifer unter Beweis, indem er jeden Morgen einen Lagebericht gab. Selbst sonntags, wenn unsere Familie auf der offenen Veranda frühstückte, erschien er regelmäßig. Die Hand am Mützenschirm kam er geradewegs über Blumenrabatten und Rasenflächen heranmarschiert. Mit schallender Stimme rapportierte er militärisch aus nächster Nähe:

»Ich habe die Ehre, zu melden, daß alles im Werk in Ordnung ist. Der Leiter des Brandschutzes, Perekrjostow ...«

»Was ist, Konstantin Konstantinowitsch«, pflegte mein Vater zu ihm zu sagen. »Warum so offiziell. Setzen Sie sich zu uns und trinken Sie eine Tasse Tee ...«

»Ich habe dazu kein Recht. Ich bin im Dienst. Gestatten Sie zu gehen? ...«

Er drehte sich auf dem Absatz um und verließ mit dem gleichen Marschtritt, einer geraden, wie mit einer Schnur gezogenen Linie folgend, das Anwesen. Diese Szene wiederholte sich jeden Sonntag. Perekrjostow nahm nicht ein einziges Mal die Einladung zum Tee an, und mein Vater nannte ihn einen ausgemachten Dienstfetischisten. Er verließ sich trotzdem nicht völlig auf ihn und ging nachts regelmäßig durch das Betriebsgelände, um die Wächter und Pförtner, die am Eingangstor Dienst hatten, zu kontrollieren. Einmal wurde ich dadurch wach, daß ich laute Rufe meiner Mutter, Lärm und eilige Schritte vor meiner Schlafzimmertür hörte. Draußen herrschte eine ägyptische Finsternis. Also war der Morgen noch fern. Warum schliefen die Eltern nicht? Ich stieg barfuß aus dem Bett, ging zur Tür und öffnete sie spaltbreit. Ein schrecklicher Anblick bot sich mir: Vater lehnte völlig angezogen im Sessel, der Hemdkragen war aufgeknöpft, und sowohl auf ihm als auch an Vaters Hals sah man Blutspuren. Meine Mutter, die rasch einen Kittel angezogen hatte, saß neben meinem Vater auf einem Stuhl und legte ein feuchtes Handtuch auf Vaters Gesicht. Ich fing an zu heulen und stürzte zu ihm.

»Weine nicht«, beruhigte mich der Vater. »Es ist nichts Schreckliches passiert. Bei meinem Kontrollgang im Werk habe ich neben den Öltanks irgend jemand bemerkt. Ich habe ihn gerufen, aber er machte Anstalten zu fliehen. Da bin ich ihm hinterhergeeilt. Ich habe in der Dunkelheit eine Eisenstange nicht gesehen und bin dagegengerannt. Nach den kalten Umschlägen wird alles wieder gut ...«

In der Frühe ging er wie gewöhnlich zur Arbeit und erteilte Perekrjostow eine Rüge. Dieser verstärkte die Nachtwachen, mein Vater setzte jedoch weiterhin seine nächtlichen Kontrollgänge fort. Die Schramme auf seiner Nasenwurzel behielt er sein Leben lang ...

Ich schlenderte gar zu gern auf dem Betriebsgelände umher. Das war nicht verboten. Die Pförtner kannten mich bald und achteten nicht auf mich, wenn ich an ihnen vorbeiging. Mir war jedoch nicht erlaubt, die Fabrik selbst zu betreten. Statt dessen war ich im Verwaltungsgebäude ein häufiger Gast. Das Arbeitszimmer des roten Di-

rektors und das des Chefingenieurs lagen nebeneinander. In sie gelangte man durch hohe Eichentüren von einem großen Raum aus, wo viele Tische standen, an denen die Mitarbeiter der Betriebsverwaltung saßen. Hinter einer verglasten Trennwand befand sich das Schreibbüro. Dort thronten Damen in weißen Spitzenblusen und langen dunklen, bis zu den Fersen reichenden Röcken. Ihre hohen Frisuren erinnerten an Fotografien in Mamas Familienalbum. Virtuos, gleichsam spielerisch, klapperten sie staccato auf den »Underwood«-Schreibmaschinen, die auf mich einen nicht geringeren Eindruck machten als der Detektorempfänger. Die Damen bewirteten mich mit starkem Tee und mit Kringeln. Nachdem wir miteinander Freundschaft geschlossen hatten, wurde ich in das Geheimnis des Maschineschreibens eingeführt. Der besondere Geruch des Kohlepapiers erinnert mich bis heute an die weit zurückliegenden Tage. Während des Bürgerkrieges arbeiteten diese Damen in den Stäben der roten Regimenter und redigierten und tippten Befehle, Rapports und Anweisungen von Divisionskommandeuren, die nicht geläufig lesen und schreiben konnten oder manchmal völlige Analphabeten waren. Jene romantische Zeit gehörte schon zur Vergangenheit, und jetzt hatten sie sich in den Alltag des sozialistischen Aufbaus eingeschaltet.
Als ich einmal meinen Vater kurz aufsuchte, traf ich den roten Direktor bei ihm. Er trug eine Jacke von militärischem Zuschnitt, dunkelblaue Reithosen und hohe, spiegelblank geputzte Stiefel. Ich wollte wieder gehen, aber Wladimirow winkte mich zu sich, setzte mich auf seine Knie und fing an, mich auszufragen. Voller Stolz teilte ich ihm mit, daß ich gelernt hatte, Schreibmaschine zu schreiben.
»Es ist keine Männersache, sich bei den Weiberröcken herumzutreiben«, sagte der Direktor. »Geh lieber in die Fabrikhallen und mach dich mit der Arbeiterklasse bekannt. Dort erfährst du Interessanteres ...«
Mein Vater unterstützte diese Idee und führte mich in die wichtigsten Abteilungen des Betriebs. Mir gefiel die Dampfmaschine, die ein riesiges Schwungrad antrieb, von dem aus ein breiter lederner Treibriemen in einer Öffnung in der Wand verschwand. Hinter der Wand, in der Dreherei, lief er um ein kleines Rad herum, das an einer Welle mit vielen noch kleineren Rädern befestigt war. Diese trieben Scheiben an, die mit den Drehbänken verbunden waren. Solche Transmissionen gab es auch in anderen Betriebsabteilungen. Und

dieses ganze komplizierte System wurde von der Dampfmaschine in Bewegung gehalten. Viel Zeit verbrachte ich bei den Formern und Gießern. Sie verhielten sich freundschaftlich zu mir, erlaubten mir, an einer freien Werkbank zu üben und borgten mir Fuchsschwanz, Hobel und andere Werkzeuge. Aus Bretterabfällen bastelte ich mir Lokomotiven, Autos und Flugzeuge. In der Gießerei sah ich gern bei der Herstellung der Gußformen zu, wenn in den Formkästen der gesiebte schwarze Formsand festgestampft wurde. Dann wurde das hölzerne Modell entfernt und schließlich das flüssige Metall in die Formen gegossen. Mir gefiel auch die Arbeit der Elektriker, für die ich freudig Draht, Dreh- und Hebelschalter herbeiholte und bei denen ich mich überhaupt bemühte, mich nützlich zu machen. All das war für mich eine gute Vorbereitung auf meine künftige Tätigkeit als Elektromonteur in diesem Betrieb »Bolschewik«.

Lenins Tod

Greiter und Křivanek hatten ziemlich viele hochqualifizierte tschechische Arbeiter in ihren Betrieb geholt. Fast alle blieben nach der Revolution beim »Bolschewik«. Die Bedingungen hier waren so wie bei den früheren Besitzern. Es wurde Arbeitskleidung gestellt: Die Dreher und Gießer erhielten Ledersachen, die übrigen Arbeitskleidung aus dickem Segeltuch. Zur Arbeit kamen sie alle in akkuraten Anzügen, und dann zogen sie sich um. Nach der Schicht duschten sie und zogen saubere Sachen an. Eine Kantine fehlte; ihr Essen brachten sie in kleinen Aluminiumbehältern mit. Nicht nur die Tschechen, sondern auch die Arbeiter anderer Nationalität wohnten in der Hauptsache in Einfamilienhäusern mit kleinen Gärten in einer aus Ziegeln gemauerten Umfriedung gegenüber dem Fabrikeingang. Nicht weit entfernt befand sich eine kleine Brauerei, und die ganze Umgebung genoß das herrliche tschechische Bier. Es gab auch einen Klub mit einer Filmapparatur und einer Bühne, wo Stücke über revolutionäre Themen aufgeführt wurden. Da wurde aus Flinten geschossen, und es siegten immer die Roten über die Weißen. Die Betriebspoliklinik, zu der eine kleine Krankenstation gehörte, behandelte auch Familienangehörige. Wenn man davon ausgeht, daß diejenigen, die heute im »Bolschewik« beschäftigt sind, keine schlechteren Bedingungen haben als damals die Arbeiter, so wohnen wohl kaum alle in Einfamilienhäusern und trinken tschechisches Bier. Greiter und Křivanek hatten sich auf ihrem Landsitz natürlich nicht schlecht eingerichtet. Trotzdem mußte man ihnen zugute halten: Sie sorgten auch für die Arbeiter.

Als die Theatersaison begann, pflegten die Eltern fast jeden Sonntag ins Theater zu fahren, und in die Oper nahmen sie nicht selten auch mich mit. Die Architektur des Gebäudes, die reiche Innenausstattung, die purpurroten Sessel, die Vergoldung, die verschnörkelten Kandelaber und der festliche Charakter des Saals – all das machte auf mich einen gewaltigen Eindruck. Die erste Oper, die ich hörte, war der »Dämon« von Rubinstein, nach dem gleichnamigen Poem von Lermontow. Das phantastische Sujet, die ungewöhnlichen Kostüme, die zauberhaften Dekorationen, die die rauhe Gebirgslandschaft des Kaukasus darstellten, und die Versuchung der schönen, ihren tödlich verunglückten Verlobten beweinenden Tamara durch den Dämonen faszinierten mich so, daß ich das alles in unserem Haustheater nachspielen wollte. Zusammen mit Schulkameraden machten wir aus Zeichenkarton und Buntpapier Dekorationen, schneiderten aus Stoffresten, die aus Mamas Handarbeiten stammten, selbst die Kostüme, repetierten Lermontows Poem und ergänzten das Libretto durch eigene Episoden. Schließlich war alles fertig, die Premiere sollte am 22. Januar 1924 stattfinden.

Am Abend des 21. Januar ging plötzlich die Dampfsirene des »Bolschewik« los, sie tutete langgezogen und ununterbrochen. Es folgten die Nachbarbetriebe; ihre Signale verschmolzen zu einem beunruhigenden Geheul. Plötzlich verstummten alle Sirenen, es trat eine unheilvolle Stille ein. Aber nach einigen Minuten forderte gewissermaßen der »Bolschewik« mit seiner mächtigen Stimme die anderen wieder dazu auf, in das traurige Lied einzustimmen. Das geschah mehrere Male hintereinander. Wir hatten die letzten Vorbereitungen unterbrochen und fragten Mutter:

»Was ist los? Warum tuten die Fabriksirenen? ...«

Meine Mutter war konfus. Alles fiel ihr aus der Hand.

»Es ist etwas Furchtbares passiert«, sagte sie mit zitternder Stimme. »Vielleicht ist Krieg. Wo bleibt denn Vater so lange?«

Er hätte längst aus der Fabrik zurück sein müssen, aber er kam nicht. Meine Freunde zogen sich rasch an und eilten nach Hause. Mutter und ich warfen uns einen Mantel über und traten auf die Veranda. Hier, im Freien, schien das Heulen noch schrecklicher. Voller Unruhe gingen wir wieder ins Haus. Wir setzten uns in eine Ecke des Diwans und begannen zu warten, wobei wir auf das Sirenengeheul lauschten. Vor meinem geistigen Auge zogen bruchstückhaft Erinnerungen vorbei – entsetzliche Bilder aus dem Bürgerkrieg: Soldaten mit Bajonetten auf den Gewehren, Maschinengewehrsalven. Mama stellt sich in irgendeinem Torbogen schützend vor mich, es rennen Menschen vorbei, jemand stürzt von einer Kugel getroffen hin, das Weinen von Frauen und Kindern. Sollte wirklich wieder Krieg sein? ...

Da trat Vater müde und hohlwangig ins Zimmer. Wir liefen ihm entgegen. Er sah unsere fragenden Blicke und antwortete:

»Lenin ist gestorben ...«

Was empfand in diesem Augenblick ein achtjähriger Junge? Für Politik interessierte ich mich überhaupt nicht. Aber es gab zwei Namen, die ich seit meiner Kindheit kannte: Lenin und Trotzki. Ein populäres Scherzlied hatte sich mir eingeprägt:

»Ich sitz' auf einem Faß, und unterm Faß ist Brei, und Lenin – Trotzki sagten, daß Rußland unser sei!«

Niemand hatte damals etwas von Stalin gehört. Sein Name begann erst Ende der zwanziger Jahre in den Vordergrund zu rücken.

Mit Lenins Namen verbanden alle gedanklich die NÖP, die fast von heute auf morgen das Leben verbessert hatte. Daß Tscherwonzen eingeführt wurden und daß Milliarden von Papierrubeln verschwanden, mit denen man schon die Wände zu tapezieren begann, das war auch Lenins Verdienst. All das hatte den Menschen ein Gefühl der Sicherheit gegeben, sie glaubten, das Schlimmste hätten sie nun hinter sich und die Zukunft würde nur noch Gutes bringen. Ich hatte nichts von Lenins Krankheit gewußt, auch davon nicht, daß er schon seit Monaten nicht mehr arbeitsfähig war und daß andere das Land regierten. Die ständige Anwesenheit Lenins, selbst wenn er sich irgendwo weit weg in Moskau befand, schien mir als etwas Selbstverständliches und Beständiges, was mich schützte und behütete und was unserer Familie ein glückliches Leben bescherte. Und plötzlich war Lenin tot. In meinem kurzen Leben hatte ich schon viele Tote gesehen. Aber mir war es als unvermeidlich, ja sogar als natürlich erschienen, daß Menschen, die gegeneinander kämpften, starben. Es war Krieg, ringsum wurde geschossen, wer Glück hatte, konnte sich retten. Aber dort, weit entfernt im Kreml, standen Lenin und sein Mitstreiter Trotzki über allem. Und solange sie da waren, hatte das, was ringsherum geschah, einen bestimmten Sinn. Mich hatte das niemand gelehrt, mein Vater sprach mit mir nicht über Politik. Ich hatte das irgendwie mit meinem eigenen Verstand erfaßt. Und jetzt war Lenin tot. Bei den Worten des Vaters »Lenin ist gestorben« hatte ich das Gefühl, daß mein Herz stehenblieb. Ich brach in Tränen aus, rannte aus dem Zimmer und konnte mich lange nicht beruhigen.

Durch die geschlossene Tür hindurch hörte ich, wie der Vater mit gedämpfter Stimme zur Mutter sagte, der Tod Lenins wäre ein riesiger Verlust.

»Lenin verstand«, so flüsterte dumpf mein Vater, »daß das Experiment mit dem Kriegskommunismus das Land an den Rand des Abgrunds gebracht hatte. Aber er besaß genügend gesunden Menschenverstand, um das Ruder herumzuwerfen. Wer weiß, ob seine Nachfolger diesen neuen Kurs weiter verfolgen. Sie sind alle Fanatiker. Wieder wird man anfangen, den Leuten zweifelhafte Ideen aufzuzwingen. Aber zuerst wird der Kampf um die Macht entbrennen. Sie werden anfangen, sich gegenseitig die Kehle durchzuschneiden ...«

Ich begriff nicht, warum Vater so schlecht über die Mitstreiter Lenins redete. Es waren doch seine Schüler, die Fortsetzer seiner Sache ...

Noch schluchzend trat ich ins Wohnzimmer. Der Vater ließ mich neben sich auf dem Diwan Platz nehmen. Er fragte, wie es um unsere für morgen vorgesehene Premiere stünde.

»Das Theater ist geschlossen, wegen der Trauer«, erklärte ich mit Entschiedenheit.

Und sofort ging ich daran, mit schwarzer Farbe über die rote Stoffbahn zu schreiben: »Die Aufführung der Oper ›Dämon‹ fällt wegen Lenins Ableben aus.«

Wladimirow kam. Er verbarg seinen Kummer nicht. Die Tränen standen ihm in den Augen. Er umarmte den Vater, lehnte den Kopf an seine Brust und begann wie ein Kind zu weinen.

»Wir sind verwaist«, wiederholte er, »ganz verwaist. Es gibt niemand, der Iljitsch ersetzen könnte. Was wird bloß mit uns geschehen?«

»Wir müssen Mut fassen«, beruhigte ihn der Vater. »Das Leben geht weiter. Wir dürfen nicht verzagen ...«

Wladimirow wischte sich die Tränen ab und bat Mutter wegen seiner Schwäche um Verzeihung. Nachdem er auf das nicht aufhörende Geheul der Sirenen gelauscht hatte, sagte er:

»Es ist Zeit, zum Trauermeeting zu gehen ...«

Ich bat darum, mitgehen zu dürfen, und Vater nahm mich mit. Auf dem Fabrikplatz hatte sich eine riesige Menschenmenge angesammelt. Trotz des Schnees und des kalten Windes standen alle barhäuptig da. Auf einer aus Brettern gezimmerten Tribüne, die in schwarzes und rotes Tuch gehüllt war, standen irgendwelche Leute. Dort hinauf begab sich Wladimirow. Vater und ich blieben nicht weit davon entfernt stehen. Das Sirenengeheul verstummte. Das Blasorchester, dessen Musiker Laien waren, intonierte einen Trauermarsch. Von neuem zog sich mir die Kehle zusammen und stiegen mir Tränen in die Augen. Der Vater, der meinen Zustand bemerkte, preßte meine Hand zusammen, bis sie beinahe schmerzte, und mir wurde etwas leichter um das Herz. Zuerst sprachen die, die auf der Tribüne standen. Dann stieg ein Arbeiter nach dem anderen hinauf. Alle erfaßte der Kummer. Immer von neuem ertönten Trauermelodien. Das Leid war unheilbar. Das Meeting dauerte bis lange nach Mitternacht. Danach hatte Kiew wie das ganze Land Staatstrauer. In Moskau schworen die führenden Leute, die Sache Lenins fortzusetzen. Wir glaubten ihnen.

Das Leben verlief allmählich wieder wie sonst. Der rote Direktor des »Bolschewik« nahm wie früher seine direkten Aufgaben wahr. Im Betrieb hielt er sich nur in der ersten Tageshälfte auf. Dann übergab er die Leitung dem Chefingenieur, eilte zu Onkel Iwan, zu den Pferden, für die er seit den verwegenen Streifzügen der Division Kotowskijs eine Schwäche hatte. Er liebte besonders eine junge Stute namens Aïda, eine braune Schönheit mit feurigen kastanienbraunen Augen, einem hochgereckten Hals und einer pechschwarzen Mähne. Wladimirow sattelte sie selbst und führte sie auf dem Platz herum. Dann legte er einen Umhang aus weißem Filz um seine Schultern, gürtete sich einen Kampfsäbel – ein Geschenk Budjonnyjs – um und ritt, nachdem er gewandt aufgesessen war, aus dem Tor hinaus auf die andere Seite der Chaussee. Hier gab er Aïda die Sporen und galoppierte über das bis zum Horizont reichende Feld. Den gezogenen Säbel schwingend, als ob er unsichtbaren Feinden die Köpfe abhauen wollte, raste er, Staubwolken aufwirbelnd, dahin, bis nach Swjatoschino, der einst aristokratischen Vorstadt Kiews. Nach ein paar Stunden kehrte Wladimirow auf der schaumbedeckten Stute glücklich und energiegeladen zurück ...

Diesem Menschen, einem treuen Soldaten der Revolution, blieb das Los nicht erspart, das viele seiner Mitkämpfer ereilte. Nach einer gewissen Zeit wurde Wladimirow in die damalige Hauptstadt der Ukraine, nach Charkow, versetzt. Hier war er Direktor eines Projektierungsinstituts für Betriebe des Schwermaschinenbaus.

Zu Beginn der dreißiger Jahre wurde er auf Grund einer Denunziation verhaftet und erschossen. Seine Frau war ein ausreichender Grund, Wladimirow zu einem japanischen Spion zu erklären.

»Eine Tasse Tee«

Das Feld, über das einst Wladimirow, der rote Direktor des Werks »Bolschewik«, dahinjagte, ist schon lange bebaut. Den größeren Teil nimmt das von vielstöckigen Wohnhäusern umgebene Filmstudio »Dowschenk« ein. In den zwanziger Jahren wurde die freie Fläche für die Erprobung von Flugzeugen genutzt, die der hinter unserem Anwesen gelegene Betrieb »Remwosduch« herstellte. Es handelte sich um leichte Doppeldecker, die aus einem mit Wachsleinwand bespannten Gerippe bestanden und mit einem kleinen Motor sowie einem aus Hartholz gefertigten Propeller ausgestattet waren. Die Jungen aus der ganzen Umgebung warteten auf den Augenblick, wo aus dem Tor von »Remwosduch« ein neuer Flugapparat herausgerollt wurde. Wir versammelten uns um ihn herum, wohl wissend, daß bald unsere Hilfe gebraucht wurde. Sie bestand darin, daß wir uns alle auf das Schwanzteil legen und das Flugzeug festhalten mußten, bis der Mechaniker es durch Drehen des Propellers schaffte, daß der Motor ansprang. Sobald ihn der Pilot auf die zum Start erforderlichen Touren gebracht hatte, mußten wir im geeigneten Moment auf ein Kommando des Mechanikers alle auf einmal vom Flugzeug abspringen, das dann über den Rasen rollte, immer schneller wurde und sich schließlich, begleitet von unseren Freudenschreien, in die Luft erhob. Nachdem das Flugzeug einige Runden über dem Feld gedreht hatte, setzte es zur Landung an. Wir rannten Gott weiß wohin, danach versammelten wir uns wieder um das Flugzeug und sahen begeistert zu, wie der Pilot aus der Kabine kletterte. Er war ganz in Leder gekleidet und hatte eine Kappe und eine Brille auf, wodurch er einer Libelle ähnlich sah.

Hinter »Remwosduch« befand sich ein weiterer interessanter Betrieb, eine Fabrik, die einem gewissen Smirnow gehörte und Sportgeräte herstellte. Als sich der Winter näherte, entschloß sich Vater, dort einen »finnischen Schlitten« mit langen Kufen und hohem Sitz zu bestellen. Als er zu Smirnow ging, nahm er mich mit. Der Betrieb war nicht groß, es arbeiteten dort etwa zwanzig Leute, aber alle waren Meister von höchster Qualifikation. Der Besitzer der kleinen Fabrik war ein hochgewachsener Mann von sportlichem Aussehen, der uns den Fertigungsprozeß erläuterte. Die Besichtigung begann im Holzlager, wo bei einer bestimmten Temperatur im Laufe mehrerer Monate, machmal auch Jahre, Holz trocknete. Das wurde für besonders wichtig gehalten, damit sich die Erzeugnisse nicht verzogen. Übrigens wurden bei Smirnow auch Propeller im Auftrag von »Remwosduch« hergestellt. Unmittelbar neben dem Lager befand sich die Abteilung für Holzbearbeitung, dann folgten die metallverarbeitende Abteilung, die Kammer für Nachbehandlungen und die Lackiererei. Die Fertigerzeugnisse hatten ein sehr ansprechendes Aussehen und wurden wegen ihrer ausgezeichneten Qualität gerühmt. Auf der Basis der kleinen Fabrik hätte ein ganzes Kombinat für die Herstellung von Sportgeräten entstehen können. Aber Anfang der dreißiger Jahre wurde Smirnows Betrieb geschlossen und der Besitzer nach Sibirien deportiert, die Meister liefen auseinander, und die gut organisierte Herstellung von Sportgeräten wurde eingestellt. Solche Erzeugnisse wie die von Smirnow sind mir niemals mehr unter die Augen gekommen.

Im Stadtbezirk, in dem sich das Werk »Bolschewik« befand, wohnten nicht nur Arbeiter. Ganz in der Nähe, im Grünen, standen Gebäude der Kiewer Polytechnischen Hochschule. Hier befanden sich im Gelände verstreut auch Einfamilienhäuser von Professoren und Studentenwohnheime. Daher tummelte sich im gegenüber liegenden Puschkin-Park, wo es sommers ein Freilichtkino und winters eine Schlittschuhbahn gab, ein sehr buntes Völkchen. Damals wurden in der Hauptsache amerikanische Filme gezeigt: »Herrin der Welt«, der aus dreizehn Teilen bestand, der fünfteilige Film »Königin der Wälder«, der vierteilige Film »Haie von New York«, »Blut und Sand« mit Rudolph Valentino und »Der Dieb von Bagdad« mit Douglas Fairbanks. Es wurden übrigens auch europäische Filme aufgeführt: »Die Nibelungen«, »Dorothy Vernon«, »Der lachende Mensch«. Einen unvorstellbaren Menschenauflauf verursachte der Besuch der berühmten amerikanischen Filmstars Mary Pickford und Douglas Fairbanks in Kiew. Sie waren zu Filmarbeiten in unser Land gekommen, wo im Studio »Meschrabpom Rusj« die Filmkomödien »Küß Mary« und »Eine Tasse Tee« unter Teilnahme von Igor Iljinskij gedreht wurden. Diese Filme, die sehr rasch in die Kinos kamen, hatten im Puschkin-Park großen Zulauf. Sie wurden selbstverständlich zuerst auf dem Kreschtschatik in einem luxuriösen Filmtheater gespielt, das den Kiewern unter dem alten Namen »Schanzer« – so hieß sein Besitzer in der Zeit vor der Revolution – bekannt war.

Der Kreschtschatik war damals nicht so breit und wirkte nicht so kalt und imposant wie heute. Aber er hatte seinen Reiz, besonders zwischen dem Duma-Platz (jetzt Platz der Oktoberrevolution) bis zur Funduklejowskaja (heute Leninstraße). In diesem Abschnitt befanden sich fünf Kinos, darunter auch das »Schanzer« mit einem großen Foyer, mit verzierten Marmorsäulen, mit Spiegeln in vergoldeten Rahmen und verschnörkelten Wandleuchten im Stil des Art Nouveau. Neben ausländischen Filmen liefen auch Streifen der jungen sowjetischen Filmindustrie, z. B. der Film »Die Ziegeleiarbeiter« nach einem Szenarium, das nach einem damals populären Scherzlied gestaltet war. Er handelte von der Liebe zwischen einer mit dem Mischen von Ton beschäftigten Arbeiterin und Senjka, der nach seiner Ernennung zum roten Direktor der Ziegelei zum »Genossen Semjon« wurde. Auf dem Kreschtschatik gab es fast in jedem Gebäude im Souterrain Lokale, auf deren Aushängeschild in geschnörkelten Buchstaben »Billard – Bier« stand. Hier vertrieben sich Männer nach der Arbeit die Zeit damit, daß sie Dame spielten und das schäumende Getränk genossen. Unmittelbar auf dem Bürgersteig wurden aromatisch duftende Cremewaffeln in speziellen Backgeräten hergestellt. Hier verkauften kleine Jungen aufblasbare, laut quietschende »Teufelchen« und in Holzschachteln gepackte »Iriski«, schokoladeüberzogene viereckige Pralinen. Es gab unzählige Cafés. Ihre Namen wie »Semadeni«, »Mikado«, »Valentin« prangten auch auf den Schildern in den angrenzenden Straßen. Viele gehörten Privatbesitzern mit eigenen kleinen Bäckereien. Solche Cafés bestanden gewöhnlich aus zwei Räumen. Im vorderen Raum wurden an einem Ladentisch Backwaren zum Mitnehmen verkauft. Im hinteren Saal standen viele Marmortischchen und Korbstühle. Hier verzehrte man in aller Ruhe Kuchen, Torte oder Eis, und man trank Limonade, Kaffee, Tee, Kakao oder Schokolade. Es gab immer genügend Platz, immer waren freie Tischchen vorhanden. In Hauseingängen, Toreinfahrten und kleinen Auslagen boten Personen mit – wie man heute zu sagen pflegt – individueller Erwerbstätigkeit – modische Lederjacken in allen Farben, Schuhe und Damentaschen zum Verkauf an. Überhaupt war der Überfluß an Ledererzeugnissen erstaunlich. Offenbar standen privaten Gerbern aufgrund dessen, daß im Bürgerkrieg viele Pferde und Rinder umgekommen waren, die verschiedensten Tierhäute in Hülle und Fülle zur Verfügung. Sie wurden selbst unter den unglaublich schwierigen Verhältnissen der

damaligen Zeit geborgen und von irgend jemandem verarbeitet, und als es dank der NÖP möglich wurde, von neuem zu produzieren, machten sich Schneider und Kürschner an die Arbeit und versorgten das Land buchstäblich binnen wenigen Monaten mit Lederwaren. Wenn ich daran zurückdenke, muß ich mich über unsere heutige Armut nur wundern. Immer wieder lesen wir in den Zeitungen und sehen wir auf dem Bildschirm, wie in den Dörfern Zehntausende von Tierhäuten vergraben werden, weil Instruktionen, die irgend jemand erdacht hat, die Ablieferung dieses für unser Land so notwendigen Rohstoffes derart erschweren, daß es für den Bauern, der ein Stück Vieh geschlachtet hat, einfacher und bequemer ist, das Fell zu verscharren. Außerdem sind keine kleinen Gerbereien vorhanden, und Betriebe wie Zentrosojus oder staatliche Stellen zeigen kein Interesse für die Lederherstellung. Daher kaufen wir für Devisen gegerbtes Leder in Spanien, in der Türkei oder in Griechenland, und unsere eigenen Tierhäute verfaulen in der Erde.
Der Kreschtschatik war damals der beliebteste Ort für Spaziergänge, Verabredungen und Rendezvous. Dort stellten futuristische Maler ihre Bilder aus, sangen Laienmusikanten zur Harmonikabegleitung lustige Liedchen und erheiterten Straßenclowns und Zauberer die Passanten. Und noch eine Sache lockte das Publikum hierher. Von Zeit zu Zeit erschien hier ein junges Paar, das vollkommen nackt war und nur ein schmales Band mit der Aufschrift »Nieder mit der Scham« über der Schulter trug. Kurzum, der Kreschtschatik war damals wegen seiner Extravaganz berühmt.
Irgendwie freundete ich mich mit dem Filmvorführer des Puschkin-Parks, Fedja, an. Er war wesentlich älter als ich und verhielt sich trotzdem freundlich zu mir. Großzügig erlaubte er mir, die Schachteln mit den Filmen heranzuschaffen oder neben ihm in der Filmvorführbühne zu sitzen, und manchmal, wenn Fedja mit seiner Freundin – einer Komsomolgöttin, die eine schwarze Lederjacke und ein rotes Halstuch trug – spazieren ging, durfte ich Telefondienst machen. Darüber war ich unglaublich stolz, und ich hatte das Gefühl, Verantwortung zu tragen. Da von den Filmen, die auf dem Kreschtschatik gespielt wurden, nur eine Kopie existierte, mußte jeder Filmteil nach seiner Vorführung im Hauptkino gleich in den Puschkin-Park gebracht werden. Diese Operation strapazierte immer sehr meine Nerven. Damit zwischen den Filmteilen keine Pause eintrat, war ein zuverlässiger Transport erforderlich. Die Straßenbahn fuhr

zu langsam und nicht regelmäßig. Man konnte natürlich eine Expreß-Droschke mieten, das war damals das schnellste Beförderungsmittel, kostete aber ein Heidengeld. Ich wandte mich an den Direktor des »Bolschewik«, Wladimirow, und er half uns aus der Klemme: Er gestattete Onkel Iwan, uns eine einspännige Kutsche und eins der mir vertrauten Pferde zu geben. Fedja und ich jagten mit den Filmschachteln die Brest-Litowsker Chaussee und den Bibikow-Boulevard entlang zum Kreschtschatik und die gleiche Strecke wieder zurück und erledigten diese Operation ohne Panne, während der zweite Filmvorführer den nächsten Filmteil abspielte. Als ich die Schachtel mit dem Film »Eine Tasse Tee« mit stolzgeschwellter Brust auf den Knien hielt, wollte es der Zufall, daß die Heldin des Films, die vergötterte Mary Pickford, neben mir in der einspännigen Kutsche saß.

Wie es war

Fahrten in die Stadt waren für mich immer ein großes, aber seltenes Vergnügen. Im Oktober ging ich in der nahe gelegenen Schule in die erste Klasse, aber zweimal in der Woche lernte ich mit einem Repetitor, der ins Haus kam, abends Deutsch und Englisch. Ich sträubte mich gegen diese Stunden, ohne zu ahnen, wie wichtig die Beherrschung von Fremdsprachen einmal für mich sein würde. Die Eltern, fest davon überzeugt, daß mir diese Kenntnisse in meinem Leben – egal, welchen Beruf ich einmal ergriffe – von Nutzen sein würden, hielten mich fest an der Kandare. Ich mußte nachgeben, aber als Belohnung versprachen sie mir für gutes Verhalten Fahrten in die Stadt. Wenn Mama große Einkäufe vorhatte, erlaubte Vater ihr, die Kutsche zu nehmen, und Onkel Iwan fuhr uns ins Stadtzentrum. Er wartete dann an der verabredeten Stelle. Neben kleinen privaten Läden gab es auf dem Kreschtschatik und in den angrenzenden Straßen viele Geschäfte mit schönen Auslagen. Das Geschäft für Schreibwaren und Bürobedarf in der Funduklejewstraße war allen unter dem Firmennamen »Hammer« bekannt. Hier gab es nicht nur ausgezeichnete Bleistifte, Federhalter, Federn, Tagebücher, Schulhefte, Zeichenkarton und Reißzeug zu kaufen, sondern auch viele andere schöne Dinge, wie Postkarten- und Poesiealben oder bunte, mit gepreßten Blumen und mit kleinen Tieren verzierte Lesezeichen. Hier gab es Buntpapier in allen Farben des Regenbogens, Radiergummis in Form lustiger Tiere, Aquarell- und Ölfarben, kurzum, alles, was das Herz begehrte. Die Liebhaber des Kinos fanden hier auch hervorragend reproduzierte Fotos von Filmschauspielern, in der Hauptsache von Hollywoodstars. Im österreichischen Geschäft von Altmann gab es alle möglichen Wollsachen: Pullover, Sweater, Strickjacken, Socken, aber auch Schuhe. Bleistifte der tschechischen Firma Kohinoor konkurrierten mit denen von Hammer. Und nirgends gab es Käuferschlangen. Die Hauptsache war jedoch: Alles war für jeden erschwinglich, der einigermaßen verdiente.

Damals herrschte jedoch eine ziemlich große Arbeitslosigkeit. Bei der Vermittlungsstelle für Arbeitssuchende stand immer eine lange Schlange, und die Stellenvermittlung verlief schleppend. Trotzdem konnte man sich sogar mit Gelegenheitsarbeiten ernähren. Kaum zu ertragen war der Anblick herumstreunender elternloser Kinder. Dennoch sind sie mir als Kinder in Erinnerung geblieben, die den Kopf nicht hängen ließen. Fast alle handelten sie mit irgend etwas oder erboten sich, Passanten die Einkäufe nach Hause zu tragen, sie machten freilich auch lange Finger, wenn jemand nicht aufpaßte. Nach dem Bürgerkrieg bemühte man sich, die Wohnkultur in der Stadt zu verbessern. Straßen wurden gepflastert und Bürgersteige in Ordnung gebracht. Überall standen riesige Kessel, in denen Asphalt gekocht wurde. Hier wärmten sich Obdachlose bei kaltem Wetter und richteten sich zur Nacht ein. Das war ein gewohntes Bild. Die Polizei ließ sie in Ruhe, und am Morgen zerstreuten sie sich in alle Winde.

Wenn wir Einkäufe im Stadtzentrum erledigt hatten, fuhren wir öfter nach Podol. In diesem am Dnjepr gelegenen Stadtteil hatte sich einmal das Ghetto befunden. Später hatte er diesen spezifischen Charakter verloren, und viele Juden, besonders die wohlhabenden, waren in den oberen Teil Kiews gezogen. Einige von ihnen waren sehr vermögend und besaßen Fabriken oder Baufirmen. Der Millionär Ginsburg ließ z. B. in der Nähe des Kreschtschatiks das erste Wohnhochhaus mit luxuriösen Wohnungen errichten. Der Besitzer ist schon längst verschwunden, aber das Gebäude, das immer noch die Silhouette der Stadt bestimmt, heißt nach wie vor das »Haus von Ginsburg«. Allen ist auch die frühere Meringstraße bekannt; Mering ließ kurz vor der Revolution mehrere Viertel schöner Mietshäuser erbauen. Daneben befand sich eine Passage, die die Versicherungsgesellschaft Rossija errichten ließ, mit vielen Geschäften und Cafés. Alle diese Gebäude waren eine Zierde des Stadtzentrums von Kiew.

Nach der Machtübernahme durch die Sowjets gab es keine nationale oder sonstige Diskriminierung mehr. Im Gegenteil, in der Stadt gab es jüdische Schulen, ein Theater, die Synagoge, und es erschien eine Zeitung in Jiddisch. Podol blieb nach wie vor ein hauptsächlich jüdischer Stadtteil. Hier fand man die verschiedensten Werkstätten, angefangen von Schneider-, Schuhmacher-, Juwelier-, Uhrmacher- und Schlosserwerkstätten bis hin zu Kürschnereien. Die Kunden wurden sehr zuvorkommend bedient. Aufträge wurden entweder sofort erledigt, oder man erhielt die Zusicherung, daß das Bestellte von einem Boten gebracht wird. An belebten Kreuzungen und in der Nähe großer Geschäfte boten sogenannte Rotkappen ihre Dienste an; das waren Boten verschiedenen Alters, die himbeerfarbene Schirmmützen trugen und bereit waren, einen Brief, Blumen, eine Torte oder sogar ein größeres Paket bei der angegebenen Adresse abzuliefern. Außerdem gab es eine Rohrpost. Ein Telegramm, ein Eilbrief oder ein kleines Päckchen wurden in eine Kapsel gelegt, die mit Druckluft durch ein Röhrensystem im Nu in einen beliebigen Stadtteil befördert wurde; sie wurden dann vom Postboten zum Adressaten gebracht.

Podol war weithin bekannt wegen seines reichen Angebots an Fischen und wegen seines Überflusses an Obst und Gemüse. An den Piers lagen vom frühen Morgen an große flache Boote oder »Dubas«, wie sie seit den Zeiten der »Saratower Setsch«* hießen. Jedes dieser Boote wurde von acht bis zehn Mann gerudert und war für den Fall, daß ein günstiger Wind blies, mit einem türkischen Segel ausgestattet. Aber in der Regel wurde es einen großen Teil des Weges von Treidlern gezogen. Hier gab es regelrechte »Marktzeilen«: frisch gefangene Fische plätscherten in Bottichen, die auf dem Boden der Boote standen, Obst und Gemüse stapelten sich fast bis an den Rand der Boote. Der aromatische Duft von Antonowka-Äpfeln, die keinen einzigen Fleck aufwiesen, überdeckte alle anderen Gerüche. Riesengroße Wassermelonen aus der Gegend von Cherson lagerten in Haufen auf den etwas weiter entfernten Schuten. In der Nähe der großen Markthalle reihte sich Bude an Bude, wo alle möglichen leckeren Sachen zum Kauf angeboten wurden. Hinter hölzernen, mit Schnitzereien versehenen Ladentischen standen üppige, rotwangige Ukrainerinnen in bunten, um die Taille gewickelten Plachtas**; sie trugen bestickte Strickjacken und Halsketten, die aus vielen Korallenstückchen und Glasperlen bestanden. Mädchen trugen stets einen Kranz aus frischen Blumen auf dem Kopf, ältere Frauen dagegen eine eng anliegende Haube. Um die Wette priesen sie ihre Waren an: Speck, Wurst, Tauben, Wareniki*** ...

---

* Organisation der Kosaken am Unterlauf des Dnjepr im 16. Jahrhundert – Anm. d. Übers.

** Eine Plachta ist ein viereckiges hausgewebtes Stück Tuch, das in der Ukraine an Stelle eines Rocks getragen wird – Anm. d. Übers.

*** Ein mit gesüßtem Quark oder mit Früchten gefülltes Gebäck – Anm. d. Übers.

Tatsächlich konnten die hausgemachten Würste, Rjaschenka*, der gedünstete, mit Knoblauch gewürzte Speck oder die mit Sauerkirschen gefüllten Wareniki in süßer Sahne jeden Asketen verführen. In den Tagen der großen Jahrmärkte, die jeden Herbst stattfanden und auf denen Kontrakte über den Verkauf von Getreide und Vieh abgeschlossen wurden, herrschte in Podol immer ein unwahrscheinliches Gedränge. Großhändler und Käufer kamen aus allen Teilen des Landes und aus dem Ausland angereist. Das war auch beim Nischegoroder Jahrmarkt der Fall. An den Jahrmärkten beteiligten sich sowohl private als auch staatliche Betriebe. Angeboten wurde alles, was man sich nur vorstellen konnte, angefangen von Getreide, Fleisch und Obst bis zu Industrieerzeugnissen, Gebrauchsgütern, Möbeln und Haushaltswaren. Aber auch ein einzelner konnte an den vorgesehenen Stellen jede beliebige Ware in jeder beliebigen Menge kaufen, so z. B. Teeservice, Fahrräder, Musikinstumente. Es wurde nicht nur en gros verkauft, sondern auch en detail, einschließlich Waffen: Jagdbüchsen, Kleinkalibergewehre, finnische Messer**, Patronen. Obwohl der Bürgerkrieg gerade erst zu Ende war, nahm niemand am freien Verkauf von Waffen Anstoß. Jagdgewehre wurden in den privaten Jagdgesellschaften registriert, Kleinkalibergewehre dagegen nicht. Mein Vater schenkte mir ein solches der Marke »Monte Christo«, und mit ihm erlegte ich im Wald vor der Stadt Vögel, die ich ausstopfte, um mit ihnen mein Zimmer zu schmücken.
1929 sollte mein Schulfreund Koka Juschkow mit seiner Mutter in den Kinderkurort Anapa ans Schwarze Meer fahren. Sie luden mich ein, sie zu begleiten. Aber meine Eltern waren zuerst dagegen. Doch schließlich gaben sie meinen inständigen Bitten nach. An die Reise mit dem Zug bis zur Station Tichorezkaja, von wo dann ein Autobus die Kurgäste weiterbeförderte, kann ich mich noch gut erinnern. Mich verblüffte der Überfluß an Lebensmitteln, die von Einwohnern auf den Bahnstationen feilgeboten wurden. Entlang des Bahnsteiges standen auf Handtüchern, die mit Hähnen bestickt, und auf Untersetzern, die aus geflochtenem Stroh gefertigt waren, kleine

---

* Gesäuerte Milch – Anm. d. Übers.

** Kurze, in einer Scheide getragene Messer mit breiter Klinge – Anm. d. Übers.

Töpfe mit im Ofen gedämpfter Milch, die mit einer bräunlichen Haut bedeckt war, daneben lagen hausgemachte ukrainische Wurst und Speck. In gußeisernen, mit Lappen bedeckten Töpfen dampften heiße Kartoffeln, und auf Tellern lagen die berühmten kleinrussischen Buchweizenplinsen. Es gab auch Räucherfisch und Unmengen von Beeren und Obst. Zum Tee nahm man sich warmes hausgebackenes Brot, Prjaniki und Bubliki*, und heißes Wasser zum Teeaufbrühen gab es auf jeder Bahnstation; große Wasserboiler standen direkt auf den Bahnsteigen. Die Polizei jagte die kleinen privaten Händler nicht auseinander, wie es dann zu Beginn der Kollektivierung üblich wurde.

Mit Koka spazierte ich, mit Bastsäckchen voller reifer, duftender Kirschen in der Hand und Kerne spuckend, den Zug entlang.

»Weißt du«, sagte ich zu ihm, »seit ich mit meinen Eltern während des Bürgerkrieges von Petrograd nach Kiew gekommen bin, bin ich nicht wieder mit dem Zug gefahren: Damals war in den Zügen wirklich kein Durchkommen. Auf dem Boden der Waggons und auf allen drei Liegebänken – selbst in der Gepäckablage direkt unter dem Waggondach – lagen Menschen. Wenn der Zug anhielt, traute sich niemand, auszusteigen, weil man entweder seinen Platz nicht verlieren oder sich nicht von neuem durchquetschen wollte, um wieder in den Waggon zu gelangen. Ja, und auf den Stationen waren die Bahnsteige wie leergefegt.«

»Aber das ist jetzt vorbei, so etwas kann es nicht mehr geben ...«

Ich stimmte Koka zu, ohne zu ahnen, daß wir uns beide irrten (es verging nicht einmal ein Jahr, und der ganze Überfluß war verschwunden. Bauern, die man »entkulakisiert« hatte, sowie Handwerker und Gewerbetreibende, die repressiven Maßnahmen zum Opfer gefallen waren, hingen in Trauben draußen an den Zügen und zogen scharenweise, auf der Suche nach Nahrung und nach einem Dach über dem Kopf, durch das heruntergekommene, hungrige Land).

Das Leben in Anapa war nicht schlechter als das in Kiew. Kokas Mutter mietete ein Seitengebäude mit drei Zimmern und einer

---

* Prjaniki – eine Art von Pfefferkuchen; Bubliki – dicke Kringel aus Pfannkuchenteig – Anm. d. Übers.

Küche bei einer griechischen Familie, die einen gut gepflegten Obstgarten und alle möglichen Haustiere besaßen, von denen es unter dem auf Betonpfeilern erbauten Haus nur so wimmelte. Wir kauften bei ihr Ziegenmilch, Eier, Gemüse und Obst. Birnen wie die, die diese arbeitsamen Gärtner ernteten, wird man bei uns heute vergeblich suchen. In den städtischen Läden wurden alle Arten von Fleisch und frischem Fisch verkauft. Um diese Fische zu fangen, waren türkische Fischer auf ihren Feluken am Abend zuvor aufs Meer gefahren. Am häufigsten ging die »Barabulka« ins Netz – ein kleiner Fisch mit roten Schuppen, der, mit Kartoffeln und Zwiebeln zusammen gebraten, sehr gut schmeckte. Zum ersten Mal sah ich hier auch Garnelen. Damals störte es die Obrigkeit nicht, daß die Fischer, die nachts auf dem Meer fischten, ohne weiteres in die Türkei hätten fliehen können. Sie kehrten aber jedes Mal mit den frischen Gaben des Meeres zurück. Im Kaukasus und auf der Krim gab es Garnelen im Überfluß. Heute freilich fischt man nach ihnen vergebens, selbst wenn man sie mit Licht anzulocken versucht.
Von der Kollektivierung waren nicht nur die Bauern betroffen, sondern auch die Fischer. Die Grenze wurde nicht so sehr wegen fremder Eindringlinge dichtgemacht, vor allem sollte verhindert werden, daß die Leute aus der Sowjetunion fliehen. Nach Sonnenuntergang wurden die Boote in einer Umzäunung aus Stacheldraht eingeschlossen. Die Netze wurden beschlagnahmt. Die türkischen Fischer blieben arbeitslos, und bald wurden sie ebenso wie Griechen, Tataren und viele andere Gott weiß wohin umgesiedelt. Frischen Fisch gab es keinen mehr. Es gibt auch heute keinen. (Alle wundern sich, warum man in Leningrad nicht ein einziges lebendes Fischlein zu kaufen bekommt, während einem nebenan, im Hafen von Helsinki, die Augen übergehen, wenn man die Gaben des Meeres dort erblickt.) Es verödeten die Gärten, und es verkümmerte das Handwerk, ja das ganze Anapa kam herunter …
Nachdem wir den Vormittag am herrlichen Badestrand verbracht hatten, gingen wir zu dritt – Koka, seine Mutter und ich – in das Restaurant des Kurhauses Mittag essen. Man fühlte sich dort wirklich wie in einer Festhalle. Der Speisesaal und die offene Veranda, auf der Tischchen unter bunten Schirmen standen, imponierten durch ihre Größe. Die Kellner in ihren Anzügen aus cremefarbenem Lüster, in ihren Piquethemden und mit der gestärkten Serviette über dem angewinkelten Arm hatten den Stil der alten Zeiten beibehalten. Ob-

wohl ziemlich viele Kurgäste da waren, gab es immer freie Tische. Die Speisekarte war abwechslungsreich und die Bedienung tadellos. Rechts vom Eingang befand sich eine Bar, und neidvoll blickten wir des öfteren auf die jungen Herren, die dort schick gekleideten Mädchen Aperitifs spendierten.
Abends fanden im Kursaal Filmvorführungen und Tanzveranstaltungen statt. Koka und ich schlenderten dort herum, begeisterten uns an der Eleganz der Tanzenden und fühlten uns selbst einsam und verlassen. Wir lernten übrigens am Strand zwei Schwestern kennen. Die eine – die blondlockige Nina – war in unserem Alter, die andere – die schwarzhaarige Vera – war schon sechzehn. Aus irgendeinem Grunde fühlte sie sich zu mir hingezogen, während Koka Nina gefiel. Von der Seite betrachtet sahen wir zwei Paare bestimmt sehr komisch aus: Koka war für sein Alter lang aufgeschossen und daher ungelenk, Nina dagegen war zierlich und flink. Mein Mädchen war nicht nur drei Jahre älter als ich, sondern auch größer. Ich reichte ihr, mochte ich mich noch so strecken, nur bis zur Schulter. Vera war überhaupt ein voll entwickeltes Mädchen und hatte, wie sich bald herausstellte, schon einige Erfahrungen im Umgang mit Jungen. Sie schwamm hervorragend und sah im schwarzen Badeanzug, der ihre makellose Figur umspannte, besonders hübsch aus. Koka und Nina plantschten lieber im flachen Wasser, wir aber schwammen weit hinaus. Dabei empfanden wir ein besonderes Gefühl der Nähe inmitten der Wasserwirbel. Manchmal schwammen Delphine spielerisch an uns heran. Sie waren ganz zutraulich. Bei ihren Sprüngen aus dem Wasser glänzte ihre glatte Haut in der Sonne.
Wenn Vera und ich uns im heißen Sand geaalt hatten, spazierten wir eine Sandbank entlang, die sich mehrere Kilometer weit bis zum Kahlen Berg erstreckte. Der Strand war nirgends eingezäunt, es gab keine sogenannten medizinischen Solarien. Man legte sich hin, wo man wollte. Weibliche Kurgäste, die gleichmäßig streifenlos braun werden wollten, gingen einfach etwas abseits und lagen splitternackt da, ohne auf die am Ufer flanierenden Männer zu achten. Während solcher Ausflüge bot sich mir Gelegenheit, die Verschiedenartigkeit der weiblichen Körperformen zu studieren. Vera, die neben mir ging, tadelte meine Neugier nicht, vielleicht deshalb, weil sie wußte: Ihre Figur war besser als die der meisten, die da ausgebreitet im Sand lagen.
Abends nach dem Kino waren wir bemüht, uns von unseren Freun-

den abzusondern, weil wir sie einfach für infantil hielten. Immer wenn uns das gelang, gingen wir zum Kahlen Berg, wo wir zwischen den Muschelkalkfelsen zufällig eine kleine Kuhle entdeckt hatten. Von dort konnte man auf das weite Meer hinausblicken. Das Mondlicht zeichnete einen schwankenden Pfad auf die Wasseroberfläche. In der Ferne blinkten die Laternen der Fischerboote. Die Sterne des schwarzen südlichen Himmels schienen ganz nah. Eine geheimnisvolle Stille umgab uns, die wir gerade erst ins Leben traten. Vera lehrte mich hier das ABC der Liebeskunst. Was uns noch vereinte, war unsere Begeisterung für die romantischen Erzählungen Alexander Grins. Wir lasen sie uns gegenseitig vor und spazierten dann durch die kleinen Gassen von Anapa, die so sehr an die vom Dichter geschilderten phantastischen Küstenstädtchen erinnerten. Wir versetzten uns in seine Helden, ließen den Blick über das Meer in die Ferne schweifen und glaubten, daß am Horizont die »roten Segel« auftauchen müßten.

»Ich möchte auf einem solchen Märchenschiff weit, weit fortsegeln«, sagte Vera verträumt, »Grins echte Surabaner und die alten Festungen sehen und dann den schrecklichen Piraten in die Hände fallen, damit du mich rettest ...«

»Ja, natürlich rette ich dich«, schwor ich. »Wir werden uns unbedingt wiedersehen, wenn ich erwachsen bin. Ich werde Schiffskapitän und nehme dich dann auf eine Weltreise mit ...«

Ich erzählte ihr von den Erlebnissen meines Vaters, der nach seinem Studium an einer Hochschule für Schiffstechnik auf einem Schiff von Petersburg bis nach Odessa fuhr. In bunten Farben schilderte ich Gibraltar und das Goldene Horn von Istanbul, seine Blaue Moschee und die byzantinische Hagia Sophia. Als ich viele Jahre später in Istanbul und auf den Inseln der jugoslawischen Adria weilte, die den von Grin geschilderten Landschaften so ähneln, erinnerte ich mich jedesmal der gemeinsamen Kindheitsträume, die wir in jenem letzten gesegneten Sommer Anapas im Jahre 1929 hatten ...

Dieser ganze Überfluß, diese ganze Lebensweise währte bis zum Beginn der Kollektivierung, und zwar nicht nur in den Städten. In jedem beliebigen Dorf der Ukraine konnte man an einem heißen Sommertag an die Tür des ersten besten Bauernhauses klopfen und um ein Glas Wasser bitten, und man erhielt einen Krug voll kalter Milch aus dem Keller, ein Stück hausgebackenen Brotes und dazu noch ein Stück Speck oder etwas Wabenhonig. Man wurde freigiebig auf das herzlichste bewirtet. Niemand nahm dafür Geld ... Und in diesem Landstrich, wo alles überreichlich vorhanden war, führte die zwangsweise Kollektivierung dazu, daß zwei Jahre später eine schreckliche Hungersnot herrschte, der Millionen von Menschen zum Opfer fielen.

Manche unserer Ökonomen, sogar diejenigen, die die drakonischen Maßnahmen der Kollektivierung kritisieren, vertreten die Meinung, daß unser Land Ende der zwanziger Jahre unter den Bedingungen der individuellen bäuerlichen Wirtschaft nicht genügend Getreide produzieren konnte, um es zu exportieren und die für die Verwirklichung der Industrialisierungspläne benötigten Devisen zu erhalten. Vielleicht haben sie recht, obwohl man nicht nur das Getreide in Betracht ziehen kann. Die individuelle bäuerliche Wirtschaft versorgte das Land mit Fleisch, Milch, Obst und Gemüse. Zum Bereich der individuellen Erwerbstätigkeit gehörten auch die Dienstleistungssphäre, die Erzeugung von Nahrungsmitteln und handwerklichen Produkten, die Schneider und die Uhrmacher, die Schuster und die Konditoren. Ich möchte mich hier jedoch nicht auf theoretische Auseinandersetzungen und Auslegungen einlassen. Ich möchte einfach zeigen, *wie es war* und was als Folge der totalen Kollektivierung geschah, wenn auch nur am Beispiel Kiews, wo ich alles, was sich ereignete, mit meinen eigenen Augen sah. Zerstört wurde die ganze Infrastruktur der Dienstleistungen, es verschwanden die privaten Gewerbetreibenden, die kleinen Ladenbesitzer, die Schuhmacher, Schneider und Uhrmacher, man schloß die große Markthalle, riß die Buden in Podol ab und verjagte die rotbäckigen Mädchen, die die Passanten mit hausgemachten Wareniki bewirteten. Man konfiszierte die flachen Boote, die bald darauf an den menschenleeren Ufern des Dnjepr verfaulten. Den Konzessionären empfahl man, sich nach Hause zu scheren. Und es gab in der Stadt nichts mehr zu kaufen, es war, als ob ein Wirbelsturm über sie hinweggefegt wäre.

Und noch ein Gedanke läßt mir keine Ruhe. Fünf Jahre lang dauert in der Sowjetunion schon die »Perestrojka«, doch wird das Leben in unserem riesigen Lande, das reich an begabten Menschen, an Bodenschätzen und fruchtbaren Böden ist, immer schwerer. Wie aber war es möglich, daß Anfang der zwanziger Jahre ein Zeitraum von nur etwa eineinhalb Jahren genügte, um nicht nur »das Volk satt zu machen«, wovon wir heute schon lange träumen, sondern auch wieder einigermaßen geregelte Verhältnisse herzustellen und einen inzwischen nicht mehr gekannten Überfluß zu schaffen – und das nach drei Jahren Weltkrieg, gefolgt von vier Jahren militätischer Intervention und blutigen, brudermörderischen Bürgerkrieges, in denen unter dem Kriegskommunismus alles unbarmherzig requiriert wurde?

Damals, in den zwanziger Jahren, gab es keine Glasnost wie heute. Es gab ziemlich strenge Verhaltensregeln für die Bürger. Die Zentralmacht hielt die Zügel straff in der Hand. Aber irgendwie beunruhigte das die Hauptmasse der Bevölkerung nicht. Nach den langen Jahren des grausamen Bürgerkrieges, der allgemeinen Unsicherheit und des Hungers sehnten sich die Menschen nach einem ruhigen und geordneten Leben, vor allem wollten sie satt zu essen haben. All das gab ihnen die Neue Ökonomische Politik, und das in kurzer Zeit. Das Volk beruhigte sich und fing an zu arbeiten. Alles geschah meines Erachtens deshalb in so kurzer Zeit, weil die dafür erforderlichen Menschen vorhanden waren. Die Bauernsöhne, die der langen Kriegsjahre überdrüssig gewesen waren, hatten sich geweigert, in den Schützengräben des Weltkrieges weiterzukämpfen, sie verbrüderten sich mit dem Feind und verließen die Front. Da sie aber den Versprechungen der Bolschewiken glaubten, ihnen Land zu geben, waren sie bereit gewesen, die Entbehrungen und Leiden des Bürgerkrieges vier Jahre lang zu ertragen, und verhalfen der Sowjetmacht zum Sieg. Als es zu Beginn der NÖP möglich wurde, den eigenen Boden zu bearbeiten, ernährte die Bauernschaft mit einer einzigen Ernte das ganze Land. Auch die Handwerker und diejenigen, die in der Vergangenheit in der Dienstleistungssphäre beschäftigt gewesen waren, hatten darauf gewartet, ungehindert ihre Tätigkeit wieder aufnehmen zu können. Wichtig war außerdem, daß die schwere Zeit, die nun vorüber war, das Denken und Fühlen der Menschen nicht nachteilig verändert hatte. Die riesigen Menschenmassen dürsteten nach Arbeit, die ihnen Befriedigung geben und Einnahmen verschaffen sollte. Im richtigen Augenblick erschien der Tscherwonez, und die Tatsache, daß es Lebensmittel und Verbrauchsgüter gab, bewies anschaulich, daß es Sinn hatte, gut zu arbeiten. Selbstverständlich gab es auch damals den Widerstand des Parteiapparats. Wir wissen, wie entschieden Lenin dagegen ankämpfte. Er gewann die Oberhand, weil seine Autorität unanfechtbar war und weil die »Apparatschiks« noch nicht ihre Stellung festigen konnten. Die NÖP existierte ganze acht Jahre lang. Danach

aber wurden die Bauern gewaltsam und rücksichtslos ihres Bodens beraubt, von dem sie jahrhundertelang geträumt hatten, und das schlug eine Wunde, die noch heute blutet.
Warum können wir heute nicht die Erfahrungen des Beginns der zwanziger Jahre nutzen? Zuerst glaubten viele, durch Verwendung von Elementen der NÖP werde es unter den heutigen Bedingungen gelingen, die Lage rasch zu verbessern. Wie viele kühne Ideen wurden seit April 1985 entwickelt, und wie viele Beschlüsse wurden auf höchster Ebene gefaßt, aber die Sache ist nicht vom Fleck gekommen.
Abgesehen von all dem, was uns über die Hemmnisse der Perestrojka bekannt ist, gibt es meines Erachtens zwei Hauptursachen: erstens die auf verschiedenen Ebenen unangetastet gebliebenen Strukturen des administrativen Kommandosystems, das eine Befreiung der Arbeit verhindert, und zweitens die durch das stalinistische Regime deformierte Denkweise eines bedeutenden Teils der Bevölkerung. Die Verbotsmechanismen und die psychologische Gleichmacherei, die negative Einstellung zu denjenigen, die nicht nur arbeiten, sondern auch gut verdienen möchten, die allgemein niedrigen Anforderungen an die Lebensqualität, die Trägheit und die Gleichgültigkeit – all das potenziert sich, wenn Nahrungsmittel und Güter des Grundbedarfs nicht frei verkäuflich sind und die Kaufkraft des Rubels sinkt.
Konnte man auf eine Wende zum Besseren hoffen, wenn der Bauer nicht die Gewißheit hat, daß seine Kinder, Enkel und Urenkel den ihm zur Verfügung gestellten Boden bearbeiten können; wenn der Leiter eines Kolchos oder Sowchos zu jeder beliebigen Zeit unter diesem oder jenem Vorwand das individuell bewirtschaftete Land wieder beschlagnehmen kann; wenn Beamte die Möglichkeit haben, jeden Augenblick ruinöse Besteuerungen einzuführen; wenn die Mitglieder einer Genossenschaft, die ehrlich arbeiten, von der Willkür der Behörden abhängen; wenn der private Unternehmer, wie auch der private Landwirt, keine Möglichkeit hat, Arbeiter auf Zeit in der benötigten Anzahl einzustellen; wenn die Zwischenhändler fehlen, welche bereit sind, dem Erzeuger die Erzeugnisse abzunehmen und sie dorthin zu bringen, wo sie gebraucht werden?
All das hätte man in den allerersten Monaten der Perestrojka regeln müssen. Man hat jedoch erst im sechsten Jahr begonnen, konkrete Maßnahmen zu treffen, und das bei sich rasch verschlechternden Le-

bensbedingungen. Jetzt wird man einige Jahre auf Verbesserungen warten müssen. Aber bleibt den Machthabern so viel Zeit?
Man kann nur hoffen, daß unser leidgeprüftes Volk nicht den Langmut verliert und daß kein schrecklicher russischer Aufstand losbricht.

»Lustige Ecke«

Im Frühjahr 1926 erhielt mein Vater einen neuen Auftrag. Als ausgebildeter Ingenieur für Schiffsbau wurde er zur Projektierung einer neuen Werft am Dnjepr herangezogen. Sie wurde auf der Basis des Maschinenbaubetriebs »Lenin-Schmiede« errichtet, dessen Chefingenieur mein Vater wurde. Wir mußten das herrliche Anwesen des Direktors des »Bolschewik« verlassen und in das Stadtzentrum ziehen.

Schweren Herzens ging ich zum letzten Mal zu meinen »Besitztümern« im Dickicht des Gartens, kletterte auf die Eiche mit den großen, herabhängenden Ästen, wo ich mir zusammen mit Freunden eine Laubhütte gebaut hatte, und verabschiedete mich von der Grotte, wo noch vor kurzem die Maiglöckchen geblüht hatten. Ich vergaß auch nicht, zur kleinen Schmalspurlokomotive zu rennen, die hinter einer Umfriedung abgestellt war. Sie stand seit der Zeit des Bürgerkriegs einfach dort herum, aber uns Kindern bereitete sie viel Freude, weil sie unser Spiel »roter Panzerzug, der die ihn belagernden weißen Regimenter beschießt«, lebensnah zu gestalten half. Ich ahnte nicht, daß diese ganze Märchenwelt, die ich verließ, schon dem Untergang geweiht war.

Bald begann der Umbau des »Bolschewik«. Es war geplant, dort, wo sich das Anwesen des Direktors befand, eine neue Kesselschmiede zu errichten. Die Bäume wurden gerodet, und die alte Villa wurde niedergerissen. Als ich im Herbst 1930 nach der Beendigung der Siebenklassenschule zum »Bolschewik« kam, um dort als Elektromonteur zu arbeiten, war mein geliebter Garten spurlos verschwunden. »War es denn nicht möglich, den Betrieb in eine andere Richtung zu erweitern?« dachte ich. Denn auf der gegenüberliegenden Seite erstreckte sich ein weites Feld bis zum Horizont. Damals aber dachte niemand daran, daß der herrliche Obstgarten, der noch lange hätte Früchte tragen können, und die riesigen Nußbäume, auf deren Anpflanzung irgend jemand einmal viel Mühe verwandt hatte, den Menschen noch hätten Nutzen bringen können. Alles Alte wurde unter den Klängen der »Internationale« mit Begeisterung »total zerstört«, damit danach »unsere eigene, neue Welt« errichtet werden konnte.

Vater war es gelungen, Mitglied einer Wohnungsbaugenossenschaft zu werden, die gerade ein zweistöckiges Haus mit Vierzimmerwohnungen in Lipki – einst ein aristokratischer Sadtbezirk von Kiew – hatte bauen lassen. Die Genossenschaft, die sich den eher leichtsinnigen Namen »Lustige Ecke« gegeben hatte, hatte sich an der Lewaschowskij-/Ecke Institutsstraße, die später in Karl-Liebknecht-Straße und Straße des 25. Oktober umbenannt wurden, ein schönes Plätzchen ausgesucht. Die Organisatoren der Genossenschaft hatten nicht geahnt, daß sich das Leben der Bewohner des neuen Hauses überhaupt nicht so lustig gestalten würde, wie sie es sich bei seinem Bau gedacht hatten.

Wir erhielten eine Wohnung im ersten Stock. Sie bestand aus drei Zimmern, einer Küche mit einem Kochherd, der mit Holz zu beheizen war, sowie einem Badezimmer, in dem sich zugleich die Toilette und ein Warmwasserboiler befanden. In den Zimmern standen Kachelöfen; eine Zentralheizung war damals eine Seltenheit. Jede Familie hatte im Keller einen großen Verschlag, wo Holz und Steinkohlen gelagert wurden. Dort unten gab es auch einen kleinen Vorratsraum, in dem den ganzen Winter über in Fässer eingelegte Äpfel, Sauerkraut und Salzgurken aufbewahrt wurden. Für all das hatte Mama gleich im ersten Herbst gesorgt. Aus irgendeinem Grund wachte ich immer bei Tagesanbruch auf, und zu meinen Pflichten gehörte es, die Öfen anzuheizen und, sobald die Eltern aufstanden, im Herd und unter dem Wasserboiler Feuer anzumachen. Das für den ganzen Winter vorbereitete Brennholz hatten Nonnen des unweit von unserem Haus gelegenen Klosters gesägt und gespalten. Sie versorgten den Vater auch mit aromatischem Mariengras (Subrowka), mit dem Wodka angesetzt wurde. Im Kloster buk man riesige quadratische Laibe angenehm duftenden Schwarzbrots mit einem oben eingedrückten Kreuz. Wir kauften das Brot regelmäßig in der Klosterbäckerei.

Die neue Wohngegend hatte auch ihre besonderen Attraktionen. Da war der Hof, der nicht groß war, aber zum Fußballspielen doch genügend Platz bot. An der Ecke gegenüber unserem Haus lag der Sommerpark der Gewerkschaft der Angestellten des sowjetischen Handels. Dort befand sich ein Freilufttheater; wenn keine Theatervorstellung stattfand, wurden Filme vorgeführt. Vor der Revolution stand im Park die Villa des Kiewer Generalgouverneurs. Damit die Bewohner der Villa nicht von den auf der gepflasterten Straße vorbeifahrenden Kastenwagen und Kutschen gestört wurden, war un-

sere Ecke asphaltiert worden; damals wohl die einzige Stelle in unserer Stadt mit einer Asphaltdecke. Die Villa brannte während des Bürgerkrieges nieder, aber der Asphalt war geblieben, und an dieser Stelle fuhren Kinder mit Fahrrädern herum. Vater machte auch mir bald ein solches Geschenk. Nachdem ich mir mehrmals die Knie und die Ellbogen blutig geschlagen hatte, erlernte ich bald das Radfahren und begann, virtuos freihändig zu fahren, womit ich den Neid anderer Jungen erregte und die Mädchen begeisterte. Von ihnen gefiel mir die schwarzhaarige Tamara, das Töchterchen unseres Nachbarn Popodopoulos, eines NÖP-Mannes griechischer Abstammung, der eine kleine Metallfabrik besaß. Der Betrieb warf, so konnte man annehmen, keine schlechten Einkünfte ab. Tamara ging gut und schick gekleidet, sie duftete nach teurem Parfüm. Ihr Vater hatte ein eigenes Gespann: ein Pferd und eine Kutsche. Mit seiner schönen Frau, die gern Spitzen und einen verschleierten breitrandigen Strohhut trug, pflegte er abends zum Kreschtschatik zu fahren, um sich dem Publikum zu zeigen. Der NÖP-Mann, der lässig zigarrerauchend auf dem Sitz saß, rief bei den Passanten gemischte Gefühle hervor. Die einen blickten begeistert und neidvoll auf ihn, die anderen warfen ihm böse Blicke zu, als wollten sie damit drohen, daß man mit solchen übriggebliebenen »Bourgeois« noch abrechnen werde.
Ein weiterer Nachbar war Professor Sadoroschnyj, ein Kenner der ukrainischen Geschichte und Literatur. Er hatte einen Schnurrbart wie der Klassiker des vorigen Jahrhunderts, Taras Schewtschenko, trug gestickte Hemden und Pluderhosen, die in Stiefel mit Harmonika-ähnlichen Schäften gesteckt waren. Er hatte sich mit Vater befreundet. Wenn Sadoroschnyj zu uns kam und ein paar Gläser Subrowka getrunken hatte, sang er mit schöner Stimme ukrainische Volkslieder und begleitete sich selbst auf der Bandura. Er weckte auch in mir die Liebe zur Folklore, zur Geschichte und zu den Legenden der Ukraine, die eigentlich meine zweite Heimat geworden war.
Schließlich wohnte in unserem Haus noch der Vorsitzende der Genossenschaft, Naum Solomonowitsch Rotstein. Es gab damals noch keine Pässe in der Sowjetunion, und niemand ahnte, daß man sie bald einführen würde, zumal die ältere Generation noch gut im Gedächtnis hatte, wie erniedrigend die zaristische Paßordnung gewesen war. Lenin selbst hatte gesagt: »Der Paß ist der Stempel der Skla-

verei.« Als wir in die Wohnung zogen, trug Naum Solomonowitsch uns einfach in das Hausbuch ein, und damit war die ganze Sache erledigt. Er war ein sehr freundlicher Greis, der gern Ratschläge zu den verschiedensten Dingen des Lebens erteilte und immer bemüht war, mit irgend etwas zu helfen. Ohne Zweifel herrschte dank seiner Mühe und Geselligkeit in der Genossenschaft »Lustige Ecke« eine freundliche Atmosphäre, der Geist der Hilfsbereitschaft und des gegenseitigen Wohlwollens. Die Genossenschaft beabsichtigte, noch einige Wohnhäuser bauen zu lassen, und Rotstein kam oft zu uns nach Hause, um sich mit meinem Vater über Vorzüge und Nachteile dieses oder jenes Bauplans zu beraten.

Unser Stadtbezirk gefiel mir unter anderem wegen seiner herrlichen Parks, die an den Abhängen des Dnjeprufers gelegen waren: der Marien-, der Zaren- und der Kaufmannsgarten, sowie die grünen Hänge des Wladimirhügels, auf dem eine Bronzefigur des Fürsten Wladimir, des Täufers von Rußland, mit einem großen Kreuz stand. Mit elektrischen Lämpchen behängt, leuchtete es nachts. Hier befand sich in einem großen Rundbau unter einer hohen verglasten Kuppel auch das Golgatha-Panorama. Seine von den besten Malern zu Beginn des Jahrhunderts geschaffenen realistischen Bilder vom Leben und von der Kreuzigung Christi regten meine kindliche Phantasie stark an. Die Gestalten, die sich mir beim Lesen des Alten Testaments eingeprägt hatten, wurden in mir lebendig, riefen in mir ein Gefühl der Freude und Demut hervor. Anfang der dreißiger Jahre wurde das Golgatha-Gebäude zerstört, und die riesige Leinwand des Panoramas verschwand. Vielleicht ist sie nicht vernichtet worden. Sollte sie plötzlich gefunden werden, könnten unsere Zeitgenossen sich an diesem Kunstwerk erfreuen, das so eindrucksvoll die biblische Geschichte darstellt.

Am abschüssigen Ufer des Dnjepr gab es am Rande der Parks verlokkende Stellen, an denen wir Jungen spielten. Die fast senkrecht abfallenden sandigen Abhänge dienten uns als eine Art von Trampolin. Wir nahmen Anlauf, stürzten uns gleichsam in einen Abgrund, flogen durch die Luft und rutschten schließlich auf dem warmen weichen Sand fast bis zum Fluß hinab. Weiter flußabwärts, in der Nähe des Askoldgrabes, das die Überreste eines der Gründer Kiews enthielt, faszinierten uns die vernachlässigten Kasematten der Festung, die Peter der Große bald nach der Schlacht von Poltawa errichten ließ, die gegen den Schwedenkönig Karl XII. stattgefunden hatte.

Hier, in den feuchten Gängen, in den hallenden Pulverkammern und auf den Plattformen, wo an den Schießscharten einmal Kanonen gestanden hatten, konnten wir uns ungestört den Vorstellungen unserer Phantasie hingeben, indem wir Russen und Schweden, den hinterlistigen Masepa und den Märtyrer Kotschubej darstellten, Gefangene nahmen und selbst in die Kerker des Feindes gerieten ... Übrigens gingen wir manchmal auch frivoleren Vergnügungen nach. Den Marien- und den Zarenpark verband eine kleine stählerne Bogenbrücke miteinander, zwischen deren Brettern große Ritzen waren. Um jede der Metallstützen herum wuchs Gras, das mit den gelben Blüten von Löwenzahn übersät war. Wir legten uns unter die Brücke und blickten durch die Bretterritzen nach oben. Über den Steg spazierten Mädchen, ohne zu ahnen, daß irgendwelche Schlingel ihnen unter die Röcke lugten.

Die Lutherstraße

Als der Herbst nahte, mußte man daran denken, mich in einer neuen Schule unterzubringen. Die Eltern wollten, daß ich weiter Fremdsprachen lernte. Hier in der Nachbarschaft gab es aber Wohnviertel, in denen seit langem Kiewer deutschen Urspungs lebten. Durch die Kolonie der Deutschen führte die Lutherstraße (die später in Engelsstraße umbenannt wurde). Dort befand sich eine Siebenklassenschule, in der alle Fächer in Deutsch unterrichtet wurden, wogegen Russisch und Ukrainisch als Fremdsprachen angesehen wurden. Neben der Schule befand sich eine evangelisch-lutherische Kirche, deren Organist Herr Ulpe, ein älterer gebildeter Deutscher, war. Er erklärte sich dazu bereit, mein Repetitor zu werden. Obwohl ich mich schon ziemlich gewandt in Deutsch auszudrücken verstand, reichten meine Deutschkenntnisse für die dritte Klasse der Spezialschule nicht aus. Zwei Monate lang vor dem Schulanfang und danach während des ganzen ersten Semesters ging ich regelmäßig zum Ehepaar Ulpe, wo mich die eigenartige Atmosphäre einer patriarchalischen deutschen Familie umgab.

Die Ordnung und die Sauberkeit in ihrer Küche, das blitzblank geputzte Küchengeschirr, die Spitzenvorhänge an den Fenstern und der Duft der eingewachsten Eichenholztäfelung im Arbeitszimmer des Hausherrn versetzten mich in Erstaunen. In allem kamen Zufriedenheit und Wohlstand zum Ausdruck. Es erwies sich, daß Herr Ulpe überhaupt kein professioneller Organist war. Er hatte sich erst vor kurzem in den Ruhestand begeben, und bis dahin hatte er lange Zeit, sogar schon vor der Revolution, im deutschen Gymnasium, das unsere jetzige Arbeitsschule war, deutsche Geschichte und Literatur unterrichtet. Zu mir war er streng, aber er verstand es, das Interesse eines Schülers zu wecken und ihn wißbegierig zu machen. Er besaß eine Vielzahl zusammengerollter großer bunter Drucke mit Ansichten von Landschaften und deutschen Städten. Auf ihnen waren Menschen bei verschiedenen Beschäftigungen dargestellt: Handwerker, Bauern, Studenten, Kaufleute und so weiter. Es waren anschauliche Hilfsmittel für den Sprachunterricht und für die Ergänzung des Wortschatzes.

Mir sind besonders die rheinischen Landschaften mit ihren Weingärten, alten Schlössern, malerischen Furten und kleinen Kirchen mit ihren hohen Glockentürmen in Erinnerung geblieben. Lange bevor ich das Glück hatte, selbst an den Ufern des Rheins entlangzuwandern, dachte ich manchmal dankbar an diese Bilder Professor Ulpes, der mir Deutschland nahebrachte. Außer der Sprache lehrte mich mein Repetitor nun schon auf eigene Initiative noch andere nützliche Dinge: das Schleudern von Honig, das Herstellen von Reliefkarten und die Holzschneidekunst. Ulpe war stets feierlich gekleidet: Er trug einen langen Gehrock, dazu ein schneeweißes Hemd mit steif gestärktem Kragen und einer breiten Krawatte, an der eine goldene, mit einer Perle verzierte Nadel befestigt war. Er rauchte gern Zigarren. Die leeren hölzernen Zigarrenschachteln wurden für meine Metallschnittübungen verwendet. Dünne Kupferplatten, auf denen mit Grabsticheln kleine Figuren eingegraben wurden, waren ebenso wie dicker Karton und weißes Pappmaché für Reliefkarten im Geschäft der Firma Hammer in der Funduklejewstraße zu haben. Wenn ein Relief fertig war, bemalte ich es mit Ölfarben; die Gipfel der Berge weiß, ihre Abhänge grün und Wüsten gelb ... Diese Übungen gefielen mir und weckten mein Interesse für das Malen.

Zu den Freunden meiner Eltern zählte bald nach unserem Umzug nach Lipki ein sehr sympathischer alter Mann, der auch Papas Subrowka schätzte. Aber bevor er dem Schnaps zusprach, erklärte er seine Bereitschaft, mir bei jedem Besuch Malunterricht zu erteilen. Onkel Sawelij, wie ihn alle nannten, hatte seinerzeit die kaiserliche Kunstakademie in Petersburg absolviert und berechtigte als talentierter Porträtmaler zu großen Hoffnungen. Aber nach und nach ergab er sich dem Trunk und lebte in Armut in einem kleinen, etwas schiefen Blockhaus zwischen den Hügeln des Marien- und des Zarenparks. Hier befand sich noch vor der Revolution eine Gärtnerei und ein weithin bekanntes französisches Restaurant »Château des Fleurs«. Zu meiner Zeit gab es das Restaurant nicht mehr, aber die Gärtnerei existierte weiter und verbreitete in ihrem Umkreis den Duft von Rosen und Nelken. An der Südseite der Gärtnerei hatte sich für Onkel Sawelijs Hütte ein Plätzchen gefunden. Trotz seines Alkoholismus verstand er sich einfach auf alles. Er hatte sich nicht nur die Fähigkeit bewahrt, sowohl Porträts als auch Landschaften hervorragend zu malen, er konnte auch eine Spiegelkamera bauen, alte Uhren reparieren und die Geige eines alten Meisters wieder zum Tönen bringen. Onkel Sawelij brachte mir die Grundlagen der Malerei bei, die zu meinem lebenslangen Hobby wurde.

Anfang der dreißiger Jahre verschwand Onkel Sawelij plötzlich. Als er das letzte Mal zu uns kam, wußten wir bereits, daß die Gärtnerei geschlossen wird. Alle an sie grenzenden Bauten, darunter auch Onkel Sawelijs Häuschen, sollten abgerissen werden, damit an ihrer Stelle ein Stadion mit einem Fußballplatz, mit Volleyball- und Tennisplätzen und anderen Sportanlagen geschaffen werden konnte. Es sollte auch ein Verwaltungsgebäude mit einem 500 Sitzplätze umfassenden Restaurant errichtet werden.

Das war der letzte Schlag für Onkel Sawelij. An jenem Tag trank er besonders viel, verfluchte diejenigen, die sich den Bau des Stadions ausgedacht hatten, aus tiefstem Herzen und ging von uns traurig und verstört fort. Wir haben ihn nicht mehr gesehen. Aber das Stadion wurde gebaut. Sein Besitzer wurde die Sportgemeinschaft »Dynamo«, die die Organe der Staatssicherheit vertrat. Die Sportanlagen wurden nach dem Volkskommissar für Innere Angelegenheiten der Ukraine, Balizkij, benannt. Er war der Initiator des Baus des Stadions am Platz der früheren Gärtnerei. Aber der Name des Volkskommissars prangte nicht lange in goldenen Lettern am Giebeldach der pompösen Kolonnade. Bald wurde Balizkij zusammen mit einigen anderen führenden ukrainischen Funktionären verhaftet und als »Spion und gefährlicher Nationalist« erschossen.

Hatte etwa der Himmel den Fluch Onkel Sawelijs wahrgemacht?

Dank meiner und Professor Ulpes Bemühungen wurde ich in die dritte Klasse der deutschen Schule aufgenommen. Sie war genau so eine Siebenklassenschule wie alle anderen sowjetischen »Arbeitsschulen« der damaligen Zeit, die den Jugendlichen Elementarbildung vermittelten. Aber das Klima unterschied sich hier wesentlich von dem, das in der Schule in der Nachbarschaft des »Bolschewik« herrschte. Etwa die Hälfte der Kinder kam aus deutschen Familien, die anderen Kinder waren Ukrainer, Russen, Juden und Polen. Was die soziale Zusammensetzung betraf, so bot sich einem Betrachter ebenfalls ein ziemlich buntes Bild. Hier lernten Kinder von Arbeitern, Angestellten, Wissenschaftlern, Handwerkern und privaten Unternehmern. Auf die Schüler der ersten und zweiten Klasse blickten wir von oben herab und unterhielten uns kaum mit ihnen. Dagegen beneideten wir die Schüler der vierten Klasse und ahmten sie nach.

Natascha

In der Schule herrschte eine sehr strenge Disziplin. Aber ich begriff nicht gleich, daß sie nicht nur auf der Achtung vor den Lehrern beruhte. Obwohl bei allen der Eindruck erzeugt wurde, daß körperliche Züchtigung und andere Strafen durch physische Einwirkung in der Sowjetzeit undenkbar wären und vom Gesetzgeber schwer geahndet würden, ließ man Schüler, die ihre Lektion nicht gelernt hatten oder die sich etwas zuschulden hatten kommen lassen, nicht nur auf Erbsen oder während der ganzen Schulstunden in der Ecke knien, sondern zog sie auch an den Ohren, und Kopfnüsse wurden überhaupt als eine normale Sache angesehen. In der ersten Klasse unterrichtete ein junger, hochgewachsener, rothaariger Sachse, »Genosse Paul«. Er war gerade aus Deutschland gekommen, wo er sich aus irgendwelchen Gründen rasch aus dem Staube machen mußte. Es gab Gerüchte, daß er ein »Kämpfer« der Deutschen Kommunistischen Partei sei und gezwungen war, sich dem Zugriff der Justiz zu entziehen. Wir konnten uns nicht sehr gut vorstellen, was ein »Kämpfer« sein sollte, aber das Wort klang bedrohlich, und vor Paul hatten alle etwas Furcht. In den höheren Klassen unterrichtete er Sport und schindete diejenigen, die seine Unzufriedenheit herausforderten. Seine Lieblingsmethode bestand darin, einen Schüler, der sich etwas hatte zuschulden kommen lassen, in den Schwitzkasten zu nehmen und ihm Schmierseife um den Mund zu schmieren. Sie wurde aus Fischfett hergestellt und war unwahrscheinlich ekelerregend. Um den Mund des Opfers, das versuchte, den abscheulichen Schaum auszuspucken, bildeten sich Seifenblasen. Es schrie aus voller Kehle, weil es zu ersticken drohte. Das reizte den Peiniger noch mehr, und in seiner Wut setzte er die Bestrafung fort. Die Kinder, die dabei waren, zitterten vor Angst und wagten nicht, sich zu bewegen. Einmal jedoch beschlossen wir, uns zu rächen.

Als Neuling in der Schule erfuhr ich, daß die Jungen der beiden oberen Klassen – die deutsche Siebenklassenschule war erst vor kurzem geschaffen worden, und daher gab es dort nur vier Klassen – schon im Jahr zuvor zwei Clans gebildet hatten. Jeder von ihnen hatte einen Anführer. Der eine hieß Lenka, der andere Sjunka. Ich schloß mich gleich dem zweiten an, weil er mich an meinen Lieblingsfilmschauspieler Douglas Fairbanks erinnerte. Der größte Teil der

Gruppe war zerstritten, und es kam häufig zu heftigen Raufereien. Des öfteren kam ich mit geschwollener, blutverkrusteter Nase nach Hause. Mama war entsetzt und forderte, daß Vater sich in die Schule begab und diesem Unfug ein Ende bereitete. Aber er tat das mit einem Scherz ab und sagte, ein richtiger Mann müsse sich durchsetzen. Sobald aber ein gemeinsamer Gegner auftauchte – z. B. wenn eine Bande aus der Nachbarschule mit ihrem Anführer Masaj an der Spitze sich in der Nähe blicken ließ und anfing, unsere Mädchen zu belästigen –, waren wir uns natürlich einig und bildeten eine geschlossene Front. Bei einem solchen Waffenstillstand reifte der Racheplan.

»Wie lange werden wir noch Pauls Erniedrigungen hinnehmen?« fragte Sjunka seinen Konkurrenten. »Man muß ihm einen Denkzettel verpassen, selbst wenn wir dafür büßen müssen.«

Lenka überlegte, und dabei nagte er verstärkt an seinen Fingernägeln. Das tat er immer, wenn er seine Gedanken konzentrierte. Schließlich antwortete er:

»Ich habe eine Idee. Wir wollen sie besprechen ...«

Sie einigten sich in der Toilette.

Bald wurde der Plan in allen Einzelheiten ausgearbeitet. Jeder Beteiligte erhielt einen konkreten Auftrag. Wir beschlossen, den Plan bei der nächsten Sportstunde durchzuführen.

Als Paul uns vormachte, wie man laufen soll, stellte ihm Lenka ein Bein. Paul fiel hin, und sogleich stürzte sich die ganze Schar auf ihn. Je fünf Mann preßten seine Arme und je zehn Mann seine Beine zu Boden. Vielleicht hatten sich unsere Kräfte aufgrund unserer Überraschung, möglicherweise aber auch aufgrund unserer Angst vermehrt. Jedenfalls kam dieser Goliath nicht hoch und lag nach einigen Versuchen, sich zu befreien, bewegungslos da. Sjunka kniete sich auf Pauls Brust und fing an, ihm die gleiche Schmierseife um den Mund zu schmieren. Wie groß war die Begeisterung der Kinder, als unser Peiniger Schaum zu spucken begann und sich Seifenblasen um seinen Mund bildeten! Wir wußten, daß er in der Wut fähig war, jeden, der ihm in die Hände fiel, zwar nicht umzubringen, aber doch halb zum Krüppel zu schlagen. Deshalb hatten wir schon vorher untereinander ausgemacht, daß wir alle gleichzeitig aufspringen und aus dem Turnsaal verduften würden. Paul brüllte wie ein verwundeter Stier, der Seifenschaum brannte ihm in den Augen. In diesem Augenblick ließen wir auf ein Signal Sjunkas wie bei einem Kommando auf See alle auf einmal das Opfer los und rannten in verschiedenen Richtungen davon. Paul, der mit seinen Händen in der Luft herumruderte, schaffte es nicht, irgend jemanden zu packen. Wir konnten uns retten. Wir warteten darauf, daß er sich beim Direktor beschweren würde, daß eine Untersuchung stattfände und daß man uns möglicherweise von der Schule verwiese. Aber es verging der erste, der zweite und der dritte Tag, und nichts geschah. Offenbar hatte Paul, nachdem er gründlich über die Sache nachgedacht hatte, es für erniedrigend angesehen, den Vorfall an die große Glocke zu hängen. Vielleicht imponierten ihm auch unser verzweifelter Mut und unsere Entschlossenheit, für uns und unsere Mitschüler einzustehen. In der nächsten Turnstunde verhielt er sich so, als ob nichts geschehen wäre. Und wir brachten ihm Achtung entgegen. Ja, und er selbst änderte sich. Er griff nicht mehr zum Mittel der Bestrafung mit Schmierseife und begnügte sich damit, uns wie andere Lehrer leichte Kopfnüsse zu geben.

Die Strenge und die unerbittliche Bestrafung hatten auch eine positive Seite. Die Schüler erwarben gute Kenntnisse und prägten sie sich gründlich ein. Vieles von dem, was man uns damals gelehrt hat, habe ich bis heute im Gedächtnis behalten und kann ganze Seiten Text auswendig hersagen. Und die deutsche Sprache erlernte ich so, daß sie zu meiner zweiten Muttersprache wurde und ich sie für mein ganzes Leben nicht vergessen habe. Wahrscheinlich war das der Grund, weshalb die Eltern, die zweifellos von den harten Strafen wußten, nicht protestierten und die Kinder nicht aus unserer Schule nahmen.

Was mich sehr schmerzte, war, daß ich nicht in einer höheren Klasse war. Ich fühlte mich diesen Kindern geistig näher. Mir schien, daß ich ihnen, was die Gesamtentwicklung betraf, eher glich als den Schülern der dritten Klasse. Und meinen besten Freund fand ich nicht in meiner Klasse, sondern in der vierten. Er hieß Michel. Er war ein richtiger Deutscher, genauer gesagt, ein Bayer, obgleich sein Familienname Woronow war. Seine Lebensgeschichte war ungewöhnlich. Er wurde im malerischen Dörfchen Sonthofen in den bayrischen Alpen geboren, ein Jahr früher als ich. Im ersten Weltkrieg fiel sein Vater, Fritz Jubelchor, an der Front, und als Hilfskraft schickte man einen russischen Kriegsgefangenen – Woronow – zu ihnen in das Anwesen. Anfangs arbeitete er einfach als Knecht, hütete die Kühe und arbeitete auf dem Feld. Doch bald trat er in nähere

Beziehungen zu Michels Mutter und zeugte mit ihr den Jungen Hans. Nach dem Abschluß des Brester Friedensvertrages kehrte Woronow in die Ukraine zurück und nahm seine neue Familie mit. Er heiratete und wurde in Kiew ansässig. So kam Michel zu dem Namen Woronow. Er vergaß jedoch seine Heimat nicht, träumte davon, nach Bayern zurückzukehren, erzählte mir begeistert von den Alpen und brachte mir bayrische Lieder bei. Ich freundete mich so sehr mit ihm an, daß ich seine Eltern bat, Michel zu erlauben, die Ferien mit mir in Swaritschowka zu verbringen, wohin ich mit Mutter nach alter Gewohnheit sommers zu fahren pflegte. Michels Familie lebte in sehr ärmlichen Verhältnissen. Sein Vater arbeitete in irgendeiner Werkstatt; er verdiente wenig und trank überdies. Sie freuten sich, einen lästigen Esser ein paar Monate lang loszuwerden. Meine Eltern begrüßten ebenfalls diese Idee, da sie meinten, daß ich dadurch einen Spielgefährten haben würde und meine praktischen Sprachkenntnisse erweitern könnte.

Aber mir stand in jenem Sommer der Sinn nicht nach Spielen. Mein Wunsch, zur Gruppe der älteren Kinder zu gehören, fand dadurch Nahrung, daß mein Herz in kindlicher Liebe zu Natascha entbrannt war, die die vierte Klasse besuchte und nun zur fünften überwechseln würde. Tamara, die Tochter des griechischen NÖP-Mannes, war völlig vergessen. Jetzt erschien mir Natascha als das allerschönste Wesen auf der Welt. Ich wollte immer neben ihr sein. Ich schrieb ihr leidenschaftliche Briefe, wobei Tränen der Begeisterung auf das Papier flossen. Aber ich stieß nicht auf Gegenliebe. Ich gelangte zu der Überzeugung, daß sie mir erst dann Aufmerksamkeit schenken würde, wenn ich sie eingeholt hätte. Konnte ich mich damit zufrieden geben, daß ich wieder ein Jahr hinter ihr zurück wäre? Und ich faßte einen verzweifelten Entschluß: Während der Sommerferien wollte ich mir den ganzen Unterrichtsstoff der vierten Klasse aneignen und im Herbst das Examen für den Übergang in die fünfte Klasse ablegen. Ich weiß nicht, woher ich Willen und Kraft nahm, die Erholung und die Vergnügungen auf dem Lande zu opfern, nicht mit den Pferden nachts auf die Weide zu reiten, auf das Fischefangen zu verzichten, keine Pilze zu sammeln, das Baden auf ein Minimum zu beschränken und keine Spazierfahrten auf dem Dnjepr zu unternehmen.

Turgenjew hat einst gesagt, daß die Liebe stärker als der Tod, stärker als die Todesangst sei. Etwas ähnliches verspürte ich damals auch:

Gern opferte ich alles, um das gestellte Ziel zu erreichen; ich hatte keinerlei Zweifel und fürchtete mich nicht davor, daß ich durchfallen könnte und daß alle meine Bemühungen vergeblich wären. Meine Kraft und meine Beharrlichkeit kamen aus einer geheimnisvollen Quelle. In Swaritschewka klemmte ich mich gleich vom ersten Tag an hinter die Bücher und Hefte, die Michel mitgebracht hatte. Als echter Freund half er mir, mit der schier unüberwindlichen Aufgabe fertigzuwerden. Ich schaffte es, wurde in die fünfte Klasse aufgenommen und nahm mit dem Recht des Siegers in der Bank neben Natascha Platz ...

Wenn ich mir dieses Abenteuer heute noch einmal vergegenwärtige, muß ich unwillkürlich daran denken, daß sich mein Leben anders gestaltet hätte, wenn ich damals nicht den Sprung aus der dritten in die fünfte Klasse gewagt hätte. Ich hätte die Siebenklassenschule ein Jahr später beendet, das heißt im Jahre 1931, als in der Ukraine bereits die mörderische Hungersnot begann. Und die Hochschule hätte ich in dem Jahr absolviert, in dem der zweite Weltkrieg ausbrach. Alles wäre anders gekommen und verlaufen. Wie sollte man da nicht glauben, daß das Schicksal des Menschen von Zufällen abhängt?

Das Jahr in der fünften Klasse war vielleicht das allerglücklichste in meiner Kindheit. Die platonische Liebe zu Natascha, die Möglichkeit, in ihrer Nähe zu sein, machten den Besuch der Schule zu einem reinen Vergnügen und trugen dazu bei, daß ich die Aufgaben mit Leichtigkeit bewältigte. Außerdem gab es nicht wenig Abwechslung. Unter Leitung von »Tante Hedwig«, die Gesang, Musik und Zeichnen unterrichtete, wurden Theaterstücke aufgeführt, an denen wir alle teilnahmen. Unsere Aufführungen fanden auf dem Kreschtschatik im Handelsclub statt, wo es einen großen Saal mit Bühne gab. Sie wurden nicht nur von den Eltern besucht, es kam auch städtisches Publikum, das wir mit unseren schönen, von uns selbst gemalten Plakaten herbeilockten. Stammgast war bei uns der Generalkonsul der Weimarer Republik. Mit Bürstenschnitt und mächtigem Nacken glich er sehr Hindenburg, bewahrte immer eine militärische Haltung und war offenbar ein General der Reichswehr. Im Randgebiet von Kiew war eine Militäreinheit stationiert, die aus Soldaten und Kommandeuren deutscher Abstammung bestand. Sie hatten die Patenschaft über unsere Schule übernommen, und wir waren bei ihnen oft zu Besuch. Alles dort – Plakate, Losungen, Diagramme –

waren in deutscher Sprache abgefaßt. In Deutsch wurde auch kommandiert. Diese Einheit wurde oft vom Generalkonsul besucht. Damals unterhielt der Generalstab der Roten Armee enge Beziehungen zum Oberkommando der Reichswehr und führte mit ihr gemeinsame Manöver in der Nähe von Kiew durch, an denen unsere Paten, die sowjetdeutschen Soldaten, teilnahmen. Im Sommer verbrachten wir ein paar Wochen bei ihnen in Lagern in Darniz, einem Vorort von Kiew, versorgten die Pferde und erfüllten bei militärischen Übungen die Rolle von Spähern.

Ich erinnere mich auch an bunte Abende, die wir gewöhnlich in der geräumigen Wohnung unseres Mitschülers Schurka Zeitlin veranstalteten. Er wohnte unweit der Schule im »Gorodezkijhaus«, das die Aufmerksamkeit der Passanten durch seine ungewöhnliche, phantastische Architektur auf sich lenkte. Vor der Revolution war Gorodezkij wahrscheinlich der berühmteste Architekt seiner Zeit. In Kiew wurden nach seinem Entwurf das Historische Museum mit griechischem Portikus, mit dorischen Säulen und mit zwei Löwen an der breiten Treppe, das Bankgebäude im mauretanischen Stil und andere Bauten errichtet. Aber am bizarrsten war sein eigenes Haus in der Bankstraße. Gorodezkij, ein leidenschaftlicher Jäger, der alljährlich zur Safari nach Afrika reiste, schmückte seine große Villa mit Figuren von Elefanten, Tigern, Löwen und Kondoren, doch an die Ecken des Daches plazierte er Wassergeister mit kerzengerade emporgereckten Schwänzen. In der Sowjetzeit brachte man einige Familien dort unter, und Schurkas Vater, der ein Modearzt und Gynäkologe mit privater Praxis war, verfügte über eine ganze Etage. Wir weilten auch deshalb gern dort, weil Zeitlins sich einen kleinen Affen hielten, der noch aus Gorodezkijs Zoo stammte und wie durch ein Wunder am Leben geblieben war. Er belustigte uns, indem er durch die Zimmer rannte und von der Kommode auf den Schrank und von Sessel zu Sessel sprang. Zwar ging von ihm ein sehr unangenehmer Geruch aus, aber man verzieh ihm wegen seiner rührenden Grimassen und überhaupt wegen seines exotischen Aussehens alles.

Bei solchen bunten Abenden trugen wir deutsche, russische und ukrainische Gedichte vor, veranstalteten Laienkonzerte und spielten Lotto, Mikado und eine verfeinerte Art des Spiels »Blumenflirt«, das aus der vorrevolutionären Zeit stammte und noch bei der Jugend der Intelligenzlerfamilien populär war. Bei diesem Spiel erhielt jeder eine Karte, auf der unter einem Blumennamen Zitate aus Werken von Klassikern standen. Sobald man den Namen der Blume genannt und sie seiner Auserwählten übergeben hatte, flüsterte man ihr etwas zu.

O freudvolle, friedliche Zeit ...

Aber im darauffolgenden Jahr begann eine düstere Zeit. Michels Mutter ließ sich von Woronow scheiden und kehrte mit den Kindern nach Sonthofen zurück. Das war der erste Schlag. Ich verlor meinen besten Freund; denn das Ausland schien uns damals so weit entfernt wie ein anderer Planet. Zum letzten Mal ging ich mit ihm zu den steilen Abhängen am Dnjeprufer, wo wir so oft miteinander gespielt hatten, und verabschiedeten uns von Askolds Grab in der Hoffnung, daß eine von ihm ausgehende Kraft uns irgendwann einmal wieder zusammenführen würde. Unsere Trauer war so groß, daß wir es als ein Glück angesehen hätten, wenn wir zusammen in das strudelnde Wasser gesprungen wären. Aber wir mußten uns mit dem Schicksal abfinden. Wir gelobten, einander nie zu vergessen und uns gegenseitig zu schreiben, egal was geschehen würde. Über jede Nachricht, die ich von ihm erhielt, war ich überglücklich. Ich erinnere mich an seine erste Ansichtskarte aus Deutschland: Im Hintergrund sah man die Alpen und davor einen Jungen in Lederhosen, der einen Rucksack und den gleichen bayrischen Hut wie Michel trug. Man konnte die Karte öffnen und einen wie eine Harmonika zusammengefalteten Streifen mit einigen bunten Ansichten herausziehen. Und ganz oben in der Ecke der Karte stand ein Vierzeiler:

»In dem Rucksack wohlversteckt,
Trage ich, was Freude weckt.
Schau hinein, welch ein Genuß –
Aus Sonthofen ist's, ein Aussichtsgruß!«

Ich zeigte diese Karte in der ganzen Schule herum und war unwahrscheinlich stolz darauf, daß ich zum ersten Mal in meinem Leben Post aus dem Ausland erhalten hatte. Fast zwei Jahre lang teilten wir uns unsere Freuden und Kümmernisse mit und schrieben uns, was in der Schule geschah. Aber am Ende der NÖP-Zeit riß unser Briefverkehr ab. Ohne zu begreifen, was los war, sandte ich einen Brief nach dem anderen ab und erhielt keine Antwort. Ich bin überzeugt, daß Michel das gleiche tat. Wir ahnten nicht, daß sich gerade damals zum ersten Mal der Eiserne Vorhang herabsenkte, der uns voneinander trennte. Als ich Anfang der vierziger Jahre in Deutschland weilte, hegte ich die vage Hoffnung, daß ich Michel zufällig treffen würde. Aber das war nicht der Fall. Erst später, als ich im Herbst 1943 gleich nach der Befreiung nach Kiew kam, fand ich zwar meine Eltern nicht, hörte aber von gemeinsamen Bekannten, daß Michel gekommen war, anscheinend in der Hoffnung, mich zu sehen. Er war damals Kapitän eines U-Boots geworden, das im Atlantik eingesetzt war. Ich dachte, daß das gut war. So stieß er wenigstens nicht an der Front auf einen seiner russischen Schulkameraden. Ich habe nie wieder etwas von ihm gehört.

In der Schule ereigneten sich ebenfalls unbegreifliche Dinge. »Tante Hedwig« wurde verhaftet. Es ging das Gerücht, daß sie irgendeiner Untergrundorganisation angehört habe. Es vergingen mehrere Monate. Da verschwand der Lehrer für Mathematik und Physik, Schilling. »Tante Hedwig« hatte ihn als Leiter dieser subversiven Gruppe angegeben. Wir konnten uns nicht vorstellen, womit sie unserem Lande schaden konnten, waren aber trotzdem geneigt, den zu uns gelangenden Gerüchten zu glauben. Bald wurde auch der »Kämpfer« Paul verhaftet. Er verschwand spurlos. Es kamen neue Lehrer, die schlecht Deutsch konnten. Man begann, einen Teil der Fächer auf Russisch zu unterrichten. Als letzten holten sie den von uns allen geliebten Direktor Fiebig fort. Die Kirche in der Lutherstraße wurde geschlossen. Es war gut – so dachte ich –, daß es das Ehepaar Ulpe geschafft hatte, nach Deutschland zu fahren. Sonst hätte man auch sie der Spionage bezichtigt. Es lief alles auf die Beseitigung der deutschen Schule hinaus. Bald geschah das auch. Nach uns gelang es nur einer Klasse, diese Schule zu beenden.

Die Verhaftung

Als ich in die sechste Klasse der deutschen Schule gekommen war, sah ich Vater immer seltener. Er hatte sich völlig in die Aufgaben gestürzt, die mit der Projektierung der Schiffswerft und der Suche nach einem geeigneten Standort für ihren Bau verbunden waren. Er ging zeitig in der Frühe zur Arbeit und kam spät nach Hause. Ich dagegen ging am Nachmittag zur Schule; denn am Vormittag wurde in unserem Schulgebäude der Unterricht der ukrainischen Siebenklassenschule abgehalten. An arbeitsfreien Tagen herrschte überhaupt ein Durcheinander.

Die Behörden hatten, offenbar um zu erreichen, daß man die religiöse Bedeutung des Sonntags vergaß und sich das In-die-Kirche-Gehen abgewöhnte, die Fünftagewoche eingeführt: Alle fünf Tage – also am 5., am 10., am 15., am 20., am 25., und am 30. eines jeden Monats – war arbeitsfrei. Die Betriebe gingen zwecks ununterbrochener Produktion zur »gleitenden« Arbeitszeit über. Viele Familienmitglieder hatten deswegen zu verschiedenen Zeiten ihren freien Tag und kamen fast nicht mehr zusammen. Bald zeigte es sich, daß es auch in den Fabriken unmöglich war, denjenigen zu finden, der gerade gebraucht wurde. Durch ständige Umbesetzungen und Veränderungen kam es zu einem regelrechten Chaos, und man mußte den ununterbrochenen Betrieb wieder abschaffen. Bald kam man jedoch auch zu dem Schluß, daß sechs arbeitsfreie Tage im Monat, die die sowjetischen Werktätigen auf Grund der Einführung der Fünftagewoche erhielten, für den Staat ebenfalls ungünstig waren. Nun wurde beschlossen, zur Sechstagewoche überzugehen. Aber auch sie erwies sich bald als eine überflüssige und teure Angelegenheit. Schließlich kehrten die Moskauer Experimentatoren, nachdem sie in den Familien und in den Betrieben nicht wenig Schaden angestiftet hatten, wieder zur normalen Siebentagewoche mit einem arbeitsfreien Tag am Sonntag zurück.

Es hatte sich wohl um eine der ersten voluntaristischen Entscheidungen von Partei und Regierung gehandelt, von denen in den Jahren der Sowjetmacht eine erkleckliche Anzahl getroffen wurden, einschließlich der Antialkoholkampagne in der zweiten Hälfte der achtziger Jahre, die zur totalen Desorganisation unseres Handels führte. Man muß sich nur wundern, daß führende Persönlichkeiten,

die den Anspruch erhoben, alle ihre Beschlüsse und Taten wären wissenschaftlich begründet, nicht in der Lage waren, die Folgen solcher Entscheidungen zu bedenken und vorauszusehen. Und was noch interessant ist: Immer wurde dem Volk verschwiegen, wer ihm das nächste unlösbare Problem beschert hatte.
Vater nahm mich einige wenige Male zu Dnjeprfahrten auf einem Kutter mit. Zusammen mit einer aus Moskau angereisten Regierungskommission befaßte er sich damit, den günstigsten Standort für den Bau der Werft auszuwählen. Die Fahrt begann stromaufwärts und verlief dann stromabwärts. Geodäten untersuchten Untiefen und kleine Buchten, die sich für die Errichtung von Werkanlagen eignen würden. Es waren dies alles herrliche, malerische Stellen – unberührte, von Weidenbäumen umsäumte Sandstrände, Schwemmwiesen, flache Flußeinbiegungen und Wäldchen, die bis an die steilen Ufer heranreichten. Aber damals waren alle Menschen hingerissen von den Industrialisierungsplänen. Man träumte von Baugerüsten, rauchenden Fabrikschloten und die Erde umspannenden Hochspannungsleitungen. Und kaum jemand dachte darüber nach, daß der Bau solcher Industriegiganten, wie die zu projektierende Werft, bedeutete, daß die natürliche Landschaft am Dnjepr verschwinden und daß es dann mit dem ungezwungenen Leben von Mensch und Tier Schluß sein würde.
Zum Glück – und hier wirkte sich Vaters Einfluß aus – wurde für die Werft eine gegenüber von Podol gelegene tiefe Einbuchtung des Flusses gewählt, an der sich schon seit eh und je Reparaturwerkstätten für Schiffe befanden. Das flußaufwärts und flußabwärts von Kiew gelegene Dnjeprufer blieb damals unberührt ... so lange, bis schon nach dem Kriege – vor allem auf Grund des falschen Prestigedenkens von Podgornyj und anderen führenden ukrainischen Funktionären – der Staudamm des Wasserkraftwerks errichtet wurde, der die Gegend verschandelte und Hunderttausende von Hektar fruchtbaren Ackerbodens und Weidelandes unter Wasser setzte.
Es begann der Bau der Werft, der meinen Vater voll in Anspruch nahm. Für ihn war es überhaupt keine leichte Zeit. Nach dem »Industrieparteiprozeß«, der mit der Verurteilung und Erschießung des bedeutenden Wissenschaftlers und Dampfkesselkonstrukteurs Ramsin und anderer Ingenieure endete, fing man an, technische Fachleute aus der Zeit der Oktoberrevolution zu verhaften. Aus Vaters Umgebung verschwanden nicht nur Ingenieure, sondern auch

einige Facharbeiter. Nach der Verhaftung eines seiner Kollegen kam Vater traurig, niedergeschlagen und nicht zum Reden aufgelegt nach Hause. Er konnte nicht begreifen, warum sie den Weg der »Schädlingstätigkeit« eingeschlagen haben sollten und weshalb sie sich alle zu ihren Verbrechen bekannten. Mehrmals sagte er:

»Dahinter verbirgt sich ein schreckliches Geheimnis. Sie sind wie hypnotisiert. Was für einen Sinn hat es, das Land zu schädigen? Sie haben gute Posten, eine interessante Arbeit. Warum wollen sie sich um all das bringen? All das ist unverständlich. Ja, und die schädigende Tätigkeit, derer man sie bezichtigt, ist nicht auf eine böse Absicht zurückzuführen, sondern ist die Folge der Eile und des Dilettantismus, mit denen bei uns jedes beliebige Bauvorhaben verwirklicht wird ...«

Von Verhaftungen blieben auch einige der alten Bolschewiken nicht verschont. Petja, der Sohn eines talentierten Ingenieurs, der sich schon in jungen Jahren der revolutionären Bewegung angeschlossen hatte, ging mit mir zur Schule. Ich hatte seinen Vater und seine Mutter, eine schöne brünette Frau, oft bei den von unserer Schule veranstalteten Aufführungen im Handelsclub gesehen. Er trug ein Bärtchen wie Lenin, und auf seiner Brust prangte der damals seltene Rotbannerorden, den er für irgendeine kühne Operation während des Bürgerkrieges erhalten hatte. Wie konnte er ein Schädling sein?

»Er ist kein Schädling«, sagte Petja, als er, kaum imstande, sein Weinen zu unterdrücken, davon erzählte, wie er seinen Vater kurz vor dessen Abtransport in die Verbannung nach Sibirien noch einmal gesehen hatte. »Er ist der Ansicht, damit, daß er nicht begangene Diversionsakte zugibt, leistet er der Partei, der Sache des Sozialismus den letzten Dienst in seinem Leben. Das Land befindet sich in feindlicher Umzingelung, es gibt auch innere Feinde. Das Volk muß wachsam bleiben und an die helle Zukunft glauben. Er meint, mit seinem Geständnis wird er das von der Revolution geschaffene System stärken und den Glauben des Volkes an Stalin festigen, dessen Namen eng mit dem Sozialismus verknüpft ist ...«

Viele überzeugte Kommunisten dachten damals so. Und auch sie glaubten an die Unfehlbarkeit der Machtorgane. Sie wiesen alle den Gedanken, daß eine schreckliche Willkür herrschte, weit von sich. Den Leuten wurde regelrecht eingeimpft, daß die Obrigkeit sich niemals irrt. Wenn jemand verhaftet wurde, war das gleichbedeutend damit, daß er schuldig war. Jeder Rechtfertigungsversuch wurde als Absicht gewertet, einen Schatten auf die Tatmotive der Behörden zu werfen und zu bezweifeln, daß diese gerecht vorgingen. So dachten die Henker wie die Opfer. Aus diesem Grunde kehrte derjenige, den die Sicherheitsorgane – die GPU und der NKWD* – abholten, in der Regel nicht zurück. Er verschwand spurlos, als habe er nie existiert. Die Namen sehr maßgebender Parteifunktionäre wurden aus dem Gedächtnis des Volkes getilgt. Dieses Schicksal widerfuhr z. B. dem Sekretär des ZK der Kommunistischen Partei der Ukraine, Postyschew, dem Vorsitzenden des Ukrainischen Rates der Volkskommissare, Ljubtschenko, dem Volkskommissar für Innere Angelegenheiten, Balizkij, und bald auch dem ersten Sekretär des ZK der KPdSU (B) der Ukraine, Kossior.

In meiner unmittelbaren Umgebung verhaftete man den NÖP-Mann Popodopoulos mit seiner ganzen Familie und den später zu einem »gefährlichen ukrainischen Nationalisten« erklärten Professor Sadoroschnyj. Bei den Durchsuchungen und Verhaftungen war als Zeuge Naum Solomonowitsch, der Vorsitzende der Wohnungsbaugenossenschaft »Lustige Ecke« zugegen, die man in »Traurige Ecke« hätte umbenennen können.

Mein Vater betrachtete sich als völlig unschuldig, doch war es ihm anzumerken, daß ihn die Welle der Verhaftungen beunruhigte. Er redete mit mir nicht darüber, rechnete aber wahrscheinlich damit, daß plötzlich nachts an die Tür gepocht würde. Wenn zufällig laute Schritte auf der Straße ertönten oder spät abends ein Auto dicht an unser Haus heranfuhr, zuckte er unwillkürlich zusammen. Unsere ganze Familie lebte in einer gedrückten Stimmung, wie wir sie schon lange nicht gekannt hatten. Und jetzt ereilte auch uns das Furchtbare ...

Mama rüttelte mich aufgeregt wach. Noch halb im Schlaf merkte ich, daß es tief in der Nacht war, und ich begriff nicht, warum ich geweckt wurde. Ich rieb mir die Augen und erschrak. Mama war tränenüberströmt. Vater stand in einem Kittel, den er sich rasch über das Nachthemd angezogen hatte, unbeweglich in der Mitte des Zim-

* GPU und NKWD sind Bezeichnungen für die damalige sowjetische Geheimpolizei. GPU = Staatliche Politische Verwaltung (bis 1934); NKWD = Volkskommissariat für Innere Angelegenheiten – Anm. d. Übers.

mers. Er hatte Hosen an, war aber barfuß. Das grelle Licht der Lampen des Kronleuchters ließ die gewohnten, aber jetzt stärker angeschwollenen Tränensäcke unter seinen Augen deutlich hervortreten. In der Ecke standen an den Kachelofen gelehnt die Zeugen: Naum Solomonowitsch und unsere Hausmeisterin Matrjona. An der Tür erblickte ich zwei Rotarmisten, und ein weiterer stand am Fenster. Sie hatten Gewehre mit aufgepflanzten Bajonetten. Ein Mann in GPU-Uniform, mit einem Dreieck am Kragenspiegel, durchwühlte Papas Schreibtisch. Hausdurchsuchung! Plötzlich fing ich an, zu begreifen, was los war, doch wollte ich es immer noch nicht so recht glauben, daß *das* uns passierte. Wieder, aber viel stärker als bei früheren erschütternden Erlebnissen, hatte ich das Gefühl, als ob etwas in meiner Brust zerspringen wollte.

Vielleicht war es nur eine Hausdurchsuchung. Würden sie, wenn sie nichts gefunden hätten, wieder gehen und uns in Ruhe lassen? Ich hoffte es. Der Mann in der GPU-Uniform hob den Kopf und blickte Vater von der Seite an:

»Was stehen Sie da? Ziehen Sie sich an! ...«

Und er wandte sich an Mama:

»Helfen Sie ihm beim Packen der Sachen, er kann etwas Warmes mitnehmen ...«

Das bedeutete nicht nur Hausdurchsuchung, sondern auch Festnahme – Haft für lange Zeit. Jetzt hatten wir Spätherbst, der in unseren Gegenden mild und feucht ist, doch warme Kleidungsstücke brauchte man für den Winter ...

Die Hausdurchsuchung wurde fortgesetzt. Aus der Kommode wurden die Schubladen herausgezogen, die Wäsche wurde durchwühlt, und dann kamen die Bücherschränke an die Reihe. Der GPU-Mann blätterte routinemäßig jedes Buch durch und warf es dann auf den Fußboden. Ein ganzer Berg wuchs empor. Die Rotarmisten halfen demjenigen, der die Durchsuchung vornahm, das Büfett und das Klavier von der Wand zu rücken. Er blickte in das Klavier, und als er, in seinem Inneren mit der Hand herumtastend, die Saiten berührte, gaben sie einen langgezogenen, klagenden Ton von sich. Mein Herz krampfte sich zusammen. Ich konnte mich kaum der Tränen erwehren ...

Die Eskorte ging ins Schlafzimmer der Eltern. Wir alle folgten. Vater war schon angezogen. Ich bewunderte seine Selbstbeherrschung. Er beobachtete das, was vorging, ruhig, als ob es ihn nicht beträfe. Die

Soldaten leuchteten mit Taschenlampen unter das Bett und durchsuchten den Kleiderschrank. Auf Mamas Spiegeltisch lag das Familienalbum, in dem die Erinnerungen an drei Generationen der Titows aufbewahrt wurden. Als der GPU-Mann die dicken Seiten durchblätterte, verweilte er dort, wo die mir seit meiner Kindheit vertraute Fotografie von Onkel Ljonja – Mamas Bruder, einem mit zwei Georgsorden im ersten Weltkrieg ausgezeichneten Offizier der zaristischen Armee – eingeheftet war. Auf der Rückseite der Fotografie befand sich ein hastig mit schwarzer Tinte geschriebener Gruß: »Lebt wohl, meine Lieben, morgen werde ich erschossen.«
Als der GPU-Mann das las, wandte er sich an Mama:
»Was ist das?«
Sie erklärte:
»Mein Bruder lief zu den Roten über und wurde von den Weißen erschossen ...«
Ich wußte, daß Mama die Unwahrheit sagte, verstand aber, warum sie das tat. Ungläubig drehte der GPU-Mann die Fotografie hin und her und erwog, was er mit ihr machen sollte. Dann legte er sie auf das Album und sagte:
»Auf alle Fälle verwahren Sie sie gut ...«
Sollte er wirklich eine menschliche Regung verspürt haben? Schweigend steckte Mama die Fotografie in die Tasche ihres Morgenmantels.
Und nun waren die letzten Minuten für das Abschiednehmen gekommen. Mama umschlang fest den Vater und wollte ihn gar nicht mehr loslassen.
»Bürgerin, es ist genug!« sagte der GPU-Mann mit schneidender Stimme.
Vater hob mich ein Stückchen in die Höhe, küßte mich und flüsterte mir ins Ohr:
»Denk daran, ich bin völlig unschuldig ...«
Diese Worte lösten einen Sturm in meinem Herzen aus, und Tränen schossen mir in die Augen. Er ließ mich wieder herunter, nahm das Bündel mit den Sachen und ging, ohne sich noch einmal umzudrehen, hinaus in das Vorzimmer. Ein Mann der Eskorte öffnete die Außentür und ging voran. Ihm folgte Vater, dann der GPU-Mann, und den Schluß bildeten die beiden anderen Männer der Eskorte. In geduckter Haltung, ohne ein Wort zu sagen, verschwanden die Zeugen. Wir schlossen hinter ihnen nicht einmal die Tür. Von dem, was

sich ereignet hatte, waren wir wie betäubt und waren noch nicht in der Lage, uns des Unglücks, das über uns hereingebrochen war, richtig bewußt zu werden. Mama ging mit mir zum Fenster. Im trüben Licht der Straßenlaterne stand ein häßlicher Kastenwagen, der im Volksmund »schwarzer Rabe« genannt wurde. Er hatte keine Fenster, nur hinten eine vergitterte Tür. Zuerst mußte Vater einsteigen, und ihm folgten die Männer der Eskorte. Der GPU-Mann stieg zum Chauffeur in die Fahrerkabine. Der Motor heulte auf, und der »schwarze Rabe« fuhr mit dem Menschen fort, den ich liebte ...
Für immer?

Mit Vaters Verhaftung wurde gleichsam ein Strich unter unser ganzes früheres Leben gezogen, wir wurden die Familie eines Abgestempelten, von der sich viele abwenden würden. Auch mir stand in der Schule, wie ich nach den Erfahrungen von Mitschülern wußte, die das gleiche Schicksal teilten, eine schwere Zeit bevor. Niemand würde mich mit Worten kränken, aber ich würde die Entfremdung auf andere Weise zu spüren bekommen. Die einen, die von der Unfehlbarkeit der Behörden überzeugt wären, würden auf mich blikken, als ob ich die Pest hätte, die anderen würden, auch wenn sie vielleicht nicht an die Schuld der abgestempelten Eltern glaubten, Angst haben und aus diesem Grunde Abstand zu mir halten. Damals sperrte man nach dem Familienoberhaupt noch nicht die ganze Familie ins Lager, aber so oder so fiel der Schatten des Verderbens auf alle Verwandten des Verhafteten. Und von niemand war Hilfe oder Mitgefühl zu erwarten. Da ich all das voraussah, beschloß ich, am nächsten Tag nicht zur Schule zu gehen. Mama duldete es und verstand meine Gefühle.

Nachdem wir die Wohnung etwas in Ordnung gebracht und etwas starken Tee getrunken hatten, machten Mama und ich uns auf den Weg in die Rosa-Luxemburg-Straße, wo sich die Stadtleitung der GPU befand. Bei der Auskunft erfuhren wir, daß der »Untersuchungsgefangene« nach einigen Tagen in das Lukjanowker Gefängnis gebracht würde. Sobald er sich dort befände, könnten wir zweimal in der Woche hinfahren, um ein Päckchen für ihn abzugeben.

Die damit verbundene Prozedur werde ich mein Lebtag nicht vergessen. Das Gefängnis befand sich am äußersten Rand von Lukjanowka, einem ehemals prächtigen Vorort, der wegen seiner Villen und Landsitze, die reichen Kiewern gehörten, bekannt war. Er war mir wohlvertraut. Wir vom »Bolschewik« waren des öfteren mit

Vater in Lukjanowka gewesen, wo sich ein aus der Zeit vor der Revolution stammender Offiziersschießstand befand, auf dem Wettkämpfe von Scharfschützen ausgetragen wurden. Ich hatte manchmal auch Mutter nach Lukjanowka begleitet, wenn sie zu ihrer dortigen Schneiderin gefahren war. Diese bewohnte ein winziges Zimmer in einem alten, einzelnen Haus, das auf dem Gelände eines der dortigen Landsitze stand. Solange Mama Maß genommen wurde, streifte ich im Garten umher, dessen Pfade zugewachsen und dessen Beete ungepflegt waren. Aber das war mir gerade recht; denn so konnte ich überall herumtollen. Im Park standen viele Kopien antiker Skulpturen – schöner Nymphen und furchterregender Satyre –, die, obwohl manche von ihnen schon beschädigt waren, gut in das üppig wuchernde Grün des Parks paßten. Von damals hatte ich die besten Erinnerungen an Lukjanowka. Jetzt wurden sie verdrängt von den bedrückenden Bildern der schweigenden Menschenreihen, die vor der Luke der Annahmestelle des Lukjanowker Gefängnisses standen.

Mama weckte mich um vier Uhr früh, und als wir das, was wir für Vater abgeben wollten, zusammengepackt hatten, gingen wir zur Haltestelle, um mit der ersten Straßenbahn nach Lukjanowka zu fahren. Wir nahmen im halbleeren Wagen Platz, in den Menschen mit kleinen Bündeln und Körben unterwegs zustiegen und einen genau so traurigen Eindruck machten wie wir. Wir setzten uns am Fenster einander gegenüber und schlummerten trotz des Klirrens der Fenster und des Ratterns der Räder. Von Zeit zu Zeit schreckten wir auf und schauten, ob wir nicht schon am Gefängnis vorbeigefahren waren. Dabei hatte ich immer ein und dieselbe Halluzination: Wir treten an die Luke, aber sie wird nicht geöffnet. Wir klopfen, und plötzlich öffnet sich das Tor, und Vater kommt uns froh und forsch, genau so, wie er uns vor langer, langer Zeit an der Weißen Pier in Podol begrüßt hatte, entgegen. Nach dieser schönen Vision packte mich in der Dunkelheit des Wintermorgens, in der wir an der Gefängnismauer vor der kleinen Luke im Eisentor Schlange standen, eine tiefe Verzweiflung.

Mama hatte kein Geld, und wir mußten ein Zimmer unserer Wohnung vermieten. Dieser Entschluß fiel Mama sehr schwer, aber es blieb uns nichts anderes übrig. Zum Glück bekamen wir keinen schlechten Untermieter. Er war groß und hager und etwa fünfundvierzig Jahre alt. Er benahm sich bescheiden und bemühte sich, uns nicht zur Last zu fallen. Außerdem teilte er des öfteren seine Ration mit uns. So erschien mir z. B. aufgewärmtes Rindfleisch aus der Konserve, mit Kartoffelbrei, als eine große Delikatesse. Er fuhr oft irgendwohin und brachte, wenn er zurückkehrte, immer etwas Eßbares mit: Gemüse, Kartoffeln, manchmal auch Plötzen und Sonnenblumenöl. Allmählich freundeten wir uns an. Wir erfuhren, daß er Arbeiter, Berufsrevolutionär und Teilnehmer des Bürgerkrieges war. Nun war er Mitarbeiter irgendeiner zentralen Institution in Charkow, der damaligen Hauptstadt der Ukraine, und war in die Kiewer Gegend geschickt worden, um Kolchosen zu gründen. Von Natur aus war er ein guter Mensch, und daher belastete ihn offenbar der Auftrag, den er erhalten hatte, schwer. Wenn ich nachts wach wurde, hörte ich nicht selten tiefe Seufzer und manchmal auch schreckliches Stöhnen. Etwas quälte ihn im Schlaf. Einmal fragte Mama ihn danach. Er wurde verlegen, schwieg eine Weile, und dann antwortete er trotzdem:

»Ich habe eine sehr schwere Arbeit. Es ist nicht so einfach, Kolchosen zu organisieren. Aber als diszipliniertes Parteimitglied muß ich den mir erteilten Auftrag erfüllen. Sie können sich schwer vorstellen, was die Entkulakisierung und die Aussiedlung von Menschen aus ihrer Heimat bedeuten. Das ist eine schreckliche menschliche Tragödie. Es handelt sich doch nicht nur um die Kulaken, sondern auch um ihre Frauen, ihre greisen Eltern und ihre Kinder – alle müssen deportiert werden. Wenn Sie sehen würden, wie sie Abschied nehmen von ihrem Hof, von ihrem Vieh und von ihrem Boden, für den sie auf unserer Seite im Bürgerkrieg gekämpft haben, würden Sie nachts nicht nur anfangen zu schreien, Sie wären auch bereit, wegzulaufen, so weit Ihre Füße Sie tragen ...«

Aber er leistete weiter seine unangenehme Arbeit. Obwohl er schwer an Tuberkulose litt, rauchte er eine Zigarette nach der anderen, und ständig hustete er hohl. Auch als er nach Charkow zurückgekehrt war, unterhielten wir weiter freundschaftliche Beziehungen zu ihm, und nach der Verlegung der Hauptstadt der Ukraine nach Kiew lebte er wieder in unserer Stadt. Hier erhielt er eine schöne Wohnung in einem neuen Haus, das in unserem Stadtbezirk gebaut worden war. Er welkte vor unseren Augen dahin. Kurz vor seinem Tode sagte er zu mir:

»Du bist noch jung, und alles liegt noch vor dir. Ganz gleich, wo du sein magst, vergiß nie unser Volk. Es hat unerhörte Leiden ertragen und muß sie weiter ertragen, aber es hat ein besseres Los verdient ...« Mir schien, hinter diesen Worten verbarg sich die tragische Erkenntnis, daß er mit der Erfüllung der Aufträge, die er von oben bekam, die Leiden des Volkes vergrößerte und daß er sich das jetzt, bevor er sterben mußte, nicht verzeihen konnte. Ja, es war schrecklich, eine solche Bilanz ziehen zu müssen ...Der Winter 1928/1929 war für uns eine besonders schwere Zeit. Die Fahrten, die wir vor dem Morgengrauen in der kalten, mit schrillen Geräuschen fahrenden Straßenbahn zum Lukjanowker Gefängnis unternahmen, die Sorge um den Vater, die fast vollständige Isolation, in die unsere Familie geraten war, und das gespannte Verhältnis, das zwischen mir und den Lehrern in der Schule bestand – all das lähmte und bedrückte uns, zumal das Leben in der Stadt weiterging, als ob nichts geschehen wäre. Aber warum sollte es auch anders sein? Denn das Leid hatte uns heimgesucht. Trotzdem ließ sich der Gedanken nur schwer ertragen, daß sich das Leben nur in unserem Haus verdüstert hatte. Die Neue Ökonomische Politik wurde inzwischen weiter fortgesetzt, und das Leben in Kiew blieb äußerlich unverändert. Auf dem Kreschtschatik, dem man inzwischen nach einem 1923 von einem weißen Emigranten in der Schweiz erschossenen sowjetischen Diplomaten in Worowskijstraße umbenannt hatte, saß in den Cafés ein gut gekleidetes Publikum, an den Kassen der Kinos drängten sich die Liebhaber von Hollywoodfilmen, und im Zirkus liefen lustige Vorstellungen. All das galt nicht für uns. Wir lebten damals wirklich in schrecklicher Armut. Nach Vaters Verhaftung blieben wir mittellos. Ersparnisse besaßen wir nicht, und es fand sich auch niemand, der uns hätte helfen wollen. Mama mußte im Eilverfahren ihre am Smolnyj, dem Institut für Höhere Töchter in Leningrad, erworbenen Französisch- und Englischkenntnisse auffrischen, um Gruppen von Kindern Privatunterricht erteilen zu können.

Übrigens erschütterten bald darauf Ereignisse, die das Kiewer Höhlenkloster betrafen, das verhältnismäßig ruhige Leben der Kiewer. Die Zeitungen und der Rundfunk meldeten, daß irgendein Mönch ein Mädchen, das er in eine entlegene Höhle gelockt, vergewaltigt und dann mit einem Beil in Stücke gehackt habe. In der Presse erschienen schreckliche Fotografien von der zerstückelten Frauenleiche, vom Beil und vom Mönch selbst, einem mageren, langhaarigen Manne mit irrem Blick. Es wurde ein Schauprozeß vorbereitet, an dem viele Zeugen und Opfer der »lüsternen« Mönche teilnehmen

sollten. Man war dabei, ein schauriges Bild von den angeblich im Schutze der goldenen Klosterkuppeln begangenen Untaten zu entrollen.
Vielleicht kann heute unter den Bedingungen der Glasnost geklärt werden, was damals wirklich geschah. Passierten wirklich schlimme Dinge hinter den Klostermauern, oder wurde irgendein Zufall ausgenutzt, um einen Schauprozeß vorzubereiten, der den Auftakt zu einem neuen Angriff auf die Kirche gab? Seit undenklichen Zeiten galt das Kiewer Höhlenkloster nicht nur in der Ukraine, sondern im ganzen russischen Reich als das größte Heiligtum. Trotz intensiver antireligiöser Propaganda und langjähriger Verfolgung von Geistlichen, trotz der Zerstörung von Kirchen und der Auflösung vieler Klöster war das Kiewer Höhlenkloster intakt geblieben und genoß bei der Bevölkerung hohes Ansehen. Nach Meinung der Machthaber mußte es diskreditiert werden. Das Verbrechen des Mönchs kam wie gerufen. Es war ein willkommener Anlaß zur Entfaltung einer heftigen Kampagne gegen das Kloster. Der Prozeß gegen den Verbrecher fand öffentlich statt. Es ging zu wie bei einer Theatervorstellung: Delegationen von Arbeitern, von Studenten und von Bauern aus den benachbarten Dörfern nahmen teil. Man organisierte Forderungen von Werktätigen. Verlangt wurde, das Kloster als »Nest der Unzucht und blutiger Verbrechen« zu schließen und die Mönche zur Umerziehung in Lager zu schaffen. Es gelang, immerhin einen Teil der Bevölkerung gegen das Höhlenkloster umzustimmen; daraufhin wurde es in ein ethnographisches Museum umgewandelt.
Voller Ungeduld warteten wir auf Briefe von Vater, die jedoch sehr selten eintrafen. Ihnen konnte man freilich unmöglich entnehmen, was mit ihm geschah. Aber die Tatsache, daß wir sie aus dem Lukjanowker Gefängnis erhielten, deuteten wir so, daß die Untersuchungen zu der »Sache«, deretwegen man ihn »mitgenommen« hatte, noch nicht abgeschlossen waren. Im übrigen bemühte er sich, uns zu trösten: Er versicherte uns, daß wir uns bald wiedersehen würden, riet uns, den Mut nicht zu verlieren, und mich bat er, in der Schule besser zu lernen. Anfang März erhielten wir von ihm eine kurze Nachricht, die uns sehr erregte. Vater teilte mit, daß sich die Untersuchung dem Ende nähere und daß ihm in diesem Zusammenhang ein Wiedersehen mit der Familie zugesagt worden wäre. Freude wechselten in mir mit Schmerz.
»Wann und wo werden wir ihn sehen?« fragte ich meine Mutter. »Ich

werde es nicht ertragen können, wenn wir ihn nach kurzer Begegnung vielleicht für immer verlieren ...«
Da ich wußte, wie verletzlich ich war und wie locker mir die Tränen saßen, fürchtete ich mich vor diesem Wiedersehen. Würde ich die Kraft haben, mich zusammenzunehmen, um nicht in Vaters Gegenwart loszuheulen? Er hatte es sowieso schon nicht leicht.
Vor dem Wiedersehen mit Vater gab mir meine Mutter zur Beruhigung Baldriantropfen und Brom ein.
Die Begegnung sollte im Haus der GPU-Leitung stattfinden, das sich ausgerechnet in der Rosa-Luxemburg-Straße befand, die parallel zur Karl-Liebknecht-Straße verlief. Die beiden benachbarten Straßen waren nach jenen deutschen Märtyrern und Revolutionären benannt, die 1919 in Berlin erschlagen und deren Leichen zusammen im Landwehrkanal gefunden worden waren. Es war eine Ironie des Schicksals, daß in den Kellern des Hauses in der Rosa-Luxemburg-Straße sowohl russische Revolutionäre als auch unschuldige Opfer der stalinistischen Verfolgungen sterben mußten. Vater wird doch nicht das gleiche Schicksal erwarten, dachte ich, als ich mich dem unheildrohenden Gebäude näherte, an dessen Vorderfront man folgende Inschrift hätte einmeißeln können: »Beim Eintritt hier laßt alle Hoffnung fahren!«
Der Posten kontrollierte unsere Namen an Hand einer Liste, die auf einem kleinen Tisch lag, und erstattete jemand telefonisch Meldung. Nach einigen Minuten erschien ein Mann in Zivil.
»Folgen Sie mir«, sagte er trocken und begann, die Treppe hinaufzusteigen.
Wir passierten einen langen Korridor mit zahlreichen Türen und bogen um die Ecke. Wir wurden in ein kleines Zimmer mit einem Fenster geführt, dessen Vorhang Licht von draußen durchließ.
In der Mitte standen ein kleiner Tisch und zwei Stühle auf jeder Seite. Mama und ich nahmen nebeneinander Platz. Die Begleitperson verschwand, und wir blieben allein. Ich wollte etwas sagen, aber Mama legte warnend den Zeigefinger an die Lippen. Hier sind überall Ohren, dachte ich und preßte den Mund zusammen. Wir warteten ziemlich lange und mußten unsere Erregung niederzwingen. Schließlich öffnete sich die Tür, und Vater trat herein. Ich biß mir fast die Lippen blutig und preßte meine Fingernägel in die Handflächen, um mir physische Schmerzen zuzufügen und nicht die seelischen zu zeigen.

Vater war stark abgemagert und hatte ein ganz schmales Gesicht bekommen. Sein Haar war noch mehr ergraut, der Kopf war buchstäblich grau-weiß gesprenkelt. Nur der Schnurrbart war wie früher schwarz. Die Tränensäcke waren stark geschwollen. Sein Gesicht sah grau aus von dem langen Aufenthalt in der Zelle. Trotzdem bemühte er sich, zuversichtlich zu erscheinen. In dramatischen Augenblicken war er immer bemüht, uns Mut einzuflößen. Bei seinem Anblick fiel es mir aber noch schwerer, mich zu beherrschen.

Vater war in Begleitung eines kleines Mannes in Militäruniform mit Portepee und mit Kragenspiegeln, auf denen zwei Dreiecke zu sehen waren, d. h. er hatte einen ziemlich hohen Rang. Sein Haar war fuchsrot und wirr; es schien, als habe er es schon lange nicht gekämmt.

»Untersuchungsrichter Fuchs, Abram Josefowitsch«, stellte er sich vor.

Er forderte Vater auf, am Tisch Mama gegenüber Platz zu nehmen, er selbst setzte sich daneben. Vater ergriff über den Tisch hinweg zuerst Mamas Hände. Dann packte er meine Hände und drückte sie fest.

»Da sehen wir uns endlich«, sagte er und bemühte sich, ein sorgloses Lächeln zu zeigen. »Ihr seht, daß ich wohlauf bin, aber natürlich habe ich mich sehr nach euch gesehnt. Erzählt, wie es euch geht.«

»Mischenka, ich war schon verzweifelt und konnte diese Begegnung kaum erwarten«, rief Mama, indem sie sich von ihren Gefühlen hinreißen ließ. Aber rasch bändigte sie ihre Erregung und begann in ruhigerem Ton über unser häusliches Leben zu erzählen, ohne unsere Lage übermäßig zu beschönigen.

Vater fing an, mich über die Schule und meine Noten zu befragen, und lobte mich, weil mir ein erfolgreicher Abschluß der sechsten Klasse bevorstand.

»Jetzt mußt du dich in der siebenten, der letzten Klasse noch mehr verbessern«, sagte er, »und die Schule als einer der Besten beenden. Wenn ich hier bleibe, mußt du der Ernährer der Familie werden ...«

Bei diesen Worten räusperte sich der Untersuchungsrichter Fuchs kurz. Aber mich durchzuckte es schmerzhaft. Sollte Vater wirklich selbst nach einem Jahr nicht zu uns zurückkehren? Wollte er uns das zu verstehen geben?

Mama faßte Vaters Worte genauso auf wie ich. Sie begann irgendwie nervös zu versichern, daß bei uns schon alles in Ordnung sei und

daß er sich keine Sorgen um uns zu machen brauche. Dann sagte sie plötzlich:
»Wir sind davon überzeugt, daß unsere sowjetischen Justizorgane schon Licht in alles bringen werden. Sie werden Unschuldigen nicht böse mitspielen. Nun haben wir uns nach langer Trennung wiedergesehen. Ich hatte schon die Hoffnung darauf aufgegeben. Alles wird sich klären, und du kommst zu uns zurück. Ich bin davon überzeugt ...«
Glaubte sie wirklich daran? Oder wollte sie Vater einfach Mut machen und vor allem dem Untersuchungsrichter Fuchs schmeicheln? Sie konnte kaum annehmen, mit ihrer Finte Erfolg zu haben. Aber nach einigen Minuten erklärte Fuchs, er lasse uns zum Abschiednehmen allein, und ging aus dem Zimmer. Vater griff Mamas Gedanken auf und sagte:
»Ja, ja, natürlich, bei uns verurteilt man keine Unschuldigen. Ich glaube auch, daß man mich freilassen wird ...«
Bei diesen Worten drückte er Mama wieder die Hand, und ich bemerkte, wie ein fest zusammengerolltes Zettelchen zwischen seinen Fingern hindurch in Mamas Hand glitt.
»Gib gut auf dich acht, Mischenka«, sagte Mama laut, als ob sie dabei an Lauscher hinter der Tür dächte. »Um uns mach dir keine Sorgen. Es wird sich alles regeln, und wir werden wieder zusammen sein ...«
Wir redeten noch über alle möglichen nebensächlichen Dinge.
Da kam Fuchs wieder herein und erklärte, daß der Besuch beendet sei. Wir umarmten uns, und vor lauter Aufregung bemerkte ich gar nicht, wie Vater fortging. Wir waren plötzlich allein. Ich konnte meine Gefühle nicht mehr unterdrücken und fing an, laut zu weinen.
Es erschien derselbe Mann in Zivil, der uns herauf begleitet hatte, und brachte uns zum Ausgang. Der wachhabende Soldat trug etwas in die Liste ein, und wir befanden uns auf der Straße.
Zu Hause entfaltete Mama das Zettelchen. Papa, der ein versierter Zeichner war, hatte in winziger Schrift, die wie gestochen wirkte, mehrere Zeilen geschrieben:

> »Man konnte mir keinerlei falsche Geständnisse abpressen. Alle Beschuldigungen haben sich als haltlos erwiesen. Die ›Anklage‹ ist zusammengebrochen. Jetzt schafft man mich entweder trotz allem fort ... oder man läßt mich frei. Ich küsse euch.«

Wir wußten nicht, ob wir froh oder traurig sein sollten. Aber wir fühlten, daß die uns quälende Ungewißheit so oder so bald ein Ende haben würde.
Einen weiteren Monat verbrachten wir damit, daß wir zum Lukjanowker Gefängnis fuhren, wo die Menschen an der Luke anstanden, um etwas für ihre Angehörigen abzugeben, und noch immer warteten wir auf die schicksalhafte Nachricht ...
Wir wurden jetzt selten angerufen. Manchmal schwieg das Telefon wochenlang. Aber Mitte April klingelte es plötzlich. Eine mir unbekannte Stimme fragte, wer am Apparat sei. Ich nannte meinen Namen.
»Teile der Mutter mit«, vernahm ich im Hörer, »daß sie sich morgen um elf Uhr im Haus der GPU in der Rosa-Luxemburg-Straße einfinden soll. Verstanden?«
»Verstanden«, antwortete ich und war sehr aufgeregt.
Als Mama am Abend nach Hause kam und von dem Anruf erfuhr, begann sie hastig hin- und herzulaufen. Sie schnitt Brot in Stücke und fing an, sie in der Backröhre zu trocknen. Dann begann sie warme Sachen zusammenzusuchen: einen Sweater, mehrere Paar Wollsocken, einen dicken gestrickten Schal, Filzstiefel und eine Pelzmütze. Alles tat sie schweigend und konzentriert. Ich fing an, unruhig zu werden.
»Warum machst du das?« fragte ich. »Vielleicht wird Papa entlassen?«
»Sag so etwas nicht«, sagte sie schroff. »Es ist besser, mit dem Schlimmsten zu rechnen, sonst ertrage ich es nicht ...«
Am Morgen standen wir zeitig auf und warteten, bis die Zeiger der Uhr auf halb elf standen. Ein kleiner Koffer mit Kleidungsstücken, getrocknetem Brot und noch anderen Lebensmitteln stand längst gepackt da. Mama ergriff ihn, und wir begaben uns zum Gebäude der GPU. Wir gingen hinein. Uns brachte man wie beim letzten Mal zum selben Zimmer im zweiten Stock. Wir brauchten nicht lange zu warten. Vater erschien und wurde wieder wie damals vom Untersuchungsrichter Fuchs begleitet. Wir standen unentschlossen da. Vater lächelte etwas und schwieg. Schließlich wandte sich Fuchs an Mama:
»Sie haben den Koffer umsonst hergebracht. Sie müssen ihn wieder mitnehmen ...«
Ich bekam Angst. Würden sie Vater nicht einmal erlauben, warme Sachen in die Verbannung mitzunehmen? Oder drohte ihm noch

Schlimmeres? Würden sie ihn dorthin schicken, wo der Mensch nichts mehr braucht? ...

Dann fuhr Fuchs nach einer Pause fort:

»Wir haben sorgfältig die Beschuldigungen, die gegen Michail Pawlowitsch erhoben wurden, geprüft. Man hat ihn verleumdet. Er hat keinerlei gesetzwidrige Handlungen begangen. Wir bitten ihn um Entschuldigung und gratulieren ihm zu seiner Freilassung und zur Wiedereinstellung in seinen Betrieb. Es hat sich um ein Mißverständnis gehandelt. Betrachten Sie die Sache als ungeschehen. Und auch du sollst wissen«, sagte Fuchs zu mir gewandt, »daß gegen deinen Vater nicht einmal ermittelt wurde, geschweige, daß er in Haft war. Ich wiederhole, er wurde einfach gebeten, zur Klärung irgendwelcher Mißverständnisse hierherzukommen ...«

Ich war wie vom Donner gerührt. Mama konnte auch kaum glauben, was wir gerade gehört hatten. Vater war also frei. Und nicht nur frei, es hatte sogar den Anschein, als ob mit ihm gar nichts geschehen sei. Sogar seine Stelle bekam er wieder! Was für eine Freude wurde uns zuteil! Mama umarmte Vater und küßte ihn. Dann trat sie an Fuchs heran, beugte sich zu ihm herab und gab ihm einen Kuß auf die Wange. Ich sprang an Vater hoch und umklammerte seinen Hals. Das Herz hämmerte wie wild. Ein solches Glück war uns beschieden, und so unerwartet. Wir hatten uns ja schon auf das Schlimmste gefaßt gemacht.

Vater verabschiedete sich ziemlich kühl von Fuchs. Seine Art kränkte mich sogar etwas. Die ganze Zeit hatte Fuchs uns so teilnahmsvoll zugelächelt. Mir schien, er freute sich auch darüber, daß unsere schwere Prüfung zu Ende war. Schließlich und endlich war ein Untersuchungsrichter der GPU auch ein Mensch. Ich war bereit, ihm zu verzeihen, selbst wenn er sich manchmal schlecht zu Vater verhalten haben sollte. Erst später erfuhren wir, daß man Vater, um »Geständnisse« von ihm zu erlangen, grausam geschlagen und ihn gezwungen hatte, tage- und nächtelang stehend in einer engen Zelle zuzubringen, man hatte ihn nicht schlafen lassen, hatte ihn mit Kriminellen in einer Zelle zusammengesperrt und ihn noch raffinierteren Foltern unterworfen. Aber er besaß einen unbeugsamen Willen und hatte einen athletischen Körperbau. Das half ihm, alle Erniedrigungen zu ertragen. Er wurde viele Male bewußtlos, aber unterschrieb nicht ein einziges Mal das Papier, das ihm der Untersuchungsrichter vorlegte.

Sehr ungern und stockend erzählte uns Vater das, was er im Gefängnis erlebt hatte. Mama und mich ließ er schwören, daß wir niemandem ein Sterbenswörtchen davon verraten würden. Es handelte sich nicht nur darum, daß er etwas unterschrieben hatte, was ihn zum Schweigen verpflichtete. Vater wußte, daß die Kenntnis seines Geheimnisses auch uns in Gefahr brachte. Mich erschütterte seine Beichte. Es fiel uns schwer, das, was wir erfuhren, zu verarbeiten. Den einzigen Trost fand ich darin, daß ich mir sagte, nur besonders entartete und böswillige Untersuchungsrichter würden mit Menschen so umgehen.
Uns schien es ein Wunder, daß man Vater freigelassen hatte, und zwar ohne nachteilige Folgen für sein weiteres Leben. So etwas geschah äußerst selten. Dieser unwahrscheinliche Zufall hatte für mich bestimmte Folgen. Er bestärkte mich in dem Glauben, daß man, wenn ein Mensch wirklich unschuldig ist, ihn entweder nicht antasten oder, selbst wenn man ihn verhaftete, schließlich wieder freilassen würde. Vielleicht erlaubte diese Einstellung mir viele Jahre später, furchtlos das Arbeitszimmer Stalins zu betreten und neben ihm zu sitzen, ohne die Gefahr wahrzunehmen, in der Menschen schwebten, welche mit diesem blutrünstigen Ungeheuer zu tun hatten ...

Stalins Tod

Die jungen Menschen meiner Generation wußten nichts über die Verbrechen Stalins. Im Gegenteil, er wurde für den weisen, gerechten, fürsorglichen, wenn auch strengen Vater der Völker unseres Landes gehalten. Warum sollten wir uns vor ihm fürchten? Wir vergötterten ihn und verneigten uns vor ihm. In seiner Nähe sein zu dürfen, sah man als das größte Glück an. Ich betrachtete den Auftrag, seine Worte zu dolmetschen, als einen großen Vertrauensbeweis, und ich hatte das Gefühl, eine riesige Verantwortung zu tragen. Ich wollte meine Arbeit so leisten, daß *er* zufrieden war. Sein beifälliges Lächeln war uns teurer als die Schätze aller Weltreiche. Und für das, was damals mit Vater passiert war, machte ich nicht Stalin verantwortlich, sondern schlechte Menschen, die sich in seiner Umgebung eingenistet hatten. Denn es war doch Stalin, der mit seinem Artikel »Vor Erfolgen vom Schwindel befallen« versuchte, die zügellose, gewaltsame Kollektivierung zu stoppen. Ohne zu zögern, ließ er diejenigen, die gegen die »sozialistische Gesetzlichkeit« verstießen, absetzen und hinrichten. Jagoda, Jeschow und andere Henker mußten ihre Untaten mit dem Leben bezahlen. Schonungslos bestrafte er auch diejenigen, die von Lenins Hinweisen abwichen oder sie entstellten. So dachten damals Millionen und aber Millionen sowjetischer Menschen. Und ich war einer von ihnen, der dank einem glücklichen Zufall die seltene Möglichkeit erhalten hatte, in Stalins Nähe zu sein.

In den Kriegsjahren, in denen man mich häufig zu Stalin beorderte, gab es weit weniger Repressalien als zuvor. Sehr selten verschwand jemand von meinen persönlichen Bekannten. Die Verluste und die Not in jenen furchtbaren Jahren schweißten die Menschen zusammen, nach dem, was sie durchmachen mußten, waren sie der Heimat, der Sache des Sozialismus noch tiefer ergeben. Es schien, als ob die vergangenen Zeiten, in denen man überall Feinde und Schädlinge erblickt hatte, niemals mehr wiederkommen würden. Die neuen Verhaftungen und Prozesse Ende der vierziger Jahre schienen irgendwie irrational und unverständlich. Man wollte nicht glauben, daß erneut Feinde aufgetaucht seien. Wir hatten doch gesiegt. Die sozialistische Gesellschaftsordnung hatte dem Ansturm standgehalten. Die schreckliche Militärmaschinerie Hitlers hatte nicht vermocht, sie zu zerstören. Wer sollte jetzt versuchen, Zersetzungsarbeit zu leisten? Das hatte doch keinen Sinn. Warum also neue Verhaftungen? Gerade damals begannen viele Menschen, unter ihnen auch ich, zu zweifeln. Etwas stimmte nicht. Irgend jemand wollte uns von neuem in innere Fehden verwickeln. Irgend jemand, aber natürlich nicht Stalin, nicht der Generalissimus, der Oberkommandierende, der »Führer der Völker«, der sich auf dem Gipfel seiner Erfolge und seines Ruhms befand! ...

Den Tod Stalins empfand ich als besonders schmerzlich. Denn er war für mich nicht nur, wie für alle anderen Menschen der Sowjetunion, der langjährige Führer unseres Landes, ein getreuer Schüler Lenins, der Schöpfer alles dessen, wofür wir in den Vorkriegs-, Kriegs- und Nachkriegsjahren gelebt hatten, ich war auch einer jener wenigen, die ihn persönlich gekannt, neben ihm gesessen und – nicht nur aus Plichteifer – jedes seiner Worte in sich aufgenommen hatte, um ihren Sinn einem Gesprächspartner mit allen Nuancen und Intonationen wiederzugeben. Ich grämte mich bereits nicht mehr darüber, daß ich von ihm abgelehnt worden war. Was bedeutet das schon im Vergleich zu dem unersetzlichen Verlust, den unser ganzes Volk, die ganze Menschheit erlitten hatte! Ich bedauerte auch nicht, daß ich nicht seine Zuneigung errungen hatte, obwohl ich nicht vermutet hatte, daß dieser einsame und krankhaft mißtrauische Mensch überhaupt nicht zu derartigen Gefühlen fähig war, nicht einmal seinen Nächsten, seinen Söhnen gegenüber. Wir fühlten uns damals als seine verwaisten Kinder. Ich glaubte, ich würde ewig das Bild jenes Halbgottes wie eine teure Reliquie in mir tragen, der mir die Ehre erwiesen hatte, daß ich vier Jahre lang, die wie im Fluge vergingen, des öfteren in seiner Nähe sein durfte.

Der XX. Parteitag der KPdSU versetzte diesen Vorstellungen einen schweren Schlag. Als ich den Wortlaut der »Geheimrede« Chruschtschows vernahm, wollte ich anfangs nicht glauben, was dort gesagt wurde. Aber als ich Einzelheiten erfuhr und mir die erschütternden Aussagen von Opfern stalinistischer Verfolgungen vergegenwärtigte, fühlte ich mich von meinem gestürzten Götzenbild schrecklich betrogen. Den XXII. Parteitag nahm ich schon ruhiger und gelassener hin: Wir alle, die Partei und das sowjetische Volk, erwiesen uns als Opfer einer ungeheuerlichen Irreführung und Mystifizierung. Der Gegenstand der Vergötterung hatte das Vertrauen des naiven Volkes, das an einen unerfüllbaren Traum geglaubt hatte, nicht verdient. Als ich später anfing, meine Erinnerungen an die Kriegsjahre niederzuschreiben, bemühte ich mich, ein möglichst objektives Bild von dem zu zeichnen, was ich gesehen und gehört hatte. Ohne überflüssige Emotionen hielt ich mich an die Tatsachen, wie ich sie verstand. Heute, wo eine neue Welle von Enthüllungen über die Stalinschen Greueltaten über uns hereinbricht und immer neue Verbrechen aufgedeckt werden, die das von ihm geschaffene System nicht nur an den Völkern unseres Landes begangen hat, sondern auch an denen anderer Länder, halte ich es für wichtig, bei der Verurteilung und Anprangerung der blutigen Geschehnisse der Stalinschen Epoche nicht auf eine ausgewogene Analyse der Vergangenheit zu verzichten ...

Nach Vaters Freilassung flogen wir geradezu nach Hause in unsere plötzlich wieder freundlich gewordene Wohnung. Mama deckte den Tisch, holte aus dem Büfett die kleine Karaffe mit Subrowka, die in all diesen Monaten niemand angerührt hatte. Wenn auch bescheiden, so doch sehr feierlich begingen wir unser Wiedersehen. Und bald war Ostern. Das war für Mama Anlaß, ihre Hausfrauentalente ganz zu entfalten. Vater hatte seinen Lohn für alle Monate seiner unfreiwilligen Abwesenheit erhalten, und der Tisch wurde fürstlich gedeckt. Es gab zylinderförmig gebackene Osterbrote verschiedener Größe und Höhe, kleine pyramidenförmige Osterkuchen aus Quark mit dem durch die hölzernen Formen entstandenen Buchstaben »XB«*, gefärbte und kunstvoll von Vater und mir bemalte Eier, Schinken – der eine in Teig gebacken, der andere geräuchert –, hausgemachte ukrainische Wurst, Pasteten mit Pilz-, Fleisch- und Krautfüllungen, kleine Karaffen mit Subrowka, Wein und Likör, einschließlich der damals beliebten Marke »Sowjetischer Benediktiner« und des gerade auf den Markt gekommenen Likörs »Angelika«, der ein sehr feines Aroma hatte. Die Eltern gingen zur Frühmesse in die Wladimir-Kathedrale, und als sie heimkehrten, weckten sie mich bei Tagesanbruch. Alle setzten wir uns an den festlich gedeckten Tisch, zum ersten Mal nach dem Fasten. Das Wetter an diesem herrlichen Tag paßte zu unserer gehobenen Stimmung. Der Morgen war

---

* Abkürzung in kyrillischer Schrift für »Christus ist auferstanden« – Anm. d. Übers.

sonnig, hell und warm. Dann machten wir uns festlich angezogen – ich in einem damals modernen blauen Matrosenanzug mit bebänderter Matrosenmütze – auf den Weg, um durch den Marienpark zum Jelisaweta-Palast zu spazieren. Schließlich gingen wir zu den steilen Abhängen am Dnjepr, von wo man einen bezaubernden Ausblick auf den Fluß hatte, der über seine Ufer getreten war und fast völlig die Truchanow-Insel überschwemmt hatte.

»Wie gut, daß wir wieder zusammen sind«, sagte Vater immer wieder.

»Wir werden diese Tage immer im Gedächtnis behalten«, erwiderte Mama.

»Los, fahren wir irgendwohin auf dem Dnjepr«, schlug ich vor.

Vater willigte ein und fügte hinzu: »Aber warum sollten wir nicht in diesem Sommer eine Dampferfahrt auf dem Schwarzen Meer – von Odessa nach Batumi und zurück – unternehmen?«

Die Idee wurde begrüßt, und bald verwirklichten wir sie.

Die jüngsten Erlebnisse verblaßten jedoch rasch in meinem Gedächtnis, und bald hatte ich sie ganz vergessen. Vater freilich konnte die unverdient erlittenen Erniedrigungen nicht verwinden, obwohl er niemals wieder über sie sprach. Und als sich während der Besetzung Kiews die Gelegenheit bot, nach dem Westen zu gehen, nutzten er und Mutter sie. Er starb Anfang der fünfziger Jahre in der Fremde. Bald folgte ihm Mama.

Was kann ich über ihr Schicksal sagen? Nur das eine: Sie hatten ein leidvolles Leben. Vater, der aus einem Waisenhaus kam und ein talentierter Schiffbauingenieur wurde, konnte nur wenige Jahre in seinem geliebten Beruf arbeiten. Dann kamen die Revolution, der Bürgerkrieg, der Hunger, das Herumirren im verwüsteten Land und die Not, die ihn dazu zwang, uns mit Seifekochen und Stiefelnähen über Wasser zu halten. Es folgten mehrere glückliche Jahre in den zwanziger Jahren, wo er Befriedigung darin fand, am Bau der Schiffswerft beteiligt zu sein. Schließlich die Erniedrigung in der Folterkammer der GPU, danach die Freilassung und die Übernahme einer Arbeit in der kleinen Fabrik »Manometer«. Wieder kamen eine schreckliche Hungersnot in der Ukraine und die Sorge um die unterernährte Familie. Schließlich der Krieg. Eigentlich war ihm das gleiche Los beschieden wie allen Menschen in der Sowjetunion, vielleicht nicht einmal ein schlechteres. Waren sie glücklich in der Fremde? Ich hoffe, ja.

Zweites Kapitel

Hunger in der Ukraine

Eine solche Wortverbindung, wie Hunger in der Ukraine, schien früher undenkbar. Die überaus reiche Republik verfügt über fruchtbare Böden, Naturreichtümer und fleißige Menschen. Die Ukraine vermochte sich selbst in den Jahren des Bürgerkrieges und des Kriegskommunismus, wenn auch nur dürftig, zu ernähren. Hier war auch in der Zeit der Neuen Ökonomischen Politik nur eine Ernte erforderlich, um alle Menschen sattzumachen – und jetzt Hunger! Und das in Friedenszeiten! Als wir im Herbst 1929 von unserer Reise aus dem Süden zurückkehrten, konnte noch niemand ahnen, daß so etwas eintreten könnte. Wie früher herrschte Überfluß. An jeder Ecke gab es Stände mit Obst und Gemüse, staatliche und private Läden voller Lebensmittel und anderer Waren. Auf dem Kreschtschatik gingen gutgekleidete Paare spazieren, gab es Kinos, Cafés und Billardsäle; die Menschen amüsierten sich dort. Natürlich erschienen auch hier von Zeit zu Zeit »Hamsterer«, die aus solchen Kolchosen kamen, die besondere »Erfolge« bei der Kollektivierung erzielt hatten. Auch diese Leute galten als enteignete Dorfreiche, die wegen Widerstandes gegen die Sowjetmacht bestraft worden waren. Der in den Zeitungen erschienene Artikel von Stalin »Vor Erfolgen von Schwindel befallen«, betonte, daß die Ausschreitungen im Dorf, über die es Gerüchte gab, auf Fehler dogmatischer Funktionäre zurückzuführen seien. Nachdem diese vom Generalsekretär zurechtgewiesen wurden, schränkten sie ihren Einfluß ein, und alles schien sich zu entwickeln. In der Stadt pulsierte das Leben. Niemand ahnte, daß dem ganzen Land eine schwere Zeit bevorstand ...

Unsere siebente Klasse erhielt Zuwachs durch einige neue Schüler. Ihre Familien kamen aus Deutschland in die Sowjetunion. Angesichts der Gefahr der Machtergreifung durch die Faschisten waren sie geflohen. Im Dezember fand in Charkow der Gesamtrussische Pionierkongreß statt. Auch unsere Schule sollte Vertreter schicken. Genosse Paul, unser Pionierleiter, wollte die Delegation als deutsche Pioniere ausgeben. Übrigens tat er das möglicherweise auf Anweisung des Kiewer Komsomolkomitees. Damals waren ähnliche Machenschaften weit verbreitet. So traten beispielsweise auf jeder größeren Konferenz »Abgesandte der Kantoner Kommune« auf. Sie wurden vorgestellt, als seien sie erst unlängst aus China in die UdSSR eingereist, obwohl sie schon lange im Lande lebten. Die Kantoner Kommune war damals in aller Munde, und jeder wollte einen Chinesen im Präsidium haben. Was uns betraf, so entsprach Pauls Idee bis zu einem gewissen Grad der Wahrheit. Die neuen Schüler waren tatsächlich deutsche Pioniere. Sie lebten erst seit kurzem unter uns und hatten sogar ihre Fahne mitgebracht. Selbst Paul war ein richtiger Sachse. Wenngleich wir auch keine Deutschen waren, sollten wir doch als solche gelten. Paul befahl uns, während der Fahrt den Eindruck zu erwecken, als verständen wir kein Russisch und könnten uns nur in Deutsch unterhalten. Diese Fahrt einer Delegation deutscher Pioniere nach Charkow, der damaligen Hauptstadt der Ukraine, verkündete man schon lange vorher entlang der Reiseroute. Unterwegs auf den Bahnhöfen wurden wir von den einheimischen Pionieren und Komsomolzen mit Orchestern, Fahnen und Blumen begrüßt. Auf den Bahnsteigen fanden fliegende Meetings mit kurzen Reden in deutscher Sprache statt. Ihnen schlossen sich wie üblich sogenannte »Freundschaftstreffen« an. Sie hatten zum Inhalt, daß wir auf alle Fragen die geballte Faust erhoben und »Rot Front, Genossen!« riefen. Zuerst war es mir peinlich, eine solche Komödie zu spielen. Allmählich bekam ich aber Geschmack daran und hielt sogar auf einem größeren Meeting in Charkow eine flammende antifaschistische Rede, die oft von stürmischem Applaus unterbrochen wurde.

Jeweils zwei von uns wohnten als Gäste bei Eltern der Charkower Pioniere. Abends, wenn sich die ganze Familie um den Samowar versammelte, begann die härteste Probe. Die Nachbarkinder kamen, um die »ausländischen Pioniere« zu bestaunen. Da sie kein Deutsch konnten, versuchten sie sich durch Gestikulationen verständlich zu machen. Wir verstanden sie ausgezeichnet, mußten aber den Eindruck erwecken, als hätten wir nichts mitbekommen. Dann versuchte man erneut, nun wieder mit anderen Gesten, uns alles zu erklären. Nur mit großer Mühe konnten wir uns zurückhalten. Die russischen Worte lagen uns auf der Zunge. Es war gut, daß mein Freund Sjunki und ich ein eigenes Schlafzimmer hatten. Wir fürchteten uns im Schlaf zu verraten. Uns schien alles nur ein Spiel. Wieder allein, lachten wir und freuten uns, alle ringsum veralbert zu haben. Später, als ich gründlich darüber nachdachte, wurde mir klar, daß Genosse Paul und andere Erzieher mit uns einen schlechten Scherz getrieben hatten. Sie lehrten uns zu lügen und zu heucheln. Das war eigentlich ganz und gar nicht komisch. Möglicherweise führten solche Praktiken dazu, daß man anders sprach als dachte.

Vater fuhr oft auf Dienstreise nach Charkow und brachte von dort immer Geschenke mit: schöne Bücher oder irgend etwas zum Anziehen. Am Morgen vor der Abfahrt wollte ich für Zuhause auch ein Souvenir kaufen. Ich ging in ein Geschäft, dann in das zweite, das dritte ... Überall leere Regale. Ich konnte nicht verstehen was passiert war. In Kiew gab es von allem mehr als genug. Hier in der Hauptstadt aber war alles wie ausgekehrt. Ich entschloß mich, in einem Restaurant zu essen. Außer Rührei war in der Speisekarte alles gestrichen. Mit dem Nachtzug fuhren wir nach Kiew zurück. Zu Hause erzählte ich, was in Charkow los war. Mama gab mir zur Antwort:

»Während Du fort warst, ist bei uns auch alles verschwunden. Wo es geblieben ist, kann ich nicht begreifen ...«

Wir wußten noch nicht, daß das eine »grundlegende Wende« war und die Epoche der »durchgängigen Kollektivierung« begann. Wie abgeschnitten war die kurze Atempause der NÖP. Der Kurs zur »Liquidierung des Kulakentums als Klasse« und die faktische Vernichtung aller individuellen Wirtschaften brachte die Bevölkerung in Aufregung. Es begannen Panikkäufe. Die Behörden ihrerseits blokkierten die Versorgung. Der Wochenmarkt war in wenigen Tagen ausgekehrt. Die Situation wurde dadurch verschärft, daß die massenhafte Schließung privater Betriebe, die Beseitigung von Handwerksbetrieben, Bäckereien und Cafés begonnen hatte. Um die Lage zu »stabilisieren«, begann Stalin die Schrauben anzuziehen. Es wurde ein Rationierungssystem eingeführt: Lebensmittel gab es nur auf Karten, Bekleidung auf Spezialtalons. Papa erhielt als technischer Direktor der Fabrik eine »Arbeiterkarte«, Mama und wir Kinder bekamen Karten für »nicht verdienende Familienmitglieder«. Was man jedoch darauf bekam, bedeutete am Hungertuch zu nagen. Bald eröffnete man sogenannte »Torgsin-Geschäfte«, die als Läden für den Handel mit Ausländern galten. In Wirklichkeit ging es dort darum, die bei der Bevölkerung noch vorhandenen Wertgegenstände aufzukaufen. Den Menschen blieb keine Wahl. Entweder mußten sie hungern oder dem Staat für Butter, Kondensmilch, Weißbrot und anderes alles das zu geben, was ihnen in den Jahren des Bürgerkrieges erhalten geblieben war, oder was sie in der Periode

der NÖP erworben hatten. Mama brachte das letzte Andenken an ihre Großeltern ins »Torgsin« und gleichzeitig auch einige goldene Zehnrubelmünzen, die Vater für Tscherwonzen für Zahnkronen gekauft hatte. Wie im Bürgerkrieg begann erneut der Hunger.
Ich schreibe das und denke: Seit der Verkündung des großen Planes zum Aufbau des Sozialismus und Kommunismus sind sechzig Jahre vergangen. Was ist passiert? Nie habe ich erwartet, daß es in meinem Lande wieder Lebensmittelkarten gibt. Im achten Jahrzehnt der Sowjetmacht stehen unsere Menschen stundenlang an, um lebensnotwendige Waren von geringer Qualität und selbst elementarste Dinge zu kaufen. Eine aufgeblähte Verwaltungsbürokratie vermag es beispielsweise seit Jahren nicht, das »Seifenproblem« zu lösen. Als damals, während des Kriegskommunismus ein ebensolcher Engpaß auftrat, lernte Papa im Verlauf einer Woche Seife zu kochen und löste die »Seifenfrage« innerhalb des ganzen Dorfes, wo wir Unterschlupf gefunden hatten. Moskau hat sich am längsten gehalten, aber auch dort mußte im Frühjahr 1990 nach sechs Jahren Perestrojka, im Grunde genommen die Rationierung eingeführt werden. Das ist das klägliche Ergebnis einer siebzigjährigen hingebungsvollen Arbeit, unglaublicher Leiden und millionenfacher Opfer der Völker unseres Landes! ...
Ende Mai 1930 machte unsere Klasse die Abschlußprüfung. Im September sollte ich in der Fabrik »Bolschewik« mit der Arbeit beginnen. Schon als Kind hatte ich mich für die Werksabteilungen dieser Fabrik interessiert. Dabei sah ich mir auch gewisse Produktionsfertigkeiten ab. Ich erlernte den Beruf eines Elektromonteurs und erhielt einen Lohn von 40 Rubel im Monat. Es blieb wenig Freizeit, und ich wollte mit Mama zum letzten Mal nach Swaritschowka fahren. Im vorletzten Sommer war ich im Pionierlager der Schule und erwartete nun voller Spannung ein Wiedersehen mit den Orten, die ich aus meiner Kindheit kannte. In den letzten zwei Jahren gab es auch dort Veränderungen. Papas Schwester, Tante Ljuba, war gestorben. An ihrer Stelle arbeitete eine neue, uns unbekannte Hebamme. Aber der Arzthelfer Prokofij Fjodorowitsch Uschatsch, oder einfach Onkel Proscha, wie wir ihn nannten, arbeitete noch im Krankenhaus. Als er von unserem Vorhaben hörte, lud er uns zu sich ein. Der Dampfer »Krupskaja« brachte uns an einem Tag nach Stanezkoje. Es war früh am Morgen. Am Himmel nicht ein Wölkchen. Die Sonne übergoß mit Purpurröte den uns so bekannten kleinen Tan-

nenwald, den steilen Abhang zum Dnjepr und die sanften Wellen, die sich träge auf das seichte Ufer zubewegten. Kaum hatte sich der Schiffsbug in den Sand gedrückt, sahen wir, wie eine offene Kutsche mit einem klapprigen Gaul davor den Abhang herunterfuhr. Auf einem Strohsack saß Onkel Proscha. Mit einer Hand hielt er die Zügel, mit der anderen winkte er uns zu.

Die Matrosen legten einen schmalen Steg zum Ufer und stießen eine lange Stange in den Sand, die zum Festhalten diente. Mama, die sich mit ihrem langen Rock verfitzte, hielt den Hut fest und betrat vorsichtig mit ihren hochhackigen Schnürstiefelchen den Steg, der wie ein Sprungbrett federte. Ich folgte ihr. Dann kam ein Matrose mit unserem Korb, der einem geflochtenen Koffer ähnelte. Onkel Proscha führte Mama durch den weichen, tiefen Sand bis zur Kutsche. Er befestigte den Korb unter den hinteren Federn und half Mama auf den Sitz. Ich setzte mich zu ihm auf den Kutschbock. Währenddessen hatte die »Krupskaja« vom Ufer abgelegt, wobei ihre Schiffssirene laut aufheulte. Mit rhythmischen Drehungen ihrer Schaufelräder verschwand sie hinter der Flußbiegung. Während wir losfuhren, schauten wir noch einmal zurück.

Der gut befahrbare Weg führte durch einen uralten Kiefernwald; die Kutsche holperte ab und zu über eine Baumwurzel. Der Duft nach Nadelgehölz, Pilzen und Walderdbeeren erinnerte mich wehmütig an frühere Zeiten. Hinter dem Wald erstreckte sich ein Roggenfeld, das schon einen gelblichen Schimmer hatte. Es war voller leuchtender Kornblumen. Ich weiß, daß sie ein Unkraut sind, welches man unbedingt bekämpfen muß. Wie herrlich aber ist das Zusammenspiel von Gelb und Blau. Es sind die Nationalfarben der Ukraine. Am Horizont erschien die ebenmäßige Reihe der pyramidenförmigen Pappeln, die wie Wächter das Gelände des ehemaligen Dorfkrankenhauses »Swaritschowka« beschützen. Wir fahren über die Brücke, auf der an Festtagen bei Harmonikaklängen die Mädchen und Burschen tanzen. Und da ist auch die Allee mit ihren alten Weiden. Dann kommen wir zum immer offenstehenden Tor. Wir erblikken den Schwengel des Brunnens mit dem an der Kette hin- und herschaukelnden Eimer. Alles ist so, als wäre ich nie fortgewesen. Uns entgegen kommt mein geliebter Sabo, ein herrliches Mischlings-Exemplar von russischem Windhund und Jagdhund. Während er näher kommt, geht sein anfängliches böses Bellen in ein zärtliches Knurren über. Er hat mich in den zwei Jahren nicht vergessen, legt sich mir zu Füßen, leckt mir die Wange, wobei er mit dem Schwanz an der Kutsche einen Trommelwirbel ausführt ...

Was alles ist inzwischen passiert. Hier aber hatte sich nichts verändert. Bald erfuhr ich, daß es nur so schien.

Wir saßen unter dem Antonowka-Apfelbaum, der seine Zweige noch weiter über das Dach ausgestreckt hatte, und tranken Tee. Onkel Proscha erklärte, daß die nahegelegenen Dörfer harte Zeiten durchlebten.

»Die Bauern wollen nicht in den Kolchos«, sagte er. »Sie widersetzen sich auf vielfältige Art, werden aber wohl keine Wahl haben. Die Liquidierung der Großbauern ist beschlossene Sache. Viele gute Betriebe existieren schon nicht mehr. Das verbliebene Vieh wird in die Kolchosen getrieben. Dort aber gibt es zu wenig Stallungen, und keiner kümmert sich um die Tiere. Arbeiterabteilungen aus den Betrieben beschlagnahmen alles, um die Stadt zu versorgen. Wenn aber selbst die Dörfer hungern, woher soll man dann die Lebensmittel nehmen?« ...

»Warum haben sie uns nichts davon geschrieben? Wir hätten mehr Geld mitgenommen, um das Notwendigste zu kaufen«, tadelte Mama.

»Das hat keinen Sinn. Geld braucht hier niemand. Dafür bekommt man auch gar nichts. Der Dorfladen ist jetzt leer.«

»Was soll nun werden«, fragte Mama tiefbetrübt.

»Wenn etwas zum Tauschen da ist, kratzt man vielleicht irgendwo noch etwas zusammen« ...

Sich der bitteren Erfahrungen des Bürgerkrieges erinnernd, hatte Mama natürlich einige Stücke Kattun, Nähnadeln, Garne und Schminke mitgenommen. Alles das waren hier gefragte Waren. Ich hatte eine Spiegelreflexkamera bei mir, ein Geschenk von Onkel Sawelij. Ich hatte einen Vorrat an Chemikalien, Fotoplatten und Fotopapier. Die Lebensmittel, die wir für Mamas Sachen erhalten hatten, reichten eine gewisse Zeit. Ich eröffnete ein kleines Fotoatelier. Onkel Proscha besaß ein Kartoffelfeld und einige Beete mit Gemüse und Beeren. Bald müßten im Garten die Kirschen, Äpfel und Birnen reifen. Auch zeigten sich einige Patienten mit Lebensmitteln erkenntlich. Ganz so schlimm verlebten wir also diesen Sommer nicht.

Ein Bauernschicksal

Während meiner Freizeit durchstreifte ich die Nachbardörfer, wo man uns seit langem kannte. Wir hatten hier ja einige Jahre in der schweren Zeit des Kriegskommunismus gelebt. Später waren wir auch in den Sommerferien oftmals zu Besuch. Mich nannte man zärtlich und ohne Spott Pan. Es war nach altem Brauch die Ausdrucksweise der Dorfbewohner gegenüber Leuten aus der Stadt. Trotz alledem fühlte man, daß die Menschen einander aus dem Weg gingen und sich nicht so offen verhielten wie früher. Sie waren irgendwie erstarrt. Besonders vorsichtig verhielten sich jene, die früher etwas besessen hatten. Viele von ihnen hatte man aus den Heimatorten verjagt. Ihre verwaisten Häuser schauten mit leeren Fensterhöhlen über die zerfallenen Zäune hinweg. Andere schlachteten ihr Vieh, vergruben das Getreide an entlegenen Orten und verließen ihre Anwesen. Die Zurückgebliebenen wurden gezwungen in den Kolchos einzutreten. Sie gaben Land, Pferde, Rinder und Schafe in kollektive Nutzung und büßten dadurch alles ein, was sie sich durch schwere Arbeit erworben hatten. Sie durften nur ein kleines Stück Land, eine Kuh und Geflügel behalten. Die ehemaligen Kleinbauern und Landarbeiter, die nun im Dorfsowjet und in der Leitung des Kolchos die erste Geige spielten, fühlten sich auch nicht besonders. Es waren wohl noch gewisse Reste der Achtung vor dem Eigentum verblieben und jene, die an der Liquidierung der Großbauern teilgenommen hatten, beunruhigte das Gefühl, daß irgendetwas Schlimmes passiert war.

Die verwaisten Höfe erweckten einen bedrückenden Eindruck. In Grekowka, dem Nachbardorf von Swaritschowka, wo früher einige wohlhabende Familien lebten, gab es nicht wenige solcher Gehöfte. Mich erschütterte der schreckliche Anblick des ehemaligen Anwesens der Filarets, einer reichen, arbeitsamen und ordentlichen Familie, die erbarmungslos enteignet und nach Sibirien geschickt wurde. Von ihren drei Häusern, dem des alten Bauern und seiner zwei verheirateten Söhne, blieben nur verkohlte Balken. Die Kuhställe, in denen die Familie bis zu 20 Rinder hielt, hatten eingefallene Dächer und der Hausgarten war mit Unkraut zugewachsen. Es war schrecklich, diese Verwüstung zu sehen. Ich erinnere mich, wie die Filarets vor einigen Jahren Onkel Proscha und auch uns zu einer Familien-

feier eingeladen hatten: einer der Bauernsöhne heiratete damals die schöne Oxana aus dem gleichen Dorf.
Bis zur Revolution waren die Filarets durch nichts aufgefallen. Sie besaßen ein kleines Stück Land in der Nähe des Moores und warteten ungeduldig auf den von den Bolschewiki 1917 versprochenen Boden. Drei Söhne der Filarets kämpften auch dieser Sache wegen gegen die Weißen in der Roten Armee. Die zwei anderen waren damals noch nicht erwachsen und blieben deshalb zu Hause. Der älteste Sohn fiel im Krieg gegen Polen, die beiden anderen kehrten mit militärischen Auszeichnungen zurück. Den Filarets gab man hundert Deßjatinen. Sie waren wie versessen auf dieses Land und dazu noch stolz, daß auch die Söhne ihr Blut um der Sache willen vergossen hatten. Selbstlos arbeiteten sie gemeinsam in der Wirtschaft und halfen einander. Sie schafften alles ohne fremde Hilfe. Nun kam die zweite junge Frau ins Haus.
Ich entsinne mich, daß Onkel Proscha die Einladung zur Hochzeit mit gemischten Gefühlen annahm. Er hatte selbst sehr lange Oxana den Hof gemacht und ihr einen Heiratsantrag gestellt. Sie zog den jungen Filaret dem armen Arzthelfer vor und gehörte bald zu der schnell immer reicher werdenden Familie. Sie konnte nicht wissen, was sie erwarten würde. Onkel Proscha blieb Junggeselle.
Die Hochzeit wurde ausgiebig vorbereitet. Man schlachtete, bereitete Wurst zu, räucherte Schinken, beschaffte alkoholische Getränke und buk zu Hause Brot. Für das junge Paar wurde gleich nebenan ein neues und geräumiges Haus gebaut. Der Priester Syti, der das junge Paar in der Kirche des Dorfes Stanezkoje traute, machte seinem Namen alle Ehre. Er war sehr groß und wohlbeleibt, hatte rosa Wangen, auffallend rote Lippen, schwarzes Haar und einen ebensolchen Vollbart. Mit majestätischer Bewegung schwenkte er das Weihrauchfaß unter den Klängen des Gebetgesanges. Es war die erste kirchliche Trauung, an der ich teilnahm. Das Zeremoniell der Trauung und das dann folgende Festmahl mit Liedern, Reigen- und Zigeunertänzen und dem unermüdlichen Ziehharmonikaspieler, hinterließen bei mir einen unvergeßlichen Eindruck. Zum Schluß begleitete man die Jungvermählten zu ihrem neuen Haus. Am nächsten Morgen liefen alle dorthin, um das am Fenster aufgehangene Bettuch mit den Spuren der verlorenen Jungfräulichkeit zu begutachten. Abends feierte man auf der Brücke weiter. Ihre Balken dröhnten von Stampfen der Absätze ...

Das alles ist Vergangenheit. Es gibt weder die schöne Oxana, noch die fleißige Familie der Filarets mit ihrem aufblühenden Bauernhof. Es gibt nur eine traurige Stätte mit Brandgeruch und vom Wind verwehte Asche ...

In der Fabrik »Bolschewik« war man mir gegenüber freundlich. Viele kannten meinen Vater und manche erinnerten sich auch noch seines Sohnes, der ganze Tage in der Modell- und Gießereiabteilung verbracht hatte. Die Fabrik war rekonstruiert worden. Zum Antreiben der Transmissionsriemen wurde ein Elektromotor montiert. Neue amerikanische Werkzeugmaschinen mit der Aufschrift »Cincinnati« besaßen bereits eingebaute Motoren. Aber auch die alten Aggregate wurden im Betrieb durch eigene Anstrengungen modernisiert. Es entstand eine Spezialabteilung zur Herstellung von Generatoren und Motoren. Die Spulen wickelten vorwiegend Frauen. Die Männer montierten die Motoren und stellten sie auf. Mich beauftragte man, die Bürsten für die Kollektoren herzustellen. Aus einem großen Stück Graphit mußten mit einem Fuchsschwanz kleine Würfel von vorgegebener Größe herausgesägt werden. Dann erfolgte durch Galvanisierung die Auflage einer Kupferschicht an einem Ende sowie die Befestigung der Klemmen für die Leitungen. Die Arbeit gefiel mir. Zum Schichtende war ich völlig von Graphitstaub bedeckt und sah wie ein Neger aus. Wie sehr ich auch bemüht war alles abzuwaschen, der Graphit blieb in Augenbrauen und Wimpern haften. Zu Hause nannte man mich deshalb Schornsteinfeger ...

Damit ich gegen sieben Uhr in der Fabrik war, mußte ich um vier Uhr aufstehen. Mit Beginn des Fünfjahresplanes brach das gesamte Verkehrswesen sowie die Stadtwirtschaft zusammen. Die Straßenbahnen fuhren unregelmäßig, und nicht immer gelang es, überhaupt in den Wagen zu kommen. Die Menschen hingen auf den Trittbrettern und standen auf den hinteren Puffern. Auf die Straßenbahnen war wenig Verlaß. Meistens ging ich zu Fuß. Der Weg von zu Hause zur Fabrik betrug fünf Kilometer. Im Sommer, wenn es zeitig hell wurde, war alles leichter. Im Winter jedoch, wenn man sich auf verschneiten Straßen durchkämpfen mußte, hatte ich oft keine Lust. Ich erinnere mich besonders an den Winter 1931/32. Die knöcherne Hand des Hungers langte nun auch nach den Menschen in der Stadt. In Kiew drängten sich immer mehr Flüchtlinge. Von Zeit zu Zeit brachte man sie irgendwohin. Bald aber erschienen erneut Gruppen entkräfteter Bauern – Männer, Frauen, Kinder, Greise. In Lumpen gehüllt, waren sie schon kreuz und quer durch die Ukraine gezogen. Sie suchten eine letzte Zuflucht in der einst so reichen und gastfreundlichen Stadt. Jetzt konnte ihnen auch dort niemand mehr helfen. Um meinen Weg abzukürzen, ging ich die einst belebte, aber nun dunkle Lutherstraße auf einem steilen Pfad abwärts, direkt zum Bessarabien-Markt. Er war geschlossen, da es niemanden gab, der Lebensmittel verkaufte. Rings um den Markt lagerten immer Obdachlose. Ich werde nie vergessen, wie ich über Erfrorene und vom Schnee zugeschneite Leichen steigen mußte. Morgens hatte die Miliz sie dann weggebracht. In den frühen Stunden, wenn ich zur Arbeit ging, flößten mir diese traurigen Hügel aus erstarrten menschlichen Körpern und Lumpen immer Schrecken ein.

Während meiner weiteren Arbeit in der Fabrik »Bolschewik« belegte ich Abendkurse für die Fremdsprachen Deutsch und Englisch. Ich besaß schon recht gute Kenntnisse, wollte diese jedoch vervollständigen. Mein wichtigstes Anliegen aber war, ein Diplom zu erhalten, welches mir das Recht gab, als Dolmetscher zu arbeiten. Die Kurse dauerten drei Jahre. Ich legte die Abschlußexamen bereits vor Ablauf von zwei Jahren ab, um schnell im Kiewer Polytechnischen Institut zu studieren. Wie Vater, wollte auch ich Ingenieur werden. Ich konnte aber nur die Abendkurse besuchen, weil ich die Arbeit in der Fabik behalten wollte. Die »Arbeiterkarte« für Brot wäre mir verlorengegangen, und mein damaliger Lohn von 100 Rubel im Monat hätte der Familie sehr gefehlt. Das alles mußte ich bedenken.

Unser Leben war damals sehr schwer. Wir hatten nichts mehr, um es ins »Torgsin« zu bringen. Außerdem hätte Geld allein uns nicht gerettet. Es gab einfach keine Lebensmittel mehr. Vater und Mutter magerten schrecklich ab, und ich verwandelte mich zu einem Skelett. Im zweiten Lehrjahr traf ich im Institut zufällig einen Schulfreund. Er erzählte, daß in Kiew vor kurzem eine Abteilung von »Intourist« eröffnet worden sei. Dort könnten sich Jungen und Mädchen, die über Fremdsprachenkenntnisse verfügten, für Reiseleiterkurse anmelden. Die Bedingungen waren verlockend: 150 Rubel Gehalt, und was das Wichtigste war, kostenloses Essen zusammen mit den Touristengruppen, und das noch in guter Qualität.

Ich kümmerte mich sofort darum. Gerade hatte das Jahr 1934 begonnen. Es war das dritte Hungerjahr in der Ukraine. Das Leben wurde immer trostloser. Natürlich war es unmöglich in der Fabrik

zu arbeiten, am Institut zu studieren und gleichzeitig Kurse bei Intourist zu belegen. Das alles ließ ich mir durch den Kopf gehen. Nach einer Beratung im Familienkreis ging ich das Risiko ein und kündigte in der Fabrik.
Übrigens war es kein so großes Risiko. Da ich ein Dolmetscherdiplom besaß und zwei Fremdsprachen beherrschte, zweifelte ich nicht daran, daß ich angenommen würde. Nach einer kurzen Unterhaltung in der Aufnahmekommission geschah das dann auch. Der Unterricht war für drei Monate vorgesehen. Man lehrte uns die Geschichte Kiews, machte uns mit den Sehenswürdigkeiten der Stadt und ihrer Umgebung bekannt, vermittelte Grundlagen der sowjetischen Arbeitsgesetzgebung und des Rechts. Natürlich lehrte man uns, in Stalinscher Interpretation, auch die Theorie des Marxismus-Leninismus. Die fest angestellten Exkursionsleiter teilten uns ihre praktischen Erfahrungen mit. Diese Kurse förderten meine Allgemeinbildung. Sie erweiterten meine Kenntnisse über alte Architekturdenkmäler, Malerei und die Kultur der Kiewer Rus. Außerdem halfen mir diese Kurse, wie auch die zweijährige Tätigkeit bei »Intourist«, in gewisser Hinsicht bei der Überwindung meiner angeborenen Schüchternheit und Hemmungen. Bedeutungsvoll waren auch spezielle politische Anweisungen, die wir bei der Betreuung der Gäste zu beachten hatten. Es galt, ihnen ein positives Bild über die »sowjetische Lebensweise« zu vermitteln. Ich sage ganz ehrlich: etwas von alledem kam mir später bei Diskussionen, darunter auch bei »wissenschaftlichen« Disputen zugute, als wir uns darauf spezialisierten, schwarz für weiß auszugeben ...
Gut gewappnet empfingen wir im Frühjahr die ausländischen Gäste.
Erstmals nach der Oktoberrevolution öffnete die Sowjetunion ihre Grenzen für Touristen. Das Leben, besonders in der Ukraine, war nach wie vor sehr schwer. Mit großer Sorgfalt bereiteten sich die politischen Funktionäre auf die Gäste vor. Man muß anerkennen, daß eine wirklich umfangreiche Arbeit geleistet wurde. Die Ausbildung der Reiseleiter war davon nur ein geringer, wenn auch wichtiger Bestandteil. Es erfolgte eine gründliche Renovierung der besten Hotels und Restaurants, die noch aus der Zarenzeit erhalten geblieben waren. Wertvolle Tisch- und Bettwäsche, Geschirr, neue Küchenausrüstungen und Kühlanlagen wurden bereitgestellt. In den USA und Italien kaufte man PKW und Autobusse mit aufklappbaren Ver-

decken. Die gut ausgestatteten Restaurantkioske verfügten über ein Angebot an Importwaren. Nicht zu vergessen, daß man die schönsten Mädchen als Verkäuferinnen eingestellt hatte. Die Dienstleistungsabteilungen der Hotels wurden mit speziell im Ausland gekauftem Büromobilar ausgerüstet und mit farbenprächtigen Bildern und Reklameplakaten geschmückt. Die Empfangshallen waren mit teuren Teppichen und Stilmöbeln ausgestattet.

Das alles geschah in einem Jahr des Hungers! Es waren die typischen Stalinschen Potjomkinschen Dörfer. Er liebte und verstand es, die Ausländer zu blenden. Gelang es ihm doch, weltbekannte Schriftsteller und Denker zu täuschen. Henri Barbusse zum Beispiel verstieg sich zu dem denkwürdigen Ausspruch: »Stalin – das ist der Lenin von heute«. Der »Führer der Völker« unternahm alles, um diejenigen für sich zu gewinnen, die er auf seine Seite ziehen wollte. Damals überwog die Meinung, daß Stalin als fürsorglicher Landesvater keine Verschwendung zuließ und von allen strenge finanzielle Disziplin forderte. Auf eine bessere Zukunft hoffend, glaubten die Menschen, daß er den Reichtum des Landes zum Wohle des Volkes vermehre. Stalin allerdings hatte eine eigene Vorstellung vom »Reichtum« des Landes. Er verstand darunter nicht, wie das Volk lebte. Die Menschen konnten ruhig arm sein, Hauptsache der Staat wurde reicher. So sahen auch die Touristen unter der wachsamen Aufsicht der Reiseleiter nur ein »aufblühendes Land«, welches wir ihnen vorgaukelten. Wenn sie die Sowjetunion verließen, hatten sie nicht die geringste Vorstellung von den wirklichen Lebensbedingungen ...

In Kiew verfügte »Intourist« über das luxuriöse Hotel »Continental« auf der Nikolajstraße, direkt am Kreschtschatik (während des Krieges brannte das Hotel nieder, und an seinem Platz errichtete man das Konservatorium). Es wurden qualifizierte Köche, Kellner und Pförtner aus vorrevolutionärer Zeit eingestellt. Letztere erhielten Livreen mit goldenen Tressen und Biesen. Auch die Chauffeure der chromglänzenden »Lincolns« und »Fiats« kleidete man in sportlich geschnittene Anzüge. Auf dem Dnjepr erwartete die Gäste eine schneeweiße Yacht mit einer Bar, wo es alle möglichen Getränke gab. Eine solche Reise durch die Sowjetunion war zu jener Zeit sehr billig. Für 100 Dollar war es möglich, während einer Woche Kiew, Moskau und Leningrad zu besuchen. Dieser Preis umfaßte die Unterkunft mit Vollpension sowie alle anderen Dienstleistungen. Natürlich war zu jener Zeit auch der Dollar mehr wert. Viele Touristen reisten mit der Überzeugung nach Hause, daß die Sowjetunion das billigste Land der Welt sei. Gerade damals gelangten unsere Außenhändler zu der Überzeugung, daß der Rubel wertlos ist. Um in den Besitz der Valutawährungen zu gelangen, verkaufte man Waren und Dienstleistungen zu Billigpreisen.

Musterkolchos

Wenn ich an jene Periode zurückdenke, kann ich mich nur wundern, mit welchem Geschick selbst zugrunde gerichtete Landwirtschaftsbetriebe den Touristen als aufblühende Wirtschaften gezeigt wurden. Ich berichte von meiner ersten Bekanntschaft mit einem »Musterkolchos«. Ein reiches amerikanisches Ehepaar war nach Kiew gekommen. Sie bezahlten ihre Reise nach der ersten Preisklasse und man stellte ihnen einen Pkw mit Reiseleiter zur Verfügung. So wohlhabende Touristen gefielen uns ganz besonders. Es gab wesentlich weniger Scherereien als mit großen Gruppen. Dabei erhielt der Dolmetscher das gleiche Essen wie die ihm anvertrauten Gäste, bei Fahrten durch das Land einen Platz im »internationalen« Schlafwagen und ein Zimmer in den besten Hotels. Ich hatte gerade erst bei »Intourist« begonnen und absolvierte mein Praktikum bei der schon etwas erfahrenen Dolmetscherin Klara. Wir sollten das amerikanische Paar betreuen. Klara gefiel mir. Sie war klein und zierlich und erinnerte mich an eine Porzellanfigur. Sie sah noch wie ein kleines Mädchen aus, obwohl sie drei Jahre älter war als ich. Anfangs verhielt sie sich mir gegenüber recht streng. Bereits am ersten Tag wollten die Amerikaner einen Kolchos besuchen. Klara beauftragte mich, den Leiter der Dienstleistungsabteilung, Fainberg, darüber zu informieren. Dieser hatte zu klären, wohin wir fahren sollten. Auf seiner Liste gab es drei Betriebe, die für die Ausländer in Frage kamen. Jedesmal mußte vorher dem Kolchosvorsitzenden rechtzeitig eine telefonische Mitteilung gemacht werden. Dazu brauchte man, infolge der schlechten Verbindung, oft einen ganzen Tag. Gegen Abend war alles geregelt. Ich informierte auch Stepan. Er war Chauffeur des für das amerikanische Ehepaar vorgesehenen »Lincoln«.

Während meiner Vorbereitungskurse als Reiseleiter und Dolmetscher, verdiente ich mir in der Garage von »Intourist« als Hilfsarbeiter etwas dazu. Ich wusch die Autos, füllte Öl und Wasser auf und prüfte, ob genügend Benzin vorhanden war. Damals gab es in Kiew keine Tankstellen. Zusammen mit Stepan, dem jüngsten der Chauffeure, fuhren wir einmal wöchentlich mit einem Lkw zum Tanklager, welches nahe des Großhandelslagers der Stadt lag. Wir füllten einige Fässer mit Benzin, rollten sie auf die Ladefläche des Lkw und fuhren zur Garage zurück, wo dieser Kraftstoffvorrat auf einem gesonderten Platz gelagert wurde. Wir stellten die Fässer auf Erhöhungen, um das Benzin direkt in die Autotanks füllen zu können. Dazu war der Verschluß des Fasses abzuschrauben und ein Schlauch einzulegen. Vom anderen Ende mußte mit dem Mund angesaugt werden. Das beruhte auf dem Prinzip kommunizierender Gefäße. Manchmal bekam man dabei auch Benzin in den Mund und mußte danach lange spucken. Ich freundete mich mit Stepan an. Er war 25 Jahre alt, verhielt sich mir gegenüber aber wie ein Gleichaltriger. Er lehrte mich das Autofahren. Wenn wir allein waren, gab er dem »Lincoln« Feuer. An den freien Abenden luden wir oft Mädchen ein und fuhren mit ihnen außerhalb der Stadt spazieren ...

Am nächsten Morgen besichtigten wir mit dem Touristenpaar den Lorbeergarten und fuhren nach dem Mittagessen zum Kolchos. Die Gäste aus Übersee erwiesen sich als erfahrene Landwirte. Als Leitungsmitglied einer amerikanischen Bank war Bill (er schlug uns sofort vor, ihn und seine Frau Susi mit dem Vornamen anzusprechen) Chef einer großen Milchfarm bei New York. Er hatte Berichte über schlimme Zustände bei der Kollektivierung gelesen und rechnete damit, eine anschauliche Bestätigung der Vorzüge individueller Farmbetriebe zu finden. Dort, wohin wir fuhren, sollte er das wohl nicht sehen, war es doch ein Musterkolchos, den wir den Amerikanern zeigen wollten. Nachdem wir in der Kolchoszentrale in einem großzügigen Arbeitszimmer mit dem Vorsitzenden diskutiert hatten, besichtigten wir anschließend die für jene Zeit recht komfortabel eingerichteten Häuser zweier Kolchosmitglieder. Dann fuhren wir zu den Stallungen, die einige Kilometer entfernt lagen. Nicht ohne Schwierigkeiten brachte uns der »Lincoln«, den Stepan wegen der vielen Schlaglöcher immer wieder abbremsen mußte, dorthin. Auch hier glänzte alles in bester Ordnung. In den für die Besichtigung der Gäste gesäuberten Ställen standen junge Zuchtbullen in Reih und Glied und steckten von Zeit zu Zeit ihre Köpfe in die gefüllten Futterkrippen. Sie waren wohlgenährt. Dann besichtigten wir die Schweinefarm. Die behäbigen Sauen waren von einer Schar quicklebendiger Ferkel umgeben. Bill war von allem recht beeindruckt und stellte viele fachliche Fragen. Er interessierte sich für die Rassen der Tiere, den Milchertrag und die Qualität der Zuchtbullen. Für mich war alles eine gute Praxis. Wenngleich ich wußte, wie es in anderen Betrieben aussah, die nicht als Musterbetriebe galten, gab

dieser Kolchos doch ein Beispiel dafür, wie man es machen mußte, um effektiv zu wirtschaften.
Die Presse berichtete täglich über »märchenhafte Mitschurin-Äpfel« und über phantastische Milchleistungen von »Rekordkühen«. Wir glaubten, daß sich mit dem zweiten Fünfjahrplan unser Land zur stärksten Macht der Welt entwickeln und seine Bürger das glücklichste Volk werden würden. Es war wohl deshalb auch besser, den Touristen nicht die klägliche Gegenwart, sondern die strahlende Zukunft zu zeigen. So empfand ich auch keine Gewissensbisse, daß wir dieses sympathische Ehepaar regelrecht betrogen. Auch heute ist es bei uns so gang und gäbe. Stundenlang stehen die Hausfrauen an, um das Allernotwendigste zu bekommen. Wenn sie zufällig einmal etwas Besseres, wie beispielsweise Kaviar oder Krabben erstehen, wird es aufgehoben. Keiner darf es anrühren. Wenn dann Besucher aus dem Ausland kommen, steht alles auf den Tisch gepackt. Die Gäste aber tun sich gütlich daran und denken: Die Russen leben doch gar nicht so schlecht. Wahrscheinlich sind die Meldungen über Schwierigkeiten doch arg übertrieben!
Auch Bill war von allem, was er gesehen hatte, beeindruckt. Als er sich vom Leiter der Schweinefarm verabschiedete, sagte er bewegt: »Ich habe nie erwartet, so etwas bei Ihnen zu sehen. Alles was wir in unseren Zeitungen lesen, ist Lüge. Jetzt glaube ich, daß kollektive Arbeit nicht schlechter, sondern vielleicht sogar besser als individuelle Arbeit ist. Wir können von Ihnen lernen. Ich wünsche Ihnen viel Erfolg ...«
Nach kurzem Schweigen fragte er:
»Sagen Sie bitte, ist Ihr Betrieb auch keine Ausnahme? Läuft die Sache in anderen Kolchosen auch so gut?«
Offensichtlich traten bei Bill Zweifel auf, ob man ihn nicht doch zum Narren hielt.
»Aber natürlich«, überzeugte der Leiter der Farm den Amerikaner, obwohl er genau wußte, daß die Kühe in den meisten anderen Betrieben, aufgrund von Futtermangel und Entkräftung, oft nicht auf eigenen Beinen stehen konnten.
»Eine beeindruckende Errungenschaft«, sagte der leichtgläubige Bill und beruhigte sich.
Die Besichtigung des Kolchos zog sich in die Länge. Während dieser Zeit kühlte es sich merklich ab. Es war im zeitigen Frühjahr, und das Wetter schlug oft um. Wind erhob sich, und es begann leicht zu reg-

nen. Klara drängte die Amerikaner zur Abfahrt. Sie aber wollten einfach nicht losfahren. Schließlich machten wir uns auf den Weg und mußten uns bald davon überzeugen, daß der von Traktoren aufgewühlte Weg unbefahrbar geworden war. Es hatten sich große Pfützen gebildet, und das schwere Auto mußte von einer Seite zur anderen ausweichen. Stepan entschied, über das Feld direkt zur Chaussee zu gelangen. Das war ein unverzeihlicher Fehler. Nachdem wir etwa zwei Kilometer gefahren waren, blieb das Auto im weichen feuchten Boden stecken. Die Versuche, den »Lincoln« wieder frei zu bekommen, führten dazu, daß sich die Räder immer tiefer in den schwarzen Morast gruben. Bill stieg aus, beurteilte die Situation und sagte trocken: »Hoffnungslos! Hier stecken wir lange. Unsere einzige Hoffnung ist der russische Winter.« Er lachte über seinen Scherz und zeigte dabei seine schönen Zähne.

Natürlich war es nicht zum Lachen. Frost kam frühestens im Herbst, und jetzt konnten wir damit noch nicht rechnen. Wir regten uns auf. Die Amerikaner aber blieben völlig ruhig.

»Der Ausweg besteht darin«, begann Bill zu erwägen, »daß zuverlässige Wege mit gutem Belag gebaut werden. So machen wir es in Amerika. Das ist wohl das einzige, was bei Ihnen noch nicht in Ordnung ist ...«

Bei uns waren damals wie auch heute die Wege und noch vieles andere nicht in Ordnung. Bill aber, der von der Viehfarm begeistert war, vermutete davon nichts.

»Was schlagen Sie vor?« meinte Bill.

Wir begannen zu beraten. Ringsum gab es weder Steine noch Reisig, um den Rädern Halt zu geben. Es begann zu dunkeln. Der scharfe Nordwind wurde stärker. Das beste wäre gewesen, im Auto zu übernachten. In Kiew würde es jedoch bestimmt Unannehmlichkeiten geben. Man würde glauben, die Amerikaner seien verschwunden. Wir mußten sie unbedingt ins Hotel zurückbringen. Die Frau war außerdem recht leicht bekleidet. Es galt, schnell eine Wohnstätte zu erreichen. Sollte ein Auto kommen, das in die gleiche Richtung fuhr, wollten wir es anhalten. Letztendlich entschlossen wir uns, daß Klara mit den Amerikanern losgehen sollte, Stepan und ich aber die Nacht im Auto verbringen würden. Der Morgen würde klüger als der Abend sein.

Die drei entfernten sich und verschwanden bald im Dunkel. Wir gingen noch einmal um den »Lincoln« herum, der so hilflos auf dem nassen Feld stand. Stepan ließ den Motor an, um das Auto vom Fleck zu bewegen. Alles umsonst. Es war besser, kein Benzin zu verschwenden und sich damit abzufinden, bis zum Morgengrauen auszuhalten. Wir setzten uns ins Auto und rauchten. Die Zeit verging nur langsam. Ein Gedanke beunruhigte mich: war Klara wohlbehalten mit den Amerikanern zur Chaussee gelangt, und hatten sie ein Auto nach Kiew anhalten können? Gerade war ich etwas eingeschlummert, als ans Fenster geklopft wurde. Ich ließ die Scheibe herunter und sah Bill. Hoffentlich gab es keine Probleme.

»Was ist passiert?«

Bill begann zu lachen:

»Bleiben Sie ganz ruhig. Alles ist okay! Ich habe sie in ein Auto gesetzt, das nach Kiew fuhr. Mich hat interessiert, wie Sie es anstellen, hier rauszukommen. Deshalb bin ich wieder da.«

Es fiel mir schwer, meine Erregung über den leichtsinnigen Amerikaner zurückzuhalten:

»Das hätten Sie nicht tun sollen. Sie wären besser auch in die Stadt gefahren. Wieso konnten Sie überhaupt die Frauen allein lassen?«

»Was ist schon dabei? Bei uns in Amerika sind die Frauen selbständig und stehen ihren Mann. Ist es bei Ihnen etwa anders? Im Auto waren nette Burschen, die mir versprachen, Susi und Klara zum Hotel zu bringen ...«

»Natürlich stehen auch unsere Frauen ihren Mann, aber es kann doch etwas passieren. Was sollen wir nun mit Ihnen machen? Kommen Sie erst einmal ins Auto ...«

Die Unruhe verließ mich nicht. Ich erinnerte mich an die sich in den Wäldern versteckenden »enteigneten Kulaken«. Es geschah, daß diese Hungrigen und Verzweifelten nachts einsame Wanderer überfielen oder Autos anhielten und Geld und Lebensmittel raubten. Es gab auch Fälle mit tragischem Ausgang. Inzwischen war es diesbezüglich schon etwas ruhiger geworden. Fast alle »Waldbrüder« hatte man ergriffen. Vielleicht waren aber doch noch welche zurückgeblieben? Auch die hiesigen Bewohner konnten möglicherweise ab und zu etwas stehlen. Selbst in Kiew gab es Raubüberfälle. Es lag allerdings schon einige Jahre zurück, als auch wir überfallen worden waren. Das war direkt im Stadtzentrum. An der Ecke Wladimir- und Funduklejewstraße standen noch die Ruinen eines Gebäudes, was einst einen ganzen Häuserblock einnahm. Es war während des

Bürgerkrieges ausgebrannt. Später wurde es restauriert und Sitz der Ukrainischen Akademie der Wissenschaften.
Im Spätherbst kamen wir eines Abends mit den Eltern von einem Besuch und gingen an diesen Ruinen vorbei zum Kreschtschatik. Ringsherum war keine Menschenseele zu sehen. Plötzlich sprangen aus einem Schotterhaufen zwei Gestalten mit Pistolen.
»Hände hoch«, ertönte eine heisere Stimme.
Erstarrt gehorchten wir dem Befehl. Einer der Räuber blieb in einiger Entfernung stehen und richtete den Revolver auf uns. Der andere ging zu Mutter.
»Hände her!« kommandierte er.
Sie hielt beide Hände mit den Ringen an den Fingern nach vorn. Der eine war ihr Ehering, der andere hatte einen großen Rubin, dazu kam ein Goldring mit einem von kleinen Brillanten umgebenen Blütenblatt.
»Her damit!«
Der Bandit zeigte mit dem Revolver auf die goldene Kette, dann auf die Ohrringe. Mutter nahm alles gehorsam ab und legte es dem Räuber in die Hand. Ich hätte mich am liebsten auf ihn gestürzt. Doch ich sah, wie Vater, der weiß Gott kein Feigling war, unbeweglich dastand und sich zurückhielt. Außerdem wäre es töricht gewesen, sich den mit Pistolen Bewaffneten entgegenzustellen. Nachdem der Bandit den Schmuck in seine Tasche gesteckt hatte, wandte er sich an Vater, der immer noch die Hände hochhielt. Das rettete ihm seine alte Saffianbrieftasche mit Ausweisen und Geld. Die unter dem Regenmantel aufgeknöpfte Jacke fiel etwas zurück, und als die Banditen die Brust abtasteten, konnten sie nichts finden. In der Manteltasche waren ein paar einzelne Pfandleihscheine, die den Räuber zufriedenstellten. Er wich zurück, und die Pistole weiterhin auf uns gerichtet, gingen beide Banditen auf die Ruinen zu. Plötzlich rief Mutter, die ihre angeborene Selbstsicherheit zurückgewonnen hatte:
»Bürger, ich bitte Sie, mir zwei von den Ringen wiederzugeben: den Ehering und den mit dem Rubin. Letzterer ist ein Andenken an meine Mutter. Er hat für mich einen ganz besonderen Wert.«
Mit diesen Worten lief sie direkt auf die Pistolenläufe zu. Wir konnten sie nicht zurückhalten. Plötzlich geschah das Unerwartete. Derjenige, der den Schmuck genommen hatte, ließ die Pistole sinken. Er holte aus der Tasche eine ganze Handvoll Ringe, Ketten, Armbänder und streckte Mama alles entgegen.

»Für Ihren Mut, Madame! Welche gehören Ihnen? ...«
Mutter trat dicht an ihn heran und suchte mit zwei Fingern ihre Ringe aus dem Schmuckberg heraus.
»Danke schön«, sagte sie ruhig und kehrte zu uns zurück.
Ich wollte meinen Augen nicht trauen. Ein Bandit mit Edelmut ...
»Jetzt bleibt zehn Minuten, wo Ihr seid«, ertönte die heisere Stimme. Dann verschwanden sie. Vater tadelte Mama wegen ihres unüberlegten Verhaltens. Sie aber streichelte die auf so wundersame Weise zurückeroberten Ringe und schenkte seinen Worten kein Gehör.

Zwischenfall im Hotel »Hey Adams«

An diese Episode erinnerte ich mich jedesmal, wenn mir ähnliche Geschichten passierten. Derer gab es genug. Auch ich wurde durch die Pistolen der Banditen bedroht. Der letzte Fall geschah erst vor kurzem, Anfang der achtziger Jahre. Das war nicht irgendwo in einer dunklen Gasse oder in alten Ruinen, sondern direkt im Zentrum von Washington, gegenüber vom »Weißen Haus«, im eleganten Hotel »Hey Adams« in der 16. Straße.

Ich arbeitete damals in der sowjetischen Botschaft in den USA und vertrat unser Institut der Akademie der Wissenschaften der UdSSR in den USA und in Kanada. Akademiemitglied Arbatow, Direktor des Instituts, stieg in Washington meist im Hotel »Hey Adams« ab. Einst verbrachten wir einen Abend außerhalb der Stadt, im Hause des Kongreßabgeordneten Solarse. Wir kehrten gegen Mitternacht zurück. Meist brachte ich den Gast, der mir anvertraut war, bis zum Hoteleingang, verabschiedete mich und ging dann nach Hause. Diesmal lud mich Arbatow in sein Hotelzimmer ein: »Irgendwie kann ich noch nicht schlafen. Ich habe noch eine Flasche aus Armenien da. Wenn Du noch nicht so sehr müde bist, laß uns ein wenig zusammensitzen und plaudern ...«

Ich willigte gern ein.

Nach einer Stunde verabschiedeten wir uns. Ich ging in den leeren Korridor und drückte auf den Fahrstuhlknopf. Als er im Vestibül anhielt und die Tür aufging, bot sich mir ein eigentümliches Bild. Ich erblickte vier schwarzhäutige Burschen in schäbiger Kleidung. Ihr Aussehen stand im völligen Gegensatz zur reich ausgestatteten Hotelhalle, die sie unter ihrer Kontrolle hatten. Der Nachtportier sprang unnatürlich an der Rezeption herum. Zuerst glaubte ich, daß wegen einer Havarie eine Reparaturbrigade erschienen sei. Warum aber waren sie so spannungsgeladen und schauten recht eigenartig auf mich?

»Hallo Kinder, was geht denn hier vor?« wandte ich mich an alle zugleich und steuerte dem Ausgang zu.

Keiner antwortete. Einer der Schwarzen sprang zu mir. Da sah ich, wie er eine Pistole in seiner Hand hielt. Es war eine kleine Waffe. Der Lauf war kaum zu sehen. Es schoß mir durch den Kopf: die Presse hatte unlängst von solchem »Spielzeug« berichtet, wobei es als Saturday Night Special bezeichnet wurde. Unter dem Vorwand einer »Kinderkonstruktion« werden diese, in Einzelteile zerlegt, aus Deutschland eingeführt. In den USA setzt man sie wieder zusammen und verkauft sie als Billigware. Es ist aber eine richtige Waffe. Man benutzt sie in amerikanischen Elendsvierteln: sie kosten wenig und man kann sie gut verstecken ...

Der schwarze Bursche, der die Pistole in der linken Hand hielt, begann mich zu durchsuchen. Er wollte sich davon überzeugen, daß ich ohne Waffe war. Bekanntlich tragen viele Amerikaner diese stets bei sich. Ich hatte natürlich keine Waffe. In der Gesäßtasche meiner Hose war die Brieftasche. Der Bandit zog sie heraus und ging langsam weg, wobei er den Pistolenlauf auf mich richtete.

»Nimm das Geld, die Brieftasche aber gib zurück«, sagte ich ihm. Dort sind meine Ausweise. Ich wollte meinen Führerschein, die Kreditkarte für Benzin und den Diplomatenpaß nicht einbüßen. Ohne sie war ich handlungsunfähig, und wieviel Zeit hätte ich morgen für die Ausstellung der Duplikate benötigt!

Der Gedanke, daß es ein »Morgen« für mich nicht geben könnte, kam mir nicht in den Sinn. Ich verlangte lautstark die Rückgabe meiner Ausweise. Der Schwarze tat so, als höre er nicht. Alle anderen standen auch schweigend da. Ich schloß die Möglichkeit nicht aus, daß sie unter Rauschgift standen. Ihre langsamen Reaktionen ließen darauf schließen. Ohne Rücksicht auf etwaige Folgen näherte ich mich dem Banditen und griff nach meiner Brieftasche. Er war verblüfft. Offensichtlich hatte er das nicht erwartet. Im nächsten Moment holte er jedoch aus und schlug mir mit dem Pistolengriff gegen den Kopf. Ich kam gerade noch dazu, die Brieftasche zu öffnen und die grünen Geldscheine zu zeigen. Es waren etwas über 200 Dollar.

»Nimm das Geld«, sagte ich und reichte ihm die geöffnete Brieftasche hin.

Er nahm den Geldpacken, und ich steckte, zufrieden über meinen Erfolg, die Brieftasche wieder ein.

Der Schwarze kommandierte:

»Auf den Boden, das Gesicht nach unten!«

Als ich mich etwas zur Seite bewegte, sah ich zwischen Sofa und Sessel zwei Personen, mit dem Gesicht zum Teppich liegen. Sie trugen die Kleidung von Hotelpförtnern. Mich ebenso hinzulegen schien mir unwürdig. Ich ließ mich deshalb auf die Knie nieder und legte den Kopf auf die Sessellehne. Da erst fühlte ich, daß mir Blut über

die Wange lief. Offensichtlich war ich verletzt worden. Die Blutung wurde stärker. Auf Hemd und Sessel bildeten sich rote Flecken.
Von der Seite her blickte ich zur Rezeption und sah, wie zwei der Räuber versuchten den Safe zu öffnen. Das Blut lief mir in die Augen, und ich wollte es mit dem Taschentuch abwischen. Der neben mir stehende Bursche reagierte sofort nervös, kam näher und bemerkte die Uhr an meinem Arm. Er hielt mir die Pistole an die Schläfe und wollte das Metallarmband öffnen. Glücklicherweise klemmte der Verschluß, und es gelang ihm nicht, mir die Uhr zu stehlen. In diesem Moment wurde mit Knirschen die Safetür aus den Angeln gerissen. Der Schwarze ließ von mir ab und lief dorthin. Ich nutzte die Gelegenheit, machte die Uhr ab und versteckte sie in der Tasche. Sie war ein Andenken, und ich wollte sie nicht einbüßen. Natürlich war das ein Risiko. Der Schwarze kam zurück, fand mich in der gleichen Pose, nun aber schon ohne Uhr. Böse verzog er das Gesicht. Ich erwartete einen neuen Schlag. Er aber klopfte gegen seine Joppentasche, wo etwas klirrte. Dann ging er weg. Offensichtlich glaubte er, mir die Uhr schon abgenommen und in seine Tasche gesteckt zu haben.
Was sollte nun werden, überlegte ich. Es gab Fälle, wo Räuber, bevor sie flohen, die Zeugen des Geschehens erschossen. Zumeist befahlen sie ihnen, sich auf den Boden und mit dem Gesicht nach unten zu legen, um ihre Opfer dann zu erschießen. Hatten sie derartiges mit uns vor, war es sinnlos, über die Zukunft nachzudenken. Wenn es aber nicht so war? Da begann ich zu überlegen, wie man diese Ereignisse darstellen würde. Zweifelsohne berichteten die Zeitungen vom Überfall auf das »Hey Adams«. Sie würden ihn in allen Einzelheiten schildern und mit Fotos illustrieren. In meiner Vorstellung sah ich bereits mein blutüberströmtes Gesicht in der Zeitung. Dazu die Schlagzeile: »Sowjetischer Diplomat verletzt.« Das hätte gerade noch gefehlt! Schon so waren unsere Beziehungen zu den USA nicht gut und jetzt ein Überfall auf einen sowjetischen Diplomaten. Möglicherweise würde noch die Version eines »mißglückten Attentats« auf Akademiemitglied Arbatow, Mitglied des ZK der KPdSU, Deputierter, enger Mitarbeiter von ... usw. hinzugedichtet. Was würde dabei herauskommen? Eventuell ein ähnlicher Fall wie der Schuß von Sarajewo ...
Ich zweifelte nicht daran, daß es ein zufälliger Überfall war. Sie raubten die Hotelkasse. Ich aber kam gerade in diesem Moment aus dem

Fahrstuhl. Gewisse Leute hätten sich bei diesem Vorfall eine ganze »Verschwörung« ausgedacht. Alle meine Überlegungen wurden jäh unterbrochen. Was nun geschah, versetzte uns erneut in Schrecken. Eine schroffe Forderung ertönte:
»Keine Bewegung in den nächsten fünfzehn Minuten! Wer sich rührt, wird erschossen. Wir beobachten alles ...«
Sie hatten den Inhalt des Safes an sich genommen und gingen, mit auf uns gerichteten Pistolen, zur Tür. Dann verließen die vier das Hotel. Alle atmeten erleichtert auf. Die Banditen wollten jeden Lärm vermeiden, da gleich nebenan das »Weiße Haus« war. Fünf bis zehn Minuten waren vergangen. Alles blieb still. Ich fragte:
»Sollte man nicht die Polizei holen?«
»Wo denken Sie hin!« ertönte ein erschrockenes Flüstern. »Rühren Sie sich nicht. Es ist noch nicht so weit ...«
Nach einem kurzen Warten erhoben wir uns. Der Portier wählte eine Nummer und buchstäblich nach wenigen Minuten hörte man das Sirenensignal der Polizeifahrzeuge und das Kreischen der Bremsen. Am Fenster sah man die Blitze der Fotoapparate. Der Hoteleingang wurde versiegelt. Mir verblieben wenige Sekunden. Während sich der Nachtportier und die Pförtner an der Tür drängten, ging ich unbemerkt zum Fahrstuhl und drückte auf den Knopf. Die Tür öffnete sich und schloß sich lautlos hinter mir. Kurz darauf stieg ich in der 5. Etage aus. Als ich zu Arbatows Hotelzimmer kam, hörte ich, daß der Fernsehapparat noch lief. Also schlief Arbatow noch nicht. Ich klingelte.
»Wer ist da?«
»Ich bin es, Jura. Mach' bitte auf, es gibt etwas Neues ...«
Die durch zwei Ketten gesicherte Tür wurde etwas geöffnet. Arbatow erkannte mich nicht. Das war kein Wunder. Mein ganzes Gesicht war blutverschmiert. Hemd und helles Jackett hatten dunkle Flecke:
»Ich bin es wirklich ...«
»Wie schrecklich! Was ist passiert?«
»Gleich erzähle ich alles ...«
In wenigen Minuten berichtete ich über den Vorfall und sagte, daß ich ein Treffen mit der Polizei in meinem gegenwärtigen Zustand vermeiden wollte. Dann badete ich, wusch das Hemd aus und reinigte mein Jackett. Wir hingen alles zum Trochnen auf. Arbatow konnte sich nicht beruhigen, daß so etwas direkt im Zentrum der

amerikanischen Hauptstadt geschehen war. Nach vierzig Minuten sah ich aus dem Fenster, wie die Polizei das Hotel verließ. Nur auf der gegenüberliegenden Seite blieb ein Polizeiauto stehen. Die Wunde hatte aufgehört zu bluten. Auch die Kleidung war inzwischen trocken geworden. Wir besprachen das Programm für den nächsten Tag und verabschiedeten uns. Im Vestibül angelangt, verließ ich das Hotel, als ob nichts gewesen sei. Der Portier sprach mit einem Reporter und beachtete mich nicht. Mein Auto stand ganz in der Nähe und nach zwanzig Minuten war ich zu Hause.
Obwohl ich alles in Ordnung gebracht hatte, ahnte Lera sofort, daß etwas passiert war. Ich mußte alles erzählen. Sie war es schon gewöhnt, daß ich des öfteren Unannehmlichkeiteen hatte. Sie beruhigte mich, wusch mir die Wunden aus und legte ein Pflaster auf.
Morgens um acht Uhr begab ich mich zum Hotel. Mit Arbatow fuhren wir zu einem Arbeitsessen ins Capitol. Über das Fernsehen und in der »Washington Post« berichtete man mit wenigen Worten vom Raubüberfall im »Hey Adams« und davon, daß »niemand zu Schaden gekommen sei« ...
Kehren wir jedoch ins ferne Jahr 1934 zurück.
Wir beschlossen, Bill nichts über unsere Sorge um die Frauen verlauten zu lassen, die er so leichtfertig mit einem fremden Auto losgeschickt hatte. Nun war schon nichts mehr zu retten. Wir trafen Vorbereitungen für die Nacht, ließen die Vorhänge herunter und bedeckten die vorderen und hinteren Fenster mit kleinen Matten. Bill und ich blieben auf dem Rücksitz, Stepan auf dem Vordersitz. Wie lange ich geschlafen hatte, weiß ich nicht. Ich öffnete den Vorhang ein wenig. Ringsum völlige Dunkelheit. Der Regen hatte aufgehört, und es begann ein wenig zu frieren. Ich berührte Stepan an der Schulter:
»Wir müssen den Motor und die Heizung einschalten ...«
Er kam nicht dazu, weil wir plötzlich Stimmen hörten. Ich neigte mich zu Stepan:
»Sie kommen hierher. Laß uns ganz still sein. Sollen sie denken, hier sei niemand.«
Bill rührte sich. Ich warnte ihn:
»Bitte, seien Sie ganz leise ...«
Er hatte mich verstanden und drückte meine Hand. Wir legten uns auf die Sitze. Die Stimmen näherten sich. Es waren zwei Personen, die miteinander sprachen. Plötzlich war alles ruhig. Dann hörte man sie sagen:

»Sieh mal, was ist denn das?«
»Wie kommt so etwas hierher?«
»Offensichtlich voll beladen ...«
Beiderseits des Autos hörten wir leise Schritte und tiefe Atemzüge. Wir erstarrten und bewegten uns nicht. Plötzlich ein Schlag. War es ein Brecheisen oder vielleicht ein Gewehrkolben, mit dem sie zuschlugen? Dann stände die Sache schlecht. Sie rissen am Griff der Vordertür. Stepan verstand, daß man sich nicht länger verstecken konnte.
»Weg da, sonst schieße ich!« schrie er aus vollem Hals.
Das hatten sie nicht erwartet. Man hörte die sich schnell entfernenden Schritte ...
Möglicherweise waren es keine Verbrecher. Es galt jedoch vorsichtig zu sein. Natürlich besaß Stepan keine Pistole. Psychologisch hatte er jedoch richtig gehandelt. Wir schliefen nicht mehr. Ich erklärte Bill, daß es möglicherweise betrunkene Rowdys waren und Stepan recht daran getan habe, sie zu verjagen.
»Wir haben in Amerika genug von solchen Leuten. Man muß sich von ihnen fernhalten«, stimmte Bill gutmütig zu.
Im Morgengrauen verließen wir das Auto. Der Schlag hatte die hintere Stoßstange beschädigt. Sie war etwas eingedrückt. Wir verschlossen den »Lincoln«, um irgendeine Wohnstätte zu suchen.
Entlang eines breiten, von Weiden bewachsenen Angers zog sich ein Dorf dahin. Die ersten beiden Hütten hatten vernagelte Fenster. Sie schienen unbewohnt. Offensichtlich waren sie von »liquidierten Großbauern« verlassen worden. Aus dem Schornstein der dritten Hütte stieg Rauch. Wir klopften. Eine ältere Frau in schwarzer Haube, mit einem über die Schulter geworfenen löchrigen Tuch öffnete uns. Nachdem wir sie begrüßt hatten, entschuldigte ich mich für die zeitige Störung und bat, uns eintreten zu lassen.
»Kommen Sie rein«, sagte sie nach einer kurzen Pause.
In der »guten Stube« saßen zwei Personen am Tisch. Es waren wohl ihr Mann und der Sohn. Auf dem Teller lag ein Kanten schwarzes Brot. Im russischen Ofen sah man einen gußeisernen Topf mit Kartoffeln. Weiter hinten glühten Kohlen und brannten Holzscheite. Ich erklärte, wieso wir hier waren und fügte hinzu, daß ein amerikanischer Tourist bei uns sei.
»Setzen Sie sich an den Tisch«, sagte der Ältere auf ukrainisch, wobei er sich nicht einmal zu wundern schien.

Wir waren völlig ausgehungert, wagten aber nicht, eine Bitte vorzutragen. Die Hausfrau stellten den Topf auf den Rand des Tisches, verteilte die Kartoffeln auf die Teller und goß Sonnenblumenöl darüber. Dann schüttete sie Tee in Aluminiumtöpfe. Ich dachte, daß dieses für den nach der ersten Preisklasse angereisten Touristen Bill etwas dürftig sei. Und überhaupt werde er wohl nach einem so unvorhergesehenen Zwischenfall keinen so guten Eindruck von der Ernährung der Kolchosbauern haben. Fainberg würde mich deshalb bestimmt zurechtweisen. Hol ihn der Kukkuck! Schon deshalb, weil wir eine solche Nacht mit dem Amerikaner hinter uns hatten, könnte es bestimmt Ärger geben. Bill aber beklagte sich nicht, sondern lobte das »schmackhafte und nahrhafte« Mahl.
Durch die Unterhaltung mit dem Hausherrn erfuhren wir, daß es nicht jener Kolchos war, den wir gestern besucht hatten. Dieser hier war ganz und gar kein »Musterbetrieb«. Auch das konnte mir bei Fainberg zum Nachteil werden. Hilfe wurde uns zugesagt. Nchdem wir etwas gegessen hatten, gingen wir zur Kolchosleitung, wo man uns zwei Ochsen gab.
»Werden sie ein solches Auto herausziehen können?« zweifelte Stepan.
»Das schaffen sie, unsere Ochsen sind starke Tiere ...«
Die riesigen sandfarbenen, schwarzgefleckten Ochsen, mit ihren breit auseinanderstehenden Hörnern und den Nasenringen, schauten voller Neugier auf das ebenfalls sandfarben-schwarze Wunder aus Übersee. Am Joch wurden Zugseile angebracht. Gemeinsam mit Stepan befestigten wir sie an den vorderen Stoßdämpferfedern des »Lincoln«. Bill setzte sich ans Steuer und ließ den Motor an. Wir schoben das Auto von hinten. Da ertönte der Ruf: »Zob – Zobe.« Die Ochsen spannten alle Kräfte an. Das Auto ruckte und bewegte sich langsam aus den vorher von den Rädern eingedrückten Spuren auf dem leicht gefrorenen Boden. Mir kam eine gewisse Symbolik in den Sinn: ukrainische Ochsen hauchten dem Wunder amerikanischer Technik neues Leben ein.
Bill hatte die Tür etwas geöffnet und rief:
»Seht Ihr, dieses Auto ist an und für sich tot. Es taugt ohne Autobahn und Infrastruktur zu gar nichts. Ich habe doch gesagt, Ihr müßt schnellstens Landstraßen mit festem Belag bauen! ...«
Wenn man jetzt im Fernsehen die bei Moskau gelegenen Dörfer

sieht, wo auf aufgeweichten Wegen im Morast sogar Traktoren stekkenbleiben, denke ich immer wieder an diese Begebenheit. Landstraßen mit festem Belag durch Dörfer und Felder gibt es bis heute noch nicht ...

Der letzte Sommer der NÖP

Mehr als alle anderen Sommerferien sehnte ich die des Jahres 1929 herbei. Wir sollten in die letzte, die siebente Schulklasse kommen. Obwohl keiner von uns älter als vierzehn war, fühlten wir uns schon erwachsen, denn damals begann man gewöhnlich nach Abschluß der Siebenklassenschule gleich zu arbeiten. Wer weiterlernen wollte, mußte sich an den Arbeiterfakultäten in Abendkursen auf die Aufnahmeprüfungen der Fach- oder Hochschulen vorbereiten, wo man in der Regel im Alter von sechzehn, siebzehn Jahren für ein Studium zugelassen wurde. Ich hatte also noch ein ganzes Jahr Zeit, bevor ich mich für den einen oder anderen Weg würde entscheiden müssen, und jetzt lockte mich erst einmal die versprochene Dampferfahrt in die subtropischen Regionen am Schwarzen Meer.

Ich hatte die ersten Wochen der Ferien mit den Juschkows in Anapa verbracht und sollte nun mit einem Winzling von Schiff nach Noworossisk fahren, wo ich auf meine Eltern treffen würde, die mit dem Dampfer »Grusinien« aus Richtung Odessa dorthin unterwegs waren. Koka, seine Mutter und unsere beiden Freundinnen brachten mich zur Pier. Es war ein wolkenloser, heller Morgen; das Meer war ruhig, glatt wie ein Spiegel und verströmte wohltuende Kühle. Ich hatte lange auf diese Stunde gewartet, und doch – jetzt, wo ich von den Freunden Abschied nehmen mußte, war ich traurig. Wie hatte ich mich nur entschließen können, von hier fortzufahren? Hier war das Leben herrlich und ungebunden, und Werotschka an meiner Seite war zärtlich und schön. Ich küßte sie auf die Wange, flüsterte ihr zu, daß wir uns bald wiedersehen würden und wußte doch, daß das nicht stimmte. Sie wohnte in Leningrad, ich in Kiew, wir würden unendlich weit voneinander entfernt sein ...

Ich nahm meinen kleinen Holzkoffer in die Hand, ging an Bord und suchte mir dort ein Plätzchen.

»Leinen los!« brüllte der Käpt'n von der kleinen Brücke.

Ein Bursche, barfuß und sonnenverbrannt, in einem abgetragenen Matrosenhemd, hievte die Tauschlinge über den Poller und warf sie an Bord. Mit einem langgezogenen Hupen legte das kleine Schiff langsam vom Landungssteg ab. Werotschka winkte mit einem weißen Taschentuch, und ich winkte mit beiden Armen zurück. Mein Abschiedsgeleit blieb auf der Pier zurück und wurde mit zunehmender Entfernung immer kleiner. Bald verdeckten mir die Abhänge des Kahlen Berges den Blick auf die kleine Bucht mit dem Landungssteg.

Tja, das war's dann wohl. Eine Episode, die nun für immer der Vergangenheit angehörte.

Immer, wenn ein Lebensabschnitt plötzlich zu Ende geht und sich die Tür zu einem neuen öffnet, empfindet man die Trennung, den Verlust besonders dann als schmerzlich, wenn fröhliche und sorglose Tage vorbei sind. Etwas ähnliches empfindet man aber auch nach schweren Zeiten, und die hat in unserem Jahrhundert jeder in diesem Land in einem größeren Ausmaß erlebt, als ein Mensch eigentlich ertragen kann. Diese Phasen in unserem Leben sind uns in Fleisch und Blut übergegangen. Immer wieder, wenn wir die Schwelle zum Unbekannten, aber angeblich Besseren überschreiten sollen, empfinden wir, die wir in langen Jahren der Erfahrung haben lernen müssen, daß es uns nach einer Neuorientierung nicht besser ergangen ist, sondern schlechter, Unruhe und nostalgische Sehnsucht nach der entschwundenen Vergangenheit, mag sie auch noch so schwer gewesen sein. Und eben diese Empfindungen werden durch die Reformprojekte der Gegenwart, der achtziger und neunziger Jahre, in der Bevölkerung unseres Landes zu neuem Leben erweckt.

Als wir uns Noworossisk näherten, zeigten Meer und Uferstreifen ein merklich anderes Gesicht. Die Delphine, die uns seit Anapa begleitet hatten, verließen uns nun und schwammen in Richtung der Tanker und Frachter, die vor der Hafeneinfahrt ankerten. Der gelbe Muschelkalk an den Ufern war inzwischen von Felsbrocken abgelöst worden, und inmitten solcher steinigen Hügel lag ein Zementwerk. Aus seinen Schornsteinen stieg rötlicher Qualm, der eine graue Staubschicht auf die Reling unseres Schiffes legte. Nachdem wir den Leuchtturm am Ende der Mole hinter uns gelassen hatten, passierten wir einen Dampfer mit schwarzer Bordwand und schneeweißen Aufbauten. Am Bug war in kyrillischer Schrift der Name »Grusinien« zu lesen, und der gleiche Name stand in lateinischen Buchstaben an der Brücke. Nicht weit entfernt davon legten wir an.

Kaum hatte ich die Landungsbrücke betreten, umarmte mich mein Vater:

»Junge, wie bist du braungebrannt! Und wie erwachsen du bist! Du siehst aber aus wie ein Inder, der am Verhungern ist!«

Ach ja, den letzten Satz kannte ich schon aus meiner Kindheit. Diesen Spitznamen hatte ich weg, wohl weil ich so unwahrscheinlich mager war, wie die meisten Kinder des Kriegskommunismus. Viele von ihnen sind mit der Zeit etwas dicker geworden, aber ich bin immer ein Kotschubej geblieben, ein wandelndes Gerippe. »Kotschubej«, das ist mein zweiter Spitzname.

»Das macht nichts«, lächelte Vater, »wir werden dich jetzt erst mal hochpäppeln.«

Er fühlte sich wohl immer noch verantwortlich dafür, daß wir während der Zeit, in der er verhaftet war, ziemlich hungern mußten. Aber schließlich konnte er nichts dafür ...

An der Gangway, die zum Oberdeck der »Grusinien« führte, erwartete uns Mama. Sie sah ganz jung aus, erholt und fröhlich. Sie trug ein leichtes Kleid mit weißen Spitzen und dazu einen beigefarbigen, breitrandigen Strohhut mit Schleier. Sie neigte sich leicht herab, küßte mich auf den Kopf, und der mir so vertraute Duft – »L'Origan« hieß ihr Parfum – rief mir meine entschwundene Kindheit ins Gedächtnis zurück.

Wir hatten eine geräumige Kabine für vier Personen. Auf einem kleinen Tisch stand eine Obstschale mit großen, gelbrosa Pfirsichen, bernsteinfarbenen Birnen und Weintrauben. Natürlich hatten wir uns viel zu erzählen und merkten gar nicht, daß der Dampfer inzwischen von der Pier abgelegt hatte. Erst auf dem offenen Meer spürten wir ein leichtes Schaukeln. Der warme Wind, der draußen Welle auf Welle zerstieben ließ, blies leicht durch das geöffnete Bullauge. Im Gang ertönte eine Glocke, und eine laute Stimme verkündete: »Verehrte Passagiere, unser Kapitän bittet zu Tisch ...«

Ich weiß, daß ausländische Touristen, die bei ihren Reiseveranstaltern Kreuzfahrten auf unseren sowjetischen Schiffen gebucht haben, sehr zufrieden sind. Wer einmal eine solche Reise mitgemacht hat, träumt von ihrer Wiederholung. Aber sie sollten nicht vergessen, daß einheimische Passagiere auf den einheimischen Schiffahrtslinien einen solchen Komfort, einen solchen Service noch nicht erlebt haben. Auch die Krim-Kaukasus-Linie bildet da keine Ausnahme. Heute verkehren auf dieser Strecke nicht zwei Schiffe wie damals die »Krim« und die »Grusinien«, sondern viel mehr. Aber von einer solchen Ordnung und Akkuratesse, wie ich sie im Sommer 1929 kennengelernt habe, kann heute gar keine Rede sein. Es liegt nicht nur daran, daß heute viel mehr Menschen als früher eine Seereise unternehmen wollen und daß sich wie überall in unserem Lande der akute Mangel an Nahrungsmitteln bemerkbar macht. Die ganze Lebensqualität hat sich in den letzten Jahren drastisch verschlechtert. Hinzu kommt, daß die Schwarzmeer-Schiffahrt in dem Bestreben, den Plan überzuerfüllen, eine große Anzahl von Billets für das Oberdeck verkauft. Bevor der Speisesaal öffnet, stellen sich diejenigen, die keine Kajüten haben, in langen Reihen an den Eingängen an. Die Kellnerinnen schaffen es nicht, alle zu bedienen, und kommen den Passagieren in der Rage grob. Die Qualität des Essens läßt zu wünschen übrig. Die Tischtücher sind immer schmutzig, sogar die Servietten, und selbst die gibt es bisweilen nicht ...

Mein erstes Mittagessen mit dem Kapitän der »Grusinien« werde ich nie vergessen. Im Speisesaal, der die ganze Breite des Schiffes einnahm, bildete der Tisch ein großes, an einer der beiden Schmalseiten offenes Rechteck. An der Stirnseite saß der Kapitän; er hatte eine weiße Uniformjacke an. Die Stühle standen, mit kleinen Ketten am Boden befestigt, in schnurgeraden Reihen. Die Passagiere nahmen gesittet Platz – jeder dort, wo für ihn reserviert war; neben dem Besteck lag ein Kärtchen mit dem Familiennamen. Der Kapitän hielt eine kurze Begrüßungsrede und wünschte guten Appetit. Es erschienen die Stewards; sie trugen dunkelbraune Anzüge, die zum Teil an Matrosenuniformen erinnerten, und schneeweiße Handschuhe. Die Vorspeisen – Lachs, Garnelen, kaltes Roastbeef, Salate – wurden auf großen, blitzblanken Platten hereingetragen. Von hinten legten die Stewards jedem Passagier geschickt mit einer Hand das Gewünschte auf den Teller. Dann wurden Getränke serviert, Rotwein und Weißwein. Die Kinder erhielten Obstsäfte. Das Menü war für alle gleich, aber es wechselte täglich. Es bestand aus Vorspeisen, Suppen, dem Hauptgericht, Eiscreme, Obst, Kaffee oder Tee. Ebenso feierlich – in Anwesenheit des Kapitäns oder seines Ersten Offiziers – verliefen Frühstück und Abendessen. Nach dem Essen gingen die Männer in den Rauchsalon, wo tiefe Ledersessel und -sofas standen und wo an Tischchen Karten, Schach oder Dame gespielt werden konnte. Die Frauen versammelten sich im Musiksalon. Jemand spielte gedämpft Klavier.

Dieses Ritual hatte sich aus der vorrevolutionären oder, wie man damals zu sagen pflegte, friedlichen Zeit erhalten. Auf mich machte das, was ich gesehen hatte, einen solchen Eindruck, daß ich lange nicht einschlafen konnte. Schließlich zog ich mich leise an, nahm mir eine Weintraube und stahl mich aus der Kajüte. Ich ging zum Bootsdeck hinauf und suchte mir ein ruhiges Plätzchen unter einem Motorboot, das mit einer Plane zugedeckt war. Die Nacht war still und warm. Das Schiff schien zwischen der glatten Wasseroberfläche und dem Himmel zu schweben. Die südlichen Sterne leuchteten hell. Ein silbriger Pfad, entstanden durch das Licht des Vollmondes, erstreckte sich bis zum Horizont. Ich glaubte, allein im Universum zu sein, mir schien, der Zauberflug würde ewig dauern ...

Durch die geschlossenen Lider bemerkte ich einen hellen Schein. Er störte, drang aber noch nicht ganz ins Bewußtsein. Als ich schließlich die Augen öffnete, erblickte ich eine glühende Scheibe, die kaum die unbewegliche Wasseroberfläche berührte. Ich war also unbemerkt eingeschlafen, und jetzt war Morgen. Was wäre, wenn meine Eltern meine Abwesenheit bemerkten? Ich rannte hinunter und öffnete vorsichtig die Kajütentür. Innen war es dunkel und still. Ich legte mich in meine Koje ...

»Los, aufstehen!« hörte ich meine Mutter sagen, die mich aus dem Schlaf rüttelte, ohne zu vermuten, daß ich nachts herumgegeistert war. »Wir verspäten uns eh zum Frühstück ...«

Als wir endlich im Speisesaal waren, näherte sich der Dampfer schon Sotschi. Damals gab es noch keinen Hafen, und die Schiffe lagen etwa einen Kilometer von der Stadt entfernt auf der Reede. Die Passagiere beförderte man in großen Motorbooten ans Ufer. Die Gangway ließ man bis zum Wasser hinab, aber es war nicht so einfach, ins Boot zu gelangen. Die Dünung, die auf dem Dampfer überhaupt nicht zu merken war, hob das kleine Wasserfahrzeug hoch und ließ es wieder tief sinken. Man mußte den richtigen Moment abpassen und ins Motorboot springen, sobald es auf der gleichen Höhe wie die Stufe der Gangway war. Die Reihe der Passagiere, die sich langsam nach unten bewegte, reichte vom oberen bis zum unteren Ende der Gangway. Das Verlassen des Schiffes nahm viel Zeit in Anspruch. Schließlich betraten wir festen Boden. Links erblickten wir das Hotel »Kaukasische Riviera«, das zu Beginn des Jahrhunderts erbaut worden war und das noch Spuren des ehemaligen Luxus zeigte. Das übrige Ufer war ziemlich öde. Oberhalb des viele Kilometer langen Strandes, der mit kleinem Geröll übersät war, sah man nur Häuschen in der Art von Datschen.

Wir gingen durch den Speisesaal des Hotels, den bunte Glasmalerei

im Stil des »Art Nouveau« zierte, und nahmen an einem Tischchen auf der offenen Terrasse Platz. Vater bestellte Eiscreme und Kaffee und für mich Kakao. Wir genossen den Ausblick auf das Meer und beschlossen, eine Spazierfahrt durch die Stadt zu unternehmen. Vater rief einen Droschkenkutscher herbei, der uns durch die winkelige, enge Straße bis zum Zentrum fuhr. Dort standen einige pompöse Villen, die offenbar dem vor der Revolution geflüchteten Adel gehört hatten. Nach den zahlreichen Aushängen zu urteilen, hatten sich dort jetzt sowjetische Behörden niedergelassen. Wir fuhren zum Markt und versorgten uns mit Obst. Dort standen reihenweise Buden, die die Gaben des Meeres und die Früchte des Südens feilboten. Besonders wohlschmeckend waren riesige Pfirsiche und Birnen, mit denen Griechen und Türken handelten. Seit Stalin sie irgendwohin umsiedelte, habe ich so etwas Ähnliches nie wieder zu Gesicht bekommen.
Aber hier, auf dem Markt von Sotschi, sahen wir etwas, dessen wir uns in den Jahren der NÖP entwöhnt hatten. Am Rande saßen irgendwelche Leute in Wattejacken und in abgewetzten Schafpelzen, mit Schultersäcken. Die einen hatten abgetretene Stiefel an den Füßen, die anderen Bastschuhe, und wieder andere waren barfuß. Ganze Familien lagerten da, junge Leute, Greise und Kinder, Menschen mit vergrämten Gesichtern, müde und total erschöpft. Die hiesigen Einwohner erzählten, daß in letzter Zeit immer mehr solcher Obdachlosen auftauchten. Das waren die ersten Opfer der begonnenen durchgängigen Kollektivierung. Transkaukasien hatte Stalin bisher noch nicht angetastet. Hier gab es noch Bauernhöfe in Privathand und florierte noch die Privatinitiative. Die Ukraine und das Kubangebiet waren jedoch schon unter die Walze der Vergesellschaftung der Landwirtschaft geraten. Wenn sie sahen, was in den benachbarten Dörfern geschah, schlachteten viele Bauern, die alleinstehende Gehöfte besaßen, ihr Vieh, zündeten ihre Getreidespeicher an, vernagelten ihre Häuser, packten in ihre Schultersäcke das Allernötigste und flüchteten möglichst weit weg von ihren Heimatorten. Dieser immer breiter werdende Strom bewegte sich in der Hauptsache nach dem Süden, wo die Bedingungen etwas leichter waren und wo man bei dem warmen Klima kein Dach über dem Kopf brauchte. Wir sahen solche Flüchtlinge an der ganzen Schwarzmeerküste. Aber die meisten fanden sich in Sotschi zusammen. Obwohl jenseits der Gebirgskette des Kaukasus gelegen, war

dieses Gebiet trotzdem noch Rußland, und den Obdachlosen schien es, daß sie hier am ehesten eine Bleibe finden würden. Es waren vergebliche Hoffnungen! Bald fing die Obrigkeit sie ein und schaffte sie fort. Sie kamen auf die sibirischen Baustellen des ersten Fünfjahrplans oder in die Lager an der Kolyma. Nur wenigen gelang es, diesem Los zu entrinnen und sich in Transkaukasien niederzulassen ...
Unsere nächste Station war Suchumi. Hier ankerte die »Grusinien« ebenfalls auf der Reede. Die Landungsbrücke in der Stadt war klein, und es konnten dort nur Leichter und Motorboote anlegen, auf denen man Passagiere auf das Festland brachte. Die Stadt versetzte mich mit ihren hohen, direkt in den Boden entlang den Straßen gepflanzten Palmen, mit den Bambussträuchern und den Bananenhainen am Primorje-Boulevard, mit ihren belebten Straßen und dem deutlich sichtbaren Wohlstand in Erstaunen. Die Luft der Uferstraße war geschwängert vom Duft von Schaschlyks. An jeder Ecke standen direkt am Bürgersteig die Grillgeräte, und appetitliche Hammelfleischstücke, die zusammen mit Zwiebelscheiben und Tomaten auf einen Spieß gesteckt waren, drehten sich durch die Hitze, die von der Holzkohle zu den kleinen Schaufeln an einer von oben befestigten Scheibe aufstieg, langsam von selbst. Jetzt kann man in Suchumi solche einfachen und damals sehr bequemen Grillgeräte nicht mehr sehen, wie man auch Fleisch von jungen Hammeln fast nicht mehr zu Gesicht bekommt. Ich war sogar Zeuge, wie ein maßgebender Chef dort behauptete, daß sich das kaukasische Klima nicht für die Schafzucht eigne. Daher gäbe es angeblich auch kein Schaschlyk. Aber damals war das Klima offenbar sehr geeignet, überdies nicht nur für die Schafe. So aß ich damals zum Beispiel sehr gern Brot aus Maismehl; es hatte eine goldgelbe Farbe, es war weich, und es schmeckte gut. Heute wird auch kein Maisbrot mehr gebakken, obwohl Mais in diesen Gegenden noch wächst. In Suchumi bekam man auch hervorragendes Gebäck. Es wurde nicht nur in allen Konditoreien verkauft, man erhielt es auch in den zahlreichen Cafés, wo man unter anderem heiße Schokolade, Kakao und mir bis dahin unbekannt gewesene türkische Süßigkeiten genießen konnte. Vater liebte die berühmten Tabaksorten von Suchumi: Die hiesige Fabrik produzierte Zigarren, Pfeifentabak, Zigaretten und abgepackten Zigarettentabak. Vater drehte sich daraus selbst Zigaretten, steckte sie in ein Mundstück, das er sich selbst aus Kirschholz geschnitzt hatte, und hüllte uns in eine Wolke angenehmen Dufts.

Suchumi gefiel uns so, daß wir uns dazu entschlossen, für einige Wochen hier zu bleiben. Wir ließen uns einen Vermerk auf den Schiffsbilletts machen, holten unsere paar Sachen aus der Kajüte, gaben sie in die Gepäckaufbewahrung und machten uns auf die Suche nach einer Unterkunft. In den Fenstern vieler Häuser hingen Zettel mit der Mitteilung, daß Zimmer vermietet würden. Uns gefiel ein schönes Gebäude in einer kleinen Gasse, nicht weit von der Roten Brücke, einer der Sehenswürdigkeiten der Stadt. Als wir nähertraten, erblickten wir auf der Veranda zwei Männer, die sich miteinander bei einer Flasche Wein unterhielten. Einer von ihnen hatte ein weites grusinisches Hemd an, der andere einen Tscherkessenrock. Beide waren kahlgeschoren, hatten aber dicke Schnurrbärte. Vater grüßte höflich über die Eingangspforte hinweg und fragte, ob nicht Zimmer vermietet würden. Der Mann, der den Tscherkessenrock anhatte und offenbar der Hausherr war, blickte uns aufmerksam an und sagte dann, nachdem er ein Weilchen geschwiegen hatte, mit kaum bemerkbarem Akzent:

»Wie lange möchten Sie hier bleiben?«

»Etwa zwei Wochen. Wir möchten gern drei Zimmer haben. Wir zahlen für alles im voraus.«

Es trat eine Pause ein. Der Mann im Tscherkessenrock sah uns weiter durchdringend an. Dann sagte er etwas zu seinem Gesprächspartner auf grusinisch. Dieser nickte schweigend. Ich dachte schon, wir würden eine Absage erhalten. Da erhob sich der Hausherr, verließ die Veranda und öffnete uns die Pforte.

»Kommen Sie herein. Seien Sie zu Gast. Ich kann Ihnen das halbe Haus zur Verfügung stellen. Was das Geld betrifft, so machen Sie sich keine Gedanken. Sie können vor der Abreise bezahlen ...«

Und er führte uns ins Haus, um uns die Zimmer zu zeigen. Sie waren gut möbliert. An den Wänden hingen Teppiche, Felle, Hirschgeweihe und Waffen. Der Fußboden war mit handgewebten Läufern bedeckt. Die Betten, die Diwane, die Kommoden – alles bestand aus Nußbaumholz. Es war zu sehen, daß hier ein wohlhabender Mann wohnte. Mama sagte, daß uns alles sehr gut gefalle, und fing an, den Geschmack der Gastgeber zu loben.

»Eigentlich vermieten wir keine Zimmer«, unterbrach unser neuer Bekannter ihre Ergüsse. »Aber jetzt bin ich hier allein. Die Familie ist in Tiflis, und Sie sind mir sympathisch. Machen Sie es sich also bequem ...«

Es erwies sich, daß unser Gastgeber ein grusinischer Fürst war. Er hieß Alexander Leonidowitsch Dadiani. Wir konnten uns bald davon überzeugen, daß, obwohl die Sowjetmacht hier vor acht Jahren etabliert worden war, sich alle sehr ehrfurchtsvoll zu ihm verhielten. Ich hatte ihn auch gleich ins Herz geschlossen, und der Vater freundete sich mit ihm an. Es ergab sich, daß er uns zum Abendessen in eine nahegelegene Schenke einlud. Den Tisch stellte man uns in den Garten unter die Zweige eines Weinstocks. Es war interessant, zu beobachten, mit welcher Hochachtung der Besitzer der Schenke dem Fürsten und uns, seinen Gästen, begegnete. Alexander Leonidowitsch ließ nur ein paar Worte auf grusinisch fallen, da erschienen auf dem Tisch gleich die verschiedensten kaukasischen Vorspeisen, Kräuter, heißer Lawasch, den man mit den Händen brechen mußte, und eine ganze Batterie von Flaschen. Dann brachte man ein gebratenes Zicklein, Schaschlyk am Spieß, Saziwi und noch alle möglichen Speisen. In Anbetracht eines solchen Festessens erlaubte mir Vater, den Wein zu probieren. Die Gerichte waren gewürzt, und Wein wurde ständig eingegossen. Ich erinnere mich nicht mehr, wie und wann wir nach Hause kamen. Nachts wachte ich auf, weil ich einen schrecklichen Durst hatte und weil sich ein Gewitter über der Stadt entlud. Da ich nicht wußte, wo der Fürst das Trinkwasser aufbewahrte, und weil ich die Eltern nicht wecken wollte, hängte ich mich zum Fenster hinaus und hielt den Mund unter den Wasserstrahl, der von der Ecke des Daches herabfloß. Mir schien, daß ich nie ein so schmackhaftes Wasser getrunken hatte.
Fürst Dadiani machte uns mit vielen kleinen Restaurants bekannt. In einem von ihnen blickten von allen Wänden Männer in hohen Pelzmützen, Tscherkessenröcken, einem Patronengürtel über der Brust und mit einem Dolch am Gürtel auf uns herab. Sie glichen einander wie ein Ei dem anderen. Aber am lustigsten waren die Namen, die unter den Porträts standen: Alexander von Mazedonien, Julius Cäsar, Admiral Nelson, Napoleon, Kutusow, Bagration und so weiter. Nur Bagration – ein Sohn Grusiniens – konnte einem dieser kaukasischen Adonisse ähneln. Aber was für eine Bedeutung hatte das schon? Die Gäste waren fröhlich und genossen es, den ungewöhnlich melodischen grusinischen Gesängen unter den Blicken großer Heer- und Flottenführer der Vergangenheit zu lauschen ...
Als wir den Strand entlang spazierten, den riesige und, wie mir

schien, ausbleichende Eukalyptusbäume säumten, gerieten wir zur Siedlung Kelassuri. Hier waren auf der linken Seite der Chaussee hinter einem niedrigen Zaun majestätische Palmen, breite Bananenblätter und noch irgendwelche exotischen Pflanzen zu sehen. Ein Park erstreckte sich am Abhang eines Hügels, auf dem eine schmucke weiße Villa, umgeben von Kokospalmen, stand.
»Was für eine Pracht«, rief begeistert meine Mutter aus. »Kann man nicht in Erfahrung bringen, wem dieses paradiesische Fleckchen Erde gehört? ...«
Wir gingen bis zum Ende des Zauns, wo sich an der Ecke das Tor und daneben ein kleines Wächterhäuschen befand. Wir traten näher heran. Vater versuchte, die Pforte zu öffnen, die von innen mit einem großen Riegel verschlossen war. In diesem Moment kam ein bejahrter Mann in einem weißen Russenhemd heran, das in der Taille mit einem schmalen mit Troddeln versehenen Gürtel zusammengehalten wurde. Er hatte langes, nach hinten gekämmtes graues Haar. Der Schnurrbart und sein dichter Vollbart fielen wie ein breiter Wasserfall auf die Brust.
»Womit kann ich Ihnen dienen, meine Herrschaften?« fragte der Alte.
Mama erklärte, daß uns dieser herrliche Park und die Villa interessierten. »Wir möchten gern wissen, wer hier wohnt.«
Unser Gesprächspartner öffnete die Pforte und lud uns ein, in den Park zu kommen. Er geleitete uns zu einer Bank, die im Schatten irgendeines tropischen Riesen stand.
»Jetzt gehört dies alles dem Staat, und Außenstehenden ist der Eintritt verboten. Aber Sie können im unteren Teil des Anwesens spazieren gehen. Jetzt ist niemand von der Obrigkeit da.«
»Aber wer von der Obrigkeit pflegt denn hier zu sein?« wollte mein Vater wissen.
»Mehrere Male war Trotzki zur Erholung hier. Dann kamen Sinowjew und Dsershinskij her. Aber in diesem Sommer ist hier noch niemand erschienen ...«
»Und Sie arbeiten schon lange hier?« fragte Mama.
Der alte Mann schwieg, sah uns drei durchdringend an, als wolle er abwägen, ob er mit uns das Gespräch fortsetzen sollte. Schließlich sagte er:
»Ich bin jetzt Direktor des Anwesens, aber vor der Revolution gehörte alles mir ...«

In meiner jugendlichen Naivität nahm ich diese Eröffnung ruhig zur Kenntnis. Meine Eltern jedoch konnten sich nicht fassen.
»Wie war das denn möglich?« wunderte sich Vater. »Alle früheren Besitzer von Landgütern sind doch längst verschwunden. Wie haben Sie das unbeschadet überstanden, und wie haben Sie es geschafft, sogar Direktor Ihres Anwesens zu werden?«
»Ich bin eine Ausnahme. Aber wenn Sie Zeit haben, erzähle ich Ihnen alles der Reihe nach.«
Und wir erfuhren eine hochinteressante Geschichte.
In der alten »friedlichen« Zeit war unser neuer Bekannter – er hieß Smitskoj – ein bedeutender Reeder. Auf seinen Schiffen wurden Holz, Getreide, Erz und Erdöl ausgeführt. Sie brachten zugleich Kolonialwaren nach Rußland: Kaffee, Kakao, Datteln, Palmöl, Kautschuk und auch maschinelle Ausrüstungen aus dem Westen. Die Geschäfte der Firma gingen gut. Und Smitskojs persönliches Leben gestaltete sich vortrefflich, es versprach Freude und Glück. Smitskoj heiratete ein schönes Mädchen, das junge Ehepaar unternahm auf seiner Yacht eine Weltreise. Aber nach der Rückkehr traf sie ein Unglück. Bei Smitskojs Frau wurde Tuberkulose in schwerer Form festgestellt. Trotz aller Bemühungen der besten Ärzte progredierte die Krankheit. Der Familie wurde empfohlen, von Petersburg nach wärmeren Gegenden zu ziehen. Nachdem Smitskoj lange nach einem passenden Ort gesucht und sich mit Fachleuten beraten hatte, entschied er sich für die Umgebung von Suchumi. Er erwarb am Meer mehrere hundert Hektar Land, ließ an den durch die Bergkette vor den nördlichen Winden geschützten hügeligen Abhängen einen Dendropark anlegen und baute eine Villa. Er gab seinen Kapitänen den Auftrag, aus verschiedenen Gegenden der Erde Stecklinge exotischer Sträucher und Bäume mitzubringen, die die Grundlage für den hiesigen Park bildeten. Aber Smitskoj beschränkte sich nicht darauf. Nicht weit entfernt wurden auf seine Kosten im Schweizer Stil Gebäude einer Tuberkulose-Heilanstalt errichtet, die allen zugänglich war. Diese Heilanstalt ist, obwohl sie in einem etwas verwahrlosten Zustand ist, auch heute noch in Betrieb.
Das Ehepaar konnte sich jedoch nicht an dem von Smitskoj geschaffenen Paradies erfreuen. Die Revolution brach aus, und es begann die »Expropriation der Expropriateure«. Smitskoj als ein realistisch denkender Mensch wartete nicht solange, bis man die Schiffe konfiszierte, er selbst übergab den ganzen Besitz seiner Firma der Sowjet-

macht. Ich weiß nicht, ob er darauf spekulierte, daß man ihm wegen dieser Geste erlaubte, die Villa bei Suchumi zu behalten. Sollte er damit gerechnet haben, so irrte er sich. Die Villa und das Anwesen gingen ebenfalls in die Hände des Staates über. Und trotzdem hatte Smitskoj Glück. Die Führer der Revolution, die in seiner Villa zur Erholung weilten, übten Großmut. In einem speziellen Regierungsbeschluß wurde festgelegt, daß Smitskoj in eines der Dienstgebäude ziehen durfte und daß er zum Direktor des Anwesens ernannt wurde. Das Leben des früheren Schiffseigentümers gestaltete sich aber, wie man annehmen konnte, nicht leicht. Bald starb seine Frau, und er blieb allein. Als in den dreißiger Jahren – schon nach dem Tode des früheren Besitzers – Stalin Gefallen an diesem Anwesen fand, das zu einer der kaukasischen Residenzen des »Führers der Völker« wurde, verfügte er, am Haupteingang zum Anwesen eine Büste Smitskojs aufzustellen. Er ist in seinen besten Jahren dargestellt, mit über der Brust verschränkten Armen, ruhig, selbstbewußt, ein typisch fortschrittlicher russischer Industrieller ...

Konnte ich mir, als ich Smitskojs Geschichte vernahm, vorstellen, daß ich dieses paradiesische Fleckchen Erde einmal wiedersehen und sogar durch die Zimmer der berühmten Villa gehen würde? Das geschah, als ich bereits Dolmetscher Stalins war und während der vier Kriegsjahre mit ihm zusammenarbeitete.

Allerdings hatte man die Villa in der Stalinzeit mit einem grünen Anstrich versehen, damit sie sich nicht von der grünen Umgebung abhob und damit Böswillige sie nicht aus der Ferne erkennen konnten. Und es wurde ein hoher eisenbeschlagener Zaun errichtet, und an den durchgehend geschlossenen Wänden der stählernen Torflügel wurden Gucklöcher angebracht, durch die die Wachposten durchblickten ...

Das Wetter war schön. Die Sonne schien hell. Die tropische Vegetation, die durch die nächtlichen Wolkenbrüche Feuchtigkeit empfing, strömte einen betäubenden Duft aus. Er war einfach ein Paradies auf Erden! Am Morgen gingen wir immer zum Strand. Nach dem Mittagessen ruhten wir uns etwas zu Hause aus, aber wenn die abendliche Kühle kam, begaben wir uns in den Primorje-Park. Nachdem wir an einem Tischchen auf der offenen Veranda des Hotels »Riza« Platz genommen hatten, genossen wir den prächtigen Anblick der auf der Uferstraße flanierenden Menschen. In der Hauptsache waren es hiesige Einwohner. Sie gingen paarweise, einige mit kleinen

Kindern in kaukasischer Kleidung, die besonders rührend aussahen. Die Männer trugen in der Regel Tscherkessenröcke, hohe Fellmützen und Dolche, die in mit Silberintarsien versehenen Scheiden steckten. Sie gingen in weichen kaukasischen Stiefeln (Vater schenkte mir ein Paar solcher Stiefel für Jungen, und ich prunkte mit ihnen zu Hause). Die hochgewachsenen und schlanken Frauen waren in grusinische Gewänder gekleidet, die bis zu den Fersen reichten. Sie trugen lange geflochtene Zöpfe und kokett schräg aufgesetzte Samtkäppchen. Heute sieht man so etwas nur bei Konzerten von Laienensembles. Die Suchumer spazierten gemächlich und würdevoll. Es war zu spüren, daß es den Menschen nicht schlecht ging, daß sie ruhig lebten und mit dem Leben zufrieden waren. Zu den Russen – und ihrer gab es hier nicht wenige – verhielten sie sich unvoreingenommen, hilfsbereit und aufmerksam. Damals entdeckte ich für mich eine alte Wahrheit: Wohlstand besänftigt die Herzen, Not macht sie hart. Fließt nicht deshalb in dem einst gesegneten Suchumi heute Blut? ...

Als ich 1988 gemeinsam mit dem bekannten finnischen Schauspieler und Regisseur Ville-Veikko Salminen einen Dokumentarfilm für das Fernsehen drehte, erhielten wir die Möglichkeit, in der »Regierungsdatscha« zu filmen. Von Zimmer zu Zimmer gehend, erzählte ich von meiner Arbeit mit Stalin sowie von seinen Gewohnheiten und seinem Geschmack. So liebte er z. B. große Badezimmer wie jenes in der früheren Villa von Smitskoj. Im Schlafzimmer stand ein schmales eisernes Bett, das der »Führer der Völker« stets bevorzugte, die Wände waren mit Nußbaum getäfelt, und das gab Stalin die Möglichkeit, bunte Illustrationen, die ihm gefielen und die er eigenhändig aus dem »Ogonjok« und aus anderen Zeitschriften ausschnitt, an die Wand zu pinnen. Freilich hätte er auch die Anweisung erteilen können, jedes beliebige Bild aus der Tretjakow-Galerie dort aufzuhängen. Aber in dieser Beziehung gab sich der »Chef« bescheiden und gestattete sich keinen derartigen Luxus. Im Eßzimmer ließ er auf einem langen niedrigen Büfett, das an der Wand stand, die verschiedensten Gerichte der kaukasischen und russischen Küche aufreihen. Gäste konnten sich ebenso wie in seiner Moskauer Wohnung nach Belieben selbst bedienen. Im obersten Stockwerk befand sich, getrennt von den anderen Räumen, ein großes Billardzimmer. Hier führte der »Chef« gern besonders vertrauliche Gespräche und gab seinen Vertrauten geheime Aufträge.

In diesem Fernsehfilm, der den vielleicht allzu prätentiösen Titel »Der Dolmetscher des Jahrhunderts« hat, wurde zum ersten Mal einer der kaukasischen Landsitze Stalins von innen gezeigt. Mir boten die Dreharbeiten dort die Möglichkeit, mir besser das weit zurückliegende Leben in dieser Villa des russischen Reeders Smitskoj und seiner schönen Frau vorzustellen.
Mit Vater waren wir viel in der Gegend von Suchumi umhergestreift und waren auch zu der von Genuesern im Mittelalter errichteten Festungsmauer hinaufgestiegen. Etwas weiter beginnt die Suchumische Heerstraße, die, sich zwischen Hügeln bergaufwärts windend, bis zu den weißen Gipfeln des Kaukasus heranführt. Seine Bergkette schützt das an der Küste gelegene Abchasien vor kalten Luftmassen und gewährleistet so dessen einzigartiges subtropisches Klima. Nachdem wir die erste Bergkette überwunden hatten, hatten wir im Tale ein unwahrscheinlich schönes kleines Dorf erblickt: Häuschen mit roten Ziegeldächern, ein Kirchlein mit einem hohen weißen Glockenturm, solide, aus Ziegeln errichtete Scheunen und Weinberge, die sich an die Abhänge von Hügeln schmiegten. All das hatte mich an die hübschen Landschaftsbilder von Professor Ulpe erinnert, der mich auf die deutsche Schule vorbereitet hatte. Aber wie war dieses Dörflein, das überhaupt nicht den hiesigen Siedlungen glich, mitten zwischen die kaukasischen Berge gelangt? Vater konnte es mir nicht erklären, und daher entschlossen wir uns, es uns etwas aus der Nähe anzusehen. Aber wie überrascht waren wir, als wir durch die geöffneten Fenster eines der kleinen Häuser deutsche Gesprächsfetzen vernahmen.
»Verzeihen Sie bitte«, hatte sich Vater auf deutsch an eine Frau gewandt, die sich über ein Blumenbeet hinabbeugte, »was für ein Dorf ist das, und warum spricht man hier nicht russisch? ...«
»Guten Morgen, die Herren«, hatte sie freundlich geantwortet. »Unser Dorf heißt Landau. Diese Siedlung existiert seit über hundert Jahren. Und Sie stammen aus Rußland?«
»Wir sind aus Kiew, aus der Ukraine, und machen Urlaub in Suchumi.«
»Ich bin schon lange nicht in der Stadt gewesen. Wir haben hier alles, was wir brauchen. Aber mein Mann schafft Milchprodukte hin.«
»Und befindet sich nur ein solches Dorf hier?« hatte Vater gefragt.
»Hinter dem Berg liegt noch eins. Aber ringsum gibt es viele Einzelgehöfte, in denen ebenfalls Deutsche leben.«

Wir waren an sehr gepflegten, von schattigen Obstgärten und von Gemüsegärten umgebenen Häuschen vorbei ein wenig die Hauptstraße entlangspaziert und in einem Gasthof eingekehrt, der ein deutsches Aushängeschild hatte. Er befand sich in der Mitte des Dorfes an einem kleinen Platz. Der Wirt zapfte zwei Krüge Bier aus einem Eichenfaß. Wie sich herausstellte, hatte er im Hof hinter seinem Haus eine eigene kleine Brauerei.
Dieses stille, friedliche Dörfchen hatte ich wie ein Stückchen Deutschland im Gedächtnis bewahrt. Als ich nach vielen Jahren wieder in Suchumi weilte, beschloß ich, das Dorf wieder zu besuchen. Aber ich fand an seiner Stelle nur eine Ödnis. Die meisten Häuser waren zerstört. In die noch erhalten gebliebenen, aber schon altersschwachen Häuser waren hiesige Einwohner gezogen, die nur eine sehr unklare Vorstellung davon besaßen, was einmal vor dem Beginn der massenhaften Kollektivierung hier gewesen war. Die schon lange Ansässigen erinnerten sich daran, daß vor dem Kriege in der hiesigen Kolchose noch einige deutsche Familien gearbeitet hatten, daß sie aber, als sich die Hitlerarmee dem Kaukasus näherte, ausgesiedelt und irgendwohin gebracht worden waren. Auch der Name Landau war inzwischen in Vergessenheit geraten.

Belaja Zerkow

Im Herbst 1934 hatte sich der Touristenstrom erheblich vermindert. Bei den Ausländern, die auf Dienst- oder Geschäftsreise ins Land kamen und gleichfalls von »Intourist« betreut wurden, handelte es sich in der Hauptsache um Geschäftsleute, die von sowjetischen Behörden eingeladen worden waren, um an Fünfjahrplanbauten teilzunehmen. Unter ihnen befanden sich nicht wenige Amerikaner, die behilflich waren, »Dnjeproges« – das erste mit einer großen Stauanlage verbundene Wasserkraftwerk am Dnjepr – technisch auszurüsten. Ich erhielt den Auftrag, eine solche Gruppe zu begleiten. Wir fuhren mit dem Zug am Nachmittag ab und kamen am nächsten Morgen in Saporoschje an. Da man unterwegs nicht mit einer normalen Versorgung rechnen konnte – im Speisewagen konnte man nur dünnen Tee mit einem Stück Zucker und Graupenbrei bekommen –, hatte uns das »Intourist«-Restaurant ziemlich reichlich Proviant mitgegeben. Die Ration, die wir erhalten hatten, bestand aus Kaviar, Krabben, Schinken, Käse, Butter, Weißbrot, gekochten Eiern, Jam in einem hübschen Glasgefäß, Teepäckchen zum Aufbrühen und Zucker. So etwas war schon lange nicht mehr in den Geschäften zu haben. Aber die Lebensmittelindustrie schien dies alles zu produzieren. Es konnte doch nicht sein, daß die Erzeugnisse nur für Ausländer reichten. Selbstverständlich kam die ganze Führung des Landes auch in den Genuß all dieser Dinge. Ganz sicher wurden bedeutend mehr Nahrungsmittel produziert. Aber wohin ging das alles? Bis jetzt ist mir das ein Rätsel geblieben.

Die Reiseleiter von »Intourist« hatten in den Herbst- und Wintermonaten viel freie Zeit. Daher nutzten sie diese auf verschiedene Weise. Die einen belegten Weiterbildungskurse, die anderen begannen eine weitere Fremdsprache zu lernen. Mancher nahm unbezahlten Urlaub und machte Übersetzungen. Ich wurde beauftragt, zeitweilig die Pflichten des Leiters des »Intourist«-Büros in Schepetowka an der sowjetisch-polnischen Grenze wahrzunehmen. Dort war damals viel los. Von Schepetowka fuhr dreimal in der Woche der Transiranexpreß nach Baku ab; ihn benutzten westliche Geschäftsleute, afghanische Persianerhändler sowie iranische Ölindustrielle, Teppichhändler und Kaviarverkäufer. Sowohl in die eine als auch in die andere Richtung fuhren als Transitreisende Diplomaten, Vertreter von Firmen und einfache Abenteurer. Auch viele ausländische Touristen begannen oder beendeten hier ihre Reise durch die Sowjetunion. Ein polnischer Zug brachte dieses ganze buntgemischte Publikum bis zur sowjetischen Grenze. Er hielt am Bahnsteig auf der einen Seite des Bahnhofs. Die Reisenden passierten die Grenz- und Zollkontrolle im großen Saal des Bahnhofsgebäudes und begaben sich zum gegenüberliegenden Bahnsteig, wo der Transiranexpreß auf sie wartete.

Die polnischen Waggons sahen ziemlich heruntergekommen aus. Ihre Sitze waren durchgesessen, die Fenster waren lange nicht geputzt worden, und von den Waggons war die Farbe abgeblättert. Im Gegensatz dazu stand die auffällige Aufmachung des Zugpersonals: blaue Joppen im Militärschnitt, grellrote Riemen und Portepees und viereckige Dienstmützen mit dem Emblem des weißen Adlers und schwarzem, glänzendem Mützenschirm. All das wirkte überaus imposant. Unser Transiranexpreß entsprach dem internationalen Standard. Er bestand fast ganz aus belgischen Schlafwagen der vorrevolutionären Zeit, die außen mahagonifarben waren, blankgeputzte kupferne Griffe hatten und die Aufschrift »Sleeping car« trugen. Solche Waggons konnte man in den ersten Nachkriegsjahren immer noch auf Inlandstrecken antreffen. Ihr Komfort war hervorragend. Sie hatten Coupés mit breiten, übereinander angeordneten Kojen. Am Tage wurde die obere Koje heruntergeklappt und bildete gleichsam die Rückenlehne eines Sofas. All das wurde mit einem bläulichen, mit Fransen versehenen Bezug bedeckt. Im Coupé gab es ein Klapptischchen und einen mit rotem Samt bezogenen Sessel. Die Griffe, Kleiderhaken und die Messingablagen verliehen dem ganzen Dekor ein gediegenes, prunkvolles Aussehen. Zwischen zwei Coupés befand sich jeweils ein Waschraum, in den man durch eine im Jugendstil bemalte verglaste Tür gelangte. Dort befand sich ein Waschbecken, und hinter einem Vorhang gab es eine Dusche. Die Toiletten waren an den beiden Waggonenden, aber unter dem Waschbecken im Waschraum stand ein mit leuchtenden Farben bemalter Nachttopf aus Porzellan. Wegen eines kleinen Bedürfnisses brauchte man also nicht weit zu gehen.

Die Schlafwagenschaffner waren durchweg solide Männer alter Schule, bei denen sich zuvorkommendes und fürsorgliches Verhalten gegenüber den Passagieren mit dem Gefühl eigener Würde verband. Sie trugen eine braune Uniform mit breiten goldenen Streifen an den Hosen und eine Mütze derselben Farbe. Sie bereiteten einen ungewöhnlichen guten, aromatischen Tee und servierten dazu längliches, in Folie gewickeltes Biskuitgebäck. Jeden Morgen – und der Zug war drei Tage lang nach Baku unterwegs – machten die Schaffner das Bett, wischten sie Staub und putzten sie die Gegenstände aus Messing. Der Expreß führte auch einen gut mit Lebensmitteln und Getränken versehenen Speisewagen mit sich, deren Kellner genauso freundlich waren wie die Schaffner. Im ganzen Zug herrschte Ordnung, Akkuratesse und Disziplin. Ob das auf die noch erhalten gebliebenen Gewohnheiten aus der Zarenzeit oder auf das eiserne Regime des Stalinschen Volkskommissars für Verkehrswesen, Kaganowitsch, zurückzuführen war, bleibt ein Rätsel.

Ich mußte mich bei jedem polnischen Zug einfinden, in jeder erdenklichen Weise den »Intourist«-Passagieren und den Transitreisenden behilflich sein, im Bedarfsfalle mit Valuten bezahlte Eisenbahnfahrkarten ausstellen und die Funktion einer Geldwechselstelle erfüllen, kurzum, die den »Intourist«-Regeln entsprechenden Dienste leisten. In der Zeit meines Aufenthaltes an der Grenze kamen außer Touristen und Geschäftsleuten immer mehr Flüchtlinge aus Deutschland an: Kommunisten, Sozialdemokraten und Personen jüdischer Abstammung. Auf verschiedene Weise kamen sie über die deutsch-polnische Grenze und fuhren in die UdSSR, die sie als einen sicheren Zufluchtsort ansahen. Ich wurde angewiesen, ihnen zu helfen, ihnen Rubel zu leihen und sie über Nacht in Schepetowka unterzubringen, wenn sie an Tagen eintrafen, an denen der Transiranexpreß nicht abfuhr. Mein Büro verfügte über mehrere Zimmer, die in solchen Fällen als Unterkunft dienten. Manchmal kamen ganze Familien mit Kindern und Greisen an, in den meisten Fällen waren es aber Alleinstehende oder Ehepaare. Abends lud ich sie zu mir ein, oder ich suchte sie auf, und wir diskutierten lange darüber, was in Europa und in Deutschland geschah. Obwohl sie ihr ganzes Hab und Gut zurücklassen mußten und bei uns völlig mittellos eintrafen, freuten sie sich, daß sie eine neue Heimat im Sowjetstaat finden würden. Konnten sie ahnen, was für ein Los sie erwartete? Auch ich konnte das nicht voraussehen. Die meisten von ihnen kamen schließlich in stalinistische Konzentrationslager und Zuchthäuser; sie wurden der Spionage und staatsschädigenden Tätigkeiten im Auftrage der Gestapo bezichtigt! ...

Ende Dezember traf aus Moskau ein neuer Leiter der »Intourist«-

Filiale in Schepetowka ein, und ich kehrte nach Kiew zurück. Ich begann, Spanisch zu lernen, da in der kommenden Saison mit der Ankunft von Touristen aus Spanien gerechnet wurde. In der Stadt herrschte immer noch eine ziemliche Not, und die Verpflegung, die wir von der Küche des Hotels »Continental« erhielten, war – trotz aller Kärglichkeit in der Zeit des Ausbleibens von Touristen – eine große Hilfe sogar für die Familie. Die Lebensmittelkarten – Vater bekam die Arbeiterkarte, Mama die für Unterstützungsempfänger und ich die für Angestellte – gestatteten es nur, das Allernötigste in minimaler Menge zu kochen.

Neujahr stand vor der Tür, und wieder war es unmöglich, es so zu feiern, wie es sich gehörte. Doch ich und mein Studienfreund aus dem Polytechnischen Institut hatten keine schlechte Lösung gefunden. Sein Vater – Direktor einer Brotfabrik in Belaja Zerkow, einer kleinen, aber alten Stadt unweit von Kiew – lebte kraft seines Postens im Überfluß.

Modest – so hieß sein Sohn – hatte zur Silvesterfeier außer mir auch unseren gemeinsamen Freund, meinen an der Medizinischen Hochschule in Kiew studierenden ehemaligen Mitschüler Georg, eingeladen. Jeder von uns brachte natürlich sein Mädchen mit. Galja, die Freundin von Modest, besuchte das Technikum in Belaja Zerkow und erwartete uns dort. Georg hatte Nina, eine Freundin aus seiner Hochschule, eingeladen, und ich hatte Klara vorgeschlagen mitzukommen. Bei der mehrmonatigen gemeinsamen Arbeit waren wir uns nahe gekommen. Des öfteren waren wir mit Stepan und seinem Mädchen mit dem »Lincoln« zum Skilaufen in die Umgebung der Stadt gefahren. Ab und zu waren wir zusammen ins Theater gegangen, und als die Zeit der Fröste angebrochen war, liefen wir auf der Eisbahn des Stadions Dynamo, das an den Abhängen zum Dnjepr errichtet worden war – dort, wo sich einmal eine Gärtnerei und das französische Restaurant »Château des Fleurs« befunden hatte – auch Schlittschuh. Und nachdem wir intim miteinander geworden waren, warteten wir voller Ungeduld darauf, daß ihr Vater eine Dienstreise antrat. Dann blieben wir zu zweit bei ihr zu Hause. Damals herrschten noch keine so freien Sitten wie heute. Ihr Vater, der nach dem Tode von Klaras Mutter nicht mehr geheiratet hatte, konnte den Charakter unserer Beziehungen erraten, aber wir bemühten uns, diskret zu sein. Als Brückenbauingenieur fuhr er häufig und für lange weg zu weit entfernten Baustellen, und das kam uns sehr zupaß. Die kleine Wohnung, die sie besaßen, befand sich in einem zweistöckigen Haus gegenüber der Oper und hatte wie viele andere Kiewer Wohnungen Ofenheizung. Dem hohen, bis zur Decke reichenen Kachelofen entströmte eine solche Wärme, daß Klara, wenn wir abends vom Schlittschuhlaufen oder vom Theater nach Hause kamen, sich gleich völlig nackt auszog und so ein einfaches Abendessen zubereitete. Sie versicherte, die Kleidung beenge sie, und von Kindheit an sei sie es gewöhnt, sich zu Hause aller Sachen zu entledigen. Aber ich glaube, daß sie eingedenk der klassischen Proportionen ihrer Figur ein wenig kokettierte.

Am Mittag des 30. Dezember 1934 waren wir zusammen mit den anderen auf dem Bahnsteig des aus Ziegeln gebauten Bahnhofsgebäudes von Belaja Zerkow angelangt. Es herrschte ein klares und sonniges Frostwetter. Von der Brotfabrik hatte man uns einen von drei Pferden gezogenen Schlitten geschickt. Wir warfen unsere paar Sachen aufs Stroh und nahmen auf dem Schlitten Platz. Bis zu Modests Haus, das am Rande der Stadt in unmittelbarer Nähe der Brotfabrik stand, war es ziemlich weit, und die Fahrt mit der Troika bereitete uns großes Vergnügen. Das Haus war von einem großen Garten mit hohen Linden und Fichten umgeben, die ganz bereift waren. Der Garten fiel zum Fluß hin ab, und eine der Alleen eignete sich hervorragend zum Schlittenfahren. Auf dieser Schlittenbahn verbrachten wir den Rest des Tages. Modests Familie war groß. Außer Vater, Mutter und Großmutter waren noch zwei kleine Schwestern und ein jüngerer Bruder da. Trotzdem konnten sie uns zwei Zimmer zur Verfügung stellen. In dem einen wurden Georg und ich und in dem anderen die Mädchen untergebracht.

Am Silvestertag wurden die Vorbereitungen zum festlichen Abendessen getroffen. Die Mädchen halfen in der Küche, und ich sägte zusammen mit Georg und Modest Holz für die Öfen und den Kamin. Wir hackten Eis auf dem Fluß, um Speiseeis herstellen zu können. Dann deckten wir einen langen Tisch und rückten die Stühle zurecht. Den Neujahrsbaum hatte Modest schon vor unserer Ankunft geschmückt. Wir brauchten nur noch die Kerzenhalter anzubringen und die Kerzen zu befestigen. Schließlich erhielten wir den Auftrag, die Speisen aus der Küche zu holen und auf die Tafel zu stellen. Niemals hätte ich gedacht, daß sich der Direktor einer Brotfabrik einen in den damaligen Hungerjahren so unvorstellbaren Überfluß hätte leisten können. Es gab Spanferkel, gebraten und in Aspik, geräucherten Schinken, alle möglichen Fischgerichte, Kaviar, Lachs und geräucherten Aal. Große mit Obst gefüllte Körbe, Piroggen und Torten standen auf dem Tisch. All das war zweifellos unter der Hand besorgt oder gegen Mehl, Brot und Konditorwaren eingetauscht worden. Die Getränke gar ließen sich überhaupt nicht aufzählen! Und wieder drängte sich mir der Gedanke auf: All das wird also produziert. Warum aber läßt man es in den Speichern?

In diesen beiden Tagen lasen wir keine Zeitungen und hörten kein Radio. Und daher waren wir völlig überrascht, als Modests Vater, als er von der Arbeit kam, erzählte, daß vom 1. Januar 1935 an Brotkarten und andere Bezugsscheine abgeschafft seien. Alles werde frei verkäuflich sein. Von allem sei genug vorhanden. Die mageren Jahre seien zu Ende, und jetzt kämen die fetten. Ich wollte einfach nicht glauben, daß das stimmte. Das Volk war ausgehungert und hatte in endlosen Schlangen nach dem Allernötigsten angestanden. Wieviel wäre nötig, um es satt zu machen? Es war schwer vorstellbar, daß es möglich sein sollte, einfach in ein Geschäft zu gehen und alles, was man haben wollte, zu kaufen. Ich denke, auch heute, 1990, würden die Menschen in der Sowjetunion genauso skeptisch reagieren, wenn man ihnen beispielsweise versicherte, vom 1. Januar 1991 an könnten sie ohne Talons, ohne das Vorzeigen ihres Ausweises und ohne Anstehen nach Belieben Lebensmittel und Industriewaren kaufen ...

Der Anbruch des Jahres 1935 wurde in Modests Familie vorzüglich gefeiert. Man gratulierte sich gegenseitig, küßte und umarmte sich. Obwohl man nicht sehr an eine Wende zum Besseren glaubte, wurden Toasts auf »eine neue, freudvolle Etappe« unseres Lebens ausgebracht, und selbstverständlich trank man auf das Wohl Stalins, der versprochen hatte, uns auf den Weg des Überflusses zu führen. Wir dankten Stalin für all das, was in einem normalen Land für ein Volk selbstverständlich ist. Dann rannten wir in den Garten, um die Schlittenbahn hinabzurodeln, bengalisches Feuer anzuzünden und Knallfrösche explodieren zu lassen. Und wieder kehrten wir zum Tisch zurück, um Sekt zu trinken und zu tanzen ...

Wir legten uns nicht mehr schlafen, zumal der 1. Januar als Arbeitstag galt und ich mit Klara nach Kiew zurückkehren mußte. Als wir kurz vor sechs Uhr auf dem Bahnhof anlangten, standen am Brotladen Menschen Schlange. Ich begann zu zweifeln, ob die Geschichte vom Handel ohne Lebensmittelkarten nicht ein schlechter Scherz gewesen war. In Kiew hatten die Geschäfte schon geöffnet, aber auch dort drängten sich Scharen von Menschen. Als ich mit der Straßenbahn durch die Straßen fuhr, bemerkte ich, daß viele Geschäfte, die noch bis vor kurzem geschlossen, aber monatelang hinter Bretterwänden renoviert worden waren, in ihren erleuchteten Schaufenstern jetzt alle möglichen Nahrungsmittel ausgestellt hatten. Interessant war jedoch, daß man nur etwa eine Woche lang Käuferschlangen sah. Die Leute konnten jetzt jede beliebige Menge Lebensmittel kaufen. Erst kauften sie mehrere Kilo Wurst, Käse, Schinken und Brot. Dennoch gingen die Vorräte der Geschäfte nicht zur Neige. Aus den Lagerhallen wurden ständig neue Lebensmittel herangeschafft. Und als sich die Leute davon überzeugt hatten, daß die Versorgung stabil war, ließ der Andrang nach. Man mußte zu Hause erst das verbrauchen, was man in der Panik zusammengehamstert hatte. Und danach – bis 1940 – normalisierte sich die Lage, zumindest in den großen Städten. Das gleiche geschah in den Nachkriegsjahren, nachdem man 1947 die Geldreform durchgeführt und das Kartensystem abgeschafft hatte. Nur in den ersten Wochen sah man Käuferschlangen. Dann hörten dank dem ständigen Auffüllen der Verkaufsregale die Hamsterkäufe auf, und der Handel gestaltete sich wieder normal. Die Bauern durften wieder ihr eigenes Vieh halten und vergrößerten Ihre Parzellen.

In einem meiner Gespräche mit Mikojan fragte ich ihn, auf welche Weise es gelungen war, ein solches Ergebnis 1935 und 1947 zu erzielen. Damals leitete er nicht nur den Außenhandel, sondern auch den Binnenhandel, und daher wußte er gut, wie man das geschafft hatte.

»Vor allem«, so erklärte er, »gelang es durch strengste Ökonomie und gleichzeitig durch Ankurbelung der Produktion, große Vorräte an Lebensmitteln und Konsumgütern anzulegen. Stalin selbst überwachte dies und ließ nachlässige Betriebsleiter streng bestrafen. Es wurde eine gewaltige Arbeit geleistet, um alle diese Dinge zu ihrem Bestimmungsort zu schaffen, man richtete Lager ein und schuf Kühlanlagen und sicherte den Transport für die Belieferung der Geschäfte besonders in der angespannten Zeit am Anfang, als die Leute noch nicht an die Stabilität des Marktes glaubten. Vorher hatte man die Geschäfte renoviert und schön ausgestaltet und die Verkäufer in speziellen Kursen mobilisiert. Außerdem wurde den Mitarbeitern des Handels klargemacht, daß sie für das geringste Vergehen, das Beiseiteschaffen von Waren und für Spekulationen den Kopf hinhalten mußten. Einige Unbotmäßige mußten erschossen werden. Die Hauptsache aber war: Man durfte die Versorgung nicht allmählich verbessern und die Waren nicht mit dem Teelöffel austeilen, sondern man mußte sie an einem Tag im ganzen Lande, in allen Industriezentren auf den Ladentisch bringen. Nur so konnte der nötige Effekt erzielt werden ...«

Heute behaupten einige unserer Wissenschaftler, damals seien nur Moskau und noch zwei bis drei große Städte versorgt worden. Das stimmt nicht. Im Sommer 1935 weilte ich mit »Intourist«-Gruppen in vielen Städten. Ich ging absichtlich in die Geschäfte und schaute, was sie für ein Warenangebot hatten. Überall war ein gutes Sortiment von Lebensmitteln und Waren vorhanden. Aber das Entscheidende war: Es gab keine Schlangen, und niemand kam aus der Provinz in die Stadt, um hier Lebensmittel zu kaufen.

Damals herrschten natürlich besondere Verhältnisse. Man hatte Angst, und die, die gegen die Vorschriften für den Handel verstießen, wurden hart bestraft. Wahrscheinlich wurden auch andere Maßnahmen ergriffen, um die Besuche von Fremden in Städten einzuschränken. Aber parallel dazu verbesserte sich auch die Lage in den Dörfern. Den Leuten auf dem Lande wurde gestattet, sich Kühe zu halten; gefördert wurde auch das Bestellen kleiner Parzellen, die bei den Gehöften der Dorfbewohner lagen. Und obwohl die Kolchosbauern einer eisernen Disziplin unterworfen waren, sahen sie keine anderen Ausweg, als trotzdem etwas zu produzieren und auf den Feldern der Kolchosen und Sowchosen etwas besser zu arbeiten als zuvor. Würde ich die Nahrungsmittel, Getränke und Waren alle aufzählen, die 1935 und 1947 in den Geschäften erschienen, würde mir mein sowjetischer Zeitgenosse vielleicht nicht glauben. In Holzzubern wurde schwarzer und roter Kaviar zu erschwinglichen Preisen angeboten. Riesige Stücke von Lachs, Fleisch der verschiedensten Sorten, geräucherter Schinken, Spanferkel, Wurstsorten, deren Namen heute niemand mehr kennt, Käse, Obst und Beeren gab es in den Läden. Und all das konnte man in beliebiger Menge, ohne anstehen zu müssen, kaufen. Selbst in den U-Bahn-Stationen gab es Verkaufsstände, die Wurst, Kochschinken, Käse, belegte Brote und verschiedene Delikatessen anboten. In großen Vitrinen lagen Koteletts und Entrecôtes für 25 Kopeken das Stück aus. Und in den Dörfern erhielt man einen Krug Milch oder Rjaschenka (eine Art von Sauermilch), ohne daß man Geld dafür nehmen wollte.

Mancher mag sagen, daß eben das administrative System funktionierte. Aber es funktionierte doch, wie ich schon betont habe, nur durch Zwang und Furcht. Und man sollte nicht vergessen, daß in den Lagern unter unmenschlichen Bedingungen Millionen Verbannter in Sklavenarbeit materielle Werte für den Staat schufen, über die das rigorose Regulierungssystem verfügen konnte.
Die Tatsache, daß die Bauern in bestimmtem Umfang Rinder, Schweine, Geflügel und andere Kleintiere für den persönlichen Bedarf halten durften, hatte große Bedeutung. Als die schweren Kriegsjahre 1941–1945 vorbei waren, nutzten die Bauern diese Möglichkeit und hatten, obwohl die Kolchosen ihre Erzeugnisse restlos an den Staat abliefern mußten, trotzdem etwas, womit sie ihre Familie ernähren konnten, ja, sie brachten sogar manches zum Verkaufen in die Stadt. Das trug dazu bei, das Versorgungsniveau der sechziger Jahre auf einem befriedigenden Niveau zu halten, bis die ungezügelte Phantasie Chruschtschows die Losung von der Beseitigung der Kluft zwischen Stadt und Land hervorbrachte.
Indem er behauptete, die Kolchosen und Sowchosen seien imstande, die gesamte Bevölkerung des Landes zu ernähren, verfügte er vor allem die Verkleinerung der bei den Gehöften gelegenen, individuell genutzten Parzellen und forderte die drastische Reduzierung des individuell gehaltenen Viehs. Danach kam man auf die dumme Idee, in den Dörfern mehrstöckige Wohnhäuser städtischen Typs zu bauen und die Bauern aus ihren Häusern in Wohnungen umzusiedeln. Dadurch waren viele Familien echter Ackerbauern völlig von ihrem Boden getrennt und hatten keine Möglichkeit mehr, etwas Vieh und Geflügel zu halten. Das Ergebnis dieses Abenteuers ließ nicht lange auf sich warten. Schon in der Mitte der sechziger Jahre begann die landwirtschaftliche Produktion drastisch zurückzugehen. Entgegen den Erwartungen der Behörden fingen die Kolchosbauern, die ihren eigenen Hof verloren hatten, nicht an, in den Kolchosen und Sowchosen besser zu arbeiten. Im Endergebnis waren sie nicht in der Lage, die Städter mit den nötigen landwirtschaftlichen Produkten zu versorgen, und die Erträge der zu den bäuerlichen Anwesen gehörenden Parzellen gingen drastisch zurück. Die Bauernkinder, die in den Wohnungen städtischen Typs heranwuchsen, entwickelten keine Liebe zum Boden und gewöhnten sich nicht an den Umgang mit Tieren. Als sie erwachsen waren, strebten sie mit allen Mitteln danach, in die Stadt

zu ziehen. Die Dörfer begannen rasch zu »altern« und sich zu entvölkern.

Es ist nicht verwunderlich, daß die Landbevölkerung heute nicht so sehr Stalin die Schuld am Ruin des Dorfes gibt – denn es ist fast niemand mehr da, der im bewußten Alter die Schrecken der Zwangskollektivierung erlebt hat –, als vielmehr Chruschtschow, der den Leuten die letzte Kuh weggenommen und das Dorf zu Not und Elend verurteilt hat.

Seitdem Chruschtschow sich vor der ganzen Welt gebrüstet hat, daß die vergesellschaftete Landwirtschaft es der UdSSR ermöglichen würde, in kurzer Zeit die USA einzuholen und zu überholen und damit den sowjetischen Bürgern – die, wie er versicherte, in den achtziger Jahren schon im Kommunismus leben würden – einen Überfluß zu bescheren, hat man in die Kolchosen und Sowchosen Dutzende Milliarden Rubel investiert. Hunderttausende Traktoren und Mähdrescher wurden der vergesellschafteten Landwirtschaft übergeben. Riesige Mittel wurden auf die Erschließung von Neuland verwendet. Und das Ergebnis? Heute, in den neunziger Jahren, sind wir weiterhin gezwungen, für Valuta Getreide und andere Nahrungsmittel im Ausland zu kaufen, und im Lande mußte zum System der Lebensmittelkarten übergegangen werden.

Man muß sich nur wundern, daß sich bei uns immer noch manche finden, die neue Investitionen in Höhe von vielen Milliarden Rubeln für das System der Kolchosen fordern und die zum wiederholten Male versichern, damit könnte es gelingen, »das Volk satt zu machen«.

Die Vorkriegszeit

Mit den ersten Monaten des Jahres 1935 verbesserte sich das Leben merklich. Zum Sommer zu hatte es sich völlig normalisiert. Allerdings gelang es nicht, den Überfluß der Neuen Ökonomischen Politik zu erreichen. Aber die Menschen atmeten freier und hatten mehr zu essen. Stalins Losung: »Das Leben wurde besser, das Leben wurde fröhlicher« schien sich zu bestätigen. Es war, als würde auch der zweite Teil der Losung realisiert: »... Wenn das Leben fröhlich ist, kommt auch die Arbeit voran.« Wie in den zwanziger Jahren war auch jetzt Privatinitiative verboten, aber der staatliche Handel und die Dienstleistungssphäre begannen zu funktionieren. Das Leben wurde leichter. Die ukrainische Regierung zog von Charkow nach Kiew um. Es sollte nicht nur ein Tribut an das historische Zentrum der alten slawischen Macht sein. Es galt auch als Zeugnis für die Sicherheit des Sowjetstaates, der die unmittelbare Nähe des bürgerlichen Polens nicht mehr fürchtete. Viele von uns hatten den Eindruck, daß die schrecklichen Opfer Anfang der dreißiger Jahre nicht umsonst gewesen waren. Letztendlich hatte Stalin wohl doch recht, als er die Ordnung des Landes so jäh änderte und den Weg der Industrialisierung der Volkswirtschaft einschlug ...

An einem sonnigen Sommermorgen herrschte im Intourist-Hotel »Continental« eine ungewöhnliche Agiotage. Unbekannte junge Leute in Zivil, aber mit militärischem Auftreten, stellten im Vestibül riesige, im Städtischen Museum für Schöne Künste geliehene, chinesische Vasen mit frischgeschnittenen leuchtendroten Rosen auf. Die Portiers legten schmale Teppiche aus und polierten das eicherne Treppengeländer. Die Kiosk-Verkäuferin, die ihr langes strohblondes Haar zu einem Zopf geflochten und die Wangen geschminkt hatte, übte ihr schönstes Lächeln. So empfing man nicht einmal die reichsten Ausländer. Wie üblich, wurden von uns auch heute keine Ausweise verlangt.

Ich huschte durchs Vestibül und ging ins Zimmer des Bedienungspersonals. Dort fragte ich Fainberg, was passiert sei.

»Dieser Luxus ist für einen wichtigen Gast aus Charkow« antwortete er mit leiser Stimme.

»Und wer ist das?«

»Für kurze Zeit macht Postyschew bei uns halt. Ich rate Ihnen, es nicht weiterzusagen. Auf die Fragen der Ausländer antworten Sie am besten, daß Sie keine Ahnung haben ...«

Bereits damals wurde alles, was mit der Führungsspitze in Verbindung stand, mit Geheimnissen umwoben. Pawel Petrowitsch Postyschew, Sekretär des ZK der KPU (B), der Kommunistischen Partei der Ukraine (Bolschewiki), trat bescheiden auf. Während der zwei Wochen, die er im »Continental« lebte, traf ich ihn einige Male auf der Treppe und im Vestibül. Er grüßte immer freundlich, blieb auch mal stehen, um ganz einfach zu fragen, welche Gäste angekommen seien, was sie interessiert und ob ihnen Kiew gefällt.

Die anderen Funktionäre der Republik, Kossior, Ljubtschenko, Tschubar und Petrowski fuhren gleich in die für sie vorbereiteten Anwesen. Mit den Arbeiten in Postyschews Residenz war man nicht fertig geworden. Diese Villa lag in Lipki, gegenüber vom Marienpark, dicht neben unserem Haus. Sie gehörte vor der Revolution dem großen Zuckerfabrikanten Saizew. Dieses elegante Barockgebäude war gewiß schon sehr üppig für einen proletarischen Führer. Aber auch die anderen Anwesen der ukrainischen Führung standen dem nicht nach. So zum Beispiel der Palast Petrowskis, Vorsitzender des Ukrainischen Zentralexekutivkomitees. Dieser Posten kam dem eines Republikpräsidenten gleich. Der alte Revolutionär, der in zaristischen Gefängnissen und in der Emigration Schweres durchgemacht hatte, schämte sich nicht, in Kiew ein Gebäude zu beziehen, das einem schottischen Schloß glich. Es war aus grauem Granit, mit gemeißelten Spitzbogenwänden, gezackten Türmen und Marmorsäulen am Haupteingang. Die ukrainischen Funktionäre fuhren in »Buicks« und »Lincolns«. Mit einer solchen »bourgeoisen« Pracht korrumpierte Stalin die alten Bolschewiken. Möglicherweise bedrückte den einen oder anderen anfangs ein solcher Reichtum, der nichts mit dem Leben des Volkes zu tun hatte. Bald aber überzeugten sie sich davon, daß eine Absage den »Führer« erzürnte und seine beißenden Bemerkungen über »billige Popularität« und »Vorzeigedemokratie« provozierte. Das Wichtigste im Stalinschen System der Privilegien war, daß diese Paläste mit zahlreicher Dienerschaft den »Roten Führern« nicht gehörten. Sie durften sie lediglich nutzen, solange sie die Gunst des »Hausherren« besaßen. Er konnte sie ihnen jederzeit, wegen Ungehorsam, wegen wirklicher oder angeblicher Geringfügigkeiten wegnehmen. Gewöhnlich befreite er sie gleichzeitig von ihrem Leben ...

Postyschew, der auch Sekretär des Stadtkomitees der Partei war und bald in sein Anwesen übersiedelte, blieb bescheiden. Oft ging er ganz allein in der Nähe seines Hauses spazieren. Er hatte kein westliches Auto, sondern einen sowjetischen »Gasik« mit Stoffverdeck. Das Autowerk von Gorki produzierte, unterstützt von Henry Ford, solche Wagen. Durch Bemühungen Postyschews legte man in Kiew bald leuchtende Blumenbeete an. Das Katzenkopfpflaster wurde mit Asphalt überzogen. Im Marienpark entstand eine offene Konzerthalle, wo allabendlich unentgeldlich Konzerte stattfanden. In den Straßen gab es eine Vielzahl von Verkaufsständen, wo allerlei Lebensmittel angeboten wurden. In der Passage, nahe vom »Continental« und in anderen Stadtgebieten wurden Milchbars eröffnet, in denen es verschiedene Eissorten gab. Das Erdbeer-, Nuß-, Pistazien-, Schokoladen- und Sahneeis befand sich in hohen Zinkgefäßen. Mit geschickter Bewegung legte die Verkäuferin die bunten Kugeln in langstielige Eisbecher.

Postyschew hielt sich oft in den Fabriken auf, kannte viele Arbeiter mit Namen und half bei der Lösung vieler Probleme. Wie mir schien, genoß er aufrichtige Popularität. Es gab sogar das Sprichwort: macht man die Arbeit vorbildlich, erhält man drei »P«, also Pawel Petrowitsch Postyschew. Das alles erregte Stalins Aufmerksamkeit. In einer solchen Popularität anderer sah er eine gefährliche »Rivalität«. Möglicherweise flüsterten sogar Postyschews Kollegen aus der ukrainischen Führung dem »Führer der Völker« etwas vom wenig »traditionellen« Verhalten des Sekretärs der KPU (B) zu. Alles endete damit, daß auf dem Parteitag 1934, der von Stalin zum »Parteitag der Sieger« deklariert wurde, Postyschew, Tschubar und Kossior unter jenen waren, die Kirow rieten, an Stelle Stalins für den Posten des Generalsekretärs zu kandidieren. Kirow war Mitglied des Politbüros und Sekretär der Leningrader Parteiorganisation. Bei der Wahl des Zentralkomitees erhielt Kirow die absolute Mehrheit. Selbst eine ganze Reihe der Politbüromitglieder zogen Kirow Stalin vor. Kirow aber lehnte den Posten des Generalsekretärs ab. Mehr noch, er berichtete Stalin über alles.

»Danke«, antwortete der »Führer der Völker«, »ich werde es Dir nie vergessen ...« Er vergaß es wirklich nicht. Anfang Dezember wurde Kirow ermordet. Die Wahlscheine, auf denen Stalins Name durchgestrichen war, vernichtete man. Bald begann die Inhaftierung von Delegierten des »Parteitages der Sieger« und jener ZK-Mitglieder,

die Stalin der Untreue bezichtete. Die Repressalien trafen auch die ukrainische Führung. Als erster verschwand Postyschew, Held des Bürgerkrieges, Sieger über die Japaner und anderen Invasoren im sowjetischen Fernen Osten. Später erfuhren wir, wie ein solches Verschwinden vor sich ging. Man befahl den jeweilig Betroffenen wegen dringender Angelegenheiten nach Moskau. Nichtsahnend fuhr er im internationalen Schlafwagen des Nachtexpresses von Kiew, oder aus der Hauptstadt einer anderen Unionsrepublik, los. Der Zug hielt insgesamt nur einmal. Spät in der Nacht kamen auf dem Bahnhof »Chutor Michailowski« einige Bewaffnete, in der Uniform des NKWD, in den Zug. Ihr Leiter befahl dem Zugbegleiter an die Abteiltür zu klopfen und Antwort zu geben. Der nach Moskau fahrende Funktionär öffnete die Tür und schaute in die auf ihn gerichteten Pistolenläufe. Während die übrigen Fahrgäste ruhig weiterschliefen, brachte man den Gefangenen mit Waffengewalt in einen Spezialwagen. Dieser befand sich am Zugende und hatte verhangene und vergitterte Fenster. In Moskau wurde der dem Tod Geweihte direkt vom Kiewer Bahnhof in die Keller der Ljubjanka gebracht. So verfuhr man nach Postyschew auch mit Tschubar. Ljubtschenko, Vorsitzender des Sowjets der Volkskommissare der Ukraine, wußte was ihn erwartete. Er verabschiedete sich von seiner jungen, schönen Frau, schloß sich im Arbeitszimmer seines reichen Anwesens ein und erschoß sich. Einige Zeit später nahm man auch Kossior, den Ersten Sekretär der KPU (B) fest und erschoß ihn. Das passierte, nachdem Stalin seinen neuen Statthalter Chruschtschow in die Ukraine gesandt hatte. Petrowski hatte Glück. Er kam mit einer Gefängnishaft davon. Nach Stalins Tod wurde er entlassen und als Direktor des Revolutionsmuseums eingesetzt.
Das alles geschah etwas später. Die Sommermonate des Jahres 1935 schienen glücklich und strahlend. Die Hungerjahre lagen hinter uns. Das Leben versprach viel Interessantes. Wir legten mit Papa zusammen und brachten es zu einem kleinen Segelboot, auf dem vier Personen Platz hatten. An freien Tagen fuhren wir mit Freunden bei gutem Wind weit den Dnjepr hinauf. Wir kamen an Meschigorje und Wyschgorod vorbei, wo einst auf hohem Hügel der Palast und der 300 Frauen zählende Harem des Fürsten Wladimir stand, der später der heilige Täufer der Rus wurde. An der Mündung der Desna, die in den Dnjepr fließt, brieten wir auf einer offenen Feuerstelle Schaschlik und warfen Kartoffel in die Glut. Wir hielten Wei-

dengerten in die Flammen und erfreuten uns am aromatischen Duft, der an reife Äpfel erinnerte. Abends hörten wir unter den weitverzweigten Linden des Marienparks klassische Musik, die vom Orchester der Kiewer Philharmonie dargeboten wurde.
Der letzte Sommer meiner Arbeit bei »Intourist« war besonders interessant. Es kamen wesentlich mehr Gäste als im Jahre 1934, und ich fuhr mit ihnen durch das Land. Auf den Bahnhöfen war wieder Leben eingezogen: alte Frauen aus benachbarten Dörfern boten Beeren, Obst, Tontöpfchen mit Gebratenem und überbackener Kruste, gekochten Mais und geräucherten Fisch an. Die allmähliche Wiedergeburt der Dörfer, nach dem Schock der Kollektivierung, war merklich zu spüren. Auch in Moskau, Leningrad, Charkow, Odessa, wohin mich der Weg damals führte, normalisierte sich das Leben. Es schien, als hätte für das Land ein besserer Abschnitt begonnen. Als man die ukrainischen Führer beseitigt hatte, ersetzte man sie durch andere, die später auch liquidiert wurden. Das blutige Karussell drehte sich so schnell, daß die Menschen sich nie an die Namen ihrer neuen Führer erinnern konnten. Das alles trübte unser tägliches Leben nicht. Jedenfalls blieb es mir so in Erinnerung. Allerdings weckte das Verschwinden des Befehlshabers des Ukrainischen Militärbezirks, des Helden des Bürgerkrieges Jakir, der das Schicksal von Tuchatschewski und anderer talentierter Kommandeure der Roten Armee teilte, bei mir Befremden und Zweifel. Mir tat der hochgewachsene und hübsche, junge Jakir sehr leid. Auch er besaß ein herrliches Haus in Lipki und ich sah oft, wie er an unseren Fenstern in einem offenen, hellblauen »Buick«, in Begleitung einer interessanten, rothaarigen Dame vorbeifuhr. Ich wollte nicht glauben, daß dieser kühne und entschlossene Kommandeur, der so viel für den Sieg der Sowjetmacht in der Ukraine getan hatte, ein »Spion«, »Schädling« und »Volksfeind« war.
Die Arbeit bei »Intourist« verlangte vollen Einsatz. Wir arbeiteten vom frühen Morgen bis in die späte Nacht, faktisch ohne Ruhetag. Während der Reiseleitung durch das Land hatten wir mit den Touristen rund um die Uhr zu tun. Aber ich hatte auch viel Freude. Immer neue Begegnungen mit Menschen aus vielen Ländern: England, den USA, Österreich, Deutschland, Italien, Griechenland, Japan, Indien ... Sich mit ihnen zu unterhalten und dabei stets Neues zu erfahren, und meinerseits ihnen unser Land zu zeigen, das alles gab mir eine große innere Zufriedenheit. Die Touristen hatten unter-

schiedliche Interessen und Berufe. Ihrem Wunsch entsprechend, organisierten wir Treffen einzelner Berufsgruppen. Es gab Fälle, wo ich fast den ganzen Tag an einer Gerichtsverhandlung teilnahm, bei der Feuerwehr zubrachte oder Gespräche bei der Gewerkschaft mit Schriftstellern, Künstlern, Musikern, Professoren und Studenten übersetzte. Es gab auch viele Vergnügungsfahrten auf dem Dnjepr. Spezialisten aus der Landwirtschaft und Farmer, von denen es unter den Touristen sehr viele gab, führten wir in den Golossejewsker Wald, wo sich das neue Ukrainische Landwirtschafts-Institut befand. Der malerische Weg dorthin führte mit seinen vielen Windungen auf und ab, entlang an Seen und dichtem Heckenrosengebüsch. Exkursionen in alte Klöster und Kirchen, die damals noch in ihrer Ursprünglichkeit erhalten waren, bereiteten nicht nur den Touristen, sondern auch uns Reiseleitern viel Freude.
Stets hinterließ die Kirche des heiligen Kyrill in Kurenewka, einem Kiewer Vorort, einen unvergeßlichen Eindruck. Sie entstand im 13. Jahrhundert und wurde anfangs dieses Jahrhunderts grundlegend restauriert. Wo es möglich war, befreite man die byzantinischen Fresken und Mosaike von Staub und anderen Ablagerungen. Die freien Wände und Gewölbe wurden mit Arbeiten der besten Maler jener Zeit geschmückt. Zutiefst beeindruckte Wrubels geniale Wandmalerei »Die Erscheinung des Heiligen Geistes«. Auf dem Kirchengelände befindet sich ein Krankenhaus für psychisch Kranke. Dort hatte auch Wrubel einige Zeit verbracht, der an Anfällen von Melancholie litt. Für die Wandmalerei in der Kirche standen ihm Patienten Modell. So entstand eine beeindruckende Gemäldegalerie von großer psychologischer Wirkung. Vom Deckengewölbe schauen die zwölf Apostel auf den Besucher. Aus Augen und Gesichtszügen spricht ihre geistige Haltung. Jeder drückt auf seine Art die bevorstehende Tragödie der Kreuzigung von Jesus Christus aus.
Ein besonderer Festtag war für uns Reiseleiter die Fahrt nach Odessa, wo der italienische Liner »Caesar« mit Touristen angekommen war. Passagiere aus ganz Europa machten eine Kreuzfahrt durch das Schwarze Meer. Für sie war eine Fahrt nach Kiew vorgesehen. Es wurden Dolmetscher für Englisch, Deutsch, Französisch, Spanisch und Italienisch gebraucht. Da die Möglichkeiten des Kiewer »Intourist« begrenzt waren, halfen uns Kollegen aus Leningrad und Moskau. Es waren junge Leute. Auf der Reise nach Odessa hatten wir viel Spaß und Freude. Für mich war es besonders schön, da

meine heißgeliebte Klara mitfuhr. Wir waren beeindruckt von der Pracht und vom Komfort des italienischen Schiffes, der Eleganz der Passagiere und der Exotik der italienischen Küche. Dann fuhren wir in einem Express, der nur Schlafwagen 1. Klasse führte, nach Kiew. Dort besichtigten wir zwei Tage die Stadt und fuhren zurück zum italienischen Liner. Damals empfand ich wohl erstmals mit aller Deutlichkeit, wie groß der Unterschied unseres Lebens zu dem im Westen war. Wir sahen darin jedoch keine Überlegenheit des Kapitalismus über den Sozialismus. Nahmen wir doch an, daß an solchen Kreuzfahrten nur sehr Reiche teilnehmen konnten, während die Arbeiter in den kapitalistischen Ländern in Armut dahinvegetierten. Das war tatsächlich so. Wir in der Sowjetunion glaubten daran, eine Gesellschaftsordnung aufzubauen,in der bis zu einem gewissen Grade alle gleichberechtigt und glücklich sind. Uns schien ein solcher Reichtum, an dem sich die Kapitalisten ergötzten, völlig unnötig.

Mit dem wachsenden Touristenstrom erhöhte sich auch die Zahl der Reiseleiter. Zu uns kam das Sprachtalent Sjasja Lipman, der fünf Sprachen beherrschte. Er war ein sehr lustiger und kluger junger Mann und war fünf Jahre älter als ich. Wir wurden Freunde und verbrachten gemeinsam unsere freie Zeit. Sjasja führte mich bald in die etwas bohèmeartige und laute Gesellschaft sehr talentierter junger Leute ein. Einige von ihnen wurden später bekannte Maler, Musiker und Schriftsteller. Besondere Aufmerksamkeit erregte die schöne Walja Kulakowa. Sie hatte eine herrliche Stimme, spielte auf dem Flügel, malte Aquarelle und war ständig von Liebhabern umgeben. Sjasja prahlte, mit ihr zu schlafen. Ich glaubte ihm nicht. Sie behandelte alle gleich und war auch für alle unnahbar. Ihr Vater war ein berühmter Kardiologe. Er behandelte die ukrainische Führungsspitze und lebte auf großem Fuß. Seine luxuriöse Wohnung befand sich in einem Haus an der Ecke der Lewaschowsker und Lutherstraße. Den Sommer verbrachte er in seinem Landhaus in Meschigorje. Walja blieb in der Stadtwohnung und lud sehr oft Sjasjas Freunde zu sich ein. Obwohl sie allen gegenüber Gleichgültigkeit zeigte, neckte sie hin und wieder ihre Verehrer. Als ihre Gäste sie auf gepackten Koffern antrafen, beteuerte sie, nach Moskau fahren zu wollen. Die enttäuschten Verehrer baten Walja, sie nicht zu verlassen. Sie aber blieb unerbittlich, spielte eine Abschiedszene, und jemand vergoß eine Träne. Schließlich erklärte sie, daß alles nur ein Scherz gewesen sei.

Man versammelte sich erleichtert beim Abendessen. Ein andermal kündigte Walja ihre bevorstehende Hochzeit an und lud sich Gäste zum letzten »jungfräulichen« Mahl ein. Auch das war einer ihrer Scherze. Dann ging eine schreckliche Nachricht durch unsere kleine Gruppe: Walja Kulakowa ist tot. Sie hatte einen Herzanfall. Wir sollten von ihr Abschied nehmen. Zur festgelegten Zeit versammelte sich die Trauergemeinschaft am Hauseingang. Sjasja mit einem Trauerflor am Ärmel, wollte zu Waljas Schlafzimmerbalkon.
»Es ist der Wille der Verstorbenen,« sagte er fast schluchzend.
Wir drängten uns mit gesenkten Köpfen auf dem Bürgersteig. Plötzlich wurde die Balkontür aufgerissen, und auf dem Balkon erschien Walja. Völlig nackt, nur mit einem Hut und Voiletuch um die kastanienfarbenen Locken ...
Lachend liefen wir erleichtert in die erste Etage und drängten in den Salon. Nach wenigen Minuten kam Walja im langen schwarzen, bis oben zugeknöpften Kleid aus dem Schlafzimmer. Sie goß den Tee ein und tat so, als sei nichts passiert ...
Heute scheint den jungen Leuten, die von den Lasten, Schrecken und Blutbädern der dreißiger Jahre lesen, als sei das Leben in der Sowjetunion damals hoffnungslos, düster, voller Kummer und Tränen gewesen. Das war so und auch nicht so. Diejenigen, die die unbarmherzige Hand der Terrors nicht berührte, lebten wie immer. Sie hatten ihre eigenen Sorgen und Freuden. Die Menschen sahen eine Verbesserung der Lage und hofften auf weitere Fortschritte. Sie glaubten, die schlimme Zeit läge hinter ihnen. Die Jugend war von großem Enthusiasmus erfüllt. Die jungen Leute arbeiteten, lernten, trieben auch Unsinn und verliebten sich. Sie freuten sich des Lebens. Vielleicht sogar etwas zu stürmisch, weil sie im Unterbewußtsein das Nahen eines schrecklichen Gemetzels fühlten, aus der die Mehrzahl derer nicht zurückkam, mit denen wir in der zweiten Hälfte der dreißiger Jahre so fröhlich zusammenlebten.
Übrigens waren sich meine Altersgefährten bei allen Vergnügungen auch dessen bewußt, daß die UdSSR das einzige Land in der Welt war, wo der Sozialismus aufgebaut wurde und das sich in feindlicher Umkreisung befand. Wir bereiteten uns auf alle Zufälligkeiten vor. Die einen begeisterten sich für das Fallschirmspringen, andere wieder schlossen sich Freiwilligengruppen an, um später Flieger zu werden. Ich ging mit einigen Freunden zu den Funkern. Etwas verstand ich davon, da ich einige Jahre Radios repariert hatte und außerdem

eine Qualifikation als Elektromonteur besaß. Während der Ausbildung trugen wir khakifarbene Uniformen, mit Koppel und Schulterriemen. Diese Uniform glich den Militärhemden der deutschen Kommunisten. Sie hießen deshalb »Rot Front«. Wir wurden von einem Nachrichtenregiment betreut. Während der Sommermonate lebten wir einige Wochen in Lagern und nahmen an Übungen teil.
Im September 1935 begannen wir mit dem Unterricht im 4. Lehrjahr an der Abendschule des Polytechnischen Instituts. Bedingung war, im erlernten Beruf zu arbeiten. Von »Intourist« galt es Abschied zu nehmen. Ich begann als Techniker im Konstruktionsbüro der Fabrik »Leninskaja Kusniza«. Eine Werft, an deren Projektierung mein Vater teilgenommen hatte, war in einer Bucht bei Podol gebaut worden. Dort begann der Bau von Passagierdampfern und Schleppern. Es waren noch Schiffe, die beiderseits Schaufelräder hatten. Ich wurde beauftragt, Zeichnungen über den Mechanismus anzufertigen, der die hölzernen Schaufeln in Bewegung setzt. Sie mußten im erforderlichen Winkel das Wasser berühren, ohne dabei einen unnötigen Widerstand der Wellen hervorzurufen. Dabei sollte ein maximaler Druck entstehen. Wenn die Skizze auf dem Zeichenpapier fertig war, wurde sie von technischen Zeichnerinnen übertragen. Eine von ihnen gefiel mir auf den ersten Blick. Sie hieß Galja und war ein liebes und fröhliches Mädchen. Wir freundeten uns an und heirateten im Dezember 1940. Das war zu jener Zeit, als man mich nach vielen Abenteuern und Unannehmlichkeiten zum ersten Sekretär der Botschaft der UdSSR in Deutschland berief.
Diese Arbeit beschäftigte mich den ganzen Tag. Die Zeit raste dahin. Nur an Sonntagen, die allein als Ruhetage galten, konnte man sich erholen und auf andere Gedanken kommen. Im Sommer machten wir Ausflüge mit dem Segelboot, im Winter fuhren wir Ski, Schlittschuhe und machten Schlittenfahrten. In diesen Jahren gab es eine neue Welle von Repressalien. Nach der Inhaftierung von Marschall Tuchatschewski und anderer hoher Kommandeure der Roten Armee, verschwanden viele technische Experten, Wissenschaftler, Schriftsteller und Künstler. Dieses Gemetzel traf aber nur einige der mir bekannten Familien. Deshalb schien mir immer noch, daß diese neue Terrorwelle doch irgendeinen Sinn hat. Andere wurden verschont. Bedeutete es nicht doch, daß die Inhaftierten irgendwie schuld waren? ...

Im Herbst 1938 verteidigte ich erfolgreich meine Diplomarbeit. Dann schickte man mich als Ingenieur-Technologe in die traditionsreiche Kiewer Fabrik »Arsenal«. Sie trug im Register des Verteidigungsministerium die Nummer 393 und produzierte Artilleriegeschütze. Ich sollte Waffenschmied werden. Das Schicksal aber hatte etwas anderes mit mir vor.

Im Fernen Osten

Am Horizont verdichteten sich die Wolken eines neuen Weltkonfliktes. Wir bemühten uns, nicht darüber nachzudenken. Das pulsierende kulturelle Leben in Kiew verlief in friedlichen Bahnen. Oft gaben ausländische Künstler Gastspiele, und sowjetische Musiker, Sänger und Schachspieler errangen Lorbeer bei internationalen Wettbewerben. Es wuchs das Zugehörigkeitsgefühl zur großen Welt außerhalb unserer undurchdringlichen Landesgrenzen. Wir versäumten im Freundeskreis keine der hervorragenden Darbietungen. Die Konzerte von Sobinow, Oistrach, Gilels und Koslowski, der polnischen Sängerin Ewa Bandrowska-Turska, des tschechischen Jazzsängers Zigler und des Publikumslieblings Utessow, fanden meist im Säulensaal der einstigen Kaufmannsversammlung, an der Ecke des Kreschtschatiks und der Alexanderstraße, statt. Vor der Revolution stand hier ein Denkmal Alexander II. Es wurde in den ersten Monaten der Sowjetmacht gesprengt. Verblieben ist der Marmorsockel mit einem Flachrelief. Es stellte die Völker des Russischen Imperiums dar und trägt die Inschrift: »Dem Zaren der uns befreite. Das dankbare Rußland.«

Es war wohl schon früher bei uns Brauch, daß Initiatoren von Reformen, die dem Volke dienen sollten, durch die Hand derer umkamen, die sich »Freunde« nannten. Zar Alexander II., der 1861 die Leibeigenschaft aufhob, wurde durch ein Bombenattentat der »Volkstümler« in Petersburg getötet. Stolypin, Premierminister Rußlands, der Bodenreformen erließ und den Bauern Land und eine aufblühende Landwirtschaft versprach, fand den Tod durch einen revolutionären Fanatiker. Der Schuß, der das Leben dieses hervorragenden Politikers beendete, wurde in der Kiewer Oper abgegeben, gegenüber der Loge, wo der letzte Zar Rußlands, Nikolai II., saß. Der Mord an Stolypin stoppte nicht nur die vielversprechenden Reformen, sondern rief auch eine Wende in der Regierungspolitik hervor, half der Reaktion, was letztlich zur Revolution im Jahre 1917 führte ...

Täglich gab es neue Schreckensmeldungen: die Zerschlagung der Volksregierung in Spanien und die Inthronisation des Diktators Franco mit Hilfe deutscher und italienischer Bajonette; der Anschluß Österreichs und der triumphale Einmarsch Hitlers in Wien;

die Erpressung der Tschechoslowakei durch die Nazis und der Münchener Vertrag ...
Bald nach unserer Ankunft in der Fabrik »Arsenal« verschärfte sich die Situation um die Tschechoslowakei. Im Konstruktionsbüro arbeitete ich in der von Ingenieur Timofejew geleiteten Gruppe. Er verhielt sich mir gegenüber sehr freundlich und half mir die spezifischen Probleme der Produktion zu erlernen. Ich konnte nicht sehr lange mit ihm zusammenarbeiten. In der Ukraine wurde mobilgemacht. Kommandeure, die zur Reserve der Roten Armee gehörten, darunter auch Timofejew, erhielten eine Einberufung. Einige Male kam er in Uniform zu uns, korrekt und streng. Er erzählte, daß er zu einem Truppenteil an die polnische Grenze abkommandiert sei. Entsprechend eines Abkommens zwischen der UdSSR und Frankreich sollten wir im Falle einer Aggression gemeinsam der Tschechoslowakei zu Hilfe kommen. Alle sprachen vom Eintreten eines solchen Falles. Die Pressemitteilungen über die Drohungen Hitlers gegenüber Prag und über Provokationen der Henleinleute im Sudetenland, prophezeiten eine neue Eroberungsaktion der Nazis. Moskau bestätigte mit der Mobilmachung im Ukrainischen Militärbezirk die Absicht, zur Erfüllung seiner Verpflichtung zu stehen. Aufmerksam verfolgten wir die Verhandlungen in München und kamen zu der Überzeugung, daß, wenn Hitler nicht nachgibt, die UdSSR und Frankreich der Tschechoslowakei die versprochene Hilfe erweisen. Meiner Meinung nach war unser Volk damals auch psychologisch dazu bereit. Wir hofften sogar darauf, daß als Resultat die faschistische Diktatur in Deutschland gestürzt würde. Eines der von Hitler inszenierten, üblichen hysterischen Schauspiele führte zum Verrat der Westmächte an der Tschechoslowakei. Frankreich lehnte die Hilfe ab. Polen ließ die Rote Armee nicht durch sein Territorium. Die Mobilmachung in der Ukraine wurde aufgehoben, und Ingenieur Timofejew kehrte ins Konstruktionsbüro der Fabrik »Arsenal« zurück ...
Allmorgendlich, wenn ich zur Arbeit durch den Marienpark entlang des steilen Dnjeprufers ging, schaute ich auf das unten liegende linke Flußufer, auf die Sandbänke, die saftigen Uferwiesen und auf die fernen Dörfer mit ihren Kirchen und Glockentürmen am Horizont. Sollte wirklich der Moment kommen, wo hier am Steilhang deutsche Soldaten stehen, unsere Armee auf diesen Wiesen bis weit hinter den Horizont zurückgehen, Ströme von Blut fließen und Tau-

sende Verstümmelter und Gefangener und die Ruinen leidgeprüfter ukrainischer Dörfer zurückbleiben würden? Ich las das gerade erst erschienene aufsehenerregende Buch von Ernst Henri »Hitler gegen die UdSSR«, in dem die, wenn auch nur vorübergehende Eroberung des weiten Territoriums der Sowjetunion durch die deutschen Truppen vorausgesagt wurde. Zugleich verfolgte ich die phänomenalen Erfolge Hitlers, die übrigens auch nicht ohne Hilfe westlicher Politiker zur Schaffung des Großdeutschen Reiches führten. Ich schloß nicht mehr aus, daß es im Falle eines Krieges mit den Deutschen zu ungeheueren Verlusten kommen würde. Alle diese Gedanken beschäftigten mich auch ganz persönlich. In der Abendschule des Kiewer Polytechnischen Instituts gab es keinen Lehrstuhl für militärische Ausbildung. Wir hatten alle während des Studiums eine Freistellung und mußten jetzt Militärdienst leisten. Allerdings nutzten die Absolventen des Instituts ein Privileg: bei den Landstreitkräften dienten sie an Stelle von zwei Jahren nur ein Jahr und bei der Flotte an Stelle von vier Jahren nur zwei Jahre. Würden wir die Ausbildung bis zum Beginn des Krieges schaffen? ...

Anfang November kam eine Nachricht aus dem Kriegskommissariat. Wir mußten uns bei einer Ärzte- und Einberufungskommission vorstellen. Die Mediziner hatten nichts an mir auszusetzten. Die Einberufungskommission begnügte sich mit wenigen Fragen zur Biographie. Nach kurzer Wartezeit im Korridor erschien ich wieder vor meinen »Schicksalsgöttern« und erfuhr, daß ich zur Flotte im Fernen Osten gemustert war und mich noch in diesem Monat in Wladiwostok einzufinden hatte. Schon immer hatte mich die Romantik des Meeres gefesselt. So war ich froh über die Entscheidung der Kommission. Fast alle meine Freunde mußten zu den Landstreitkräften des Ukrainischen Militärbezirkes. Sie dienten ganz in der Nähe, erhielten Ausgang, fuhren nach Hause, zogen entgegen der Vorschriften Zivilkleidung an und verbrachten in gewohnter Umgebung ihre Zeit. Mir konnte so etwas in Wladiwostok nicht passieren. Dazu kam, daß ich zwei Jahre zu dienen hatte. Auch von Galja mußte ich mich lange Zeit trennen. Am meisten ärgerte mich, daß ich an der Sammelstelle mit geschorenem Kopf zu erscheinen hatte.

Die Tage vor der Abreise verliefen in ungewöhnlicher Hast: Ausfertigung verschiedener Ausweise, Abholen der Fahrkarten, Bescheinigungen, Bestätigungen. Voller Schmerz und Süße war der Abschied

von Galja. Auch von den Eltern hatte ich mich noch nie so lange getrennt. Mir fiel das Fortgehen sehr schwer. Ein trauriges Gefühl verließ mich all die Tage nicht. In ihm lag eine unverständliche, die Seele belastende Vorahnung dessen, was mein ganzes Leben verändern sollte. Waren es die lockenden Weiten des Ozeans, der die Wellen hochpeitschende Wind, der mir das salzige Wasser entgegenschleuderte oder war es irgend etwas ganz anderes, was es nicht einmal in der kühnsten Phantasie gab. Ich beneidete meine Freunde, die in der Ukraine blieben und ahnte nicht, daß fast alle in den ersten Kriegsmonaten umkommen würden und daß auch mich das gleiche Schicksal ereilt hätte, wäre ich dort geblieben.
Am Sammelpunkt traf ich Arkascha Ehrlichman und Igor Beljajew. Wir hatten gemeinsam das Institut absolviert und uns viele Monate nicht gesehen. Als ich hörte, daß auch sie eine Einberufung nach Wladiwostok hatten, war ich sehr froh. Gemeinsam würde es fröhlicher werden. Man informierte uns, wo wir bei der Ankunft erscheinen mußten. Dann durften wir noch einmal nach Hause. Am nächsten Tag fuhren wir nach Moskau und von dort mit dem Transsibirien-Expreß in den Fernen Osten.
Die Fahrt nach Moskau ähnelte in keiner Weise jenen gut organisierten Reisen mit ausländischen Touristen, wo man uns bereits auf dem Bahnhof empfing, in vorzügliche Hotels führte, in deren Restaurants uns schon ein ausgesuchtes Frühstück erwartete. Besonders gefiel mir das Hotel »Nowomoskowskaja«, welches nahe der »Kamennij-Brücke«, gegenüber vom Kreml lag. Seine Gediegenheit, die weiträumigen Vestibüls, die gemütlichen Hotelzimmer, die noch den vorrevolutionären Komfort aufwiesen, und die alten Fahrstühle, die von einem beweglichen Gitter verschlossen wurden – all das erweckte das Gefühl von Zuverlässigkeit und Ruhe. Das Restaurant befand sich ganz oben unter dem Dach, so daß sich die Gäste an den Tischen, durch die großen und hohen Fenster, aus der Vogelperspektive am Anblick des Kreml erfreuen konnten. Sie sahen die glänzenden Kuppeln, Anlagen, Alleen und quadratischen Plätze. Schade, daß dieses Hotel unlängst abgerissen wurde ...
Jetzt, als Rekruten, konnten wir uns nur auf uns selbst und auf unsere bescheidenen Mittel verlassen. Dennoch wollten wir zwei Tage in Moskau bleiben. Stand uns doch ein langer Weg bevor, wobei es wenig Bedeutung hatte, ob wir zehn oder zwölf Tage unterwegs waren. Ein mürrisches Moskau empfing uns an einem feuchten

Morgen. Es stimmte ganz mit meiner Stimmung überein. Auf dem Bahnhofsvorplatz drängten sich die Menschen. Es begann zu regnen. Traurigkeit erfaßte mich. Wir hatten kein Quartier und konnten nicht mit einer Hotelunterkunft rechnen. Die Ausweise hatte man uns im Kiewer Kriegskommissariat abgenommen. Wir waren Rekruten und mußten uns auf schnellstem Wege am Bestimmungsort einfinden.
»Vielleicht sollten wir doch schon heute fahren«, sagte Igor unschlüssig. Offensichtlich war er ebenso kleinmütig wie ich.
»Seid keine Sauertöpfe, Kinder!« protestierte Arkascha. Er war der Unternehmungslustigste von uns. »Zuerst sind die organisatorischen Fragen zu lösen. Wir müssen im Jaroslawler Bahnhof Platzkarten holen, die Koffer zur Aufbewahrung geben, dann sehen wir weiter ...«
Wir hatten nur wenig Gepäck: zweimal Bettwäsche, warme Socken, eine Mütze für den Fall, daß es kalt werden würde, und Marschverpflegung, die uns die fürsorglichen Eltern mitgegeben hatten. Vom Jaroslawler Bahnhof fuhren wir mit dem Zug in den Fernen Osten. Deshalb brauchten wir die Platzkaren für den Schlafwagen. Auch wollten wir die Koffer loswerden, um uns freier in Moskau bewegen zu können. Deshalb nahmen wir Arkaschas Vorschlag an.
Die zwei Tage in Moskau waren gar nicht so schlecht. Wir besuchten die Tretjakow-Galerie, das Historische- und Puschkin-Museum. Im Restaurant des Hotels »Moskau« bestellten wir, ohne auf unser Geld zu sehen, ein üppiges Mahl und eine Flasche »Perzowka«. Überall schaute man argwöhnisch auf unsere kahlgeschorenen Köpfe und hielt uns möglicherweise für entflohene Häftlinge. Wir aber, etwas angetrunken und voller Stolz auf unseren Dienst in den Reihen der Verteidiger der Seegrenzen der Heimat, schauten von oben auf die anderen herab. Ein mitfühlender Verantwortlicher vom Bolschoj-Theater schaute voller Anteilnahme auf die Wegpapiere der jungen Burschen, die weiß Gott wohin geschickt wurden und gab uns drei Freikarten für die Galerie. Wir beendeten den Tag unter den Klängen der Borodin-Oper »Fürst Igor«, um danach auf Zeitungen im Jaroslawler Bahnhof zu schlafen.
Am Morgen hatte sich das Wetter gebessert. Wir wuschen uns in der Bahnhofstoilette und gingen in die Stadt. Diesmal speisten wir in einer Schaschlyk-Stube in der Nähe des Akademischen Künstlertheaters und gingen zum Bahnhof zurück.

Die Reise von Moskau nach Wladiwostok dauerte neun Tage und verlief höchst abenteuerlich. Wir fuhren in einem Waggon 2. Klasse ohne jene Annehmlichkeiten, die ich von Reisen in internationalen Schlafwagen her kannte. Auf den dünnen Matratzen lag es sich hart. In unserem Abteil, in dem es zwei obere und zwei untere Bettplätze gab, erschien noch ein Rekrut, dessen Reiseziel auch Wladiwostok war. Er war älter als wir und hatte mit 30 Jahren die Abendschule im Leningrader Schiffbauinstitut abgeschlossen. Deshalb hatte er auch eine Zurückstellung erhalten. Sein Name war Pjotr. Er war gutmütig und lud uns zur Pferdewurst ein, die man ihm als Wegzehrung aus seinem Heimatdorf geschickt hatte, wo seine Eltern arbeiteten. Schon am dritten Tag kannten sich alle. Wenn der Zug hielt, und er hielt oft ziemlich lange, liefen die Fahrgäste um kochendes Wasser zu holen oder sich mit Proviant zu versorgen, der im Bufett oder in Kiosken angeboten wurde. Dann spazierten sie auf dem Bahnsteig umher und warteten auf das Pfeifen der Lokomotive. Die Eisenbahn nach Sibirien war eingleisig, und oft mußte an den Ausweichstellen lange auf den Gegenzug gewartet werden. Rund um den Baikalsee gab es einige solcher langen Aufenthalte. Jedesmal lag das märchenhafte Panorama des herrlichen Sees vor uns. Auch das Sajangebirge beeindruckte in seiner rauhen Schönheit die Fahrgäste. Es gibt wohl in der Welt keinen schöneren Weg als die transsibirische Strecke.

Das ständige Miteinander auf der sehr weiten Reise schuf ein besonderes Klima im Transsibirien-Express. Es beeinflußte auf spezifische Weise das Verhalten der Menschen. In neun Tagen verliebte, befreundete und trennte man sich. Auch Eifersuchtszenen gab es. Aber es entstanden auch festere Zugehörigkeiten und echte Bande der Freundschaft. Jeder von uns dreien trauerte noch um die in Kiew zurückgelassene Freundin und keiner interessierte sich für die mitfahrenden Mädchen. Pjotr aber legte eine erstaunlich zügellose Sexualität an den Tag. Schon nach zwei Tagen hatte er die erste Geliebte. Natürlich war es nicht ganz so einfach, im Wagen 2. Klasse, bei voller Belegung, das Liebesvergnügen zu genießen. Das lüsterne Pärchen schlüpfte deshalb am Abend, als alle schliefen, in die Toilette. Pjotr bat jemanden von uns, im Durchgang des Waggons Wache zu halten, damit sie möglichst unbemerkt wieder herauskamen. Nach einiger Zeit wechselte er die Partnerin, und die Verlassene wartete vor der Toilette. Wir versuchten sie zu beruhigen und in das Abteil zurückzuschicken. Sie aber wollte bleiben und machte

schreckliche Szenen. In solchen Fällen kam Pjotr dann aus der Toilette heraus. Das gerade aktuelle Mädchen schloß sich wieder ein und wartete, bis es draußen ruhig war.
Wladiwostok empfing uns an einem nebligen, warmen Morgen. Seine Lage an der Grenze des Landes weckte anfangs bei mir den Eindruck einer Provinzstadt Mittelrußlands. Bei näherer Bekanntschaft bemerkte ich die Besonderheiten. Damals gab es dort noch viele Einwohner chinesischer und koreanischer Herkunft. Einige Wohngebiete glichen China-Town in New York oder San Francisco. Es gab Vorstellungen in der Chinesischen Oper. Eine Vielzahl von Straßenhändlern bot den Vorübergehenden alle möglichen, selbstgefertigten Dinge an: Papierlampions, Fächer und kleine exotische Figuren aus Elfenbein. Das Wichtigste aber, was die geschickten und klugen chinesischen und koreanischen Bauern der Stadt gaben, waren die unterschiedlichsten Gemüsesorten. Einige davon hatte ich noch nie gesehen. Aber schon damals begann man mit der Zwangsausweisung dieses Bevölkerungsteiles. Bald war fast niemand von ihnen mehr da. Es erwies sich als nicht korrigierbarer Verlust für die Wirtschaft des Küstengebietes. Das Handwerk verfiel, die Chinesische Oper wurde geschlossen, und das Gemüseangebot verschwand völlig. Seither bringt man es bis in unsere Tage im wesentlichen aus dem Ural und der Ukraine dorthin. Alles war das Ergebnis einer Spionagemanie, die sich nach den Repressalien von 1937 gegen das Oberkommando der Roten Armee erhob. Mich sollten noch bessere Zeiten in Wladiwostok erwarten.
Wir wollten uns nicht ganz so eilig im Flottenstab melden, brachten deshalb die Koffer zur Aufbewahrung und schlenderten durch die Stadt. Da wir noch in Zivil waren, beachteten uns die Streifen der Armee und Flotte nicht, denen man auf Schritt und Tritt begegnete. Wir speisten im besten Restaurant und tranken ein Gläschen auf unsere Ankunft. Im Kino sahen wir den neuen antifaschistischen Film »Familie Oppenheim«. In der zweiten Tageshälfte gingen wir zum Stab. Der Diensthabende hielt uns zuerst einen Vortrag, weil wir nicht sofort nach unserer Ankunft erschienen waren. Wir hatten nicht beachtet, daß täglich nur ein Zug aus Moskau ankam. Es war wohl nicht schwer zu erraten, daß wir den ganzen Tag in der Stadt herumgebummelt waren. Man riet uns, künftig die Disziplin nicht zu verletzen. Dann erfolgte eine kurze Einweisung, und man schickte uns zur Stabsabteilung. Der herbeigerufene Hauptfeldwe-

bel Mischtschenko führte unser Quartett in das Wohnheim auf der Leninstraße, das nach Seemannsbrauch »Zwischendeck« hieß. In diesem großen Gebäude stand im Erdgeschoß eine Reihe von Betten mit grauen Militärdecken. Arkaschas und meine Bettstelle waren durch Nachtschränkchen getrennt. Dort konnten wir persönliche Dinge unterbringen. Am Morgen empfingen wir die Dienstuniform aus dickem Zeltbahnstoff sowie die Ausgangsuniform. Das »Zwischendeck« sollte für zwei Jahre unser Zuhause sein. Insgesamt waren wir etwa 40 junge Leute mit technischer Hochschulbildung. Allmorgendlich ging es in Reih und Glied unter Führung Mischtschenkos zum Dienst, wo wir für acht Stunden als Ingenieure in Matrosenuniform arbeiteten. Danach marschierten wir wieder als »Nur-Matrosen« mit wackeren Liedern, die der Hauptfeldwebel anstimmte, ins »Zwischendeck« zurück. Hauptfeldwebel Mischtschenko war kein schlechter Mensch. Er sorgte dafür, daß wir rechtzeitig all das hatten, was uns zustand. Wöchentlich zweimal führte er uns zum Baden und monatlich einmal zum Friseur. Wir durften die Haare wachsen lassen, was unsere Stimmung etwas verbesserte. Gleichzeitig war Mischtschenko gegenüber Rekruten mit Hochschulbildung sehr streng. Er glaubte, daß gerade sie es brauchten. Allmählich gewöhnten wir uns an die Wachdienste, an Strafdienste für kleinste Vergehen, an nächtliche Alarme, die der Hauptfeldwebel so sehr liebte, und an die wenigen Ausgangstage. Diese erwarteten wir voller Ungeduld, wollten wir uns doch in der neuen Uniform zeigen und auf der Leninstraße, der Hauptmagistrale der Stadt, bummeln gehen. Uns fesselte die herrliche Natur: die Bucht des Goldenen Horns, die sonderbaren, wie aus Karton geschnittenen Silhouetten der Bergkuppeln, die die Stadt umgaben und die sich scharf am klaren Winterhimmel abzeichneten. Auf solche Ausgänge bereiteten wir uns besonders vor. Akkurat legten wir unsere Hosen unter die Matratzen, um eine scharfe Bügelfalte zu haben. Dann polierten wir die Messingknöpfe der Matrosenjacken und wichsten die Schuhe auf Hochglanz. Besondere Kunstfertigkeit verlangte die Einlage eines Drahtreifens in die Matrosenmütze. Damit saß sie wie ein großer Teller auf dem Kopf, und die Aufschrift auf den Bändern war gut zu sehen. Der Hauptschmuck aber war der große blaue Matrosenkragen mit den weißen Streifen. Um wie ein langjähriger Matrose auszusehen, mußte der Kragen verblichen sein, so als sei er durch die Meereswellen ausgewaschen und durch die tropische Sonne ge-

bleicht. Deshalb steckten wir gleich nach Erhalt die Kragen in einen Eimer mit einer starken Salzlösung und ließen sie solange dort, bis die erforderliche Farbe erreicht war.
Im Klub fanden von Zeit zu Zeit Tanzabende statt. Wir bemühten uns, keinen zu versäumen. Hier versammelten sich auch die Zivilbeschäftigten einzelner Stabsabschnitte, darunter auch von unserer Ingenieurabteilung. Unter ihnen waren viele Mädchen: Schreibkräfte, Kopiererinnen, Sekretärinnen. Mit einem Wort, es gab Möglichkeiten zum Flirten. Unser Waggongenosse Pjotr blieb auch hier seiner Linie treu und legte sich gleich eine Geliebte zu. Ich hatte keine Lust, mich auf Abenteuer einzulassen, und begnügte mich mit einer platonischen Freundschaft zur rotwangigen Stenotypistin Maschenka, die meine ständige Begleiterin beim Tanz und bei Spaziergängen wurde. Im Klub feierten wir auch das Neujahrsfest 1939. Wir schmückten einen Tannenbaum, bereiteten das Abendessen auf gemeinsame Kosten, Tanz und Tombola vor. Dann feierten wir im »Zwischendeck« weiter, wobei wir die Abwesenheit von Hauptfeldwebel Mischtschenko ausnutzten. Er verlebte Neujahr zu Hause. Einer von uns brachte von irgendwoher eine Flasche reinen Alkohol. Die schon Erfahrenen des 2. Dienstjahres belehrten uns Neue, wie man mit dem Feuerwasser umgehen muß: das Glas auf einen Ruck leeren und ohne einzuatmen mit Wasser nachspülen. Danach mußte schnell etwas gegessen werden. Während wir zechten, hielt einer von uns Wache, um rechtzeitig ein unverhofftes Erscheinen der Vorgesetzten zu melden. Alle fühlten sich völlig ungezwungen, machten Spaß, rissen Witze und erzählten lustige Geschichten. Plötzlich eine Stimme:
»Polundra! ...«
Es drohte Gefahr. Unter der Einwirkung der alkoholischen Getränke waren unsere Reaktionen verlangsamt. Wir liefen zu den Betten, um uns unter den Decken schlafend zu stellen, vollzogen diese Operation aber wenig geschickt. Dazu kam, daß wir auf dem Tisch die Spuren unserer Tat hinterlassen hatten: die Flasche mit dem noch vorhandenen Alkohol und die Gläser. Am Türeingang erschien unser »Aufpasser«. Er bemühte sich, dem Hauptfeldwebel den Blick ins Zimmer zu verstellen und meldete resolut:
»Genosse Hauptfeldwebel, alles vollzählig im ›Zwischendeck‹. Jeder Matrose an seinem Platz ...«
Aber das wachsame Auge von Mischtschenko hatte schon alles erfaßt.

»Alle aufstehen!« kommandierte er mit lauter Stimme. »Antreten auf dem ersten Deck!«
So bezeichnete der Hauptfeldwebel den der Tür nächstliegenden Bettendurchgang. Wir mußten unter den Decken hervor und uns aufstellen. Das war natürlich ein ziemlich närrisches Bild. Einer stand in Unterwäsche da, die anderen in Unterhemd und Arbeitshosen.
»Zu zweien abzählen!« befahl der Hauptfeldwebel.
Dann folgte ein Donnerwetter. Er fand für uns die schlimmsten Ausdrücke. Er drohte, über alles Meldung zu erstatten, uns in Arrest zu schicken und uns den »Landgang« zu streichen (als befände sich das »Zwischendeck« auf einem wirklichen Schiff). Als er Dampf abgelassen hatte, begann er an unser Gewissen zu appellieren. Er tadelte unser Verhalten, welches unwürdig für Menschen mit Hochschulbildung sei. Das betonte er ganz besonders. Dann verkündete er, daß am folgenden Neujahrstag keiner Ausgang erhalte, und bestrafte jeden mit einem Dienst außer der Reihe. Die einen mußten den Fußboden im »Zwischendeck« wischen, andere wieder die Toilette reinigen, wieder andere den Hof aufräumen usw.
Am nächsten Morgen bewaffnete ich mich mit Besen und Eimer mit heißem Seifenwasser und begann, den Fußboden zu bearbeiten. So hatte noch kein Neujahr für mich begonnen. Ich vermutete, daß dieses Jahr mir bedeutende Veränderungen im Leben bringen würde.
Ende Januar rief mich eines Tages der Hauptfeldwebel zu sich und sagte, daß ich um zwanzig Uhr in den Flottenstab befohlen sei. Das kam so unerwartet, daß ich fragte, bei wem und weshalb ich dort erscheinen sollte? Mischtschenko riet mir nicht weiter herumzurätseln, sondern sofort die Ausgangsuniform anzuziehen. Das machte ich dann auch schnellstens, ohne auch nur eine Minute daran zu denken, was es bedeuten könnte. In den zwei Dienstmonaten hatte ich doch nichts getan, was die Aufmerksamkeit der Vorgesetzten geweckt haben könnte. Alle Vermutungen waren, wie sich herausstellte, weit entfernt vom wahren Grund meiner Vorladung. Der bestand in folgendem.
Ich kam 1938, bald nach Beginn der Stalinschen Säuberungsaktion in Armee und Flotte, nach Wladiwostok. Nach der Verurteilung und Erschießung hoher Kommandeure der sowjetischen bewaffneten Kräfte lief die Erpressungswelle durch alle Militärbezirke. Sie erreichte auch den Fernen Osten, wo der gesamte Kommandostab aus-

gewechselt wurde. Der neue Oberkommandierende, Admiral Kusnezow, sein Chef des Stabes, Kapitän 3. Ranges, Bogdenko und der Chef für Technik, Kapitän 2. Ranges, Ingenieur Woronzow, stellten bei Antritt ihrer neuen Dienststellung fest, daß sie u. a. Englisch zu lernen hatten. Eine solche Forderung war verständlich. Unser potentieller Gegner war damals Japan. Die USA konnten potentielle Verbündete werden, was dann ja auch geschah. Deshalb glaubte man an eine mögliche Zusammenarbeit mit der amerikanischen Flotte. Daraus ergab sich der Wunsch des Oberkommandos der Fernost-Flotte, wenigstens Anfangskenntnisse in Englisch zu erwerben. Die aus dem alten Kommandostab verschwundenen Admirale beherrschten diese Sprache. Ihre Lehrer kamen aus der alten Intelligenz. Zumeist waren es der höheren Gesellschaft angehörende Damen, die Petrograd während des Bürgerkrieges verlassen hatten. Sie waren nicht bis Harbin oder Shanghai gekommen und in Wladiwostok hängengeblieben. Natürlich fanden auch sie sich nach 1937 als »japanische Spione« hinter Gittern wieder. Da nicht jeder Zutritt zum Stab haben durfte, suchte die neue Kommandoleitung unter den Wehrpflichtigen jemanden mit Englischkenntnissen. Der Kaderchef sollte einen passenden Kandidaten finden, und dabei stieß er auf meine Akte. So baut sich auf dem Unglück der einen das Glück anderer auf ...

Zur befohlenen Zeit erschien ich ordentlich gekleidet und mit frisch gebügelter Hose im Flottenstab. Das Gebäude stammte noch aus der Zarenzeit. Mich beeindruckten die mit dunkler Eiche getäfelten Wände, die mit schweren Teppichen ausgelegten Korridore und das große, mit Karten ausgestattete Arbeitszimmer des Flottenchefs. Als ich die Türschwelle betrat, erfaßte mich eine starke Erregung. Es überkam mich eine Vorahnung, als betrete ich einen verlockenden, geheimnisvollen Weg ...

Am Tisch erhob sich ein etwas beleibter, aber noch ganz junger Kapitän 3. Ranges. Es war Stabschef Bogdenko. In einem Sessel saß am Tisch der Kapitän 2. Ranges, Ingenieur Woronzow.

»Genosse Stabschef, Matrose Bereschkow auf Ihren Befehl zur Stelle«, meldete ich mit lauter Stimme und legte die Hand an die Mütze. Nachlässig sagte Bogdanow »rühren Sie sich« und bot mir den freien Sessel an. Dann nahm er einen gelblichen Hefter vom Tisch und begann zu blättern.

»Hier steht, daß Sie fließend die englische Sprache beherrschen«, begann er. »Stimmt das?«
»So ist es!«
»Wann erlernten Sie diese Sprache, und wo machten Sie Ihren Abschluß?«
Ich erklärte es ihm.
Bogdenko blätterte erneut im Hefter. Dann zog er ein akkurat gefaltetes, parfümiertes Tuch aus der Uniformjacke und führte es zu seiner Oberlippe. Er fragte weiter:
»Könnten Sie Englisch unterrichten?«
»Das habe ich noch nie gemacht. Mein Beruf ist Ingenieur-Technologe.«
»Das wissen wir, aber Sie wissen ja, wie man Sie unterrichtet hat?«
»Das weiß ich.«
»So könnten Sie doch auch andere unterrichten.«
»Ich war noch nie Lehrer, aber wenn es ein Befehl ist, werde ich es versuchen.«
»Das ist eine andere Sache. Auf höheren Befehl müssen der Oberkommandierende, der Chef des Stabes und der Chef für Technik Englisch lernen. Jenseits des Ozeans liegen die Vereinigten Staaten von Amerika. Sie verstehen wohl?«
»Alles klar, Kapitän 3. Ranges.«
»Wir wollen, daß Sie uns Englisch beibringen.« »Zu Befehl,« antwortete ich und erhob mich zur Achtungstellung.
»Setzen Sie sich«, sagte Woronzow. »Wir wollen jetzt die Einzelheiten besprechen.«
Man teilte mir mit, daß jede Stunde zwei akademischen Stunden entsprechen sollte und der Unterricht zweimal wöchentlich stattfinden müßte. Für jeweils eine akademische Stunde würden mir 25 Rubel gezahlt. Mein unmittelbarer Vorgesetzter bekäme den Befehl, mich für die Arbeit in der Stadtbibliothek zu befreien, wenn ich mich noch zusätzlich auf den Unterricht vorbereiten müßte.
Wie auf Flügeln verließ ich den Stab. Zweifelsohne war ein unglaubliches Ereignis in mein Leben getreten, überlegte ich im Gehen. Jetzt würde ich überhaupt nicht mehr vom Hauptfeldwebel abhängig sein und verdiente außerdem noch gut: monatlich 400 Rubel zusätzlich zu meinem Sold von 25 Rubel. Das war nicht schlecht!
Ich begann mich mit großer Gewissenhaftigkeit auf den Unterricht vorzubereiten. Dabei halfen mir meine guten Sprachkenntnisse. Au-

ßerdem hatte ich nicht vergessen, wie man mich unterrichtet hatte. Meine Schüler waren fleißig. Die ganze Sache lief gut. Bald legte ich mir einen Fotoapparat »FED« zu. Er war im Straflager Feliks Edmundowitsch Dsershinski, nach einer Lizenz der deutschen Firma »Leica« hergestellt worden. Dadurch gewann ich an Popularität. Das Leben ist herrlich und geht wunderbare Wege, wiederholte ich immer wieder. Von etwas Besserem konnte man nicht einmal träumen. Aber leider war nichts ewig auf dieser Welt.

Bald darauf wurde Admiral Kusnezow zum Volkskommissar der Seekriegsflotte der UdSSR ernannt und fuhr nach Moskau. Ihm folgten Bogdenko und Woronzow. Die neue Leitung hatte offensichtlich vorläufig kein Interesse an einem Sprachunterricht. Jedenfalls interessierten sie sich nicht für mich. Erneut mußte ich mich in den Machtbereich des Hauptfeldwebels begeben, der natürlich nichts unterließ, mir seine Möglichkeiten zu zeigen, indem er mir zusätzliche Dienste verpaßte. Das Leben verlief wie früher, lediglich unterbrochen von Dienstfahrten auf die Russische Insel, die mich unverändert durch ihre malerische Natur verzauberte. Mitunter fuhr ich während des Ausgangs zum »19. Kilometer«, zur Bucht Peter des Großen, wo man mit Beginn der wärmeren Jahreszeit am Meeresufer baden konnte.

Die internationale Lage verschlechterte sich zusehends. Im Fernen Osten gab es immer neue Provokationen der Japaner. Entsprechend einer Verfügung des Obersten Sowjets der UdSSR wurde der Wehrdienst verlängert. Zurückstellungen für Personen mit Hochschulbildung wurden aufgehoben. So verlängerte sich auch die Wehrpflicht bei der Flotte, und wir hatten insgesamt fünf Jahre zu dienen. Schwermut erfaßte mich. Beljajew und Ehrlichman beantragten ihre Aufnahme in den Kaderbestand der Berufssoldaten. In einem solchen Fall erhielt man sofort den Offiziersdienstgrad, mit allen sich daraus ergebenden materiellen Vergünstigungen. Irgend etwas hielt mich zurück. Wartete ich auf etwas anderes? ...

Ende August kam ein Telegramm aus Moskau. Ich wurde dringend in den Stab der Seekriegsflotte befohlen ...

Drittes Kapitel

Im Hauptstab der Marine

Die Sowjetbürger hatten die Unterzeichnung des Nichtangriffspaktes am 23. August 1939 zwischen der UdSSR und Hitlerdeutschland mit gemischten Gefühlen aufgenommen. Einerseits war man vom Abkommen mit den Nazis schockiert. Die jähe Wendung von äußerster Feindseligkeit zu Kooperation und Gemeinschaftsarbeit konnten wir, die wir die langjährige antifaschistische Agitation in uns aufgesogen hatten, überhaupt nicht begreifen.

Andererseits, wie paradox das auch klingen mag, ließ die Normalisierung der Beziehung zu den Deutschen, und sollte sie auch nur vorübergehend sein, ein Gefühl der Erleichterung aufkommen. Die Unruhe wegen des unabwendbar sich nähernden Krieges, die kühle Distanz der westlichen Demokratien zur Sowjetunion, der Haß der deutschen Faschisten und die kriegerischen Angriffe der japanischen Militaristen – all dies hatte ein Gefühl der drohenden Isolation zur Folge, die neue Opfer, Leid und Unglück mit sich bringen würde.

Die Beseitigung der unmittelbaren Gefahr eines faschistischen Angriffs ließ viele Menschen hoffen, daß sich unser Land zumindest für einige Zeit aus dem Krieg heraushalten könne. Jetzt, da Hitler seinen blutdürstigen Blick nach Westen richtete, schien es so, als könnten wir mit einer weiteren friedlichen Atempause rechnen. Falls Deutschland den Krieg im Westen entfesselte, müßte er Monate, wenn nicht Jahre dauern. Wir aber würden uns heraushalten. Niemand konnte damals vorhersehen, daß Frankreich innerhalb weniger Wochen besiegt sein und im Sommer 1940 beinahe ganz Westeuropa unter dem Joch des deutschen Faschismus stehen würde.

Unser Land, zu jener Zeit der einzige Staat, der den Aufbau des Sozialismus proklamierte, konnte darüber hinaus auch beträchtlichen Nutzen aus dieser Lage ziehen. Das wenige Tage vor der Unterzeichnung des Nichtangriffspaktes abgeschlossene sowjetisch-deutsche Handelsabkommen sah vor, die Sowjetunion mit modernsten Ausrüstungen und neuer Technologie zu beliefern, und daran waren auch unsere Seestreitkräfte interessiert. Eben dieser Umstand war es, der in meinem Leben eine bedeutende Rolle spielen sollte – das erste Glied einer ganzen Kette unwahrscheinlicher Ereignisse, die

mich, den Matrosen der Pazifikflotte, in der Folgezeit in die höchsten Kreise der Stalinschen Administration katapultierten.
Man brauchte jetzt Personen, die der deutschen Sprache mächtig waren. Einer meiner ehemaligen Wladiwostoker »Schüler« empfahl mich an entscheidender Stelle, und so wurde ich nach Moskau abkommandiert.
Der Jaroslawler Bahnhof, auf dem mein Zug aus Wladiwostok am späten Abend eintraf, war völlig überfüllt. Auf den Bänken drängten sich Familien mit zahlreichen Kindern, während einzelne Reisende auf dem nackten Boden, ihre Habseligkeiten unter dem Kopf, ihr Nachtlager aufgeschlagen hatten. Nur mit Mühe gelang es mir, in einem der Säle eine freie Ecke zu finden, wo ich mich für die Nacht einrichtete, so gut es ging. Eine Zeitung diente mir als Decke und der Seesack als Kissen. In jener Zeit hatte ich mich bereits an solche Situationen gewöhnt.
Auf dem Steinfußboden zu schlafen war natürlich nicht sehr angenehm. Auch machte ich mir Sorgen, daß man mir meine Matrosenmütze mit der stolzen Aufschrift »Pazifikflotte« und meine Armeestiefel von den Füßen stehlen könnte. Und natürlich kreisten meine Gedanken immer wieder um die Frage, was mich wohl in der Hauptstadt erwarten würde und warum man mich überhaupt hierher beordert hatte.
Am Morgen, nachdem ich den Staub aus den Kleidern geklopft und mich flüchtig in der Bahnhofstoilette rasiert hatte, machte ich mich auf den Weg zum Gogol-Boulevard, wo sich das Volkskommissariat für die Seestreitkräfte befand. Aus einer Telefonzelle meldete ich mich an und wartete einige Minuten. Dann öffnete sich die Tür, und auf der Schwelle erschien ein stämmiger Mann mittleren Alters in der die Uniform eines Korvettenkapitäns. Ich schrak zusammen und salutierte:
»Befehlsgemäß meldet sich zur Stelle Matrose ...«
»Rühren«, unterbrach er mich mit angenehm tiefer Stimme. Ich verharrte jedoch regungslos, denn ich spürte, daß sich jetzt etwas für mich außerordentlich Wichtiges entscheiden würde.
»Treten Sie ein, unterhalten wir uns ...«
Der freundliche Ton und die umgängliche Art lösten meine innere Spannung.
Ich erfuhr nun, daß mein Gesprächspartner Eliasar Alexandrowitsch Saizew war. Er hatte im Spanischen Bürgerkrieg gekämpft

und war für seine Verdienste mit dem damals noch selten verliehenen Rotbannerorden ausgezeichnet worden. Während des Krieges leitete er die Abteilung für Äußere Angelegenheiten des Volkskommissariats und unterhielt aus diesem Grunde natürlich engen Kontakt zu amerikanischen und englischen Militärs. Berija erklärte Saizew später zum englischen Spion und brachte ihn ins Gefängnis, aus dem er erst nach dem XX. Parteitag der KPdSU* als kranker und moralisch gebrochener Mann freikam.

Freundlich befragte mich Saizew über meinen Dienst bei der Pazifikflotte, erkundigte sich danach, welches Studium ich vor der Einberufung zur Armee absolviert und wo ich Fremdsprachen studiert hätte. Als er von den Umständen meiner Übernachtung erfuhr, wies er mir ein Bett in der nahegelegenen Kaserne der Wachmannschaften zu. Da sich die Frage meiner neuen Verwendung erst in den nächsten Tagen entscheiden würde, empfahl mir Saizew, die freie Zeit dafür zu nutzen, Moskau kennenzulernen. Er händigte mir an Ort und Stelle ein vorläufiges Dokument aus, das mich berechtigte, die Kaserne wie auch das Gebäude des Volkskommissariats zu betreten, wo ich im Speisesaal der Roten Flotte die Mahlzeiten einnehmen konnte.

Bald wurde ich erneut zu Saizew beordert. Dieses Mal empfing er mich in seinem Arbeitszimmer, in dem die Modelle verschiedener Kriegsschiffe standen. Hier erfuhr ich, daß ich als operativer Mitarbeiter dem Obersten Marinestab zugeordnet worden war.

Saizew teilte mir weiterhin mit, daß er einen wichtigen Auftrag zu erfüllen hätte, zu dem er auch mich hinzuziehen wolle. Ich gestattete mir die Frage, warum er denn Zivilkleidung trage, worauf er erklärte, daß ihm in Kürze die Ausführung einer Aufgabe bevorstünde, bei der die Uniform unerwünscht sei. Wir würden einen vertraulichen Auftrag erfüllen müssen, und aus diesem Grunde sollten wir beide in Zivil erscheinen.

»Sie sind natürlich nicht im Besitz entsprechender Garderobe«, sagte er halb fragend, halb feststellend.

»So ist es, Genosse Korvettenkapitän.«

»Warum denn so förmlich. Sie müssen sich zivile Umgangsformen zu eigen machen. Reden Sie mich mit Vor- und Vatersnamen an.«

* 1956 – Anm. d. Übers.

»Zu Befehl, Eliasar Alexandrowitsch.«
»So klingt es schon besser, das ›zu Befehl‹ können wir auch noch weglassen. Und jetzt widmen wir uns Ihrer Ausstattung.«
Saizew bestellte einen Wagen, und wir fuhren zum Kutusow-Prospekt, wo sich im Kellergeschoß eines Neubaus ein Lager mit allen nur erdenklichen Kleidungsstücken befand. Saizew wählte für mich einen blauen Nadelstreifenanzug, ein halbes Dutzend weißer und hellblauer Oberhemden, einige Garnituren Unterwäsche, Taschentücher, Socken, schwarze Schuhe und ein kleines Lederköfferchen aus – ausschließlich ausländische Erzeugnisse.
»Morgen abend«, sagte er, »fahren wir mit dem ›Roten Pfeil‹ nach Leningrad. Ziehen Sie sich um, gewöhnen Sie sich an die neue Garderobe und packen Sie den Koffer. Wir treffen uns um 22 Uhr im Volkskommissariat.«

Die »Bremen« in Murmansk

Wir fuhren 1. Klasse im internationalen Schlafwagen. Ich nahm an, Saizew würde mich nach dem Tee in die uns bevorstehenden Aufgaben einweihen. Er beschränkte sich jedoch darauf, mir von der angenehm verbrachten Zeit in Paris – wo er auf dem Weg nach Spanien 1938 Station gemacht hatte – zu erzählen und mir einige Ratschläge über den Umgang mit Ausländern zu geben. Ich bedankte mich, nicht ohne hinzuzufügen, daß ich in dieser Beziehung einige Erfahrungen als Reiseführer bei »Intourist« in Kiew in den Jahren 1934 und 1935 hatte sammeln können.

»Darüber bin ich informiert«, sagte Saizew, »genau deshalb habe ich Sie ja mit mir genommen.«

Aus all diesen Andeutungen konnte ich schlußfolgern, daß wir wohl mit Ausländern zusammentreffen würden.

In Leningrad wurden wir im Stab der baltischen Seekriegsflotte von Fregattenkapitän Naum Solomonowitsch Frumkin empfangen. In groben Zügen unterrichtete er uns über die Lage im Baltikum nach dem Überfall Hitlerdeutschlands auf Polen und über die Gewährleistung der Sicherheit der Seegrenzen der UdSSR.

Aus dem sich anschließenden Gespräch zwischen Frumkin und Saizew wurde mir nun der Zweck unserer Reise etwas deutlicher.

In Murmansk erwartete man das Einlaufen des deutschen Passagierliners »Bremen«, der regelmäßig zwischen Hamburg und Amerika verkehrte und sich am Tage des Kriegsausbruchs im New Yorker Hafen befunden hatte.

Die »Bremen« wie auch ihr Schwesterschiff »Europa« waren modernste Luxusliner, die erfolgreich mit britischen und französischen Passagierschiffen konkurrierten. Schiffe waren seinerzeit ja das Hauptverkehrsmittel zwischen Europa und Amerika.

Nach der Kriegserklärung Englands und Frankreichs an Deutschland forderte Großbritannien Amerika auf, die »Bremen« wegen nicht beglichener Schulden festzuhalten. Die Hafenverwaltung beschränkte sich aber lediglich darauf, den Kapitän der »Bremen«, Ahrens, davon zu informieren, daß sich sein Schiff unter Arrest befindet. Kapitän Ahrens nutzte jedoch die Sorglosigkeit der Amerikaner aus. In der Nacht legte die »Bremen« unbemerkt ab, verließ den Hudson und verschwand im Atlantik. Die Engländer veranstalteten

eine Jagd auf das Schiff, die jedoch ergebnislos blieb. Es stellte sich bald heraus, daß die »Bremen« nördlichen Kurs genommen, in dichtem Nebel einen Eisberg glücklich umschifft und schließlich, vorsichtig am Polarkreis sich vortastend, sowjetische Hoheitsgewässer erreicht hatte.
Bereits bei der Annäherung an Murmansk nahm Ahrens Funkkontakt mit Berlin auf und beendete damit die bis zu diesem Zeitpunkt aufrechterhaltene Funkstille. Von dort wandte man sich an Moskau, wo sofort die Erlaubnis für das Einlaufen des deutschen Liners in den sowjetischen Hafen erteilt wurde.
Als die »Bremen« am Horizont auftauchte, standen Saizew und ich, der Hafenkapitän von Murmansk sowie Vertreter der örtlichen Behörden bereits am Pier. Das riesige 34 000-Tonnen-Schiff, das beinahe die gesamte Bucht ausfüllte, ankerte auf der Reede.
Gemeinsam mit Frau von Herwarth, einer Vertreterin der deutschen Botschaft in Moskau, begaben wir uns mit einer Barkasse dorthin. Das Fallreep war heruntergelassen, und wir stiegen an Deck. Kapitän Ahrens sprach seinen Dank darüber aus, daß ihm die Möglichkeit gegeben worden war, Schutz in Murmansk zu finden. Es gab einen kleinen Empfang an Bord, bei dem Münchener Bier und besonders aromatische Würstchen mit Sauerkraut gereicht wurden. Anschließend besichtigten wir das Schiff. Die luxuriösen Restaurants, die Musik- und Rauchersalons, die Swimmingpools, die geschlossenen und offenen Promenadendecks mit ihren langen Reihen von Liegestühlen, die Sportanlagen und schließlich die mit allem Komfort ausgestatteten Kajüten verdeutlichten, mit welcher Sorgfalt man sich um das Wohl der Reisenden sorgte.
Passagiere befanden sich nicht an Bord. Die Besatzung bestand jedoch aus fast tausend Mann, die bis zur bald erfolgenden Evakuierung auf dem Schiff blieben. Die Abende verbrachten die Matrosen an Land, meist im Murmansker »Interklub«. Derartige Klubs für ausländische Seeleute existierten damals in allen sowjetischen Hafenstädten.
Auch wir besuchten den Klub einige Male. Dort herrschte eine interessante Atmosphäre. Norwegische, schwedische, dänische und holländische Matrosen von den in Murmansk liegenden Schiffen gehörten zu den Stammgästen. Obgleich es im Klub einen kleinen Lesesaal gab, in dem die »Moskauer Nachrichten«, die Zeitschrift »Bauplatz Sowjetunion« und auch Werbebroschüren von »Intourist« in

englischer Sprache auslagen, vergnügte man sich hauptsächlich mit Trinken und Tanzen. Geschmückt wurde die Gesellschaft durch Mädchen aus der Stadt, die sich recht dreist benahmen. Es kam auch zu Prügeleien, die aber höflich, doch bestimmt von der stets anwesenden Militärstreife beigelegt wurden.
Der Besuch im Seemannsklub gestattete es mir, die Seeleute näher kennenzulernen und mit ihnen bei einem Glas Bier zu diskutieren. Da ich sowohl Deutsch als auch Englisch sprach, bereitete es mir keine Schwierigkeiten, derartige Gespräche anzuknüpfen. Eine dieser beiden Sprachen beherrschte jeder Seemann. Ich dolmetschte auch für Saizew, der keine Fremdsprachen sprach. Ihn interessierte vor allem die Einstellung der neutralen Staaten zum Krieg, er hoffte Einzelheiten zu erfahren, die Aufschluß über die aktiven Vorbereitungen der Engländer und Franzosen zu Kriegshandlungen gegen Deutschland geben könnten. Wenn wir abends ins Hotel zurückkehrten, trug Saizew all diese Informationen sorgfältig in ein dickes Notizbuch ein, das er stets bei sich trug.
Eines Tages dann rollten zwei Eisenbahnzüge mit Waggons 3. Klasse auf dem Pier ein. Die Reisedokumente der deutschen Mannschaft waren zu diesem Zeitpunkt bereits ausgestellt. Fast alle Besatzungsmitglieder verließen die »Bremen«, mit Ausnahme von Kapitän Ahrens, zwei Offizieren und einer kleinen Gruppe Mechaniker und Matrosen, die für die Fahrtüchtigkeit des Schiffes unbedingt notwendig waren. Die Seeleute verteilten sich mit dem notwendigsten persönlichen Gepäck auf die bereitstehenden Waggons, und die Züge setzten sich nacheinander in Bewegung. Saizew hatte mich beauftragt, die deutschen Seeleute bis zur Grenze zu begleiten, er selbst kehrte nach Moskau zurück. Ich reiste mit dem zweiten Zug und half dem Zugbegleiter bei der Verständigung mit den Deutschen, spielte mitunter auch selbst den Gastgeber. Ich ging von Abteil zu Abteil, erkundigte mich nach dem Befinden der Reisenden, klärte Mißverständnisse im Speisewagen auf und freundete mich mit vielen Seeleuten an. Diese Gespräche boten gute Gelegenheit, meine Sprachkenntnisse zu vertiefen.
Die »Bremen« blieb bis Mitte Dezember in Murmansk, um dann im Schutz der Polarnacht durch die Gewässer des neutralen Norwegen auf deutsches Hoheitsgebiet zu gelangen und schließlich in den Heimathafen Hamburg einzulaufen. Hier wurde das Schiff zum schwimmenden Hospital umgerüstet, doch dieser neuen Bestim-

mung diente es nur kurze Zeit. Bald darauf wurde es von britischen Bombern versenkt.

Der »Bremen« in Murmansk Hilfe und Schutz zu gewähren, war einer der ersten Dienste, die die Sowjetunion Deutschland nach der Unterzeichnung des Nichtangriffspaktes leistete. Überhaupt zog Hitler beträchtlichen Nutzen aus der Verbesserung der Beziehungen zur UdSSR. Doch letztendlich mußte Hitlerdeutschland dafür einen hohen Preis bezahlen.

Die Dnjeprflottille

Mein Rapport über die Mission in Murmansk war vom Obersten Marinestab gebilligt worden. Sogleich erhielt ich einen neuen Auftrag und wurde zeitweilig zur Dnjeprflotte abkommandiert.
Ich freute mich sehr auf Kiew, wo sich der Flottenstab befand. Seit mehr als einem Jahr war ich nicht mehr dort gewesen, nun würde ich meine Eltern und Freunde wiedersehen können. Meine Freude sollte jedoch nur von kurzer Dauer sein, denn ich bekam die Instruktion, auf direktem Weg und unverzüglich im Flottenstab zu erscheinen, wo ich ausführliche Direktiven erhalten würde. Mir wurde weiterhin mitgeteilt, daß es sich um eine streng geheime Operation handeln würde und ich mich entsprechend zu verhalten hätte. Dieses Mal sollte ich in der Marineuniform reisen, allerdings nicht als einfacher Matrose, als der ich ja meinen Dienst ableistete, sondern als Oberleutnant. So stand es auch in den Papieren, die mir zusammen mit der Uniform ausgehändigt worden waren. Man setzte mich jedoch davon in Kenntnis, daß ich den Rang eines Oberleutnants lediglich für den Zeitraum des Dienstauftrages tragen würde ...
Der Zug lief am frühen Morgen in Kiew ein. Der Bahnhofsvorplatz war noch menschenleer. Ich betrachtete die mir so gut vertraute Fassade des Bahnhofsgebäudes, das Mitte der dreißiger Jahre im Stil des ukrainischen Neobarock erbaut worden war. Es nieselte und mich fröstelte. Wie oft hatte ich hier ausländische Touristen empfangen oder verabschiedet! Ich kannte hier jeden Winkel. Vor meinem geistigen Auge tauchten Bilder von einem weit zurückliegenden Sommertag auf, ich sah einen gelben Autobus mit fröhlichen Jungen und Mädchen in bunter ausländischer Kleidung und mich selbst, der ich sie bei der Ankunft in der Hauptstadt der Sowjetukraine begrüßte.
Ein Jeep mit zugeklapptem regennassen Verdeck fuhr vor, und die Erinnerung an den sorglosen Sommer des Jahres 1935 verschwand. Ich nahm auf der Rückbank Platz, stellte den Kragen meines Regenmantels in die Höhe und zog den Mützenschirm über die Augen – Vorsichtsmaßregeln, damit mich kein Passant zufällig erkannte.
Im Flottenstab war man über meine Ankunft bereits informiert. Hier erfuhr ich Näheres über den Zweck meiner Reise. Die Flottille war bereits am Tag zuvor ausgelaufen, zunächst den Dnjepr flußauf-

wärts und dann den Pripjat entlang zur polnischen Grenze. Eine kleine Gruppe der Kriegsmarine, darunter auch ich, machte sich noch am Tag meiner Ankunft mit einem Schnellboot auf den gleichen Weg. Am 17. September sollten wir gemeinsam mit anderen Truppenteilen der Roten Armee die sowjetisch-polnische Grenze überschreiten, uns Pinsk nähern und an der Einnahme der Stadt teilnehmen.

Aus einem Geheimdokument, über das man uns informierte, ging hervor, daß die Rote Armee auf Befehl der sowjetischen Regierung die brüderliche ukrainische und weißrussische Bevölkerung der ukrainischen und weißrussischen Westgebiete im zerschlagenen bürgerlichen Polen unter ihren Schutz nehmen sollte. Auch wurde uns mitgeteilt, daß die Streitkräfte der Roten Armee und der Flotte jedem Widerstand der polnischen Truppen entschieden entgegentreten müßten, ungeachtet der Tatsache, daß wir als Befreier ins Land kamen. Schließlich hieß es in diesem Dokument, daß die vordersten sowjetischen Truppenteile kameradschaftlich und im Geiste der neuen Beziehungen zu Deutschland auf einer in den entsprechenden Feldkarten verzeichneten Linie mit den deutschen Truppen zusammentreffen sollten.

All dies kam für mich völlig unerwartet. Nie im Leben hätte ich vermutet, daß sich unser Land als Komplize an den Kriegshandlungen Hitlerdeutschlands gegen Polen beteiligen würde. Jetzt wurde mir aber auch klar, warum man mich hinzugezogen hatte: Es stand ein »kameradschaftliches« Treffen mit den Deutschen an einer zuvor vereinbarten Linie bevor, bei dem man erneut auf meine Sprachkenntnisse zurückgreifen wollte. Auch die Geheimhaltung, die mir bei meiner Reise nach Kiew auferlegt worden war, leuchtete mir nun ein.

Am 17. September überquerten Küstenpanzerschiffe und Schnellboote der Dnjeprflottille noch vor Tagesanbruch die Grenze. Überrumpelt von unserem Einfall, eröffneten die polnischen Grenztruppen zunächst das Feuer, doch sie wurden schnell von unserer Artillerie niedergeworfen. Es folgten einige Zusammenstöße mit polnischen Truppen, die vor der vorwärtsdrängenden Wehrmacht nach Osten auswichen. Sie leisteten jedoch nur ungeordneten und schwachen Widerstand. Dazu trugen auch unsere Flugblätter und Lautsprecherdurchsagen bei, die ihnen, falls sie sich ergeben würden, gute Behandlung und baldige Rückkehrmöglichkeiten zu ihren Fa-

milien versprachen. In Wirklichkeit jedoch gelangte die Mehrzahl der polnischen Gefangenen nicht zu ihren Familien, sondern in Arbeitslager. Andere wurden von Berijas Henkern erschossen.
Wir gelangten fast ohne Verluste nach Pinsk, wenn man von einigen Leichtverletzten absieht. Der Fluß war jetzt seicht, lediglich kleine Schnellboote konnten hier manövrieren. Nun war die für die Begegnung mit den Deutschen vorgesehene Linie nur noch einige Kilometer entfernt.
Das Treffen bot ganz den Anschein einer Zusammenkunft von »Waffenbrüdern«. Die Kommandeure beider Seiten begrüßten einander und tranken auf das Wohl ihrer »Führer«. Nach Abschluß der Operationen in Pinsk, Brest und anderen Orten fanden gemeinsame Paraden der deutschen und sowjetischen Streitkräfte statt, die von den Seite an Seite stehenden Offizieren der Wehrmacht und der Roten Armee abgenommen wurden. Jedem von uns war klar, daß etwas Derartiges ohne persönliche Anweisung Stalins nicht möglich gewesen wäre. Es gab auch keinen Zweifel, daß sich die Regierungen der UdSSR und Deutschlands bereits im Vorfeld über den Grenzverlauf auf dem Territorium des ehemaligen Polen geeinigt hatten und daß eine derartige Übereinkunft höchstwahrscheinlich bereits während des Besuchs von Hitlers Außenminister Ribbentrop in Moskau getroffen worden war.
In letzter Zeit, besonders anläßlich der fünfzigsten Wiederkehr des Beginns des Zweiten Weltkrieges, gab es bei uns heiße Debatten über die Bewertung der damaligen Ereignisse. Es fielen Begriffe wie »Aufteilung Polens« zwischen Hitler und Stalin, »Okkupation« der baltischen Staaten, »amoralische Übereinkunft« der beiden Diktatoren. Ich jedoch, der Zeuge dieser Vorgänge im Herbst 1939, kann die Atmosphäre nicht vergessen, die in jenen Tagen im Westen Weißrußlands und in der Westukraine herrschte. Die Bevölkerung empfing uns mit Blumen und Brot und Salz und bewirtete uns mit Obst und Milch. In einigen der kleinen Privatcafés wurden die sowjetischen Offiziere unentgeldlich verpflegt. Es waren aufrichtige Gefühle, sah man doch in der Roten Armee den Befreier vom Hitlerjoch. Ähnliches geschah auch im Baltikum. Viele Menschen flohen vor der vordrängenden Wehrmacht nach Osten und suchten Schutz auf dem von der Roten Armee kontrollierten Territorium.

Geständnis der Mrs. Pipes

Zu Beginn der achtziger Jahre bat man mich, bei einem internationalen Forum am Wellesley-College bei Boston/USA einen Vortrag zu halten. Mein Opponent war ein gewisser Richard Pipes, der später Berater Präsident Reagans werden sollte.
Die Einladung, zu Problemen der sowjetisch-amerikanischen Beziehungen zu sprechen, war auf Betreiben von Frau Professor Nina Tumarkina zustande gekommen, die am College mittelalterliche Geschichte Rußlands lehrte. Wie sie mir später erzählte, entstammte sie einer Familie von Petersburger Großfabrikanten, die diverse Nudelfabriken besessen hatten und besonders stolz darauf waren, »Hoflieferanten Seiner Majestät« gewesen zu sein. Den Hauptprofit hatten sie jedoch aus dem Monopol zur Belieferung der russischen Armee mit Nudeln und anderen Mehlerzeugnissen gezogen. Nach der Revolution waren die Tumarkins in die USA emigriert, wo Nina geboren wurde.
»Als ich in den fünfziger Jahren zum ersten Mal wegen meines Studiums an der Leningrader Universität in die UdSSR reiste«, erzählte mir Nina, »galt einer meiner ersten Wege natürlich dem ehemaligen Familienbesitz. Nach den Fotografien zu urteilen, die ich besaß, hatte sich die Fabrik äußerlich nicht verändert, außer daß man an der schon sichtlich verfallenen Fassade des Hauptgebäudes eine neue Aufschrift angebracht hatte – »Roter Nudelarbeiter«. Unsere Erzeugnisse sollen sehr beliebt gewesen sein. Doch auch die Nudeln, die ich in der Studentenmensa aß, waren durchaus nicht schlecht ...«
Nina hatte Pipes zu dem Streitgespräch eingeladen, weil sie seinerzeit bei ihm Vorlesungen über Iwan den Schrecklichen gehört hatte. Wie nicht anders zu erwarten, griff Professor Pipes nicht nur die UdSSR, sondern auch die Politik Rußlands aller Zeiten scharf an.
Bei dem anschließenden Empfang saß ich an einem Tisch mit der Ehefrau meines Opponenten. Zunächst unterhielten wir uns über allgemeine Themen. Dann gingen wir zum Gegenstand des Forums über, und hier hörte ich von meiner Gesprächspartnerin etwas ganz Unerwartetes. Sie entschuldigte sich quasi für das unerbittliche Auftreten ihres Mannes. Ich entgegnete, daß ich von Professor Pipes, dessen Ansichten ich ja kannte, nichts anderes erwartet hatte.

»Doch mir«, beharrte Mrs. Pipes, »ist es immer unangenehm, wenn ich seine Angriffe auf Ihr Land höre.«
»Tatsächlich?«, ein derartiges Geständnis verblüffte mich.
Meine Gesprächspartnerin klärte mich auf:
»Ich werde der Roten Armee immer dankbar sein, denn sie hat meinen Eltern und mir im Jahre 1939 das Leben gerettet. Ich war damals noch sehr klein. Wir lebten in Warschau und flohen nach Osten, als Hitlerdeutschland Polen überfallen hatte. Wir befanden uns im Rayon Pinsk unter dem Schutz der Roten Armee, die im Westen Weißrußlands einmarschiert war. Niemals werde ich vergessen, wie gut wir Flüchtlinge von Ihren Offizieren und Soldaten behandelt wurden. Man gab uns Lebensmittel und auch Kühe. Schließlich halfen uns die sowjetischen Behörden, nach Vilnius zu gelangen – Litauen war ja zu dieser Zeit noch eine bürgerliche Republik. Meine Eltern standen damals in Briefwechsel mit Verwandten in Amerika, mit deren Hilfe wir dann hierher kamen. Ohne die Rote Armee wären wir umgekommen. Alle unsere Angehörigen, die in Warschau geblieben sind, kamen im Ghetto ums Leben. Auch Richard gelang die Flucht aus Polen auf diesem Wege, doch er spricht nicht gern davon.«
Damals in Pinsk und anderswo halfen wir tatsächlich vielen Menschen, die auf der Flucht vor den Nazis waren. Wegen meiner Sprachkenntnisse setzte man mich noch eine Weile in der Westukraine ein, denn in Lwow waren unzählige Flüchtlinge konzentriert. So halfen wir zum Beispiel Eddy Rosner, der mit seiner Jazz-Band während einer Polen-Tournee vom deutschen Überfall überrascht worden war und nun den Wunsch äußerte, in die Sowjetunion einreisen zu können, wo er auch anfangs großen Erfolg hatte. Auch der bekannten Sängerin Ewa Bandrowska-Turska waren wir behilflich, in Lwow Fuß zu fassen, wie wir überhaupt bemüht waren, das Los vieler Flüchtlinge zu erleichtern. Doch daß sich unter den vielen, denen wir in Pinsk geholfen hatten, auch die Familie des späteren Präsidentenberaters Pipes befunden hatte, konnte ich natürlich nicht vermuten.
Das Schicksal dieser Flüchtlinge verlief ganz unterschiedlich. Professor Pipes und seine Frau wurden amerikanische Staatsbürger. Eddy Rosner und seine Kollegen jedoch sollten bald Bekanntschaft mit den Schönheiten des Lagerlebens in Magadan, der »Hauptstadt des Kolymaer Gebietes«, machen. Dort durfte er durch sein virtuo-

ses Spiel die Ohren der Lagerleitung erfreuen. Die Begegnung mit Ewa Bandrowska-Turska jedoch war für mich von besonderer Bedeutung. Im Frühling des Jahres 1937 hatte sie in Kiew gastiert, wo sie auch einige Konzerte im Saal der ehemaligen Handelskammer gab. Gemeinsam mit einigen anderen ihrer jungen Verehrer gelang es mir, mit einem Strauß roter Rosen zu ihrer Garderobe vorzudringen, und sie gestattete mir, ihre Hand zu küssen. Zu meinem größten Erstaunen erinnerte sie sich dieser weit zurückliegenden Episode und freute sich, mich in Lwow zu sehen. Ich lud sie zu einer Aufführung der Laienspielgruppe der Roten Armee ein und besorgte Karten für die erste Reihe. Das war ein Fehler, wie sich später herausstellte. Als wir nämlich zu unseren Plätzen gingen, sahen wir, daß neben uns der Chef der Lwower Staatssicherheit Serow saß. Er erhob sich und begrüßte die Sängerin mit einem dreisten Grinsen. Sie nickte nur leicht mit dem Kopf. Als das Licht verloschen war, flüsterte sie mir zu: »Kürzlich wurde ich ihm vorgestellt, ich habe Angst vor ihm!«

In der Pause ergingen wir uns, wie auch die anderen Zuschauer, in den Wandelgängen des Theaters. Nach kurzer Zeit trat ein junger Sicherheitsoffizier an mich heran.

»Ich bitte um Entschuldigung«, wandte er sich an mich, »General Serow möchte Sie einen Augenblick sprechen.«

Ich entschuldigte mich bei meiner Begleiterin und folgte dem Offizier. Wir durchquerten einen halbdunklen Korridor und betraten dann ein kleines Zimmer. Hier war ein Bufett aufgebaut, um das sich einige NKWD-Mitarbeiter drängten. General Serow stand etwas abseits. Ich trat zu ihm.

»Ich stehe zu Ihren Diensten, Genosse General.«

»In welcher Beziehung stehen Sie zu Ewa Turska?«

Ich erklärte ihm, daß ich sie vor zwei Jahren in Kiew kennengelernt und sie nun zufällig unter den Flüchtlingen wiedergetroffen hätte.

»Dann nehmen Sie zur Kenntnis, daß Sie den Kontakt jetzt schleunigst abbrechen müssen!«

»Aus welchem Grunde denn?«

»Das geht Sie nichts an, und überhaupt steht es Ihnen nicht zu, mir Fragen zu stellen.«

Hätte er gewußt, daß nicht ein Oberleutnant, sondern ein einfacher Rekrut so zu ihm sprach, hätte er mich wohl sofort verhaften lassen. Doch ich gab nicht auf.

»Ich kann nicht wirklich verstehen, was ungebührlich daran sein soll, in derart schweren Zeiten eine alte Freundschaft aufrechtzuerhalten?«
»Wenn Sie das nicht verstehen, so werde ich es Ihnen erklären: Wir beabsichtigen, mit ihr zu arbeiten, und dabei können wir keine Störungen gebrauchen. Haben Sie verstanden?«
»Zu Befehl, Genosse General!« antwortete ich, denn ich spürte, daß diese Angelegenheit eine schlechte Wendung für mich nehmen könnte.
Nach dem Konzert begleitete ich die Sängerin zu ihrem Hotel und versprach, mich in den nächsten Tagen zu melden. Das tat ich jedoch nicht. General Serow beließ es nicht bei dem Gespräch mit mir, denn er glaubte wohl nicht, daß ich mich an seine Anordnung halten würde. Am folgenden Tag erreichte mich ein chiffriertes Telegramm aus Moskau; der Wortlaut: Jede Beziehung zu Ewa Bandrowska-Turska abbrechen!
Mir ist nicht bekannt, was General Serow unter »mit ihr arbeiten« verstand. Bald darauf reiste sie nach Kiew weiter, und ich verlor sie aus den Augen. Später las ich irgendwo ihren Namen auf einem Plakat.
Nach dem Anschluß an die weißrussische und ukrainische SSR verschlechterte sich die Atmosphäre in Westweißrußland und in der Westukraine. Dies war in erster Linie auf den Beschluß Stalins zurückzuführen, die neuen Gebiete schnellstmöglich zu sowjetisieren. Es begannen die Enteignungen, die gewaltsame Kollektivierung, die Liquidierung der Privatbetriebe und der kleinen Handwerkstätten. Besonders lastete auf der ansässigen Bevölkerung, daß der Rubel dem polnischen Zloty angeglichen wurde, obwohl dieser damals höher im Kurs stand. In der Sowjetunion waren viele Waren wesentlich teurer als in den Westgebieten. So kostete zum Beispiel eine Armbanduhr in Moskau 400 Rubel, in Lwow jedoch nur 30 Zloty. Analoge Preisunterschiede gab es auch bei anderen Produkten. So konnte es nicht verwundern, daß innerhalb weniger Wochen die Regale in den Industriewarengeschäften wie leergefegt waren. Unsere Offiziere und die Mitarbeiter der verschiedenen sowjetischen Behörden, die nun Einzug in den besetzten Gebieten hielten, kauften buchstäblich alles, was in Moskau Mangelware war. Die kleinen Händler und Handwerker verarmten von einem Tag auf den anderen. Sämtliche Preise, auch die für Lebensmittel, schnellten in die

Höhe, das Einkommen der ansässigen Bevölkerung jedoch blieb unverändert und wurde in Zloty ausgezahlt. All dies führte natürlich zu Protesten. Es kam zu Studentenunruhen. Der Unmut war hauptsächlich wirtschaftlicher Natur. Unsere Sicherheitsorgane jedoch, die von Berijas Satrapen, General Serow, geleitet wurden, deklarierten diese ja im Prinzip begründeten Proteste zu konterrevolutionären, antisowjetischen Ausfällen. Verhaftungen, grausame Verhöre der Demonstranten, Deportationen waren die Folge, und das wiederum verschärfte die Situation.

Im Zusammenhang mit dem Schicksal der Flüchtlinge mußte ich mitunter Serows Behörde aufsuchen. Unsere Sicherheitsorgane hatten in den befreiten Gebieten mittlerweile die Gebäude der ehemaligen Gendarmerie bezogen, und das erschien vielen Ukrainern und Weißrussen, die die polnische Geheimpolizei haßten, als besonders schlechtes Omen. Man kann sich unschwer vorstellen, daß es bequem war, sich derartiger Gebäude zu bedienen, verfügten sie doch über unterirdische Gefängniszellen. Vom politischen Standpunkt aus betrachtet, war es natürlich unzulässig, denn man verletzte auf diese Weise die Gefühle der Bevölkerung. Doch wer machte sich seinerzeit schon Gedanken über derartige Details!

Dort, in Serows Behörde, sah ich bis aufs Blut gepeinigte junge Männer in zerrissenen Studentenuniformen. Sie lagen auf dem nackten Boden und waren kaum bei Bewußtsein. Offensichtlich waren die Kellerräume bereits überfüllt, so daß man die Opfer des Berija/Serow-Terrors aus den Vernehmungszimmern direkt auf den Korridor hinausschleppte.

Im September 1939 hatte man die Sowjetsoldaten als Befreier begrüßt – mit Blumen und Brot und Salz. Doch im Juni 1941 empfing man in der Westukraine anfangs die Deutschen auf diese Weise. Ich glaube, daß die lange anhaltenden Auseinandersetzungen zwischen unseren Truppen und den Bandera-Anhängern in den Transkarpaten nach dem Krieg in großem Maße mit unserem ungeschickten und auch grausamen Vorgehen Ende 1939 und 1940 zusammenhingen.

Zu Hause

Ende Dezember 1939 führte mich mein Weg wieder nach Kiew. Dieses Mal konnte ich mich einige Tage dort aufhalten, und so nutzte ich die Gelegenheit, das Neujahrsfest mit meinen Eltern und Freunden zu feiern.

An einem strahlenden Wintertag traf ich in Kiew ein. Am Zugfenster huschten die mir seit meiner Kindheit vertrauten Namen vorbei – Irpenj, Puschtscha-Wodiza, Wost-Wolynskij. Da war auch schon der Kiewer Bahnhof. Mein Herz begann vor Freude lauter zu schlagen, als ich meinen Vater auf dem Bahnsteig erblickte. Er hatte mir geschrieben, daß es ihm nicht gut ginge, trotzdem war er gekommen, mich abzuholen. Er war stark gealtert, seine einstmals pechschwarzen Haare waren nun weiß. Er trug einen abgetragenen Übergangsmantel und eine alte vorrevolutionäre Schirmmütze, die ihn als Diplomingenieur auswies. Mir wurde unwohl zumute. In Lwow hatte ich mich sozusagen europäisiert, neu eingekleidet und stieg nun aus dem internationalen Zugabteil als Geck in modischem pelzgefüttertem Mantel, englischem Filzhut, eingehüllt in eine japanische Duftwolke. Nachdem wir uns umarmt und geküßt hatten, betrachtete mich mein Vater sogar etwas mißbilligend. Das Leben war noch immer hart bei uns, und mein Anblick erschien ihm hier unter der grauen Menge, die den Bahnhof bevölkerte, herausfordernd und unpassend zu sein. Zu Hause jedoch taute er schnell auf, und wir verbrachten einige wunderbare Tage zusammen.

Es gibt ja nichts Schöneres, als nach langer Abwesenheit wieder nach Hause zu kommen. Meine Mutter hatte für den Weihnachtsabend ukrainische Spezialitäten zubereitet: Kutja*, Punsch, hausgemachte Wurst, in Teig gebackenen Schinken, faschierten Hecht, und zur Krönung des Ganzen Krapfen und Napoleonschnitten. In den Kiewer Geschäften konnte man damals noch gute Lebensmittel bekommen, obwohl seit Ausbruch des Finnischen Krieges wieder die allseits bekannten »Versorgungsschwierigkeiten« auftraten. Sowie sich die Eisenbahnkapazität jedoch normalisierte, verbesserte sich in den

* Gericht aus Graupen oder Reis mit Honig und Rosinen – Anm. d. Übers.

Städten schlagartig die Versorgung. Wie machte man das damals bloß? Im Jahre 1989 konnten sich die sowjetischen Fernsehzuschauer mehrfach davon überzeugen, daß in Moskau, Leningrad und in anderen Städten wochenlang Güterzüge voller Lebensmittel auf ihre Entladung warteten. Die Güter verdarben, während in den Geschäften die Regale leer blieben. Kommt dennoch einmal etwas in den Verkauf, bilden sich sofort unendlich lange Schlangen. Alle klagen über das noch immer beibehaltene administrative Kommandosystem. Doch auch damals gab es dieses System. Von Stalin geschaffen, stand es in seiner Blüte, und es funktionierte! Ich frage mich heute, wie das möglich war. Vielleicht basierte es auf der unterschwellig stets vorhandenen Angst? Wie hätte Stalin auf die Erklärung reagiert, die Züge könnten nicht entladen werden, weil Lastwagen fehlten oder aber Lastwagen zwar vorhanden seien, es aber keinen Treibstoff gäbe, bzw. sowohl Lastwagen und Treibstoff, aber keine Transportarbeiter zur Verfügung stünden. Kurz gesagt – eine Situation, an der niemand Schuld trägt. Ich denke, Stalin hätte nicht viel Federlesens gemacht und keinerlei Erklärungen, Untersuchungsergebnisse oder Schuldzuweisungen abgewartet. Sein Urteil wäre wie folgt ausgefallen: Erschießen. Ein Dutzend wahllos herausgegriffener Beamter, angefangen beim Vorsitzenden des Stadtsowjets, wären als Volksschädlinge erschossen worden. Und sofort hätte der administrative Mechanismus wieder funktioniert.

Das ist natürlich eine barbarische Methode, die ich durchaus nicht rechtfertige. Doch möglicherweise ist dies der einzige »Stimulus« für das Funktionieren des administrativen Kommandosystems.

Zu Neujahr besuchten uns alte Freunde. Es duftete nach frischgeschlagener Tanne, die Kerzen knisterten am Baum. In der Karaffe blitzte bernsteinfarben der Zubrowka. Unser altes Trio war wieder vereint: Vater an der Geige, mein Schulfreund Georg Fiebig am Violoncello und ich am Flügel. Früher, in der Mitte der dreißiger Jahre, die nun schon so weit zurückzuliegen schienen, waren unter den blühenden Linden an warmen Sommerabenden vor unserem offenen Fenster die Passanten stehengeblieben, um unserer Hausmusik zu lauschen. Nun saßen wir erneut zusammen und waren glücklich. Wir spielten das Weihnachtslied »Stille Nacht, Heilige Nacht«, das wir auf der deutschen Schule gelernt hatten.

Vater und ich waren nie sehr vertraut miteinander gewesen. Tagsüber und auch am Abend war er im Dienst, und nachts saß er über Zeichnungen gebeugt, um etwas dazuzuverdienen. Er war ein exzellenter Zeichner und ein talentierter Ingenieur der alten Petersburger Schule. Ich arbeitete am Tage in der Fabrik und besuchte anschließend die Abendschule des Polytechnischen Institus. Die Wochenenden verbrachte jeder von uns auf seine Weise. In jenen letzten Tagen des Jahres 1939 jedoch zog es uns unwiderstehlich zueinander. Der Abschied am Neujahrstag 1940 fiel uns sehr schwer. Wir ahnten wohl beide, daß wir uns nie wiedersehen würden ...

»Nur in Lwow ...«

Ungeachtet der beschleunigten Sowjetisierung waren in Lwow noch Reste des früheren Luxus bestehen geblieben. Im Restaurant des Hotels »George«, in dem ich abgestiegen war, spielte man einen herrlichen Jazz, und geschulte Kellner servierten polnische und französische Gerichte. Jeden Abend strömte das Publikum ins Café »Gołębnik« (Taubenschlag). Wer die Exotik liebte, konnte bei einem Glas Champagner im Halbdunkel der Nachtbar »Bagatelle« sitzen. Wände, Logen und Sessel waren hier mit bordeauxrotem Samt bezogen, und halbnackte Tänzerinnen und Soubretten unterhielten das Publikum. In den Geschäften gab es bereits nichts mehr zu kaufen, doch in der glasüberdeckten Passage wurde den ganzen Tag lang mit der modernsten Kleidung gehandelt.

Zu jener Zeit konnte sich Lwow auch eines lebendigen Kulturlebens rühmen. Kleine Galerien zeitgenössischer Kunst und allerlei Ausstellungen zogen das Publikum an. Bekannte polnische Theatergruppen, die vor den Nazis nach Osten flohen, machten nun in Lwow Station. Damals war auch das polnische Liedchen »Tilko we Lwowe« – »Nur in Lwow« – sehr populär.

Auch viele Theatergruppen aus der Schweiz, aus Norwegen und Dänemark, die in Polen vom Krieg überrascht worden waren, hielten sich in der Stadt auf. Vielen von ihnen halfen wir, über die Sowjetunion nach Hause zu gelangen.

Ich konnte leider nur kurze Zeit in dieser unverwechselbaren, irrealen Atmosphäre bleiben. Mitte Januar wurde ich nach Moskau kommandiert.

Dort waren gerade intensive Gespräche mit den Deutschen über ein neues Handelsabkommen aufgenommen worden, an denen auch Mitarbeiter des Volkskommissariats der Seestreitkräfte teilnahmen. Ich wurde als Dolmetscher gebraucht.

Während meiner Abwesenheit war das Leben in Moskau sichtlich schwerer geworden. Die Stadt wirkte ungepflegt, vor vielen Geschäften standen Schlangen. Wegen unserer Niederlage im Krieg mit Finnland war die Stimmung in der Hauptstadt sehr gedrückt. Stalins überhebliche Absicht, die widerspenstigen Finnen im Handstreich zu vernichten, hatte sich in ein blutiges Epos und ein schmachvolles Treten auf der Stelle verwandelt. Neue Kräfte mußten mobilisiert werden, und die deutsche Presse erwähnte die sowjetische Demarche nicht einmal. Statt dessen wurden unser Volk und die Rote Armee desorientiert. Stalin aber bemühte sich immer noch, den »Führer« zu Verhandlungen zu bewegen.

Von Mai an begannen die Familienangehörigen deutschen Personals massenhaft aus Moskau abzureisen. In der Botschaft blieben nur die nötigsten Kräfte. Am 19. und 20. Juni verließen die deutschen Schiffe – manche nicht zu Ende beladen – die sowjetischen Häfen. Über all das wurde Stalin informiert. Aber er klammerte sich weiterhin an sein Konzept und war ein Opfer seines festen Glaubens an Hitler. Das Personal der sowjetischen Botschaft in Berlin wurde nicht nur nicht verringert, im Gegenteil, es trafen ständig neue Familien ein, und viele davon mit Kindern. Nicht ein einziges sowjetisches Schiff wurde aus deutschen Häfen zurückgerufen. Mehr noch, Stalin kümmerte sich darum, daß die Rohstofflieferungen an Deutschland reibungslos vonstatten gingen. Der letzte Güterzug passierte, mit Erdöl, Mangan und Getreide beladen, eine Stunde vor Beginn des Überfalls die deutsche Grenze. Die getarnten deutschen Offiziere und Mannschaften, von Minute zu Minute das Signal zum Angriff erwartend, müssen den Zug wie eine Erscheinung angesehen und sich über die Uninformiertheit der sowjetischen Behörden nur gewundert haben.

Selbst am 21. Juni – einen Tag vor dem Überfall – hegte Stalin immer noch die Hoffnung, mit Hitler ein Gespräch führen zu können. An jenem Sonnabend erhielt die Botschaft in Berlin aus Moskau ein Telegramm. Darin wurde der Botschafter angewiesen, unverzüglich Ribbentrop aufzusuchen, um ihm die Bereitschaft der sowjetischen Regierung mitzuteilen, mit der obersten Führung des Reiches zusammenzutreffen und »eventuelle Ansprüche Deutschlands anzuhören«. Faktisch war das eine Anspielung darauf, daß die sowjetische Seite nicht nur deutsche Forderungen entgegennahm, sondern auch befriedigte. Hitler ließ sich jedoch schon durch nichts mehr aufhalten.

Die Handelskommission

Der Kommission gehörten führende Fachleute aus dem Wirtschaftsbereich, erfahrene Konstrukteure von Kriegstechnik, Generale, Admirale und Betriebsdirektoren großer Unternehmen an. Einige von ihnen, so zum Beispiel D. F. Ustinow, stiegen später in bedeutende politische Funktionen auf. Seinerzeit war er Direktor des Leningrader Rüstungswerkes. Als begabter Ingenieur war er Tewosjan aufgefallen, und dadurch wiederum Stalin, der ihn bald darauf zum Volkskommissar für die Rüstungsindustrie ernannte. Ustinow gebühren große Verdienste bei der Produktion modernster Waffentypen, die den deutschen Erzeugnissen bei weitem überlegen waren. Er beendete seine Karriere als Mitglied des Politbüros und Verteidigungsminister der UdSSR mit der schmachvollen Beteiligung an der Entscheidung über den Einmarsch sowjetischer Truppen in Afghanistan im Dezember 1979.

Wegen der damals bei uns üblichen Neigung zur Konspiration wurden alle der Handelkommission angehörenden Persönlichkeiten der deutschen Seite als »Kaufleute« vorgestellt. So stand es auch in unseren Pässen. In diesem Zusammenhang ereignete sich ein amüsanter Zwischenfall.

Einige Tage nach unserer Ankunft in Berlin wurde unsere Delegation vom Oberbefehlshaber der deutschen Kriegsmarine, Großadmiral Raeder, empfangen. Wir betraten sein Arbeitszimmer und sahen uns einem hageren, bereits älteren Mann mit energischen Zügen gegenüber, der an seinem Schreibtisch saß. Er trug eine schwarze Admiralsuniform mit einer Vielzahl von Ordensspangen an der Brust. Raeder erhob sich langsam von seinem Sessel, richtete sich in seiner ganzen Größe auf, streckte Tewosjan die Hand entgegen und sagte:

»Ich begrüße die Herren Admirale und Generale!«

Tewosjan, der eine derartige Anrede nicht erwartet hatte, schickte sich an zu erklären, daß seine Delegation lediglich aus kleinen Kaufleuten bestünde, doch Raeder wendete sich mit einer abwehrenden Geste seinem Tisch zu, auf dem die »Prawda« lag. Er plazierte sie derart, daß wir alle den Leitartikel lesen konnten. Es hieß dort, daß auf Befehl des Präsidiums des Obersten Sowjets der UdSSR neue militärische Ränge eingeführt und einigen Generalen und Admira-

len verliehen worden seien. Auf der sich anschließenden Fotografie waren unschwer einige unserer »Kaufleute« zu erkennen.
Damit war unser Versteckspiel natürlich zu Ende. Tewosjan blieb nichts anderes übrig, als eine hilflose Handbewegung zu machen und sein entwaffnendes strahlendes Lächeln einzusetzen ...
Wir reisten aus Moskau mit dem Zug ab und trafen am Morgen in Riga – der Hauptstadt des bürgerlichen Lettland – ein. Dem geheimen Zusatzprotokoll zufolge, das im August und September von Ribbentrop und Molotow unterzeichnet worden war, gehörte diese Republik, wie auch Litauen und Estland, zur Interessensphäre der Sowjetunion. Anfang März 1940 war dort jedoch äußerlich keine Veränderung zu bemerken. Man verhielt sich dem östlichen Nachbarn gegenüber eher aufgeschlossen. So reagierten die Passanten, Verkäufer und Angestellten der Restaurants und Cafés stets zuvorkommend und aufmerksam, wenn sie erfuhren, daß wir Russen waren. In der Regel antworteten sie uns in Russisch und ließen sich gern auf ein Gespräch mit uns ein.
Zweifellos sah man – wie auch zunächst in Westweißrußland und der Ukraine – damals in der Sowjetunion eine Schutzmacht vor der Hitleraggression, ohne freilich vorherzusehen, was das Land unter Stalin zu erleiden haben würde.
In Riga mußten wir in einen deutschen Zug umsteigen, der spät abends über Königsberg nach Berlin abfahren sollte. Wir gaben unser Gepäck an der Gepäckaufbewahrung ab und bummelten den ganzen Tag durch die Stadt. Die Versorgung war damals in Moskau erheblich besser als heute, doch dem Vergleich mit Riga konnte sie nicht standhalten. Besonders beeindruckte uns der Überfluß an Waren aller Art und an Lebensmitteln. Aus unserer Presse hatten wir entnommen, daß das Leben der Arbeiter und Bauern in Lettland hart sei und daß die deutschen Barone, die seit langer Zeit im Baltikum ansässig waren, sich an der billigen Arbeitskraft der einfachen Menschen bereicherten, so daß sie naturgemäß hungern müßten. In unserer Vorstellung konnte das Leben dort also keinesfalls besser sein als in Moskau, der Hauptstadt des Arbeiter- und Bauernstaates. Was wir dann aber auf dem Markt und auch in den unzähligen Geschäften sahen, erschien geradezu phantastisch. Und vor allem – es war selbst für unseren schmalen Geldbeutel erschwinglich. Verschiedenartigste Schuhe, Pelze, Anzüge und Pullover, Schallplatten, Grammophone, Musiktruhen und Radioapparate, Berge von Obst

und Gemüse, ganze Hammel oder Schweine an den Haken der Fleischergeschäfte – mit einem Wort – die Augen gingen einem über.
Wenn auch in Deutschland derartiger Überfluß herrschte, dachte ich mir, müßte ich das nutzen, um mich neu einzukleiden und schöne Geschenke für meine Angehörigen zu kaufen. Also hieß es sparen. Der Vorschuß, den wir in Dollar bekommen hatten, erschien mir nun in ganz anderem Licht, und ich bereute bereits, daß ich fünfzig Cent für einen Riegel Schweizer Schokolade ausgegeben hatte.
Nach dem Spaziergang wieder am Bahnhof angekommen, entschlossen wir uns, im Bahnhofsrestaurant einzukehren. Wir waren zu fünft, die anderen hatten ihren Rundgang durch die Stadt noch nicht beendet. Der Kellner, der fließend Russisch sprach, brachte uns die Speisekarte und empfahl uns einige Spezialitäten des Hauses: Spanferkel mit Buchweizengrütze, Zicklein mit Pellkartoffeln, Pute mit Apfelfüllung und noch vieles andere, das mir das Wasser im Munde zusammenlaufen ließ. Da ich mir aber vorgenommen hatte, meine Valuta nicht unnötig zu verschwenden, entschuldigte ich mich damit, daß ich keinen Appetit hätte und bestellte eine Brühe mit Ei. Die anderen hatten sich offenbar nichts dergleichen vorgenommen, und bald darauf prangten neben meiner bescheidenen Tasse Brühe Spanferkel, Pute und Karpfen, gekrönt von einer Flasche eisgekühltem Wodka und Kaffee mit Schlagsahne. Ich bemühte mich, nur auf meine Suppe zu blicken, und versuchte die Zeit damit zu überbrücken, winzige Schlucke zu mir zu nehmen, während um mich herum diese schreckliche Orgie tobte. Schließlich erschien der Kellner mit der Rechnung. Wie entsetzt war ich aber, als der neben mir sitzende Ingenieur Selezkij munter verkündete: »Setzen Sie alles zusammen auf eine Rechnung.« Und an die Umsitzenden gewandt, fügte er hinzu:
»Nachher dividieren wir durch fünf und zahlen alle zu gleichen Teilen, einverstanden?«
»Selbstverständlich!« hörte ich von allen Seiten.
Undeutlich murmelte ich etwas wie »einverstanden«, denn mir war klar, daß mir ein fürchterlicher Fehler unterlaufen war. Ich konnte doch nun nicht zugeben, daß ich die Suppe nur aus Sparsamkeit bestellt hatte. Alle hatten gehört, wie ich erklärte, nicht hungrig zu sein. Ich mußte wohl oder übel in den sauren Apfel beißen.
Zunächst war ich böse auf Selezkij, dann aber wurde mir klar, daß

ich aus diesem Erlebnis etwas lernen konnte, nämlich daß es nicht immer angebracht ist, geizig zu sein und jeden Pfennig dreimal umzudrehen. Später wurden Selezkij und ich gute Freunde.
Von nun an hielt ich mich an diesen Vorsatz und verfiel so ins andere Extrem. Ich erinnere mich noch deutlich, wie ich während der Konferenz von Dumbarton Oaks, wo ich im Hotel »Statler« (heute »Capitol Hilton«) in der 16. Straße in Washington wohnte, wieder eine Dummheit beging, diesmal im entgegengesetzten Sinne. Es war heiß, und ich hatte mir einen leichten Anzug aus feinem hellblauen Gabardine gekauft, wie er damals modern war. Da ich noch passende Socken brauchte, ging ich im »Statler« in einen Laden, der alle möglichen Kleinigkeiten führte. Ich wählte zwei Paar Socken aus und bat die junge Verkäuferin, sie mir einzupacken. Geschickt verpackte sie meinen Einkauf in buntes Geschenkpapier, band ein farbiges Bändchen darum und zwitscherte mit bezauberndem Lächeln, während sie mir das Päckchen überreichte:
»Sechs Dollar ...«
Verwirrt stellte ich fest, daß ich für diese Summe ja sechsmal im Café an der Ecke zu Mittag essen oder zwölfmal ins Kino gehen konnte (und für mein Zimmer im »Statler« zahlte ich damals fünf Dollar pro Tag). Doch es war nichts zu machen – um so mehr, als die Verkäuferin wußte, daß ich Hotelgast war – sie lächelte stets, wenn ich vorüberging. Sechs Dollar für ein Lächeln – das war selbst für damalige Verhältnisse schließlich nicht zu viel! Doch ich nahm mir ein für allemal vor, in derart vornehmen Hotels niemals mehr etwas zu kaufen. Im Drugstore um die Ecke, der rund um die Uhr geöffnet war, hätte mich mein Einkauf (plus Lächeln) nicht mehr als einen Dollar gekostet.

Bei Krupp

Berlin erschien mir bei meinem ersten Besuch ganz und gar nicht so gepflegt, wie ich es nach der Schilderung meiner Kollegen erwartet hatte. Auf den Straßen tauten schmutzige Schneehaufen, der Wind trieb Abfall vor sich her, und in der Luft hing der Geruch von Braunkohle. Überall sah man Anzeichen des vor einem halben Jahr begonnenen Krieges, der Mobilmachung und des daraus folgenden Mangels an Arbeitskräften. Im Hotel »Sachsenhof« nahe dem Nollendorfplatz händigte der Portier jedem von uns zusammen mit dem Schlüssel einen runden phosphoreszierenden Anstecker aus. Er mußte an der Oberbekleidung befestigt werden, damit die Menschen bei Verdunklung am Abend nicht auf den Straßen zusammenstießen. Abends versank die Stadt in Finsternis. Es gab weder Leuchtreklamen noch erleuchtete Schaufenster. Die Eingänge zu Geschäften, Cafés und Behörden waren mit schweren doppelten Filzportieren verhangen. Hatte man den ersten Vorhang hinter sich gelassen, stand man vor einem zweiten, der den beleuchteten Raum verdeckte. Die Scheinwerfer der Autos waren mit schwarzen Kappen versehen, durch deren schmalen Schlitz nur ein schwacher Lichtschein drang.

Dies war der Eindruck, den die Hauptstadt des Dritten Reiches bei uns, den Mitgliedern der sowjetischen Handelskommission, hinterließ.

In letzter Zeit wurde viel über die sowjetischen Lieferungen an Deutschland geschrieben und Stalin zu Recht vorgeworfen, daß er Hitler mit Getreide, Erdöl und seltenen kriegswichtigen Metallen versorgte und damit den Nazis half, strategische Vorräte anzulegen, die schließlich im Krieg gegen die Sowjetunion eingesetzt wurden. Es muß jedoch gesagt werden, daß wir nicht nur dringend benötigte Ausrüstungen, sondern sogar modernstes Kriegsgerät erhielten. Dies war die Bedingung unserer Regierung, unter der sie Deutschland die benötigten Rohstoffe lieferte.

Wir erhielten von den Deutschen den damals auf dem neuesten Stand der Technik ausgerüsteten Kreuzer »Lützow«, das Pendant zum Kreuzer »Prinz Eugen« – beide Schiffe waren ursprünglich für die deutsche Flotte gebaut worden. Darüber hinaus überließ man uns Zeichnungen des Großkampfschiffs »Bismarck« sowie dreißig

Kampfflugzeuge, darunter die Jagdflugzeuge Messerschmitt Me 109 und Me 110 und den Sturzkampfbomber Junkers Ju 88, Feldartillerie und Panzer – einschließlich Daten über ihre Panzerung und Schußvorrichtungen. Deutschland war außerdem die Verpflichtung eingegangen, uns Ausrüstungen für die Erdöl- und Elektroindustrie, für Lokomotiven, Turbinen, Dieselmotoren, Handelsschiffe und verschiedene Erzeugnisse der Schwerindustrie zu liefern.

Unsere Handelskommission hatte nun die Aufgabe, die Erfüllung der Verpflichtungen der deutschen Seite zu überwachen und die fertigen Produkte abzunehmen. Die Gruppe, der ich angehörte, war in den Kruppwerken in Essen beschäftigt. Selezkij und ich waren zur Abnahme der Geschütztürme für den Kreuzer »Lützow« eingesetzt.

Bereits damals fragte ich mich, warum die Deutschen darauf eingegangen waren, uns modernste Kriegstechnik zu liefern, während sich doch die Wehrmacht gleichzeitig darauf vorbereitete, die Sowjetunion zu überfallen. Es gab wohl eine Reihe von Gründen. Erstens wollte Hitler mit einer Kampagne der Desinformation Stalin davon überzeugen, daß er den in »Mein Kampf« verkündeten Gedanken von einer »Vernichtung des Bolschewismus« endgültig verworfen und nun einen Kurs der Zusammenarbeit Deutschlands mit der Sowjetunion eingeschlagen habe. Zweitens war man in Verkennung des sowjetischen wissenschaftlichen und technischen Potentials in Berlin davon ausgegangen, daß die UdSSR nicht in der Lage sein würde, sich die neuesten Waffenmodelle zu eigen zu machen; die wenigen uns überlassenen Unterlagen fielen dabei nicht ins Gewicht. Sollten dennoch irgendwelche neuen Waffen in die Fertigung gehen, so würde die Wehrmacht die Sowjetunion bereits unterworfen haben, bevor noch die Massenproduktion beginnen könnte. Drittens schließlich benötigte Deutschland wegen der britischen Blockade dringend strategische Rohstoffe. Die sowjetischen Unterhändler, insbesondere der Außenhandelskommissar A. I. Mikojan, forderten jedoch im Gegenzug für die sowjetischen Lieferungen modernste technische Anlagen, darunter auch Kriegstechnik. Hitler konnte sich zu diesem Zeitpunkt keine Komplikationen in den Beziehungen zur Sowjetunion leisten, denn der Nichtangriffspakt und der Freundschafts- und Grenzvertrag boten ihm die Möglichkeit, einen Zweifrontenkrieg zu vermeiden und gleichzeitig die englische Blockade zu umgehen.

Aus den Unterlagen jener Zeit geht hervor, daß der deutsche Kommandostab gegen den Export von Militärtechnik in die Sowjetunion Einspruch erhob. Besonders scharf kritisierte Großadmiral Raeder die Entscheidung Hitlers. Dieser ignorierte jedoch den Einspruch der Militärs, denn er war auf die störungsfreien sowjetischen Lieferungen angewiesen; hinzu kam, daß die sowjetische Seite ihre Verpflichtungen gewissenhaft erfüllte. Vom Frühjahr 1940 bis zum Juni 1941* erhielt Deutschland eine Million Tonnen Weizen, neunhunderttausend Tonnen Erdölprodukte, einhunderttausend Tonnen Baumwolle, fünfhunderttausend Tonnen Phosphate sowie eine bedeutende Menge an strategischen Rohstoffen aus der Sowjetunion. Auch ermöglichten wir den Deutschen den Transit auf der Schiene über sowjetisches Territorium. Auf diese Weise gelangten eine Million Tonnen Sojabohnen aus der Mandschurei, erhebliche Mengen an Kautschuk, Öl und anderer Produkte aus Südostasien nach Deutschland. Darüber hinaus hatte sich die Sowjetunion verpflichtet, Metalle und andere Rohstoffe in Drittländern für Deutschland einzukaufen. Den Worten des Gesandten Schnurre zufolge, der die deutsche Delegation bei den Wirtschaftgesprächen leitete, hatte Stalin in dieser Beziehung bereits »großzügig geholfen«. Das Handelsabkommen, unterstrich Schnurre, »ermöglicht uns, unsere Tore weit nach Osten zu öffnen ... Die britische Blockade wird dadurch in entscheidenem Maße abgeschwächt«.
Stalin gestattete den Deutschen auch, die nördlichen Seewege zu nutzen sowie ihre Schiffe auf sowjetischem Hoheitsgebiet instand setzen zu lassen. Diese Möglichkeit nutzten sie seit September 1939. Leider war es uns nicht in gleicher Weise vergönnt, die im Gegenzug von den Deutschen erhaltenen Waren zu nutzen. So war zum Beispiel der Kreuzer »Lützow« mit nur zwei von vier Geschütztürmen ausgestattet nach Leningrad bugsiert worden. Zudem wurde er bereits in den ersten Kriegstagen von den deutschen Bombern versenkt. Doch die sowjetischen Fachleute hatten Gelegenheit, die Waffen, denen wir im Juni 1941 gegenüberstehen sollten, zuvor sorgfältig zu studieren und diese Erkenntnisse bei der Konstruktion neuer Waffensysteme zu berücksichtigen. In gewisser Weise wird diese

---

* am 22. Juni 1941 überfiel die deutsche Wehrmacht die Sowjetunion – Anm. d. Übers.

Vorarbeit wohl auch dazu beigetragen haben, daß wir Ende 1942 Panzer, Geschützwaffen und Flugzeuge produzieren konnten, die die Schlagkraft der deutschen Kriegstechnik bei weitem übertrafen.

Hotel »Essener Hof«

Wir wohnten im kruppeigenen Hotel »Essener Hof«, das zwar ein wenig altmodisch, doch luxuriös ausgestattet war und ein geschmackvoll im Jugendstil gestaltetes Restaurant besaß. Die Zimmer waren geräumig, allerdings gab es pro Etage nur ein Badezimmer.

Damals waren, selbst in teuren Hotels, längst nicht alle Zimmer mit eigenem Bad ausgestattet.

Im »Essener Hof« gestaltete sich das Baden zu einem regelrechten Ritual. Die zu einer zuvor reservierten Uhrzeit angesetzte Prozedur wurde von zwei jungen, rotwangigen, üppigen Stubenmädchen vorbereitet: Sie hängten frisch gebügelte, noch warme Handtücher und Badelaken auf, legten duftende Seife bereit, ordneten Döschen mit wohlriechenden Cremes auf den Regalen an, breiteten eine schneeweiße Fußmatte auf dem gekachelten Fußboden aus, füllten die Wanne mit heißem Wasser und einem Zusatz von Fichtennadelextrakt und klopften schließlich an die Tür des Gastes, um ihm feierlich zu eröffnen, daß alles bereit sei.

Die Mahlzeiten nahmen wir auf einer verglasten Veranda ein, die auf einen alten Park hinausging. Leider blieb uns wenig Zeit für all diesen Luxus. Nach einem zeitigen Frühstück begaben wir uns in die Fabrik, kehrten zur Mittagspause kurz ins Hotel zurück, um nach dem Essen sofort wieder ins Werk zu eilen.

Nach einer Reise durch Deutschland traf Volkskommissar Tewosjan in Essen ein, um sich über den Verlauf unserer Arbeit zu informieren. Das Treffen mit ihm, an dem auch ein Firmenvertreter aus dem Hause Krupp teilnahm, fand in der Hotelhalle statt. Ein Kellner servierte eisgekühlte Getränke und Gebäck und bot Zigaretten und Zigarren an. Tewosjan bat Ustinow, über unsere Arbeit zu berichten. Es waren Probleme bei der Montage der Geschütztürme für den Kreuzer »Lützow« aufgetreten. Sie kam nur langsam voran, denn es fehlten bestimmte Zulieferprodukte. Hier gab es offensichtliche Verzögerungen von seiten der Deutschen. Es war uns zwar klar, daß ein Geschützturm ein komplizierter Mechanismus mit einer Vielzahl von Funktionen war, dennoch hätte die Arbeit zügiger vonstatten gehen können. Im Verlauf mehrerer Wochen war es nicht einmal gelungen, den ersten Turm zu montieren. Darüber hinaus mußte in

sehr beengten Verhältnissen gearbeitet werden. Der Werksabschnitt, der uns zur Verfügung stand, war durch gewaltige Zeltbahnen von den übrigen Werkhallen abgeteilt. Wir sollten offenbar nicht sehen, was nebenan vor sich ging.
»Wir beabsichtigen überhaupt nicht, in die deutschen Geheimnisse einzudringen«, erklärte Ustinow, »doch es wäre wünschenswert gewesen, wenn man uns für die Arbeit an den Geschütztürmen mehr Platz eingeräumt hätte.«
Der Vertreter der Krupp-Werke rechtfertigte die verzögerte Zulieferung mit gestiegenen Auträgen seitens der deutschen Regierung. Tewosjan erwiderte, er könne eine derartige Erklärung nicht akzeptieren und kündigte an, er werde auf höchster Ebene mit der Firma Krupp über diese Probleme sprechen. Im Anschluß daran begann Tewosjan einige Detailfragen zur Konstruktion der Türme zu stellen. Und hier kam es für mich zu einer folgenreichen Begebenheit. Die den Volkskommissar begleitende Übersetzerin beherrschte die technischen Termini nur ungenügend und konnte deshalb vieles von dem, was der Ingenieur erläuterte, nicht ins Russische übersetzen. Ich bot an, für sie einzuspringen.
Nach Abschluß der Besprechung bat Tewosjan mich, noch einen Moment zu bleiben. Er wollte Genaueres über mich erfahren, fragte, wo ich Deutsch gelernt und welche Berufsausbildung ich durchlaufen hätte. Meine Antworten gefielen ihm offenbar, denn er forderte mich auf, mich darauf einzustellen, vorübergehend die Arbeit bei Krupp zu unterbrechen und ihn bei seiner weiteren Reise durch Deutschland und auch nach Holland zu begleiten. In Holland wolle er sich ebenfalls über den Stand der Erfüllung der sowjetischen Aufträge informieren. Nach zwei Wochen berief er mich zu sich nach Berlin.
Schließlich war der erste Geschützturm montiert. Wir begannen mit der Funktionsprüfung. Dabei stand uns der deutsche Ingenieur Franz Hüsker zur Seite, mit dem ich mich anfreundete. Er war lange beruflich in Indonesien gewesen, das damals noch holländische Kolonie war. Zu Hause, wo ich ihn oft besuchte, hatte er eine ganze Sammlung indonesischer Kunstwerke – zierliche Statuetten, Figuren des Schattentheaters, seltene Muscheln, wunderbare geflochtene Dinge aus Bambus und Reisstroh. Auch seine Frau Käthe und seine beiden Töchter nahmen mich gastfreundlich in ihrer Mitte auf. Die Besuche bei dieser Familie brachten angenehme Abwechslung

in mein Leben in Essen. Die Hüskers waren leidenschaftliche Radfahrer. Sie besorgten auch ein Rad für mich, und wenn das Wetter es zuließ, erkundeten wir an den Wochenenden die malerische Umgebung. An trüben Tagen jedoch gab es für mich nichts Schöneres, als im Hotelzimmer zu bleiben und zu lesen. Ich hatte mir in Essen einige Bücher gekauft, darunter auch eine illustrierte Prachtausgabe des »Dekameron«. Eines Abends, als ich gerade die sich in der Woche angesammelten Zeitungen durchsah, besuchte mich unsere Dolmetscherin Sina.

»Entschuldige die Störung, aber hast du nicht etwas zu lesen für mich?« fragte mich Sina.

Ich bedeutete auf das mit Büchern völlig überladene Tischchen. Sie schaute die Bücher durch, und ich bemerkte, daß ihre Augen auf dem »Dekameron« ruhten.

»Du kannst das Buch mitnehmen.«

»Ich glaube, es ist unanständig.«

»Das ist doch Unsinn«, entgegnete ich, »das ist klassische Literatur, jeder gebildete Mensch sollte es kennen.«

Sie zögerte, einerseits wollte sie es nehmen, andererseits aber war ihr das irgendwie peinlich.

»Also gib' es mal her und setz' dich zu mir. Ich lese dir eine Geschichte vor.«

Sina reichte mir das Buch und setzte sich an den äußersten Rand des Sofas. Es war natürlich die deutsche Übersetzung des Buches, doch das bereitete uns verständlicherweise keine Probleme. Ich weiß nicht mehr genau, welche Novelle ich auswählte. In jedem Falle war Sina schockiert. Sie warf mir vor, ich sei taktlos, rührte sich aber nicht vom Fleck.

Heute kommt uns das »Dekameron« wie ein naives Kindermärchen vor, damals jedoch, noch dazu bei unserer strengen Erziehung, war es anscheinend der Gipfel der Erotik. Ich rückte näher an Sina heran, und gemeinsam betrachteten wir nun die Darstellungen, von denen einige recht frivol waren. Nun wollte Sina eine Novelle vorlesen. Bis zu diesem Zeitpunkt hatten wir uns völlig indifferent zueinander verhalten, jetzt spürten wir plötzlich, daß uns das gemeinsame Lesen einander nahebrachte. Die zweideutigen und bald auch die ganz und gar eindeutigen Episoden amüsierten uns. Unmerklich fanden sich unsere Hände, und mit einem Mal hielten wir einander umschlungen.

Einen Augenblick später jedoch erstarrte sie plötzlich, bohrte mir die Ellenbogen in die Brust und stieß mich dann von sich.
»Was hast du?« flüsterte ich.
»Die Gewerkschaft hat mich gelehrt, standhaft zu bleiben«, entgegnete sie mit unnatürlicher Schärfe.
»Was hat denn die Gewerkschaft damit zu tun?«
»Du Dummchen, verstehst du denn nicht«, antwortete sie nun bereits ruhiger, rückte von mir ab, senkte die Stimme und fuhr fort, »die Gewerkschaft, das ist doch die Partei. Im Ausland darf man nicht zu erkennen geben, daß man Parteimitglied ist. Damit wir uns aber untereinander verständigen können, sagen wir, daß wir Gewerkschaftsmitglieder sind. Und außerdem müssen wir moralisch unantastbar sein. Bist du etwa parteilos?«
In der Tat, ich war damals parteilos und noch dazu Junggeselle, und vom stets wachsamen Auge der Gewerkschaft war mir auch noch nichts bekannt.
Eine gewisse Zeit lang befürchtete ich, Sina hätte vielleicht eine Lawine ins Rollen gebracht. Es konnte ja sein, daß ein »Gewerkschaftsmitglied« auch verpflichtet war, über das »unstatthafte Verhalten« eines Kollegen zu berichten. Doch nichts geschah. Die gemeinsame Lektüre setzten wir allerdings auch nicht fort.
Bald darauf wurde Sina nach Berlin versetzt.
An den Osterfeiertagen beschlossen Walentin Petrowitsch Ṡelezkij und ich, eine Wanderung den Rhein entlang zu machen. Wir hatten uns vorgenommen, mit dem Zug bis Rüdesheim zu fahren und dann flußabwärts bis Godesberg zu wandern.
Unser Zug gewann rasch an Geschwindigkeit. Gemütliche Häuschen mit roten Ziegeldächern, grüner Rasen, aus dem kleine Gartenzwerge hervorlugten, huschten am Abteilfenster vorbei. Plötzlich aber wurde diese Idylle durch lange Güterzugkolonnen mit Geschützen, Panzern und Waggons voller Soldaten mit Stahlhelmen gestört. Kaum hatten wir diesen unheilverkündenden Zug überholt und waren erneut in blühende Gärten und stille Dörfer eingetaucht, als wir uns einem weiteren Zug mit Kanonen, Panzerwagen und Soldaten gegenübersahen. Diese schreckliche Fracht bewegte sich unwiederbringlich auf die französische, belgische und holländische Grenze zu.
Der Zug hielt, und ein Mädchen mit langem braunem Haar, Stupsnase und strahlend blauen Augen stieg zu. Da in unserem Abteil

außer Selezkij niemand saß – ich stand im Gang am Fenster –, fragte sie schüchtern, ob bei uns noch ein Platz frei wäre.
Ich öffnete ihr eilfertig die Glastür, sie hängte ihren Mantel auf, legte ihre kleine Reisetasche ins Gepäcknetz und setzte sich dann ans Fenster. Da im Gang gerade Kaffee verkauft wurde, bestellte ich drei Tassen und bot sie Selezkij und unserer neuen Begleiterin an.
»Vielen Dank«, sagte sie, ohne sich zu zieren, und nahm eine Tasse. Ich stellte mich vor, nannte aber lediglich meinen Vornamen.
»Malwina«, entgegnete sie. Wir plauderten über die Schönheiten des Rheins und der ersten Frühlingstage.
Bald stellte ich mich wieder ans Gangfenster. Nach kurzer Zeit gesellte sich auch Malwina zu mir. Sie war sehr erstaunt, als sie hörte, daß wir Russen seien und in den Kruppwerken zu tun hätten. Ihr Vater war auch bei Krupp angestellt, jetzt aber hatte man ihn zur Armee eingezogen. Seine Einheit lag an der französischen Grenze, und sie wollte ihn nun besuchen.
»Mein Freund und ich haben vor, über die Feiertage den Rhein entlang zu wandern«, erzählte ich ihr.
»Dort ist es sehr schön«, entgegnete Malwina, »wir sind früher, als ich noch zur Schule ging, viel dort gewandert. Wieso sprechen Sie übrigens so gut Deutsch?«
Ich erzählte ihr, daß ich in der Ukraine eine deutsche Schule besucht hätte.
»Gibt es denn in Rußland deutsche Schulen?« fragte sie erstaunt.
»Damals gab es sie ...«
Unsere Schule war unlängst geschlossen und ihr Gründer und Direktor Friedrich Fiebig als »Spion« und »Volksfeind« nach Sibirien deportiert worden. Doch das erzählte ich ihr nicht.
Wieder überholten wir einen Armeetransport mit Panzern und Truppen.
»Ich habe große Angst um meinen Vater. Er ist nicht gesund, doch wen kümmert das schon. Jetzt werden viele Soldaten gebraucht. Den ganzen Winter über haben wir gehofft, daß der Krieg bald zu Ende gehen und Vater entlassen wird. Jetzt aber sehen wir, daß es noch lange dauern kann. Auch ich als Krankenschwester werde wohl nicht um einen Fronteinsatz herumkommen.«
Es begann zu dunkeln. Im Abteil waren die Lichter angegangen und Selezkij deutete mit Gesten an, daß wir wieder Platz nehmen sollten. Doch irgend etwas hielt uns im halbdunklen Gang fest. Wir re-

deten über Gott und die Welt und fühlten uns dabei sehr wohl. Über den Lautsprecher kam die Durchsage, daß die nächste Station Rüdesheim sei.
»Dort steigen wir aus«, sagte ich und begann zu frösteln.
»Schade«, entgegnete Malwina.
Ohne recht von meinen Worten überzeugt zu sein, fragte ich sie beinahe mechanisch:
»Warum steigen Sie nicht einfach mit uns hier aus?«
Sie schwieg einen Augenblick und schaute mich dann durchdringend an.
»Warum eigentlich nicht. Ich könnte ja morgen weiterfahren ...«
Ihre Antwort frappierte mich. Doch jetzt gab es kein Zurück.
Ruhig ging sie ins Abteil, nahm Tasche und Mantel und kehrte dann auf den Gang zurück.
Als ich mein Köfferchen holte, flüsterte ich Selezkij zu:
»Sie steigt mit uns aus ...«
»Das hat uns gerade noch gefehlt«, erwiderte er gutmütig.
Ich zuckte nur die Schultern.
Es war ein herrlicher Abend. Der Mond war noch nicht aufgegangen, doch der Himmel glänzte schon silbern. Wir machten uns auf die Suche nach einer Unterkunft für die Nacht. Beinahe an jeder Haustür hing ein Schild »Zimmer zu vermieten«. Wir entschieden uns für ein Haus mit zwei Reihen kleiner Fenster im Dachgeschoß. Die Wirtin zeigte uns drei Mansarden, die uns gut gefielen, und servierte zum Abendessen Omelette und eine Flasche Rheinwein. Wir wünschten einander eine gute Nacht und begaben uns in unsere Zimmer. Malwina und ich hatten keinerlei Verabredung getroffen, doch ich ließ die Tür unverschlossen. In der Nacht kam sie zu mir. Sie hatte natürlich keinerlei Vorstellung von der »Gewerkschaft« und ihren Regeln.
Mondschein ergoß sich auf den Fluß und ließ am Himmel die Silhouetten der Burgen aus dem Dunkel erstehen. Es war eine stille Nacht, eine Nacht vor dem Sturm, der vielleicht die Krankenschwester und ihren Vater, den Soldaten, mit sich ins Nichts forttragen würde.
Am Morgen begleiteten wir Malwina zum Bahnhof.
Ein zum Abschied aus dem Abteilfenster winkendes Tuch, und der Zug verschwand hinter der Kurve.
Selezkij und ich machten uns nun zu Fuß auf die Wanderschaft. Es

war warm, gegen Mittag wurde es sogar heiß. Ringsum grünten die Weinstöcke. Fast nach jedem Kilometer stießen wir auf kleine Gewölbe, in denen Weinbauern kühlen, selbstgekelterten Wein ausschenkten. Auf dem Rhein glitten Dampfer und Lastkähne dahin, und von den Felsen blickten düster Burgruinen herab. Doch es gab auch viele guterhaltene Burgen, von denen einige Privatmuseen bargen. In einem derartigen Museum fühlte man sich geradezu ins Mittelalter versetzt. Die Jahrhunderte schienen den Gegenständen nichts angehabt zu haben. Wir besichtigten auch das eiserne Ungetüm der »Germania«, eine gewaltige Walküre mit drohend erhobenem Schwert – eine wahre Verherrlichung des Militarismus. Wir aßen in einem kleinen Gasthof zu Mittag und setzten dann unseren Weg fort.

Am Abend erreichten wir Bad Godesberg.

Bei der Planung unserer Reiseroute hatten wir beschlossen, in Bad Godesberg zu übernachten, und im Hotel »Dresden« telegrafisch ein Zimmer bestellt. In diesem Hotel waren im September 1938, kurz vor Abschluß des Münchener Abkommens, Hitler und der britische Premier Chamberlain zusammengetroffen.

Der Hotelvorplatz stand voller geparkter Autos. Aus den geöffneten Hotelfenstern drang Stimmengewirr. Nachdem wir eingetreten waren, bemerkten wir, daß die Halle voller SS-Leute war. Wir meldeten uns an der Rezeption an. Der Portier vergewisserte sich im Gästebuch, ob wir auch avisiert wären, und händigte uns dann die Anmeldeformulare aus. Wir legten ihm unsere Pässe vor und begannen die Formulare auszufüllen. Plötzlich tauchte hinter meinem Rücken ein SS-Mann auf.

»Was sind das denn für welche?« fragte er grob.

Der Portier reichte dem SS-Mann mit verstörter Miene unsere Pässe.

»Die haben hier nichts zu suchen«, schrie er, »sie sollen verschwinden!«

Ich wandte mich zu ihm um und entgegnete ruhig:

»Sie könnten durchaus etwas höflicher sein. Sie haben wohl vergessen, daß zwischen unseren Ländern normale Beziehungen bestehen ...«

Der kurze Hals des SS-Mannes lief rot an. Es hätte nicht viel gefehlt, und er wäre mit den Fäusten auf mich losgegangen. Er beherrschte sich jedoch und preßte zwischen den Zähnen hervor:

»Ihr werdet bald erfahren, was für Beziehungen zwischen uns bestehen, wir werden es euch schon zeigen ...«

Dann drehte er sich auf dem Absatz um und marschierte davon.
Der Portier bedauerte den Vorfall und erklärte uns, daß in Bad Godesberg ein SS-Treffen stattfinde und das Hotel ausgebucht sei. Er gab uns aber die Adresse einer nahegelegenen Privatpension. Dort übernachteten wir dann auch.
Am nächsten Morgen frühstückten wir in einem kleinen Café und machten uns dann wieder auf den Weg. Unterwegs begegneten uns einige Male Gruppen junger Offiziere zu Pferde. Auf ihren gepflegten Rassepferden, in der makellos sitzenden Uniform, mit kokett aufgesetzten Mützen und in Wildlederhandschuhen vollführten sie Kunststücke, wetteiferten miteinander und boten ein Bild der Lebensfreude und Sorglosigkeit. Es war aber auch zu erkennen, daß ihre Kräfte wegen der erzwungenen Untätigkeit durch den »seltsamen Krieg«, die nun bereits seit mehr als einem halben Jahr anhielt, überschäumten. Im Hotel »Petersberg«, wo wir zu Mittag aßen, trafen wir wieder auf einen Trupp junger, ausgelassener Offiziere. Mädchen in geblümten Kleidern begleiteten sie, und die runden Tische, an denen sie saßen, ähnelten bunten Blumenbeeten. Offensichtlich ahnte niemand von ihnen, was kommen würde. Sie standen noch ganz unter dem romantischen Eindruck des Blitzkrieges. Doch der blutige Krieg, der fünf Jahre lang dauern sollte, hatte gerade erst begonnen.
Von der Terrasse des Restaurants eröffnete sich ein herrlicher Blick auf den Fluß und auf das im Nebel verborgene und damals gar nicht bemerkenswerte Städtchen Bonn. Wir wanderten auf einem gewundenen, von schattigem Grün gesäumten Pfad zu Tal. Plötzlich wurde die Stille und Feierlichkeit des Waldes durch laute Rufe gestört: Uns entgegen kam eine Rotte Soldaten, die von zwei Mädchen begleitet wurde. Alle waren betrunken. Einer der Soldaten trank beim Gehen aus der Flasche, und das Bier floß ihm über Kinn und Uniform. Das eine der Mädchen stach ihm mit dem Finger in die Brust und lachte schallend. Wir wichen ihnen aus. Selezkij, der ihnen hinterherschaute, sagte finster:
»Solch eine betrunkene Bande wird wohl auch eines Tages in unser Land einfallen.«
Wir wußten damals natürlich noch nicht, daß dieser Tag gar nicht so fern war.

Die Villa »Hügel«

Nach dem Gespräch mit Tewosjan stellte uns die Firmenleitung der Kruppwerke etwas mehr Platz zum Arbeiten zur Verfügung – die den Raum abteilenden Planen wurden einfach ein wenig verschoben. Die Unterredung über die stockende Zulieferung der Bauteile für die Geschütztürme, um die Tewosjan gebeten hatte, fand in der Villa »Hügel«, dem Wohnsitz der Familie Krupp, statt. Zu Ehren des Volkskommissars für Schiffbauindustrie wurde hier ein Empfang gegeben. Ich begleitete Tewosjan als Dolmetscher, und auch Ustinow und Selezkij kamen mit uns.

Zur verabredeten Zeit standen an der Auffahrt unseres Hotels zwei schwarze »Mercedes« bereit. Die Chauffeure in eleganter Uniform öffneten uns betont höflich die Türen. Tewosjan und ich nahmen im ersten Wagen Platz, Ustinow und Selezkij im zweiten. Wir fuhren aus der Stadt hinaus und gelangten bald auf eine schmale Straße, die sich hügelan zum Anwesen des Firmenchefs wand. Am Eingang der Villa standen regungslos Diener in goldbetreßter Livree. Wir stiegen die Marmorstufen hinauf und gelangten in die riesige Halle, wo uns ein hagerer alter Mann mit pergamentenem Gesicht und strengem Blick entgegentrat. Es war Gustav Krupp von Bohlen und Halbach, der deutsche Kanonenkönig. Er war zunächst ein entschiedener Gegner Hitlers gewesen und hatte sogar 1933 Hindenburg vor dessen Ernennung zum Reichskanzler davor gewarnt, »eine derartige Dummheit« zu begehen. Später jedoch, als er erkannte, welchen Profit ihm Hitlers Wiederaufrüstungsprogramm bringen würde, wechselte er auf die Seite der Nazis über und wurde einer der begeistertsten Anhänger des Führers. Hitler seinerseits, der sehr auf die Unterstützung der Industriellen angewiesen war, überschüttete Gustav Krupp mit Ehren.

Nach der Begrüßung führte Krupp Tewosjan in einen großen, hellerleuchteten Saal. Wir folgten ihnen in den luxuriös ausgestatteten Raum mit alten Gobelins an den Wänden, goldgerahmten Bildern und hohen Glasvitrinen mit Porzellan und Bronzen. Hier waren bereits einige Gäste versammelt – führende Mitarbeiter der Firma, Offiziere, auch einige Generale sowie SS-Leute. Der Hausherr stellte uns den Anwesenden vor, erläuterte, daß Tewosjan in der Parteihierarchie Moskaus eine nicht unbedeutende Stellung einnehme, außerdem selbst Hütteningenieur sei und seinerzeit sein Praktikum in Deutschland, auch in den Kruppwerken, absolviert habe. Man applaudierte höflich.

Nun traten Diener mit Champagner ein. Gustav Krupp erhob sein Glas auf die »Zusammenarbeit zwischen Deutschland und Rußland«, nicht ohne daran zu erinnern, daß die neuen Beziehungen der beiden Staaten auch seiner Firma erheblichen Nutzen brächten. Der Toast des alten Krupp löste im Saal Erheiterung aus. Jetzt sprach Tewosjan einige Begrüßungsworte und endete mit einem Trinkspruch auf die sowjetisch-deutsche Zusammenarbeit.

Nun wurde in den angrenzenden Saal gebeten. Auf langen Tafeln waren hier alle nur denkbaren Delikatessen aufgereiht. Die Gesellschaft belebte sich sichtlich, es wurde laut und heiß. Einige Zeit später bemerkte ich, daß der Hausherr zu Tewosjan getreten war. Ich begab mich sofort zu ihnen. Gustav Krupp schlug seinem sowjetischen Gast vor, mit ihm ins Nebenzimmer hinüberzugehen, wo es ruhiger sei. Es war ein kleinerer, schwacherleuchteter Raum mit sehr eleganten tiefen, bordeauxroten Ledersesseln. Die eichengetäfelten Wände spiegelten das Licht des Kaminfeuers wider.

Auf einem niedrigen Tischchen funkelten silbernes Kaffeegeschirr, einige Kristallkaraffen und etliche Gläser.

»Ich hoffe, Ihre Mitarbeiter sind mit unserer Firma zufrieden«, erkundigte sich Gustav Krupp, nachdem wir am Tisch Platz genommen hatten. Natürlich war er von unseren Beanstandungen informiert, doch er hatte augenscheinlich beschlossen, das Gespräch positiv zu beginnen. Auch Tewosjan ging auf diese Tonart ein.

»Natürlich schätzen wir die Zusammenarbeit mit einer derart renommierten Firma wie den Krupp-Werken sehr«, sagte er. »Der Name Krupp steht ja stellvertretend für Effektivität, Qualität und modernste Technik. Auch die Systeme, die wir bei ihnen kaufen, sind für uns von großer Bedeutung.«

Tewosjan nippte am Kaffee und blickte seinen Gesprächspartner prüfend an. Nach einer kleinen Pause bemerkte Krupp, daß eine derartige Zusammenarbeit noch Neuland für die Firma sei und daß folglich, wie bei allem Neuen, Reibungen und Schwierigkeiten auftreten könnten. Tewosjan lächelte und zeigte seine ebenmäßigen, weißen Zähne unter dem schmalen, schwarzen Schnurrbart. Er war sichtlich zufrieden, daß der Gastgeber als erster das Gespräch auf die Probleme gelenkt hatte.

»Da muß ich Ihnen recht geben«, stimmte der Volkskommissar zu, »Reibungen und Schwierigkeiten bleiben in einem derartigen Fall nicht aus. Allerdings existieren gewisse Vereinbarungen, an die sich beide Seiten halten sollten«.

»Was wollen Sie damit sagen?« Krupps Stimme klang nun streng.

»Der Kreuzer ›Lützow‹, den wir in Deutschland gekauft haben, wird bald in einen der Ostseehäfen bugsiert. Bisher aber fehlt ihm die Bewaffnung. Wir haben damit gerechnet, wenigstens einen der vier Geschütztürme so schnell wie möglich zu bekommen. Die Montage hat vor einigen Wochen begonnen, doch sie geht nur sehr langsam voran, denn die Lieferung der Einzelteile wird von Ihrer Firma verzögert.«

Ein Diener trat ein, goß Likör in die Gläschen, schenkte Kaffee nach und entfernte sich dann mit einer Verbeugung.

»Lassen Sie uns dennoch zunächst auf unsere Zusammenarbeit trinken«, sagte Krupp versöhnlich.

Wir erhoben die Gläser und nippten an dem bittersüßen Getränk.

»Verpflichtungen müssen selbstverständlich eingehalten werden«, fuhr Gustav Krupp fort. »Das sind wir unserer Tradition schuldig. Hier sind jedoch Kräfte am Werk, auf die wir keinen Einfluß besitzen. Ungeachtet aller Anstrengungen unseres geliebten Führers und auch der Unterstützung durch Herrn Stalin, stoßen die Bemühungen, die Engländer und Franzosen von der Beendigung des Krieges zu überzeugen und zu einer Einigung zu gelangen, auf Ablehnung. In London und Paris hält man am Kriegskurs fest. Die Probleme Osteuropas sind – wie es scheint – zur Zufriedenheit gelöst. Die polnische Frage, die die Welt beunruhigt hat, ist geklärt, und unsere beiden Staaten sind darüber übereingekommen, in diesem Teil des Kontinents Ruhe und Ordnung zu gewährleisten. Was wollen diese Engländer denn noch? Sie beabsichtigen, Deutschland zu vernichten und Rußland ebenfalls, sie hassen uns. Die Lage in Europa bleibt also gespannt. Jeden Augenblick kann es zu neuen bewaffneten Zusammenstößen kommen. Aus diesem Grunde muß Deutschland die Wehrmacht mit modernsten Waffen ausrüsten. Der Führer hat befohlen, darauf all unsere Anstrengungen zu richten. Und wir erfüllen unsere patriotische Pflicht.«

»Das ist alles richtig«, entgegnete Tewosjan, »doch Sie müssen auch uns verstehen. Wir erfüllen unsere Verpflichtungen, beliefern

Deutschland mit Getreide, Erdöl, strategischen Metallen und helfen Ihnen auf diese Weise, die englische Blockade zu umgehen. Doch auch wir sind unserem Volk verpflichtet und können unsere nationale Sicherheit nicht außer acht lassen. Wir haben im Gegenzug den Kreuzer von Ihnen erhalten, ein wichtiges Element unserer Verteidigung, zweifellos. Doch ich bitte Sie nachdrücklich, Herr Präsident, geben Sie Anweisung, daß die Verpflichtungen Ihrerseits genau nach dem vorgesehenen Plan eingehalten werden.«

Erneut trat der Diener ein, und die Prozedur wiederholte sich. Alles schien nach einem genau durchdachten Plan abzulaufen, um Krupp Zeit zu lassen, seine Argumente zu durchdenken.

»Gut«, sagte er nach einer kleinen Pause, »ich werde diese Dinge überprüfen lassen. Sie müssen aber auch wissen, daß in den nächsten Tagen die Ausrüstung des Kreuzers ›Prinz Eugen‹ für die deutsche Kriegsmarine ihrem Ende zugeht. Sobald diese Arbeit beendet ist, beschleunigen wir die Montage der Geschütztürme für die ›Lützow‹.«

Tewosjan dankte und schaute auf die Uhr. Krupp bemerkte seinen Blick und fügte hinzu:

»Es ist schon spät, und ich habe heute noch einiges zu erledigen.«

Wir gingen wieder in den großen Saal hinüber, verabschiedeten uns dort von Gustav Krupp, verbeugten uns vor den übrigen Gästen und traten auf die Freitreppe heraus. Dort standen die Chauffeure in unbeweglicher Haltung vor ihren Limousinen.

Wie verzaubert ragten ringsum die jahrhundertealten Bäume des Parkes in den Himmel. Mondschein ergoß sich auf die Kieswege. Es war jedoch eine trügerische Stille, denn blutige Ereignisse standen vor der Tür.

Viele Jahre nach Kriegsende war ich einmal auf Capri. Wie alle Sowjetbürger, die es einmal hierher verschlägt, zog auch mich Gorkijs »Rote Villa«* in ihren Bann, auch ich zollte dem Andenken des Klassikers der protelarischen Literatur meinen Tribut. Doch ebenso interessierte ich mich für eine kleine Bronzetafel. Sie war an einer Mauer angebracht, die einen beträchtlichen Teil des südlichen Geländes der Insel umschloß und die Aufschrift trug: »Villa Krupp«.

---

* Maxim Gorkij (1868 – 1936) lebte von 1906 – 1913 auf Capri im Exil – Anm. d. Übers.

Die Familie Krupp übergab dieses Anwesen nach dem Krieg der Gemeinde Capri. Viele Jahre hindurch aber hatte hier außer den Vertrauten des Firmeninhabers niemand Zutritt. Als Homosexueller hatte Krupp* einen einsamen Ort gesucht und ihn am felsigen Ufer von Capri gefunden. Von drei Seiten umgeben hohe Mauern das Anwesen, die Tag und Nacht bewacht waren. Im Süden grenzt es an einen unzugänglichen Felsen, der schroff ins Meer abfällt. Eine steile Treppe im Fels führt zu einem kleinen künstlich angelegten Hafen. Zuverlässige Leute brachten junge Männer, die Krupps Aufmerksamkeit erregt hatten, hierher. Niemand wußte, wer sie waren, noch wie sie aussahen. Zu jener Zeit setzte man Homosexualität ja mit Laster und Krankheit gleich, und Krupp hütete sein Geheimnis sorgfältig. Hinter vorgehaltener Hand allerdings wurde überall davon gesprochen.

Gustav Krupp hielt in gewisser Weise wirklich sein Wort: Die Montage der Geschütztürme wurde beschleunigt. Ende 1940 waren die beiden vorderen Türme auf dem Kreuzer montiert. Dann jedoch geriet die Arbeit ins Stocken. Das Schiff war noch immer nicht vollständig ausgerüstet, als Deutschland uns überfiel.

Doch in Gustav Krupps Begründung steckte auch ein Körnchen Wahrheit. In den ersten Monaten des Jahres 1940 bereitete sich Hitler tatsächlich auf Kriegshandlungen im Westen vor und beabsichtigte, nach der Zerschlagung Frankreichs die britischen Inseln zu besetzen. Aber es ging noch um etwas anderes: Er hatte auch damals nicht von seiner Zwangsvorstellung, der »Vernichtung des Bolschewismus«, Abschied genommen. Durch die Umstände gezwungen, mit der Sowjetunion ein Abkommen über die Lieferung modernster Waffentechnik zu schließen, versuchte er nun unter verschiedensten Vorwänden, die Zulieferung zu verzögern, und wollte daher die Fertigstellung des Kreuzers »Lützow« unter keinen Umständen zulassen.

* Gemeint ist hier wohl Friedrich Krupp, der Sohn Alfrieds – Anm. d. Übers.

Reise nach Rotterdam

In den ersten Apriltagen des Jahres 1940 besuchte Tewosjan in meiner Begleitung die U-Boot-Basis in Kiel. Mich erstaunte, daß man vor einem sowjetischen Volkskommissar anscheinend keinerlei Geheimnisse hatte. Er konnte besichtigen, was ihm beliebte. Diese scheinbare Offenheit war Bestandteil eines Täuschungsmanövers. Hitler wollte Stalin in Sicherheit wiegen und den Eindruck erwekken, daß Deutschland in absehbarer Zeit keinen Angriff auf die Sowjetunion plane. Zweifellos spielte der von Tewosjan durch die sowjetische Botschaft in Berlin an Stalin übermittelte Bericht über die Besichtigung der deutschen Militärobjekte bei der Beurteilung der Pläne Hitlers eine entscheidende Rolle.

In Moskau war man zufrieden mit der Mission des Volkskommissars für Schiffbauindustrie in Deutschland. Er erhielt die Anweisung, vor der Rückkehr in die Heimat nach Rotterdam zu reisen.

Wir unterhielten damals keine diplomatischen Beziehungen zu den Niederlanden und hatten lediglich eine Vertretung von »Exportgetreide« und ein Kontor der Handelsflotte in Den Haag. In der holländischen Botschaft in Berlin erhielten wir jedoch ohne weiteres Visa, und so konnten Tewosjan und ich uns am Abend des 6. April 1940 mit dem Schnellzug Berlin – Den Haag auf die Reise machen.

Der Schlafwagen erster Klasse hatte geräumige Kupees für eine Person mit einer Waschnische. Außer dem Bett und einem Tischchen gehörten noch ein Sessel und eine kleine Bar zur Einrichtung. Tewosjan hatte, wie alle Funktionäre zu jener Zeit, die Angewohnheit, nachts zu arbeiten und erst kurz vor Tagesanbruch einzuschlafen. Nach dem Abendessen im Speisewagen bat er mich zu einem Gespräch zu sich ins Abteil, und wir unterhielten uns einige Stunden lang über die verschiedensten Themen.

Tewosjan äußerte die Ansicht, daß der »seltsame Krieg« nicht mehr lange so weitergehen könne. Irgend jemandem würden wohl bald die Nerven durchgehen, und es käme zu einem Schußwechsel. Die Frage sei nur, wer beginnen würde. Und natürlich, wie es weitergehen solle. Die Maginot-Linie und die Siegfried-Linie lägen einander gegenüber. Beide Seiten hätten seit Jahren hier ihre Stellungen ausgebaut und befestigt. Der Finnische Krieg habe uns gezeigt, wie schwer es sei, die Mannerheim-Linie zu durchbrechen, die man ja überhaupt nicht mit der Maginot-Linie vergleichen könne. Der Krieg im Westen würde ein langwieriger Stellungskrieg werden. Die Hauptsache aber sei, daß sich unser Land so lange wie nur möglich heraushalte. Sollten sich die Kapitalisten doch gegenseitig die Schädel einschlagen!

»Natürlich«, fuhr er fort, »könnten die Deutschen auch die Neutralität Belgiens und der Niederlande verletzen und die Maginot-Linie umgehen. Doch ich denke nicht, daß sie das tun werden. Wenn sie die Neutralität der kleinen Staaten nicht respektieren, führt das in ein völliges Chaos. Ich glaube, daß Hitler sich darauf nicht einlassen wird ...«

Ich war damals noch sehr jung und unerfahren, und diese Überlegungen schienen mir richtig. Sie verdeutlichten mir die Position der sowjetischen Regierung und natürlich auch Stalins. Nun wurde mir auch klar, warum die Sowjetunion, obwohl Deutschland sich nicht an die vereinbarten Abmachungen hielt, weiterhin ihre Lieferpflichten erfüllte. Wir wollten demnach Zeit gewinnen, Hitler versöhnlich stimmen, ihm zugleich aber auch verdeutlichen, daß wenig Sinn darin liegen würde, mit der Sowjetunion einen Krieg zu beginnen und sich selbst dadurch die Versorgungskanäle abzuschneiden.

Die Nacht, die ich mit einem der Stalinschen Volkskommissare verbrachte hatte, noch dazu mit einem, der dem »Gebieter« sehr nahe stand, war auch aus einem anderen Grunde sehr aufschlußreich für mich: Der Mensch im Funktionär war sichtbar geworden. Gewöhnlich verbargen sich die Funktionäre hinter einer Maske von Strenge, Unerschütterlichkeit und Erhabenheit über den profanen Alltag; es zählte ausschließlich der Dienst an der Partei und die Arbeit. Doch auch Tewosjan waren einfache menschliche Freuden nicht fremd. Das wurde mir klar, als ich ihn erzählen hörte, wie er in seiner raren Freizeit mit seinem Söhnchen spielte, und als ich sah, wie seine Augen zu leuchten begannen, wenn er von dem armenischen Bergdorf sprach, in dem er aufgewachsen war.

So unverstellt gab er sich jedoch nur selten. Meist wirkte er von der Aufgabe besessen, mit der ihn das ZK der Partei und Stalin selbst betraut hatten. Alle diese »eisernen Volkskommissare« waren Sklaven ihrer Idee, aus eigenem Antrieb ebenso wie aus Zwang. Um dieser Idee willen konnten sie hart wie Granit, grausam und sogar unmenschlich sein. Ein einzelnes Menschenleben bedeutete ihnen im Grunde genommen nichts. All jene, die bereit waren, die an höherer

Stelle getroffenen Anweisungen auszuführen, ernteten Lob und Ehre. Wer dies aber nicht wollte oder konnte, wurde aus dem Weg geräumt. Auch sich selbst gegenüber waren diese Funktionäre kompromißlos. Sie arbeiteten, wie man es von ihnen verlangte, kannten weder Schlaf noch Erholung, gestatteten es sich nur selten, sich ihren Familien zu widmen, und erfüllten somit ihre Pflicht, wie sie sie verstanden. In diesem Fall genossen sie verdientermaßen all jene Privilegien, die ihnen laut Stalinschem Kodex zustanden. Erfüllten sie ihre Funktionen aber ungenügend und »gehorchten« sie dem »Herrn« nicht, so mußten sie, wie jeder andere auch, das Feld räumen oder sich demütig damit abfinden, daß man sie beiseite stellte, was in der Regel bedeutete, daß man sie auch physisch vernichtete.
Auf diesen psychologischen Mechanismen – hündischer Ergebenheit, blindem Enthusiasmus und ... Angst – basierte zu jener Zeit das Stalinsche administrative Kommandosystem. Als der »Gebieter« tot war, die Angst nachließ und der Enthusiasmus verschwand, begann das System auf der Stelle zu treten und unser Land an den Rand des Abgrunds zu führen. Ich bin überzeugt, daß gerade darin einer der Hauptgründe für den Mißerfolg der Perestrojka besteht: Das immer noch – besonders auf dem Lande – aufrechterhaltene Stalinsche System, nun jedoch ohne den geringsten Enthusiasmus und frei von Angst, behindert die Entwicklung ...
Früh am Morgen trafen wir in Den Haag ein. Wir wurden vom Direktor der Gesellschaft »Exportgetreide«, Lwow, einem stämmigen, älteren, grauhaarigen Mann, und vom Vertreter der sowjetischen Handelsflotte, meinem alten Freund Viktor Petrow, abgeholt. Ich hatte gar nicht gewußt, daß Viktor in Den Haag war, und freute mich sehr über dieses Zusammentreffen. Uns blieb jedoch nicht viel Zeit für eine Unterhaltung, denn der Volkskommissar hatte beschlossen, sich unverzüglich in Lwows Kontor zu begeben, um sich über die Lage im Lande zu informieren und die Fahrt nach Rotterdam vorzubereiten.
Erst spät abends konnte ich mich mit Viktor treffen. Das Café, in das wir gingen, war sehr voll. Dennoch gelang es uns, ein freies Tischen zu finden.
»Hier sind die Lokale immer voll«, erklärte mir Viktor. »Bis in die Nacht hinein wird hier diskutiert. Niemand glaubt daran, daß die Niederlande ihre Neutralität bewahren können. Doch bisher nutzen die Spione aller Herren Länder diesen Status. Sicherlich sind

auch heute deutsche, englische, französische und andere Geheimagenten hier im Café. Die Deutschen sind besonders aktiv. Sie scheinen irgendeine Aktion vorzubereiten ...«
Viktor erkundigte sich bei mir nach der Lage in Moskau und wollte wissen, ob das Leben nach dem Ende des Finnlandkrieges leichter geworden sei.
»Von Leuten, die in letzter Zeit nach Berlin kamen, habe ich gehört, daß es leichter geworden sei«, antwortete ich.
»Das ist gut«, atmete Viktor erleichtert auf. »Ich hoffe, daß es meine Familie in Leningrad nun auch nicht mehr so schwer hat ...«
Am nächsten Morgen fuhren wir nach Rotterdam und begaben uns sofort auf die Werft. In der Werkleitung wurde Tewosjan bereits erwartet. Man führte uns in einen sachlich, aber geschmackvoll eingerichteten holzgetäfelten Raum mit bequemen Ledersesseln, Couches und niedrigen Tischen. Der Duft teurer Zigarren und starken Kaffees hing in der Luft, Zigarren und Zigaretten lagen in Körbchen auf den Tischen; Kaffeegeschirr stand bereit.
Tewosjan erkundigte sich nach dem Fertigungsstand der Kühlschiffe, die hier für uns gebaut wurden. Die Antworten fielen nicht zu seiner vollen Zufriedenheit aus.
»Wir würden die Schiffe gern so bald wie möglich erhalten«, sagte er. »Die Lage ist jetzt kompliziert, und niemand weiß, was geschehen wird. Je schneller die Arbeit also beendet wird, desto besser. Wir sind sogar bereit, eine Prämie für die vorfristige Fertigstellung auszusetzen.«
»Ein sehr verlockendes Angebot«, bemerkte der Firmenchef und steckte sich eine Zigarre an. »Wir werden darüber nachdenken. Wegen der angespannten internationalen Lage jedoch sind unsere Aufträge entscheidend gestiegen, und alle müssen selbstverständlich termingerecht erfüllt werden. Ohne also sämtliche Bedingungen genau zu durchdenken, kann ich ihnen keine Zusage machen. Ihre Befürchtungen jedoch kann ich zerstreuen – Holland ist ein neutrales Land. Ich kann mir nicht vorstellen, daß in unserer Zeit jemand beschließen sollte, das Prinzip der Neutralität zu verletzen. Das haben uns die kriegführenden Seiten auch des öfteren versichert, Deutschland eingeschlossen. Außerdem ruhen die Kriegshandlungen bereits so lange, daß wir zu hoffen beginnen, daß dieser niemandem nützliche Krieg ebenso still zu Ende geht ...«
Tewosjan äußerte hierauf seine Zweifel. Er vertrat die Ansicht, daß

der Krieg sich eher ausweiten werde. Es gäbe zum gegenwärtigen Zeitpunkt sehr ernst zu nehmende Widersprüche und Interessen ...
Wir begaben uns auf das Werftgelände. Eines unserer Kühlschiffe lag auf der Helling, das andere war kürzlich zu Wasser gelassen worden. Tewosjan sprach mit Arbeitern und Meistern, dankte ihnen für ihre gute Arbeit. In der Tat waren alle Arbeiten in guter Qualität und gründlich ausgeführt worden. Auch ich hatte ja aus meiner Kiewer Zeit her einige Erfahrung auf dem Gebiet des Schiffbaus und konnte mir daher über die Qualitätsarbeit der holländischen Schiffbauer ein Urteil erlauben.
Die Firmenleitung lud uns für den nächsten Tag zu einer Bootsfahrt nach Amsterdam und Zaandam ein, wo wir auch das Häuschen Peters des Großen besichtigen wollten.
Nachdem Tewosjan die Angelegenheiten auf der Werft geklärt hatte, machten wir uns mit einem Motorboot zu einer Stadtrundfahrt auf den Weg. Den tiefsten Eindruck hinterließ bei mir die Unmenge der Radfahrer, Fahrräder schienen hier das Hauptverkehrsmittel zu sein. Ganze Schwärme von Mädchen flogen buchstäblich über die längs der Kanäle angelegten Wege. Von Wind umweht, schienen sie einen ungewöhnlichen Cancan zu tanzen. Tewosjan, der sah, wie ich ihnen hinterherblickte, brummte verächtlich:
»Kommen Sie ja nicht auf dumme Gedanken ...«
An die Stadtbesichtigung schloß sich ein offizielles Abendessen an, auf dem kurze Reden gehalten wurden. In Vorfreude auf die Reise am folgenden Tag, begaben wir uns dann ins Hotel und verabredeten am Morgen in Tewosjans Zimmer zu frühstücken.
Nachdem ich anderntags erwacht war und mich geduscht hatte, wollte ich mich rasieren und schaltete das Radio ein. Was ich nun hörte, überraschte mich so sehr, daß ich mich beim Rasieren sogar schnitt. Der Sprecher meldete, daß deutsche Truppen vor wenigen Stunden in Norwegen und Dänemark gelandet seien.
Nun war der »seltsame Krieg« also zu Ende! Ich beendete hastig meine Toilette und eilte zu Tewosjan. Er saß bereits beim Frühstück. In Holland schien man überall Überfluß zur Schau zu stellen. Zum Frühstück wurden nicht einige Scheiben Schinken, sondern eine ganze Keule serviert, das gleiche galt für den Käse, der als Kugel auf den Tisch kam. Der Gast schnitt sich nach Belieben davon ab. Ein Korb mit Früchten, Thermosbehälter mit Tee und Kaffee, ein Krug Milch – all das drängte sich auf dem Tischchen.

»Sie haben sich verspätet«, hörte ich den Volkskommissar scherzhaft ausrufen.
»Wissen Sie denn noch nicht, was passiert ist?«
»Was kann schon passiert sein! Hier gibt es doch, soviel ich weiß, keine Erdbeben, oder?«
»Die Deutschen haben Norwegen und Dänemark besetzt!«
Im Nu war die sorglose Stimmung des Volkskommissars verflogen. Er sprang auf und begann im Zimmer auf und ab zu gehen.
»Das war zu erwarten gewesen. Ich habe ja gestern bereits gesagt, daß es bald losgehen wird. Doch die naiven Holländer redeten immer nur von ihrer Neutralität ...« erklärte Tewosjan, der mir selbst erst kürzlich gesagt hatte, daß die Deutschen die Neutralität respektieren würden.
»Und was sollen wir nun tun?«
»Natürlich kann von unserem Ausflug jetzt nicht mehr die Rede sein. Wir müssen unverzüglich nach Berlin zurückkehren.«
»Weshalb?«
»Sie sind ein seltsamer Mensch. Jetzt wird Holland vermutlich die Engländer um Beistand bitten, und die werden sich sicher darüber wundern, was ein sowjetischer Volkskommissar hier zu suchen hat. Ich möchte dieser Begegnung lieber aus dem Weg gehen ...«
Tewosjan verstummte, während er weiter im Raum auf und ab schritt. Er trat ans Fenster und hob den Vorhang. Auf der Straße war es ruhig.
»Die Ruhe ist trügerisch«, sagte er nachdenklich. Nach einer Pause fuhr er energisch fort:
»Bestellen Sie unverzüglich einen Wagen. Wir werden auf kürzestem Weg zur deutschen Grenze fahren. Hinterlassen Sie beim Portier die Nachricht, daß man mich dringend nach Moskau gerufen hat.«
Ich trank hastig meinen Kaffee aus und ging daran, die Anweisungen des Volkskommissars zu erfüllen. Es war nicht schwer, einen Wagen zu finden. Wir warfen unsere Sachen in den Kofferraum und machten uns auf den Weg. Brücken und Schleusen wurden von holländischen Soldaten bewacht. An einigen Kreuzungen standen kleine Panzerfahrzeuge. Die Landstraße war jedoch menschenleer, keinerlei Nervosität war spürbar.

Erneut in Rotterdam

Die Ereignisse überschlugen sich. Am 10. Mai drangen deutsche Truppen ohne jegliche Vorwarnung in Holland und Belgien ein. Hitler begründete seine fortlaufende Aggression mit der Notwendigkeit, »die Neutralität« beider Staaten zu stärken. Das glaubte natürlich niemand. Auch hier war der »Blitzkrieg« erfolgreich gewesen. Die Wehrmacht hatte Holland innerhalb weniger Tage okkupiert. Das selbe Schicksal erwartete nun Belgien. Und schließlich wendete sich die Kriegsmaschinerie gegen Frankreich.

Mitte Mai wurde ich aus Essen nach Berlin beordert. Der stellvertretende Handelsattaché der UdSSR in Deutschland, Kormilizyn, wollte nach Rotterdam reisen, um sich nach dem Stand der Fertigstellung unserer Kühlschiffe zu erkundigen, und ich sollte ihn begleiten. Der Eisenbahnverkehr zwischen Berlin und Den Haag war schnell wieder aufgenommen worden. Im Zug erinnerten lediglich die vielen Militärs an den Krieg. Auf holländischem Territorium waren einige Eisenbahnbrücken beschädigt, so daß der Zug seine Fahrt verlangsamen mußte. Gleichsam tastend bewegte er sich auf den Gleisen voran, die provisorisch von Pioniereinheiten der Wehrmacht ausgebessert worden waren.

Den Haag schien äußerlich vom Krieg verschont geblieben zu sein. Hie und da sah man deutsche Posten, doch im großen und ganzen wurde die Ordnung von holländischen Polizisten aufrechterhalten. Nachdem Kormilizyn im Kontor von »Exportgetreide« von Lwow, der die blitzartige Besitzergreifung des Landes durch die Deutschen noch immer nicht ganz fassen konnte, über die Lage informiert worden war, begaben wir uns im Auto nach Rotterdam. Lediglich auf den Autobahnen deutete einiges auf die Okkupation hin. An den Straßenkreuzungen, an Brücken und Schleusen standen deutsche Panzerwagen und maschinengewehrbewaffnete Soldaten in Stahlhelmen. In alle Richtungen waren deutsche Militärfahrzeuge unterwegs. Einige Male wurden wir von Militärpatrouillen angehalten und nach unseren Dokumenten gefragt.

Kurz vor der Stadt sahen wir eine dunkle Wolke über Rotterdam hängen. Es roch nach Rauch und verbranntem Kaffee. Die bombardierten Bezirke Rotterdams und die Lagerhallen am Hafen qualmten noch immer.

Auf der Werft wurden wir von den mir bereits bekannten Firmenrepräsentanten empfangen. Hier erfuhr Kormilizyn die unangenehme Nachricht, daß unser Schiff, das sich bei unserem ersten Besuch auf der Helling befunden hatte, während des Bombenangriffs verbrannt, das andere jedoch unbeschädigt geblieben sei. Wir brachen zu einer Besichtigung auf. Auf dem ehemaligen Hellinggelände sahen wir die Reste der den Flammen zum Opfer gefallenen Eisenkonstruktion des Schiffes. Am unbeschädigten Kühlschiff gingen die Arbeiten an den Aufbauten und am Rumpf weiter. Es roch nach Mennige, Schmieröl und Farbe – Gerüche, die mich an den weit zurückliegenden Sommer 1937 erinnerten, als ich auf der Kiewer Werft gearbeitet hatte.
Die Firmenleitung sicherte uns zu, das Schiff so schnell wie möglich fertigzustellen. Tatsächlich traf es im Herbst des gleichen Jahres in Leningrad ein.
Nach Abschluß der Gespräche in Rotterdam fuhren wir nach Brüssel. Wegen des Krieges war die Verbindung zwischen Moskau und unserer Handelsvertretung in Brüssel unterbrochen, Kormilizyn sollte deshalb an Ort und Stelle nach dem Rechten sehen. In Holland hatte sich uns ein ruhiges Bild dargeboten. An der Grenze deutete lediglich die Anwesenheit deutscher Offiziere neben den holländischen und belgischen Grenzern auf die Besetzung hin. Wir waren nicht im Besitz von Visa und hatten nur eine Bescheinigung des deutschen Außenministeriums, die uns vor unserer Abreise aus Berlin ausgestellt worden war. Mit diesem Papier überquerten wir die Grenze. Kaum befanden wir uns jedoch auf belgischem Boden, als wir auch schon die Nähe des Krieges zu spüren bekamen. Allem Anschein nach hatten hier schwere Kämpfe stattgefunden. Zu beiden Seiten der Straße lag zerstörtes und ausgebranntes Kriegsgerät. Hin und wieder traf man auf Gruppen von Menschen, die auf Fahrrädern, Kinderwagen und Handwagen ärmliche Habseligkeiten transportierten. Wer mehr Glück hatte, nannte einen mit Koffern, Bündeln und Hausrat hochbeladenen Leiterwagen sein eigen. Obenauf saßen Kinder und Alte, Jüngere führten die Pferde am Zaumzeug. Die Flüchtlinge des Zweiten Weltkrieges begannen hier ihren langen und bitteren Marsch.
In unserer Botschaft wurden wir von Botschafter Rubinin empfangen. Rubinin war ein exzellenter Diplomat der Tschitscherinschen Schule, der wie durch ein Wunder die Säuberungen des Volkskom-

missariats für Äußeres Ende der dreißiger Jahre unbeschadet überstanden hatte. Er teilte uns mit, daß weder die Botschaft noch die Handelsvertretung Schaden genommen hätten, alle Mitarbeiter gesund seien und es bisher keinerlei besondere Probleme gegeben habe.

Der Botschafter bewirtete uns mit Kaviartoasts, Käsesandwiches, Kaffee und Gebäck und lud uns zu einer Stadtbesichtigung ein.

In Brüssel erinnerte erstaunlicherweise nichts an den Krieg. Der Verkehr wurde von belgischen Polizisten geregelt, auf den Boulevards flanierten gut gekleidete Menschen, in den Terrassencafés plauderten Damen mit solide aussehenden Herren ungezwungen unter bunten Sonnenschirmen an kleinen Marmortischen. Ein Geruch von Kaffee, teuren Zigarren und exklusiven Parfums lag in der Luft. Luxusgeschäfte prangten im Überfluß ihrer Waren, der Blick streifte Pyramiden von Obst und Gemüse und verführerisch lockende Auslagen von Konditoreien. Die Grüppchen deutscher Offiziere jedoch, denen man mitunter begegnete, und das völlige Fehlen belgischer Uniformen im Straßenbild erinnerten daran, daß sich das Land unter deutscher Besetzung befand.

Später allerdings änderte sich die Situation grundlegend – eine organisierte Plünderung der besetzten Westgebiete setzte ein, die jedoch von der im Osten noch weit übertroffen werden sollte. In jenen ersten Tagen der Okkupation allerdings verlief das Leben in Brüssel noch ganz normal.

Am Abend lud uns Rubinin in einen Nachtklub ein. Auch hier war viel Betrieb. Paare drehten sich im Tanz auf einer großen beleuchteten Glasplatte. Später erschien auf eben diesem Podium eine üppige Nackttänzerin, gefolgt von einem Illusionisten. Und wieder begann man zu tanzen. Wie in derartigen Etablissements üblich, wurde nur Champagner und Wein getrunken, und außer Mandeln gab es nichts zu essen. Man setzte wohl voraus, daß die Besucher bereits zu Hause oder im Restaurant zu Abend gegessen hatten. In der Proszeniumsloge saß eine Gruppe deutscher Offiziere, darunter auch ein General mit Monokel. Mit der Überheblichkeit der Sieger beobachteten sie, wie sich die Besiegten amüsierten.

Wir übernachteten in der Handelsvertretung und fuhren dann am nächsten Morgen nach Waterloo, um das Denkmal der historischen Schlacht zu besichtigen, die das Ende der Napoleonischen Ära besiegelte. Der Krieg hatte die Gedenkstätte nicht berührt, doch das ganz in der Nähe liegende Städtchen Namur lag in Schutt und Asche. Rauch hing über den Ruinen, und die Mauerreste blickten uns aus leeren Augenhöhlen traurig entgegen. Über allem schwebte noch immer der süßliche Geruch der unter den Trümmern verschütteten Leichen. Diese Todeszone war von deutschen Soldaten abgesperrt worden, uns ließ man jedoch nach Vorlage unserer Bescheinigung vom deutschen Außenministerium passieren.

Die Kämpfe in Frankreich näherten sich ihrem Ende. Jeden Tag meldete das deutsche Heereskommando die Einnahme neuer Städte. Die Maginot–Linie war umgangen, die ihr zugedachte Rolle als unüberwindlicher Wall ad absurdum geführt worden.

Voller Sorge kehrte ich nach Berlin zurück. Wie war das alles zu verstehen? Die stolzen und hochmütigen Sieger des ersten Weltkrieges wichen ungeordnet zurück, flohen panikartig vor dem Ansturm der erst unlängst Besiegten. So wurde also das »ungerechte Versailler Diktat« vergolten. Flüchtlingsströme in Belgien und Frankreich – erschöpfte, hungernde, zerlumpte Menschen auf der einen Seite und akkurate, disziplinierte, selbstbewußte Soldaten und Offiziere der Wehrmacht auf der anderen Seite. Welch Kontrast!

Gab es denn keine Kraft, die diesen Strom, der sich bereits über die Grenzen Europas hinaus ergoß, aufhalten konnte? Wohin würde sich diese Lawine weiterbewegen?

Von Trommelwirbel und »Sieg Heil«-Rufen begleitet, meldete der Berliner Rundfunk der gesamten Welt stets neue, glänzende Siege. Paris war gefallen. Die Wochenschau zeigte, wie deutsche Truppen durch den Triumphbogen marschierten. Das englische Expeditionskorps wurde bei Dünkirchen eingekesselt. Die Soldaten ließen Waffen und Kriegsmaterial zurück und nutzten die Atempause, die ihnen der »Führer« großmütig eingeräumt hatte, um sich über den Ärmelkanal nach Großbritannien zu retten. Frankreich kapitulierte. Die Wochenschau berichtete, wie Hitler im Wald von Compiègne, nahe dem historischen Eisenbahnwaggon Marschall Fochs, in dem am 11. November 1918 die Kapitulation des deutschen Kaiserreichs entgegengenommen worden war, einen Freudentanz aufführte. Jetzt, am 21. Juni 1940, diktierte Hitlerdeutschland an diesem Ort Frankreich drakonische Kapitulationsbedingungen.

Auch in Berlin fand eine Militärparade statt, die Hitler selbst abnahm. Ich stand unweit der Tribüne in der Siegesallee und sah, wie sich dem Führer unzählige Hände aus der Menge entgegenstreckten, als er langsam im offenen Wagen vorüberfuhr. Frauen hielten ihm Säuglinge entgegen, in der Hoffnung, so einen Zipfel seiner Uniform streifen zu können. – Welch eine Massenhysterie! Schließlich stand Hitler auf der Tribüne, in einfacher Militärjacke mit dem Eisernen Kreuz auf der Brust, neben ihm Feldmarschälle, Generale, Admirale, hohe SS-Offiziere in den verschiedensten Paradeuniformen.

Hitler hob die Hand zum faschistischen Gruß und begrüßte und segnete gleichsam die akkuraten Reihen der vorbeidefilierenden Soldaten. Ein eindrucksvolles, schreckliches Bild!

Unsere Handelsvertretung hatte Einladungskarten für die Diplomatenloge der »Kroll-Oper« erhalten, die nach dem Reichtagsbrand als Tagungsort der von Hitler ernannten »Parlamentarier« diente. Wir nahmen unsere Plätze frühzeitig ein und beobachteten, wie sich der Saal langsam füllte.

Fast alle Anwesenden trugen Uniform – des Heeres, der Marine, der »SS« und »SA«. Zivilisten sah man kaum. Im Präsidium saß Göring in seiner silbernen, speziell für ihn gefertigten Uniform des Reichsmarschalls, die Brust voller Orden und Medaillen. Neben ihm Heß, Göbbels, Himmler, Ribbentrop und andere Nazibonzen. Hitler war noch nicht eingetroffen. Erwartungsvoll verstummte jedes Gespräch. Plötzlich jedoch toste ein betäubender Beifallssturm durch den Raum. Irgendwo unter unserer Loge war Hitler erschienen. Langsam und ohne den Blick zu heben, bewegte er sich durch den Gang auf das Podium zu, die rechte Hand zum faschistischen Gruß erhoben, die Linke auf dem Koppel der Militärbluse. Er schien den Lärm im Saal, die »Sieg Heil«-, »Heil-Hitler«- und »Heil-Führer«-Rufe überhaupt nicht zu hören ...

Ich beobachtete die Szene und ertappte mich erschrocken bei dem Gedanken, wie vieles hier unseren Parteitagen und Konferenzen ähnelte, wenn Stalin den Raum betrat. Sicherlich wirkte alles theatralischer, doch es waren die gleichen stürmischen Beifallsäußerungen, die in nicht enden wollende Ovationen übergingen. Und auch hier erhoben sich alle Anwesenden von ihren Plätzen. Selbst die beinahe hysterischen Rufe ähnelten einander: »Ruhm dem großen Stalin« – »Heil unserem Führer« ...

Hitler betrat die Bühne und nahm neben Göring Platz. Stehend sang man nun »Deutschland, Deutschland über alles«, und wieder brausten Ovationen und Schreie auf. Nach einigen Minuten machte Hitler mit der Hand ein Zeichen, und augenblicklich trat Stille ein. Göring erteilte nun dem »Führer und Reichskanzler Großdeutschlands« das Wort. Erneut Beifall. Als Hitler zu reden begann, verstummte der Saal.

Nachdem Frankreich zerschlagen und England die Möglichkeit gegeben worden war, fast eine halbe Million Soldaten aus Dünkirchen zu evakuieren, nahm Hitler an, daß London nun zu einem Friedensschluß bereit sei. In seiner Rede schlug er Großbritannien einen Separatfrieden vor. Er mobilisierte all seine schauspielerischen Fähigkeiten, um vor der Weltöffentlichkeit zu demonstrieren, daß er ungeachtet des großen Erfolgs beherrscht, bescheiden, nachgiebig und zu Konzessionen bereit sei. Kein einziger hysterischer Schrei, kein scharfes Wort kam über seine Lippen, er war die Liebenswürdigkeit selbst. Einen gewissen Sarkasmus gegenüber Churchill, der kürzlich die Regierungsgeschäfte in Großbritannien übernommen hatte, konnte er allerdings nicht gänzlich vermeiden. Den einfachen Engländern jedoch wies er großmütig einen Ausweg aus dem Krieg und sicherte ihnen den Erhalt ihres Imperiums zu.

»In dieser großen Stunde«, verkündete Hitler feierlich, »halte ich es für meine Pflicht vor meinem Gewissen, England noch einmal zur Vernunft zu rufen. Ich bin dazu wohl befugt, denn nicht als Besiegter bitte ich um irgend etwas, sondern als Sieger fordere ich zur Vernunft auf. Ich sehe keinen Anlaß mehr, den Krieg fortzusetzen.«

London jedoch beantwortete diesen Vorstoß mit einem eindeutigen »Nein«.

Der enttäuschte Hitler veranlaßte nun, das Unternehmen »Seelöwe« – die Landung auf den Britischen Inseln – zu beschleunigen.

Es begannen massive Luftangriffe auf englische Städte – Coventry wurde zerstört, das britische Parlamentsgebäude in London schwer getroffen. Doch nun verstärkte sich auch der Widerstand der Engländer. Eine wachsende Zahl von Flugzeugen der deutschen Luftwaffe wurde abgeschossen. In Berlin mußte immer häufiger Fliegeralarm ausgelöst werden – englische Bomber hatten die Luftabwehr der Reichshauptstadt durchbrochen.

Im August wurde ich nach Moskau abberufen. Ich sollte unverzüglich beim Außenhandelskommissar A. I. Mikojan erscheinen. Eilig packte ich meine Koffer.

Zu Beginn des Sommers hatte ich in einem Mode-Atelier auf der Tauenzienstraße einen Anzug und einen Mantel in Auftrag gegeben.

Man hatte mir zugesichert, schnell mit der Arbeit zu beginnen, doch dann war der Schneider eingezogen worden, und die Fertigstellung verzögerte sich. Nun konnte ich ja nicht mehr länger warten und ging erneut in den Mode-Salon. Zu meiner Überraschung sah ich dort den Schneider wieder. Nach einer Verletzung war er ausgemustert worden und zu seiner Arbeit zurückgekehrt. Ich erkannte ihn kaum wieder. Noch vor kurzem war er ein wohlgenährter junger Mann gewesen. Jetzt aber stand ein gebrechlicher Greis vor mir. Er lächelte, doch in seinen Augen spiegelten sich Schmerz und Entsetzen. Er bemerkte meine Verstörtheit und sagte:
»Da sehen Sie, was der Krieg aus einem Menschen machen kann. Mit den Siegesmeldungen im Ohr bin ich begeistert an die Front gefahren. Glauben Sie diesen Meldungen nicht. Es ist die Hölle. Körperlich lebe ich noch, doch psychisch bin ich tot ...«
Tränen traten ihm in die Augen. Er schien etwas zu wissen, was sich ein Mensch, der nicht im Krieg gewesen ist, anscheinend nicht einmal vorstellen kann. Auch meine Generation hatte damals noch keine Vorstellung davon. Es sollte jedoch nicht mehr lange dauern, bis Millionen Menschen in unserem Land mit dem schrecklichen Geheimnis des Krieges Bekanntschaft schlossen ...

Rückkehr nach Moskau

Nach halbjährigem Auslandsaufenthalt kehrte ich nun nach Moskau zurück. Wurde ein Sowjetbürger plötzlich in die Heimat zurückgerufen, so überkam ihn damals Unruhe: War er nicht von irgend jemandem denunziert worden, erwartete ihn vielleicht irgendeine Unannehmlichkeit? Obwohl man mich telegrafisch aufgefordert hatte, im Sekretariat des Außenhandelskommissars zu erscheinen, konnte ich dennoch nicht ausschließen, daß es sich hierbei um eine Finte handelte – der »Beschuldigte« sollte keinen Verdacht schöpfen und nicht zu einer wie immer gearteten Handlung provoziert werden, die der Obrigkeit nicht wünschenswert erschien. Jene Mitarbeiter der Behörden, die bei uns für die Anleitung der »Auslandskader« zuständig waren, verfügten über eine Vielzahl derartiger Tricks.

Ich war mir keinerlei Dienstversäumnisse bewußt, doch hatte ich mich in Deutschland allzu freizügig bewegt und viele Kontakte gepflegt, die vielleicht das übliche Maß überschritten, und war nun in meinem Inneren beunruhigt, was mich erwarten würde.

Während meiner Zeit in Deutschland hatte ich einige Anschaffungen gemacht. Der Sowjetbürger kauft im Ausland Dinge, die kein Bürger irgendeines anderen Landes je kaufen würde, denn er kann dies ja bei sich zu Hause tun. Bei uns ist das anders. Damals – und daran hat sich übrigens bis heute, nach einem halben Jahrhundert, noch nichts geändert – brachte man aus dem Westen Waschmaschinen, Musiktruhen, Radioapparate, Fotoapparate, Seidenstrümpfe, modische Kleidung und vieles andere mit. Seife, Zahnpasta, Rasiercreme oder Rasierklingen kaufte man seinerzeit – im Gegensatz zu heute – nicht im Ausland ein. Diese Dinge gab es noch reichlich. Natürlich hatte auch ich mich neu eingekleidet, eine Musiktruhe mit einem Radioempfänger der Firma »Telefunken«, einen der damals besten Fotoapparate, »Kontax«, eine Uhr und noch andere Kleinigkeiten gekauft.

Valentin Petrowitsch Selezkij brachte mich zum Bahnhof »Friedrichstraße«. Er half mir, meine Sachen im Abteil zu verstauen und wartete bis zur Abfahrt des Zuges.

»Ich beneide dich, du fährst nach Hause«, sagte er. »Ich muß noch eine Weile hier bleiben. Hoffentlich geht bei dir alles glatt. Wenn irgend etwas Ungewöhnliches eintritt, laß es mich wissen.«

Dennoch machte er sich Sorgen um mich, als würde mich zu Hause eine unangenehme Überraschung erwarten. Pflegte man allzu engen Umgang zu Ausländern, so konnten einem leicht Unannehmlichkeiten daraus entstehen. Wir wußten das gut. Trotzdem zog es mich heim. Ungeduldig erwartete ich den Augenblick, wo ich wieder heimatlichen Boden unter den Füßen spüren würde.
Die Reise führte durch polnisches Territorium. In Frankfurt an der Oder war die Brücke noch beschädigt, deutsche Pioniere arbeiteten an ihrer Wiederherstellung. Auf dem Lande sah alles friedlich aus, in den Städten jedoch sah ich viele vom Krieg zerstörte Häuser. Der Posener Bahnhof lag in Trümmern; Warschau umfuhr der Zug auf einer Umgehungsstrecke, und nur von ferne war die Silhouette der Stadt zu erkennen.
Schließlich kamen wir an die sowjetisch-deutsche Grenzlinie. Der Zug hielt, und ein SS-Offizier sowie zwei Soldaten bestiegen den Waggon. Aufs genaueste überprüften sie die Papiere, das Gepäck interessierte sie jedoch nicht. Es ertönte ein Pfiff, und wir fuhren weiter. Der Zug rollte langsam über die Brücke auf das östliche Ufer des Bug. Neben einem gestreiften Grenzpfahl mit der Aufschrift »UdSSR« stand hier ein junger Soldat in ausgeblichener Uniformbluse und einem Käppi mit dem roten Stern. Bei seinem Anblick schnürte sich mir der Hals zu. Freudig begann mein Herz zu klopfen, und Tränen traten mir in die Augen. Mir wurde ganz leicht zumute.
Dieses Gefühl sollte jedoch nicht lange anhalten. Der Zug hielt am Grenzbahnhof, wo wir zwei Stunden warten mußten, bis das Fahrgestell des Zuges auf die größere Spurbreite der Gleise umgerüstet war.
Aus den Lautsprechern ertönte schnarrend die Aufforderung: »Bürger Passagiere, steigen Sie mit Ihrem Gepäck zur Zollkontrolle aus.«
Zum grauen Zollgebäude wand sich eine lange Schlange von Koffern, Paketen und Kisten. Aus dem Gepäckwagen wurden sperrige Gegenstände entladen, die auf langen eisenbeschlagenen Tischen aufgetürmt wurden. Die Zöllner wühlten selbstvergessen in der Wäsche der Reisenden, wendeten die Taschen von Hosen und Anzügen. Die Kontrolle ähnelte einer Durchsuchung. Bücher, Zeitungen, Zeitschriften, Briefe, Papiere, auf denen irgend etwas geschrieben stand, mußten dem Grenzer ausgehändigt werden, der damit ir-

gendwohin verschwand. So wurde die Losung »Gesicherte Grenzen« in die Tat umgesetzt.
Schließlich war ich an der Reihe. Da sich in meinem Koffer nichts Anstößiges fand, forderte mich der Zöllner auf, das Paket, das ich bei mir hatte, zu öffnen.
»Es ist ein Radio drin.«
»Ich fordere Sie auf, das Paket zu öffnen«, wiederholte er streng.
»Sie sehen doch, es ist die Originalverpackung«, erklärte ich. Ich wollte um keinen Preis den Bindfaden zerschneiden und das Klebeband aufreißen. Doch damals wußte ich noch nicht, wie gefährlich es sein kann, einem Zollbeamten zu widersprechen. Nun wiederholte er schon viel schärfer und mit Erregung in der Stimme:
»Sie wurden angewiesen, das Paket zu öffnen, was stellen Sie sich so an? Weshalb weigern Sie sich?«
Ich hätte ihn gern auf den Nutzen gegenseitiger Höflichkeit hingewiesen, doch ich entschloß mich, weiteren Zusammenstößen aus dem Weg zu gehen und machte mich daran, das Paket zu öffnen. Er betrachtete das glänzende Gehäuse des Radios.
»Öffnen Sie den Apparat!«
Jetzt erkannte ich meinen Fehler. Nun würde er mich quälen. Ich mußte Selbstbeherrschung zeigen. Er forderte mich auf, die Rückwand des Gerätes zu entfernen, suchte lange mit den Fingern zwischen Spulen, Lämpchen und Kondensatoren herum, blickte mich von Zeit zu Zeit an und schien das Kinderspiel »heiß oder kalt« mit mir zu spielen ... Plötzlich glaubte er in meinen Augen »heiß« ablesen zu können und tastete nach einem Geheimversteck. Seine Suche blieb jedoch erfolglos. Er richtete sich auf und blickte mich verachtungsvoll an.
»Wie viele Uhren haben Sie bei sich?« fragte er plötzlich mit zusammengekniffenen Augen.
»Hier, diese!«, ich schob den Ärmel meines Jacketts in die Höhe und zeigte ihm meine Armbanduhr.
»Und wie viele haben Sie in der Tasche?«
Woher wußte er das? War er ein Hellseher? Oder hatte mich doch jemand in Berlin verpfiffen? Doch ich hatte ja nichts zu befürchten – zwei Damenarmbanduhren, eine Kleinigkeit!
»Ich habe für meine Mutter eine kleine Uhr gekauft ...«
»Und weiter?«
»Und noch eine für meine Freundin ...«

»Zeigen Sie her!«
Ich legte die zwei kleinen Päckchen auf den Tisch. Der Zöllner öffnete zuerst das eine, dann das andere.
»Das sieht gar nicht gut für Sie aus ... Sie hatten wohl vor, dieses Schmuggelgut illegal einzuführen?«, fragte mein Peiniger mit schadenfrohem Lächeln.
»Warum Schmuggelgut? Ich habe die Uhren doch deklariert ...«
»Erst, nachdem ich Sie dazu aufgefordert hatte. Außerdem ist es nicht gestattet, mehr als eine Uhr einzuführen. Wir müssen ein Protokoll aufnehmen.«
Jetzt verstand ich, daß jede Diskussion sinnlos war. Ich streifte meine Armbanduhr vom Handgelenk und legte sie neben eines der Päckchen auf den Tisch. Das zweite Päckchen schob ich unauffällig zur Seite, ich wollte es ja meiner Mutter mitbringen.
»Ich müßte eigentlich Ihrer Dienststelle Meldung erstatten, aber ich will davon Abstand nehmen. Ich stelle Ihnen eine Quittung über die Beschlagnahme aus ...«
In Gedanken verfluchte ich ihn und begann den Radioapparat wieder einzupacken. Von der gehobenen Stimmung war keine Spur mehr geblieben.
Auf dem belorussischen Bahnhof in Moskau herrschte das übliche Gedränge, und am Taxistand wand sich wie gewöhnlich eine nicht enden wollende Schlange. Es gelang mir, den Fahrer eines schwarzen »Sis«*, eines Dienstwagens ähnlich unserem heutigen »Tschaika«, zu überreden, mich mitzunehmen. Ich hatte nicht weit zu fahren, lediglich bis zum Smolensker Platz. Da mir keine andere Wahl blieb, entschloß ich mich, auf eigene Faust wieder im Offizierswohnheim am Arbat** abzusteigen. Tante Njusja bereitete mir einen freundlichen Empfang. In meinem ehemaligen Zimmer war auch tatsächlich noch ein Bett frei. Ich wusch mich mit kaltem Wasser, nahm ein frisches Hemd aus dem Koffer und präsentierte mich schließlich in neuem Glanz Tante Njusja, die mich erfreut musterte. Anschließend machte ich mich auf den Weg zum Volkskommissariat, um meine Ankunft zu melden.

---

* Sie wurden im Moskauer Stalin-Werk hergestellt, daher der Name »Sis« – Sawod imeni Stalina – d. A.
** Arbat, große Moskauer Straße – Anm. d. Übers.

Viertes Kapitel

Referent bei einem Volkskommissar

Das Volkskommissariat für Außenhandel der UdSSR befand sich damals in der Kuibyschewer Straße, gegenüber dem Polytechnischen Museum. Ich rief vom Einlaßdienst aus an und erfuhr, daß mich ein Mitarbeiter in einigen Minuten abholen würde. Also hatte mich der Volkskommissar tatsächlich zu sich bestellt. Doch woher mochte Anastas Iwanowitsch Mikojan, ein Mensch, der zur obersten Spitze der sowjetischen Führung gehörte, Kampfgenosse Stalins und Mitglied des allmächtigen Politbüros war, von mir erfahren haben? Wahrscheinlich hatte Tewosjan sich wohlwollend über meine übersetzerischen Qualitäten geäußert. Welche Wendung würde mein Leben nun wohl nehmen?

»Valentin Michailowitsch?« unterbrach eine heisere Stimme meinen Gedankengang. Vor mir stand ein mittelgroßer Mann in einem tadellos sitzenden grauen Nadelstreifenanzug, hellblauem Hemd und einer Fliege an Stelle der Krawatte. Man merkte ihm an, daß er ein Mann von Welt war.

»Kommen Sie, der Volkskommissar erwartet Sie bereits ...«

Wir fuhren im Fahrstuhl in die fünfte Etage, betraten das Sekretariat, wo mir eine ältere, sehr elegant gekleidete Dame vorgestellt wurde – es war die persönliche Sekretärin Mikojans.

»Nehmen Sie Platz, Anastas Iwanowitsch ist gleich frei«, sagte sie und deutete auf einen Sessel am Fenster.

Es dunkelte bereits, und auf dem Platz waren die Lichter angegangen. Vom Dach des Polytechnischen Museums leuchteten in bunten Lettern Schriftzüge wie »Unsre Krabben gut und fein, laden Euch zum Essen ein« oder »Pflaumenmus und Marmelade, das schmeckt gut, keine Frage«, »Fehlt Dir ein Geschenk im Haus, schaue nur nach Hering aus«. All dies waren Ideen Mikojans, der den Binnenhandel wieder auf die Beine bringen wollte. Er beauftragte bekannte Dichter, zündende Reklamesprüche zu finden, wie das seinerzeit Majakowskij getan hatte. Und es war keineswegs eine Farce. Damals türmten sich in den Schaufenstern – und nicht nur in Moskau, sondern auch in den anderen großen Städten – Pyramiden von Krabbendosen. Auf den Ladentischen standen hölzerne Fäßchen mit rotem und schwarzem Kaviar, auf dicken Holzbrettern lagen Heringe, Lachse und andere Fische, Käse, Schinken, Wurst in großer Aus-

wahl. Es gab gut gefüllte Weinregale, neben dem üblichen Angebot sah man Neuheiten, wie zum Beispiel Gin mit einem lachenden holländischen Matrosen auf dem Etikett oder sowjetischen Whisky. Und vor allem – nirgends mußte angestanden werden. Nachdem sich die Versorgung während des Krieges mit Finnland etwas verschlechtert hatte, war jetzt eine merkliche Besserung zu spüren.
Aus Mikojans Arbeitzimmer traten drei Herren heraus, und gleichzeitig ertönte im Sekretariat ein kurzes Klingelzeichen. Die Sekretärin verschwand hinter der Tür und forderte mich bei ihrer Rückkehr – eine Ledermappe in der Hand – auf einzutreten.
Hinter der ersten Tür verbarg sich eine zweite. Nachdem ich diese geöffnet hatte, trat ich in einen verhältnismäßig kleinen, dunkel getäfelten Raum ein. Ich war erstaunt über die bescheidenen Ausmaße des Zimmers. Später dann erfuhr ich, daß die Sitzungen des Kollegiums des Volkskommissariats und die zahlreich besuchten Konferenzen im großen Kuppelsaal im sechsten Stock stattfanden.
Mikojan saß hinter seinem Schreibtisch. Die bronzene Schreibtischgarnitur mit dem schwingenausbreitenden Adler, der grüne Lampenschirm und die Papierstöße verdeckten seine zierliche Figur fast völlig. Er blickte mir aufmerksam, streng und beinahe mißgünstig entgegen. Es schien, als sei er mit irgend etwas unzufrieden. Würde er mir etwa eine Rüge erteilen?
»Ich melde mich auf Ihren Befehl, Genosse Volkskommissar«, beeilte ich mich zu melden.
Mikojan lächelte und entblößte dabei eine Reihe ungleichmäßiger, vom jahrelangen Rauchen vergilbter Zähne unter dem schmalen Schnurrbart.
Augenblicklich war die Strenge verschwunden. Dieses entwaffnende Lächeln half ihm häufig über schwierige Situationen in Verhandlungen mit Ausländern hinweg. Der zornige Gesichtsausdruck war lediglich auf seine Hakennase und die tiefen Falten um die Mundwinkel zurückzuführen.
»Setzen Sie sich«, hörte ich ihn mit leiser Stimme sagen. Ich nahm in einem der Ledersessel am Tisch Platz.
»Wann sind Sie aus Deutschland zurückgekehrt?«
»Gerade eben erst. Ich bin direkt vom Bahnhof zu Ihnen gekommen.«
»Wissen Sich schon, wo Sie unterkommen werden?«
Ich erklärte ihm, daß ich beabsichtigte, wieder in dem Wohnheim zu

übernachten, in dem ich bereits vor meiner Abreise nach Deutschland gewohnt hatte. Mikojan drückte auf den Klingelknopf. Die Sekretärin trat ein.
»Sagen Sie Fjodor, daß er Genossen Bereschkow eine Unterkunft vorbereiten soll«, und zu mir gewandt, fügte er hinzu:
»Mein Mitarbeiter für Organisatorisches wird noch heute etwas entsprechendes für Sie vorbereiten.«
Ich bedankte mich und murmelte undeutlich, daß das doch nicht nötig sei.
»Bescheidenheit ist die Zierde der Bolschewiki«, hörte ich den Volkskommissar sagen, »zu viel Eifer ist aber auch nicht angebracht. Erzählen Sie mir jetzt, was dort in Deutschland vor sich geht! Der Sieg in Frankreich ist den Deutschen wohl zu Kopfe gestiegen?«
Ich erzählte ihm von meinen Beobachtungen während der Siegesparade in Berlin und der Sitzung des Reichstages, bei der Hitler gesprochen hatte, und bemühte mich, ihm einen Eindruck von der in Deutschland herrschenden Atmosphäre der Massenpsychose zu vermitteln.
Anschließend informierte ich Mikojan kurz über den Stand der Arbeit in den Kruppwerken.
»Tewosjan hat mir erzählt, daß sie mit ihm in Rotterdam und Brüssel waren. Wie sieht die Situation dort aus?«
Nachdem er mir aufmerksam zugehört hatte, teilte er mir mit, daß das Kühlschiff in Kürze im Leningrader Hafen eintreffen würde.
»Tewosjan war zufrieden mit Ihnen«, fügte der Volkskommissar hinzu.
Nun trat eine Pause ein. Mikojan nahm ein Päckchen der eben erst auf den Markt gekommenen Zigarettenmarke »Troika« vom Tisch, öffnete die Schachtel und hielt sie mir einladend entgegen. Unter der Silberfolie schimmerte eine unberührte Reihe Zigaretten mit goldenem Filter. Im Zimmer eines Volkskommissars zu rauchen, schien mir allzu dreist zu sein. Vielleicht wollte er mich absichtlich auf die Probe stellen.
»Nein danke, ich habe erst kürzlich mit dem Rauchen aufgehört«, schwindelte ich.
»Das ist vernünftig«, lobte mich Mikojan, nahm eine Zigarette aus dem Päckchen und begann zu rauchen. Honigduft durchzog nun den Raum.
Unter dem aufmerksamen Blick des Volkskommissars war mir unbe-

haglich zumute. Wie lange würde die Pause wohl andauern? Und vor allem – warum hatte er mich zu sich bestellt? Plötzlich drückte er die noch nicht zu Ende gerauchte Zigarette in einem schweren Marmoraschenbecher aus, offenbar hatte er einen Entschluß gefaßt ...
»Was halten Sie davon, im Volkskommissariat für Außenhandel anzufangen?« fragte mich Mikojan. »Es stehen wichtige Gespräche mit den Deutschen bevor, und dafür brauche ich einen guten Dolmetscher, der über Erfahrungen mit Deutschland verfügt. Tewosjan hält Sie für den geeigneten Kandidaten.«
»Es ist eine große Ehre für mich, ich werde mich bemühen, das Vertrauen zu rechtfertigen«, antwortete ich. »Doch ich bin ja noch immer Angehöriger der Seekriegsflotte, wie soll man da verfahren?«
»Das ist mir bekannt. Ich werde mit Admiral Kusnezow sprechen und ihn bitten, Sie zeitweilig zum Volkskommissariat für Außenhandel zu versetzen. Sie sind ja übrigens noch nicht Parteimitglied. Ich würde Ihnen raten, dieses Problem bald zu klären. Ich nehme an, daß man Sie als Kandidat aufnehmen wird, wenn Sie ein entsprechendes Gesuch an Ihre Einheit richten. Denken Sie darüber nach. Und morgen früh erwarte ich Sie in meinem Sekretariat. Totschilin oder Tschistow werden Sie dann einweisen. Auf Wiedersehen.«
Am Empfang erwartete mich wie zuvor derselbe elegant gekleidete Herr.
»Gehen wir, ich habe für Sie alles vorbereiten lassen«, forderte er mich auf.
Der an der Auffahrt wartende »Buick« fuhr mit uns in Richtung Roter Platz. Am Lenin-Museum bogen wir rechts ein und hielten vor dem Hotel »Metropol«. Nie im Leben hätte ich erwartet, einmal in diesem Luxushotel abzusteigen. In der dritten Etage wurde mir ein Appartement mit zwei Zimmern, Bad, Telefon und einer geräumigen, verglasten Veranda zur Verfügung gestellt. Später hörte ich, daß Bucharin irgendwann einmal in diesen Räumen gewohnt hatte, deren Balkon er mit ausgestopften Vögeln und anderen Jagdtrophäen angefüllt hatte.
»Es ist mir irgendwie peinlich, so viel Platz zu beanspruchen, haben Sie nicht ein kleineres Zimmer?« fragte ich.
»Hier gibt es keine kleinen Zimmer«, entgegnete mein Begleiter. »Wir haben hier einige Räume gemietet, die das Volkskommissariat bezahlt. Richten Sie sich ruhig so lange hier ein, bis Sie eine Wohnung bekommen.«

»Kann ich meine Sachen vom Smolensker Platz hierher holen?«
»Das ist doch selbstverständlich. Ich gehe zu Fuß zurück, und Sie können über den Wagen verfügen. Es ist ein Dienstwagen, den Sie jederzeit für dienstliche Angelegenheiten in Anspruch nehmen können ...«
All dies kam mir wie ein Traum vor – das Gespräch mit dem Volkskommissar, seine Aufforderung, ich solle um Aufnahme in die Partei bitten, dieses Luxushotel und das Auto, das mir nach Gutdünken zur Verfügung stand. Sicherlich hatte Mikojan die Frage meiner Parteikandidatur vorher bereits mit der Politabteilung der Seestreitkräfte abgesprochen, doch war ich reif für eine derartige Entscheidung? Und würde ich die Arbeit bei einem so fordernden und strengen Vorgesetzten wie Anastas Iwanowitsch überhaupt bewältigen können? Anscheinend war die Parteizugehörigkeit eine der Bedingungen für die Aufnahme einer Arbeit im Volkskommissariat. Wie sollte ich in dieser ernsten Angelegenheit nur entscheiden? Sollte ich diesen Schritt lediglich gehen, um im Sekretariat des Volkskommissars angestellt zu werden? Im Grunde konnte ich ja bereits damit rechnen, angenommen zu sein. Doch war auch klar, daß Mikojan nicht daran zweifelte, daß ich um Aufnahme in die Partei bitten und auch aufgenommen werden würde. Ich wollte jedoch auch meinen Grundsätzen treu bleiben. Früher hatte ich über derartige Dinge nicht nachgedacht. Bei einer der üblichen Kampagnen anläßlich des zehnten Todestages Lenins im Jahre 1934 hatte man mich ungefragt auf eine Liste des sogenannten Komsomolaufgebots* gesetzt. Doch dann vergaß man, unsere Gruppe auch tatsächlich zu konstituieren – und auch wir zeigten kein besonderes Interesse –, so blieb ich also parteilos. Andererseits hatte ich mich stets bemüht, meine Plichten gewissenhaft zu erfüllen, glaubte, daß die Partei unser Land auf dem richtigen Weg in die Zukunft führe und zweifelte nicht daran, daß Stalin Schüler und gesetzmäßiger Nachfolger Lenins sei. Weshalb sollte ich also nicht Mitglied der Partei Lenins werden und mich bemühen, auf dem Platz, den man mir jetzt anwies, meinen bescheidenen Beitrag zum Aufbau des Sozialismus zu leisten?
All diese Gedanken gingen mir auf dem Balkon des Hotels »Metro-

* Masseneintritt in die Kommunistische Partei nach dem Tode Lenins – Anm. d. Übers.

pol« durch den Kopf. Von unten drangen gedämpfte Stimmen zu mir empor – das Theaterpublikum des nahegelegenen Maly-Theaters strömte nach der Vorstellung ins Freie, Straßenbahnen klingelten, am »Grand Hotel« fuhren Autos vor ...

Die Restaurants waren damals bis vier Uhr früh geöffnet, und die Küche des »Grand Hotels« erfreute sich besonderer Beliebtheit, auch die Bedienung war hervorragend. Es waren noch die gleichen vorrevolutionären Kellner, die sich würdevoll und gleichzeitig aufmerksam und zuvorkommend um die Gäste bemühten.

Am nächsten Morgen ging ich ins Volkskommissariat. Ich stellte mich Totschilin vor, einem sehr angenehmen, umgänglichen Menschen. Er leitete die Referentengruppe. Totschilin zeigte mir einen Auszug aus einer Anweisung Mikojans. Aus ihr ging hervor: Ich war zum Referenten des Volkskommissariats für Außenhandel ernannt und war für die sowjetisch-deutschen Wirtschaftsbeziehungen zuständig.

Heute mutet es geradezu abenteuerlich an, einen blutjungen Technologieingenieur, der lediglich einige Monate lang in den Kruppwerken in Deutschland gearbeitet hatte und nur über Kenntnisse auf dem Spezialgebiet der Marine-Militärtechnik verfügte, mit einer derart verantwortungsvollen Aufgabe zu betrauen. Hier waren ja umfangreiche Kenntnisse auf dem Gebiet des Handels, der Geschichte der sowjetisch-deutschen Wirtschaftsbeziehungen, ein Überblick über Präzedenzfälle und die unzähligen juristischen Rechtsnormen, Vertrautheit mit gültigen Verträgen, der Konjunktur und der Eigenart des internationalen Marktes vonnöten. Von all dem hatte ich nicht die geringste Vorstellung, als ich im August 1940 meinen Schreibtisch im Sekretariat des Volkskommissars bezog. Nur meiner jugendlichen Selbstüberschätzung und dem Taumel, in den ich durch den steilen Aufstieg von der Mannschaftskajüte in Wladiwostok an diesen Schreibtisch und ins Hotel »Metropol« verfallen war, ist mein leichtfertiges Einverständnis, auf Mikojans Vorschlag einzugehen, anzulasten. Doch wie konnte dieser erfahrene Funktionär sich einen derartigen Jüngling zum Mitarbeiter wählen? Offensichtlich brauchte er dringend einen Dolmetscher, der über wie auch immer geartete Erfahrungen mit Deutschland verfügte. Und diesen Punkt erfüllte ich ja mehr oder weniger. Die Hauptsache war aber wohl, daß im Volkskommissariat für Außenhandel, wie auch in vielen anderen sowjetischen Behörden, durch die Stalinschen »Säube-

rungen« Personal fehlte. Es mußten dringend neue Mitarbeiter gefunden werden, und unter dieser Voraussetzung konnte man keine allzu hohen Forderungen stellen.
Der Gerechtigkeit halber muß aber gesagt werden, daß es Mikojan gelungen war, auch einige alte Fachleute zu halten. Ich erinnere mich noch gut, wie der Volkskommissar bei den Kollegiumssitzungen nach der heißen Diskussion irgend einer wichtigen Frage und den unterschiedlichsten Meinungsäußerungen sich voller Hochachtung an die etwas abseits sitzenden Experten Kelin und Frey wandte:
»Jetzt wollen wir unsere Weisen befragen, was sie darüber denken!«
Geduldig hörte er ihre ausführlichen Darlegungen zur vorangegangenen Diskussion, ihre Analyse der positiven und der negativen Gesichtspunkte und der zuvor unterbreiteten Vorschläge an. In der Regel gaben beide Experten übereinstimmende Empfehlungen, doch es kam auch vor, daß Frey und Kelin unterschiedlicher Ansicht waren. Das reizte Mikojan. Er forderte sie auf, ihre Schlußfolgerungen noch einmal zu überdenken, während das Kollegium den nächsten Tagesordnungspunkt behandeln würde. Nun begannen sie in ihrer Ecke zu flüstern, es kam auch vor, daß sie den Sitzungssaal verließen. Wenn auch dann keine Übereinstimmung erzielt werden konnte, wandte sich Mikojan an die Kollegiumsmitglieder, die nach einer weiteren Debatte schließlich eine der vorgeschlagenen Varianten akzeptierten. Mich erinnerten die beiden Experten an biblische Propheten oder antike Orakel-Priester – der schwergewichtige, nachlässig gekleidete Frey mit seinem weißen Haar und Kelin, ein großer asketisch aussehender, hagerer Mann mit gestärktem Kragen und Fliege. Gern hörte ich ihrer geschliffenen, kultivierten Rede zu. Und jedes Mal lernte ich etwas Neues dazu.
Sehr schnell begriff ich, wie wenig ich wußte. Ich mußte dickleibige Dossiers mit dem Briefwechsel der letzten Jahre und Protokolle von Wirtschaftsverhandlungen durcharbeiten, Telegramme der sowjetischen Handelsvertretungen im Ausland sowie Exzerpte von Beschlüssen des ZK der KPdSU und des Rates der Volkskommissare lesen. Auch hatte ich mich mit Abkommen und Vereinbarungen zwischen der UdSSR und Deutschland seit der Zeit der Weimarer Republik vertraut zu machen. Und all dies neben meiner laufenden Arbeit, den vielstündigen Unterredungen mit Deutschen, an denen ich als Übersetzer teilnahm und außerdem damit beauftragt war, Telegramme an die sowjetische Handelsvertretung in Berlin vorzuberei-

ten sowie das Protokoll jedes Gesprächs zu führen, das dann an die Mitglieder des Politbüros verschickt wurde.
Im September und Oktober 1940 wurden intensive Gespräche zu Wirtschaftsfragen mit Deutschland geführt, an denen außer dem Gesandten Schnurre, der auf deutscher Seite bereits an der Vorbereitung der Handelsabkommen im August 1939 und im Februar 1940 mitgearbeitet hatte, auch Botschafter Ritter teilnahm. Ritter war ein vierschrötiger Mann mit einem gewaltigen Brustkorb und ausladenden Schultern, der eher einem Ringer als einem Diplomaten glich. Und wie ein echter Sportler war er ehrgeizig, ausdauernd und eigensinnig. Ich hatte den Eindruck, daß Mikojan, der ja auch über außergewöhnlich kämpferische Eigenschaften verfügte, Ritter schätzte. Die Deutschen forderten eine Erhöhung der sowjetischen Lieferungen. Besonders interessiert waren sie an Ölfrüchten aus Bessarabien und an strategisch wichtigen Rohstoffen. Gleichzeitig jedoch war die deutsche Seite mit der Lieferung der von uns gekauften Ausrüstungen in Verzug. Wie wir heute wissen, begannen sich bei Hitler gerade zu jener Zeit Zweifel an der Möglichkeit und Zweckmäßigkeit einer Landung auf den Britischen Inseln zu regen.
Am 7. September flog die deutsche Luftwaffe einen Großangriff auf englische Städte. Die Londoner Dockanlagen wurden schwer getroffen, Teile der englischen Hauptstadt und anderer großer Städte fielen in Schutt und Asche. All dies beflügelte den »Führer« derart, daß er beschloß, die endgültige Entscheidung über die Invasion Großbritanniens noch aufzuschieben, nahm er doch an, er könne England durch Luftangriffe in die Knie zwingen. Auch der Lagebericht Großadmiral Raeders spielte hierbei eine Rolle – im Hinblick auf die Konzentration britischer Kriegsschiffe im Ärmelkanal und die sich verschlechternden Wetterbedingungen warnte er Hitler vor möglichen negativen Folgen des Versuchs, auf der Insel zu landen. Als Resultat wurde der für den 14. September festgesetzte »endgültige Entschluß« des »Führers« über die Invasion nicht in die Tat umgesetzt. Bereits am 19. September gab Hitler die Anweisung, die in den Häfen Nordfrankreichs konzentrierten Landungsschiffe zurückzuziehen, sofern sie nicht britischen Bomben zum Opfer gefallen waren. Als die britische Luftflotte im Oktober schließlich der Göringschen Luftwaffe große Verluste zugefügt hatte, verlegte der »Führer« die Operation »Seelöwe« auf den Frühsommer 1941. In einer entsprechenden Direktive hieß es, falls erneut die Frage einer

Landung zur Debatte stünde, würden zu gegebener Zeit neue Instruktionen gegeben werden. Das bedeutete im Grunde genommen eine Abkehr von den Invasionsplänen.

Welches waren nun die weiteren Pläne in Berlin? Hitler war wieder zu seiner Idee der Vernichtung des Bolschewismus, die ihn ja nie verlassen hatte, zurückgekehrt. Am 31. Juli 1940 erklärte er auf einer Sitzung mit Wehrmachtsgeneralen auf dem Berghof:

»Englands Hoffnung ist Rußland und Amerika. Wenn Hoffnung auf Rußland wegfällt, fällt auch Amerika weg, weil Wegfall Rußlands eine Aufwertung Japans in Ostasien in ungeheurem Maße folgt ... Ist aber Rußland zerschlagen, dann ist Englands letzte Hoffnung getilgt. Der Herr Europas und des Balkans ist dann Deutschland. Entschluß: Im Zuge dieser Auseinandersetzung muß Rußland erledigt werden.«

Entsprechend dieser Zielsetzung gab der deutsche Generalstab einen Befehl über die Vorbereitung der Neuaufstellung von Truppen in den Ostgebieten heraus, und am 26. August wurden auf Anordnung Hitlers an die sowjetische Grenze eine Infanterie- und zwei Panzerdivisionen verlegt. Anfang September dann, unter dem Vorwand des Transits nach Norwegen, wurden auch in Finnland deutsche Truppen stationiert. Die Konzentration der Wehrmacht entlang der sowjetischen Grenzen hatte begonnen.

Ein interessantes Detail sei am Rande bemerkt: Am 14. August hatte Hitler sich eine Liste der vorgesehenen sowjetischen Lieferungen »bis zum Frühjahr 1941« zusammenstellen lassen. Dieses Datums waren sich offenbar auch Ritter und Schnurre bewußt, als sie mit großer Hartnäckigkeit die Erhöhung und schnellstmögliche Lieferung sowjetischer Rohstoffe an Deutschland forderten. Hier liegt wohl auch der Grund für die Verzögerungen und die bald darauf folgende völlige Einstellung der deutschen Lieferungen an die UdSSR. In welchem Grad Mikojan damals über die Absichten Berlins unterrichtet war, kann ich nicht beurteilen. In jedem Fall hatte er als Mitglied des Politbüros Zugang zu den Berichten des sowjetischen Aufklärungsdienstes in Deutschland, der, wie wir heute wissen, gut informiert war. Wie dem auch gewesen sein mag, er beharrte auf seinem Recht und forderte im Austausch für das kleinste Zugeständnis unsererseits die Erfüllung der deutschen Verpflichtungen. Es kam aber auch vor, daß sich Ritter, der im Volkskommissariat für Außenhandel nichts erreicht hatte, von Botschafter von der Schulenburg unterstützt, unmittelbar an Stalin wandte und dieser großzügig verfügte, die Wünsche der Deutschen zu erfüllen. Mit dieser Geste wollte er verdeutlichen, daß nur er, der »Herr«, Entscheidungen traf. Doch er wollte Hitler auch zu verstehen geben, daß man sich auf ihn verlassen könne.

Bei derartigen Gelegenheiten konnte ich dann häufig beobachten, wie sich Mikojans Miene verfinsterte und er sich nach solch einer erzwungenen Übereinkunft bei einem Empfang für die Deutschen einige Gläser zuviel armenischen Kognaks genehmigte.

Ende Oktober reiste die deutsche Delegation aus Moskau ab. Obgleich sie ihren Auftrag nicht gänzlich erfüllt hatte, war man im großen und ganzen doch zufrieden. Stalin schien den Begründungen für die Stockungen bei den deutschen Lieferungen Glauben zu schenken, mehr noch, es sah so aus, als glaubte er daran, daß alle Rückstände noch vor Abschluß der Vorbereitung auf den Überfall auf England zu aller Zufriedenheit aufgeholt werden würden. Wie auch immer, eines stand fest: Entsprechend der Zusage des »Gebieters« würde die UdSSR ihre Verplichtungen erfüllen und Zusatzwünschen der deutschen Seite wohlwollend entgegensehen. Ritter war es also gelungen, den halsstarrigen und schlauen Armenier* zu übergehen. Zwar hatte er zunächst lediglich das Versprechen in der Tasche, doch Stalins Wort war ja Gesetz, und Mikojan würde sich hüten, dem »Herrn« zu widersprechen. So waren Ritter und Schnurre beim Abschiedsessen, das Mikojan am Vorabend der Abreise der Deutschen gab, guter Dinge.

Der Empfang fand im Palais in der Spiridonowka** statt, und ich hatte nun plötzlich die Möglichkeit, ins Innere dieses schönen Gebäudes zu gelangen. Davon hatte ich schon vor langer Zeit geträumt. Als ich einmal zu Beginn der dreißiger Jahre die Ferien in Moskau verbrachte, stieg ich bei einem ehemaligen Mitschüler ab, der ein Zimmer direkt gegenüber diesem Gebäude bewohnte. Wenn wir abends spazierengingen, sahen wir des öfteren, wie Gäste an der

---

* A. I. Mikojan – Anm. d. Übers.

** Spiridonowka, kurz für Spiridonowskaja uliza, Sp. Straße – Anm. d. Übers.

Auffahrt des Gebäudes vorfuhren – Diplomaten in ihren funkelnden Limousinen, Volkskommissare in »Buicks« mit dunkelgetönten Scheiben, hohe Offiziere der Roten Armee wie die Marschälle Tuchatschewskij, Blücher und Jegorow. Manchmal beobachteten wir das Gebäude verstohlen hinter dem Vorhang stehend und stellten fest, daß hier der Volkskommissar für Auswärtige Angelegenheiten Litwinow wohnte. Häufig stand er morgens nachdenklich am Fenster in der dritten Etage. Für uns war es eine verlockende und unzugängliche Märchenwelt weiser Staatsmänner, hochdekorierter Heerführer und weitgereister Diplomaten. An frühen Winterabenden, wenn die Kristallüster angingen, die cremefarbenen Vorhänge aber noch nicht zugezogen waren, gelang es uns für einige Augenblicke, in dieses geheimnisvolle Reich der Lenker unserer Geschicke zu blicken. Wer hätte es damals für möglich gehalten, daß ruhmreiche Marschälle ebenso wie andere Teilnehmer dieser Empfänge in Kürze Opfer der blutigen Repressalien werden würden und daß der gastfreundliche Hausherr, Litwinow, bei einem der mysteriösen Autounfälle, die in Stalins Umgebung so häufig waren, sein Leben lassen müßte.

Nun ging ich also selbst im Gefolge von Volkskommissar Mikojan die breite Marmortreppe mit dem einzigartig gearbeiteten Geländer hinauf. Vor der Revolution hatte das Palais dem reichen Textilfabrikanten Sawwa Morosow gehört, einem Kunstkenner und zu seiner Zeit bekannten Mäzen. Hervorragende Maler und Bildhauer des beginnenden 20. Jahrhunderts hatten an der Gestaltung des Morosowschen Hauses mitgearbeitet. So war zum Beispiel das elegante Treppenhaus von Wrubel geschaffen worden. An den Wänden der großen Festsäle – jeder in anderem Stil eingerichtet – hingen Bilder der besten holländischen, spanischen und russischen Meister. Überall standen Vitrinen mit feinstem chinesischem Porzellan, mit Plastiken und einzigartigem Silbergeschirr.

Im Grünen Salon, der rechts neben dem Vestibül lag, war bereits eine Gruppe von Gästen versammelt. Ein abseits stehender kleiner, grobschlächtig wirkender Mann mit rundem, kahl werdendem Schädel und hervorquellenden, wässrigen Augen erregte meine Aufmerksamkeit. Er trug einen tadellos sitzenden schwarzen Anzug, ein schneeweißes Hemd und eine dunkelgestreifte Krawatte und wirkte sehr selbstbewußt, beinahe lässig. Selbst, als Mikojan den Raum betrat, ging er, im Gegensatz zu den anderen Gästen, die sogleich geschäftig hin und her eilten, langsam und bedächtig auf den Volkskommissar zu, schüttelte ihm ungezwungen die Hand und begann mit ihm zu scherzen wie mit einem alten Bekannten. Dies war ungewöhnlich. Als ich später mit Totschilin etwas abseits stand, fragte ich ihn, wer das sei.

»Das ist Dekanosow, ein Berija-Mitarbeiter, der kürzlich zum Stellvertreter des Volkskommissars für Auswärtige Angelegenheiten berufen wurde«, flüsterte er mir zu.

Damals konnte ich natürlich noch nicht wissen, daß ich in Kürze seine Bekanntschaft machen sollte.

Bald darauf traf die deutsche Delegation ein. Mikojan und Ritter beglückwünschten einander zum erfolgreichen Abschluß der Verhandlungen, obgleich ein jeder von ihnen unterschiedliche Motive hierbei hatte. Ritter freute sich über Stalins Zusage, Mikojan jedoch war zufrieden damit, daß wir vorerst nicht weiter gegangen waren als bis zur Vereinbarung, die Wünsche der deutschen Seite zu prüfen. Der Protokollchef bat alle Anwesenden zu Tisch. Wir traten in einen großen hellgrauen Raum mit einem großen Kamin. Die Flamme warf ihren Schein an die Eichenholzdecke. Um den Tisch waren geschnitzte hochlehnige Stühle gruppiert. Alle nahmen Platz. Ich vermutete, daß ich bei einem derart feierlichen Empfang in der zweiten Reihe zwischen dem Gastgeber und seinem wichtigsten Gast sitzen würde – ich sollte hier ja lediglich als Dolmetscher fungieren. Doch genau wie alle anderen fand ich ein Kärtchen mit meinem Namen vor, das mir einen Platz links neben Mikojan anwies.

Am nächsten Tag meldete TASS, daß das Essen, das der Volkskommissar für Außenhandel, Mikojan, für die deutsche Delegation gegeben habe, in ungezwungener und freundschaftlicher Atmosphäre verlaufen sei.

Nachts in den Kreml beordert

Bald nach den Novemberfeiertagen bat mich Anastas Iwanowitsch spät in der Nacht zu sich ins Kabinett (wir arbeiteten damals bis fünf oder sechs Uhr morgens). Ich nahm an, daß es sich um irgendeinen Auftrag handeln würde, doch wieder erwartete mich eine Überraschung.

»Sie sollen sofort ins Sekretariat des Vorsitzenden des Rates der Volkskommissare kommen. Mein Wagen wartet bereits an der Auffahrt, so ersparen Sie sich den Passierschein und verlieren keine Zeit. Sie fahren durch das Spasskij-Tor* zum Gebäude des Rates der Volkskommissare, dort werden Sie erwartet. Machen Sie sich auf den Weg!« sagte er in scharfem Ton.

Es schien mir, als sei er mit irgend etwas nicht einverstanden und als schickte er mich gewissermaßen unwillig auf den Weg. Er wußte ja bereits, was ich nicht wußte – daß meine Arbeit in seinem Ressort nun beendet war.

Ich eilte in mein Zimmer, verschloß den Safe und begab mich zur Auffahrt. Der Fahrer war bereits informiert, fuhr ohne meine Erklärungen abzuwarten die Kuibyschewer Straße entlang, überquerte den menschenleeren Roten Platz und hielt dann am Spasskij-Tor. Der Posten salutierte, und wir passierten die Kremlmauer. Der Diensthabende am Eingang des Gebäudes des Rates der Volkskommissare wußte ebenfalls Bescheid, warf einen flüchtigen Blick in meine Papiere und wies mich dann an:

»Dritte Etage rechts, am Ende des Ganges.«

Kurz darauf stand ich vor einer Tür mit einem Schildchen, dessen goldblitzende Aufschrift lautete: »Sprechzimmer des Vorsitzenden des Rates der Volkskommissare der UdSSR«.

Meiner Generation bedeutete dieses Amt damals sehr viel. Es war sowohl Symbol der höchsten Macht als auch Ausdruck von revolutionärer Romantik, Heroismus des Bürgerkriegs und des Aufbaus eines neuen Lebens, an dem auch wir jetzt beteiligt waren.

Die Hauptsache bestand jedoch darin, daß dieses Amt des Vorsit-

* Spasskij-Tor (Erlösertor), Haupteingang des Kreml – Anm. d. Übers.

zenden des Rates der Volkskommissare aufs engste mit der Person Lenins verbunden war und Molotow somit als direkter Nachfolger Lenins zu betrachten war. Natürlich wußte ich, daß nach Lenins Tod Rykow diese Funktion übernommen hatte. Es war mir sogar einmal möglich, ihn zu sehen. Im Sommer 1930 hatte mir mein Vater anläßlich meines Schulabschlusses eine Schiffsreise von Odessa nach Batumi und zurück zum Geschenk gemacht. Damals verkehrten auf dieser Strecke die erst kurz zuvor in Deutschland gekauften Luxusliner »Krim« und »Grusinien«. Als unser Schiff aus Noworossisk auslief, sahen wir ein Kriegsschiff am Horizont, das sich uns mit großer Geschwindigkeit näherte. Bald konnte man den Namen des Schiffes – »Marat« – lesen. Ein Matrose stand an Deck und gab Flaggensignale. Die »Grusinien« verlangsamte ihre Fahrt. Auf der »Marat« ließ man das Fallreep herunter und behende ein Beiboot zu Wasser. Auch unser Fallreep wurde herabgelassen. Zwei Männer in weißer Marineuniform nahmen im Beiboot Platz und steuerten auf uns zu. Zum höchsten Erstaunen der Passagiere entpuppte sich der eine der Offiziere als kein Geringerer als Marschall Woroschilow in der Uniform eines Geschwaderkommodore zur See.
Wir wunderten uns natürlich alle, warum ein Volkskommissar und Mitglied des Politbüros zu uns an Bord kam. In Begleitung des Kapitäns der »Grusinien« schritt Woroschilow energischen, sportlichen Schrittes über das Promenadendeck und begab sich dann über eine Treppe nach oben in einen Bereich, der Unbefugten nicht zugänglich war, wie wir wußten. Dort befand sich ein weiteres Deck mit einer Luxuskajüte. Bisher war noch niemand dort gesehen worden. Wir hatten allerdings beobachtet, daß sich jemand hier aufhalten mußte, denn Stewards trugen regelmäßig mit Servietten bedeckte Tabletts die Treppe hinauf. Jetzt aber wurde das Geheimnis der Luxuskabine gelüftet. Woroschilow erschien bald erneut auf dem Promenadendeck, und in seiner Begleitung war nun Rykow zu sehen. Er trug eine damals sehr populäre »Tolstowka«*, zerknitterte Leinenhosen und einfache weiße Stoffschuhe. Sein charakteristisches Ziegenbärtchen war zerzaust, er sah aus, als wäre er gerade erst aus dem Bett aufgestanden. Aus den Zeitungen wußten wir, daß Rykow

* Eine weite, über der Hose getragene lange, faltige Hemdbluse mit Gürtel (nach L. N. Tolstoj benannt) – Anm. d. Übers.

auf dem letzten Plenum des ZK heftig kritisiert, aus dem Politbüro ausgeschlossen und vom Posten des Vorsitzenden des Rates der Volkskommissare abgesetzt worden war. Sicherlich hatte er es zu jener Zeit nicht leicht, doch bis zum Gerichtsprozeß war es noch weit, und auch Woroschilow vermutete damals sicher nicht, daß sein Besuch einem künftigen »Volksfeind« galt, der auf Stalins Anordnung hin erschossen werden sollte. Rykows Bild verschwamm im Laufe der Jahre in meinem Gedächtnis, und als ich nun vor der Tür des Vorsitzenden des Rates der Volkskommissare stand, ging in meinem Bewußtsein etwas Merkwürdiges vor: Ich rückte Molotow automatisch in die Nähe von Lenin. Dazu trugen zweifellos die überall veröffentlichten Fotos und Bilder bei, die uns von der Rechtmäßigkeit der Nachfolge Molotows überzeugen sollten: Lenin und Molotow in der Redaktion der »Prawda«, auf dem Roten Platz, auf dem Kominternkongreß ...

Ich wurde von Kosyrew, einem engen Mitarbeiter Molotows empfangen. Er bot mir freundlich einen Stuhl an und verschwand hinter einer Tür, die ins Nebenzimmer führte. Nach etwa fünf Minuten kehrte er zurück und sagte:

»Genosse Molotow erwartet Sie ...«

Man kann sich unschwer vorstellen, mit welchen Gefühlen ich durch die Tür trat. Doch es war lediglich ein bewachtes Vorzimmer – meine Nervosität verflog ein wenig. Die nun folgende Tür öffnete ich bereits etwas ruhiger. Doch auch hier, in dem großen Saal, an dessen Stirnseite ein langer Tisch und zahllose Stühle standen, war niemand. Am anderen Ende des Raumes bemerkte ich eine angelehnte Tür, auf die ich nun zuging. Nachdem ich das Kabinett betreten hatte, sah ich Molotow, über einen Stoß Akten gebeugt, am Schreibtisch sitzen. Er war mir von den Portraits sehr vertraut – die hohe Stirn, die blitzenden Gläser des Zwickers, der Schnurrbart über der gespaltenen Lippe. Aus irgendeinem Grunde glaubte ich, so müsse ein Gelehrter oder gar Weiser aussehen. Konnte es denn auch anders sein? Einen derart großen Staat zu leiten – und wir waren ja damals der Auffassung, daß er auf dem einzig richtigen Weg sei unter der Führung der marxistisch-leninistischen Lehre –, die Innen- und Außenpolitik einer feindlichen kapitalistischen Umgebung zum Trotz zu führen, dies konnte nur einer der besten Schüler Lenins, ein unbeugsamer Mitstreiter Stalins, der Koryphäe der Wissenschaft, des alles sehenden und alles wissenden Führers der Völker. Von all dem waren wir fest überzeugt, standen wir doch alle unter dem Einfluß massiver Propaganda. Kurz vor meinem Antrittsbesuch bei Molotow war ich als Kandidat in die Reihen der Kommunistischen Partei aufgenommen worden und konnte aus diesem Anlaß ohne weiteres erklären, daß ich es als eine große Ehre ansehen würde, Mitglied der Partei Lenins und Stalins zu werden und in vorderster Front am Aufbau des Kommunismus mitzuwirken.

Nach geraumer Zeit hob Molotow den Kopf, betrachtete mich mit zusammengekniffenen Augen und bat mich schließlich, in einem Sessel neben dem Schreibtisch Platz zu nehmen.

Er befragte mich, wo und wann ich geboren sei, welche Schule ich beendet und wo ich Fremdsprachen erlernt hätte, welches der Beruf meiner Eltern sei und welchen Eindruck ich von Deutschland hätte. Plötzlich jedoch fragte er mich unvermittelt:

»Wer hat gesagt: ›daß es unsere Plicht als Kommunisten (sei), alle Formen zu meistern und es zu lernen, mit maximaler Schnelligkeit eine Form durch die andere zu ergänzen, eine Form durch die andere zu ersetzen, unsere Taktik einer jeden solchen Änderung anzupassen, die nicht durch unsere Klasse oder nicht durch unsere Anstrengungen hervorgerufen worden ist‹?«

Ich war so überrascht von der Frage, daß ich zunächst völlig aus der Fassung geriet, von der richtigen Antwort würde ja mein weiteres Schicksal abhängen. Molotow blickte mich prüfend an. In meinem Kopf wirbelte alles, was ich in der letzten Zeit von den Klassikern gelesen hatte durcheinander. Es war ein bekanntes Zitat, erst kürzlich war es mir vor die Augen gekommen ... Schließlich fiel es mir ein:

»Lenin. Der ›linke Radikalismus‹, die Kinderkrankheit des Kommunismus«.

»Richtig«, nickte mir Molotow anerkennend zu.

Ich hatte Glück gehabt. Hätte Molotow ein mir unbekanntes Zitat ausgewählt, so wäre ich eingebrochen. Weshalb aber gerade dieses? Möglicherweise bestand hier eine Verbindung zu der kürzlichen jähen Wende in den Beziehungen zu Deutschland! Die Äußerung Lenins sollte diese Richtungsänderung wohl rechtfertigen.

Molotow war sichtlich zufrieden mit meiner »theoretischen Beschlagenheit« und entschloß sich nun, mir mitzuteilen, warum er mich hatte rufen lassen.

»Mikojan hat mir von Ihnen erzählt. Er hält Sie für einen tüchtigen

Dolmetscher. Morgen fährt eine von mir geleitete Regierungsdelegation nach Berlin zu wichtigen Gesprächen mit der deutschen Regierung. Wir könnten Sie dabei gut gebrauchen. Sie haben ja auch bereits einige Erfahrungen im Umgang mit den Deutschen. Sind Sie einverstanden?«

Da mir nichts besseres einfiel, entschloß ich mich, zur Beantworung der Frage eine militärische Formel zu Hilfe zu nehmen. Ich stand auf, nahm Haltung an und sagte:

»Ich diene der Sowjetunion ...«

Molotow war aufgestanden, hielt mir die Hand entgegen und sagte lächelnd:

»Sie können gehen ...«

Dies war meine erste Begegnung mit Molotow, dem damals nach Stalin zweifellos wichtigsten Mann im Land.

Am nächsten Morgen erhielt ich einen Auslandspaß, und am Abend fuhr ein Sonderzug mit der von Molotow geleiteten Regierungsdelegation vom Belorussischen Bahnhof in Moskau nach Berlin ab.

An den Gesprächen in der Reichskanzlei nahmen von deutscher Seite Hitler und Ribbentrop sowie die Übersetzer Schmidt und Hilger teil. Die sowjetische Seite war durch Molotow und Dekanosow vertreten, Übersetzer waren Pawlow und ich. Am ersten Tag der Verhandlungen wurde am Abend in der Reichskanzlei ein Empfang gegeben. Molotow nahm Pawlow als Dolmetscher mit sich, ich hatte währenddessen die Aufgabe, die Telegramme nach Moskau vorzubereiten. Damals gab es noch keine Tonbandgeräte, Stenographen waren bei den Verhandlungen prinzipiell nicht zugelassen, so mußte der Dolmetscher sich im Lauf der Gespräche einige Notizen machen. Ich begann also, diese Aufzeichnungen zu dechiffrieren. Dazu hatte ich mich ins Arbeitszimmer zurückgezogen, das an Molotows Schlafzimmer im Schloß Bellevue grenzte (das Schloß Bellevue war seinerzeit Gästehaus der deutschen Regierung). Da diese Arbeit recht mühselig vonstatten ging, rief ich die Stenotypistin aus dem Sekretariat des Volkskommissariats, das in etwas reduzierter Besetzung kurz nach uns in Berlin eingetroffen war, zu Hilfe. Die junge Frau hatte eben einen Bogen Papier in die Maschine gespannt, als sich die Tür öffnete und Molotow auf der Schwelle erschien. Er blickte uns an und begann zu toben:

»Wwwas denken Sssie sssich eigentlich dabei? Wwwie viele Ssseiten haben Sssie schon diktiert?«

Wenn er aufgeregt war, stotterte er besonders stark.
Ich verstand noch nicht, was ihn so erregt hatte und beeilte mich zu antworten:
»Ich wollte gerade anfangen.«
»Hören Sie sofort auf«, schrie der Volkskommissar. Dann trat er näher, betrachtete die Seite, auf der noch kein einziger Buchstabe zu finden war, blickte auf den Stapel unbeschriebenen Papiers, der neben der Maschine lag, und fuhr bereits etwas ruhiger fort:
»Das ist Ihr Glück, Stellen Sie sich doch nur vor, wie viele Ohren mitgehört hätten, was ich mit dem Reichskanzler unter vier Augen besprochen habe!«
Er ließ seinen Blick über die Wände und die Zimmerdecke gleiten und verweilte mit den Augen auf einer großen chinesischen Vase mit frischgeschnittenen, duftenden Rosen. Nun verstand ich alles. Hier konnten überall Mikrophone versteckt sein, mit deren Hilfe englische oder amerikanische Agenten oder auch bestimmte deutsche Kreise erfahren würden, was Hitler und Molotow besprochen hatten. Kalter Schweiß lief mir den Rücken herunter. Ich stand mit einem Bein bereits im Jenseits und hörte eine schreckliche Stimme verkünden:
»Überführt des Verrats von Staatsgeheimnissen ...«
Wieder hatte ich mehr Glück als Verstand. Doch mir war nun klar geworden, daß ich mich nicht mehr auf mein Glück verlassen durfte, sondern meinen Kopf gebrauchen mußte. Molotow bemerkte meine Verstörtheit und sagte jetzt bereits in sachlichem und ruhigem Tonfall:
»Nehmen Sie Ihre Aufzeichnungen und kommen Sie mit ...«
Die Stenotypistin, die die ganze Zeit über wie erstarrt auf ihrem Platz ausgeharrt hatte, huschte nun blitzschnell aus dem Raum, Molotow und ich aber begaben uns in das angrenzende Schlafzimmer und nahmen dort nebeneinander an einem kleinen Tischchen Platz.
»Ich werde jetzt den Text des Telegramms niederschreiben und Ihnen dann die Blätter zur Durchsicht herüberreichen. Sollten Sie etwas anzumerken haben, so korrigieren Sie direkt auf dem Blatt oder schreiben Sie mir einen Zettel. Wir werden schweigend arbeiten. Habe ich mich klar genug ausgedrückt?«
»Ja ich habe verstanden, Wjatscheslaw Michailowitsch, ich bitte nochmals um Entschuldigung ...«
»Verlieren Sie keine Zeit mit überflüssigen Erklärungen ...«

Heute weiß ich mehr über Molotow und wundere mich, warum dieser Zwischenfall folgenlos blieb. Bei dem damals üblichen Mißtrauen hätte er doch annehmen können, daß ich durch das laute Diktieren absichtlich diese geheimen Informationen an irgend jemanden weitergeben wollte. Wahrscheinlich hat er diesen Vorfall meiner Unerfahrenheit zugute gehalten.

Auf dem Rückweg nach Moskau bat mich Molotow in sein Abteil. Dekanosow war bei ihm.

»Wir haben uns beide über Sie unterhalten«, begann Molotow das Gespräch, »und sind zu dem Schluß gekommen, daß es jetzt, nachdem Sie an derart wichtigen Gesprächen mit der deutschen Regierung teilgenommen haben, nicht mehr sinnvoll erscheint, wenn Sie zu Ihrer Arbeit im Volkskommissariat für Außenhandel zurückkehren. Was hielten Sie davon, beim Volkskommissariat des Äußeren anzufangen?«

»Das wäre eine große Ehre für mich. Doch glauben Sie, daß ich ohne Fachkenntnisse mit der Arbeit zurechtkommen würde?«

»Fachkenntnisse sind nicht so wichtig. Wir alle müssen uns mit den verschiedensten Detailfragen auseinandersetzen. Gleich nach unserer Rückkehr spreche ich mit Mikojan. Ich denke, er wird keine Einwände haben. Mit den Deutschen stehen uns weitere Gespräche bevor. Möglicherweise wird Sie Genosse Stalin als Dolmetscher brauchen. Sie können bei mir im Sekretariat als Referent für Deutschland anfangen ...«

So begann meine diplomatische Laufbahn.

Zu jener Zeit, in den Jahren 1939 und 1940, wurden viele neue Mitarbeiter in den Dienst des Volkskommissariats für Auswärtige Angelegenheiten aufgenommen. Die von Molotow eingestellten Diplomaten, die nach dem Krieg bedeutende Funktionen übernehmen sollten, wie Gromyko, Sobolew, Sarubin, Gussew, Winogradow, Semjonow, Malik, Nowikow, Kisselew, Tschernyschew, Smirnow und andere, waren Fachleute im technischen und wirtschaftswissenschaftlichen, selten aber im humanistischen Bereich und hatten nie im Leben von einer diplomatischen Karriere geträumt. Sie waren entweder über Gebietskommitées der Partei oder durch zufällige Verkettung der Umstände, wie ich, ins Volkskommissariat gelangt und wußten oft selbst nicht, warum die Wahl gerade auf sie gefallen war. Andrej Andrejewitsch Gromyko ging in seinen Memoiren dieser Frage nach. Er reflektierte darüber, wieso er, als angehender Wirtschaftsfachmann, ins Volkskommissariat für Auswärtige Angelegenheiten gelangt war. Er kam zu dem Schluß, daß es möglicherweise darauf zurückzuführen sei, daß er hin und wieder Vorträge zu internationalen Themen gehalten hatte. Ich denke, es lag aber eher daran, daß Ende der dreißiger Jahre im Volkskommissariat des Äußeren eine ebenso gnadenlose »Säuberung« erfolgt war wie in anderen sowjetischen Institutionen. Eine spezielle Kommission wurde von Stalin mit der Ausführung dieser Aufgabe betraut. Dieses Quartett wählte auch die neugebackenen Diplomaten aus – einschließlich Gromyko, der seinerseits jedoch später lediglich Molotow und Malenkow in seinen Erinnerungen erwähnte. Als ich 1940 in den Dienst des Volkskommissariats des Äußeren eintrat, konnte man bereits an einer Hand abzählen, wer noch unter Tschitscherin* und Litwinow** gearbeitet hatte. Wir alle nahmen die noch warmen Plätze der kürzlich erst den Repressalien zum Opfer gefallenen Diplomaten der Leninschen Schule ein.

Meine Aufnahme in den diplomatischen Dienst war lediglich von zwei Vertretern der Kommission veranlaßt worden – von Molotow und Dekanosow. Malenkow hatte meinem Fall wohl keine größere Bedeutung beigemessen, Berija jedoch behielt mich offensichtlich im Gedächtnis, denn später sollte ich mit Problemen konfrontiert werden, die auch mit ihm zusammenhingen.

In Molotows Sekretariat arbeitete ich nur kurze Zeit. Ende Dezember ernannte man mich zum ersten Sekretär unserer Botschaft in Berlin, wo ich Pawlow ablöste, der nach Moskau, in den zentralen Apparat des Volkskommissariats für Auswärtige Angelegenheiten, abberufen worden war.

Nach Ausbruch des Großen Vaterländischen Krieges kehrte ich erneut ins Volkskommissariat zurück und wurde bald Mitarbeiter Molotows für sowjetisch-amerikanische Beziehungen. Hier kamen mir meine englischen Sprachkenntnisse zugute. Nun dolmetschte ich auch für Stalin, doch nicht in Verhandlungen mit den Deutschen, wie Molotow angenommen hatte, sondern bei Gesprächen mit Engländern und Amerikanern.

---

* G. W. Tschitscherin (1872–1936), Nachfolger Trozkijs als Volkskommissar des Äußeren 1918–1930 – Anm. d. Übers.

** M. M. Litwinow (1876–1951), Volkskommissar des Äußeren von 1930–1939 – Anm. d. Übers.

Stalin und Hitler

Als ich 1940 im faschistischen Deutschland arbeitete, konnte ich etwas für mich Erstaunliches beobachten: die gleiche Vergötterung des »Führers«, ebensolche Massenversammlungen und Paraden, bei denen die Teilnehmer Führerporträts mit sich trugen, und kleine Kinder, die ihm Blumen überreichten, eine ähnliche pompöse Architektur und, ähnlich wie beim sozialistischen Realismus, das historische Thema in der Malerei. Nachdem Hitler genauso wie Stalin alle Andersdenkenden in Konzentrationslager gesteckt und ausgeschaltet hatte, erreichte er durch intensive Propaganda, daß die Massen ihn zu vergöttern anfingen. Ich beobachtete die »Siegesparade«, die nach der Rückkehr der siegreichen deutschen Divisionen aus Frankreich auf der Siegesallee in Berlin abgehalten wurde. Ich stand neben der Tribüne und sah, wie die Menschen Hitler die Hände entgegenstreckten, als er im offenen Mercedes an ihnen vorbeifuhr. Frauen hoben ihre kleinen Kinder hoch, damit er sie berühre. Zwar haßte er das Volk, doch verstand er es, ihm zu schmeicheln, indem er es als »Herrenrasse« bezeichnete. Auch Stalin, der den am Lenin-Mausoleum vorbeimarschierenden und ihm laut zujubelnden Demonstranten väterlich zulächelte, schmeichelte ihnen, indem er sie als »Erbauer des Kommunismus« titulierte. Aber gleichzeitig nannte er sie im stillen Dummköpfe. Damals freilich vermochte ich nicht einmal nur für mich selbst solche Vergleiche anzustellen. Ich wußte nicht viel und konnte den unheilschweren Sinn dieser Übereinstimmungen nicht verstehen. Denn die in Deutschland und bei uns verkündeten Ziele unterschieden sich grundsätzlich. Stalin rief die Menschen in der Sowjetunion dazu auf, eine sozialistische Gesellschaft zu errichten, in der alle gleich und glücklich wären. Das hinderte ihn jedoch nicht, ganze Völker nach Sibirien umsiedeln zu lassen und Millionen von Ackerbauern zu vernichten. Hitler verkündete das »Tausendjährige Reich« der »Herrenrasse«. Er jedoch war es, der die Blüte der deutschen Nation in die Hölle des Krieges schickte und damit, daß er den »gnadenlosen Kampf« fortsetzte, Denkmäler deutscher Kultur von unschätzbarem Wert in Schutt und Asche sinken ließ.

Hitler sah ich zum ersten Mal von nahem, als ich mit Molotow zusammen am 12. November 1940 sein Arbeitszimmer in der Reichskanzlei in Berlin betrat. Der Führer stand damals im Zenit seiner Macht und seines Ruhms: Ganz Europa lag ihm zu Füßen. Frankreich war besiegt. Die Engländer, die sich auf ihren Inseln verschanzt hatten, rechneten mit dem Schlimmsten. Im Bewußtsein der Stärke der deutschen Militärmaschinerie benahm sich Hitler hochmütig und arrogant. In dieser Beziehung war er das ganze Gegenteil von Stalin, der alle mit seiner vorgetäuschten Bescheidenheit und dem völligen Verzicht auf Effekthascherei in Erstaunen versetzte. Zum Unterschied von Hitler war er der Meinung, daß, wenn seine uneingeschränkte Macht über Hunderte von Millionen Untertanen offenkundig war, sie nicht noch zur Schau gestellt zu werden brauchte.

Als wir eintraten, befand sich Hitler noch allein in seinem Arbeitszimmer. Er saß über irgendwelche Papiere gebeugt an einem riesigen Schreibtisch. Er hob jedoch gleich seinen Kopf, stand jäh auf und ging mit kleinen Schritten auf die Gäste zu. Wir begegneten uns in der Mitte des Raumes. Wir – das waren Molotow und sein Stellvertreter Dekanosow, sowie Pawlow und ich in der Rolle der Dolmetscher. Der Führer gab jedem die Hand. Die Innenfläche der Hand war kalt und feucht, daher empfand man ein unangenehmes Gefühl wie bei der Berührung eines Reptils. Der Händedruck war schlaff und ausdruckslos. In dieser Hinsicht bestand eine Ähnlichkeit mit Stalin: Er pflegte denen, die er begrüßte, die flache Hand teilnahmslos zu geben. Man spürte ihre dünne Haut und durch sie hindurch ihre dünnen Knochen.

Wahrscheinlich bin ich heute einer der sehr wenigen Menschen, die den bedeutendsten Politikern der Zeit des zweiten Weltkriegs die Hand schüttelten: Stalin, Hitler, Churchill, Roosevelt, Chou En-Lai. Ein wortgewandterer Literat als ich könnte gewiß eine ganze Novelle über diese Händedrücke schreiben. Sie waren tatsächlich individuell sehr verschieden. Und ohne Zweifel kam in ihnen der Charakter eines jeden zum Ausdruck. Churchill hatte eine große, aber weiche und warme Hand, die die Hand eines anderen gleichsam tröstend umschloß. Roosevelt streckte zur Begrüßung energisch die Hand aus, in der eine besondere Kraft zu spüren war, wie es gewöhnlich bei Menschen der Fall ist, welche an einer Lähmung der Beine leiden. Der Händedruck war ziemlich fest, aber feinfühlig-freundschaftlich. Vielleicht war das alles mein rein subjektives Empfinden, aber gerade so ist er in meiner Erinnerung geblieben ...

In der Reichskanzlei machte mir der »Führer« ein eigenartiges Kompliment. Als ich Molotows Worte zu dolmetschen begann, mit denen er seine Freude über das Zusammentreffen mit dem Reichskanzler zum Ausdruck brachte, blickte mich Hitler, anscheinend wegen meines Berliner Akzents überrascht, aufmerksam an und fragte plötzlich:
»Was sind Sie, ein Deutscher?«
»Nein«, antwortete ich und beeilte mich, Molotow zu informieren, worum es ging. Ich nahm an, daß beide Politiker das Gespräch fortsetzen würden, aber der »Führer« ließ nicht locker:
»Sind Sie ein Volksdeutscher?«
»Nein, ich bin Russe.«
»Unmöglich«, sagte Hitler verwundert. Er wandte sich dann Molotow zu und lud ihn ein, an einem niedrigen runden Tisch, wo ein Sofa und Sessel standen, Platz zu nehmen ...
Unmittelbar nach Beendigung des letzten Gesprächs, das zwischen Molotow und Hitler stattgefunden hatte, verließen wir das Arbeitszimmer. Hitler begleitete Molotow bis zum Ausgang der Reichskanzlei. Ich ging nebenher und dolmetschte das Gespräch, das sich um allgemeine Dinge drehte. Die übrigen Mitglieder der Delegation blieben ziemlich weit hinter uns zurück. Bevor sich Hitler verabschiedete, sagte er, indem er dem Volkskommissar die Hand reichte:
»Ich halte Stalin für eine hervorragende historische Persönlichkeit. Und ich selbst bilde mir ein, daß auch ich in die Geschichte eingehen werde. Deshalb ist es nur natürlich, daß zwei solche Politiker wie wir uns getroffen haben. Ich bitte Sie, Herr Molotow, Herrn Stalin meine Grüße und meinen Vorschlag zu einer baldigen Begegnung zu übermitteln ...«
Als Molotow nach Moskau zurückgekehrt war, berichtete er Stalin über Hitlers Vorschlag, der allem Anschein nach eine wesentliche Rolle spielte, als Stalin hinsichtlich des Zeitpunkts des deutschen Überfalls auf die UdSSR einem Irrtum unterlag.
Der »Führer der Völker« fühlte sich zweifellos geschmeichelt, daß Hitler ihn hoch schätzte. Aber auch er war schon lange bereit, Hitler überschwenglich zu loben. Ihre Konkurrenz schloß überhaupt nicht aus, daß sie sich gegenseitig bewunderten. Als Hitler seinen Kampfgefährten, den Sturmbannführer Ernst Röhm, und andere Kommandeure der SA niedermachen ließ, fand dieses Blutbad bei Stalin großen Anklang. Mikojan hat mir erzählt, daß Stalin gleich

während der ersten Sitzung des Politbüros, die nach der Ermordung Röhms abgehalten wurde, folgendes zu ihm sagte:
»Haben Sie gehört, was in Deutschland passiert ist? Hitler ist ein Teufelskerl! So muß man mit politischen Gegnern umgehen ...«
Das war im Sommer 1934. Und im Dezember wurde Stalins Kampfgefährte Kirow ermordet. Wie wir heute wissen, laufen die Fäden dieses Verbrechens beim »Führer der Völker« zusammen. Danach begannen die grausamen Repressalien gegen die alte Garde Lenins, die Beseitigung der führenden Köpfe der Roten Armee, die Vernichtung von technischen Fachleuten und von Vertretern der wissenschaftlichen Intelligenz. Dem blutigen Terror fielen Hunderttausende, ja Millionen völlig unschuldiger Menschen zum Opfer.
Auch hier handelten Stalin und Hitler in vieler Hinsicht ähnlich. Röhm wurde zum Feind und Verräter gestempelt und mit Schmach und Schande bedeckt. Rommel dagegen, den Hitler in den Selbstmord getrieben hatte, wurde ehrenvoll bestattet. Stalin ließ Bucharin, den Lenin den »Liebling der Partei« genannt hatte, erschießen, nachdem er ihn zum Volksfeind erklärt hatte. Seinen Freund Sergo Ordschonikidse z. B. trieb er dazu, sich zu erschießen, hielt aber an seinem Sarg eine gefühlvolle Rede und trug dann die Urne mit Ordschonikidses Asche, ebenso wie die Urne mit Kirows Asche, auf seinen Schultern.
Auf all das, was in den dreißiger Jahren in der Sowjetunion geschah, reagierten die herrschenden Kreise in den westlichen Demokratien mit äußerster Ablehnung. Die Stalinschen Verfolgungen bestärkten sie in ihrer feindseligen Einstellung zur Oktoberrevolution in Rußland. Hitler dagegen imponierten diese brutalen Maßnahmen um so mehr. Einerseits lieferten sie einen zusätzlichen Beweis für die »Gefahr des Bolschewismus«, der sich zur Erpressung der westlichen Politiker verwenden ließ, andererseits halfen sie, die Proteste gegen das Vorgehen der Faschisten abzuschwächen, die Kommunisten und überhaupt alle Andersdenkenden verfolgten. Gleichzeitig bewunderte der »Führer« die Schonungslosigkeit, Grausamkeit und Rücksichtslosigkeit Stalins. Denn er besaß selbst die gleichen Eigenschaften.
Als in der zweiten Hälte der dreißiger Jahre erkennbar wurde, daß England und Frankreich dem Abschluß eines wirksamen Vertrages zur Verhinderung einer faschistischen Aggression auswichen, richtete Stalin seine Blicke immer häufiger auf Berlin. Die im spanischen

Bürgerkrieg gesammelten Erfahrungen, in dem außer der UdSSR kein einziger Staat der rechtmäßigen republikanischen Regierung zur Hilfe gekommen war und in dem Hitler und Mussolini, unter Ausnutzung der »Politik der Nichteinmischung« der Westmächte, General Franco ungehindert militärisch unterstützen und schließlich in Madrid etablieren konnten, zeigten Stalin, welche Seite stark war. Und Stärke schätzte er hoch. Der Anschluß Österreichs und das Münchener Abkommen bewiesen zusätzlich, daß die Westmächte bereit waren, Hitler alles zu verzeihen, wenn er nur das in seinem Evangelium »Mein Kampf« gegebene Versprechen erfüllte, den Bolschewismus zu vernichten. Gerade da fing Stalin offenbar an, zu überlegen, ob es nicht möglich wäre, sich friedlich mit dem »Führer« zu einigen. Litwinow, der wegen seiner jüdischen Abstammung und wegen seiner leidenschaftlichen Reden im Völkerbund sich in keiner Weise dafür eignete, ein Abkommen mit Nazideutschland unter Dach und Fach zu bringen, wurde abgelöst. Volkskommissar für Auswärtige Angelegenheiten wurde Molotow, der Stalin damals am nächsten stand.

Auch Hitler war zu dem Schluß gelangt, daß ihm Siege im Westen leichter fallen würden als im Osten. Ihm war nicht verborgen geblieben, daß in Frankreich der kriegerische Geist – wie es in der Geschichte bei siegreichen Nationen oft zu sein pflegt – völlig verflogen war. Zwar existierte entlang des Rheins die mächtige Maginot-Linie, aber sie ließ sich, wenn man über die Niederlande und über Belgien angriff, umgehen. Sobald er mit Frankreich abgerechnet hätte, wäre der »Führer« gewillt, sich mit England zu arrangieren, das ebenfalls keine große Kriegsbereitschaft zeigte. Außerdem hatten die Begegnungen, die schon zwischen Hitler und Chamberlain stattgefunden hatten, beim Führer den Eindruck hinterlassen, daß Chamberlain ein Mann war, der erpreßbar war. Die Neutralisierung Großbritanniens würde es schließlich ermöglichen, mit Rußland abzurechnen. Aber solange müßte man mit Stalin eine gemeinsame Sprache finden. Die Voraussetzungen für eine deutsch-sowjetische Annäherung wurden immer günstiger.

Im Kreml beschloß man jedoch, zunächst noch einen Versuch zu wagen, um zu einer Übereinkunft mit Großbritannien und Frankreich zu gelangen. Es begannen Verhandlungen, die – übrigens auf Grund des niedrigen Rangs und fehlender Vollmachten – von vornherein keine Erfolgsaussichten hatten. Anfang August 1939 war Sta-

lin zu dem Schluß gelangt, daß an eine wirksame Übereinkunft mit London und Paris nicht zu denken war. Das bestätigte sich auch bei den Verhandlungen mit den englischen und französischen Militärmissionen, die am 11. August in Moskau eingetroffen waren, um an einer Beratung über gemeinsame Maßnahmen zur Abwehr eines Agressors teilzunehmen. Auf die Frage des Volkskommissars für Verteidigung der UdSSR, Marschall Woroschilows, ob es irgendeine Abmachung mit Polen darüber gebe, die im Falle eines Krieges mit Deutschland den Durchmarsch sowjetischer Truppen durch polnisches Territorium zuließe, antwortete der Leiter der französischen Delegation, General Dumain, daß er Polens Pläne nicht kenne. Woroschilow fragte, welche Kontingente Großbritannien für die Verstärkung der französischen Armee aufstellen könnte. Daraufhin erklärte der englische General Haywood, daß Großbritannien für die erste Phase eines Krieges mit Deutschland 16 Divisionen aufstellen würde, und später noch einmal 16 Divisionen, und daß die Engländer auf ihren Inseln zur Zeit nur 5 reguläre Divisionen sowie 1 motorisierte besäßen. Diese Zahlen waren lächerlich, gemessen an der Stärke Deutschlands, das bereits über 140 unter Waffen stehende Divisionen verfügte. Die Stärke der englischen Streitkräfte stand auch in keinem Verhältnis zu den 120 Divisionen, die – wie man in London und Paris meinte – die Sowjetunion gleich zu Beginn von Kampfhandlungen aufstellen müßte. Zu der von der sowjetischen Seite aufgeworfenen Frage nach den Plänen, die die Verbündeten hinsichtlich Belgiens hätten, erklärten die französischen Vertreter, daß sie durch das Hoheitsgebiet dieses Landes nur vorstoßen könnten, wenn dessen Regierung Frankreich darum ersuche, aber ob Belgien das tun würde, sei nicht bekannt. All das veranlaßte Woroschilow am 14. August zu erklären: »Ohne eine klare und eindeutige Antwort auf diese Frage sind weitere militärische Verhandlungen zwecklos ... die sowjetische Militärmission kann ihrer Regierung nicht empfehlen, sich an einem Unternehmen zu beteiligen, das so offensichtlich zum Scheitern verurteilt ist.«
So hatten sich die Dinge entwickelt, als aus Berlin der Vorschlag zur Verbesserung der deutsch-sowjetischen Beziehungen eintraf. Aber schon etwas früher, am 2. August, hatte Ribbentrop – zweifellos direkt im Auftrag Hitlers handelnd – in einem Gespräch mit Astachow, dem sowjetischen Geschäftsträger in Berlin – den Wunsch geäußert, den Beziehungen zwischen Deutschland und der Sowjet-

union einen »neuen Charakter« zu verleihen. Er hatte erklärt, daß es von der Ostsee bis zum Schwarzen Meer keine Probleme gebe, die man nicht zur beiderseitigen Zufriedenheit lösen könnte. Auf Astachows Frage hin, was der Reichsminister konkret im Auge habe, äußerte Ribbentrop die Bereitschaft zu Verhandlungen über aktuelle Fragen, wenn die gleiche Bereitschaft bei der sowjetischen Regierung vorläge. Das Telegramm, in dem der Reichsaußenminister den deutschen Botschafter in Moskau, von der Schulenburg, über das Gespräch mit Astachow informierte, enthielt einen interessanten Zusatz. Dem sowjetischen Geschäftsträger wurde, so hieß es, zu verstehen gegeben, Deutschland sei bereit, »sich mit Rußland über das Schicksal Polens zu verständigen.«

Ein Katz-und-Maus-Spiel

In Berlin irrte man sich nicht, als man damit rechnete, daß eine solche Bereitschaft in Moskau als Zeichen ernster Absichten der deutschen Regierung gewertet würde. Am Abend des 3. August empfing Molotow Schulenburg. Der Botschafter wiederholte die Formulierung Ribbentrops in bezug darauf, daß es keine den Raum zwischen der Ostsee und dem Schwarzen Meer betreffenden Probleme gebe, und fügte hinzu, daß Deutschland den Wunsch hege, sich über die »Interessensphären« zu verständigen. Molotow äußerte Zweifel an der Ernsthaftigkeit der deutschen Initiative, nachdem er einige unfreundliche Akte Deutschlands aufgezählt hatte: den Antikominternpakt, die Unterstützung feindseliger Handlungen Japans gegenüber der UdSSR, den Ausschluß der UdSSR vom Münchener Abkommen. Am Rande sei bemerkt, daß die UdSSR und Frankreich auf Grund eines Vertrages der Tschechoslowakei im Falle einer Aggression gemeinsam zur Hilfe kommen sollten. Als im Herbst 1938 diese Gefahr drohte, war Moskau bereit, seine Verpflichtung zu erfüllen. In den westlichen Bezirken der UdSSR wurde die Mobilmachung verkündet. Frankreich hingegen erfüllte seinen Teil der Übereinkunft nicht und stimmte sogar, ohne sich mit Moskau zu konsultieren, dem Münchener Abkommen zu. Überdies hatte das Münchener Komplott selbst eine unverhohlen antisowjetische Ausrichtung. Wie lasse sich das alles mit der Erklärung der deutschen Regierung vereinbaren, sie sei zur Normalisierung der Beziehungen zur UdSSR bereit, fragte Molotow Schulenburg. Und er fügte hinzu, er habe bislang keinerlei Beweise dafür, daß Deutschland seine Position geändert habe. Aus diesem Gespräch folgerte der Botschafter, die sowjetische Regierung sei entschlossen, eine Übereinkunft mit England und Frankreich zu erzielen. Ohne zu ahnen, daß Stalin indessen selbst immer mehr dazu neigte, sich mit Hitler zu verständigen, empfahl er Berlin, neue Bemühungen zu unternehmen, um das Interesse des Kreml zu wecken.

In Berlin befolgte man Schulenburgs Rat, und dank den Bemühungen beider Seiten begannen sich die Ereignisse sehr rasch zu entwikkeln. Am 12. August stattete Astachow dem Gesandten Schnurre in der Wilhelmstraße einen Besuch ab und teilte ihm mit, daß Molotow bereit sei, in Moskau mit den Deutschen die von ihnen aufgeworfenen Fragen, einschließlich der polnischen, und andere Probleme zu erörtern. Während dieses Gesprächs erwähnte Schnurre vor allem einen Nichtangriffspakt. Astachow sagte, die sowjetische Seite schlage vor, die Verhandlungen ohne übermäßige Eile etappenweise zu führen. Hitler, der den 1. September schon als Datum für den Überfall auf Polen festgelegt hatte, paßte dagegen die Idee der »etappenweisen« Erörterung nicht. Am 14. August wurde Botschafter von der Schulenburg beauftragt, Molotow mitzuteilen, daß – wie man in Berlin meinte – »die deutsch-russische Politik heute an einem geschichtlichen Wendepunkt angelangt« sei: »Reale Interessengegensätze zwischen Deutschland und Rußland bestehen nicht ... Beiden Ländern ist es früher immer gut gegangen, wenn sie Freunde waren, und schlecht, wenn sie Feinde waren.« Außerdem wurde dem Botschafter nahegelegt, zu erklären: »Die englische Kriegstreiberei und die damit verbundenen Bündnisbestrebungen machen eine baldige Klärung des deutsch-russischen Verhältnisses erforderlich.« »Die Dinge könnten sonst«, so wurde in der Instruktion betont, »einen Verlauf nehmen, der beiden Regierungen die Möglichkeit abschneidet, die deutsch-russische Freundschaft wieder herzustellen und gegebenenfalls auch territoriale Fragen Osteuropas gemeinsam zu klären.«

Hier ging Hitler, wie wir sehen, mit Zuckerbrot und Peitsche vor. Er versprach Stalin Freundschaft und territorialen Gewinn und drohte mit einem nicht wieder gutzumachenden Abbruch der Beziehungen. Der »Führer der Völker« setzte trotzdem sein Spiel fort: In dieser Etappe reagierte Moskau auf die deutschen Vorschläge zurückhaltend. Molotow erklärte Schulenburg, daß die sowjetische Regierung, obwohl sie die Absicht Deutschlands begrüße, die Beziehungen zur UdSSR zu verbessern, nicht gewillt sei, sich zu überstürzen. Ein Besuch Ribbentrops in Moskau, so äußerte der Volkskommissar, »bedarf einer gründlichen Vorbereitung, damit der Meinungsaustausch erfolgreich ist.« Zugleich bekundete Molotow im Verlauf dieses Gesprächs Interesse an einem Nichtangriffspakt zwischen Deutschland und der Sowjetunion. Es wurden auch andere Fragen berührt. Vor allem wollte der Volkskommissar wissen, ob Berlin bereit sei, auf Japan im Sinne einer Verbesserung seines Verhältnisses zur UdSSR einzuwirken und auch die Frage von Garantien gegenüber den baltischen Staaten zu diskutieren. Hierbei ging es offenbar darum, daß sich bei den Verhandlungen, die kurz vorher mit den

Engländern und Franzosen geführt worden waren, die fehlende Bereitschaft von London und Paris gezeigt hatte, dem Baltikum solche Zusicherungen zu geben, wie sie sie Polen gegeben hatten. Das wurde damals in Moskau als ein Versuch gewertet, Hitler gewissermaßen einen Hinweis auf eine Route zu geben, die er für einen Überfall auf die Sowjetunion wählen könnte, ohne feindselige Handlungen Englands und Frankreichs hervorzurufen. Jetzt wollte Stalin erreichen, daß Hitler sich selbst den Weg durch das Baltikum verbaute.

Die deutsche Regierung, die den Überfall auf Polen plante, war daran interessiert, eine Bedrohung von sowjetischer Seite auszuschalten. In Moskau dagegen war man allem Anschein nach der Meinung, daß der Pakt die UdSSR eine Zeitlang vor einem deutschen Angriff bewahren würde. Am 16. August traf eine Antwort von Hitler ein: Deutschland sei bereit, mit der Sowjetunion einen Nichtangriffspakt zu schließen und auf Japan einzuwirken, die russisch-japanischen Beziehungen zu verbessern. Zum Baltikum wurde nichts ausgesagt, aber Schulenburg wurde beauftragt, Molotow mitzuteilen, daß es nach Ansicht des Führers in Anbetracht der entstandenen Lage und der Möglichkeit einer weiteren Zuspitzung der Situation, in der Deutschland nicht gewillt sei, den polnischen Provokationen ewig ruhig zuzusehen, wünschenswert sei, das sowjetisch-deutsche Verhältnis an Hand der aktuellen Fragen gründlich und sehr rasch zu klären. Es wurde auch mitgeteilt, daß Ribbentrop bereit sei, nach dem 18. August zu beliebiger Zeit mit dem Flugzeug in Moskau einzutreffen. Er sei vom Führer bevollmächtigt, den ganzen Fragenkomplex zu erörtern und, wenn nötig, die entsprechenden Dokumente zu unterzeichnen. Eine solche Zielstrebigkeit machte zweifellos Eindruck auf Stalin; denn er hatte nicht vergessen, daß die englische und die französische Delegation auf einem Fracht-und-Fahrgastschiff in die UdSSR gereist war, dazu noch ohne jedwede Vollmachten.

Als der »Führer der Völker« Hitlers Eile bemerkte, beschloß er, noch zu feilschen. Stalins Willen entsprechend, sagte Molotow dem Botschafter, daß bis zur Ankunft des Reichsaußenministers noch »eine Reihe wichtiger praktischer Schritte« unternommen werden müßten: Es müßte ein Handels- und Kreditabkommen unterzeichnet und der Entwurf eines Nichtangriffspaktes ausgearbeitet werden, einschließlich eines Protokolls, in dem unter anderem das Wesentliche der vorher unterbreiteten deutschen Vorschläge dargelegt werde. Hier wurde zum ersten Mal ein Dokument erwähnt, das von da an als »Geheimes Zusatzprotokoll« eine Rolle spielte und bis heute Gegenstand heftiger Auseinandersetzungen ist.

In diesem Stadium der Verhandlungen verschwand Astachow von der diplomatischen Bühne. Er hatte seine Schuldigkeit getan und wurde nicht mehr gebraucht. Doch »er wußte zuviel«, wie Stalin sich auszudrücken beliebte. Das besiegelte auch sein Schicksal. Später wurde bekannt, daß man Astachow erschossen hatte. Wieder bestätigte sich die von Stalin so geliebte mittelalterliche Formel: »Nur Tote sind ungefährlich« ...

In Moskau zögerte man nach wie vor den Beginn der Verhandlungen hinaus. Molotow erklärte dem deutschen Botschafter, daß der Besuch Ribbentrops einer »gründlichen Vorbereitung« bedürfe und überhaupt nicht groß herausgestellt werden sollte. Die entsprechende Information Schulenburgs über das Gespräch mit Molotow erhielt Ribbentrop in Berchtesgaden, in der Alpenresidenz des »Führers«. Der Reichsminister, der sich immer bemüht hatte, es seinem Chef recht zu machen, hatte diesmal das Gefühl, daß er keine dankbare Aufgabe zu erfüllen hatte. Und tatsächlich reagierte Hitler auf die Mitteilung Schulenburgs sehr heftig. Stalin, von dem er geglaubt hatte, daß er ihn mühelos überreden könnte, brachte alles durcheinander. Die Reise Ribbentrops nach Moskau konnte man auf keinen Fall auf die lange Bank schieben. Hitler mußte sich vor dem Polenfeldzug mit Stalin einigen. Das Datum des Einmarsches verschieben, wenn die Militärmaschinerie bereits auf vollen Touren lief, war – zumal im Herbst die Gefahr bestand, daß die Wege vor Schlamm unbefahrbar würden – für alle Pläne sehr riskant. Daher unternahm Hitler noch einen Schritt. Am 19. August erhielt Botschafter von der Schulenburg den Auftrag, Molotow unverzüglich aufzusuchen und ihm mitzuteilen, daß die deutsche Seite es zwar vorgezogen hätte, die Verhandlungen unter »normalen Bedingungen«, über den diplomatischen Kanal, zu führen, daß das aber in der jetzt entstandenen anomalen Lage unmöglich sei. Außerdem wurde der Botschafter beauftragt, zu erklären, daß sich die deutsch-polnischen Beziehungen von Tag zu Tag verschlechterten und daß jeden Tag Zwischenfälle eintreten könnten, die den Ausbruch eines offenen Konflikts unvermeidlich machen würden. Nach Meinung des »Führers« sollte ein solcher Konflikt nicht die Klärung des sowjetisch-deutschen Verhältnisses erschweren, zumal – wie vielsagend in der Instruktion an den Botschafter betont wurde – in diesem Konflikt »die russischen Interessen in Betracht zu ziehen« seien.

Gleich nach dem Empfang dieser Direktive begab sich Schulenburg in den Kreml. Seine Erklärung wurde jedoch von Molotow ziemlich kühl entgegengenommen. Er wiederholte, daß vorher der Handelsvertrag unterzeichnet und veröffentlicht werden müßte. Erst dann könnte man sich mit dem Entwurf eines Nichtangriffspaktes befassen.

Danach trat eine unerwartete Wende ein. Kaum war der Botschafter in seine Residenz zurückgekehrt, rief man ihn wieder in den Kreml. Anscheinend hatte Stalin, als er Molotows Bericht über das Gespräch mit Schulenburg vernommen hatte, die zwischen den Zeilen der Botschaft Hitlers verborgene verlockende Möglichkeit gespürt, mit dem »Führer« ein günstiges Abkommen zu schließen. Ohne sich auch nur im geringsten deswegen zu genieren, daß er vor etwa einer halben Stunde etwas ganz anderes gesagt hatte, erklärte der Volkskommissar Botschafter von der Schulenburg, er könne, nachdem er der Sowjetregierung Bericht erstattet habe, jetzt das Folgende mitteilen:

»Wenn am 20. August das Handelsabkommen unterzeichnet wird, kann der Reichsminister am 26. oder 27. August in Moskau eintreffen ...«Um die neue Position der sowjetischen Seite noch deutlicher zu machen, überreichte Molotow Schulenburg den Entwurf eines Nichtangriffspakts.

In Berlin wurde all das als Bereitschaft Stalins gewertet, den deutschen Wünschen entgegenzukommen. Als Hitler zu dem Schluß gelangt war, daß zwischen ihm und Stalin Einvernehmen herrsche, beeilte er sich, die günstige Situation zu nutzen. Der deutschen Delegation wurde Flexibilität angeraten, und am 20. August wurde das sowjetisch-deutsche Handelsabkommen unterzeichnet. Der »Führer« konnte sich aber nicht damit abfinden, daß der Termin für den Besuch Ribbentrops in Moskau bis zum 26. bzw. 27. August hinausgeschoben worden war. Und er entschloß sich zu einer dramatischen Geste – er diktierte sein erstes persönliches Schreiben an Stalin, den Führer des von ihm gehaßten »Weltbolschewismus«.

21. August

Herrn J. W. Stalin, Moskau

1.) Ich begrüße die Unterzeichnung des neuen deutsch-sowjetischen Handelsabkommens als ersten Schritt zur Neugestaltung des deutsch-sowjetischen Verhältnisses aufrichtig.
2.) Der Abschluß eines Nichtangriffspaktes mit der Sowjetunion bedeutet für mich eine Festlegung der deutschen Politik auf lange Sicht. Deutschland nimmt damit wieder eine politische Linie auf, die in Jahrhunderten der Vergangenheit für beide Staaten nutzbringend war. Die Reichsregierung ist daher in einem solchen Falle entschlossen, alle Konsequenzen aus einer so tiefgreifenden Umstellung zu ziehen.
3.) Ich akzeptiere den von Ihrem Außenminister Herrn Molotow übergebenen Entwurf des Nichtangriffspaktes, halte es aber für dringend notwendig, die mit ihm zusammenhängenden Fragen auf schnellstem Wege zu klären.
4.) Das von der Regierung der Sowjetunion gewünschte Zusatzprotokoll kann nach meiner Überzeugung in kürzester Zeit substantiell geklärt werden, wenn ein verantwortlicher deutscher Staatsmann hierüber selbst verhandeln kann. Sonst ist sich die Reichsregierung nicht darüber im klaren, wie das Zusatzprotokoll in kurzer Zeit geklärt und festgelegt werden könnte.
5.) Die Spannung zwischen Deutschland und Polen ist unerträglich geworden. Das polnische Verhalten einer Großmacht gegenüber ist so, daß jeden Tag eine Krise ausbrechen kann. Deutschland ist jedenfalls entschlossen, diesen Zumutungen gegenüber von jetzt an die Interessen des Reichs mit allen Mitteln wahrzunehmen.
6.) Es ist meine Auffassung, daß es bei der Absicht der beiden Reiche, in ein neues Verhältnis zu treten, zweckmäßig ist, keine Zeit zu verlieren. Ich schlage Ihnen daher noch einmal vor, meinen Außenminister am

Dienstag, dem 22. August, spätestens aber am Mittwoch, dem 23. August zu empfangen. Der Reichsaußenminister hat umfassendste Generalvollmacht zur Abfassung und Unterzeichnung des Nichtangriffspakts sowie des Protokolls. Eine längere Anwesenheit des Reichsaußenministers in Moskau als ein bis höchstens zwei Tage ist mit Rücksicht auf die internationale Situation unmöglich. Ich würde mich freuen, Ihre baldigste Antwort zu erhalten.

Adolf Hitler

Genesis des Pakts

Wie sollte die sowjetische Regierung in der entstandenen Situation handeln? Heute ist man der Meinung, man hätte sich auf den Abschluß eines Nichtangriffspaktes nicht einlassen dürfen, aber selbst wenn man schon den Vertrag unterschrieb, hätte man von einem Zusatzprotokoll, das als »amoralisch« und »ungesetzlich« von Anfang an eingestuft wurde, Abstand nehmen müssen. Obgleich das der heutige offizielle sowjetische Standpunkt ist, sollte man meines Erachtens dabei in Betracht ziehen, daß man an die Beurteilung der damaligen Situation mit den heutigen Maßstäben herangeht. Denn vieles von dem, was die Mehrheit der fortschrittlich eingestellten Menschen als amoralisch ansieht, galt vor einem halben Jahrhundert als internationale Verhaltensnorm. Ja, und selbst heute halten viele westliche Moralisten es für völlig gerechtfertigt, daß z. B. amerikanische Truppen in den souveränen Staat Panama einfielen, weil sein Präsident Washington nicht paßte. Nach den heutigen Normen war die Politik der »Nichteinmischung« in die Geschehnisse in Spanien, wo die rechtmäßige Regierung mit Hilfe Hitlers und Mussolinis gestürzt wurde, genauso amoralisch wie das Münchener Abkommen, das die Tschechoslowakei Hitler auslieferte. Doch beeilen sich führende englische und französische Politiker heute, die Politik ihrer Vorgänger in den dreißiger Jahren zu verurteilen. Aber nicht darum geht es. Wichtig ist, zu berücksichtigen, welche Lage vor dem Herbst des Jahres 1939 entstanden war.
Was damals ausgehandelt wurde, war natürlich ein Abkommen zwischen zwei Diktatoren, die einander nicht sehr vertrauten. Jeder ließ sich von seinen eigenen Überlegungen leiten, die sich zu einem bestimmten Zeitpunkt kreuzten. Hitler gab in seinem Telegramm Stalin zu verstehen, daß er bereit sei, weitgehende sowjetische Forderungen zu akzeptieren. Für ihn spielten Zugeständnisse an Moskau augenblicklich keine wesentliche Rolle. Ohne sein Endziel – die Vernichtung des Bolschewismus – aus dem Auge zu verlieren, war er der Ansicht, daß er die derzeitigen Verluste künftig mit Leichtigkeit wieder wettmachen konnte. Die Hauptsache bestand jetzt darin, den festgelegten Termin des Überfalls auf Polen einzuhalten. Und er gab Stalin ziemlich unverhohlen einen Hinweis auf dieses Datum, als er erwähnte, daß Ribben-

trop nicht später als an den beiden genannten Tagen zu seinem Besuch nach Moskau kommen könne.
Stalin dagegen bewertete Hitlers Schreiben als Zeichen dafür, daß Hitler bestrebt war, mit Moskau über einen langen Zeitraum zusammenzuarbeiten. Überhaupt gefielen ihm sowohl der energische, sachliche Ton des Verfassers als auch die Konkretheit und Bestimmtheit seiner Vorschläge. Mit einem solchen Politiker konnte man etwas anfangen! Und wie sehr unterschied sich sein Telegramm von den nichtssagenden, unbestimmten und ausweichend formulierten Schreiben, die aus London und Paris anzukommen pflegten. Ihm hatte der Naziführer stets imponiert. Schon bevor Hitler an die Macht gelangt war, hatte Stalin nicht den Nationalsozialismus als Hauptgefahr angesehen, sondern die Sozialdemokraten, die er verächtlich als »Sozialverräter« verunglimpft hatte. Eine solche Einstellung war verständlich. Gerade die Ideen der Sozialdemokratie konnten das von ihm in der UdSSR errichtete Kommandosystem unterminieren und die Legitimität seiner grenzenlosen persönlichen Macht in Frage stellen. Die Methoden der Nazis dagegen waren mehr nach seinem Sinn. Aus diesem Grunde schien es ihm wünschenswert, die Zusammenarbeit mit Hitlerdeutschland in geregelte Bahnen zu bringen. Dort war das Wort des »Führers« Gesetz. In der Sowjetunion war das Wort des »Führers der Völker« unanfechtbar. Und dort wie hier gab es kein Problem mit der öffentlichen Meinung, diesem Überrest des »verfaulten bürgerlichen Liberalismus«.
Als er die Depesche nach Moskau schickte, war Hitler mit seinen psychischen Kräften fast am Ende. Voller Ungeduld wartete er auf eine Antwort, zählte die Minuten und fand keine Ruhe. Aber er glaubte fest daran, daß er den richtigen Schlüssel zu Stalin gewählt hatte und daß die Antwort so ausfallen würde, wie er erwartete.
Der »Chef« des Kreml dagegen erwog in diesen schicksalhaften Tagen zum letzten Mal das Plus und das Minus der Alternative. Wo bestand, wenn er auf die Abmachung verzichtete, die Garantie dafür, daß die UdSSR nicht das nächste Opfer der faschistischen Aggression würde? Frankreich, und davor Polen, hatte mit Deutschland einen Nichtangriffsvertrag geschlossen. Chamberlain hatte, als er von München zurückkehrte, den Frieden als für eine ganze Generation gesichert verkündet und erklärt, mit Hitler könne man zusammenarbeiten. Jetzt schlug Berlin Moskau einen

Nichtangriffspakt vor. Dagegen würde die Weigerung, ihn abzuschließen, Hitler es ermöglichen, in die ganze Welt hinauszuposaunen, daß die Bolschewiken die Hand ausschlugen, die den Palmzweig hielt. Der europäischen Zivilisation drohe eine schreckliche Gefahr. Alle Völker müßten sich zusammenschließen, um sie abzuwenden, und Deutschland sei bereit, die Bürde des Austilgens der »bolschewistischen Pest« auf sich zu nehmen. Wären die »Münchener« in England und Frankreich noch am Ruder, fänden solche und ähnliche Aufrufe bei ihnen gewiß Resonanz, und die Sowjetunion könnte von ihnen keine Hilfe erhoffen; denn sie träumten davon, daß es zwischen Deutschland und der UdSSR zum Zusammenstoß käme.

Die Unterzeichnung des Nichtangriffspaktes dagegen konnte einen Angriff Deutschlands auf die UdSSR zumindest eine gewisse Zeit lang hinauszögern. Stalin schloß nicht aus, daß er letzten Endes doch zu Hitler in Konflikt geraten würde. Aber diesen Zeitpunkt wollte er möglichst lange hinausschieben. Der Pakt schien dies zu ermöglichen. Außerdem konnte er zu einer langen Periode sowjetisch-deutscher Zusammenarbeit führen. Möglicherweise dachte auch Hitler so, der in seinem Telegramm festgestellt hatte: »Deutschland nimmt damit wieder eine politische Linie auf, die in Jahrhunderten der Vergangenheit für beide Staaten nutzbringend war.« Auf jeden Fall habe Deutschland, so mutmaßte Stalin, sich entschlossen, mit der Unterzeichnung des Vertrages nicht dem Osten einen Schlag zu versetzen, sondern dem Westen, wo der Kampf langwierig sein würde, wobei die Sowjetunion in der Lage wäre, sich so lange aus dem Konflikt herauszuhalten, wie er, Stalin, selbst entschiede. Für die damalige Zeit waren solche Gedankengänge völlig logisch. Jede der Mächte, die potentielle Ziele einer faschistischen Aggression waren, dachte ähnlich.

Bedenkt man diese Situation, so wird deutlich, daß hinter dem geheimen Zusatzprotokoll keine so teuflische Absicht steckte, wie es uns heute scheint. Aus Hitlers Telegramm ging sehr klar hervor, daß der Überfall auf Polen beschlossene Sache war. Es unterlag keinem Zweifel, daß die polnische Armee einem Vorstoß der Panzerverbände der deutschen Wehrmacht nicht standhalten konnte. Danach würden die deutschen Truppen in Richtung auf unsere in unmittelbarer Nähe zu Minsk und Kiew verlaufende Grenze vorrücken, und für die Bevölkerung Weißrußlands und der Ukraine bestünde die Gefahr, daß sie unter deutsche Herrschaft geriete. Die Grenze zu Polen hielt Stalin für ungerecht: seines Erachtens war sie uns in einer für das Land schweren Zeit aufgezwungen worden. So wie er dachten übrigens damals viele in der Sowjetunion. In nicht geringem Maße war Stalin selbst für die »ungerechte« Grenze verantwortlich. Als nach der Oktoberrevolution ein unabhängiger polnischer Staat entstand, wurde seine Grenze zu Sowjetrußland im Jahre 1919 von der Entente festgelegt und ging unter der Bezeichnung Curzon-Linie (nach dem damaligen Außenminister Großbritanniens, Curzon, so genannt) in die Geschichte ein. Diese Linie gründete sich auf das ethnische Prinzip: Diejenigen Rayons, die hauptsächtlich von Ukrainern und Weißrussen besiedelt waren, wurden sowjetisches Gebiet. Die bewaffneten Auseinandersetzungen, die bald danach zwischen Sowjetrußland und Polen begannen, verliefen für die Rote Armee anfangs erfolgreich. Ihre von Tuchatschewskij befehligten Einheiten belagerten Warschau. Lenin maß diesem Feldzug erstrangige Bedeutung bei. Er ging davon aus, daß eine Niederlage der Regierung der polnischen Großgrundbesitzer, der Pane, das ganze System der Versailler Verträge hinwegfegen würde. Aus diesem Grunde forderte er, daß die roten Divisionen, die unter Stalins Kommando Lwow angriffen, in Richtung auf die polnische Hauptstadt umschwenkten und sich mit den Truppen Tuchatschewskijs vereinigten. Damit sollte die Einnahme Warschaus gewährleistet werden. Stalin jedoch, den es nach militärischen Erfolgen dürstete, entschloß sich, zuerst Lwow einzunehmen. Er hörte nicht auf Lenin und führte dessen Befehl nicht durch. Schließlich bereiteten die durch französische Einheiten verstärkten und mit modernen Waffen der Entente ausgerüsteten polnischen Truppen der Armee Tuchatschewskijs eine vernichtende Niederlage; sie wurde weit nach Osten zurückgeworfen. Gleichzeitig mußten sich auch die im Gebiet von Lwow operierenden Truppenteile zurückziehen. Nachdem die Polen einen großen Teil Weißrußlands und der Ukraine besetzt und Kiew sowie andere Städte eingenommen hatten, zwangen sie die sowjetische Regierung, 1921 den Rigaer Vertrag zu unterzeichnen, in dem eine neue, viel weiter östlich der Curzon-Linie verlaufende Grenze festgelegt wurde. Auch aus diesem Grunde war eine Einigung mit Hitler ganz nach Stalins Geschmack. Sie gab ihm die Möglichkeit, sich sozusagen vor sich

selbst zu rehabilitieren und die Westgrenze des Landes wieder ungefähr dem Verlauf der Curzon-Linie anzupassen.
Stalin hegte ohne Zweifel auch imperiale Ambitionen. Er wollte alle Gebiete, die früher zum zaristischen Rußland gehört hatten, zurückgewinnen. Erinnern wir uns an den Ausspruch des »Führers der Völker« nach dem Sieg über Japan.
Er sagte, daß die Menschen seiner Generation vierzig Jahre lang auf die Rückkehr Port Arthurs, der Fernostregion und Südsachalins in den Schoß der Heimat gewartet hätten. Bessarabien war vor dem Kriege auf unseren Landkarten durch Schraffierung als »strittiges Territorium« gekennzeichnet. Die Angliederung der baltischen Staaten an die Sowjetunion war ebenfalls sein Traum. Das Zusatzprotokoll bot ihm die Möglichkeit, diese Absichten zu verwirklichen. Sie entsprachen vielleicht auch der Mentalität vieler Menschen in der Vorkriegszeit. Aber selbst wenn man Stalins Absichten vom heutigen Standpunkt aus als amoralisch und eroberungssüchtig bewertet, muß man zugeben, daß man sowohl das Zusatzprotokoll vom 23. August als auch das vom 28. September 1939 zugleich als Dokumente ansehen kann, die zur Festlegung jener Frontlinie führten, von der aus der bewaffnete deutsch-sowjetische Konflikt begann. Es wurde ein Vorfeld geschaffen, das diese Front 200 – 300 km von Leningrad, Minsk, Kiew und Odessa trennte. Man kann sich leicht vorstellen, welches Schicksal Leningrad erwartet hätte, wenn der Überfall nicht hinter Wyborg begonnen hätte, sondern fast am Rande der Stadt. Vielleicht würden dort, wo sich das Venedig des Nordens befindet, heute die Wellen des Meeres plätschern, in das Hitler die »Wiege der Revolution« versenken wollte. An die historischen Tatsachen sollte man also von einem ausgewogeneren Standpunkt herangehen; denn in der Zeit zwischen den beiden Weltkriegen wurde die gewaltsame Lösung internationaler Probleme immer noch als »legitimes« Mittel der Politik angesehen. Die Gültigkeit der These von Clausewitz, wonach der Krieg die Fortsetzung der Diplomatie mit anderen Mitteln sei, wurde damals kaum von irgend jemand bestritten.
Am Abend des 21. August wurde Botschafter von der Schulenburg Stalins Antwort an Hitler ausgehändigt:

21. August 1939

Herrn Reichskanzler A. Hitler

Ich danke Ihnen für das Schreiben. Ich hoffe, daß der deutsch-sowjetische Nichtangriffsvertrag eine Wende zu einer grundlegenden Verbesserung des politischen Verhältnisses zwischen unseren Ländern hin bewirkt. Die Völker unserer Länder bedürfen friedlicher gegenseitiger Beziehungen. Die Zustimmung der deutschen Regierung zum Abschluß des Nichtangriffspaktes legt das Fundament dafür, daß die politischen Spannungen überwunden und Frieden und Zusammenarbeit zwischen unseren Ländern herbeigeführt werden.
Die sowjetische Regierung hat mich beauftragt, Ihnen mitzuteilen, daß sie mit der Ankunft Herrn Ribbentrops am 23. August in Moskau einverstanden ist.

J. Stalin

Am selben Abend unterbrach nach 23 Uhr MEZ der deutsche Rundfunk seine Sendungen, und ein Sprecher verlas feierlich folgende Mitteilung:

»Die Reichsregierung und die sowjetische Regierung haben den Abschluß eines Nichtangriffspaks vereinbart. Der Reichsaußenminister wird am 23. August in Moskau eintreffen, um die Verhandlungen abzuschließen.

Hitler beeilte sich, der Welt die mit Stalin erzielte Übereinkunft zu verkünden. Er wollte jede Möglichkeit ausschließen, daß Stalin von diesem Vertrag zurücktrat ...

»Unter alten Parteigenossen«

Ribbentrop traf, wie schon erwähnt, am 23. August 1939 in Moskau ein und begab sich sofort in den Kreml. Von Hitler beauftragt, möglichst rasch den Nichtangriffspakt und das Protokoll unter Dach und Fach zu bringen, verhandelte der Reichsaußenminister nicht lange. Faktisch stimmte er allen grundlegenden sowjetischen Forderungen zu, und noch am selben Abend fand in Stalins Gegenwart die feierliche Unterzeichnung der Urkunden statt. Trotzdem dauerten diese Prozedur und das anschließende Gelage bis zum Morgen. Erst danach konnte Ribbentrop Hitler den vollen Erfolg seiner Mission melden. Die ganze Zeit hatte der »Führer« kein Auge zugemacht. Unruhig wie ein eingesperrtes Tier war er auf dem Balkon seines Hauses in Berchtesgaden hin und her gelaufen; ihn plagten Zweifel, ob alles, wie von ihm geplant, ablaufen würde. Ribbentrops Schweigen war immer unerträglicher geworden. Hitler hatte sogar gegenüber seiner Umgebung erklärt, daß, wenn Ribbentrop sich nicht mit Stalin einig würde, er selbst sich unverzüglich nach Moskau auf den Weg machen würde ...

Mittlerweile hatten Molotow und Ribbentrop im Kreml die vereinbarten Vertragstexte unterzeichnet und mit Petschaften versehen. Die Kellner brachten Champagner. Toaste mit gegenseitigen Komplimenten, Gläserklang, Gelächter und Scherze – all das schuf eine gelöste Atmosphäre. Die Anwesenden besichtigten eine am selben Ort arrangierte Ausstellung, in der Projekte für neue, pompöse Bauten der Hauptstadt des Dritten Reiches vorgestellt wurden. Ausgearbeitet hatte sie ein unübertroffener Meister imposanter Ensembles und Lichteffekte, die eine starke Wirkung auf die Vorstellungskraft der Menge ausübten: der Architekt Albert Speer, ein Liebling des »Führers«. Ribbentrop erklärte ehrfurchtsvoll, daß Hitler persönlich die Ideen für einige dieser Bauten geliefert habe, von denen auf einzelnen Blättern eigenhändig von Hitler angefertigte Entwurfszeichnungen gezeigt wurden. Die Ausstellung gefiel Stalin. Sie stimmte völlig mit seinen Vorstellungen von der Architektur einer Epoche »großer Taten« überein. Nach dem Kriege wurden nach dem Willen Stalins Hochhäuser errichtet, die sehr den Vorstellungen Speers ähnelten – die gleichen langen, hohen Spitzen auf Gebäudetürmen und die gleichen Säulen. Besonders symbolträchtig war jedoch die Tatsache, daß der Sockel dieser Gebäude aus dem Granit bestand, der von den Trümmern von Hitlers Reichskanzlei stammte ...

Das Bankett, das zu Ehren Ribbentrops gegeben wurde, ging weiter. In der lebhaften Unterhaltung kamen sich Gäste und Gastgeber näher. Als der von der Gastfreundschaft des »Führers der Völker« überraschte Reichsaußenminister später Hitler davon erzählte, fügte er unbekümmert hinzu: »Stalin und Molotow sind sehr nett. Ich fühlte mich wie unter alten Parteigenossen.« Die Parteien unterschieden sich natürlich, aber wie rasch fanden ihre Führer eine gemeinsame Sprache. In dieser Nacht entfaltete Stalin zweifellos seinen ganzen Charme. In der ungezwungenen Atmosphäre entschloß sich Ribbentrop, wie zufällig eine Bemerkung über den »Antikominternpakt« fallen zu lassen. Er erinnerte sich daran, daß Molotow auf diesen Pakt als unvereinbar mit dem neuen Verhältnis von Deutschland und der UdSSR Bezug genommen hatte. Halb scherzhaft sagte der Reichsaußenminister zu Stalin: »Der Antikominternpakt ist eigentlich nicht gegen die Sowjetunion gerichtet, sondern gegen die westlichen Demokratien.« Wie absurd eine solche Behauptung auch klang, Stalin griff diese Bemerkung auf und antwortete Ribbentrop im gleichen Ton:

»Der Antikominternpakt hat tatsächlich vor allem der Londoner City und den kleinen englischen Ladenbesitzern Angst eingejagt ...«

Erfreut über diese unerwartete Einmütigkeit, beeilte sich der Reichsaußenminister, seinem Gesprächspartner beizupflichten:

»Herr Stalin hat sich vor dem Antikominternpakt natürlich weniger gefürchtet als die Londoner City und die englischen Ladenbesitzer.«

Dieses Gespräch war ein eigenartiger Prolog zu den nachfolgenden Verhandlungen über den Beitritt der Sowjetunion zu dem dreiseitigen Abkommen, das bald von den Teilnehmern des »Antikominternpakts« Deutschland, Italien und Japan geschlossen wurde.

Das Bankett ging weiter. Stalin erhob das Glas, um auf das Wohl Hitlers zu trinken. Molotow brachte einen Trinkspruch auf Ribbentrop und Schulenburg aus. Gemeinsam trank man auf die »neue Ära« in den deutsch-sowjetischen Beziehungen. Beim Abschied versicherte Stalin dem Reichsaußenminister:

»Die Sowjetunion nimmt den neuen Pakt sehr ernst. Ich gebe mein

Wort, daß die Sowjetunion ihren Partner nicht hinters Licht führen wird ...«

Das gleiche erwartete Stalin auch von Hitler.

Als der Polenfeldzug beendet war und die Rote Armee der Wehrmacht an der im Zusatzprotokoll vom 23. August festgelegten Linie gegenüberstand, ergab sich die Notwendigkeit, die neue Situation offiziell zu fixieren. Ribbentrop reiste erneut nach Moskau. In diesem Falle hätte man eine Konvention über den Grenzverlauf vereinbaren oder sich einfach über eine Demarkationslinie einigen können. Aber Stalin, der nach einem weiteren Ausbau der Beziehungen zu Deutschland strebte, ging viel weiter. Am 28. September 1939 unterzeichneten Molotow und Ribbentrop den Grenz- und Freundschaftsvertrag, der gleichfalls durch geheime Zusatzprotokolle ergänzt wurde. Im ersten dieser Zusatzprotokolle verpflichteten sich beide Seiten, keine »polnische Agitation« zu dulden, die auf die Gebiete des anderen Teils hinüberwirkte. Das zweite geheime Zusatzprotokoll enthielt eine Festlegung, wodurch Punkt 1 des geheimen Zusatzprotokolls vom 23. August abgeändert wurde. Damals umfaßte die sowjetische Interessensphäre Finnland, Estland und Lettland. Jetzt fiel Litauen in die Interessensphäre der UdSSR. Gleichzeitig fielen die Wojewodschaften Warschau und ein Teil der Wojewodschaft Lublin in die Interessensphäre Deutschlands, wobei die entsprechenden Änderungen der Grenzziehung in die anliegende Karte eingetragen wurden. Ferner wurde festgestellt, daß die geltenden wirtschaftlichen Abmachungen zwischen Deutschland und Litauen durch die Maßnahmen der Sowjetunion nicht beeinträchtigt werden durften.

Wieder wurde Champagner gereicht. Man begann Trinksprüche auszubringen. Stalin konnte seine Befriedigung über die neuen Abmachungen mit Hitler nicht verhehlen. In einem der Trinksprüche sagte er:

»Ich weiß, daß das deutsche Volk seinen Führer liebt. Daher möchte ich auf seine Gesundheit trinken ...«

Als man die Karte mit dem gerade vereinbarten neuen Grenzverlauf zwischen den von Deutschland beanspruchten Gebieten und der Sowjetunion brachte, breitete Stalin sie auf einem Tisch aus, nahm einen seiner dicken blauen Stifte und schrieb, seinen Emotionen nachgebend, mit großen Buchstaben seinen Namen auf die Karte, wobei ein Schnörkel die gerade erworbenen Gebiete Westliches

Weißrußland und Westliche Ukraine bedeckte. Auch Ribbentrop signierte die Karte.
Zu erwähnen ist, daß bei den 1989 in Moskau geführten Debatten, bei denen es um das geheime Protokoll vom 23. August 1939 ging, viele Diskussionsteilnehmer aus irgendeinem Grunde das Protokoll vom 28. September des gleichen Jahres außer acht ließen. Das führte zur Verwirrung, und auch Präsident Gorbatschow erwies sich als uninformiert. In einer seiner Reden äußerte er, anscheinend durch irgendwelche Experten fehlinformiert, Zweifel an der Echtheit des Protokolls vom 23. August, wobei er darauf verwies, daß dort Litauen zur Interessensphäre Deutschlands gerechnet wurde und daß die Grenze nicht der faktisch entstandenen Linie der Grenzziehung entsprach. Hätten die Experten einen Blick ins Protokoll vom 28. September geworfen, wäre eine so bedauerliche Panne nicht passiert ...
Das Lob, das Stalin auf den Banketten im Kreml Hitler spendete, blieb nicht ohne Antwort. In der zweiten Dezemberhälfte gratulierte der »Führer« dem »Führer der Völker« zum 60. Geburtstag. Im Telegramm wurden »die besten Wünsche für das Wohl und das Gedeihen der befreundeten Sowjetunion« zum Ausdruck gebracht. Stalin antwortete unverzüglich: »Die mit Blut zementierte Freundschaft zwischen Deutschland und der Sowjetunion hat alle Chancen, weiter zu bestehen und zu erstarken.«
Die Erwähnung der »mit Blut zementierten Freundschaft« klingt merkwürdig. Waren damit die jüngsten Ereignisse in Polen und die »Waffenbrüderschaft« gemeint, die auf den gemeinsam mit den Deutschen in Brest und in anderen Städten durchgeführten Paraden demonstriert worden war, nachdem sich die Wehrmacht und die Rote Armee auf der vorher festgelegten Linie getroffen hatten? Oder war es eine Anspielung auf die schweren Verluste der sowjetischen Truppen in den schneebedeckten Weiten Finnlands? Vielleicht dachte Stalin aber auch an künftige, mit Hitler gemeinsam unternommene Aktionen zur Aufteilung globaler Interessensphären?
Solche Ambitionen des »Führers der Völker« sind nicht auszuschließen. Als England und Frankreich Deutschland den Krieg erklärten, atmete Stalin erleichtert auf. Hitler war im Westen in einen langwierigen Konflikt verwickelt. Er konnte Jahre dauern. Und selbst wenn im Endergebnis Deutschland siegen würde, wäre es geschwächt, und Moskau würden sich große Möglichkeiten eröffnen. Es könn-

ten auch Bedingungen für die proletarische Weltrevolution entstehen. Die Hauptsache bestand jetzt darin, die zu Hitler geknüpften Beziehungen zu bewahren.
Der Blitzkrieg der faschistischen Heerscharen in Westeuropa, die unerwartet rasche Niederlage Frankreichs, das Unvermögen der englischen Truppen, den Vorstoß der Wehrmacht zum Ärmelkanal aufzuhalten, und die panische Flucht der Briten aus Dünkirchen – all das verwirrte Stalin. Er begann noch mehr einen Zusammenstoß mit Deutschland zu fürchten und war bereit, alles zu tun, um Hitler günstig zu stimmen. In welche Richtung würde sich jetzt die deutsche Militärmaschinerie in Bewegung setzen? Die Berlinreise Molotows im November 1940 würde anscheinend die Gelegenheit bieten, die Absichten der Naziführung zu erkunden. Hitler wußte, was Stalin beunruhigte. Und er entfaltete eine große Kampagne zur Desinformation Moskaus, um es davon zu überzeugen, daß er die Landung auf den Britischen Inseln ernsthaft vorbereite. Gerade dieses Ziel verfolgte Hitler, als er in den Gesprächen mit Molotow der Sowjetunion vorschlug, an der Aufteilung der englischen Kolonien unter Deutschland, Italien, Japan und Rußland teilzunehmen. Er versicherte auch, England werde in nächster Zeit von deutschen Truppen besetzt und aufhören, als Großmacht weiter zu bestehen. Gleichzeitig schlug er der UdSSR vor, dem Pakt beizutreten, der zwischen Deutschland, Italien und Japan am 27. September 1940, d. h. eineinhalb Monate vor Molotows Besuch in Berlin, geschlossen worden war. Molotow verhielt sich vorsichtig und ließ sich auf keine Diskussion mit Hitler über diese Vorschläge ein. Er bestand darauf, daß die deutschen Truppen von der sowjetischen Grenze abgezogen würden, die dort in den letzten Monaten zusammengezogen worden waren.

Dreimächte- oder Viermächtepakt?

Am Abend des 13. November, einen Tag vor der Rückreise der sowjetischen Delegation nach Moskau, sollte Ribbentrop im Auftrag des »Führers« die sowjetisch-deutschen Verhandlungen abschließen. Ebenso wie bei den Begegnungen mit Hitler nahm ich als Dolmetscher an dieser Unterredung teil.

Das luxuriöse Arbeitszimmer war etwas kleiner als das Hitlers. Die alten Möbel waren vergoldet. An den Wänden hingen Gobelins, die bis zur Decke reichten, sowie Bilder in breiten Rahmen; in den Ecken sah man Porzellan- und Bronzefiguren auf hohen Ständern stehen. Die ersten Minuten gehörten Fotoreportern. Ribbentrop lächelte freundlich und drückte mit hocherhobenem Haupte dem sowjetischen Gast die Hand. Er strahlte Hochmut und Würde aus.

Während ich dies niederschreibe, erinnere ich mich an dieses Arbeitszimmer, jedoch an einen anderen Ribbentrop, und zwar an den, der in der Nacht zum 22. Juni 1941 dem von mir begleiteten Botschafter in Deutschland, Dekanosow, die Kriegserklärung übermittelte. Der Reichsaußenminister hatte sich, bevor er diesen für das faschistische Reich verhängnisvollen Schritt verkündete, offenbar Mut angetrunken. Allerdings war auch nicht ausgeschlossen, daß er im Führerhauptquartier, von wo er gekommen war, den Beginn des neuen »Blitzkrieges« mit gefeiert hatte. Sein Gesicht war rotgefleckt, und die Hände zitterten. Als der Botschafter Ribbentrops Erklärung vernommen hatte, daß vor zwei Stunden die Grenze von deutschen Truppen überschritten worden war, erhob er sich unvermittelt und sagte, daß die deutschen Staatsmänner eine verbrecherische Aggression verübten, für die sie noch schwer büßen müßten. Ohne sich von ihm zu verabschieden, drehte sich Dekanosow um und schritt zum Ausgang. Ich folgte ihm. Und da geschah etwas Überraschendes: Ribbentrop eilte uns nach und flüsterte uns zu, daß er gegen den Entschluß des »Führers« gewesen sei, Rußland den Krieg zu erklären. Er habe sogar versucht, Hitler diesen Wahnsinn auszureden. Aber er wollte nicht hören ...

»Richten Sie in Moskau aus, daß ich gegen den Überfall war«, das waren die letzten Worte Ribbentrops, die ich vernahm, als ich, nach dem Passieren des Korridors dem Botschafter folgend, schon die Treppe hinunterging ...

Was bedeutet dieses erstaunliche Geständnis des Außenministers jenes Staates, der gerade einer anderen Macht den Krieg erklärt hatte? War es eine Vorahnung des schmählichen Endes am Galgen? ... Beim Nürnberger Prozeß versuchte Ribbentrop die Richter damit milder zu stimmen, daß er erwähnte, er habe die sowjetische Regierung von seiner Opposition gegen den Entschluß Hitlers, die UdSSR zu überfallen, in Kenntnis gesetzt. Aber das half ihm nichts ...

Schließlich entfernten sich die Journalisten und Fotografen. Es begann die Unterredung an einem kleinen runden Tisch, auf dem – eine Lampe mit einem Schirm aus dünner, mit bunten Gravuren verzierten Haut stand. Die Gobelins und die Bilder alter Meister im Arbeitszimmer des Reichsaußenministers waren anscheinend frische Trophäen aus Frankreich. Aber dieser Lampenschirm? Ich denke heute, daß es vielleicht eins jener berüchtigten Geschenke Himmlers war. Es handelte sich um eine sehr dünne Haut, wie von einem Menschen.

»Dem Wunsche des Führers entsprechend«, so eröffnete Ribbentrop die Unterredung, »sollte eine Bilanz der Verhandlungen gezogen und eine prinzipielle Vereinbarung erzielt werden ...«

Der Reichsaußenminister zog ein Blatt Papier aus der Tasche und fuhr fort:

»Hier sind einige Vorschläge der deutschen Regierung skizziert ...«

Kaum hatte der Reichsaußenminister begonnen, die von Hitler formulierte Idee darzulegen, nach der Niederlage Englands den »herrenlosen britischen Besitz« und die Einflußsphären auf der Erde aufzuteilen, da fingen die Luftschutzsirenen an zu heulen. Man hörte, wie ganz in der Nähe Bomben explodierten. In den hohen Fenstern des Arbeitszimmers des Ministers klirrten die Fensterscheiben.

Das britische Oberkommando, das von Molotows Ankunft in Berlin erfahren hatte, bot alle Kräfte auf, um durch verstärkte Luftangriffe auf die Hauptstadt des Dritten Reiches zu demonstrieren, daß Großbritannien noch genügend Pulver auf der Pfanne hatte. Später hat Stalin deswegen Churchill im Scherz gerügt. Aber damals war uns nicht zum Lachen zumute.

»Es ist nicht ungefährlich hierzubleiben«, meinte Ribbentrop. »Lassen Sie uns in den Bunker hinuntergehen. Dort ist es ruhiger ...«

Er führte uns durch einen langen Korridor bis zu einem Lift. Wir

fuhren tief in die Erde hinab und betraten ein geräumiges Arbeitszimmer, das ebenfalls recht verschwenderisch eingerichtet war.
Als Ribbentrop sich von neuem anschickte, die Idee vom baldigen Zusammenbruch Englands und der Notwendigkeit zu entwickeln, über seinen Besitz zu verfügen, unterbrach Molotow ihn mit seiner berühmt gewordenen Frage:
»Wenn England geschlagen ist – weshalb sitzen wir dann in diesem Bunker? Und wessen Bomben sind es, die so nahe einschlagen, daß man sie hier noch krachen hört? ...«
Wie wir sehen, hatten diejenigen nicht recht, die immer behaupteten, daß Molotow einfach humorlos war. Er war manchmal sehr witzig. Aber in Stalins Gegenwart schwieg er meist, und das brachte ihm den Ruf eines Schweigers ein ...
Ribbentrop wurde etwas verlegen, hatte sich aber bald wieder gefangen und erklärte kategorisch, die Engländer würden so oder so eine Niederlage erleiden.
»Nach Meinung der deutschen Regierung«, so fuhr der Reichsaußenminister fort, »naht die Zeit, wo es erforderlich wird, praktische Maßnahmen zur Aufteilung des früheren britischen Imperiums zu treffen. Aus diesem Grunde wäre es für die Sowjetunion wichtig, rechtzeitig dem Dreimächtepakt beizutreten, dem Deutschland, Italien und Japan angehören, und ihn in einen Viermächtepakt zu verwandeln ...«
Der von Berlin vorgelegte Entwurf eines Vertrages zwischen Deutschland, Italien und Japan einerseits und der Sowjetunion andererseits proklamierte den gemeinsamen Wunsch der vier Mächte, um der Sicherung ihrer »natürlichen Interessensphären in Europa, Asien und Afrika« willen zusammenzuarbeiten. Hierbei sollten Deutschland, Italien, Japan und die Sowjetunion gemeinsam »die untereinander existierenden natürlichen Interessen« respektieren. Der Vertrag trat mit der Unterzeichnung in Kraft, und seine Gültigkeitsdauer von zehn Jahren sollte mit Zustimmung der beteiligten Seiten verlängerbar sein. Vorgesehen waren auch zwei geheime Protokolle. Das eine legte die vorwiegenden Interessensphären der Teilnehmer fest, wobei für die UdSSR die südliche Richtung »zum Indischen Ozean hin« vorgesehen war. Das zweite Protokoll betraf das Verhältnis zur Türkei und die Ersetzung der Konvention von Montreux durch eine neue Festlegung über die Meerengen unter Berücksichtigung der Interessen der Sowjetunion.

Begegnung mit Schulenburg

Nach seiner Rückkehr nach Moskau berichtete Molotow im Politbüro über die Ergebnisse der mit Hitler und Ribbentrop geführten Gespräche und zog aus ihnen die Schlußfolgerung, daß in nächster Zeit kein Angriff Deutschlands zu befürchten sei. Ich glaube nicht, daß Molotow den Beteuerungen Hitlers glaubte, die in der Nähe der sowjetischen Grenze konzentrierten deutschen Truppen würden sich dort vor dem stattfindenden Überfall auf die Britischen Inseln erholen; denn er forderte mehrmals ganz entschieden den Abzug dieser Verbände. Doch schienen die Vorschläge in bezug auf den Viermächtepakt sowie die von der deutschen Seite in diesem Zusammenhang im einzelnen ausgearbeiteten Bedingungen von der Absicht der Regierung des Dritten Reiches zu zeugen, die deutsch-sowjetische Zusammenarbeit zu entwickeln. Aber die Hauptsache war vermutlich etwas, worüber Molotow nur Stalin persönlich Mitteilung machte: die Bereitschaft Hitlers, sich mit ihm zu treffen.

Stalin hielt Hitler immer für einen gewieften und berechnenden Politiker. Er hielt sich für fähig, die Gedanken des »Führers« zu lesen und seine Pläne zu erraten. Jetzt schien ihm der von Berlin vorgeschlagene Viermächtepakt eine völlig logische Folgerung aus diesen Plänen zu sein. Hitler konnte sich davon überzeugen, daß die sowjetische Seite ihre Verpflichtung genau erfüllte, und das selbst dann, als die Deutschen ihre Lieferungen erheblich einschränkten. Die Sowjetunion versetzte Deutschland in die Lage, keine britische Seeblockade zu befürchten. Er, Stalin, hatte sein Ehrenwort gegeben, daß er seinen Partner nie betrügen werde. Und jetzt schlug Hitler den Beitritt Moskaus zum Dreimächtepakt vor und war bereit, die sowjetischen Interessen, einschließlich der Änderung der Regelungen über die Engen des Schwarzen Meeres, zu berücksichtigen. All das würden sie zu zweit bei einer persönlichen Begegnung besprechen. Molotow, dieser Zauderer, wich der Erörterung eines so interessanten Vorschlages aus und wollte die Verhandlungen hinziehen. Aber warum hinziehen? Man müßte doch die günstige Situation nutzen. So oder ähnlich urteilte der »Führer der Völker«. Er brauchte etwas länger als eine Woche, um die Antwort an Hitler vorzubereiten.

Am Morgen des 25. November, das heißt insgesamt zehn Tage nach

Molotows Rückkehr aus Berlin, rief mich der Volkskommissar zu sich.

»Heute um neun Uhr abends«, sagte er, wobei er mich dabei besonders aufmerksam anblickte, »empfange ich Schulenburg. Benachrichtigen Sie ihn rechtzeitig. Es steht ein ernstes Gespräch bevor. Sie werden dolmetschen ...«

Ich rief die deutsche Botschaft an und teilte dem Sekretär des Botschafters mit, daß der Volkskommissar Schulenburg heute abend um 21 Uhr in seinem Arbeitszimmer im Kreml erwarte.

Zehn Minuten vorher begab ich mich zur Paradetreppe des Gebäudes des Rates der Volkskommissare, um den Botschafter zu Molotow zu begleiten. Graf Werner von der Schulenburg war mir schon bekannt. Schon des öfteren hatte ich den Volkskommissar für Außenhandel, Mikojan, in die deutsche Botschaft in der Stanislawskijstraße (der früheren Leontjewgasse) und in die persönliche Residenz des Botschafters in der Reinen Gasse (dort hat sich jetzt der Patriarch von ganz Rußland niedergelassen) begleitet. Das letzte Mal hatte ich Schulenburg auf dem Weißrussischen Bahnhof gesehen, wo er den aus Berlin zurückkehrenden Molotow begrüßte. Damals trug der Botschafter einen glänzenden Zylinder, einen Frack und einen über die Schulter geworfenen Regenmantel. Jetzt trug er einen langen Mantel und einen Filzhut mit leicht nach oben gebogenen Rändern, wie es die neueste Mode vorschrieb. Zusammen mit dem Botschafter stieg der Botschaftsrat Gustav Hilger, der ausgezeichnet russisch sprach und zu dolmetschen hatte, aus einem schwarzen Mercedes.

Nach dem Ablegen der Mäntel und Hüte in der Garderobe fuhren wir im mahagonigetäfelten Lift in die zweite Etage und gingen in die Appartements des Vorsitzenden des Rates der Volkskommissare der UdSSR. Der Botschafter bestach immer durch seine Eleganz. Er trug einen dunklen Anzug, der mit feinen, kaum sichtbaren Streifen versehen war, ein schneeweißes Tuch in der Brusttasche, frisch gestärkte Manschetten, die von großen goldenen Manschettenknöpfen zusammengehalten wurden, und einen steifen Kragen, der dazu zwang, den Kopf hoch zu tragen. Dafür war die breite, locker gebundene schwarze Krawatte gut zu sehen, an die eine Nadel mit bläulicher Perle gesteckt war. Der kahlgeschorene Kopf und die bräunliche Haut, die die Backenknochen überzog, gaben dem Gesicht mit dem kleinen gepflegten Schnurrbart ein orientalisches Aus-

sehen. Vielleicht machte sich der lange Aufenthalt im Osten bemerkbar. Schulenburg war aus Teheran, wo er jahrelang Deutschland vertreten hatte, nach Moskau gekommen. Er hatte deutlich Sympathien für den Iran. In seiner Residenz fielen die herrlichen Isfahanteppiche ins Auge, die die Wände bedeckten, alte Waffen, Schilde mit verschnörkelten Intarsien, Säbel und Dolche. Überall hingen persische Miniaturen, viele davon mit erotischen Sujets; das wirkte in der damaligen Zeit etwas schockierend, zeugte aber von der Keckheit und der »Weitherzigkeit der Anschauungen« dieses echten Aristokraten.
Schulenburg ging vor uns mit sicheren Schritten den Korridor im Kreml entlang. Er war hochgewachsen, schlank und sich seines Wertes bewußt. Wer hätte denken können, daß es nicht allzu lange dauern würde, bis die Gestapohenker ihn nach dem Bombenattentat auf den Führer als einen der Verschwörer gegen Hitler hinrichten würden ...
Man könnte glauben, das »Schicksal« habe beiden Botschaftern – Schulenburg in Moskau und Dekanosow in Berlin – ein tragisches Ende vorherbestimmt. Sie vertraten ihre Länder kurz vor dem schrecklichen Blutvergießen, und jeden von ihnen ließ seine Regierung hinrichten: Schulenburg im Jahre 1944 und Dekanosow, als Mitglied der Gruppe Berijas, im Jahre 1953.
Nachdem Molotow die Gäste begrüßt und sie aufgefordert hatte, an einem langen, mit grünem Tuch bedeckten Tisch Platz zu nehmen, erklärte er:
»Ich habe Sie, Herr Botschafter, eingeladen, um Ihnen das Folgende mitzuteilen: Die sowjetische Regierung hat aufmerksam den Vorschlag geprüft, den der Außenminister Deutschlands, von Ribbentrop, am 13. November unterbreitete, und ist bereit, unter bestimmten Bedingungen eine positive Haltung zum Abschluß eines Viermächtepakts über politische und ökonomische Zusammenarbeit einzunehmen ...«
Danach zählte der Volkskommissar die erwähnten Bedingungen auf. Sie liefen auf folgendes hinaus: unverzüglicher Abzug der deutschen Truppen aus Finnland; Sicherung der Grenzen der UdSSR in der Region des Schwarzen Meeres und Abschluß eines sowjetisch-bulgarischen Beistandsabkommens; Schaffung von Militär- und Marinestützpunkten der UdSSR im Gebiet des Bosporus und der Dardanellen auf der Grundlage eines langfristigen Pachtvertrages; Anerkennung der primären sowjetischen Interessen in der Region

südlich von Batumi und Baku in Richtung auf den Persischen Golf; der Verzicht Japans auf die Konzessionen für die Kohle- und Erdölgewinnung im nördlichen Sachalin.

»Diesen Wünschen entsprechend«, so fuhr Molotow fort, »sollten die Vorschläge des Herrn von Ribbentrop hinsichtlich der Protokolle abgeändert werden. Wir nehmen an, daß die drei Mächte Deutschland, Italien und die Sowjetunion im Falle von Einwänden der Türkei gegen sowjetische Stützpunkte an den Meerengen die erforderlichen diplomatischen und militärischen Maßnahmen ausarbeiten und durchführen sollten. Daher ist die sowjetische Regierung der Meinung, daß der vierseitige Vertrag nicht von zwei geheimen Protokollen ergänzt werden soll, wie es der Reichsminister vorgesehen hat, sondern von vier ...«

Nach einer kurzen Darlegung des Inhalts dieser Protokolle bat der Volkskommissar den Botschafter, die sowjetische Vorstellung über den Viermächtepakt nach Berlin weiterzuleiten.

»Wir hoffen auf eine baldige Antwort der deutschen Regierung«, sagte Molotow zum Schluß.

Als ich Botschafter von der Schulenburg zum Ausgang begleitete, gingen die Gefühle mit mir durch. Unsere Stützpunkte am Bosporus und an den Dardanellen! Das war phantastisch. Mir fielen die Worte aus dem Lied über den Großfürsten Oleg ein: »Dein Schild an den Toren von Konstantinopel«.

Mir fiel auch ein, daß England und Frankreich Rußland im ersten Weltkrieg zugesichert hatten, es werde nach der Niederlage der an der Seite Deutschlands kämpfenden Türkei Konstantinopel und die Meerengen erhalten. Damals geschah das nicht. Jetzt könnte es Wirklichkeit werden.

Würde Stalin tatsächlich jetzt den alten Traum der russischen Herrscher verwirklichen? Dafür würde man ihn wirklich als weise und groß preisen. Ich bekam einen Großmachtkoller und dachte überhaupt nicht daran, wieviel Tränen und Blut vergossen werden müßten, wenn diese Pläne verwirklicht würden ...

Es unterlag keinem Zweifel, daß Stalin imperiale Ambitionen hatte. Er träumte davon, alles, was das zaristische Rußland nicht nur im Westen, sondern auch im Osten besessen hatte, wiederzugewinnen. 1945, nach der Niederlage Japans, sagte er, daß nun in Erfüllung gehe, wovon die Menschen seiner Generation vierzig Jahre lang geträumt hatten: Er meinte Port Arthur, den Fernen Osten und Südsachalin. 1940 bot sich dank Hitler die Möglichkeit, an Meerengen Stützpunkte zu erhalten und der sowjetischen Flotte die freie Fahrt ins Mittelmeer und weiter noch in den Persischen Golf zu gewährleisten. Er, Stalin, würde mehr machen als alle Zaren zusammengenommen ...

Als 1988 die Diskussion um das Geheimprotokoll vom 23. August 1939 entbrannte, ging ich davon aus, daß es um Stalins Bereitschaft, dem Dreimächtepakt beizutreten, einschließlich der damit zusammenhängenden Fragen, zu unnötigen Auseinandersetzungen kommen würde, wobei auch Versuche nicht ausgeschlossen wären, den wahren Sachverhalt zu verschweigen oder zu verschleiern. Ich schrieb dem Außenminister der UdSSR, Eduard Schewardnadse, einen kurzen Brief und empfahl ihm, von vornherein alles so darzulegen, wie es war. Nach einer gewissen Zeit rief mich ein Mitarbeiter des stellvertretenden Ministers Iljitschow an, an den man mein Schreiben weitergeleitet hatte. Seine Meinung lief darauf hinaus, daß eine solche Veröffentlichung unzeitgemäß wäre. Mir erschien eine solche Antwort als typisch für die Denkweise der Stagnationsperiode, und daher schrieb ich für die Zeitschrift »Internationales Leben« einen Artikel, in dem ich die ganze Geschichte des Dreierpaktes erwähnte. Der Artikel wurde angenommen und erschien in der Augustnummer des Jahrgangs 1989.

Heute äußern manche unserer Historiker die Ansicht, Stalin wollte, als er in die Unterzeichnung des Viermächtepaktes einwilligte, Hitler nur auf den Zahn fühlen; er hätte niemals die Absicht gehabt, sich auf ein so amoralisches Komplott einzulassen. Aber wenn das stimmen würde, warum hat ihn, der so argwöhnisch und schlau war, denn nicht die Tatsache mißtrauisch gemacht, daß Hitler schwieg, obwohl Molotow Schulenburg den Wunsch nach einer baldigen Antwort aus Berlin übermittelt hatte? Warum reagierte man in Berlin nicht auf die wiederholten Anfragen der sowjetischen Seite wegen einer deutschen Antwort? Warum zog Stalin nicht die nötigen Schlußfolgerungen? Meines Erachtens lag es daran, daß Stalin an seinem Denkschema festhielt und davon überzeugt war, Hitler würde wie er es als vorteilhaft ansehen, in der damaligen Etappe die Zusammenarbeit mit der UdSSR zu erweitern.

Als Hitler die Information über die Unterredung Schulenburgs mit Molotow erhielt, erklärte er: »Rußland muß man möglichst bald in die Knie zwingen.«

Eine schreckliche »Romanze«

Gleich nachdem der neue sowjetische Botschafter Wladimir Georgijewitsch Dekanosow im Dezember 1940 in Berlin eingetroffen war, schloß der Chef der Reichskanzlei, Otto Meißner, mit ihm Freundschaft. Es war klar, daß sie von Hitler sanktioniert war. Dieser hatte den Abgesandten Stalins kennengelernt, als er Molotow auf seiner Reise in die Reichshauptstadt begleitete und an den Verhandlungen im Arbeitszimmer des »Führers« teilnahm. Dekanosow – der von kleinem Wuchs, aber stämmigem Körperbau war, dazu einen Brustkasten wie ein Faß, einen kahl werdenden Schädel und fuchsrote Augenbrauen hatte – behielt in seiner neuen Stellung seinen Posten als stellvertretender Volkskommissar. Das zeugte von dem besonderen Vertrauen, das ihm der »Führer der Völker« schenkte. Als ich, Ende Dezember zum ersten Sekretär der Botschaft ernannt, meine neuen Pflichten übernahm, verhielt sich Wladimir Georgijewitsch sehr freundlich zu mir. Oft lud er mich zu sich zum Abendessen ein und nahm mich zu allen wichtigen Verhandlungen mit, obwohl es in der Botschaft einen speziellen Dolmetscher gab. Dekanosow gab mir nicht nur alle Telegramme zum Lesen, die das Verhältnis zu Deutschland betrafen, sondern auch die Unterlagen, die man ihm als Mitglied des Zentralkomitees der Partei aus Moskau schickte. Bei einer Flasche grusinischen Weins sprach er gern davon, daß er und Stalin Landsleute waren, denn sie waren beide Kartalinzen (Angehörige einer kaukasischen Völkerschaft). Aber vor allem war er ein Mann Berijas und war von den Sicherheitsorganen zum Volkskommissariat für Auswärtige Angelegenheiten übergewechselt. Anscheinend wurde all das bei der Absegnung der besonderen Beziehungen zwischen Dekanosow und Otto Meißner in der Reichskanzlei berücksichtigt.

Regelmäßig kam Meißner einige Male im Monat zum Botschafter zum Lunch. Sich klein und massig im Sessel fläzend, pflegte er bei Kognak und Kaffee »im geheimen« mitzuteilen, daß in der Reichskanzlei wichtige Vorschläge für das bevorstehende Treffen von Hitler und Stalin vorbereitet würden. Diese Vorschläge sähen angeblich die Erweiterung der deutsch-sowjetischen Zusammenarbeit vor und würden in vieler Hinsicht die Wünsche berücksichtigen, die Molotow bei der Unterredung mit Schulenburg im November äußerte. Es handelte sich dabei um reine Desinformation. Dekanosow meldete selbstverständlich alles, was er bei den Gesprächen mit Meißner erfuhr, nach Moskau, und Stalin, der immer stärker einen Zusammenstoß mit Deutschland befürchtete und sehr daran interessiert war, die »freundschaftlichen« Beziehungen zu Hitler zu erhalten, glaubte diesen Informationen mehr als den von allen Seiten eintreffenden Warnungen vor einer baldigen und unabwendbaren Aggression.

Aber die Zeit verstrich, und es gab keinerlei Anzeichen dafür, daß die Deutschen eine Invasion auf den Britischen Inseln vorbereiteten. In dieser Situation entwickelte Stalin eine eigenartige Interpretation: Hitler als erfahrener Politiker hüte sich natürlich davor, in einen Konflikt mit der UdSSR verwickelt zu werden, solange das Problem Großbritannien ungelöst bleibe. Die weiter andauernde Zusammenziehung deutscher Truppen an den Grenzen zur Sowjetunion lasse sich damit erklären, daß der »Führer« bestrebt sei, für die Verhandlungen mit der sowjetischen Regierung ein »imponierendes Argument« zu haben. Man könne jedoch nicht ausschließen, daß die deutsche Generalität einen baldigen Angriff auf die UdSSR befürworte. Noch seien die neuen Führungskader der Roten Armee nicht fertig ausgebildet, welche die bei Säuberungsaktionen entfernten Kommandeure ersetzen könnten, und noch klappe die Produktion modernen Kriegsgeräts nicht. Der Winterfeldzug gegen Finnland habe gezeigt, wie unvorbereitet die Sowjetunion sei. Davon ausgehend fordere der deutsche Generalstab, den Angriff nicht aufzuschieben. In den höchsten Kreisen der deutschen Führung sei ein erbitterter Kampf entbrannt. Mal schlage der Zeiger an der Waage nach der einen Seite und mal nach der anderen Seite aus. Daraus schloß Stalin: Man müsse Vorsicht walten lassen und dürfe nicht auf Provokationen der deutschen Militärs hereinfallen, die bestrebt seien, Hitler auf ihre Seite zu ziehen. Wenn man Zurückhaltung übe und nicht auf Herausforderungen von Provokateuren reagiere, werde Hitler begreifen, daß Moskau keinerlei Zuspitzung der Beziehungen zu Deutschland wünsche und seine Generäle fest an der Kandare halte. Nachdem Stalin zu einer solchen Schlußfolgerung gekommen war, lehnte er alle Vorschläge ab, welche Maßnahmen gegen das Eindringen deutscher Flugzeuge in sowjetisches Hoheitsgebiet vorsahen, und ließ auch Meldungen über gröbste Grenzverletzungen durch deutsche Soldaten außer acht. Selbst in solchen Fäl-

len, wo unsere Grenzsoldaten von Deutschen umgebracht worden waren, beschränkte man sich auf mündliche Proteste der Botschaft gegenüber dem Stellvertreter Ribbentrops, von Weizsäcker.
Der Balkanfeldzug der deutschen Wehrmacht, der mehr als zwei Monate lang dauerte, und der Flug, den der Stellvertreter des »Führers«, Rudolf Heß, nach England unternahm, überzeugten Stalin endgültig, daß 1941 kein Krieg stattfinden würde. Selbst wenn man in Berlin den Überfall beschlösse, würde er nicht früher als im Frühjahr 1942 erfolgen; denn wegen der Operationen in Jugoslawien und Griechenland sei wertvolle Zeit verlorengegangen. Ein so vorsichtiger Politiker wie Hitler würde es nicht wagen, mitten im Sommer in Rußland einzufallen, zumal das deutsche Heer – wie Stalin wußte – auf einen Winterfeldzug nicht vorbereitet war. Heß habe zweifellos den Auftrag erhalten, eine Abmachung mit London zu treffen. Aber solange Churchill am Ruder sei, könne man nicht damit rechnen, daß sie zustande komme. Es wären Monate erforderlich, um die englische Regierung umzubilden. Sollte dagegen die Mission von Heß überhaupt scheitern, könnte sich Hitler dazu entschließen, zuerst die Operation »Seelöwe« durchzuführen. Man müßte dem »Führer« ein Zeichen geben und ihn in seinem Streit mit den Generälen unterstützen. Da wurde am 14. Juni 1941 – eine Woche vor dem gewaltsamen Eindringen der faschistischen Heerscharen in sowjetisches Gebiet – in Moskau eine TASS-Meldung veröffentlicht, in der es hieß, daß »Deutschland nach Angaben, die der UdSSR vorliegen, die Bedingungen des sowjetisch-deutschen Nichtangriffspaktes ebenso unbeirrt einhält wie die Sowjetunion. Nach Auffassung sowjetischer Kreise entbehren die Gerüchte über die Absicht Deutschlands, den Pakt zu brechen und einen Überfall auf die UdSSR zu unternehmen, jeder Grundlage.« Mit dieser erstaunlichen Erklärung wollte Stalin anscheinend erreichen, daß Hitler etwas Ähnliches verlautbaren ließ. Aber Berlin antwortete darauf mit Schweigen. Die TASS-Meldung ließ Hitler nicht wankend werden, und die deutsche Presse erwähnte die sowjetische Demarche nicht einmal. Statt dessen wurden unser Volk und die Rote Armee desorientiert. Stalin aber bemühte sich immer noch, den »Führer« zu Verhandlungen zu bewegen.
Von Mai an begannen die Familienangehörigen deutschen Personals massenhaft aus Moskau abzureisen. In der Botschaft blieben nur die nötigsten Kräfte. Am 19. und 20. Juni verließen die deutschen

Schiffe – manche nicht zu Ende beladen – die sowjetischen Häfen. Über all das wurde Stalin informiert. Aber er klammerte sich weiterhin an sein Konzept und war ein Opfer seines festen Glaubens an Hitler. Das Personal der sowjetischen Botschaft in Berlin wurde nicht nur nicht verringert, im Gegenteil, es trafen ständig neue Familien ein, und viele davon mit Kindern. Nicht ein einziges sowjetisches Schiff wurde aus deutschen Häfen zurückgerufen. Mehr noch, Stalin kümmerte sich darum, daß die Rohstofflieferungen an Deutschland reibungslos vonstatten gingen. Der letzte Güterzug passierte, mit Erdöl, Mangan und Getreide beladen, eine Stunde vor Beginn des Überfalls die deutsche Grenze. Die getarnten deutschen Offiziere und Mannschaften, von Minute zu Minute das Signal zum Angriff erwartend, müssen den Zug wie eine Erscheinung angesehen und sich über die Uninformiertheit der sowjetischen Behörden nur gewundert haben.

Selbst am 21. Juni – einen Tag vor dem Überfall – hegte Stalin immer noch die Hoffnung, mit Hitler ein Gespräch führen zu können. An jenem Sonnabend erhielt die Botschaft in Berlin aus Moskau ein Telegramm. Darin wurde der Botschafter angewiesen, unverzüglich Ribbentrop aufzusuchen, um ihm die Bereitschaft der sowjetischen Regierung mitzuteilen, mit der obersten Führung des Reiches zusammenzutreffen und »eventuelle Ansprüche Deutschlands anzuhören«. Faktisch war das eine Anspielung darauf, daß die sowjetische Seite nicht nur deutsche Forderungen entgegennahm, sondern auch befriedigte. Hitler ließ sich jedoch schon durch nichts mehr aufhalten.

Stalin glaubte ihm aber immer noch. Am Morgen des 22. Juni bombardierten deutsche Flugzeuge Minsk, Brest, Lwow und Rowno. Bomben explodierten auf unseren Flugplätzen und Panzerdepots und verwandelten das Kriegsgerät in Schrott. Treibstofflager und Munitionsvorräte flogen in die Luft. Von der Ostsee bis zum Schwarzen Meer überschritten die Heerscharen Hitlers die sowjetische Grenze. Selbst da schwankte Stalin. Er weigerte sich, den Befehl zu Gegenmaßnahmen zu unterschreiben. Zu den ihn umgebenden Marschällen und Politbüromitgliedern sagte er:

»Vielleicht ist all das eine Provokation der Militärs? Molotow soll Schulenburg bitten, herzukommen. Er hat eine direkte Leitung zu Hitler. Er soll fragen, was vor sich geht ...«

Der Krieg war in vollem Gange. In Stalins Arbeitszimmer war es still. Alle warteten auf das Ergebnis des Gesprächs mit dem deutschen Botschafter. Molotow begab sich in seine Räume und erteilte die Anweisung, Schulenburg anzurufen, dieser aber beeilte sich nicht, im Kreml zu erscheinen. Wertvolle Zeit ging verloren. Schließlich kam der Botschafter und antwortete auf die Frage Molotows: »Es ist Krieg. Die deutschen Truppen haben auf Befehl des Führers die Grenze der UdSSR überschritten ...«

Alle, die in Stalins Arbeitszimmer versammelt waren, waren wie vom Blitz getroffen, als sie Molotows Mitteilung vernahmen. Sie hatten Stalin bis zum letzten Augenblick geglaubt. Obwohl sie die Lage kannten, hatten sie alle gehofft, daß der »Führer der Völker« etwas wisse, was es ihm erlaube, alle Warnungen in den Wind zu schlagen. Jetzt sahen sie: Der »weise Stalin« hatte sich geirrt. Der Krieg war, ob erwartet oder unerwartet, über das Land hereingebrochen. Selbst Stalin war so schockiert, daß es ihm die Sprache verschlug. Nach einer langen, bedrückenden Pause unterschrieb er den Befehl, dem Aggressor Widerstand zu leisten. Die Mitglieder des Politbüros baten ihn, im Rundfunk zu sprechen, um sich mit einem Aufruf an das Volk zu wenden.

»Ich kann nicht«, antwortete er. »Soll doch Molotow sprechen ...«

Stalin ließ sein Auto vorfahren, und ohne noch ein Wort zu verlieren, brauste er davon. Fast zehn Tage verbrachte er auf seiner nächstgelegenen Datscha in Kunzewo, ohne mit irgend jemand in Verbindung zu treten. Er schämte sich, weil er sich von Hitler hatte um den Finger wickeln lassen. Erst am 3. Juli hatte er die Kraft, im Rundfunk zu sprechen.

Interessant ist, daß Stalin auch während der Kriegsjahre bemüht schien, seinem Kontrahenten über die Fronten und kämpfenden Armeen hinweg Signale zu geben. Bei Gesprächen mit fremden Staatsmännern und auch bei öffentlichen Auftritten verpaßte er keine Gelegenheit, etwas Beleidigendes oder Persönliches über seinen Gegner zu sagen. Als er in irgendeinem Zusammenhang Napoleon mit Hitler verglich, bezeichnete er Napoleon als einen Löwen, Hitler dagegen als einen »kleinen Kater«. Er hätte ihn eine »Hyäne« oder einen »Schakal« nennen oder noch einen anderen beleidigenden Ausdruck wählen können. Aber warum bezeichnete er ihn ausgerechnet als einen »kleinen Kater«? Unsere Karikaturisten plagten sich herum, als sie versuchten, dieses liebe Haustier als schreckliches Ungeheuer darzustellen. Stalin besaß genügend Sprachgefühl für

das Russische, um sich nicht in der Wahl des Ausdrucks zu irren. Vielleicht wollte er Hitler, um ihn noch stärker zu beleidigen, signalisieren, daß er nicht einmal das Schimpfwort »Schakal« verdiente. Zugleich wollte er sich selbst etwas Balsam in sein Herz träufeln.
Übrigens hörte auch Hitler nicht auf, sich während des Krieges für die Person Stalins zu interessieren. Alle, die in der Nähe des »Führers« waren, bezeugten, daß er gewöhnlich mit Hochachtung von Stalin sprach und dabei besonders seine »Ausdauer« und »Beharrlichkeit« schätzte. Charakteristisch ist eine der anekdotenhaften Äußerungen Hitlers bei den »Tischgesprächen«:
»Nach dem Sieg über Rußland wäre es am besten, Stalin mit der Leitung des Landes zu beauftragen, natürlich unter deutscher Vorherrschaft. Er ist besser als jeder andere fähig, mit den Russen fertigzuwerden ...«
Im Frühjahr 1945, als sich Hitler schon in einer ausweglosen Situation befand, glaubte er immer noch fest an Stalin. In einer vom 4. März datierten Tagebuchnotiz erwähnte Goebbels Hitlers Bestreben, sich mit Moskau zu verständigen: »Der Führer hat recht, wenn er sagt, daß es für Stalin am leichtesten ist, eine jähe Wende zu vollziehen, da er die öffentliche Meinung nicht zu respektieren braucht.« In den letzten Tagen, so schrieb einer von Hitlers Biographen, spürte er »eine noch größere Nähe zu Stalin«, den er für einen »genialen Menschen« hielt, der »grenzenlose Hochachtung« verdiente. Sich mit Stalin vergleichend, verhehlte »der Führer nicht das Gefühl der Begeisterung«, als er einige Male wiederholte, daß die ihnen beiden eigene »Größe und Unbeirrbarkeit eigentlich weder das Schwanken noch die Nachgiebigkeit (kennen), die für bürgerliche Politiker chrakteristisch sind«.
Es bleibt nur noch hinzuzufügen, daß eine solche Einschätzung den Äußerungen einiger unserer unverbesserlichen Stalinisten sehr nahe kommt.
Hitler, der Stalin im diplomatischen Spiel in den Tagen vor dem Kriege überlistete, erwies sich zuletzt als Verlierer. Stalin gewann die Oberhand. Als er seinen Sieg feierte, entschloß er sich dazu, dem unterlegenen Feind eine eigenartige Gnade zu erweisen. Stalin wußte sehr gut, daß die verkohlten Leichen Hitlers und Eva Brauns, die man in der Nähe des Bunkers der Reichskanzlei gefunden hatte, identifiziert worden waren. Der Zahnarzt des »Führers« hatte die Echtheit der erhalten gebliebenen Zahnprothese seines Patienten be-

stätigt. Als aber der »Führer der Völker« zur Potsdamer Konferenz kam, erklärte er, der Leichnam des »Führers« sei nicht gefunden worden. Damit trug er dazu bei, daß sich das Gerücht hielt, Hitler habe sich angeblich retten können. Es wurde behauptet, er hielte sich in Spanien oder in Südamerika versteckt. Mehrere Jahre lang tauchten immer neue Versionen auf: Der »Führer« habe Zuflucht auf einer unbewohnten Insel gefunden, zu der er mit einem Unterseeboot gelangt sei. Jemand glaubte sogar, ihn in einem einsamen Kloster in den Pyrenäen gesehen zu haben. Andere wieder versicherten, sie hätten ihn auf einer argentinischen Ranch getroffen. Wie wir sehen, sorgte Stalin dafür, daß Hitler noch viele Jahre lang nach seinem Tode in den Köpfen der Menschen herumspuken konnte ...

So endete die schreckliche »Romanze« zwischen Stalin und Hitler, die dazu führte, daß die Menschheit unbeschreibliche Opfer bringen und unsägliches Leid erdulden mußte.

Die »Rote Kapelle«

Am schicksalhaften Morgen des 22. Juli 1941 wartete an der Einfahrt zur Residenz Ribbentrops ein Mercedes, um den Botschafter Dekanosow und mich in die Botschaft zu bringen. Als wir von der Wilhelmstraße in die Straße »Unter den Linden« einbogen, sahen wir entlang des Botschaftsgebäudes eine Kette von SS-Leuten. Wir waren faktisch von der Außenwelt abgeschnitten. Die Telefone funktionierten nicht. Der Ausgang in die Stadt war verboten. Es blieb nichts anderes übrig, als die weitere Entwicklung der Ereignisse abzuwarten.

Gegen vierzehn Uhr ertönte im Büro das Telefon. Der Leiter der Protokollabteilung im deutschen Ministerium für Auswärtige Angelegenheiten teilte mit, daß bis zur Klärung der Frage, welches Land die Interessenvertretung der Sowjetunion übernimmt, der Botschaft vorgeschlagen wird, einen Verbindungsmann für die Wilhelmstraße zu benennen. Botschafter Dekanosow übertrug mir diese Aufgabe. Als mich die Protokollabteilung erneut anrief, setzte ich sie davon in Kenntnis.

»Ich muß Ihnen in diesem Zusammenhang mitteilen«, erklärte man mir, »daß der Vertreter der Botschaft bei der Fahrt ins Ministerium für Auswärtige Angelegenheiten von Hauptsturmführer der SS Heinemann, Leiter der um das Botschaftsgebäude aufgestellten Wache, begleitet wird. Über ihn können Sie gegebenenfalls mit der Protokollabteilung Verbindung aufnehmen ...«

So erlaubte man mir, nur in Begleitung von Heinemann, in die Wilhelmstraße zu fahren. Es war aber notwendig, Moskau sowohl über die Situation, die sich um die Botschaft herum ergeben hatte, als auch über die Vorschläge der deutschen Seite zur Evakuierung des sowjetischen Personals zu informieren. Sie beinhalteten, eine gleiche Anzahl Botschaftsmitarbeiter auszutauschen, was wir für absolut unannehmbar hielten. Die Reichsregierung hatte in den letzten Monaten eine große Zahl des Botschaftspersonals und deren Familienmitglieder abberufen. In Moskau waren nur noch etwas über 100 Leute zurückgeblieben. Wir dagegen hatten noch etwa 1000 Personen in Deutschland. Stalin, der bei Hitler kein Mißtrauen erwecken wollte, verbot die Verringerung unseres Personals in Deutschland. Vielmehr kamen in der Botschaft bis zum letzten Tag immer neue

Mitarbeiter mit ihren Familien an. Nach dem Vorschlag der Deutschen konnten nur 100 Personen ausgetauscht werden, 900 mußten in Deutschland bleiben. Wichtig war es, Moskau zu informieren und abzusprechen, daß die deutschen Botschaftsangehörigen solange in Moskau aufgehalten werden sollten, bis das Problem des Austausches befriedigend gelöst war. Ein Telegramm abzuschicken war schon nicht mehr möglich. Die diplomatischen Vertretungen waren damals noch nicht mit Funkanlagen ausgerüstet. Der Botschafter Dekanosow war durch die entstandene Situation beunruhigt. Er erachtete es für erforderlich, die mögliche Verfahrensweise zu diskutieren. Am 24. Juni rief er den Militärattaché General Tupikow, den Botschaftsattaché Korotkow und mich zu sich. Ich war der einzige regulär in die Stadt gekommene Diplomat, der Verhandlungen mit dem deutschen Ministerium für Auswärtige Angelegenheiten führte.

»Wollen wir noch einmal klären«, begann der Botschafter, »ob es eine Möglichkeit gibt, irgend jemanden unbemerkt aus der Botschaft herauszubringen? Dann könnten wir uns mit unseren Freunden in Verbindung setzen und durch sie Moskau informieren.«

»Meine Leute«, legte Tupikow dar, »haben eine solche Möglichkeit sorgfältig geprüft. Das ganze Botschaftsgelände ist umzingelt. Nachts patroullieren Posten mit Hunden. Nach draußen kommt man nicht ...«

»Vielleicht kann Bereschkow Heinemann abschütteln?«

»Er läßt mich keinen Schritt allein«, bemerkte ich.

»Was für ein Mensch ist das eigentlich, dieser Heinemann?«

»Im allgemeinen habe ich zu ihm ein völlig korrektes Verhältnis. Er ist schon etwas älter und ausgeglichen. Nicht so wie die jungen SS-Fanatiker.«

»Kann man nicht versuchen, an ihn heranzukommen?«

Ich schlug ein gemeinsames Mittagessen oder Abendessen mit Heinemann in der Botschaft vor. Dabei blieben wir.

»Aber da ist noch ein Problem«, mischte sich Korotkow ins Gespräch. »Mit den Freunden halte nur ich Kontakt. Sie lehnen jede Verbindung mit anderen ab, besonders in dieser Zeit. Außerdem ist der Sender ihres Funkgerätes nicht mehr in Ordnung. Dieser Tage erhielten wir ein neues Gerät aus Moskau. Wie können wir es übergeben? Das ist jetzt die wichtigste Aufgabe.«

»Folglich«, schlußfolgerte Dekanosow, »ist es bei jeder Variante unser

Ziel, ein Treffen Korotkows mit den Freunden zu organisieren. Es wird nicht wieder gutzumachen sein, wenn uns das nicht gelingt ...«
Ich möchte unterstreichen, daß es bei diesem Gespräch nicht um irgendwelche bezahlten Agenten ging. Unsere Freunde, mit denen der erfahrene sowjetische Aufklärer Alexander Michailowitsch Korotkow Verbindung unterhielt, waren überzeugte Kämpfer gegen den Faschismus. In ihrer illegalen Organisation gab es über 200 Mitstreiter. Sie betrachteten es als ihre patriotische Pflicht, in all den Jahren wertvolle Geheiminformationen an die Sowjetunion zu übergeben. Darin sahen sie eine Kraft, die in der Lage war, die Pläne Hitlers zur Unterwerfung der Völker zu durchkreuzen. Die Leiter dieser Organisation Schulze-Boysen und Harnack hatten Zugang zu streng bewachten Staatsgeheimnissen.
Oberleutnant der Luftwaffe Harro Schulze-Boysen stammte aus einer preußischen Offiziersfamilie und war ein naher Verwandter von Großadmiral Tirpitz.
Schulze-Boysen genoß das volle Vertrauen der Hitler-Führung. Als Student hielt er Verbindung zu linken Gruppen und deutschen Kommunisten. Anfang der dreißiger Jahre war er Redakteur der antifaschistischen Jugendzeitschrift »Der Gegner«. Nachdem Hitler an die Macht gekommen war, zerstörten SA-Leute die Redaktion und Schulze-Boysen kam ins Gefängnis. Durch Fürsprache seiner hochgestellten Verwandten wurde er wieder freigelassen. Sie bezeichneten seine Teilnahme an der antifaschistischen Bewegung als »Jugendsünde«.
Schulze-Boysen jedoch setzte seinen Kampf gegen den Faschismus fort. Er hatte verstanden, daß die Methoden geändert werden mußten. Schon während des Bürgerkrieges in Spanien stellte er Kontakt zur sowjetischen Botschaft in Berlin her und hielt ihn heimlich weiter aufrecht. Gleichzeitig freundete er sich mit Reichsmarschall Hermann Göring an, dem der junge Offizier aus aristokratischer Familie gefiel. Göring übernahm sogar zur Hochzeit von Schulze-Boysen die Rolle des Chauffeurs. Das festigte den guten Ruf von Schulze-Boysen. Die Gewogenheit eines der höchsten Führer des Dritten Reiches öffnete ihm die Tür zum Luftfahrtministerium, wo er die Aufklärungsabteilung leitete. Die glänzende Karriere vermochte ihn nicht von seinem Hauptziel, der Beseitigung des Naziregimes, abzubringen. Die Organisation, die Schulze-Boysen führte, arbeitete in tiefster Illegalität weiter.

Ein anderer überzeugter Gegner des Naziregimes war Arvid Harnack. Als Doktor der Philosophie und des Rechts schuf er schon vor Hitlers Machtergreifung in Berlin ein Netz von Zirkeln zum Studium des wissenschaftlichen Sozialismus. In Vorlesungen und Seminaren rief er zur Freundschaft gegenüber der Sowjetunion auf und warnte das deutsche Volk vor der Gefahr des Faschismus. Als die Nazis an die Macht gekommen waren, ging die von ihm geleitete Gruppe in die Illegalität. Harnack aber wurde aus konspirativen Gründen Mitglied der NSDAP und begann eine Arbeit im Wirtschaftsministerium, wo er bald einer Ministerialabteilung als Direktor vorstand. Er stellte Kontakt zu Schulze-Boysen her, und sie beschlossen, ihre beiden Gruppen zu einer Organisation zusammenzufassen.
Der Zugang zu geheimen Militär- und Wirtschaftsinformationen führte bei Schulze-Boysen und Harnack zu der Erkenntnis, daß der Überfall Hitlerdeutschlands auf die Sowjetunion kurz bevorstand. Sie warnten Moskau (was Stalin nicht glauben wollte) und bemühten sich nach Beginn der Kriegshandlungen besonders darum, die bestehende Verbindung aufrechtzuerhalten. Deshalb mußte das defekte Funkgerät unbedingt sofort ausgewechselt werden ...
Hauptsturmführer der SS Heinemann war ein hochgewachsener, beleibter und schon nicht mehr junger Mann. Er war überaus redselig. Am zweiten Tag unserer Bekanntschaft wußte ich schon, daß er eine kranke Frau hatte, sein Bruder zur Wache der Reichskanzlei gehörte und sein Sohn Erich vor dem Abschluß der Offiziersschule stand und danach an die Front mußte. Etwas unerwartet traf mich auch Heinemanns Bekenntnis, daß er den Bruder gebeten hatte, Erich irgendwo im Hinterland unterzubringen. Solche Gespräche eines SS-Offiziers, noch dazu eines Abteilungsleiters, der die Bolschewisten zu bewachen hatte, ließen aufhorchen. Um so mehr, weil sie mit einem sowjetischen Diplomaten, unter den Bedingungen des Krieges gegen die UdSSR, geführt wurden. Wollte er mich etwa bei einem vertraulichen Gespräch aus der Reserve locken? Vielleicht aber war er uns in tiefster Seele nicht feindlich gesonnen und wollte uns helfen? Jedenfalls mußte man ihn aufmerksamer im Auge behalten. Nach unserer Beratung mit Dekanosow wollte ich versuchen, mit Heinemann »freundschaftliche« Beziehungen aufzunehmen.
Eines Abends, als Heinemann die ihm übertragene Wache beendet hatte, kam er in die Botschaft und fragte, ob wir etwas zur Wilhelm-

straße zu überbringen hätten. Ich bat ihn, sich etwas auszuruhen und ein Gläschen zu trinken. Wir gingen ins Gästezimmer und setzten uns in die tiefen Sessel, die um einen flachen Glastisch standen. »Möchten Sie vielleicht einen kleinen Imbiß haben?« wandte ich mich an den Gast. »Sie sind sicher sehr müde, und seit dem Mittagessen ist auch schon viel Zeit vergangen.«
Anfangs schlug Heinemann dieses Angebot aus, wobei er meinte, daß es während des Dienstes nicht angebracht sei. Dann stimmte er jedoch zu.
An diesem Abend entwickelte sich zwischen uns eine ziemlich offene Unterhaltung. Nach einigen Gläschen sagte Heinemann, daß man in der Reichskanzlei, so hätte es sein Bruder erzählt, äußerst besorgt sei über den unerwarteten Widerstand, auf den die deutschen Truppen in der Sowjetunion gestoßen waren. An vielen Orten verteidigten sich die sowjetischen Soldaten bis zum äußersten, um dann zum Nahkampf überzugehen. Nirgendwo trafen die deutschen Truppen bislang in diesem Krieg auf einen solchen Widerstand und hatten so große Verluste. »In der Reichskanzlei«, sagte Heinemann, »bezweifelten einige sogar, ob es sich überhaupt gelohnt habe, einen Krieg mit der Sowjetunion zu beginnen.« Das war schon Opposition. So etwas hatte ich von einem SS-Offizier nicht erwartet.
Immer noch nicht ganz von Heinemann überzeugt, hörte ich schweigend zu. Erst als er erneut von seinem Sohn sprach, wandte ich ein, daß dieser Krieg überhaupt nicht zu sein brauchte. Dann, so sagte ich, wären nicht nur sein Sohn Erich, sondern auch viele andere Deutsche und Russen nicht in Gefahr.
»Sie haben völlig recht«, rief Heinemann aus, »wozu dieser Krieg? ...«
Am nächsten Tag lud ich Heinemann zum Frühstück ein. Ohne weitere Einwände willigte er sofort ein. Ich mußte klären, inwieweit er uns nützlich sein konnte. Vorsicht war geboten, um bei negativen Reaktionen alles so zu drehen, als sei es nur ein Scherz gewesen. Ich stellte mir vor allen Dingen folgende Frage: was mag ihn veranlassen, uns zu helfen? Wenn er, ungeachtet seiner Zugehörigkeit zur SS und als Offizier, kein überzeugter Nazi ist und Hitler nur aus karrieristischen Gründen dient, kann man sich auf sein negatives Verhältnis zum Krieg und die Angst um seinen Sohn stützen. Man könnte eventuell versprechen, daß man seinen Sohn Erich bei einer möglichen Gefangennahme bevorzugt behandeln würde. Wenn Heine-

mann nur ein Zyniker ist, und sich durch einen Gefallen finanzielle Vorteile verschaffen will, dann ist die Sache problemlos. Oder sollte er versuchen uns zu provozieren und uns unter dem Vorwand der Bestechung eines SS-Offiziers an die Gestapo ausliefern? Was für einen Sinn aber hätte das für ihn? Er könnte natürlich überlegen, welche von den beiden Möglichkeiten günstiger wäre. Hier aber glaubte ich, würde Dekanosow nicht feilschen.
Heinemann erschien zur verabredeten Zeit. Bezugnehmend auf die Berichte an der Front, streifte er wieder das für ihn schmerzliche Thema und begann über seinen Sohn zu sprechen.
»In den nächsten Tagen«, fuhr er fort, »beendet Erich die Offiziersschule, und nach den in Deutschland üblichen Regeln habe ich auf meine Kosten eine Ausgangsuniform und eine persönliche Waffe zu kaufen. Aber da ist noch meine kranke Frau ... Ich mußte fast alle Ersparnisse ausgeben ...«
Ich weiß nicht, ob es wirklich üblich war, daß man Ausgangsuniform und persönliche Waffe kaufen mußte. Das aber, was Heinemann über seine Geldangelegenheiten sagte, schien ein Schritt in die uns interessierende Richtung. Ich entschloß mich, das auszunutzen.
»Ich wäre froh, Ihnen helfen zu können«, sagte ich mit nachlässiger Stimme. »Ich arbeite schon ziemlich lange in Deutschland und habe Geld für eine größere Anschaffung zurückgelegt. Das hat für mich jetzt keine Bedeutung mehr. Das Geld geht mir sowieso verloren. Wir dürfen, außer einem Koffer mit persönlichen Dingen und einer geringen Summe Taschengeld, nichts mitnehmen. Mir ist es peinlich, Ihnen einen solchen Vorschlag zu unterbreiten. Wenn Sie jedoch wollen, könnte ich Ihnen 1000 Mark geben ...«
Das war damals viel Geld. In der Pension, in der ich wohnte, als ich 1940 in der Handelsvertretung in Berlin arbeitete, kostete ein geräumiges Zimmer, allerdings mit Gemeinschaftsbad, nur fünf Mark am Tag. Heinemann überlegte, sah mich unverwandt an und schwieg lange. Zweifelsohne dachte er darüber nach, ob es kein Risiko bedeute, den nächsten Schritt zu tun. Als ob nichts sei, trank ich den Kaffee weiter. Dann begann Heinemann zu sprechen:
»Ich danke Ihnen für das Angebot. Wie kann ich aber einfach eine so große Summe annehmen. Das ist unmöglich ...«
»Das ist Ihre Sache. Ich habe Ihnen doch gesagt, daß mir das Geld nichts nützt. Ich darf es nicht mitnehmen. Ihre Regierung beschlagnahmt es mit den anderen Geldern der Botschaft. Für das

Dritte Reich sind doch diese 1000 Mark überhaupt kein Geld. Sie aber können es gebrauchen. Im übrigen, entscheiden Sie selbst! Mir ist es gleich, wer das Geld bekommt ...«

Ich goß ihm Kaffee nach und füllte sein Glas mit Cognak. Heinemann begann zu rauchen, legte sich in den Sessel zurück und machte einige tiefe Züge. Man fühlte, daß in ihm ein innerer Kampf tobte.

»Ich werde wohl zustimmen«, sagte er endlich. »Aber Sie wissen, daß keine Menschenseele davon erfahren darf!«

»Keine Sorge. Das sind meine persönlichen Ersparnisse. Keiner weiß davon. Ich gebe sie Ihnen, und wir reden nicht mehr darüber.«

Ich zog eine Brieftasche heraus, zählte 1000 Mark ab und legte sie auf den Tisch. Heinemann langte langsam nach den Scheinen. Dann nahm er aus seiner Gesäßtasche ein Portemonnaie hervor und legte das Geld in eines der Fächer, wobei er jeden einzelnen Schein glattstrich. Als er die Geldbörse wieder in die Tasche gesteckt hatte, seufzte er tief.

Die Sache war gelaufen.

Heinemann sagte:

»Ich möchte Ihnen noch einmal für dieses Entgegenkommen danken. Ich wäre froh, wenn ich die Möglichkeit hätte, auch Ihnen in irgendeiner Form gefällig zu sein ...«

Man hätte schon dort die Gelegenheit nutzen können. Ich überlegte und ließ es für heute genug sein. Es war besser, erst einmal alles so zu belassen.

»Ich brauche nichts«, sagte ich. »Sie sind mir einfach nur sympathisch, und ich freue mich, Ihnen helfen zu können. Das Geld kann ich sowieso nicht mehr verwenden.«

Wir saßen noch ein Weilchen. Als Heinemann sich verabschiedete, bat ich ihn, mit mir zusammen am nächsten Tag Mittag zu essen.

Der Botschaftskoch Lakomow bereitete uns auf Anweisung Dekanosows einen herrlichen Lunch: Kaviar und Lachs aus den Vorräten der Botschaft, Kotelett nach Kiewer Art, Gefrorenes, Kaffee und natürlich Wodka, grusinischer Wein, armenischer Cognak und Liköre. Lakomow bediente uns, wobei er einen Smoking mit einer Fliege trug. Als Heinemann kam, war alles fertig. Ich konnte ihn nicht nur gut bewirten, sondern wollte ihm auch einen entsprechenden Vorschlag unterbreiten. Vorher hatten wir mit dem Botschafter und Korotkow alles abgesprochen und den Gang der Dinge geplant. Als Heinemann nach dem Dessert zum morgendlichen Gespräch zu-

rückkehrte und erneut den Wunsch äußerte, mir irgendeine Gefälligkeit zu erweisen, meinte ich:
»Wie schon gesagt, Herr Heinemann, brauche ich persönlich nichts. Allerdings hat mich ein Mitarbeiter der Botschaft, ein Freund von mir, um einen Liebesdienst gebeten. Es ist eine rein persönliche Sache, und ich habe nicht einmal versprochen, es Ihnen anzutragen. Natürlich weiß er nichts von unseren Beziehungen«, beruhigte ich Heinemann.
»Worum geht es?« interessierte sich Heinemann. »Vielleicht überlegen wir gemeinsam und können Ihrem Freund helfen.«
»Er hat die Bekanntschaft eines deutschen Mädchens gemacht. Der Krieg begann so unerwartet, daß er sich nicht einmal verabschieden konnte. Er möchte wenigstens für ein Stündchen aus der Botschaft heraus, um sie zum letzten Mal zu sehen. Sie wissen ja selbst, was Krieg bedeutet. Möglicherweise sehen sie sich nie wieder. Er bat mich, ihm zu helfen. Uns allen ist es aber strengstens verboten, die Botschaft zu verlassen. Wahrscheinlich müssen wir ihn enttäuschen ...«
»Man muß überlegen«, entgegnete Heinemann. »Ich sehe für die Sache nicht ganz so schwarz ...«
Lakomow brachte ein Kistchen mit Zigarren. Jeder wählte nach seinem Geschmack. Heinemann begann zu rauchen und dachte nach. Er schwieg lange. Dann, als überlege er laut, sagte er:
»Meine Leute, die die Botschaft bewachen, wissen, daß ich mit Ihnen das Haus verlasse, wenn wir zur Wilhelmstraße müssen. Sie haben sich schon daran gewöhnt. Für sie ist das nichts Außergewöhnliches. Wahrscheinlich beachten sie es gar nicht, wenn Ihr Freund im Auto hinten sitzt. Dann fahren wir in die Stadt und setzen ihn irgendwo ab. In einer Stunde treffen wir uns wieder an einem vereinbarten Ort und fahren mit ihm zur Botschaft zurück. Wie finden Sie das?«
Vorsichtshalber beteuerte ich Heinemann gegenüber, daß es nicht nötig sei, etwas zu riskieren. Das um so mehr, da es ja um eine persönliche Sache eines ihm unbekannten Menschen ginge. Irgendwie würde mein Freund die Trennung überleben, ohne sich vorher von dem Mädchen verabschiedet zu haben. Heinemann bestand aber immer energischer auf seinem Plan. Ich stellte mich eigensinnig, ließ mich dann jedoch überreden, und wir begannen die Einzelheiten zu besprechen.

»Wenn wir alles gut durchdenken«, überzeugte mich Heinemann, »verläuft das Unternehmen gut ...«
Natürlich war ich nicht völlig davon überzeugt, ob uns der SS-Offizier nicht doch hereinlegen würde, und ob er uns wirklich helfen wollte. Als wir uns verabschiedeten, sagte ich zu ihm, daß noch nicht sicher sei, ob wir seinen Vorschlag realisieren würden. Auf jeden Fall sollte er abends hereinschauen. Nachdem er gegangen war, begannen wir zu beraten. Wir beschlossen, das Risiko einzugehen. So wichtig es war, unseren Freunden das Funkgerät zu übergeben, wollten wir es bei der ersten Fahrt doch noch nicht mitnehmen. Wir mußten uns erst von der Zuverlässigkeit Heinemanns überzeugen. Deshalb sollte Sascha Korotkow erst einmal mit leeren Händen losfahren. Wäre er aufgehalten worden, hätte er die Version mit dem Mädchen erzählen können. Die Sache wäre mit einem Protest der Protokollabteilung erledigt gewesen. Auch war es wichtig, sich davon zu überzeugen, ob Sascha niemand folgen würde. Außerdem hatten wir seit Kriegsbeginn mit den Freunden keine Verbindung mehr. Man mußte deshalb vorher prüfen, ob bei ihnen alles in Ordnung war. Es war natürlich ein Risiko, unser Anliegen erst bei einem zweiten Anlauf zu realisieren. Dennoch entschieden wir, vorerst die Sache mit dem Funkgerät aufzuschieben.
Heinemann kam wie immer pünktlich. Zusammen mit Sascha erwarteten wir ihn.
»Machen Sie sich bekannt. Das ist Sascha, von dem ich erzählte ...«
Sie begrüßten sich mit Handschlag und Heinemann sagte:
»Unser Mädchen hat Ihnen also den Kopf verdreht? Ich werde Ihnen helfen.«
Wir setzten uns an den Tisch. Heinemann befand sich in ausgezeichneter Stimmung. Er machte viele Späße und erzählte von seinem Sohn, mit dem er vor dem Krieg in den bayrischen Alpen gewesen war, wo sie eine schöne Zeit verlebt hatten. Er wandte sich auch verständnisvoll an Sascha und erzählte, wie er Ende des Ersten Weltkrieges in französischer Gefangenschaft geraten war und sich in eine Französin verliebt hatte. Auch er mußte sich damals trennen.
»Wenn ich auch schon nicht mehr jung bin«, sagte Heinemann, »so verstehe ich doch, was es für Sie bedeutet, sich noch einmal mit diesem Mädchen zu treffen ...«
Wir beschlossen, die vorgesehene Operation am nächsten Morgen

um elf Uhr durchzuführen, nachdem Heinemanns Wachdienst abgelaufen war.
»Ich möchte Ihnen raten«, sagte der SS-Offizier eifrig, »nicht Ihr großes sowjetisches Auto zu nehmen. Es ist besser, wenn wir ein kleines Fahrzeug benutzen. Es wird weniger auffallen.«
Das war ein guter Rat. Wahrscheinlich weckte unser »SIS-101« stets die Aufmerksamkeit der Leute. Ich fuhr einen »Opel«, der in der Garage stand. In ihm würde uns niemand auf den Berliner Straßen beachten. Heinemann sagte, daß er sich mit dem Ministerium für Auswärtige Angelegenheiten in Verbindung setzen würde, um zu erfragen, ob man mich in den Morgenstunden in die Wilhelmstraße rufen werde. Abgesehen von den unsererseits beratenen Einzelheiten und Vorsichtsmaßnahmen, schien alles so, als sprächen wir von einem einfachen Picknick. Vielleicht glaubte Heinemann wirklich an die Geschichte mit Saschas Mädchen? Wenn nicht, dann war er klug genug, den Anschein zu erwecken, als helfe er beim Rendezvous zweier Verliebter.
Wir aber waren immer noch beunruhigt. Ziemlich spät verabschiedeten wir uns von Heinemann, noch nicht völlig davon überzeugt, wie er sich morgen verhalten würde und was uns überhaupt der morgige Tag bringen sollte.
Heinemann erschien nicht zur vereinbarten Zeit. Das machte uns stutzig. Was war, wenn er uns hintergangen hatte und die Gestapo schon von unseren Plänen wußte? Unsere nervliche Anspannung war in den kommenden drei Stunden sehr groß. Um vierzehn Uhr klingelte es an der Tür. Es war Heinemann. Er entschuldigte sich für die Verspätung. Der Zustand seiner Frau hatte sich unerwartet verschlechtert. Er mußte den Arzt rufen und konnte nicht weg. Mit dem Ministerium für Auswärtige Angelegenheiten in der Wilhelmstraße hatte er inzwischen schon abgesprochen, daß er wegen einer persönlichen Angelegenheit heute nicht kommen werde. So könnten wir ruhig unseren Plan realisieren.
Wir gingen in den Empfangsraum. Während Heinemann von Sascha Eiswodka angeboten wurde, holte ich den sandfarbenen »Opel-Olympia« aus der Garage. Mit Mühe zwängte sich Heinemann auf den Vordersitz und setzte sich neben mich. Sein seitlich hängender Degen störte ihn. Schließlich löste er die Schnalle und warf ihn auf den Rücksitz, wo Sascha saß. Das Tor wurde geöffnet, Heinemann grüßte die SS-Leute, und wir fuhren auf die Straße

»Unter den Linden«. Ich schaute in den Spiegel, ob uns auch niemand folgte.
An allen vorhergehenden Tagen waren wir nur ins Ministerium für Auswärtige Angelegenheiten gefahren. Um kein Mißtreuen zu erwecken, fuhr ich auch heute kurz vor dem Brandenburger Tor links ab und ein Stück die Wilhelmstraße entlang. Die Berliner Straßen machten einen seltsamen Eindruck auf mich. Der Himmel war bedeckt. Es war jedoch warm und trocken. Die Scheiben der Schaufenster glänzten wie Spiegel. Die Vorübergehenden liefen ohne Hast, an den Straßenecken wurden Blumen verkauft, alte Frauen führten ihre Hunde aus. Es war, als wäre nichts geschehen. Gleichzeitig aber drückte der Krieg diesem friedlichen Bild Berlins seinen Stempel auf.
Wir hatten vorher abgesprochen, Sascha am großen Kaufhaus des Westens auf der Tauentzienstraße abzusetzen. Dort konnte er leicht in der Menge untertauchen. Dazu kam die Nähe der illegalen Wohnung. Nach zwei Stunden wollten wir uns an der U-Bahnstation »Nollendorfplatz« treffen.
Als wir hielten, sprang unser Fahrgast schnell aus dem Auto und verlor sich in der Menschenmenge. Wir fuhren weiter und kreuzten ziellos durch die Straßen. Entlang der Charlottenburger Chaussee bewegten wir uns auf den Funkturm zu, einem hohen und zierlich wirkenden Antennenmast. Dort gingen die Berliner abends gern spazieren. Tagsüber war es hier meist ruhig, und wir beschlossen, dort die Zeit abzuwarten.
Anfangs gingen wir durch den angrenzenden Park. Dann setzten wir uns an einen Tisch auf die Terrasse eines Sommercafés. Heinemann sagte, daß er nun einmal mich bewirten wolle, und bestellte zwei Krüge »Berliner Kindl«. Die ganze Zeit im Auto hatte er geschwiegen. Wahrscheinlich war auch er nervös. Hier gewann er seine Redseligkeit zurück und erzählte nun ununterbrochen irgendwelche lustigen Geschichten aus seiner Schulzeit. Zerstreut hörte ich ihm zu, wobei ich immer daran dachte, ob bei Sascha alles gut verlaufen sei.
Endlich war es Zeit, zum vereinbarten Ort zu fahren. Als wir zum Nollendorfplatz kamen, bemerkte ich Sascha schon von weitem. Er sah in ein Schaufenster und schien von den dort angebotenen Waren beeindruckt. Aus den Augenwinkeln hielt er nach uns Ausschau. Als ich bremste, kam Sascha zum Rande des Fußgängerweges und

winkte uns zwanglos mit der Hand. Mit einem Gruß auf den Lippen bestieg er ohne Eile das Auto. Uneingeweihten mußte es wie das zufällige Treffen von Freunden erscheinen. Als er sich auf den Rücksitz setzte, drückte er fest meine Schulter. Mein Herz klopfte fröhlich. Also war seine Mission von Erfolg gekrönt gewesen.

»Wie geht es dem Mädchen?« interessierte sich Heinemann.

»Alles in Ordnung. Vielen Dank! Sie hat sich sehr gefreut, mich zu sehen ...«

Heinemann machte einige zweideutige Scherze. Wir hörten ihm kaum zu. Nachdem ich noch etwas durch die Straßen gefahren war, ging es zum Botschaftsgebäude zurück. Ich drückte auf den Summer. Das Tor öffnete sich. Im Innenhof atmeten wir erleichtert auf. Ein Abendessen für drei Personen erwartete uns. Wir wollten Heinemann so schnell wie möglich loswerden, mußten aber noch über eine Stunde seine endlosen Erzählungen anhören. Die Entspannung nach der nervlichen Belastung machte sich bemerkbar. Eine gewisse Teilmahmslosigkeit erfaßte uns.

Wir begleiteten Heinemann zur Tür. Dann wurden mit allen an der Operation Beteiligten die Ergebnisse beraten. Sascha berichtete, daß bei den Freunden alles in Ordnung sei. Er hatte ihnen gesagt, daß das Funkgerät da sei und wir uns bemühten, es ihnen in nächster Zeit zu überbringen. Dann könnten Informationen nach Moskau gegeben werden. So war die halbe Sache schon gelaufen. Jetzt mußte das Wichtigste erledigt werden. Es galt, den Freunden das Funkgerät zu übergeben.

Am nächsten Tag luden Sascha und ich Heinemann zum Frühstück ein. Er berichtete über die von seinem Bruder erhaltenen letzten Neuigkeiten von der Front. Sie unterschieden sich wesentlich von den Siegesmeldungen, die in den deutschen Zeitungen publiziert wurden. Die sowjetischen Einheiten verteidigten sich hartnäckig. Die Verluste der deutschen Truppen lägen wesentlich höher, als sie von der Heeresleitung angenommen würden. Alles das rufe nach Heinemanns Worten eine ernste Besorgnis im Hitler-Hauptquartier hervor. Dann kam die Rede auf unsere gestrige Fahrt. Heinemann fragte Sascha scherzhaft, ob er nicht noch einmal seine Freundin sehen möchte. Darauf hatten wir gerade gewartet.

»Natürlich«, sagte Sascha. »Nur möchte ich Ihnen nicht noch einmal zur Last fallen ...«

Heinemann bemerkte, daß natürlich alles mit einem gewissen Ri-

siko verbunden sei. Man könne es aber sicher noch einmal wiederholen.
»Wenn es wirklich noch einmal möglich wäre, hätte ich gern etwas mehr Zeit. Vielleicht drei bis vier Stunden. Außerdem möchte ich meiner Freundin ein kleines Andenken übergeben ...«
»Ich sehe, wie die Franzosen sagen, kommt Ihnen beim Essen der Appetit«, scherzte Heinemann. »Aber ich kann Sie verstehen. Morgen ist Sonntag und das Ministerium für Auswärtige Angelegenheiten hat geschlossen. Man kann uns nicht dorthin beordern. Der ganze Tag gehört uns. Fahren wir gegen zehn Uhr los, um gegen Mittag zurück zu sein.«
Die Sorglosigkeit Heinemanns beunruhigte mich etwas. Wenn das Ministerium geschlossen war, könnte die Frage nach dem Ziel unserer Fahrt auftreten. Offensichtlich nahm er an, daß seinen Soldaten das Denken nicht anerzogen war. Sie würden annehmen, daß es einfach erforderlich sei, wenn ihr Vorgesetzter wegfährt. Ich wollte ihn nicht weiter zur Vorsicht mahnen. Würde ich die heutige Fahrt aufschieben, könnte es eventuell keine weitere Möglichkeit mehr geben.
Am nächsten Morgen stand der »Opel« zur vereinbarten Zeit schon an der Innenseite der Toreinfahrt. Heinemann kam zehn Minuten früher. Als ich ihn begrüßte, merkte ich, daß er heute ohne Degen war. An einem breiten Gürtel, den er über der Uniformjacke trug, war eine Pistolentasche befestigt, aus der mattschimmernd der Griff einer »Walther« zu sehen war. Mir wurde unbehaglich zumute. Erneut begann ich zu zweifeln. Möglicherweise hatte Heinemann auch schon früher die Waffe bei sich. Vielleicht trug er sie in der Hosentasche. Ich hatte sie aber noch nie gesehen. Jetzt jedenfalls sah es so aus, als könne er sie mit einer leichten Handbewegung hervorholen. Wollte uns Heinemann am »Ort des Verbrechens« überführen? Wenn wir das Botschaftsgelände verließen, würde er mir möglicherweise seine »Walter« an die Schläfe halten und uns befehlen, zum Stab der Gestapo zu fahren. Wir aber hätten das Funkgerät im Koffer. Ich warf einen flüchtigen Blick auf Sascha. Offensichtlich waren auch ihm Zweifel gekommen. Was sollte werden? Sollten wir auf die Fahrt verzichten? Man mußte Heinemann auf den Zahn fühlen. Vielleicht verriet er sich noch?
»Wieso sind Sie heute ohne Degen, wo er Ihnen so gut steht«, bemerkte ich und setzte dabei mein bestes Lächeln auf.
Heinemann antwortete völlig ungezwungen:

»Haben Sie nicht gemerkt, wie sehr mich beim letzten Mal der Degen im kleinen ›Opel‹ gestört hat? Da ich wußte, daß wir heute mit dem gleichen Auto fahren, ließ ich ihn zu Hause. Entsprechend der Dienstvorschrift muß an Stelle des Degens eine Pistole getragen werden ...«
Das schien glaubwürdig und beruhigte uns etwas. Da war aber noch der Koffer. Das Funkgerät befand sich unter einem doppelten Boden. Obenauf lagen Souvenirs, gestickte ukrainische Hemden, Spitzen, Matrjoschkas. Sascha warf den Koffer auf den Rücksitz und sagte beiläufig:
»Das sind Geschenke für mein Mädchen, alles nur Kleinkram ...«
Heinemann betrachtete den Koffer aufmerksam. Er sagte nichts, setzte sich aber auch nicht ins Auto.
Jetzt, dachte ich, wird er sagen: »Na, nun zeigen Sie mal, was Sie Ihrer Freundin schenken?« Dann würde er seine Hand in den Koffer stecken und den doppelten Boden bemerken. Mir lief es kalt über den Rücken. Gleich würde sich alles entscheiden! Ich lief wie auf Watte um das Auto, öffnete die Tür und bat Heinemann Platz zu nehmen. Er zögerte einige Sekunden. Dann folgte er meiner Einladung.
»Na so etwas«, sagte er und setzte sich, »ein ganzer Koffer mit Geschenken. Ihr Mädchen wird sich freuen ...«
Es ging alles gut. Dennoch hatte ich noch lange Zeit einen faden Geschmack im Mund.
Wir verließen die Botschaft und fuhren bis zur U-Bahnstation »Uhlandstraße«.
Auch dort waren immer viele Menschen. Wir wollten uns in dreieinhalb Stunden an der U-Bahnstation »Wittenbergplatz« wieder treffen. Ich bremste. Mit einer schwungvollen Bewegung nahm Sascha den schweren Koffer, als sei er federleicht und ging zur U-Bahn. Wir hatten viel Zeit und fuhren zur Ring-Autobahn. Dort hielten wir in einem Wald. Das Wetter war herrlich. Am Himmel zogen langsam die Wolken, und erneut rief dieses Bild unwillkürlich einen Protest in mir hervor. Im Osten tobten blutige Kämpfe, brannten Dörfer, kamen unsere Menschen ums Leben. Ich aber ging hier, im von der Sonne erwärmten und mit dem Duft der Gräser erfüllten Wald, mit einem Hauptsturmführer der SS spazieren.
Wir kehrten zur Stadt zurück. Heinemann schlug vor, irgendwo etwas zu essen. Wir parkten das Auto vor einem Restaurant an der

Ecke Kurfürstendamm, gegenüber der Gedächtniskirche, und gingen durch eine gläserne Drehtür in einen großen Raum. Dort suchten wir einen passenden Tisch. Plötzlich ertönte eine Stimme: »Hallo Heinemann! Komm her!«

An einem runden Tisch saßen sechs SS-Offiziere. Vor ihnen standen Bierkrüge. Zweifelsohne kannte sie Heinemann sehr gut. Die SS-Männer winkten ihm zu und baten uns, an ihrem Tisch Platz zu nehmen. Was tun? Wir konnten den Raum nicht mehr verlassen. Aber es würde Ärger geben, wenn man feststellte, daß ein unter Hausarrest stehender sowjetischer Diplomat durch Berlin spazierenfuhr. Da hörte ich das hastige Flüstern Heinemanns.

»Ich stelle Sie als einen Verwandten meiner Frau aus München vor. Sie arbeiten in einer Rüstungsfabrik und müssen sich deshalb bei Gesprächen etwas zurückhalten. Sie heißen Kurt Hüsker. Seien Sie vorsichtig! Los ...«

Wir gingen zu ihrem Tisch. Sie begrüßten uns mit »Heil Hitler«, wobei die einen aufstanden, die anderen hingegen sich nur etwas von ihrem Stuhl erhoben. Heinemann antwortete laut, und ich brummte undeutlich etwas vor mich hin.

Nachdem Heinemann mich vorgestellt hatte, setzten wir uns und bestellten einen Krug Bier. Die Unterhaltung drehte sich natürlich um die Ereignisse an der deutsch-sowjetischen Front und um die nächtlichen Luftangriffe auf Berlin, die die englischen Flieger wieder aufgenommen hatten. Ich zweifelte nicht an meinen Sprachkenntnissen, die ich während meiner Arbeit in Deutschland gefestigt hatte, war aber dennoch Heinemann dankbar für den Hinweis auf meine Arbeit in einer Münchener Rüstungsfabrik. Dadurch konnte ich mich in Schweigen hüllen. Jedenfalls bezweifelte niemand am Tisch, daß ich nicht der war, für den ich mich ausgab.

Einer der SS-Männer brachte eine kurze Rede auf Großdeutschland, den Führer und die deutschen Waffen aus und schloß mit den Worten:

»Auf unseren Sieg!«

Alle standen auf. Auch ich erhob mich. Als ich den Krug leerte, dachte ich an unseren Sieg über die Hitler-Eroberer. Ich stellte den Krug auf den Tisch und sagte:

»Auf unseren Sieg!«

Heinemann sah zur Uhr. Wir mußten fahren. Seine Freunde aber wollten uns nicht weglassen. Erst mit einer halben Stunde Verspätung konnten wir uns loseisen. Der kleine »Opel« mußte alles hergeben, was er konnte, damit wir schneller zum Treffpunkt gelangten. Sascha wartete schon und war nervös. Als er sich setzte, drückte er mir wie beim letzten Mal die Schulter. Ich war froh, daß alles in Ordnung war. Ohne Hindernisse erreichten wir die Botschaft ...

Heinemann begleitete mit seiner SS-Abteilung die ausgewiesenen sowjetischen Bürger bis zur türkisch-bulgarischen Grenze. Ich traf ihn zum letzten Mal am 2. Juli 1941, als wir Berlin verließen. Nach dem Frühstück gab Heinemann mir ein Foto von sich. Es trug auf der Rückseite seine Unterschrift.

»Möglicherweise«, sagte er beim Abschied, »kommt es einmal so, daß ich mich auf die der sowjetischen Botschaft erwiesene Hilfe beziehen muß. Ich hoffe, daß es dann nicht vergessen sein wird ...«

Er wußte wohl, daß es nie um Saschas Freundin, sondern um etwas wesentlich Wichtigeres ging ... Was mit Heinemann weiter geschah, weiß ich nicht. Vielleicht ist er im Krieg gefallen. Vielleicht blieb er unversehrt und lebt sein Leben zu Ende. Vielleicht aber beschmutzte er sich als SS-Offizier, in den von Hitler okkupierten Gebieten, mit dem Blut unschuldiger Opfer und versteckt sich heute vor einem gerechten Urteil, oder aber erhielt schon seine Strafe. Vielleicht aber konnte er sich auch von der Teilnahme an den Greueltaten der Gestapo fernhalten. Alles kann sein ... Gerechterweise muß man jedoch sagen, daß er, wenn auch nicht ganz uneigennützig, uns eine große Hilfe erwies.

In den ersten Kriegsjahren gab die antifaschistische Untergrundorganisation von Schulze-Boysen und Harnack viele wichtige Informationen nach Moskau. Sie betrafen sowohl die Situation im Hinterland Deutschlands als auch dessen Kriegspläne. In kodierten Funksprüchen wurde über Vorräte an strategischen Rohstoffen, über die Produktion von Flugzeugen und neuer Waffensysteme berichtet. Mit den außerordentlich wichtigen Meldungen über Verluste der Naziarmee, geplante Operationen der Wehrmacht, Einschleusung von Spionen und Diversanten ins sowjetische Hinterland, erfüllten die deutschen Antifaschisten ihre patriotische Pflicht vor dem deutschen Volk, welches sich auch unter dem Joch des Faschismus befand. Inwieweit es die sowjetische Führung vermochte, diese wertvollen Informationen zu nutzen, ist schon eine andere Sache.

Durch große Anstrengungen der Abwehr und des faschistischen Si-

cherheitsdienstes gelang es, diese Organisation, die die Faschisten als »Rote Kapelle« bezeichneten, aufzudecken. Ende August, Anfang September 1942 verhaftete man Harro Schulze-Boysen und Arvid Harnack sowie viele ihrer Freunde. Ein geheimes Militärtribunal verurteilte sie. Am 22. Dezember 1942 wurden sie im Berliner Gefängnis Plötzensee durch Erhängen hingerichtet. Sie blieben bis zuletzt standhaft. Als der Henker die Schlinge um Harnacks Hals legte, rief dieser aus, daß er nichts bereue und als überzeugter Kommunist sterbe. Harro Schulze-Boysen schrieb in seinem Abschiedsbrief, daß er immer nach dem Gebot des Verstandes, des Herzens und der Überzeugung gehandelt habe.
Wenn ich mich dieser standhaften, selbstlosen und vor ihrem Gewissen sauberen Menschen erinnere, muß ich auch an die Nachkriegsgeschichte denken. Wieviele solcher Menschen wie sie gaben ihr Leben für hehre Ideale. Sie waren ihnen selbstlos ergeben und opferten dafür ihr Leben. Nach dem Sieg über den Faschismus schien es, als seien ihre Opfer nicht umsonst gewesen. Auf deutschem Boden entstand der »Staat der Werktätigen«, der die Pläne zum Aufbau einer »glücklichen sozialistischen Gesellschaft« verkündete. Menschen meiner Generation glaubten, daß ein solches Ziel in der gesamten »sozialistischen Gemeinschaft«, besonders aber in der Deutschen Demokratischen Republik, erreicht werden könnte. Das Modell aber, das uns allen aufgezwungen wurde, erwies sich als unfähig. Die Versuche, es unter Druck zu realisieren, führten zu großen Opfern und Veränderungen, die ganz Osteuropa erschütterten. Die Deutsche Demokratische Republik, einst Stolz der »kommunistischen Weltbewegung« hörte inzwischen ganz zu existieren auf.
Als wir nach Moskau zurückgekehrt waren, machte Sascha, also Alexander Michailowitsch Korotkow, eine steile Karriere. Ich sah ihn selten. Wir trafen uns 1943 in Teheran. Er gehörte zu den Leuten, die für die Sicherheit der Großen Troika sorgten. Dann sah ich ihn 1954 auf der Indochina-Konferenz in Genf wieder. Mehrere Jahre lang arbeitete Korotkow in der DDR. Ende der sechziger Jahre fand er einen plötzlichen Tod auf einem Tennisplatz bei Moskau.

Von Ankara nach Moskau

Die zweimotorige »Douglas« stand auf der Betonpiste vor dem Abfertigungsgebäude des Flughafens von Ankara. Der Botschafter der UdSSR, Winogradow, und ein Vertreter der Protokollabteilung des türkischen Außenministeriums begleiteten uns. Trotz der frühen Stunde brannte die Sonne bereits unbarmherzig. Der wolkenlose Himmel lag wie ein hellblaues Zelt über der weiten Ebene, die unbewegliche Luft kündigte einen heißen, windstillen Tag an. Der Flugkapitän, der an der Gangway des Flugzeuges bereits auf uns wartete, stellte sich Dekanosow vor und meldete, daß alles zum Abflug bereit sei.

Unsere Gruppe, der diese Ehrenbezeugung galt, bestand im wesentlichen aus dem Führungsstab der diplomatischen Vertretung der UdSSR, der sich unmittelbar vor dem Überfall Hitlerdeutschlands auf die Sowjetunion in Berlin befunden hatte. In der sowjetischen Kolonie in Berlin hielten sich damals nur noch wenige Personen mit diplomatischem Rang auf: zwei Botschaftsräte, ein erster Sekretär, zwei zweite Sekretäre, ein dritter Sekretär, vier Attachés, ein Konsul und ein Vizekonsul. Diplomatenpässe hatten auch ein Militärattaché, ein Marineattaché und ihre ersten Stellvertreter. Schließlich besaßen auch der Handelsvertreter und sein Stellvertreter diplomatischen Status. Auch das technische Personal der sowjetischen Vertretung zählte zu diesem Zeitpunkt nur wenige Mitarbeiter. Zu Beginn des Krieges befand sich etwa die Hälfte der Botschaftsmitarbeiter im Urlaub. Bereits im Mai waren der Marineattaché Woronzow und Botschaftsrat Kobulow mit ihren Familien nach Moskau abgereist. Als sie sahen, daß ein Angriff Deutschlands unausweichlich sei, zogen sie es vor, bereits zuvor aus Berlin abzureisen. Auch Dekanosow schickte seine Familie nach Hause.

Botschaftsrat Amajak Kobulow, ein Bruder Bogdan Kobulows, des ersten Stellvertreters Berijas, amtierte als Resident des Staatssicherheitskomitees in Deutschland. Äußerlich war er das ganze Gegenteil seines Bruders, der abstoßend häßlich, klein, dick und furchteinflößend aussah. Amajak, ein sehr umgänglicher und liebenswürdiger großer, wohlgestalter, schöner Kaukasier mit gepflegtem Schnurrbart und schwarzem Haar erfreute sich bei uns großer Beliebtheit. Bei festlichen Anlässen spielte er die Rolle des gutmütigen kaukasischen Tamada* so überzeugend, daß kaum jemand erraten hätte, welche Funktion er in Wirklichkeit ausübte. Damals hätte sich auch niemand vorstellen können, wie die Karriere dieses fröhlichen Mannes einmal enden würde. Nach dem Tode Stalins wurde er gemeinsam mit seinem Bruder Bogdan Kobulow, Dekanosow und anderen als Handlanger Berijas verurteilt und erschossen.

Attaché Korotkich, der, wie bereits gesagt, ebenfalls unserer Gruppe angehörte, hatte während Kobulows Abwesenheit die Pflichten des Residenten übernommen. Nachdem wir die bulgarisch-türkische Grenze in Swilengrad überschritten hatten und die deutschen Diplomaten im Gegenzug von Armenien in die Türkei gelangt waren, konnte der Botschafter die Verantwortung für das sowjetische Personal dem Generalkonsul der UdSSR in Stambul übertragen. Dort traf alsbald das sowjetische Motorschiff »Swanezija« ein, das die gesamte Kolonie entlang der Küste der neutralen Türkei nach Batumi brachte. Eine kleine Gruppe sowjetischer Diplomaten, zu der außer dem Botschafter Dekanosow, mir und meiner Frau Galja Botschaftsrat Semjonow, Militärattaché General Tupikow und Botschaftsattaché Korotkich gehörten, reiste mit dem Nachtexpreß nach Ankara. Ein Sonderflugzeug erwartete uns bereits auf dem Flughafen von Ankara. Da der Abflug aber erst für den nächsten Morgen vorgesehen war, blieb uns ein ganzer freier Tag.

Dekanosow, der ja gleichzeitig stellvertretender Volkskommissar des Äußeren war, nutzte die Zeit, um mit dem sowjetischen Botschafter in der Türkei Winogradow dem türkischen Außenminister einen Besuch abzustatten. Wir übrigen beschlossen, einen Stadtbummel zu machen.

Ankara glich damals einem großen Dorf, besonders im Vergleich zu der Pracht von Stambul, wo man auf Schritt und Tritt an Reichtum und Größe des Ottomanischen Reichs erinnert wurde. Die Straßen waren staubig und schmutzig, auf der Hauptstraße, dem Atatürk-Boulevard, standen einige kümmerliche Bäumchen. Im Caféhaus jedoch wurden wir reichlich entschädigt – mit köstlichem Kaffee, Lokum und Halwa. Besondere Sehenswürdigkeiten gab es in dieser jungen Stadt, die nach der Revolution auf Betreiben Kemal Atatürks

* Tamada – »Tischmeister«, der bei Festessen der Tafel vorsitzt – Anm. d. Übers.

entstanden war, nicht, wenn man von den exotisch farbenfrohen Buden und Werkstätten absieht, in denen die Handwerker an Ort und Stelle mit ihren Waren handelten. Da wir all unsere Habe in Berlin zurücklassen mußten, und es uns lediglich gestattet gewesen war, einen kleinen Koffer mitzunehmen, beschlossen wir, uns hier mit dem Nötigsten zu versorgen. Von den Dingen, die wir damals kauften, kamen mir die warme Unterwäsche und die Oberhemden in den Kriegsjahren besonders zustatten.

Nachdem wir uns von unserer Begleitung verabschiedet hatten, begaben wir uns an Bord. Dort standen fünf Sitzreihen, mit je zwei Sesseln auf der einen Seite des Ganges und einem einzelnen Sessel auf der anderen, jenseits des Ganges. Im hinteren Teil befand sich hinter einem Vorhang ein schmales Bett, das jedoch von niemandem benutzt wurde, weil wir am Abend in Tbilissi eintreffen sollten. Wir machten lediglich eine Zwischenlandung in Leninakan, bereits auf sowjetischem Territorium. Das Tal inmitten des Gebirges schien menschenleer. Die Landebahn bestand aus Metallplatten, die man direkt auf den grünen Rasen gelegt hatte. Nachdem wir ausgestiegen waren, erblickten wir auf der Wiese ein kleines Häuschen. Von dort her eilten einige Menschen auf uns zu. Es waren die ortsansässigen Funktionäre. Sie waren darüber informiert worden, daß das Mitglied des Zentralkomitees der Partei, der stellvertretende Volkskommissar für Auswärtige Angelegenheiten Dekanosow bei ihnen zwischenlanden würde, und sie hatten alle Anstalten für einen würdigen Empfang getroffen:

Aus Körben, die sie herantrugen, kam ein am Spieß gebratenes Lamm zum Vorschein, Fladenbrot, trockener armenischer Wein, Gemüse, Obst, orientalische Süßigkeiten ... Direkt auf der Wiese, unmittelbar neben dem Flugzeug, wurde ein Tischtuch ausgebreitet und das Gastmahl mit unzähligen Toasts konnte beginnen.

Niemand der Anwesenden ging auf den Krieg ein. Seit dem Überfall war ja auch kaum erst ein Monat vergangen und hier, weit entfernt von der Front, schienen die Menschen keine besondere Unruhe zu verspüren. Sie glaubten offenbar noch fest an das Versprechen Stalins, daß wir den Aggressor auf seinem eigenen Territorium schlagen würden. Ohne darüber informiert zu sein, wie sich die Dinge wirklich entwickelten, erwarteten sie nun, daß die Rote Armee die feindlichen Truppen zurückwerfen und deutsches Gebiet betreten würde, wo die deutschen Arbeiter und Bauern die Gewehre umkehren und gegen die Nazis wenden und der Krieg mit unserem Sieg enden würde.

Auch in Georgiens Hauptstadt wurde uns ein feierlicher Empfang zuteil. Dekanosow, der nach seiner Übersiedlung nach Moskau hier seine Wohnung behalten hatte, fuhr nach Hause, während wir im Hotel »Tbilissi« übernachteten. Unsere Zimmerfluchten mit echten Teppichen, Wandspiegeln und großen Balkons erinnerten an das Luxusleben im vorrevolutionären Tiflis, zu dessen Wohlstand in nicht geringem Maße das französische Kapital beigetragen hatte, das einstmals hier großen Einfluß besaß. Auch die Gestaltung der Hauptstraße der Stadt, der heutigen Schota-Rustaweli-Straße, geht auf diese Zeit zurück. Im gut besuchten Restaurant spielte eine Kapelle, es ging laut und fröhlich zu. Nach dem Essen betrachteten wir vom Balkon aus die gutgekleidete Menge, meist Männer, die langsam den hell erleuchteten Prospekt entlangschlenderte. Auch hier hatte der Krieg seinen unheilvollen Schatten noch nicht auf die sorglose Atmosphäre dieser südlichen Stadt geworfen.

Früh am Morgen flogen wir nach Moskau weiter. Es waren einige Passagiere hinzugekommen – die Familie Dekanosows, seine Frau Nora Tigranowna und seine zwei heranwachsenden Kinder Nana und Redschik. Nach kurzer Zwischenlandung in Rostow flogen wir den Lauf der Wolga entlang, und im Gebiet von Kuibyschew nahmen wir Kurs auf Westen. Dieser Umweg war nötig, da wir deutschen Fliegerangriffen ausweichen mußten, die in der Südukraine zu befürchten waren. Am Nachmittag landeten wir nach einer Schleife über den Moskauer Dächern auf dem Zentralflughafen.

Die Hauptstadt empfing uns mit einem warmen, sonnigen Tag. Nachdem das Motorengeräusch verklungen war und wir den Rasen des Flugfeldes betreten hatten, fiel es uns schwer, die innere Bewegung zu verbergen. Die ringsum herrschende Stille war jedoch trügerisch. Die ganze Zeit über hatte ich an den erbitterten Kampf denken müssen, den unser Land mit dem hinterhältigen und starken Feind führte. Hier jedoch, im Herzen der Sowjetunion, war es ruhig, es roch nach sonnenwarmem Klee, und am Himmel stiegen friedlich Lerchen auf. Doch bereits an der Leningrader Chaussee kündigte sich der Krieg mit all seinen schrecklichen Anzeichen an. Uns fiel ein großes Plakat an einer Hausmauer ins Auge:

Das strenge Gesicht einer russischen Frau, in der erhobenen Hand den Text des Soldateneides und darüber die Losung:

»Mutter Heimat ruft«.
Unser Wagen überholte Kolonnen ungeordnet marschierender Volkswehrleute. Die Häuserfassaden trugen einen seltsam gemusterten grün-braunen Tarnanstrich, die Fensterscheiben waren kreuzweise mit Papierstreifen beklebt. So trat uns Moskau gleich in den ersten Minuten nach unserer Ankunft in seinem strengen Kriegsgewand entgegen.
In Moskau begaben sich alle zu ihren Wohnungen. Wieder stand ich vor einem Problem: Da ich nicht mehr Angestellter des Volkskommissariats für Außenhandel war, konnte ich auch nicht mehr mit einem Zimmer im »Metropol« rechnen. Dekanosow schickte uns zur Kusnezkij-Brücke, wo wir beim Chef der Wirtschaftsabteilung des Volkskommissariats für Äußeres, Alachwerdow, warten sollten, bis man uns eine vorübergehende Unterkunft zuweisen würde. Entgegen unseren Befürchtungen wurde dieses Problem sehr schnell gelöst. Nach der Besetzung Norwegens, Dänemarks, Hollands und Frankreichs durch die Deutschen wollte Stalin Hitler besänftigen und brach die diplomatischen Beziehungen zu diesen Ländern ab. Die Villen, in denen die Vertretungen bislang untergebracht gewesen waren, standen nun leer. So hatte man die ehemalige norwegische Mission in der Ostrowskijstraße in ein Wohnheim des Volkskommissariats des Äußeren umgewandelt. Hier wurden vorübergehend all jene untergebracht, die nach Ausbruch des Krieges in die Heimat zurückgekehrt waren und weiterhin im zentralen Apparat des Volkskommissariats arbeiteten. Auch uns wurde hier ein Zimmer zugewiesen. Es war bei unserer Ankunft völlig leer, doch gegen Abend brachte man zwei Klappbetten, Bettwäsche, einen wackligen Schreibtisch und zwei Stühle. Auf unserer Etage, wo in ähnlich ausgestatteten Zimmern noch einige andere Mitarbeiter wohnten, gab es nur ein Badezimmer, so daß wir uns morgens anstellen mußten. Dennoch waren wir, die wir ja in Moskau keinerlei andere Zuflucht hatten, mit der Lösung unseres Wohnungsproblems zufrieden. Wir blieben bis zum 16. Oktober in der Ostrowskijstraße. Nachdem jedoch die Deutschen bis Chimkij vorgedrungen waren, wurde das Volkskommissariat nach Kuibyschew evakuiert.
Gleich in der ersten Nacht weckte uns Fliegeralarm. Frauen und Kinder eilten in den Keller, alle anderen stiegen aufs Dach, um dort Brandbomben unschädlich zu machen. Das Sperrfeuer unserer Luftverteidigung hatte nicht alle feindlichen Flugzeuge vom Ein-

dringen in unseren Luftraum abhalten können. Einige Bomber waren bis ins Zentrum der Stadt gelangt. Sie waren im Lichte der Scheinwerfer gut zu sehen. In der Gegend des Nikitskije-Tors explodierte eine schwere Sprengbombe, die ein Haus an der Ecke Herzenstraße fast völlig zerstörte und das Timirjasew-Denkmal in zwei Teile zerriß. Bei uns fielen Brandbomben. Zwei von ihnen fielen direkt neben mir auf das Dach. Ich hob sie auf und löschte sie in einem Eimer mit Sand.

Am nächsten Morgen ließ mich Dekanosow zu sich kommen, teilte mir mit, daß ich als sein Mitarbeiter vorgesehen sei und fragte, was ich davon hielte.

»Mitarbeiter beim stellvertretenden Volkskommissar zu sein, ist eine wichtige Funktion. Ich werde mich bemühen, meinen Verpflichtungen nach Kräften und Fähigkeiten nachzukommen«, antwortete ich.

»Das ist ja lobenswert. Eigentlich haben Sie ja bereits in Berlin für mich gearbeitet. Hier allerdings wird die Arbeit etwas komplizierter sein, doch ich bin überzeugt, daß Sie auch damit zurechtkommen. Ich wünsche Ihnen Erfolg.«

Ich dankte ihm und fragte, was ich konkret zu tun haben würde.

»Vor allem müssen Sie die verschiedensten Dossiers studieren, die meine leitende Sekretärin und ihre drei Mitarbeiterinnen bereits vorbereitet haben. Des weiteren werden Sie jeden Tag vor meinem Erscheinen die Informationsbulletins von TASS sorgfältig durchsehen und für mich die wichtigsten Nachrichten zusammenstellen, sich mit anderen an mich gerichteten Materialien und chiffrierten Telegrammen vertraut machen und wenn in diesem Zusammenhang Auskünfte von entsprechenden Abteilungen des Volkskommissariats nötig sein sollten, diese anfordern und thematisch ordnen ...«

Des weiteren erfuhr ich, daß in Dekanosows Kompetenzbereich die Länder Iran, Türkei, Afghanistan, Mongolei, China und Sinkiang fielen, sowie die Verbündeten Deutschlands. Darüber hinaus war er für die Finanzen, einschließlich des Valutabudgets für das Volkskommissariat, für Kaderfragen und Konsulatsangelegenheiten zuständig. So bot sich mir ein großes Betätigungsfeld.

Ein Autounfall

Zunächst erstaunte mich, daß Sinkiang als selbständige Einheit betrachtet wurde. Bald stellte ich jedoch fest, daß diese chinesische Provinz faktisch von Moskau gelenkt wurde. Hier spielte der sowjetische Generalkonsul in Urumtschi* Apresjan eine wichtige Rolle. Er stand in freundschaftlichem Kontakt zum Herrscher von Sinkiang, dem »Duban« Shen Shizai und erreichte, daß dieser die Provinz Sinkiang in einen sowjetischen Rayon umwandelte. Wenn er mit seiner Familie zur Erholung oder ärztlichen Behandlung in der UdSSR weilte, traf Shen Shizai auch mehr als einmal mit dem »Führer der Völker« zusammen. Eines Tages bat er sogar um Aufnahme in die Partei.

»Sie können sich als Mitglied der Kommunistischen Partei der Sowjetunion betrachten«, sagte Stalin großmütig. »Aus politischen Rücksichten wollen wir darüber aber im Augenblick nicht sprechen.«

So hielt sich der Duban tatsächlich für einen Sowjetmenschen, war ein diszipliniertes Parteimitglied, erfüllte alle Anweisungen Moskaus vorbehaltlos. All dies ging damals unter strengster Geheimhaltung vor sich.

Stalin hielt sehr viel von Apresjan und seiner Arbeit in Sinkiang. Er sprach ihm seine Anerkennung dafür aus, daß er es vermocht hatte, »den breiten Massen in dieser Provinz Liebe zur Sowjetunion zu vermitteln«. Später erzählte mir Mikojan, daß als sich unsere Beziehungen zu China zu verschlechtern begannen, Stalin in engstem Kreise bemerkte, daß Apresjan »zu viel weiß«. Dies war das Signal: Apresjan war in Ungnade gefallen. Dieses Mal wollte der »Herr« aber großen Lärm vermeiden. Er entschloß sich, Apresjan in aller Stille zu »beseitigen«.

Alles weitere verlief nach bekanntem Plan.

Als sich Apresjan während eines Urlaubs in Abchasien aufhielt, fand er bei einem Autounfall auf gebirgiger Straße den Tod. Niemand aus Stalins Umgebung hegte den geringsten Zweifel daran, daß dieser Unfall von Stalin selbst inszeniert worden war.

---

* Urumtschi – Hauptstadt der chines. Provinz Sinkiang – Anm. d. Übers.

Noch immer hatten sie seine Worte: »er weiß zu viel« im Ohr ...
Dekanosow reiste einige Male zum Duban nach Urumtschi, wo inzwischen bereits ein neuer Generalkonsul amtierte, ein typischer Apparatschik, leidenschafts- und initiativlos. Unter seiner Ägide verschlechterten sich unsere Beziehungen zu Shen Shizai, und daran konnten auch die Reisen des stellvertretenden Volkskommissars nichts ändern. Bald darauf löste Chiang Kai-Shek das Problem Duban auf seine Weise und ließ ihn köpfen, und Sinkiang kam wieder zu China.
In meiner späteren Eigenschaft als Journalist hatte ich einige vertrauliche Unterredungen mit Anastas Iwanowitsch Mikojan. Sie ergaben sich beinahe beiläufig, wenn ich aus irgendeinem konkreten Anlaß zu ihm ging. Nachdem die mich interessierende Frage geklärt war, bat er mich gewöhnlich, noch ein wenig zu bleiben und mit ihm von früheren Zeiten zu plaudern. Er ließ Tee und Gebäck kommen. Wir setzten uns einander gegenüber, und er begann irgendeine interessante Geschichte über Stalin zu erzählen. Das war in den sechziger Jahren, als Mikojan Vorsitzender des Präsidiums des Obersten Sowjets war. Meist wurde ich zuvor instruiert, daß Anastas Iwanowitsch für mich höchstens fünf Minuten Zeit hätte. Da ich wußte, wie beschäftigt er war, bemühte ich mich, ihn nicht länger als zwei, drei Minuten lang in Anspruch zu nehmen. Immer wenn er mich dann zum Bleiben veranlassen wollte, erzählte ich ihm von der Warnung seines Sekretärs, worauf er mit einem listigen Lächeln erwiderte:
»Was soll in der Zwischenzeit schon passieren! Sollen sie eben warten«, gleichsam als unterstreiche er damit das Zeremoniell seines Amtes.
Wenn ich dann schließlich aus seinem Kabinett trat, warfen mir die im Vorzimmer wartenden Besucher und Sekretäre böse Blicke zu.
Das Gespräch, das ich jetzt hier wiedergeben will, war besonders lang und außerordentlich offen gewesen. Es fand im Jahre 1972 statt, als Mikojan bereits nicht mehr Vorsitzender des Obersten Sowjets, jedoch noch immer Mitglied des Präsidiums des Obersten Sowjets der UdSSR war. Zu dieser Zeit bereitete die Zeitschrift »Wirtschaft, Politik und Ideologie der USA«, deren Herausgeber ich war, einen Artikel von Mikojan zur Veröffentlichung vor, in dem er seine Erinnerungen an eine Reise in die Vereinigten Staaten in der Mitte der dreißiger Jahre schilderte. Ich hatte Anastas Iwanowitsch aufge-

sucht, um einige redaktionelle Änderungen mit ihm zu besprechen. Als wir alle Fragen geklärt hatten, bat mich Mikojan wie gewöhnlich noch ein wenig zu bleiben. Diesmal sprach er über seine Erinnerungen an Tschitscherin und Litwinow.

»Litwinow«, so begann Mikojan seine Erzählung, »war ein kluger und scharfsinniger Diplomat, der bis zu einem bestimmten Zeitpunkt Stalins Gunst genoß. Molotow hingegen konnte Litwinow nicht ausstehen, war eifersüchtig, wenn Stalin sich anerkennend über ihn äußerte, und erreichte schließlich, daß er Ende der dreißiger Jahre aus dem Amt entfernt wurde, obgleich er dem Land und der Partei noch viel Nutzen hätte bringen können. Auch Tschitscherin liebte Molotow nicht. Er überzeugte Stalin davon, ihn ebenfalls zu entfernen. Doch auch Stalin mochte Tschitscherin nicht. Es ist schade, daß man die Erfahrungen und Kenntnisse dieses Mannes so einfach außer acht ließ. Man hätte ihn wenigstens als Stellvertreter des Volkskommissars oder als Berater im Volkskommissariat behalten sollen. Statt dessen aber saß Tschitscherin einsam in seiner Datscha in Kljasma, spielte Klavier und starb bald darauf. Doch immerhin starb er eines natürlichen Todes. Litwinow jedoch ereilte ein schlimmeres Schicksal.«

Diese letzte Bemerkung Mikojans ließ mich aufhorchen. Was wollte er damit sagen? Der offiziellen Lesart zufolge war Litwinow auf seiner Datscha an einer Krankheit gestorben. Indessen fuhr Mikojan fort:

»Als man beabsichtigte, einen Pakt mit Hitler zu schließen, mußte Litwinow abgelöst werden. Als Jude und noch dazu als ein Mensch, der unseren Kampf gegen Hitlerdeutschland im Völkerbund und überhaupt in der internationalen Arena verkörperte, war er natürlich in einem derartigen Augenblick auf dem Posten des Volkskommissars für Auswärtige Angelegenheiten nicht tragbar. Er hätte aber zumindest Stellvertreter des Volkskommissars bleiben sollen, denn er verfügte ja über große Erfahrungen. Molotow jedoch erreichte, daß man ihn gänzlich entfernte. Da er sich selbst nur ungenügend in den internationalen Angelegenheiten auskannte, wollte er neben sich niemanden dulden, der erfahrener und kompetenter war als er. So kam es, daß Litwinow bis zum Herbst 1941 im Ruhestand war. Erst als unsere Lage sich katastrophal zugespitzt hatte und Stalin bereit war, jeden beliebigen Strohhalm zu ergreifen, beschloß er, auf Litwinows Erfahrungen zurückzugreifen. Er sandte ihn als Botschafter nach Washington. Dort leistete Litwinow eine bedeutende Arbeit. Man kann sagen, daß er uns in jener allerschwersten Zeit rettete, indem er erreichte, daß die USA der UdSSR eine Dollaranleihe in Millionenhöhe gewährten und auch das »Lend-Lease-Gesetz«* auf die Sowjetunion ausdehnten. Heute kann man leicht sagen, daß dieses »Lend-Lease-Gesetz« keinerlei Bedeutung für uns hatte. Diese Bedeutung verlor es erst viel später. Doch im Herbst 1941 hatten wir große Verluste, und wenn es im Zusammenhang mit dem »Lend-Lease-Gesetz« die Lieferungen von Waffen, Lebensmitteln, warmer Kleidung für die Armee und anderer Güter nicht gegeben hätte, so hätten die Dinge vielleicht eine andere Wendung genommen. All dies ist ein Verdienst Litwinows, der die persönlichen Sympathien, die Roosevelt und andere Amerikaner für ihn hegten, nutzte, um die Kriegsversorgung zu organisieren, ebenso wie er seinerzeit die Anerkennung der Sowjetunion durch die Vereinigten Staaten und die Herstellung diplomatischer Beziehungen erreicht hatte. Sobald sich die Lage jedoch zu normalisieren begann, ging Molotow erneut daran, seine Intrigen gegen Litwinow zu spinnen – mit dem Ergebnis, daß man ihn aus Washington abberief. Ich bin der Ansicht, daß das ein großer Fehler war. Litwinow hätte der Sowjetunion noch manchen Dienst erweisen können. Es war falsch, ihn durch einen mittelmäßigen, initiativlosen Menschen zu ersetzen. Nach Moskau zurückgekehrt, befand sich Litwinow faktisch außer Dienst, obwohl ihm pro forma das Amt des stellvertretenden Außenministers übertragen worden war. Bald darauf wurde er gänzlich in den Ruhestand versetzt. Sein Leben allerdings endete tragisch. Der Autounfall, dem er zum Opfer fiel, war kein zufälliges Unglück, sondern von Stalin inszeniert.«

Die Mitteilung über diesen Autounfall erschütterte mich derartig, daß ich unwillkürlich ausrief:

»Anastas Iwanowitsch, das ist doch nicht möglich, das kann ich einfach nicht glauben! ...«

Sogleich entschuldigte ich mich, daß ich ihn unterbrochen hatte. Aber Mikojan, den nichts aus der Ruhe bringen konnte, fuhr gelassen fort:

---

* »Lend-Lease«, Leih-Pacht, ermächtigte den Präsidenten, Staaten mit Kriegs- und Versorgungsgütern zu unterstützen, die für die Verteidigung der USA lebensnotwendig waren – Anm. d. Übers.

»Ich kenne den Ort, wo es geschah, sehr gut. Es war nicht weit von Litwinows Datscha entfernt. Die Straße macht dort eine jähe Biegung. Als Litwinows Wagen um die Kurve bog, kam ihm ein Lastwagen direkt entgegen – und Litwinow starb. All dies war bewußt herbeigeführt worden. Stalin war in derlei Dingen ein Meister seines Faches. Er ließ einen NKWD-Mann zu sich kommen, gab ihm persönlich, unter vier Augen, den entsprechenden Auftrag, und kurz darauf ereignete sich ein Autounfall, an dessen Folgen der Stalin mißliebige Mensch starb. Es gab zahlreiche derartige Vorfälle.

Stalin hatte auch einen Grund, Litwinow aus dem Wege zu räumen: In den letzten Kriegsjahren, als Litwinow praktisch bereits seines Amtes enthoben war und zurückgezogen auf seiner Datscha wohnte, erhielt er häufig Besuch von hochgestellten Amerikanern, die damals in Moskau zu tun hatten und es nicht versäumen wollten, einen alten Bekannten zu besuchen. Sie sprachen natürlich auch über politische Themen. In einem derartigen Gespräch klagten die Amerikaner darüber, daß die sowjetische Regierung in vielen Fragen eine unnachgiebige Position einnähme, daß es ihnen schwerfalle, mit Stalin zurechtzukommen und so weiter. Litwinow entgegnete darauf, daß sie nicht die Hoffnung aufgeben sollten, daß diese Hartnäckigkeit Grenzen habe und die sowjetischen Führer Zugeständnisse machen würden, wenn sie selbst nur hart blieben. Dieses Gespräch – wie auch alle anderen – wurde mitgehört, aufgezeichnet und Stalin und den anderen Mitgliedern des Politbüros vorgelegt. Auch ich las es. Litwinows Verhalten rief bei uns allen Entrüstung hervor. Es kam einem Staatsverbrechen gleich, war Verrat. Litwinow hatte Amerikanern Vorschläge erteilt, wie sie sich im Umgang mit der sowjetischen Regierung verhalten müßten, um ihre Ziele zu erreichen – zum Nachteil der Sowjetunion. Zunächst wollte Stalin Litwinow vor ein Gericht stellen und erschießen lassen. Dann jedoch kam er zu dem Schluß, daß dies einen internationalen Skandal auslösen würde. Also ließ er die Angelegenheit vorübergehend ruhen. Doch er vergaß sie nicht. Derartige Vorfälle vergaß er nie. Viele Jahre später* entschloß er sich, das Urteil im stillen zu vollstrecken. So starb Litwinow bei einem Autounfall.«

Was mir Mikojan erzählt hatte, schien mir so wichtig zu sein, daß ich

* 1951 – Anm. d. Übers.

ihn fragte, ob ich, natürlich ohne die Quelle zu nennen, von diesem Material in einem meiner Artikel Gebrauch machen könne.
»Ich hoffe«, antwortete Anastas Iwanowitsch, »daß ich in meinen Erinnerungen selbst auf diese Dinge eingehen kann. Sollte ich es aber nicht mehr schaffen, so können Sie diese Information zu gegebener Zeit nutzen ...«
In die Redaktion zurückgekehrt, notierte ich das Gespräch mit Mikojan sofort so ausführlich wie möglich und bewahrte die Notizen all die Jahre, die seither vergangen sind, an einem sicheren Ort auf, da ja Mikojan selbst seine Absicht diesbezüglich nicht verwirklichen konnte. Es ist wohl anzunehmen, daß ich nun, da ich sie der Öffentlichkeit übergebe, nicht gegen den Willen von Anastas Iwanowitsch handle.*
Was nun den Inhalt des mir damals Anvertrauten betrifft, so gibt es wohl keinen Grund, an seinem Wahrheitsgehalt zu zweifeln. So wird dem blutigen Stalinschen Martyrolog ein weiteres Opfer hinzugefügt, ein weiteres ungeheuerliches Verbrechen des »Vaters der Völker« enthüllt.
Ich möchte hinzufügen, daß es noch eine etwas andere Version über die Gründe gibt, die zu Litwinows Ablösung als Botschafter der UdSSR in den USA führten:
Als Molotow im Frühling 1942 nach London und Washington reiste, gaben die Westmächte der Sowjetunion die Zusicherung, noch im selben Jahr die zweite Front zu errichten, bald darauf aber distanzierten sie sich von der Erfüllung ihrer Zusage.
Dieser Sinneswandel rief eine Welle der Empörung in der Bevölkerung Englands und der USA hervor. In Amerika wurden Meetings veranstaltet, bei denen man auch Litwinow bat aufzutreten. Es ist nur verständlich, daß er bei derartigen Anlässen das Verhalten der Regierungen der USA und Englands kritisierte. In einem der Gespräche zwischen Stalin und Botschafter Harriman gab letzterer zu verstehen, daß Präsident Roosevelt mit derartigen Auftritten des sowjetischen Botschafters unzufrieden sei. Er solle sich dieser Angriffe auf die Regierung des Staates, bei dem er akkreditiert sei, doch enthalten. Dies klang beinahe so, als wolle man Litwinow zur »Persona non grata« erklären. Stalin, der Litwinow ohnehin nicht liebte,

* A. I. Mikojan starb 1978 – Anm. d. Übers.

hatte auf diese Weise einen günstigen Anlaß, Litwinow nach Moskau abzuberufen. Möglicherweise spielten auch die Intrigen Molotows, von denen Mikojan gesprochen hatte, hierbei eine Rolle. Gleichzeitig fühlte Stalin sich persönlich gekränkt, daß die Amerikaner seinen Botschafter zurechtwiesen. In Washington nahm man anscheinend an, daß aus Moskau an Stelle Litwinows nun ein anderer hochrangiger Funktonär in die USA geschickt werden würde. Stalin tat jedoch etwas nie Dagewesenes: Er ernannte den bis zu diesem Zeitpunkt durch nichts aufgefallenen, nach Mikojans Einschätzung »mittelmäßigen, initiativlosen Menschen«, den bisherigen Botschaftsrat Gromyko zum neuen Botschafter der UdSSR in den USA.

Fünftes Kapitel

Die Mädchen aus Dekanosows Sekretariat

Die Arbeit in Dekanosows Sekretariat verlief nach dem gleichen Plan wie in allen anderen sowjetischen Behörden zu dieser Zeit auch. Wir arbeiteten von neun Uhr morgens bis sieben Uhr abends, dann gab es eine Pause bis zehn Uhr, anschließend ging die Arbeit weiter bis fünf oder sechs Uhr morgens. Mein Stellvertreter war Ilja Tschernyschew, ein ehemaliger Attaché unserer Botschaft in Berlin. Wir organisierten unseren Tagesablauf derart, daß Tschernyschew gegen zehn Uhr morgens eintraf, dafür aber kurz nach Mitternacht nach Hause gehen konnte. Ich dagegen kam gegen Mittag und blieb bis zum Morgen, entsprechend dem Arbeitsrhythmus von Dekanosow. Etwa zur gleichen Zeit wie ich war auch die Sekretariatsleiterin Markelowa im Büro. Jede der drei Sekretärinnen arbeitete faktisch rund um die Uhr und hatte danach zwei Tage frei. Alle beherrschten sie Stenographie und Maschineschreiben, so daß außer bei größeren Arbeiten, keine weiteren Schreibkräfte nötig waren.

Die Angestellten des Sekretariats waren alle gut qualifiziert. Nachdem sie die Mittelschule absolviert hatten, wurden sie in viermonatigen Lehrgängen zu Schreibkräften ausgebildet. Diese Lehrgänge leitete ein gewisser Popowkin, ein kleiner, verwachsener, sehr lebhafter Mann, der oft zu Dekanosow kam. Dies schien völlig natürlich zu sein, da mein Chef ja für Kaderfragen zuständig war, worunter auch das technische Personal fiel. Bald jedoch zeigte sich, daß er ein spezielles Interesse dabei verfolgte. Es fiel ins Auge, daß alle Kandidatinnen für die Kurse, die Popowkin dem stellvertretenden Volkskommissar vorstellte, außerordentlich hübsch waren. Es waren stets etwa zwölf bis fünfzehn Kandidatinnen, mit denen sich Dekanosow ausführlich unterhielt, bevor er seine Auswahl traf. Nach Abschluß der Lehrgänge erschien Popowkin erneut mit den Mädchen bei Dekanosow, der nun persönlich ihren Einsatzort bestimmte. Auch in unserem Sekretariat wurden die Mitarbeiterinnen ausgewechselt. Drei der qualifiziertesten und nebenbei gesagt auch hübschesten Anwärterinnen wählte mein Chef für sein Büro aus. Ohne im geringsten zu vermuten, daß dieser häufige Wechsel der Sekretärinnen irgendeine tiefere Bedeutung haben könnte, fragte ich Dekanosow einmal, weshalb so erfahrene und zuverlässige Mitarbeiterinnen ausgewechselt würden.

»Das ist es ja gerade«, erklärte mir Dekanosow mit zweideutigem Lächeln. »Hier durchlaufen sie eine gute Schule, und später können sie uns an anderer Stelle gute Dienste erweisen. Was wir brauchen, das sind zuverlässige Kader ...«
Und tatsächlich brachte er seine Sekretärinnen gut unter. Nach Ausbruch des Krieges nahm unser Land diplomatische Beziehungen zu vielen Staaten auf – zu Mexiko, Kanada, Australien, auch wurden zahlreiche neue Konsulate eröffnet, so im Iran und in Südafrika. Überall wurden Mitarbeiter gebraucht, darunter natürlich auch qualifiziertes technisches Personal. Dekanosows Methode leuchtete mir voll und ganz ein. Bald jedoch erwies sich, daß mein Chef von den Mädchen noch ganz andere »Dienste« erwartete. Und soweit ich es beurteilen kann, lehnte dies keine von ihnen ab.
Es kam auch vor, daß Dekanosow irgendeinen jungen Absolventen der höheren Diplomatenschule zu sich rufen ließ und ihm den Posten eines Vize-Konsuls, sagen wir in Isfahan, anbot. Als scheinbar alles besprochen war, fragte er plötzlich unvermittelt:
»Sind Sie verheiratet?«
Natürlich war Dekanosow aus den Unterlagen des Kandidaten darüber bestens informiert, doch er wollte die Situation ein wenig dramatisieren.
»Nein, dazu hatte ich bisher keine Zeit.«
»Und haben Sie auch noch keine Wahl getroffen?«
»Nein.«
Dekanosow drückte auf den Klingelknopf, Mascha, Lena oder Nina trat ein, je nachdem, wer gerade Dienst hatte, hübsch, gut gewachsen, modisch gekleidet. Dekanosow erteilte ihr irgendeinen Auftrag und fragte dann, nachdem sie wieder gegangen war:
»Na, wäre das nicht eine passende Braut für Sie?«
Im Volkskommissariat gingen schon die verschiedensten Gerüchte über die Sekretärinnen von Dekanosow um, und der eine oder andere versuchte, ein derartiges Angebot abzulehnen. In diesem Falle nahm die Stimme des stellvertretenden Volkskommissars einen strengen und offiziellen Ton an:
»Einen Junggesellen können wir nicht ins Ausland schicken. Da die Stelle aber schnell besetzt werden muß, bleibt uns nichts anderes übrig, als daß wir uns nach einem anderen umsehen müssen. Schade, Sie hätten ein fähiger Diplomat werden können. Übrigens, im zentralen Apparat haben wir im Augenblick auch keine Stelle frei und

vor der Einberufung zur Armee könne wir Sie nun ebenfalls nicht freistellen ...«

Offen zu protestieren wagte damals natürlich niemand, um so mehr, als die Nähe Dekanosows zu Berija ja bekannt war. Einige Anwärter lehnten unter irgendeinem Vorwand dennoch ab, mit dem Ergebnis, daß sie an die Front kamen. Doch es gab auch zahlreiche junge Männer, die es vorzogen, mit einer jungen, schönen Frau nach Isfahan zu gehen ...

Diese Machenschaften brachten Dekanosow zum ersten Mal zu Fall. Bereits nach Kriegsende verführte er die Tochter eines hochgestellten Funktionärs aus Molotows Umgebung. Zu dieser Zeit waren die Gerüchte über den Lebenswandel des stellvertretenden Volkskommissars bereits derart unüberhörbar geworden, daß man in der Parteileitung des Volkskommissariats darüber nachzudenken begann, wie man diesem Treiben ein Ende bereiten könne. Die unter Tränen vorgebrachte Klage des Vaters des Mädchens bei Molotow und dessen Anordnung, die Angelegenheit »sorgfältig zu untersuchen«, ermöglichten es dem Sekretär des Parteikomitees, das »Privatleben Dekanosows« auf der Versammlung der Parteiorganisation des Volkskommissariats für Äußere Angelegenheiten auf die Tagesordnung zu setzen. Zu jener Zeit war das nicht so einfach, um so mehr, als einer der hochgestellten Gönner des Beschuldigten, Lawrentij Berija, selbst seit langem einen lasterhaften Lebenswandel führte. Aus irgendeinem Grunde jedoch traten weder er noch Stalin für ihr Protegé ein. Dekanosow erhielt eine Parteistrafe und wurde aus dem Volkskommissariat des Äußeren entfernt.

Wie es jedoch bei uns mit der »Nomenklatura« stets der Fall ist, fiel er nicht sehr tief. Er erhielt einen Posten als Stellvertreter des Rundfunkkommitees. Und bald darauf begann sein erneuter Aufstieg. Einer seiner Freunde, Merkulow, der Chef der Hauptverwaltung sowjetischer Liegenschaften im Ausland (GUSIMS), ernannte Dekanosow zu seinem ersten Stellvertreter. Dies war ein sehr warmes Plätzchen. GUSIMS verwaltete nicht nur die riesigen Bestände an Beutestücken, die nach dem Krieg in sowjetische Hände gefallen waren, sondern ermunterte geradezu zu organisierter Plünderung in den osteuropäischen Ländern. Ganze Villen und Schlösser wurden für leitende Funktionäre und hohe Militärs von dort abtransportiert. Sie wurden in Einzelteile zerlegt und dann bei Moskau wieder aufgebaut. Von den Autos, Skulpturen und Gemälden gar nicht zu reden. Sie kamen in ganzen Güterzugladungen ins Land. Hierher rühren auch die Anfänge von »Privatsammlungen«, die bei uns nach dem Krieg begründet wurden. Die Tätigkeit dieser Institution trug jedoch auch nicht unwesentlich zu den heute erfolgenden Umwälzungen in Osteuropa bei.

Die GUSIMS war jedoch nicht die letzte Stufe in Dekanosows Karriere. Gleich nach Stalins Tod ernannte Berija ihn zum KGB-Chef von Georgien. Dort, in Tbilissi, wurde er dann auch im Sommer 1953 gemeinsam mit anderen Gefolgsleuten Berijas verhaftet. Sie wurden vor ein Militärsondergericht gestellt und zum Tode durch Erschießen verurteilt. Das Urteil wurde im Dezember des gleichen Jahres vollstreckt.

Die Gerichtsakten dieser Prozesse wurden streng geheimgehalten, und bis zum heutigen Tage wissen wir nicht, wessen die Angeklagten im einzelnen beschuldigt wurden. Es hieß, Dekanosow hätte im Auftrag Berijas eine bewaffnete Truppe zusammenstellen und heimlich nach Moskau bringen lassen, die bei einem Staatsstreich unter Berijas Leitung zum Einsatz kommen sollte. Chruschtschow schreibt in seinen Erinnerungen:

»Zu Beginn der fünfziger Jahre festigte sich bei mir die Überzeugung, daß man nach Stalins Tod alles unternehmen müsse, um Berija daran zu hindern, eine führende Stellung in der Partei einzunehmen, denn dies wäre das Ende der Partei gewesen. Ich war sogar der Ansicht, daß dies zum Verlust der Errungenschaften der Revolution hätte führen können und er die Entwicklung des Landes nicht auf sozialistischem sondern auf kapitalistischem Wege vorantreiben würde.«

Nach Berijas Verhaftung gingen Gerüchte um, die besagten, er hätte beabsichtigt, die Kolchosen aufzulösen und in individuelle Wirtschaften umzuwandeln. Den Verschwörern legte man wohl auch zur Last, daß sie für eine Einführung der Marktwirtschaft in der UdSSR und die Schaffung von Gemeinschaftsunternehmen mit kapitalistischen Firmen eingetreten seien. Berija, der im Dorf Merchiuli, unweit von Suchumi, geboren wurde, begünstigte diese Stadt besonders, begann dort mit dem Bau einer luxuriösen Uferstraße und diversen Vergnügungsstätten auf dem »Stalinhügel«. All dies sollte dazu dienen, die Bucht von Suchumi in ein »abchasisches Nizza« zu verwandeln, in eine »kaukasische Riviera«, wo ausländische Investoren internationale Hotels und Spielcasinos bauen sollten. In einem

Geheimpapier des Zentralkommitees, das Parteimitgliedern im engsten Kreise verlesen wurde, hieß es, Berija hätte beabsichtigt, die sowjetischen Truppen aus Österreich abzuziehen und die Beziehungen zu Jugoslawien zu normalisieren, und zu diesem Zweck bereits seinen Unterhändler zu Tito entsandt.

In jenen Tagen, 1953, klang dies alles natürlich wie eine schreckliche Verschwörung, deren Anhänger einzig die Todesstrafe verdient hatten. Bereits im Jahre 1955 jedoch wurde ein Abkommen mit Österreich unterzeichnet, in dessen Gefolge alle ausländischen Truppen, darunter auch die sowjetischen, das Land verließen. Im gleichen Jahr reiste Chruschtschow persönlich zu Tito und erklärte den von Stalin provozierten Bruch mit Jugoslawien zu einem Fehler. Auch vieles andere, was man den Verschwörern den Gerüchten nach zur Last gelegt hatte, klingt heute ganz anders. Es scheint so, als hätten wir bereits vor vierzig Jahren die Individualwirtschaft in der Landwirtschaft wieder einführen können. Auf diese Weise wäre uns das Versorgungsproblem erspart geblieben. Mit seinem Entschluß, unser Land den Weg des Sozialismus einschlagen zu lassen und Amerika zu überholen, nahm Chruschtschow den Bauern noch das klägliche Stück Boden weg, das ihnen selbst unter Stalin geblieben war.

Es steht fest, daß Berija ein blutbefleckter Henker, verabscheuungswürdiger Sadist, Gewalttäter und Wüstling war. Vor ihm jedoch gab es Jagoda, Jeschow und hunderte und tausende ihrer Helfershelfer. Sie alle zögerten nicht, unschuldige Menschen zu erschießen und mit sadistischer Freude Millionen Opfer in den Stalinschen Lagern zu quälen.

Es ist an der Zeit, die Protokolle des Berija-Prozesses der Öffentlichkeit zugänglich zu machen, damit geklärt werden kann, ob es sich um einen Machtkampf an der obersten Parteispitze, oder um eine prinzipielle Divergenz hinsichtlich des weiteren Entwicklungsweges unseres Landes handelte.

Ein Zimmer im Kreml

Kurz vor dem Überfall Hitlers auf die Sowjetunion übernahm Stalin die Funktion des Vorsitzenden des Rates der Volkskommissare und betraute Molotow mit dem Amt des ersten Stellvertreters, der jedoch weiterhin Volkskommissar für Äußere Angelegenheiten blieb. Molotows Diensträume befanden sich nach wie vor im Kreml, im Gebäude des Rates der Volkskommissare in der dritten Etage. Dort hatte auch ich mein Arbeitszimmer, das ich mit Pawlow teilte, der damals Mitarbeiter Molotows für sowjetische-britische Beziehungen war.

* * *

In meinem kleinen Zimmer, das sich im Nordflügel des Gebäudes der Volkskommissare im Kreml befindet, ist es still. Nur jede Viertelstunde erklingt vom Spasskij-Turm das Glockenspiel, das die Uhrzeit anzeigt. Die Fenster sind verdunkelt. Ende Juli 1941 ist jeden Moment mit dem Signal des Fliegeralarms zu rechnen, das das Nahen deutscher Bomber ankündigt. Es ist tief in der Nacht. Aber der ganze riesige Regierungsapparat funktioniert weiter. Stalin ist noch mit verschiedenen Angelegenheiten beschäftigt, und jeder hohe Chef, sei es ein Mitglied des Politbüros, ein Volkskommissar oder ein führender Militär, verharrt auf seinem Platz, solange er damit rechnen muß, daß er zum »Alten« gerufen wird oder daß das grüne Telefon klingelt, das nur von Stalin benutzt wird. Vor einer Stunde hat mich Ustinow, der Volkskommissar für die Verteidigungsindustrie, über das Diensttelefon angerufen und gefragt, ob Molotow schon nach Hause gefahren sei. Dmitrij Fjodorowitsch und ich haben im Frühjahr 1940 bei Krupp in Essen zusammengearbeitet, und jetzt hat er mir ganz ungeniert mitgeteilt, daß er alle Aufgaben im Volkskommissariat erledigt habe und nach Hause fahren könnte. Aber der »Alte« liebt es nicht, wenn er Untergebene nicht auf ihrem Platz antrifft. Ist Molotow gegangen, so gilt das als sicheres Zeichen dafür, daß Stalin niemanden mehr braucht.

»Sag mir bitte Bescheid, sobald deiner weg ist«, hat er mit müder Stimme gesagt. »Ich muß zeitig raus, um auf den Schießplatz zu fahren. Ich möchte vorher wenigstens ein paar Stunden die Augen zumachen ...«

Aber soviel ich weiß, denkt Molotow vorläufig nicht daran, nach Hause zu fahren. Heute hat Stalin eine lange Unterredung mit dem persönlichen Vertreter Präsident Roosevelts gehabt, Harry Hopkins, der in Moskau eingetroffen ist. Stalin erwartet sehr viel von diesem Besuch. Der unaufhaltsame Vormarsch der Deutschen in den ersten Wochen nach dem Überfall zwingt ihn, Verbündete zu suchen, und den USA gibt er den Vorrang. Er hat sein Möglichstes getan, um den Abgesandten des Präsidenten davon zu überzeugen, daß die Sowjetunion nicht kapitulieren, sondern bis zum vollständigen Sieg über den Faschismus kämpfen wird. Er hat versprochen, bei der nächsten Zusammenkunft mit Hopkins genaue Zahlen darüber vorzulegen, was die Sowjetunion an Kriegsmaterial benötigt, und Molotow ist gerade dabei, zusammen mit Mikojan und Militärexperten die erforderlichen Unterlagen vorzubereiten.

Die Mitglieder des Politbüros sollen am Vormittag mit dem Inhalt der ersten Unterredung mit dem amerikanischen Emissär bekannt gemacht werden. Ich habe den Auftrag, den Text des vorbereiteten Protokolls mit den rasch zu Papier gebrachten Notizen Litwinows zu vergleichen, der bei dieser Unterredung mit der ersten hochgestellten Persönlichkeit, die nach dem faschistischen Überfall aus den USA nach Moskau gekommen ist, gedolmetscht hat.

Eine Stelle in der Niederschrift irritiert mich. Stalin hat zu Hopkins gesagt, der Angriff Deutschlands auf die Sowjetunion sei unerwartet erfolgt. Er, Stalin, habe angenommen, daß Hitler den Schlag jetzt nicht führen würde. Obwohl Stalin für uns alle eine unbestrittene Autorität ist, scheint mir eine solche Behauptung unverständlich. Wie konnte er so etwas sagen? Wir hatten in unserer Botschaft in Berlin doch zuverlässige Informationen darüber, daß der Überfall vorbereitet wurde. Wir kannten sogar das genaue Datum: die Nacht zum 22. Juni. Alle diese Informationen hatte die Botschaft nach Moskau übermittelt. Hatte man Stalin etwa davon nicht in Kenntnis gesetzt? Informationen hatten nicht nur der Botschafter in Deutschland, Dekanosow, geliefert, sondern auch der Militärattaché Tupikow und der Marineattaché Woronzow. Jeder von ihnen hatte eine eigene zuverlässige Nachrichtenquelle, alle Angaben stimmten überein.

Die heute bekannten Tatsachen beweisen eindeutig, daß Stalin sehr zuverlässige Informationen über die Vorbereitung des Überfalls besaß. Außer den Informationen aus Berlin hatte er auch eine Warnung von Churchill sowie die Meldungen von Richard Sorge aus Tokio erhalten. Man hatte ihm ausführlich darüber berichtet, daß deutsche Truppen entlang der Grenzen zur UdSSR konzentriert wurden, daß Einheiten der deutschen Wehrmacht vollständig mobilisiert waren und Angriffsvorbereitungen trafen. Gleich nachdem der für die Belange der Nazipartei zuständige Stellvertreter Hitlers, Rudolf Heß, mit einem Flugzeug in England gelandet war, hatte Stalin eine weitere Bestätigung dafür erhalten, was für eine Gefahr unserem Lande drohte. Der sowjetische Kundschafter Kim Philby, der einen hohen Posten im britischen Geheimdienst bekleidete, hatte Moskau den bevorstehenden Überfall auf die Sowjetunion gemeldet, einschließlich der Tatsache, daß Heß, der diese Mitteilung machte, versucht hatte, eine Absprache mit Großbritannien zu treffen, damit es sich aus diesem Konflikt heraushält. Schließlich hatte in der Nacht des 21. Juni auf dem Tisch Stalins eine Meldung darüber gelegen, daß Überläufer unter Lebensgefahr den Bug und den Dnjestr durchschwommen hatten, um im letzten Moment das sowjetische Militär vor dem wenige Stunden später beginnenden Überfall zu warnen. Stalin hatte nichts davon geglaubt. Aber als das, wovor man ihn gewarnt hatte, passierte, empfand er brennende Scham. Der alles wissende und alles sehende »Führer der Völker« hatte sich plötzlich als Blinder erwiesen.

Stalin war sich bestimmt darüber im klaren, daß Hopkins im großen und ganzen über die Warnungen informiert war, die nach Moskau gelangt waren. Mit seiner Bemerkung über den »unerwarteten Überfall« wollte Stalin vermeiden, daß der amerikanische Gast kitzlige Fragen stellte. Aber was mochte ein so scharfsinniger Mann wie Hopkins von einer so plumpen Täuschung wohl halten? Konnte er etwa annehmen, daß bei der straffen Zucht im Stalinstaat ein Untergebener es gewagt hätte, dem »weisen Führer« eine für das Land so wichtige Information vorzuenthalten? Hopkins hätte fragen müssen, aber aus Höflichkeit schwieg er.

Im Hinblick auf diese Episode ist es wichtig, das besondere Verhältnis Stalins zu Hitler zu betrachten. Sie sind einander nie begegnet. Aber Stalin, der eine eigenartige Passion für den faschistischen Diktator empfand, rechnete mit einem solchen Treffen. Nach Äußerungen Hitlers zu urteilen, stand Stalin bei ihm gleichfalls in hohem

Range. Vieles hatten sie miteinander gemeinsam. Ihre Methoden, den Willen der Massen zu beherrschen, glichen einander.
Als Ende Juli 1941 Harry Hopkins als Abgesandter Präsident Roosevelts in Moskau eintraf, war ich bei seiner Begrüßung auf dem Moskauer Zentralflughafen zugegen. Die Gespräche, die Hopkins mit Stalin führte, dolmetschte jedoch Litwinow. Mir wurde erst zwei Monate später die Aufgabe übertragen, für Stalin zu übersetzen, und zwar als eine anglo-amerikanische Delegation unter der Leitung von Lord Beaverbrook und Averell Harriman die Sowjetunion besuchte. Später erzählte Harriman gern folgende Anekdote:
Die Unterredung wurde zunächst auf sowjetischer Seite von Pawlow und auf amerikanischer von Charles Bohlen, dem dritten Botschaftssekretär der USA in der UdSSR, gedolmetscht. Pawlow hatte zu einem bestimmten Zeitpunkt gewisse Schwierigkeiten mit der Übersetzung, und Bohlen mußte ihm zur Hilfe kommen. Das gefiel Stalin nicht, und er wandte sich mit der Frage an Molotow: »Weshalb verbessert ein Amerikaner meinen Dolmetscher? Das gehört sich nicht. Wo ist denn der junge Mann, der bei den Gesprächen mit Hitler übersetzt hat? Er soll kommen und uns helfen.«
»Aber er hat doch aus dem Deutschen übersetzt ...«
»Das macht nichts. Wenn ich es ihm sage, wird er auch aus dem Englischen übersetzen ...«
So geriet ich – der Anekdote zufolge – vor das lichte Antlitz des »Gebieters« und wurde sein persönlicher Dolmetscher.
Man sagt, das englische Parlament kann alles, außer Männer in Frauen verwandeln. Mit seiner Anekdote hatte Harriman die Allmacht des großen Führers recht höhnisch ironisiert.
Tatsächlich sah ich Stalin zum ersten Mal bei einem Abendempfang im Kreml, der zu Ehren von Beaverbrook und Harriman gegeben wurde. Die Gäste trafen gegen 20 Uhr ein. Alles erwartete Stalins Erscheinen. Schließlich wurde die große Flügeltür zum Jekaterinensaal geöffnet, jedoch nicht er, sondern zwei Offiziere seiner Leibwache traten heraus. Der eine nahm neben der Tür Aufstellung, der andere plazierte sich an der gegenüberliegenden Wand. Es vergingen noch einmal etwa zehn Minuten. Offensichtlich lag der gesamten Inszenierung ein bestimmter Plan zugrunde: Unser aller »Gebieter« verzögerte sein Erscheinen absichtlich, um die Spannung beim Publikum zu erhöhen. Bald öffnete sich die Tür erneut, und Stalin trat ein. Sein Anblick schockierte mich. Er glich jenem Stalin, dessen

Abbild mir so vertraut war, in keiner Weise. Klein, stark abgemagert, mit erdfarbenem, müdem, pockennarbigem Gesicht. Die Militärjacke hing an seinem mageren Körper herunter, ein Arm war kürzer als der andere – die Hand verschwand fast ganz im Ärmel. War er es denn wirklich? Es schien, als hätte man ihn ausgetauscht!
Von Kindheit an waren wir dazu erzogen worden, in ihm den großen und weisen Führer zu sehen, der alles wußte und vorhersah. Die Bilder und Bronzestatuen, die Marmormonumente und Transparente hatten ihn stets als einen allen anderen überlegenen Menschen gezeigt. Und in unserer jugendlichen Phantasie war er uns als großgewachsene, wohlgestalte, fast mythische Erscheinung vorgekommen. Plötzlich aber erwies er sich als ein ganz gewöhnlicher, unscheinbarer Mensch.
Als er eintrat, verstummten augenblicklich alle Gespräche. Langsam schritt er in seinen weichen kaukasischen Stiefeln über den Teppich und gab jedem der Anwesenden zur Begrüßung die Hand. Seine Hand war klein, sein Händedruck weichlich und schlaff.
Es war die schwerste Zeit des Krieges. Die deutschen Truppen waren weit in unser Land eingedrungen, standen vor Leningrad und Kiew und näherten sich unaufhaltsam Moskau. Den sowjetischen Einheiten, die immer weiter zurückweichen mußten, mangelte es bisweilen sogar an Gewehren aus vorrevolutionären Beständen. Ich war einmal Zeuge eines Gesprächs zwischen Molotow und dem Kommandeur einer Abteilung, die die Hauptstadt verteidigte. Der Offizier beklagte sich bitter darüber, daß er auf fünf Soldaten lediglich ein Gewehr ausgeben könne. Flehentlich bat er um Hilfe. Molotow, der über die Lage informiert war, antwortete schroff:
»Wenn es keine Gewehre gibt, muß eben mit Flaschen gekämpft werden ...«
Zu jener Zeit entstanden die berüchtigten »Molotow-Cocktail«-Flaschen, gefüllt mit einem explosiven Gemisch. Ein Kämpfer der Volkswehr, der im Schützengraben versteckt war, wartete ab, bis sich ein Panzer näherte, richtete sich dann auf und warf die Flasche in das Auspuffrohr. Hatte er genau gezielt, ging das Fahrzeug in Flammen auf. Der nachfolgende Panzer jedoch erschoß den mutigen Soldaten. Auf diese Weise starben vor Moskau Zehntausende Männer, darunter auch viele meiner Freunde.
Die furchtbaren Mißerfolge, der Verlust weiter Territorien, der Tod und die Gefangennahme von Millionen Menschen hatten doch –

trotz aller Menschenverachtung Stalins – Spuren in seinem Gesicht hinterlassen. Besonders jedoch bedrückte ihn, daß ihm bei der Einschätzung der Lage kurz vor Ausbruch des Krieges ein Fehler unterlaufen war. Er hatte alle Warnungen ignoriert und war überzeugt gewesen, daß Hitler mitten im Sommer keinen Krieg beginnen würde. Noch kürzlich hatte er ihn verehrt, nun haßte er Hitler, der den »Führer der Völker« vor der ganzen Welt lächerlich gemacht hatte. Einem österreichischen Gefreiten war es gelungen, den »unfehlbaren Genossen Stalin« wie einen kleinen Jungen um den Finger zu wickeln! Diese Erniedrigung und die durchlebte Angst jedoch vergaß er nicht, er wurde noch mißtrauischer als zuvor. Selbst innerhalb des Gebäudes des Rates der Volkskommissare begleiteten Stalin auf Schritt und Tritt zwei Leibwächter. Auch zu Molotow ging er nur noch mit dieser Eskorte.

Wenn ich aus dem Sekretariat des Volkskommissars kam und um die Ecke bog, um in mein Zimmer zu gehen, sah ich oft, wie am entgegengesetzten Ende des Korridors die bewußte Wache auftauchte. Und jedes Mal geriet ich in Panik. Nein, es war keine Angst. Ich war überzeugt, daß mir persönlich aus einem derartigen Zusammentreffen keinerlei Unannehmlichkeiten erwachsen würden. Doch unwillkürlich hatte ich das Bedürfnis, mich zu verstecken. Was sollte ich tun? Bis zu Stalins Erscheinen blieben nur noch einige Sekunden. Mein Gehirn arbeitete fieberhaft. Wie sollte ich mich verhalten? Ins Sekretariat zurückkehren oder schnell in mein Zimmer eilen und die Tür hinter mir schließen? Mich hinter den Vorhängen verbergen, die die hohen Fenster, die auf den Innenhof hinausgingen, verdeckten? Wenn Stalin jedoch merken würde, daß sich dort jemand verbarg, könnte er mich für einen Attentäter halten. Vermutete er doch selbst dann, wenn ihm sein Gesprächspartner nicht in die Augen sah, bereits eine Verschwörung und sah sich zu der Frage veranlaßt:

»Weshalb haben Sie einen so unruhigen Blick?«

Diese Frage konnte mitunter bereits das Schicksal des Unglücklichen besiegeln.

Nachdem ich also sämtliche Varianten erwogen hatte und zu dem Schluß gekommen war, daß sie alle nichts taugten und nun auch keine Zeit mehr blieb, drückte ich mich mit dem Rücken an die Wand und wartete. Die Prozession schritt langsam vorüber. Mutig sagte ich:

»Guten Tag, Genosse Stalin!«

Schweigend, mit einer leichten Handbewegung, reagierte er auf meine Begrüßung und verschwand hinter der Ecke. Nun konnte ich erleichtert aufatmen. Es war nichts passiert. Doch aus welchem Grund ergriff bei jeder erneuten Begegnung mit ihm von neuem Panik von mir Besitz? Nervosität erfaßte mich auch dann, wenn ein enger Mitarbeiter Stalins, etwa Poskrebyschew oder einer seiner Stellvertreter, mir mitteilte, daß ein Gespräch mit Amerikanern bevorstehe, bei dem ich dolmetschen solle. Hierfür jedoch fand ich eine Erklärung: Ich sollte in den Olymp aufsteigen. Außerdem war eine unerhörte nervliche Konzentration vonnöten, denn ich wollte meine Sache ja so gut wie möglich machen, damit ER mit mir zufrieden war.

Zu jener Zeit war der Kreml für die Öffentlichkeit gesperrt; ich besaß einen Ausweis, der mir gestattete, mich überall frei zu bewegen, außer im Korridor, der zu Stalins Flügel führte. Immer wenn meine Anwesenheit dort erforderlich war, wurde mir eine besondere Genehmigung ausgestellt.

In Stalins Diensträumen herrschte eine sachliche, ruhige Atmosphäre. In dem kleinen Zimmer neben dem Sekretariat, wo ich warten mußte, bis mir das Zeichen gegeben wurde, daß die Gäste das Spasskij-Tor passiert hätten, standen auf dem Tisch auf buntbemalten Lacktabletts Gläser und Mineralwasser, an der Wand standen einfache Stühle.

Einige Autoren schreiben heute, daß alle Besucher, selbst Molotow, durchsucht wurden, bevor sie Stalins Zimmer betraten, und daß sich unter den Sesseln Signalanlagen befunden hätten, um eventuelle Waffen aufzuspüren. Nichts dergleichen entspricht der Wahrheit. Erstens gab es damals derartige Signalanlagen noch nicht, und zweitens wurde ich während der gesamten Zeit, die ich in Stalins Nähe arbeitete – und das waren fast vier Jahre – nicht ein einziges Mal durchsucht und auch keiner anderen Spezialkontrolle unterzogen. In der besonders unruhigen Zeit Ende 1941, als befürchtet wurde, daß deutsche Agenten in Moskau eingeschleust worden wären, händigte man einem jeden von uns sogar eine Pistole aus. Ich bekam damals eine kleine »Walther«, die man gut in der Tasche verstecken konnte. Wenn gegen sechs Uhr früh die Arbeit beendet war, holte ich meine »Walther« aus dem Safe und ging zum Gebäude des Volkskommissariats für Äußeres, wo ich mich im Kellergeschoß ein wenig erholen konnte, ohne auf den häufig wiederkehrenden Fliegeralarm achten zu müssen. Häufig wurde ich unterwegs von einer Patrouille angehalten, die meine Papiere überprüfte. Für den Fall, daß mir aber ein deutscher Agent begegnete, hatte ich ja eine Waffe. Wenn ich wieder im Kreml eintraf, verschloß ich sie im Safe. Kontrolliert wurde ich jedoch nie.

Durch meine Arbeit als Übersetzer hatte ich natürlich nur begrenzte Möglichkeiten, Stalin aus der Nähe zu beobachten. Ich sah ihn stets in der Gesellschaft ausländischer Besucher, wo er die Rolle des gastfreundlichen Hausherrn spielte. Wenn der diensthabende Offizier meldete, daß die Gäste das Spasskij-Tor passiert hatten, begab ich mich in Stalins Kabinett. Ich mußte zunächst das Sekretariat, dann das Zimmer von Poskrebyschew und schließlich das Wachzimmer durchqueren. Hier waren stets mehrere Personen versammelt, teils in Uniform, teils in Zivil. Direkt an der Tür zu Stalins Arbeitszimmer döste gewöhnlich Stalins persönlicher Leibwächter, General Wlassik. Er nutzte jede ruhige Minute, um ein wenig zu schlafen, denn er mußte rund um die Uhr auf seinem Posten sein. Ohne vorherige Anmeldung betrat ich den Raum, in dem stets Mitglieder des Politbüros, hohe Offiziere oder Minister anwesend waren. Sie saßen an einem langen Tisch, Notizbücher vor sich, während Stalin auf dem Teppich auf und ab schritt. Entweder hörte er die Meinung eines der Anwesenden, oder er legte seine Überlegungen dar. Mein Erscheinen signalisierte, daß es Zeit sei, die Beratung zu beenden. Wenn er mich eintreten sah, sagte Stalin gewöhnlich:

»Gleich werden die Amerikaner da sein. Lassen Sie uns hier unterbrechen ...«

Schnell ordneten alle ihre Unterlagen, erhoben sich und verließen den Raum. Lediglich Molotow blieb sitzen. Er war bei allen Gesprächen, die Stalin mit Ausländern führte, zugegen, obwohl er faktisch nicht daran teilnahm, sondern meist schweigend zuhörte. Mitunter wandte sich Stalin mit einer Frage an ihn, wobei er ihn mit dem Vornamen – Wjatscheslaw – anredete. In Gegenwart Außenstehender jedoch antwortete Molotow stets mit der offiziellen Formel »Genosse Stalin«.

Bei all seinen negativen Eigenschaften verfügte Stalin über die Fähigkeit, seine Gesprächspartner zu bezaubern. Zweifellos war er ein großer Schauspieler und konnte den Eindruck eines reizenden, bescheidenen, sogar einfachen Menschen erwecken. In den ersten Kriegswochen, als es so schien, als würde die Sowjetunion jeden Au-

genblick fallen, waren alle hochrangigen ausländischen Besucher – wie zum Beispiel Harry Hopkins – in sehr pessimistischer Verfassung. Sie verließen Moskau jedoch in der vollen Gewißheit, daß das sowjetische Volk kämpfen und schließlich siegen würde.
Die Lage war damals in der Tat katastrophal. Der Feind stieß unaufhörlich weiter nach Osten vor. Beinahe jede Nacht gab es Fliegeralarm in Moskau. Was hatte so erfahrene und skeptische Politiker wie Hopkins, Harriman, Beaverbrook und andere dazu gebracht, ihre Ansicht zu ändern? Einzig ihre Gespräche mit Stalin. Ungeachtet der hoffnungslos erscheinenden Situation, vermochte er eine ungezwungene, ruhige Atmosphäre zu schaffen. In seinem Kabinett herrschte eine wohltuende Ruhe, die allenfalls vom Klang der Kremlglocken unterbrochen wurde. Auch der »Herr« selbst strahlte Wohlwollen und Ruhe aus. Es schien, als würde sich außerhalb der Wände dieses Zimmers nichts Dramatisches, ihn Beunruhigendes ereignen. Er hatte viel Zeit. Wenn es sich ergab, konnte er bis tief in die Nacht hinein Gespräche führen. Dies alles bestach. Seine Gesprächspartner nahmen jedoch nicht wahr, daß bereits Maßnahmen zur Evakuierung Moskaus getroffen und Brücken und Regierungsgebäude vermint wurden, daß bereits ein konspiratives Gebietskomitée der Hauptstadt existierte, dessen künftige Mitarbeiter schon Pässe mit falschen Namen besaßen und daß der ihnen so sorglos erscheinende Herr des Kreml-Kabinetts bereits diverse Varianten für den Fall einer schnellen Flucht der Regierung an einen rettenden Ort in Betracht zog. Nach dem Krieg hat er einmal in einem Augenblick der Aufrichtigkeit zugegeben, daß die Lage katastrophal gewesen sei. Während des Krieges jedoch verbarg er dieses Wissen geschickt hinter einem liebenswürdigen Lächeln und gespielter Gelassenheit. Wurde über die Nöte der Roten Armee und der Industrie gesprochen, so zählte Stalin nicht nur Fliegerabwehr- und Panzerabwehrwaffen sowie Aluminiumlieferungen für die Flugzeugproduktion auf, sondern sprach auch über den Bedarf an Ausrüstungen für ganze Betriebe. Zunächst zweifelten die Gesprächspartner: Die Lieferung und Montage der Ausrüstungen sowie die Ingangsetzung der Produktion würde mehrere Monate, wenn nicht Jahre in Anspruch nehmen. Westliche Militärexperten bekräftigten, daß der sowjetische Widerstand in den nächsten vier bis fünf Wochen zusammenbrechen würde. Wie konnten unter diesen Umständen neue Werke aufgebaut werden, wo es sogar kompliziert war, den Russen Waffen

zu liefern, ohne zu riskieren, daß sie den Deutschen in die Hände fielen. Wenn Stalin jedoch komplette Fabrikausrüstungen anforderte, so mußte er etwas wissen, was weder die Experten noch die Politiker der westlichen Demokratien ahnten. Und wie war die olympische Gelassenheit Stalins zu verstehen, wenn er Hopkins erklärte, falls die Amerikaner Aluminium lieferten, könnte die UdSSR wenigstens vier Jahre lang Widerstand leisten? Zweifellos – Stalin mußte deutlicher als sie sehen, wie die Dinge lagen! Und so versicherten Hopkins, Beaverbrook und Harriman Roosevelt und Churchill, daß die Sowjetunion standhalte und es sinnvoll sei, ihr die benötigten kriegswichtigen Materialien zu liefern. Stalin bluffte damals, doch glücklicherweise ging seine Rechnung auf.
Das gleiche gilt für seine Äußerung anläßlich des Besuchs des britischen Außenministers Anthony Eden an der Moskauer Front in der zweiten Hälfte Dezember 1941. Er sagte damals:
»Die Russen waren bereits zweimal in Berlin, sie werden es auch ein drittes Mal schaffen ...«
Die Anhänger Stalins mögen einen derartigen Weitblick als Beweis seines Scharfsinns werten. Ich bin aber vielmehr der Ansicht, daß er auch in diesem Fall die Rolle des Optimisten spielte. Im engsten Kreise bekannte er zu jener Zeit mehr als ein Mal, daß nun »all das von Lenin erkämpfte verloren sei« und daß die Katastrophe unausweichlich bevorstehe. Unter der gespielten Munterkeit verbarg sich sein Mißtrauen gegenüber dem Volk, das er verächtlich als Herde von »Dummköpfen« titulierte. Doch gerade dieses ungeliebte Volk, das ihn fürchtete, ermöglichte durch das Opfer von Dutzenden Millionen Leben seiner Söhne und Töchter, daß sich seine Prophezeiung erfüllte.
Mir gegenüber verhielt sich Stalin stets ausgewogen und mit einer gewissen Gleichgültigkeit. Bisweilen schien es mir, als blicke er durch mich hindurch, so etwa wie durch ein im Zimmer befindliches Möbelstück. Doch wie sich bald herausstellte, wählte er selbst jedes Mal den Übersetzer aus. Mitunter wurde Pawlow zu den Gesprächen mit den Amerikanern hinzugezogen und ich zu den Gesprächen mit den Engländern, obwohl die USA in meinen Kompetenzbereich fielen und umgekehrt. Es kam aber auch vor, daß einige Wochen hintereinander nur einer von uns beiden eingesetzt wurde, unabhängig davon, mit wem die Unterredung geführt wurde. Beide waren wir in einem derartigen Fall verunsichert, nervös und rätsel-

ten, wodurch wir das Mißtrauen des »Herrn« erregt und seine Unzufriedenheit hervorgerufen haben konnten. Doch bald kam wieder alles ins Lot. Erklärungen wurden uns aber nicht gegeben, und wir wagten natürlich auch nicht, danach zu fragen. Vielleicht spielte man mit uns ein kleines Spielchen, um uns ständig in Anspannung und in den Zustand einer »gesunden Konkurrenz« zu versetzen.
Stalin hatte einen eigenartigen Humor. Man erzählte sich, daß sich eines Tages der Chef der Politleitung der Roten Armee, Mechlis, bei Stalin als Oberkommandierendem darüber beklagte, daß einer der Marschalle jede Woche eine andere Frau bei sich habe. Er wollte wissen, was man tun solle. Lange antwortete Stalin nicht und blickte finster vor sich hin. Mechlis, der annahm, er denke über eine strenge Bestrafung nach, begann seine Beschwerde bereits zu bereuen. Doch dann beendete Stalin das Schweigen und sagte mit einem listigen Lächeln:
»Er ist zu beneiden ...«
In einem anderen Fall quälte Stalin im Verlauf mehrer Kriegsjahre einen Marschall von Zeit zu Zeit mit der Frage, warum er glaube, 1937 nicht verhaftet worden zu sein. Noch bevor dieser jedoch den Mund öffnen konnte, befahl Stalin streng:
»Sie können gehen!«
Dies wiederholte sich bis zum Ende des Krieges. Die Frau des Marschalls legte ihrem Mann jedes Mal nach einem derartigen Vorfall ein Bündel mit warmen Sachen und Zwieback zurecht, denn sie mußte ja annehmen, daß man ihn nun nach Sibirien bringen würde. Es kam der Tag des Siegs. Stalin, von seinen Heerführern umgeben, hielt eine Rede ...
»Es gab schwere Zeiten, aber auch freudige Siege, doch der Humor ist uns nicht verloren gegangen, nicht wahr, Genosse Marschall ...«
Mitunter hatte ich Schwierigkeiten mit der Formulierung der Telegramme an unsere Botschaften in London und Washington. Direkt nach dem jeweiligen Gespräch mußte der Entwurf vorbereitet werden, solange sich Stalin noch in seinen Räumen aufhielt.
Nach alter Gewohnheit aus der Zeit der Illegalität arbeitete er die ganze Nacht hindurch, und die Diplomaten wurden demzufolge oft erst spät am Abend oder im Morgengrauen empfangen. Häufig dauerten die Gespräche zwei oder drei Stunden lang, das Telegramm durfte jedoch nicht mehr als zwei Seiten umfassen. Wenn ich einen Text entworfen hatte, begab ich mich erneut in Stalins Kabinett. Er

sah ihn durch, ergänzte das eine oder andere und unterschrieb dann. Doch es kam auch vor, daß ihm mein Entwurf nicht zusagte. In diesem Fall geriet er in Zorn. Er wurde zwar nicht grob, doch er machte mir Vorwürfe. Etwa:

»Sie haben hier die ganze Zeit gesessen und übersetzt, haben alles mitangehört und nichts verstanden. Glauben Sie denn, daß das, was Sie hier schreiben, wichtig ist? Es geht um etwas ganz anderes ...«

Ihm war wohl klar, daß ich mich bemüht hatte, aber nicht in der Lage war, den Text anders zu formulieren. Deshalb schickte er mich auch nicht mit der Anweisung »Arbeiten Sie das um« wieder weg, sondern sagte:

»Nehmen Sie Ihren Notizblock und schreiben Sie ...«

Dann diktierte er mir, was er für wichtig erachtete. Nun bedurfte es keiner besonderen Anstrengung mehr, ein neues Telegramm aufzusetzen. Dennoch, jedes Mal, wenn ich derartige Schwierigkeiten hatte, blieb ein unangenehmes Gefühl bei mir zurück.

Ein Schuldiger muß her

Des öfteren konnte ich beobachten, daß auch Molotows Stimmung beeinträchtigt war, wenn einer seiner Vorschläge nicht auf Stalins Gunst stieß. Einige Tage lang ging er mit finsterer Miene umher, war reizbar, und man tat besser daran, ihm während dieser Zeit aus dem Weg zu gehen.

Die im Westen verbreitete Meinung, Molotow hätte keinerlei Eigeninitiative gezeigt und wäre ausschließlich den Anweisungen Stalins gefolgt, ist unrichtig. Ebenso wie die These, daß Litwinow seine eigene »selbständige« Politik geführt habe, die mit seiner Entfernung aus dem Amt beendet gewesen sei. Natürlich gab es da gewisse Nuancen und Besonderheiten. Im Sekretariat des Volkskommissars des Äußeren hatte ich Einblick in die Dossiers der vorangegangenen Jahre und konnte feststellen, daß sich Litwinow aus jedem kleinsten Anlaß an das ZK, also faktisch an Molotow, der damals die Außenpolitik koordinierte, wandte und dort das Einverständnis einholte. Molotow agierte als Volkskommissar des Äußeren vielleicht deshalb mit größerer Selbständigkeit, weil er häufig mit Stalin zusammentraf und bei dieser Gelegenheit sozusagen zwischendurch die eine oder andere Frage besprechen konnte.

Der Apparat des Volkskommissariats für Auswärtige Angelegenheiten bereitete in der Regel alle wichtigen Unterlagen vor, die dann vom Stellvertreter Molotows abgezeichnet wurden, bevor man sie dem Volkskommissar vorlegte. Meist faßte Molotow dann den endgültigen Beschluß. Natürlich ist es möglich, daß er zuvor entweder telefonisch oder am vorangegangenen Abend auf der Datscha das Plazet des »Herrn« erhalten hatte. Dennoch glaube ich sagen zu können, daß Molotow in vielen Fällen die Verantwortung auf sich nahm.

In besonders wichtigen Angelegenheiten wurden die vorbereiteten Dokumente an Stalin weitergeleitet. Nach kurzer Zeit kamen sie dann meist mit dem schwungvollen Signet »J. S.« – mit dickem blauen Bleistift geschrieben – ins Sekretariat des Volkskommissariats zurück. Seine Unterschrift brachte sogleich den gesamten administrativen Apparat in Bewegung. Heute fragen wir uns mitunter, warum in den letzten Jahren viele Regierungsbeschlüsse vom Apparat einfach ignoriert werden. Eine derartige Situation wäre in der

Stalinzeit absolut undenkbar gewesen. Das von Stalin geschaffene administrative System basierte auf drei Sockeln: auf Enthusiasmus, Angst und Belohnung. Zwar hatte der Enthusiasmus in den vierziger Jahren bereits nachgelassen, doch dafür war die Angst stärker geworden. Gleichzeitig war das System der Belohnungen weiter ausgebaut worden – damals wurden die Privilegien für die höhere Nomenklatura eingeführt, die sich bis heute erhalten haben. Die Perspektive, vom »süßen Leben« Abschied nehmen zu müssen, erwies sich als bedeutender Stimulus, die Anweisungen Stalins auszuführen. Wesentlicher jedoch war die Gewißheit, daß es den Kopf kosten konnte, wenn der Wille des »Herrn« nicht erfüllt wurde – diese Erkenntnis ging quer durch die Bevölkerung, vom Arbeiter, der Ausschuß produzierte, zum Bauern auf dem Kolchosfeld bis hin zum Minister und selbst bis zum Mitglied des Politbüros. Heute gibt es nicht die Spur von Enthusiasmus mehr, und die Angst ist auch verschwunden. Und auch kein einziger Minister verliert seine Privilegien wegen schlechter Arbeit. Im äußersten Fall wird er auf Staatskosten in den Ruhestand versetzt, der ihm weiterhin einen beträchtlichen Lebensstandard garantiert. Unter derartigen Bedingungen nimmt es nicht wunder, daß, trotz fünf Jahre der Perestrojkapolitik, das administrative Wirtschaftssystem vollständig zu funktionieren aufgehört hat. Die Regierung und die oberste Parteiführung bemühen sich, es durch eine Unzahl von Verordnungen, Vorschriften und Ermahnungen wieder in Gang zu setzen, doch die Situation verschlechtert sich immer mehr, und die Gesellschaft bewegt sich unaufhaltsam auf eine schreckliche, nicht vorhersehbare Katastrophe zu. Das System könnte wieder auf die Beine kommen, wenn man die Menschen wieder in Angst und Schrecken versetzte. Doch dadurch würde man die Probleme nicht lösen, sondern alle Hoffnungen auf eine bessere Zukunft zerstören. Nur die schnelle Zerschlagung des Stalinschen Wirtschaftssystems kann eine Lösung bringen. Zu dieser Schlußfolgerung ist man im Baltikum und vor allem in den osteuropäischen Staaten gekommen, wo man viel schneller als bei uns radikale Reformen verwirklicht.

Dieser »neue Wind« kam aber erst nach einem halben Jahrhundert auf. Damals lösten die Initialen des »Führers« Zittern und Gehorsam aus. Es kam auch vor, daß ein Dokument ohne Stalins Signet zurückkam, dafür von ebenso dicken, nun jedoch roten und nicht mehr blauen Bleistiftstrichen durchkreuzt. Stalin hatte das ihm

übersandte Schriftstück nicht akzeptiert. Ein derartiger außerordentlicher Vorfall – »a. V.« – erschütterte Molotow und setzte ihm sehr zu. Ich glaube nicht, daß er mögliche Folgen befürchtete, denn er stand ja zu jener Zeit dem »Herrn« am nächsten. Doch wohl auch er wußte, daß sich ähnliche Situationen nicht allzu oft wiederholen durften, sonst würde er sich den Zorn Stalins zuziehen und sich dem Verdacht aussetzen, daß er, der ja als Volkskommissar ebenso wie Stalin denken mußte, Stalins Position untergraben wolle. Molotow wird wohl hauptsächlich deshalb bekümmert gewesen sein, weil er trotz der Kenntnis der gleichen Fakten und Informationen zu einer anderen Auffassung gelangt war als der »Herr« selbst. Natürlich war es ihm unmöglich anzunehmen, daß er im Recht, Stalin jedoch im Irrtum sei. Seinerzeit war man in Stalins Umgebung bedingungslos bereit, sein Urteil anzuerkennen, selbst wenn er von der Materie nichts verstand. Möglicherweise glaubte man wirklich an ihn. Es wird aber wohl eher so gewesen sein, daß man sich jener Menschen erinnerte, die sich erkühnt hatten, an seiner Meinung zu zweifeln.
Im Umgang mit seinen direkten Untergebenen war Molotow ruhig, von kühler Höflichkeit, fast nie erhob er die Stimme und gebrauchte auch keine unanständigen Redewendungen, wie sie damals im Kreis der führenden Funktionäre überaus verbreitet waren. Dennoch kam es vor, daß er einen jungen Diplomaten, der nicht in der Lage war, einen verständlichen Bericht über die Situation in dem Land seines Einsatzes zu geben, derart zurechtwies, daß dieser das Bewußtsein verlor. Molotow mußte, nachdem er ihn mit kaltem Wasser besprengt hatte, die Wache rufen, die ihn ins Sekretariat transportierte, wo wir ihn mit vereinten Kräften wieder zur Besinnung brachten. Gewöhnlich hatte es damit sein Bewenden, und der Urheber der Aufregung kehrte nach einigen aufregenden Tagen wieder auf seinen Posten zurück, wo er in der Folge befördert wurde. Ich bin der Ansicht, daß Molotow diese Toleranz immer dann aufbrachte, wenn es sich um unerfahrene Mitarbeiter handelte, an deren Auswahl er ja selbst beteiligt gewesen war und für die er aus diesem Grunde die Verantwortung übernahm. Hätte er sie von ihren Posten entfernen lassen, auf die sie doch gerade erst versetzt worden waren, so konnte der »Gebieter« davon erfahren und dies als ernsthaften Mißstand in der Arbeit mit den Mitarbeitern des Volkskommissariats des Äußeren werten. Es kam jedoch auch vor, daß Molotow es als notwendig erachtete, sehr strenge, harte Maßnahmen zu ergreifen:

Nach der Unterzeichnung des Nichtangriffspaktes mit Deutschland im August 1939 wurde Schkwarzew, der zuvor als Direktor eines Textilinstituts gearbeitet hatte und über das Gebietskomitée der Partei ins Volkskommissariat gelangt war, zum neuen Botschafter in Berlin berufen. Als Molotow im November 1940 zu Gesprächen mit Hitler in Berlin weilte, rief er zunächst Schkwarzew zu sich, damit dieser ihn über die politische Situation in Deutschland unterrichte. Sein Vortrag erwies sich jedoch als derart unbrauchbar, daß ihm der Volkskommissar nach zehnminütigem Gespräch vorschlug, seine Koffer zu packen und nach Hause zurückzukehren. Kurz darauf wurde Dekanosow sowjetischer Botschafter in Deutschland, blieb aber gleichzeitig Stellvertreter des Volkskommissars für Auswärtige Angelegenheiten. Schkwarzew, der die Segnungen des Auslandslebens gekostet hatte und sich nun wieder mit der Prosa des Textilgewerbes beschäftigen mußte, überschüttete Molotow während des Krieges mit Briefen, in denen er seine »diplomatische Erfahrung in dieser für unsere Heimat so schweren Zeit« anbot. Die Briefe wanderten natürlich sämtlich in den Papierkorb.
Wenn im administrativen Mechanismus etwas fehlgelaufen war und von Stalin die Anweisung kam, den Schuldigen zu ermitteln und zu bestrafen, so mußte so schnell wie möglich das Opfer gefunden werden. Für sorgfältige Untersuchungen der Angelegenheit blieb keine Zeit. Um so schonungsloser verfuhr man mit jedem, der das geringste Mißtrauen des Führers erregt hatte. Ich erinnere mich in diesem Zusammenhang an eine Episode:
Bereits während des Krieges sandte Stalin an Roosevelt ein Telegramm, auf das er eine baldige Antwort erwartete. Es verging jedoch ein Tag nach dem anderen, ohne daß von den Amerikanern eine Nachricht eintraf. Molotow beauftragte mich nachzuforschen, ob man das Telegramm vielleicht irgendwo zurückhalte. Für die Weiterleitung der Regierungspost war der Chef der Dechiffrierabteilung des Volkskommissariats des Äußeren verantwortlich, an den ich mich auch wandte. Er stellte Nachforschungen an und teilte mir dann mit, daß das Telegramm ungehindert bis zu dem Punkt gelangt sei, bis zu dem sich unsere Kompetenz erstrecke. Die weiteren Untersuchungen übernahmen die Amerikaner, und da wir von ihnen nichts mehr hörten, nahmen wir an, daß nun alles in Ordnung sei. Dennoch schlug ich vor, in Amerika nachzufragen. Es erwies sich, daß auf amerikanischer Seite eine Störung aufgetreten war, die eine

zweitägige Verzögerung des Telegramms bewirkt hatte. Ich kam zu dem Schluß, daß es sich unter den Bedingungen des Krieges, wo alles Mögliche passieren konnte, hierbei nicht um einen »a. V.« handelte. Diese Ansicht trug ich auch Molotow vor.

»Wen sollen wir zur Verantwortung ziehen?« fragte er streng.

»Allem Anschein nach niemanden, denn unsere Seite ...«

Er unterbrach mich.

»Was soll das heißen, niemand sei schuld. Und was sage ich Genosse Stalin? Er ist sehr ungehalten und hat angeordnet, die Schuldigen zu ermitteln und zu bestrafen. Da kommen Sie und behaupten, daß es keinen Schuldigen gibt. Sie sind ein schädlicher Intelligenzler!«

Ich stand mit gesenktem Kopf vor ihm und wußte nicht, was ich antworten sollte.

»Was stehen Sie da wie angewurzelt!« schrie Molotow erregt. »Lassen sie Wyschinskij rufen!«

In Windeseile verließ ich sein Zimmer.

Wyschinskij war zu jener Zeit erster Stellvertreter des Volkskommissars für Äußere Angelegenheiten. Uns allen aber war er noch gut als Generalstaatsanwalt in Erinnerung, der während der politischen Prozesse der dreißiger Jahre unrühmliches Ansehen erlangt hatte. Er würde schon einen Schuldigen finden, dachte ich, während ich seine Nummer wählte.

Andrej Januarjewitsch ließ nicht lange auf sich waren. Nach etwa zwanzig Minuten erschien er bereits bei uns im Sekretariat. Wyschinskij war bekannt für sein grobes Benehmen gegenüber Untergebenen und die Fähigkeit, seine Umgebung in Angst und Schrekken zu versetzen. Seinen Vorgesetzten gegenüber jedoch verhielt er sich unterwürfig und kriecherisch. Selbst das Vorzimmer des Volkskommissars betrat er wie die Verkörperung der Bescheidenheit selbst. Offensichtlich fürchtete er seiner menschewistischen Herkunft* wegen besonders Berija und Dekanosow, letzterer nannte ihn denn auch in aller Öffentlichkeit nie anders als »den Menschewik«. Obwohl Dekanosow zweiter, Wyschinskij jedoch erster Stell-

---

* Menschewiki (russ. ›Minderheitler‹), Bezeichnung für die gemäßigte Gruppe der Sozialdemokratischen Arbeiterpartei Rußlands vor der Oktoberrevolution im Gegensatz zu den um Lenin gescharten Bolschewiki (›Mehrheitler‹) – Anm. d. Übers.

vertreter Molotows war und die Beziehungen zu den Vereinigten Staaten und England in sein Ressort fielen, kam es häufig vor, daß Dekanosow als erster reagierte. Er gab die Anweisung, Antwortschreiben aufzusetzen, unterzeichnete die Telegramme mit den unterschiedlichsten Instruktionen dann selbst und sandte Wyschinskij lediglich eine Kopie zur Einsichtnahme, wenn sie bereits unterwegs waren. Und Wyschinskij wagte es nicht ein einziges Mal, zu protestieren.

Noch größere Angst jedoch hatte er vor Stalin und Molotow. Wenn sie ihn zu sich bestellten, trat er in gebückter Haltung, mit eingezogenen Schultern, einschmeichelndem Lächeln und gesträubtem Schnurrbart vor sie hin. So war es auch in diesem Fall.

Ich folgte ihm in das Kabinett des Volkskommissars. Molotow forderte mich auf, ihm die Resultate meiner, wie er sich ausdrückte, »erbärmlichen Nachforschungen« vorzutragen. Diese Formulierung signalisierte Wyschinskij, was von ihm erwartet wurde. Nachdem ich mit der Feststellung geendet hatte, daß ich keinen Schuldigen ermitteln konnte, wandte sich Molotow mit den Worten an Wyschinskij:

»Genosse Stalin fordert eine strenge Untersuchung und Bestrafung der Schuldigen. Ich übergebe Ihnen den Fall ...«

»Ich habe verstanden, Wjatscheslaw Michailowitsch. Gestatten Sie, daß ich gehe?«

Molotow nickte mit dem Kopf. Ich übergab Wyschinskij meine Unterlagen, und dieser verließ lautlos den Raum.

Molotow setzte, nun in bereits ruhigem Ton, zu einer Erklärung an:

»An jeder Panne trägt irgend jemand die Schuld. Bisher hat man die Beförderung der Telegramme immer nur auf unserem Territorium überprüft. Wer hat eine derartige Ordnung eingeführt? Der gesamte Weg hätte zurückverfolgt werden müssen. Und Sie reden davon, daß es keinen Schuldigen gibt ...«

Bald erfuhren wir, daß der Chef der Dechiffrierabteilung aus der Partei ausgeschlossen und seines Amtes enthoben worden sei. Er verschwand für immer aus unserem Gesichtskreis.

Der Auftrag des Genossen Stalin, den Schuldigen zu finden und streng zu bestrafen, war konsequent ausgeführt worden.

Molotow vergaß diesen Vorfall lange nicht. Immer wenn er in irgendeiner Angelegenheit zu mir ins Zimmer kam und meinen geöffneten Safe sah, sagte er spöttisch:

»Dieser schädliche Intelligenzler ist schon wieder allzu offenherzig. Der Safe ist nicht abgeschlossen, die Papiere liegen auf dem Tisch herum, man braucht sich bloß zu bedienen. Ach, diese russischen Intelligenzler ...!«

Hysterischer Anfall Molotows

Außer den Diensträumen im Kreml nahm das Sekretariat von Molotow auch eine ganze Etage im Gebäude des Volkskommissariats an der Kusnezkij-Brücke ein. Hier befanden sich die Arbeitsräume des Volkskommissars – der Sitzungssaal und ein Arbeitszimmer, wo er Besprechungen in kleinem Kreise abhielt. Des weiteren gab es einen sogenannten Ruheraum mit einem kleinen Badezimmer. Im Ruheraum befanden sich ein Diwan und ein rundes Tischchen, auf dem stets frische Blumen, eine Schale mit Südfrüchten und ein Tellerchen mit Walnüssen, die Molotow sehr liebte, standen. Frisches Obst wurde mehrmals in der Woche mit dem Flugzeug aus dem Kaukasus oder aus Mittelasien herantransportiert, und dies nicht nur in Friedenszeiten, sondern auch während des Krieges.

In der allerschwersten Zeit, als kaum die Armee mit dem Nötigsten versorgt werden konnte und Millionen Menschen hungerten, staunten nach Moskau kommende Ausländer immer wieder über den phantastischen Überfluß bei Banketten und Empfängen im Kreml. Die Tische bogen sich buchstäblich unter der Last der Speisen und Getränke. Roter und schwarzer Kaviar, geräucherter Lachs, Forelle, Stör, gebratene Spanferkel, Lämmer und Zicklein, gefüllte Pute, Berge von Obst und Gemüse, ganze Batterien harter Getränke, die verschiedensten Weine, Torten aus Sahneeis mit Früchten, Eisbecher – all das sollte nach Stalins Meinung Gäste aus dem Westen davon überzeugen, daß es um uns nicht so schlimm stünde, selbst nicht im schrecklichen Sommer des Jahres 1942, als Hitlers Heerscharen sich der Wolga und dem Vorgebirge des Kaukasus näherten.

Das Zimmer der Referenten im Sekretariat des Volkskommissariats ging auf den Hof hinaus und befand sich neben dem Raum für das Dienstpersonal. Jeden Morgen trug man große Thermosbehälter und Proviantkörbe über den Korridor. Sie wurden für den Fall bereitgestellt, daß der Volkskommissar zur Mittagszeit hier erscheinen würde. Die gleiche Vorsorge wurde auch in den Diensträumen des Kreml getroffen. Die Lebensmittel für die höchste Führung wurden auf speziellen Feldern gezüchtet und in besonderen Kombinaten zubereitet – unter strenger Aufsicht der Sicherheitsbehörden. Diese außerordentlich geheime Angelegenheit leitete der Oberkoch des »Herrn«, der NKWD-Mann Ignataschwili. Er wurde von Stalin, der große Angst vor potentiellen Attentätern hatte, mit allen nur erdenklichen Würden überhäuft und selbst in den Generalsrang erhoben.

Im Gebäude des Volkskommissariats befand sich ein Maßatelier. Dort konnten sich die höheren Angestellten auf Vorlage spezieller Talons Anzüge nähen lassen. Im Jahre 1942, als ich bereits bei Molotow arbeitete, erhielt ich einige Talons und gab zwei Anzüge in Auftrag – einen dunkelbraunen und einen hellgrauen mit Fischgrätenmuster. Nach kurzer Zeit waren sie fertig und an einem Frühlingstag begab ich mich mit meinem neuen grauen Anzug zur Arbeit. Nachdem ich alle Unterlagen für den Rapport beim Volkskommissar bereitgelegt hatte, trat ich in sein Arbeitszimmer und sah, daß Molotow genau den gleichen grauen Anzug trug wie ich. Mir wurde sogleich unbehaglich zumute. Molotow blickte mich mißbilligend an und sagte:

»Was hat Sie denn veranlaßt, sich einen ebensolchen Anzug nähen zu lassen, wie ich ihn trage? Was sollen denn die Ausländer, die wir empfangen, für Schlüsse daraus ziehen? Sie müssen ja denken, daß wir eine Uniform tragen!«

»Es ist mir sehr unangenehm. Es gab keinen anderen hellen Stoff im Atelier, so habe ich diesen genommen. Jetzt weiß ich nicht, was ich tun soll.« »Natürlich trifft Sie keine Schuld. Doch dieser Dummkopf von Schneider hätte nachdenken sollen, bevor er mir einen entsprechenden Stoff empfahl ...«

In der Pause kleidete ich mich um. Den grauen Anzug trug ich fortan nicht mehr. Auch Molotow trug seinen grauen Anzug nur sehr selten. Vielleicht gab dieses Erlebnis auch den Anstoß, für die Mitarbeiter des Volkskommissariats eine Art Uniform einzuführen.

Nur ein einziges Mal in all den Jahren meiner Zusammenarbeit mit Molotow erlebte ich ihn im Zustand äußerster Erregung. Es war im Jahre 1944, als in Moskau eine schwedische Abordnung eintraf, die mit der sowjetischen Regierung Verhandlungen über einen Waffenstillstand mit Finnland führen wollte.

Ich war an diesen Unterredungen nicht unmittelbar beteiligt, wußte jedoch, daß die Verhandlungen kompliziert verliefen und die ständig zwischen Stockholm und Moskau pendelnden Schweden, vom sowjetischen Standpunkt aus betrachtet, nicht die gewünschten Resultate erzielten und sich die Finnen beharrlich weigerten, die sowjetischen Vorschläge zu akzeptieren.

Die sowjetische Führung war damals tatsächlich interessiert daran, den Konflikt mit Finnland beizulegen. Die große Offensive in Polen stand kurz bevor, und es galt, die im Norden operierenden Einheiten der Roten Armee freizusetzen, um sie zur Verstärkung der Truppen vor dem Sturm auf deutsche Befestigungen an der Oder und auch in Ostpreußen einzusetzen.
Unterdessen gab es Erkenntnisse darüber, daß Ribbentrop in Helsinki gewesen war und die Finnen zu überzeugen versucht hatte, nicht auf einen Waffenstillstand mit der UdSSR einzugehen, und Finnland zusätzliche militärische Unterstützung zugesichert hatte. Des weiteren war zu erfahren, daß in Finnland eine Lieferung neuester deutscher Waffen und anderen Kriegsgeräts eingetroffen war. All dies würde den Krieg mit Finnland in die Länge ziehen, und das hielt Moskau für nicht wünschenswert. In seinen letzten Botschaften an Stalin hatte auch Roosevelt des öfteren das Interesse Washingtons an einer Beilegung des sowjetisch-finnischen Konflikts unter für Finnland akzeptablen Konditionen bekundet. Die sowjetische Seite war bereit, von ihrer Forderung nach einer bedingungslosen Kapitulation Finnlands abzugehen, bestand jedoch nach wie vor auf der Grenzverschiebung und der Einräumung des Rechtes an die Sowjetunion, ihre Militärbasen zu erhalten, was im großen und ganzen der friedlichen Übereinkunft vom März 1940 entsprochen hätte. Unter diesen Bedingungen war die Hartnäckigkeit der Finnen ganz und gar unangebracht.
In irgendeinem Zusammenhang, an den ich mich heute nicht mehr erinnere, wurde zu jener Zeit im Haus der Empfänge in der Spiridonowka ein großer Empfang gegeben. Unter den geladenen Gästen waren akkreditierte Diplomaten, hohe sowjetische Funktionäre, hohe Kommandeure der Roten Armee und auch die schwedische Abordnung.
Zunächst verlief der Abend völlig normal. In den Sälen drängten sich die Gäste um die mit allen nur erdenklichen Speisen und Getränken beladene Tafel. Andere standen mit einem Glas in der Hand plaudernd abseits. Ich sah Molotow mit dem türkischen Botschafter in den Roten Salon hinübergehen. Podzerow, einer von Molotows Mitarbeitern, begleitete sie. Er sprach Französisch und dolmetschte die Gespräche mit jenen Diplomaten, die nicht Englisch sprachen. Auf diese Weise hatte ich einige freie Minuten, in denen auch ich etwas essen konnte. Plötzlich drang aus dem Roten Salon unge-

wöhnlicher Lärm herüber, laute Ausrufe waren zu hören, darunter auch Molotows Stimme. Er stotterte stark, was bei ihm immer ein Zeichen äußerster Erregung war.

Ich eilte zu ihm hinüber. Als ich den Raum betrat, bot sich mir folgendes Bild:

Um den Volkskommissar hatten sich die Botschafter der USA, Englands, Japans, Chinas und anderer Länder versammelt sowie die gesamte schwedische Delegation. Stark gestikulierend, was er sehr selten tat, schrie Molotow:

»Wir sind nicht länger geneigt, den Starrsinn der Finnen zu dulden. Wenn diese Scheißkerle weiterhin unnachgiebig bleiben, machen wir sie fertig. Dann bleibt kein Stein auf dem anderen. Man soll uns nur nicht für Tölpel halten. Wir wissen bestens Bescheid über ihre Intrigen mit den Deutschen. Uns ffführt man nicht hinters Licht. Wenn sie den Krieg fortsetzen wollen, bbbitte, so sollen sie ihn haben. Niemand kann der Roten Armee Einhalt gebieten ...«

Mitarbeiter und Sicherheitsleute versuchten, den rasenden Volkskommissar zu beruhigen. Jemand sagte:

»Wjatscheslaw Michailowitsch, es ist schon spät, Sie müssen in den Kreml zurückkehren ...«

Die Leibwächter nahmen ihn behutsam am Arm und versuchten, ihn zum Ausgang zu führen. Er jedoch riß sich immer wieder los, schüttelte sie ab und sagte:

»Lllassen Sie mich, ich weiß allein, was ich zu tun habe. Diese sturen Esel beklagen sich noch! Wwwir wwwerden es ihnen zeigen ...«

Die Gäste, die wohl noch nie einer derartigen Szene beigewohnt hatten, betrachteten den sonst stets so beherrscht wirkenden Molotow erstaunt und etwas ängstlich. Zunächst glaubte ich, daß er ein Glas zuviel getrunken und die Kontrolle über sich verloren hätte. Die ganze Szene war zu merkwürdig. Schließlich gelang es uns, ihn aus dem Raum hinauszuführen und in Richtung des Ausgangs zu lenken. Unterwegs schrie er noch weitere Schimpfworte an die Adresse der Finnen, und als man ihn in den Wagen bugsierte, versuchte er, sofort wieder auszusteigen. Schließlich und endlich fuhr er in Begleitung zweier Sicherheitsfahrzeuge in Richtung Kreml davon.

Gleichzeitig verließen alle Botschafter das Gebäude. Offensichtlich hatten sie es eilig, ihre Regierungen über diesen sensationellen Zwischenfall und über die Drohungen Molotows, Finnland zu vernichten, in Kenntnis zu setzen.

Am folgenden Morgen rief mich Molotow zu sich ins Kabinett. Er war guter Stimmung und lächelte verschmitzt.
»Sie waren doch gestern auch auf dem Empfang«, fragte er, und ohne noch meine Antwort abzuwarten, fuhr er fort, »erzählen Sie mir, was dort vorgefallen ist.«
Ich begann in groben Zügen wiederzugeben, was ich gesehen und gehört hatte.
»Nein«, unterbrach er mich. »Berichten Sie alles ganz genau so, wie es gewesen ist, ohne etwas auszulassen. Was habe ich genau gesagt? Und wie haben die Gäste reagiert?«
Es war mir unangenehm, seine Grobheiten wiederzugeben, doch ich mußte sie nun beinahe wörtlich wiederholen.
»Ich denke, die Gäste waren sehr schockiert, sogar verängstigt«, beendete ich meinen Bericht.
Molotow war offenbar sehr zufrieden. Er entließ mich mit den Worten:
»Sehr gut, hervorragend.«
Nun wurde mir klar, daß die Szene genau so geplant gewesen war, möglicherweise sogar nach Absprache mit Stalin. Vielleicht hatte der »Herr« sie sogar selbst erdacht. Und Molotow freute sich darüber, daß er die Aufgabe des Führers zur Zufriedenheit erfüllt hatte. Den Schweden und durch sie auch den Finnen hatte er einen gehörigen Schrecken eingejagt. Auch die Engländer und Amerikaner waren nun in Unruhe versetzt. Nun würden auch sie Druck auf Helsinki ausüben. Jetzt konnte niemand mehr an der Fähigkeit der sowjetischen Streitkräfte zweifeln, schnell mit den Finnen fertig zu werden und sogar das ganze Land zu besetzen. Wenn man Molotows Ausbruch für bare Münze nahm, um so besser! Nun würden die Finnen eher mit sich reden lassen.
Und so geschah es dann auch tatsächlich. Kurze Zeit später teilten die Schweden mit, daß Helsinki zu Gesprächen bereit sei, und einige Zeit darauf traf in Moskau eine finnische Delegation ein. Schließlich und endlich wurde ein Waffenstillstand vereinbart.
Derartige Methoden, die in der Geschichte der Diplomatie ehemals durchaus an der Tagesordnung waren, muten nach unserem heutigen Ermessen abenteuerlich und sogar unmoralisch an. Hätte die Sowjetunion Molotows Drohung wahrgemacht, so wären die Beziehungen der Sowjetunion zu den USA und England ernsthaft beeinträchtigt worden. Nach der blutigen Erfahrung des »Winterkrieges«

hatte Stalin wohl begriffen, daß es selbst für ihn nicht leicht sein würde, die Finnen in Unterordnung zu halten. Hierin muß auch einer der Gründe gesucht werden, denen zufolge Stalin, nachdem er Hitlers Zustimmung erhalten hatte, Finnland zur sowjetischen Interessensphäre zu rechnen, dem Land das Schicksal der baltischen Staaten ersparte. Man kann sich vorstellen, daß, hätten die Finnen nicht auf Molotows Anfälle reagiert, Stalin nicht gezögert hätte, das Land zu okkupieren. Dann jedoch wäre er möglicherweise in eine Situation gekommen, in der er das Gesicht hätte verlieren können, was einer großen Erniedrigung gleichgekommen wäre. Hatte er doch sogar den »Vertrag« mit der Phantomregierung Kuusinens, der in seinem Beisein im Kreml unterzeichnet worden war, auf die lange Bank schieben müssen. Und wie peinlich hatte er sich verrechnet, als er annahm, nach der Einnahme von Terioki bereits ganz Finnland in seiner Hand zu haben.

Trotz alledem beschlossen Stalin und Molotow, das Risiko einzugehen, in diesem Falle kann man jedoch sagen, mit einem edlen Ziel: Die Finnen sollten bewegt werden, unverzüglich einem Waffenstillstand zuzustimmen. Die Rechnung schien aufzugehen. Einige Historiker sind allerdings heute der Ansicht, daß die Finnen zu diesem Zeitpunkt bereits selbst zu dem Schluß gekommen waren, daß die Zeit für eine Einigung mit Moskau reif war.

Gelände überprüft – minenfrei

Am 6. November befreite die Sowjetarmee die Hauptstadt der Ukraine. Als ich die Nachricht erhielt, bat ich Molotow sofort, mir zu gestatten, nach Kiew zu fliegen. Ich wollte versuchen, etwas über meine Eltern in Erfahrung zu bringen, von denen ich seit dem Augenblick der Okkupation der Stadt durch die Deutschen nichts mehr gehört hatte.

»Fahren Sie nur«, sagte Molotow, »ich werde veranlassen, daß Sie mit einem Militärtransport mitfliegen können. Es war natürlich leichtsinnig von Ihnen, nicht rechtzeitig an die Evakuierung Ihrer Eltern zu denken ...«

Ich hatte Wjatscheslaw Michailowitsch bereits früher einmal erklärt, weshalb es so gekommen war. Nachdem ich aus Deutschland zurückgekehrt war, gab ich meinen Eltern sofort Nachricht, und wir schrieben uns von da an regelmäßig. In den ersten Kriegswochen wäre niemand auf den Gedanken gekommen, daß die Deutschen Kiew besetzen könnten. In den Briefen meines Vaters klang stets die Überzeugung mit, daß die Hauptstadt der Ukraine in keinem Falle den Deutschen in die Hände fallen werde. General Tupikow, der mit mir gemeinsam aus Berlin zurückgekehrt war, wurde als Stabschef an die Südwestfront kommandiert und bei der Verteidigung Kiews eingesetzt. Ich bat ihn, sich, wenn nötig, um meine Eltern zu kümmern. In der einzigen Nachricht, die ich von ihm erhielt, hieß es, alles sei in Ordnung, ich solle mich nicht beunruhigen, Kiew sei uneinnehmbar. Dies war eine unverzeihliche Selbstüberschätzung. Die Ereignisse entwickelten sich schneller, als man annehmen konnte. Panzereinheiten General Guderians umzingelten Kiew von zwei Seiten her. In dieser Situation hätte die Armee noch aus dem Kessel befreit werden können. Möglicherweise hätte Tupikow mit dem letzten Transport auch meine Familie herausholen können. Der kommandierende General Kirponos beschwor den Generalstab, die Evakuierung der Hauptstadt der Ukraine zu gestatten, doch Stalin untersagte den Rückzug. Er forderte von den Truppen den Einsatz auf Leben und Tod. Auf diese Weise wurden hunderttausende Soldaten und Offiziere eingekesselt und gerieten in Gefangenschaft. Wären sie zurückgewichen, hätten sie den Kampf an anderen Frontabschnitten fortsetzen können.

Als die deutschen Panzer in die Stellungen des Armeestabs eindrangen, erschossen sich Kirponos und Tupikow. So verlor ich auch den Kontakt zu meinen Angehörigen.
Am 11. November flog ein Militärtransporter nach Kiew, in dem auch ein Platz für mich frei war. In einem Köfferchen nahm ich einige Lebensmittel mit – Brot, Butter, Speck und Wurst, denn ich vermutete, daß ich ein Stück des Wegs zu Fuß zurückzulegen haben würde. Man gab mir eine Bescheinigung mit, die vom ersten Stellvertreter des Volkskommissars für Äußeres, Wyschinskij, und vom Generalstabschef der sowjetischen Armee Antonow unterzeichnet war. Die militärischen und zivilen Behörden wurden darin angewiesen, dem Mitarbeiter des Volkskommissariats für Äußere Angelegenheiten Bereschkow jegliche Unterstützung während seines Aufenthaltes in Kiew zu erweisen.
In Moskau war es schon recht kalt geworden, so daß ich mich entschloß, den Pelzmantel, den ich gleich nach meiner Rückkehr aus Deutschland gekauft hatte, auf der Reise anzuziehen – meine gesamte warme Kleidung war ja in Berlin geblieben. Es war ein kostbarer Pelz, wie ihn vor der Revolution nur wohlhabende Leute trugen, aus festem schwarzem Wollstoff, mit Zobelfell gefüttert und großem Biberkragen. Gleichzeitig hatte ich noch eine Biberpelzschapka erstanden. Und alles zusammen war nicht einmal teuer gewesen – 1100 Rubel, bei einem Monatseinkommen von 1800 Rubel. Merkwürdigerweise waren damals die Kommissionsgeschäfte in Moskau geradezu überfüllt mit derartigen Damen- und Herrenpelzen. All jene, die bereits frühzeitig aus der Hauptstadt evakuiert worden waren, hatten die Sachen vor ihrer Abreise verkauft. Augenscheinlich besaßen die Menschen trotz Revolution, Bürgerkrieg und Hungerperiode zu Beginn der dreißiger Jahre noch beträchtliches Vermögen. Wie sich bald herausstellen sollte, war es ein Fehler gewesen, ein derart auffallendes Kleidungsstück mitzunehmen.
Nachdem wir auf dem linken Dnjeprufer in Brawory gelandet waren, mußte ich meinen weiteren Weg auf Lastautos, Leiterwagen und zu Fuß im Strom der Flüchtlinge, verwundeten Soldaten, aus den Wäldern hervorgekommenen Partisanen und verzweifelten, zerlumpten und durch den Krieg obdachlos gewordenen Menschen fortsetzen. Mein verdächtiges Äußeres erregte natürlich Aufsehen, ich sah aus wie ein Mensch, der sich an der Armut des Volkes bereichert hatte. So hielt es jeder beliebige Soldat mit Maschinenpi-

stole oder Partisan mit rotem Bändchen geschmückter Papacha*
und auf der Wattejacke über Kreuz gebundenem Patronengürtel für seine Pflicht, mich anzuhalten und meine Papiere zu überprüfen. Meine Bescheinigung rief meist auch den entsprechenden Eindruck hervor.

Der eine oder andere jedoch vermutete dahinter eine Fälschung und schleppte mich zu seinem Vorgesetzten zu einer gründlichen Überprüfung. Ich muß hinzufügen, daß viele Menschen meinem Chef große Ehrfurcht entgegenbrachten. Wenn sie meine Bescheinigung gesehen hatten, fragten sie gewöhnlich:

»Sind Sie tatsächlich Mitarbeiter von Wjatscheslaw Michailowitsch? ...«

Und sie waren bemüht, mir nach Kräften zu helfen.

All diese endlosen Kontrollen nahmen viel Zeit in Anspruch. Gegen zehn Uhr abends erreichte ich den Dnjepr. Hier lag auf einer Sandbank zerstörtes, ausgebranntes deutsches und sowjetisches Kriegsgerät, die Ruinen der heruntergebrannten Häuser qualmten, in der Luft hing Brandgeruch. Der Vollmond beschien dieses traurige Panorama mit den Relikten der kürzlich hier stattgefundenen erbitterten Kämpfe. Die berühmte Kiewer Kettenbrücke war zusammengebrochen, ihre Stahlkonstruktion in den Fluß gestürzt. Die Brückenpfeiler standen einsam, gleichsam wie geodätische Punkte am Ufer und verloren sich, einer nach dem anderen im Nebel ...

Ich mußte daran denken, wie meine Eltern und ich im Jahre 1920 an der gleichen Stelle bei grimmigem Frost die aus dem Eis herausragenden Eisenträger der Brücke betrachtet hatten, die damals von den Polen gesprengt worden war. Kiew war zu jener Zeit Ziel unserer langen und beschwerlichen Flucht vor dem Bürgerkrieg aus dem hungernden Petrograd, wo ich geboren wurde, in die, wie es schien, gesegnete Ukraine. Ich war damals vier Jahre alt, doch viele Episoden aus dieser schrecklichen Zeit haben sich mir derart tief eingeprägt, daß sie noch heute deutlich vor meinem geistigen Auge stehen. Nur mit Mühe gelangten wir damals über das Eis ans andere Ufer, indem wir über die vereisten Metallverstrebungen kletterten. Vater trug mich auf dem Arm. Da die Fahrrinne nicht zugefroren

* Papacha – hohe Pelzmütze – Anm. d. Übers.

war, mußten wir einen steilen Eisenträger erklimmen, bis zum Brükkenpfeiler klettern, um auf der gegenüberliegenden Seite wieder aufs Eis zu gelangen. Es wehte ein scharfer Wind. Eingehüllt in durchlöcherte Fetzen spürte ich, wie die Eisnadeln bis auf die Haut drangen. Da es in Kiew jedoch auch nichts zu essen gab, suchten wir Zuflucht in einem Dorf, wo eine Schwester meines Vaters im Krankenhaus arbeitete. Als wir dann schließlich im Jahre 1923, nach erneutem Umherirren, wieder nach Kiew kamen, begann man gerade damit, die Kettenbrücke wieder herzustellen. Auch mein Vater beteiligte sich daran. Die Eisenträger wurden in dem Werk, in dem er nun als leitender Ingenieur arbeitete, vernietet. Und nun, dreiundzwanzig Jahre später, stand ich erneut vor den Trümmern dieser Brücke. Wieviele Prüfungen hatte unser Volk zu bestehen, wie oft mußte das Zerstörte wieder aufgebaut werden!

Von einem vorüberkommenden Soldaten erfuhr ich, daß sich in zwei Kilometer Entfernung ein Pontonübergang befände. Erschöpft schleppte ich meinen schweren Koffer weiter. Endlich erreichte ich die plattgewalzte Schneise, die zu den Pontons führte. In ununterbrochener Folge reihte sich Fahrzeug an Fahrzeug. Alle warteten geduldig. Die Pontons schwankten auf den Wellen und stöhnten unter der Last der bis oben hin beladenen »Studebeker«. Ich nahm auf einem von ihnen Platz und war kurz darauf auf der rechten Seite des Dnjepr, in Kiew. Die Autokolonne schwenkte nach links ab, ich sprang von der Pritsche und richtete meine Schritte nach rechts. Irgendwo hier in der Nähe mußte hinter einer Kurve die gewundene Chaussee zum Lawra-Kloster auftauchen. Es war warm, die feuchten Blätter und Baumrinden dufteten. Die Stille und Menschenleere erstaunte mich, alles ringsum schien verödet zu sein. Mir wurde warm in meinem Pelz, und ich nahm ihn über den Arm.

Am Straßenrand blühten Chrysanthemen. Irgend jemand mußte sie in der besetzten Stadt gepflanzt haben. Ich war nun in Lipki, dem ehemals vornehmen Viertel der Stadt. Hier schien alles unzerstört geblieben zu sein. Ich passierte das Werksgelände, von dem aus ich im Jahre 1938 zur Pazifikflotte eingezogen worden war. Rechts stand der Sockel des Denkmals für die Opfer der Masepa-Verschwörung – Iskra und Kotschubej, die unter Peter dem Großen eine führende Stellung in der Ukraine bekleidet hatten. Nach der Revolution hatte man das Denkmal eingeschmolzen und auf den Sockel zur Erinnerung an den Aufstand der Arsenalarbeiter ein schweres Ge-

schütz gestellt. Das Geschütz stand noch immer an seinem Platz, die Deutschen hatten es nicht angerührt.
Wie vertraut mir all diese Plätze waren! Wie oft hatte mich mein Weg zur Arbeit hier entlang geführt! Dort – das Haus der Roten Armee, das ehemalige Offizierscasino, etwas weiter die prunkvolle, einem Zuckerhut gleichende, schneeweiße Villa des Zuckerfabrikanten Saizew. In den dreißiger Jahren hatte hier der erste Sekretär der Kommunistischen Partei der Ukraine, Postyschew, gelebt, ein alter Bolschewik, der kurz vor Beginn des Krieges auf Stalins Befehl erschossen worden war.
An der Ecke Lewaschowskaja (die nun Karl-Liebknecht-Straße hieß) befand sich das Gebäude des ehemaligen polnischen Generalkonsulats. Ich werde an anderer Stelle darauf zurückkommen.
Ich wendete mich nach links in Richtung Institutskaja – dort, an der Kreuzung, stand unser Haus. Was würde mich erwarten?
Vor Erregung stockte mir der Atem. Im gespenstischen Mondlicht erschien mir die vertraute Straße fremd und sogar feindlich. Noch vor einigen Tagen waren die Deutschen hier entlang gegangen. Jetzt waren sie spurlos verschwunden. Plötzlich hörte ich eilige Schritte. Irgend jemand kam mir entgegen. Es war eine Frau in langem schwarzem Mantel mit aufgelöstem, blonden Haar, das auf die um ihre Schulter geschlungene Fuchsboa fiel. Sie wich mir aus, auch ich trat zur Seite, um ihr zu verstehen zu geben, daß sie mich nicht zu fürchten brauche. Sie huschte vorbei und mir gelang es, einen Blick in ihr vom Mondlicht erhelltes Gesicht zu werfen – es war schön und ebenmäßig. Wer war diese Frau? Wie konnte sie nach zwei Jahren der Okkupation derart elegant und gepflegt aussehen? Wir dachten damals, daß alle Menschen, die unter dem Joch der Nazis hatten leben müssen, entkräftet und abgerissen aussehen mußten. Doch vielleicht war es auch ein »Deutschenliebchen«, das nicht rechtzeitig mit ihrem Gönner geflohen war! In diesem Falle würde es ihr schlecht ergehen. Mit ihnen wurde grausam abgerechnet.
Als ich im Sommer 1944 über Sibirien nach Washington flog, sah ich in der Siedlung Markowo, im hohen Norden, hinter Stacheldraht eine Gruppe von Frauen, die einen schrecklichen Anblick boten. Der uns begrüßende Vertreter der örtlichen Behörden erklärte uns: »Das sind Deutschenliebchen aus der Ukraine!«
Möglicherweise befand sich unter diesen unglücklichen Geschöpfen auch die Frau, der ich damals in Lipki begegnet war.

Es gab keinen Strom in der Stadt, doch ich hoffte, daß aus irgendeinem Zimmer unserer Wohnung Kerzenschein dringen würde. Hinter den Fensterscheiben herrschte jedoch undurchdringliche Finsternis. Ich blieb vor dem Eingang stehen. Die Tür stand sperrangelweit offen. An der Hauswand konnte man die Aufschrift lesen:
»Gelände geprüft – minenfrei!«
Mit zitternden Fingern klopfte ich an die Fensterscheibe im Parterre, drei-drei-zwei, unser altes Zeichen. Stille. Ich versuchte es am Schlafzimmerfenster der Eltern, wieder regte sich nichts. Ich ging hinein, zwei Stufen nach oben, links die kunstlederbezogene Tür. Automatisch drückte ich auf den Klingelknopf, doch die Glocke schwieg, es gab ja keinen Strom. Nun begann ich, an die Tür zu klopfen, doch unter dem Lederbezug befand sich noch eine dicke Watteschicht. Ich versuchte es mit dem Türrahmen, zuerst behutsam, dann lauter. Nichts regte sich. Ich drückte auf die Klinke, die Tür öffnete sich. Ich rief nach Mutter und Vater. Niemand antwortete. Dunkelheit umgab mich. Tastend bewegte ich mich vorwärts. Mit einer kleine Taschenlampe leuchtete ich ins Wohnzimmer hinein – der Lichtstrahl erfaßte Spuren von Vandalismus: Der Deckel des Klaviers lag in der Zimmerecke, in den zerbrochenen Bilderrahmen fehlte die Leinwand, die Gläser im Büfett waren zerschlagen, und überall lagen getrocknete Exkremente herum. Die Bewohner mußten das Haus bereits vor einigen Wochen verlassen haben, dann waren die Soldaten der Wehrmacht darüber hergefallen, und schließlich hatten anscheinend Banditen in der kurzen rechtsfreien Periode hier gewütet. Im Schlafzimmer das gleiche Bild. Auch mein Zimmer war nicht verschont worden. Die Reste der Bücher, die ich so liebevoll zusammengetragen hatte, lagen jetzt zerstreut auf dem Boden, das meiste fehlte.
Mit einem Besen säuberte ich ein Stückchen Fußboden, breitete Zeitungen und meinen Pelz darauf aus und versuchte einzuschlafen. Trotz meiner Erschöpfung wollte der Schlaf aber nicht kommen. Diese letzten Stunden hatten mich zu stark mitgenommen. Eines allerdings war mir nun klargeworden:
Meine Eltern waren bereits seit langer Zeit nicht mehr hier. Bekannte, die ich am nächsten Tag aufsuchte, wußten auch nichts über ihr Schicksal zu sagen.
Waren sie tatsächlich umgekommen? Vater hatte sich schon lange schlecht gefühlt, er hatte Herzbeschwerden. Es konnte sein, daß er

die neuen Entbehrungen nicht ertragen hatte, die er unter der Naziokkupation auf sich nehmen mußte. Aber Mama, die noch lange nicht alt war, war energisch. Sie war bestimmt heil davongekommen. Sollte man sie aus der Wohnung gejagt haben, hatte sie mir bestimmt eine Nachricht hinterlassen. Am Morgen, als es hell wurde, schaute ich mich aufmerksam um, suchte mit den Händen tastend unter den Betten und den anderen Möbeln herum und untersuchte auch die Rahmen der Fenster und der Eingangstür. Vielleicht war dort etwas eingeritzt, was mir einen Hinweis auf den Aufenthaltsort der Eltern geben würde. Aber ich entdeckte nichts und begab mich auf die Suche in die Stadt. Ich ging zu allen Bekannten, die in Kiew geblieben waren. Die einen hatten Vater gesehen, die anderen Mutter. Aber das lag schon Monate zurück. Das hieß, sie lebten. Mir wurde leichter ums Herz. Aber wo waren sie?

Allmählich gelangte ich zu der Überzeugung, daß sich die Eltern nicht in der Stadt und überhaupt nicht auf unserer Seite der Front befanden. Hatten die Deutschen sie deportiert oder hatten sie selbst den Entschluß gefaßt, nach dem Westen zu gehen, da ihnen bewußt war, daß sie nach dem Aufenthalt im okkupierten Gebiet neuer Unannehmlichkeiten gewärtig sein mußten, sobald die sowjetischen Behörden wieder zurückgekehrt waren? Eigentlich hatte das schon keine besondere Bedeutung mehr. So oder so befand ich mich wie auf einer Mine, deren Zeitzünder tickte. Da ich unser Reglement kannte, hatte ich keinen Zweifel daran, daß man mich früher oder später im besten Falle aus dem Volkskommissariat für Auswärtige Angelegenheiten entlassen und mir eine Arbeit in irgendeinem bedeutungslosen Büro zuweisen, im schlimmsten Falle jedoch mich etwas weiter fortschicken und mir entweder »eine Sache anhängen« oder mich überhaupt liquidieren würde, da ich schon »zuviel wußte«. So einfach ließ Stalin niemand davonkommen.

Viel später erfuhr ich, daß Vater und Mutter, um mich keinem Risiko auszusetzen, den Familiennamen ändern und sich unter dem Mädchennamen meiner Mutter registrieren ließen. Trotz all ihrer Lebenserfahrung hatten sie hier eine erstaunliche Naivität an den Tag gelegt. Sie waren von einer genügenden Anzahl von Informanten umgeben, die mühelos hinter ihre Schliche kommen konnten. In der Folgezeit lieferte diese »Vorsichtsmaßregel« der Eltern Berija den Anlaß für alle möglichen Verdächtigungen.

Als mir klar war, daß ich die Eltern nicht finden würde, machte ich mir dennoch keine großen Sorgen um mein weiteres Schicksal. Jedes Mal, wenn ich in eine »Gefahrenzone« geriet, blieb ich aus irgendeinem Grunde völlig ruhig. Das erste Mal bemerkte ich diese Eigenschaft an mir, als ich noch ganz klein war und auf dem Bahnsteig einer Haltestelle der Eisenbahn allein geblieben war. Ich sah, wie die Waggons, an denen Trauben von Flüchtlingen hingen, vorbeifuhren und die Eltern, von denen mich die Menge auf dem Bahnsteig abgedrängt hatte, ins Ungewisse forttrugen. Später, als ich schon größer war und an einem großen Abszeß in der Kehle zu ersticken drohte, vernahm ich ebenfalls ruhig die Worte, die irgend jemand an die Eltern richtete:

»Seien Sie tapfer, er wird es nicht mehr bis zum Morgen überstehen ...«

Gegen Morgen platzte der Abszeß von allein, und ich blieb am Leben ...

Trotzdem war ich besorgt. Ich machte mir nicht nur wegen des Schicksals der Eltern Gedanken, ich begriff auch, daß ich Molotow unverzüglich alles melden mußte. Aber es erwies sich nicht so leicht, Kiew zu verlassen. Es gab keine reguläre Verkehrsverbindung, sondern man mußte eine sich bietende Gelegenheit nutzen. Die Bescheinigung, die ich besaß, half mir, dieses Problem anzugehen. Der Militärkommandant stellte mir einen »Willis« zur Verfügung, der mich auf das linke Dnjeprufer zum Standort des Luftgeschwaders brachte, das unter der Leitung des Helden der Sowjetunion, General Lakejew, stand. Er verfügte über ein Transportflugzeug, das unregelmäßig nach Moskau flog. Es war jedoch kein Flugwetter: Die Wolkendecke hing niedrig, und es herrschte dichter Nebel. Selbst die Jagdflugzeuge hatten ihre Flüge eingestellt. Lakejew lud mich ein, in der Hütte zu bleiben, in der er sich einquartiert hatte. Wir spielten bis in die späte Nacht miteinander Schach, tranken von Zeit zu Zeit etwas von dem Selbstgebrannten, den die Hauseigentümerin aus Rüben hergestellt hatte, und legten uns dann auf Bänken in der großen Stube schlafen. So verging eine ganze Woche. Mir paßte die erzwungene Pause überhaupt nicht. Ich wußte, daß das Treffen der »großen Drei« in Teheran bevorstand, und es konnte passieren, daß Molotow vor meiner Rückkehr nach Moskau abreiste. Ich war mir indessen darüber im klaren, daß es, je eher ich ihm über alles berichtete, um so besser wäre. Sollte etwas aus irgendeiner Quelle durchsickern, würde es so aussehen, als ob ich alles vertuschen wollte. Das aber wäre nach unseren Normen eine große Sünde. Das Wetter wurde nicht besser, aber es trafen Informationen ein, daß es im Gebiet von Kursk aufklarte. Ich konnte Lakejew natürlich nicht sagen, warum es für mich so wichtig war, nicht später als bis zu dem Datum nach Moskau zurückzukehren, an dem unsere Delegation nach Teheran abreisen würde. Aber er spürte, daß die Sache wirklich dringend war. Er stellte mir auf eigene Gefahr ein Jagdflugzeug zur Verfügung, das mich zu einem Militärflugplatz in der Nähe von Kursk brachte. Von dort konnte ich am nächsten Tag nach Moskau fliegen.

Wie sehr ich mich auch beeilt hatte, ich kam zu spät. Molotow war zwei Tage zuvor zusammen mit Stalin und Woroschilow mit dem Zug nach Baku gefahren, von wo sie nach Teheran fliegen sollten. Zugleich erfuhr ich, daß mein Diplomatenpaß für mich bereitliege und daß in dieser Nacht von Wnukowo nach der Hauptstadt Aserbaidschans ein Transportflugzeug abfliegen würde, in dem ein Platz für mich reserviert sei. Auf diese Weise kam ich, ohne daß ich zu irgend jemand ein Sterbenswörtchen gesagt hatte, nach vierundzwanzig Stunden in der iranischen Hauptstadt an. Ich beschloß, erst nach Erfüllung meiner letzten Mission als Dolmetscher am Ende der Teheraner Konferenz Molotow zu informieren, um die Arbeit nicht durcheinanderzubringen. Ich zweifelte nicht daran, daß man mich gleich von meinem Dienst suspendieren würde.

An allen Tagen der Konferenz – ich war bei den Plenarsitzungen und bei den bilateralen Gesprächen von Stalin und Roosevelt zugegen, dolmetschte die Tischgespräche der »großen Drei«, fertigte Protokolle an und bereitete verschiedene Dokumente vor – war ich so beschäftigt, daß ich zeitweilig meine Angelegenheit vergaß. Aber in den wenigen Stunden, die mir zum Ausspannen blieben, konnte ich lange nicht einschlafen und stellte mir vor, wie meine »Vertreibung aus dem Paradies« vor sich gehen würde.

Von Baku nach Moskau fuhr ich in Molotows Waggon mit und nutzte einen passenden Moment, um ihm zu erzählen, daß ich die Eltern in Kiew nicht gefunden hatte. Entgegen meiner Erwartungen nahm Molotow meine Mitteilung ruhig auf.

»Sie haben richtig gehandelt, daß Sie mich gleich informiert haben«, sagte er nach einer kurzen Pause. »Solche Dinge soll man nicht auf die lange Bank schieben. Unter welchen Umständen haben die Eltern Kiew verlassen?«

»Ich weiß es nicht. Vielleicht haben die Deutschen sie davongejagt. Ein solches Schicksal hat ja viele ereilt.«

»Das ist nicht ausgeschlossen. Ich denke, sie werden sich anfinden. Aber Sie setzen bitte Ihre Arbeit fort und erzählen weiter keinem davon. Es genügt, daß Sie es mir gesagt haben ...«

Und ich arbeitete weiter. Ich wurde wie früher beauftragt, Gespräche von Stalin zu dolmetschen. Im Sommer 1944 erhielt ich die Order, als Mitglied der sowjetischen Delegation bei der Konferenz in Dumbarton Oaks an der Ausarbeitung des Statuts der Vereinten Nationen mitzuwirken, und ich verbrachte mehrere Monate in Washington. Es schien, daß alles gut gegangen war. Aber es schien nur so ...

Stalin und Roosevelt

Von allen ausländischen Politikern, die ich aus der Nähe beobachten konnte, beeindruckte mich Franklin Delano Roosevelt am meisten. In unserem Land genießt er zu Recht den Ruf eines realistisch denkenden, weitsichtigen Staatsmannes. Die Bürger der Sowjetunion sind wie viele andere Menschen der Ansicht, daß Präsident Roosevelt in der modernen Geschichte der Vereinigten Staaten und in der Geschichte des Zweiten Weltkriegs einen herausragenden Platz einnimmt. Ich habe ihn als einen bezaubernden Menschen mit schnellem Reaktionsvermögen und Humor in Erinnerung. Selbst in Jalta, wo die Verschlechterung seines Gesundheitszustandes besonders augenfällig war, bestach er durch wachen Geist und schnelle Reaktion.
Es war eine große Ehre für mich, daß ich die Gespräche zwischen Stalin und Roosevelt während ihres ersten Treffens in Teheran im Jahre 1943 übersetzen konnte. Alles, was sich damals ereignete, hat sich mir tief ins Gedächtnis eingegraben.
Die sowjetische Delegation, der Stalin, Molotow und Woroschilow angehörten, flog einen Tag vor meiner Rückkehr aus Kiew, wo ich alles Menschenmögliche unternahm, um meine Eltern aufzufinden, nach Moskau von einer kurzen Dienstreise in die iranische Hauptstadt. So mußte ich ihnen nachreisen. Ich nahm spät in der Nacht eine Maschine nach Baku und von dort aus nach Teheran. Als ich dort in der sowjetischen Botschaft gegen Mittag eingetroffen war, erfuhr ich, daß ich bereits das erste Gespräch zwischen den beiden Staatschefs dolmetschen sollte. Nicht auszudenken, was geschehen wäre, hätte sich mein Flugzeug auch nur um eine Stunde verspätet!
Als ich das Zimmer betrat, war Stalin schon dort. Er trug bereits seine Marschalluniform. Da er mich streng musterte, entschuldigte ich mich für die geringfügige Verspätung und erklärte ihm, daß ich direkt vom Flugplatz käme. Stalin nickte nur leicht mit dem Kopf und ging langsam auf und ab. Er nahm ein Päckchen Zigaretten aus seiner Jackentasche, zog eine Papirossi heraus, kniff die Augen zusammen, blickte mich prüfend an und fragte:
»Sind Sie nicht sehr müde von der Reise? Sind Sie überhaupt in der Lage zu übersetzen? Es wird eine wichtige Unterredung werden.«
»Ich bin bereit, Genosse Stalin. Ich habe mich in Baku gut ausgeruht und fühle mich wohl.«

Stalin warf die Zigarettenschachtel achtlos auf den Tisch, zündete ein Streichholz an und begann zu rauchen. Mit einer langsamen Handbewegung löschte er dann das Streichholz, deutete damit auf den Diwan und sagte:
»Hier, am Rand, werde ich sitzen. Roosevelt wird im Rollstuhl hereingefahren werden. Sein Platz wird links von dem Sessel sein, auf dem Sie sitzen werden.«
»Ich habe verstanden«, antwortete ich.
Ich dolmetschte nicht das erste Mal für Stalin, doch noch nie hatte ich bemerkt, daß er derartigen Details Bedeutung beimaß. Es mag sein, daß er vor seiner ersten Begegnung mit Roosevelt nervös war. Stalin war sich natürlich im klaren darüber, daß Roosevelt das System, das in der Sowjetunion herrschte, ablehnte. Die blutigen Verbrechen, die Willkür, die Repressionen und Verhaftungen konnten ihm nicht verborgen geblieben sein. Die Vernichtung der bäuerlichen Wirtschaften, die gewaltsame Kollektivierung, die eine schreckliche Hungersnot und den Tod von Millionen Menschen ausgelöst hatte, die Verfolgung hochqualifizierter Fachleute, die zu »Volksschädlingen« deklariert worden waren, die Ermordung talentierter Heerführer, Wissenschaftler und Schriftsteller, die schrecklichen Folgen der Stalinschen Politik – all das ließ die Sowjetunion im Westen in einem abstoßenden Licht erscheinen.
Wie würden sich die Beziehungen zwischen Stalin und Roosevelt entwickeln? Gäbe es zwischen ihnen nicht unüberwindbare Hindernisse? Werden sie die zunehmende Entfremdung überwinden können? Stalin konnte nicht umhin, sich diese Fragen zu stellen.
Doch auch der Präsident wußte, wie wichtig es in der damaligen Situation war, eine gemeinsame Sprache mit dem Kreml-Diktator zu finden. Und es gelang ihm auf eine Weise, daß der mißtrauische östliche Despot bereits anzunehmen begann, daß man ihn in die demokratische Gesellschaft aufnehmen würde.
Roosevelt war bestrebt, bei seiner ersten Begegnung mit Stalin eine vertrauensvolle Atmosphäre zu schaffen. Das Gespräch verlief ungezwungen und ohne peinliche Pausen.
Auch Stalin war entschlossen, seinen Charme einzusetzen – auf diesem Gebiet war er ein großer Meister. Vor dem Krieg hatte unser »Führer« selten ausländische Politiker empfangen und verfügte deshalb nicht über die entsprechende Erfahrung. Er holte das Versäumte jedoch schnell nach und konnte seine Fähigkeiten bereits im

August 1939 bei der Zusammenkunft mit Ribbentrop unter Beweis stellen. Nach dem Überfall Hitlerdeutschlands auf die Sowjetunion nahm Stalin häufig an derartigen Zusammenkünften teil. Sein intensiver Briefwechsel mit Roosevelt, die Gespräche mit Hopkins, Harriman und Hull versetzten ihn in die Lage, seine Vorstellungen von den Amerikanern zu vervollständigen und sich ein entsprechendes Verhaltensmuster ihnen gegenüber zurechtzulegen. Dennoch war spürbar, daß Stalin sich vor seiner ersten Begegnung mit dem Präsidenten der Vereinigten Staaten etwas unsicher fühlte.

Wohl aus diesem Grund hatte er auch über die Sitzordnung nachgedacht. Offensichtlich wollte er nicht, daß sein pockennarbiges Gesicht allzusehr ins Rampenlicht geriet. Seine Marschalluniform war sorgfältig gebügelt, was selten vorkam, die weichen kaukasischen Stiefel, in denen die Hosen steckten, glänzten. Er trug Einlagen, die ihn größer erscheinen ließen, als er tatsächlich war. Stalin war sichtlich bemüht, bereits durch sein Äußeres einen angenehmen Eindruck zu erwecken.

Er eröffnete das Gespräch mit typisch georgischer Liebenswürdigkeit. Er erkundigte sich danach, ob Roosevelt sich in seiner Residenz wohlfühle, ob es ihm an nichts fehle, wodurch er ihm behilflich sein könne und dergleichen mehr. Roosevelt ging auf diese Tonlage ein und bot Stalin eine Zigarette an. Dieser erwiderte darauf, daß er an seine Marke gewöhnt sei. Der Präsident fragte auch nach der »berühmten Pfeife Stalins«.

»Das Pfeiferauchen haben mir die Ärzte verboten«, entgegnete der allmächtige Führer mit einer hilflosen Handbewegung.

»Den Rat der Ärzte muß man befolgen«, erwiderte Roosevelt ernst.

Sie unterhielten sich über ihr Befinden, über die Schädlichkeit des Rauchens, über den Nutzen des Aufenthalts an der frischen Luft. Mit einem Wort, es sah ganz so aus, als hätten sich zwei gute Freunde wiedergetroffen.

Als das Gespräch sich auf Roosevelts Bitte hin der Lage an der Front zuwandte, verschwieg Stalin nicht die schwierige Lage, die in der Ukraine nach der Besetzung von Schitomir, einem wichtigen Eisenbahnknotenpunkt, durch die Deutschen entstanden war.

Auch Roosevelt entschloß sich dazu, mit offenen Karten zu spielen. Er sprach von den schweren Kämpfen, die im Pazifik tobten, und berührte auch den Problemkreis der Kolonialgebiete und ihres weiteren Schicksals.

»Ich gehe auf diesen Punkt in Abwesenheit unseres Verbündeten Churchill ein«, betonte der Präsident, »weil er nicht gern über dieses Thema spricht. Die Vereinigten Staaten und die Sowjetunion sind keine Kolonialmächte, deshalb fällt es uns leichter, derartige Probleme zu besprechen ...«

Roosevelt sagte, daß er beabsichtige, bald ausführlicher den Nachkriegsstatus der Kolonien zu erörtern. Dies solle aber besser ohne Churchill geschehen, der noch keinerlei Vorstellungen hinsichtlich Indiens habe.

Stalin hütete sich, in die Debatte eines derart heiklen Themas hineingezogen zu werden. Er beschränkte sich lediglich auf die Bemerkung, daß das Problem der Kolonialreiche nach dem Krieg aktuell werden könne, und stimmte mit Roosevelt darin überein, daß die USA und die UdSSR die damit zusammenhängenden Fragen wohl leichter behandeln können als jene Staaten, die Kolonien besitzen.

Mich erstaunte diese Initiative Roosevelts, denn vor nicht allzu langer Zeit hatte ich gehört, wie Hitler in den Gesprächen mit Molotow in Berlin der Sowjetunion vorgeschlagen hatte, gemeinsam mit Deutschland, Italien und Japan das britische Kolonialerbe aufzuteilen. Diese Gebiete übten wohl auf viele eine große Anziehungskraft aus ...

Ein seltsamer Vorschlag

Insgesamt hatte ich den Eindruck, daß sowohl Stalin als auch Roosevelt mit ihrer ersten Begegnung zufrieden waren. Natürlich änderte dies nichts an ihren prinzipiellen Einstellungen.

Während des Krieges äußerte sich Roosevelt überaus freundlich über die Sowjetunion und auch über Stalin. Ich denke aber, daß er hier lediglich den Verbündeten in der Antihitlerkoalition und dem Heroismus der Roten Armee, die der riesigen Kriegsmaschinerie standhielt, seinen Tribut zollte. Gleichzeitig zog Roosevelt aus dem Verlauf der Kämpfe an der sowjetisch-deutschen Front entsprechende Schlußfolgerungen. Das sowjetische Volk, das den Aggressoren weiterhin Widerstand leiste, bewiese – so schlußfolgerte Roosevelt – die Stabilität des Systems. Wenn es standhielte und auch nach dem Kriege bestehenbliebe, wäre es zwecklos, es erneut vernichten zu wollen. Man täte also besser daran, einen Mechanismus auszuarbeiten, der es den kapitalistischen Staaten ermögliche, mit der Sowjetunion zu koexistieren. Diese Überlegungen bedeuteten jedoch keinesfalls, daß Roosevelt die Verhältnisse in der Sowjetunion billigte.

Auch Stalin hatte Grund, mißtrauisch zu sein. Zwar konnten die Aufnahme diplomatischer Beziehungen zur UdSSR nach sechzehn Jahren der Nichtanerkennung, Roosevelts Erklärung, das sowjetische Volk im Kampf gegen die Aggressoren unterstützen zu wollen, und die Bereitschaft des Präsidenten, die Lieferung von Kriegsmaterial an die Sowjetunion zu organisieren, der Roosevelt-Administration zugute gehalten werden. In der Praxis der Antihitlerkoalition jedoch gab es für Stalin Grund genug, besonders hinsichtlich der USA mißtrauisch zu sein. Überhaupt war in seinem Bewußtsein die Feindseligkeit gegenüber dem kapitalistischen System tief verwurzelt und seine Aufmerksamkeit dadurch ständig geschärft.

Ich hörte Stalin mehr als einmal aus verschiedenen Anlässen zu Molotow sagen:

»Roosevelt beruft sich auf den Kongreß. Er denkt wohl, ich glaube, daß er ihn tatsächlich fürchtet und uns deshalb nicht zustimmen kann. In Wirklichkeit aber will er es selbst nicht und versteckt sich hinter dem Kongreß. Das ist doch Unsinn! Wer würde denn wagen, ihm, dem Oberkommandierenden, zu widersprechen? Es ist bequem für ihn, sich hinter dem Parlament zu verstecken. Doch mich führt er nicht hinters Licht ...«

Stalin glaubte Roosevelt und Churchill auch nicht, als jene ihm auf seine Beschwerde hin, die amerikanische und die englische Presse berichteten unfreundlich über die UdSSR, erklärten, daß die Zeitungen und Zeitschriften unabhängig seien und sie bisweilen selbst nicht verschonten. All dies hielt Stalin für eine bürgerliche Finte, für ein Spiel mit doppelten Karten. Doch er sah auch, daß die Sowjetunion auf diese Weise den kürzeren ziehen würde. Wenn in der sowjetischen Presse hin und wieder zaghafte kritische Bemerkungen über die Politik der westlichen Verbündeten erschienen (über die Verzögerung der Eröffnung der zweiten Front, die Vereitelung der vereinbarten Lieferungen von Kriegsmaterialien, Gerüchte über separate Verhandlungen usw.) protestierten Roosevelt und Churchill und machten Stalin Vorwürfe, denn es handelte sich ja um Artikel in der offiziellen sowjetischen Presse.

Um ein Gegengewicht zu schaffen, entschloß sich Stalin 1943, die Zeitschrift »Krieg und Arbeiterklasse« ins Leben zu rufen, wobei er vorgab, die sowjetischen Gewerkschaften fungierten als Herausgeber. In Wirklichkeit aber stand diese zwei Mal im Monat erscheinende Publikation unter der Aufsicht von Molotow, wenngleich im Impressum der Name eines fiktiven Redakteurs, irgendeines Gewerkschaftsfunktionärs, stand. Stalin und Molotow dosierten die kritischen Artikel in dieser Zeitschrift, die mitunter recht scharf ausfielen, sorgfältig. Auf etwaige Beschwerden der Regierungschefs der USA und Englands konnte nun geantwortet werden, daß die sowjetische Regierung für diese Veröffentlichungen nicht verantwortlich sei und alle Beanstandungen an die Gewerkschaftsorganisation gerichtet werden müßten. Stalin war überzeugt davon, daß Roosevelt und Churchill die Presse in ihren Ländern auf die gleiche Weise manipulierten.

Bereits Mitte der dreißiger Jahre hatte sich Stalin darum bemüht, Kontakt zu Roosevelt aufzunehmen. Über einen derartigen Versuch erzählte mir A. I. Mikojan.

Mikojan war im Sommer 1935 auf der Datscha Molotows zu Gast, kurz vor seiner Abreise in die USA, wo er verschiedene Ausrüstungen kaufen sollte. Molotow hatte gerade Besuch von einem Verwandten seiner Frau, der amerikanischer Staatsbürger war. Stalin nahm Mikojan nach dem Abendessen beiseite und sagte zu ihm: »Dieser Kohn ist ein Kapitalist. Wenn du in Amerika bist, triff dich mit ihm. Er kann uns sicher behilflich sein, den politischen Dialog mit Roosevelt anzuknüpfen.«

In Washington angekommen, stellte Mikojan fest, daß der »Kapitalist« Kohn sechs Tanksäulen besaß und natürlich keinerlei Zugang zum Weißen Haus hatte. Es konnte keine Rede einer Vermittlung Kohns mehr sein. Indessen schlug Henry Ford* während eines Treffens Mikojan aus eigenem Antrieb vor, ihn mit Roosevelt bekannt zu machen. Der damalige sowjetische Botschafter in den USA, A. Trojanowskij, informierte sofort Moskau von dieser Wendung der Dinge. Es traf jedoch keine Antwort ein. So fand die Begegnung zwischen Mikojan und Roosevelt nicht statt. Ich fragte Mikojan, weshalb er sich so verhalten hätte, wo doch Stalin an einer Kontaktaufnahme mit Roosevelt interessiert war.

»Ach, Sie kennen Stalin schlecht«, entgegenete Mikojan. »Er hatte mich doch beauftragt, die Vermittlung Kohns in Anspruch zu nehmen. Hätte ich ohne seine Zustimmung die Dienste Fords beansprucht, wäre er zu dem Schluß gekommen: ›Mikojan will klüger sein als wir, er mischt sich sogar in die große Politik ein.‹ Das hätte er mir nie verziehen. Ganz sicher wäre er eines Tages auf diese Begebenheit zurückgekommen und hätte sie gegen mich verwendet ...«

Diese Episode sagt viel aus über die damaligen Gepflogenheiten in der höchsten sowjetischen Führung. Aber sie zeugt auch von der Gewandtheit des listigen Armeniers, von dem man in Moskau sagte: »Von Iljitsch zu Iljitsch ohne Infarkt und Paralyse.«

Damit meinte man die stürmische Periode von Wladimir Iljitsch Lenin bis zu Leonid Iljitsch Breschnew. Am interessantesten an dieser kleinen Begebenheit ist aber, welch primitive Vorstellung Stalin von den amerikanischen Verhältnissen besaß. Er war der Ansicht, daß jeder »Kapitalist« Zugang zum Präsidenten der Vereinigten Staaten hätte.

In diesem Zusammenhang muß man wohl auch die Vorschläge verstehen, die Stalin Hopkins und später Harriman noch vor dem Eintritt der USA in den Krieg unterbreitete, nämlich, amerikanische

---

* Henry Ford (1863–1947), amerikan. Automobilindustrieller – Anm. d. Übers.

Truppen in die Ukraine zu senden und sie in die Kämpfe an der sowjetisch-deutschen Front einzubeziehen. Natürlich erhielt er eine Absage, doch das Erstaunliche daran war, daß er diese Absage sehr übel nahm.

Nicht weniger merkwürdig jedoch war eine Initiative Roosevelts, der die gleiche Idee zugrunde lag. Am 12. Januar 1942, also bereits nach dem Überfall auf Pearl Harbour, äußerte er gegenüber dem gerade in Washington eingetroffenen neuen sowjetischen Botschafter Litwinow die Ansicht, daß amerikanische Streitkräfte sowjetische Einheiten in Iran, in Transkaukasien und im Gebiet von Murmansk entlasten könnten. Auf diese Weise könnten sowjetische Truppen freigesetzt und an den aktuellen Kriegsschauplätzen eingesetzt werden. Der Vorschlag war mit einem besonderen Köder gekoppelt:

»Die amerikanische Seite«, sagte er zum sowjetischen Botschafter, »hätte keine Einwände, wenn die Sowjetunion einen eisfreien Hafen im Norden, irgendwo in Norwegen, etwa in Narvik, besetzen würde. Um zu ihm zu gelangen, könnte man einen Korridor durch norwegisches und finnisches Territorium schaffen.«

Vom Standpunkt unserer heutigen Moral aus betrachtet, ist ein derartiger Vorschlag, der zudem noch ohne Wissen der Norweger und Finnen unterbreitet wurde, überaus zynisch. Um so mehr, als damals Narvik, wie ganz Norwegen, von den Deutschen annektiert war.

Die sowjetische Regierung lehnte das amerikanische Angebot ab. Im Telegramm, das Molotow am 18. Januar an den sowjetischen Botschafter sandte, wurde dieser beauftragt, Roosevelt zu antworten, daß die Sowjetunion »jetzt und in Zukunft keinerlei territoriale oder andere Ansprüche gegenüber Norwegen erhebe und deshalb den Vorschlag von der Einnahme Narviks durch sowjetische Truppen nicht akzeptieren« könne. Was die Entlastung der sowjetischen Truppen im Kaukasus und in Murmansk durch amerikanische Streitkräfte beträfe, so sei das »im Augenblick nicht von praktischer Bedeutung, da dort keine Kampfhandlungen stattfinden«. Weiter hieß es in dem Schreiben:

»Gern würden wir Roosevelts Hilfe hinsichtlich amerikanischer Truppen annehmen, die Schulter an Schulter mit unseren Streitkräften gegen die Streitkräfte Hitlers und seiner Verbündeten zum Einsatz gekommen wären.«

Dafür jedoch fanden sich in den USA keine Truppen.

Diese ganze Geschichte hinterließ in Moskau einen unangenehmen Beigeschmack und bestärkte Stalin in seinem Mißtrauen. Er bewertete Roosevelts Vorschlag als Angriff auf die territoriale Integrität der UdSSR. Auch erinnerte er sich noch gut an die Intervention gegen Sowjetrußland nach der Revolution, als amerikanische Truppen Teile unseres Landes okkupiert hatten. Gleichzeitig glaubte er hinter diesem Plan die Absicht Washingtons erkennen zu können, die eigenen Kräfte auf Kosten der sowjetischen Verbündeten schonen und die beiden Hauptbeteiligten im Krieg – Deutschland und die Sowjetunion – schwächen zu wollen.

Ich möchte an dieser Stelle auf einige grundlegende Probleme eingehen, die in der einen oder anderen Weise die Beziehungen zwischen Roosevelt und Stalin beeinflußten.

Die Zweite Front

Obwohl unsere westlichen Verbündeten auf die zahlreichen Bitten Moskaus, in Frankreich zu landen, nicht reagierten, begann man in Washington dennoch bereits im Herbst 1941 damit, über die Möglichkeit einer derartigen Operation nachzudenken.
Im Frühjahr des folgenden Jahres lag ein amerikanischer Plan für die Invasion in Nordfrankreich vor. General Marshall, der Präsident Roosevelt darüber informierte, betonte, daß die Landung in diesem Gebiet für die russische Front ein Maximum an Entlastung bedeuten würde. Die Verwirklichung einer derartigen Operation hinge jedoch von zwei Bedingungen ab:
Erstens, daß die Lage an der russischen Front verzweifelt werden sollte, so daß der Erfolg der deutschen Truppen unaufhaltsam und der unmittelbare Zusammenbruch des russischen Widerstandes zu befürchten sei. In diesem Fall müsse der Angriff im Westen als Opfer für die gemeinsame Sache betrachtet werden.
Zweitens, daß die Lage der Deutschen kritisch zu werden beginne.
Dieses Dokument wirft ein Licht auf die amerikanische Konzeption der »zweiten Front«: Sie war lediglich als »Opfer« gedacht, das jedoch Realität werden konnte – die Rote Armee befand sich zu jener Zeit ja in einer schwierigen Lage. Der Fall des Zusammenbruchs Deutschlands war damals ohne das Eingreifen amerikanischer und britischer Streitkräfte ausgeschlossen. In Nordfrankreich zu landen, um den Sieg über den gemeinsamen Feind zu beschleunigen, erschien den Alliierten nicht zweckmäßig zu sein. Solange Rußland und Deutschland noch in der Lage waren, weiterzukämpfen, zog man es in Washington vor, sich herauszuhalten und keine großen Menschenopfer zu riskieren. Aus dieser Taktik resultierte, daß die UdSSR und Deutschland gegen Ende des Krieges geschwächt sein würden.
Möglicherweise werden einige Historiker diese Interpretation anfechten, doch sie drängt sich förmlich von selbst auf, und auch Stalin war zweifellos dieser Ansicht.
Zu Beginn des Jahres 1942 hatten die Deutschen gewaltige Kräfte für einen neuen massiven Vorstoß ins Innere der Sowjetunion mobilisiert. Unsere westlichen Verbündeten jedoch unternahmen auch weiterhin nichts, um die Lage an der sowjetischen Front zu entla-

sten. Ihre Untätigkeit veranlaßte Botschafter Litwinow zu einem Schreiben an das Volkskommissariat für Auswärtige Angelegenheiten. Am 31. Januar 1942 richtete er folgende Anfrage an die Moskauer Führung:
»Bis zur wahrscheinlichen Frühjahrsoffensive Hitlers, für die starke Kräfte zusammengezogen werden, ... bleiben nur noch knapp zwei Monate. Wenn wir zu diesem Zeitpunkt Hilfe von England oder den USA erwarten, sollten wir das jetzt zu erkennen geben. Wir sollten entweder die Landung auf dem Kontinent fordern oder erklären, daß wir genau so viele Flugzeuge und Panzer benötigen, um die uns der Gegner überlegen ist.«
Am 4. Februar erhielt Litwinow folgende Antwort:
»Wir würden die Eröffnung der ›zweiten Front‹ in Europa durch unsere Verbündeten begrüßen. Wie Sie jedoch wissen, erhielten wir bereits dreimal eine Absage auf unseren diesbezüglichen Vorschlag und möchten dies nicht zum vierten Mal erleben. Aus diesem Grund sollten Sie das Problem der ›zweiten Front‹ nicht vor Roosevelt erörtern. Wir warten auf den Augenblick, an dem die Verbündeten uns diesen Vorschlag selbst unterbreiten.«
Aus der nicht sehr diplomatischen Formulierung dieses Schreibens ist die Erregung ihrer Verfasser zu spüren. Stalin machte keinen Hehl aus seinem Unmut.
Drang davon etwas zu Roosevelt durch? Es ist möglich. In jedem Fall vollzog sich bei den Amerikanern nun ein Wandel. Am 12. April 1942 erklärte Präsident Roosevelt dem sowjetischen Regierungschef, daß er es für zweckmäßig erachte, einen Meinungsaustausch mit führenden Vertretern der Regierung der UdSSR über eine Reihe wichtiger Fragen der Kriegsführung gegen den gemeinsamen Feind zu führen. Er ließ anfragen, ob die sowjetische Regierung bereit wäre, Molotow zu derartigen Gesprächen nach Washington zu entsenden. Die sowjetische Seite erklärte sofort ihr Einverständnis. Aus Gründen der Geheimhaltung verlief diese Visite unter dem Code »Mission des Mister Brown«.
Nachdem er in London den britisch-sowjetischen Vertrag über das Bündnis im Krieg gegen Hitlerdeutschland und seine Helfershelfer in Europa und über die Zusammenarbeit und gegenseitige Hilfe nach dem Krieg unterzeichnet hatte, reiste Molotow nach Washington weiter. Hier ging es in Gesprächen mit Präsident Roosevelt hauptsächlich um die Invasionspläne der westlichen Verbündeten

in Frankreich und um die Lage an der sowjetisch-deutschen Front. »Wenn die Alliierten durch Kampfhandlungen wenigstens vierzig feindliche Divisionen binden würden«, sagte Molotow, »so könnte sich die Kräfteverteilung bedeutend zu unseren Gunsten verändern, und das Schicksal Hitlers wäre besiegelt ...«

Nachdem er Molotows Erklärung, die dieser mit einer ihm sonst nicht eigenen Emotionalität vorgetragen hatte, angehört hatte, wandte sich Roosevelt mit der Frage an General Marshall:

»Sind die Vorbereitungen bereits so weit vorangeschritten, daß wir Marschall Stalin von unserer Bereitschaft zur Eröffnung der ›zweiten Front‹ in Kenntnis setzen können?«

Der General bejahte dies. Daraufhin sagte der Präsident feierlich:

»Teilen Sie Ihrer Regierung mit, daß sie noch in diesem Jahr mit der Eröffnung der ›zweiten Front‹ rechnen kann.«

So verpflichteten sich der Präsident der USA und auch Churchill, der sich anschloß, offiziell dazu, die Invasion zu beginnen. Und es war auch eine konkrete Frist gesetzt. Im gemeinsamen Kommuniqué hieß es:

»Es wurde völlige Übereinstimmung hinsichtlich der unaufschiebbaren Aufgabe erzielt, im Jahre 1942 in Europa eine ›zweite Front‹ zu errichten.«

Beabsichtigte man zu diesem Zeitpunkt in Washington und London tatsächlich, in Westeuropa zu landen? War ein derartiger Beschluß eine Fehleinschätzung oder lediglich Leichtsinn, was, nebenbei bemerkt, bei erfahrenen Politikern nicht vorkommen dürfte? Es ist schwerlich anzunehmen, daß man glaubte, die sowjetische Widerstandskraft sei erschöpft und der Moment gekommen, »Opfer« zu bringen. Sollte das dennoch der Fall gewesen sein, so kam man sehr schnell zu dem Schluß, daß es mit der »Opferdarbringung« noch keine Eile habe.

Wie dem auch gewesen sein mag, als nach einiger Zeit Roosevelt und Churchill ihr Stalin gegebenes Versprechen zurücknahmen, überkam besonders den Präsidenten ein peinliches Gefühl. Hatte er doch im Gespräch mit Molotow die einschneidenden Kürzungen bei der Lieferung kriegswichtiger Materialien an die Sowjetunion mit der Vorbereitung der Invasion in Frankreich begründet. Auf Molotows Frage, ob nicht der Fall eintreten könne, daß die Lieferungen gekürzt, die »zweite Front« aber dennoch nicht eröffnet werden würde, hatte Roosevelt den Volkskommissar beruhigt und

ihm versichert, daß die Landung in Frankreich 1942 in jedem Falle erfolgen werde.
Man kann annehmen, daß der Präsident der Vereinigen Staaten erleichtert aufatmete, als Churchill es übernahm, in Moskau die unangenehme Mission zu erfüllen und Stalin mitzuteilen, daß die Invasion vorerst nicht stattfinde.
In diesem Zusammenhang möchte ich an eine Passage aus dem Buch »As He Saw It« von Elliot Roosevelt, dem Sohn des Präsidenten, erinnern. Sie illustriert die Vorstellung Roosevelts von der Rolle der USA im Krieg:
»Stell dir vor«, erklärte der Vater dem Sohn, »es handele sich um ein Fußballspiel. Wir sind, sagen wir mal, die Reservespieler auf der Auswechselbank. Augenblicklich sind die Russen, Chinesen und in gewisser Weise auch die Engländer die Hauptbeteiligten. Uns ist die Rolle der Spieler vorbehalten, die im entscheidenden Moment in das Spiel eingreifen ... Ich denke, daß wir diesen Augenblick zum rechten Zeitpunkt abpassen werden.«
Roosevelt hat seinem Sohn wohl seine geheimsten Gedanken anvertraut, wie mir scheint. Und er war aufrichtig, das bestätigt die bald darauf einsetzende Polemik um die »zweite Front«.
Die in diesem Zusammenhang auf der Teheraner Konferenz vereinbarten Beschlüsse werden in unserer Literatur meist als großer Sieg der sowjetischen Diplomatie bewertet. Schließlich nannten die westlichen Verbündeten ja einen konkreten Termin für die Invasion, den sie im wesentlichen auch einhielten. Die Rote Armee, die drei Jahre lang allein der Hitlerschen Kriegsmaschinerie gegenübergestanden hatte, erhielt jetzt praktische Unterstützung. Es erhebt sich jedoch die Frage, ob die USA und England tatsächlich mit ihrem Einverständnis, die »zweite Front« zu eröffnen, auf Stalins hartnäckige Forderungen eingegangen waren, der sogar damit gedroht hatte, Teheran zu verlassen. Ließen sie sich nicht vielmehr von ihren eigenen Interessen leiten? Gingen sie nicht vielleicht davon aus, daß der Tag nicht fern sei, an dem – gemäß dem zweiten Punkt des amerikanischen Plans – Deutschland bald in die Knie gezwungen sein werde?
Der Beschluß war bereits vor Beginn der Teheraner Konferenz gefaßt worden. Während der Atlantiküberquerung – auf dem Weg in die iranische Hauptstadt – rief Präsident Roosevelt auf dem Kreuzer einige seiner engsten Mitarbeiter zu einem Gedankenaustausch über die »zweite Front« zu sich in die Kajüte.

Die sowjetischen Truppen, sagte er, seien nur noch sechzig Meilen von der polnischen Grenze und vierzig Meilen von Bessarabien entfernt. Sollte es ihnen gelingen, den Bug zu überqueren, was in den nächsten zwei Wochen geschehen könne, so befände sich die Rote Armee an der Schwelle zu Rumänien.
Aus dieser Überlegung heraus zog der Präsident den Schluß, daß die Zeit zum Handeln nun gekommen sei.
Die Engländer und Amerikaner, erläuterte er, sollten den größten Teil Europas besetzen, die Engländer sich auf Frankreich, Belgien, Luxemburg und Süddeutschland konzentrieren. Die Vereinigten Staaten müßten ihre Schiffe in Marsch setzen, amerikanische Truppen nach Bremen, Hamburg, Norwegen und Dänemark entsenden und bis Berlin vordringen. Dann könnten die Sowjets die östlichen Gebiete besetzen. Berlin jedoch müsse von den Vereinigten Staaten eingenommen werden.
Etwa zu dieser Zeit ordnete Roosevelt an, spezielle Luftlandetruppen zur Besetzung der Hauptstadt des Dritten Reichs auszubilden. Roosevelt und Churchill waren sich einig darüber, daß sich die Invasion nun nicht länger hinauszögern ließ. Andernfalls würden die sowjetischen Streitkräfte zu sehr nach Westen vorstoßen. Es gab jedoch auch ernsthafte Meinungsverschiedenheiten zwischen ihnen. Wie sollte das gesteckte Ziel erreicht werden? Der Präsident war der Ansicht, daß der kürzeste Weg nach Berlin durch Frankreich führe. Er bestand auf der Landung in der Normandie. Der britische Premier ging von anderen Vorstellungen aus. Seine Hauptsorge war, daß die sowjetischen Truppen allzuweit über die Grenzen der Sowjetunion hinaus gelangen. Seiner Ansicht nach war die effektivste Methode, dies zu verhindern, über den Balkan in Richtung Bulgarien, Rumänien, Österreich und die Tschechoslowakei vorzustoßen. Stalin wiederum wies immer wieder darauf hin, daß die Eröffnung der »zweiten Front« in Westeuropa für die Rote Armee eine äußerst wichtige Hilfe darstelle.
Aus diesen Fakten kann man meines Erachtens nach den Schluß ziehen, daß das wesentliche Ergebnis der Teheraner Konferenz über die »zweite Front« nicht in der Festlegung des Zeitpunktes der Invasion bestand, sondern in der Wahl des Ortes.
Daß letzten Endes die Normandie gewählt wurde, ist ein Ergebnis der identischen Positionen Roosevelts und Stalins.

Empfehlung an die Polen

Das Problem Polens nahm einen wesentlichen Platz in den Wechselbeziehungen der Hauptbeteiligten der Antihitlerkoalition ein. Aus diesem Grunde haben auch alle drei Mächte die Verantwortung für das Nachkriegsschicksal Polens zu tragen. Eine Reihe von Faktoren machte es unmöglich, vor Ende des Krieges eine von allen Seiten akzeptierte Lösung zu finden:
Das doppelte Spiel Churchills, der das Exilkabinett zur Unnachgiebigkeit ermunterte; die Forderung Stalins nach einer unverhältnismäßig großen Beteiligung an der im Wiederaufbau befindlichen polnischen Regierung in Lublin auf dem von der Roten Armee befreiten polnischen Territorium. Auch Roosevelt trug sein Scherflein bei.
Die Sowjetunion vertrat damals eine eher gemäßigte Position. Stalin wollte ein starkes, unabhängiges, demokratisches, der UdSSR freundlich gesinntes Polen. Gleichzeitig jedoch hielt er an der Forderung nach Anerkennung der neuen sowjetisch-polnischen Grenze fest. In dieser Hinsicht stimmte er auch mit Churchill überein, der in Teheran Roosevelt und Stalin folgendes Dokument unterbreitet hatte:
»Im Prinzip wurde festgelegt, daß sich das Gebiet des polnischen Staates und des polnischen Volkes von der sogenannten Curzon-Linie bis zur Oder-Linie erstrecken soll, einschließlich der ostpreußischen Gebiete und der Provinz Oppeln.«
Die Curzon-Linie entsprach ungefähr der im Jahre 1939 festgelegten Westgrenze der UdSSR.
Die sowjetische Seite unterstützte den Vorschlag Churchills. Auch Roosevelt war im Prinzip damit einverstanden, obwohl er einschränkend feststellte, daß er sich vor den 1944 erfolgenden Präsidentschaftswahlen öffentlicher Aussagen zu diesem Thema enthalten werde, da er mögliche Reaktionen von Wählern polnischer Herkunft befürchte. Beide westlichen Regierungschefs hatten Verständnis für den Wunsch der sowjetischen Regierung, mit dem Nachbarland Polen in freundlichem Einvernehmen zu leben.
Während der folgenden Zeit kam die Angelegenheit wegen der negativen Position der polnischen Exilregierung jedoch keinen Schritt voran. Erst im Sommer 1944 zeichnete sich die Möglichkeit ab, zu einer Übereinkunft zu gelangen. Molotow unterbreitete dem Bot-

schafter der USA, Harriman, neue Kompromißvorschläge, die den Weg zur angestrebten Lösung ebneten. Es handelte sich um die Bildung einer Regierung aus Polen, die in England, den Vereinigten Staaten und in der Sowjetunion lebten, Personen, auf denen keinerlei faschistischer Schatten lastete und die der Sowjetunion freundlich gesinnt waren. Als mögliche Mitglieder einer derartigen neuen Regierung waren Leute wie Dr. Lange, ein Wirtschaftsfachmann, der an der Universität von Chicago Vorlesungen hielt, der Gewerkschaftsführer Krzicki, der dem Amerikanisch-Slawischen Kongreß vorstand, und andere im Gespräch. Chef dieser Regierung sollte Mikołajczyk bleiben, der zu jener Zeit bereits den Posten von General Sikorski, dem Vorsitzenden der Exilregierung in London, übernommen hatte, der unter rätselhaften Umständen bei einem Flugzeugabsturz ums Leben gekommen war. Die Regierung der USA stellte Oskar Lange einen Paß für die Reise in die UdSSR aus, wo er an Gesprächen über das Problem Polen teilnehmen sollte. Der Termin war mit Churchill und Mikołajczyk abgestimmt.
Bevor er jedoch in die UdSSR reiste, entschloß sich Mikołajczyk, in Washington vorzusprechen. Er fragte Roosevelt, ob die Polen die sowjetischen Vorschläge überhaupt annehmen sollten. Der Präsident, der erst kürzlich in Teheran Churchills Vorschlag von der Curzon-Linie akzeptiert hatte, riet Mikołajczyk nun, »jede Regelung der Grenzfrage hinauszuzögern«. Von Staatssekretär Stettinius erfuhr er ferner, daß die Amerikaner, trotz ihrer zu diesem Zeitpunkt nicht sehr starken Position gegenüber der UdSSR, in naher Zukunft ihre Politik ändern, »zu ihren wahren moralischen Prinzipien zurückkehren und Polen dann nach Kräften und erfolgreich unterstützen würden«.
Diese unerwartete Kehrtwendung der USA-Administration leistete Polen einen schlechten Dienst. Die in Washington erhaltenen Informationen ermutigten die Emigranten in London. Mikołajczyk wollte die Argumente Oskar Langes über den Nutzen einer Übereinkunft nicht einmal anhören. Er entschloß sich, keinerlei Zusage zu machen. Die Angelegenheit war inzwischen wegen des gescheiterten Warschauer Aufstands, der von Emigrantenkreisen vorbereitet und vor der sowjetischen Regierung geheimgehalten worden war, noch komplizierter geworden.
Ich kann mir bis heute nicht erklären, wovon man sich im Weißen Haus leiten ließ, als man Mikołajczyk riet, einer Vereinbarung aus

dem Weg zu gehen. Möglicherweise hing dies mit den Wahlkampferwägungen zusammen. Nach den Wahlen verringerte sich das Interesse am polnischen Problem. Während der im Oktober 1944 in Moskau stattfindenden Verhandlungen sandte Mikołajczyk Roosevelt ein Telegramm, in dem er darum bat, die Positionen der Exilregierung zu unterstützen. Erst am 17. November, also bereits nach den Präsidentschaftswahlen, traf die völlig unerwartete Antwort ein. Der Präsident teilte in nüchternen Worten mit, daß er jede Übereinkunft, die die polnische Exilregierung mit der Sowjetunion erziele, unterstütze. Das Problem der Grenze erwähnte er mit keinem Wort. In der Presse waren jedoch zuvor Berichte über die »harte« Haltung der Regierung in der polnischen Frage erschienen – und die amerikanischen Polen hatten daraufhin für Roosevelt gestimmt.
Natürlich kann niemand mit Bestimmtheit sagen, wie sich die Dinge entwickelt hätten, wenn die Moskauer Gespräche 1944 positiv verlaufen wären. Möglicherweise wäre bei positivem Ausgang die Regierung nach der Befreiung Warschaus durch die sowjetischen Streitkräfte aus London zurückgekehrt, wären dem polnischen Volk viele Opfer erspart geblieben und hätten sich die Beziehungen zwischen den Verbündeten weniger dramatisch entwickelt.

Die japanische Karte

Nachdem Roosevelt Stalins Vorschlag abgelehnt hatte, amerikanische Truppen an die sowjetisch-deutsche Front zu entsenden, zeigte er noch vor dem Eintritt der USA in den Krieg Interesse an einer gegen Japan gerichteten Zusammenarbeit mit der UdSSR. Im Herbst 1941 traf aus Washington ein Schreiben des Präsidenten ein, in dem darauf hingewiesen wurde, daß auf Grund von Informationen, die die USA dank einer zuverlässigen Quelle erhalten hätten, Japan beabsichtige, die sowjetische Fernostregion in nächster Zeit anzugreifen. In diesem Zusammenhang schlug Roosevelt Stalin vor, die Frage der Errichtung amerikanischer Luftstützpunkte im Fernen Osten zu erörtern. Der Präsident wollte wissen, wie sich die sowjetische Führung dazu stelle, daß er zu einem Meinungsaustausch über diese Frage eine spezielle amerikanische Militärmission nach Moskau entsenden wollte. Gleichzeitig schlug Roosevelt vor, die Lieferung amerikanischer Flugzeuge für die Rote Armee über Alaska und Tschukotka in die Wege zu leiten.

Es ist durchaus möglich, daß die amerikanischen Informationen über die japanischen Pläne für einen Überfall auf die Sowjetunion ziemlich zuverlässig waren, zumal Berlin einen starken Druck auf Tokio ausübte, um die japanische Regierung dazu zu bewegen, ebenfalls am Krieg gegen die Sowjetunion teilzunehmen. Diese Frage beunruhigte Stalin. Aber die Mitteilung des Präsidenten stimmte ihn mißtrauisch. Nach Informationen, die die sowjetische Regierung über ihre Kanäle erhalten hatte – unter anderem von Richard Sorge, dem sowjetischen Aufklärer, der in Tokio als ein deutscher Korrespondent akkreditiert war und enge Kontakte zum dortigen deutschen Botschafter pflegte – sah die Lage nämlich etwas anders aus. Kopien dieser Meldungen wurden an Molotow gerichtet, und ich mußte mich selbstverständlich mit ihnen vertraut machen, bevor ich den Volkskommissar über ihren Inhalt informierte. Sie besagten, daß es in den führenden Kreisen Tokios ernsthafte Meinungsverschiedenheiten darüber gab, wo der Hauptschlag geführt werden sollte. Die eine Gruppierung befürwortete militärische Operationen gegen die UdSSR im Fernen Osten. Die andere bestand darauf, die Stützpunkte der USA im Stillen Ozean anzugreifen und in Richtung Südostasien vorzustoßen. In den letzten Telegrammen hatte

Sorge mitgeteilt, daß das Zünglein an der Waage zugunsten der südlichen Richtung ausgeschlagen hatte. In nächster Zeit – so hatte er in seinen chiffrierten und mit dem Decknamen Ramsay unterzeichneten Telegrammen mitgeteilt – sei damit zu rechnen, daß der Schlag gegen die USA geführt werde. Daher brauchte Moskau – zumindest in nächster Zeit – keinen japanischen Überfall zu befürchten. Das ermöglichte es Stalin, Truppen aus dem Fernen Osten abzuziehen und im Gebiet um Moskau einzusetzen. Diese Truppen nahmen auch Anfang Dezember an der Schlacht vor der sowjetischen Hauptstadt teil, wo die Deutschen ihre erste ernsthafte Niederlage erlitten.

Der Beschluß über die Truppenverlagerung fiel nicht leicht. Unsere Armeeführung mußte ein hohes Risiko eingehen. In dieser Situation mußten die Warnungen Roosevelts und sein Vorschlag, gemeinsam gegen Japan vorzugehen, äußerst sorgfältig analysiert werden. Sollte Moskau aufrichtig vor einer drohenden Gefahr gewarnt werden? Oder wollte Roosevelt, nachdem er erfahren hatte, daß Tokio geneigt war, gegen Amerika Krieg zu führen, die Abmachung über die Durchführung gemeinsamer amerikanisch-sowjetischer Maßnahmen im Fernen Osten ausnutzen, um eine Revision der japanischen Pläne zugunsten der nördlichen Variante zu erreichen? Stalins Argwohn ließ ihn folgern, Roosevelt setze ebenso wie bei der Frage eines Krieges gegen Deutschland seine Hoffnungen darauf, daß er den Schlag der Japaner von sich abwenden könnte und daß diese statt dessen die Sowjetunion angreifen würden. Vielleicht ist es nicht gerechtfertigt, über die Motive des amerikanischen Präsidenten so zu urteilen, doch Stalin kam zu dieser Schlußfolgerung. Er lehnte den Vorschlag Roosevelts über die Vorbereitung von Stützpunkten für die Stationierung amerikanischer Bomber in der Fernostregion ab. Nach Zustimmung zur Entsendung einer speziellen Mission nach Moskau entschied er, daß sich die Beratungen nur auf das Problem des Einsatzes amerikanischer Jagdflugzeuge an der sowjetisch-deutschen Front konzentrieren sollten. Es handelte sich dabei um Flugzeuge, die die amerikanische Seite der Sowjetunion lieferte.

Nach dem Überfall der Japaner auf Pearl Harbor kam Stalin zu dem Schluß, daß er die Bereitschaft des Präsidenten richtig eingeschätzt hatte. Interessant ist freilich, daß Roosevelt auch später Stalin mehrmals vor einem Angriff warnte, den Japan angeblich gegen die UdSSR vorbereitete. So übergab z. B. der neue Botschafter der USA, Admiral Standley, am 17. Juni 1941 Stalin ein Schreiben des Präsidenten, in dem es hieß, daß die Situation, die in der nördlichen Region des Stillen Ozeans und auch im Gebiet von Alaska entstehe, nicht die Möglichkeit japanischer Operationen gegen die sowjetische fernöstliche Region ausschlösse. »Wenn ein solcher Angriff erfolgt«, so hieß es in dem Schreiben, »sind die Vereinigten Staaten bereit, der Sowjetunion durch den Einsatz amerikanischer Luftstreitkräfte zu helfen, unter der Bedingung, daß die Sowjetunion diesen Kräften geeignete Landemöglichkeiten auf sibirischem Gebiet zur Verfügung stellt. Um derartige Operationen rascher durchführen zu können, wäre es selbstverständlich notwendig, die Bemühungen der Sowjetunion und der Vereinigten Staaten zu koordinieren ... Ich halte diese Frage für so dringend, daß die Vertreter der Sowjetunion und der Vereinigten Staaten die Vollmacht erhalten sollten, an die Arbeit zu gehen und bestimmte Pläne auszuarbeiten.«

Dieses Schreiben stimmte Stalin ebenfalls mißtrauisch. Als er Roosevelts Vorschlag ablehnte, erklärte er dem amerikanischen Botschafter, auf Grund der Tatsache, daß an der sowjetisch-deutschen Front schwerste Kämpfe stattfänden und deutsche Divisionen zur Wolga und zum Gebirgsvorland des Kaukasus vorstießen, könne die sowjetische Regierung keinerlei Maßnahmen treffen, die das Risiko eines bewaffneten Konflikts mit Japan erhöhen. Als Roosevelt die Information über diesen Meinungsaustausch erhielt, begriff er anscheinend, daß er Moskau nicht zu Schritten drängen könne, die die Lage in der sowjetischen Fernostregion tatsächlich verschärfen würden. Jedenfalls traf schon am 5. August eine Mitteilung des Präsidenten aus Washington ein, in der es hieß: »Ich habe Informationen erhalten, die ich als ziemlich zuverlässig betrachte und denen zu entnehmen ist, daß die japanische Regierung beschlossen hat, gegenwärtig keine militärischen Operationen gegen die Sowjetunion zu unternehmen. Das bedeutet eine Verschiebung des Termins eines Angriffs auf Sibirien bis zum Frühjahr nächsten Jahres.«

Trotz alledem hörte die amerikanische Seite in den folgenden Monaten nicht auf, sich danach zu erkundigen, wann die sowjetische Seite bereit sei, am Krieg der USA gegen Japan teilzunehmen und wann diese Frage in Moskau überhaupt prinzipiell entschieden werde. Stalin ließ diese Anfragen lange Zeit unbeantwortet. Aber während des Aufenthalts des Secretary of State der USA, Cordell Hull, in Moskau beschloß Stalin, daß jetzt die Zeit gekommen sei, die Dinge zu klären.

Am Abend des 30. Oktober 1943 gab Stalin im Jekaterinensaal des Kreml ein Essen. Der Anlaß war der Abschluß der Moskauer Konferenz der drei Außenminister, der UdSSR, der USA und Großbritanniens. Der größte Tisch stand längs der Wand, deren Fenster zum Fluß, zur Moskwa, hinausgingen. In der Mitte des Tisches saß Stalin, rechts von ihm Hull und links von ihm der USA-Botschafter in der UdSSR, Harriman. Rechts befand sich mein Platz als Dolmetscher. Das Essen begann mit zahlreichen Toasts, von denen die meisten Stalin ausbrachte. In den Pausen zwischen den Reden unterhielten sich Stalin und Hull in der Hauptsache über die Lage an den Fronten des Krieges und über die Ergebnisse der gerade zu Ende gegangenen Konferenz. Von Zeit zu Zeit entstanden ziemlich lange Pausen, und dann schaffte ich es, auch ein wenig zu essen. Plötzlich bemerkte ich, wie Stalin sich hinter dem Rücken von Hull zu mir herüberneigte und mir mit dem Finger ein Zeichen machte. Ich beugte mich zu ihm hinüber, und er sagte kaum vernehmbar:

»Hören Sie mir aufmerksam zu. Übersetzen Sie Hull wörtlich das Folgende: Die sowjetische Regierung hat die Situation im Fernen Osten geprüft und beschlossen, gleich nach Beendigung des Krieges in Europa, sobald die Verbündeten Hitlerdeutschland geschlagen haben, am Krieg gegen Japan teilzunehmen. Hull möge das bitte Präsident Roosevelt als unseren offiziellen Standpunkt mitteilen. Aber so lange möchten wir darum bitten, dies geheimzuhalten. Und Sie selbst sprechen bitte leiser, damit uns niemand hört. Verstanden?«

»Verstanden, Genosse Stalin«, antwortete ich flüsternd.

Hull war tief bewegt von der Mitteilung. Die Amerikaner hatten schon lange auf die Entscheidung Moskaus gewartet. Jetzt hatten die USA eine offizielle Erklärung zu einer für Washington so wichtigen Frage erhalten. Im Weißen Haus verband man mit der sowjetischen Teilnahme am Krieg gegen Japan die Hoffnung, das Leben von mehr als einer Million amerikanischer Soldaten retten zu können. Dieser Gedanke bewegte auch Präsident Truman im Jahre 1945 in Potsdam. Als er von Stalin die Bestätigung erhalten hatte, daß die UdSSR in den Krieg gegen Japan eingreife, erwähnte er in einem Brief an seine Frau, daß damit das Hauptziel erreicht sei, das er sich auf der Konferenz gestellt hatte, und daß er an die amerikanischen Jungs denke, deren Leben jetzt geschont werde.

Warum erwähnte Stalin diesen Beschluß zum ersten Male im Oktober 1943 den Amerikanern gegenüber? Ich denke, dafür gab es wenigstens zwei Gründe. Erstens geschah das nach dem Sieg bei Stalingrad und nach der Niederlage der Deutschen am Kursker Bogen. Die Rote Armee befand sich auf dem Vormarsch nach dem Westen. Selbst wenn die Japaner etwas über den sowjetischen Entschluß erfahren hätten, hatte sich die Gefahr, daß sie Präventivmaßnahmen in der Fernostregion unternahmen, sehr vermindert. Zweitens gab Stalin damit, daß er den Zeitpunkt des Eintritts der Sowjetunion in den Krieg gegen Japan nannte, Washington zu verstehen, daß, je eher die Landung in Frankreich erfolgte, die den Sieg über das Dritte Reich näherbrächte, um so früher würde die Sowjetunion in den Krieg gegen Japan eingreifen. Man kann annehmen, daß dies die Entscheidung der westlichen Verbündeten über die Landung in Frankreich beschleunigte.

Der Faktor Bombe

Obgleich die Atombombe erst unter Präsident Truman zum wichtigen Faktor der amerikanischen Politik wurde, hatte sie dennoch bereits im Stadium ihrer Entwicklung Einfluß auf die Haltung Roosevelts und wirkte sich indirekt auf den Nachkriegskurs der USA, besonders hinsichtlich der Sowjetunion, aus. Der spezifische Charakter der Massenvernichtungswaffe begann vor allem die an ihrer Entwicklung beteiligten Wissenschaftler zu beunruhigen. Sie warnten vor den gefährlichen Folgen des Einsatzes der Atombombe. Die höchsten politischen Führer der USA und Englands glaubten aber offensichtlich anfangs, daß es sich lediglich um eine neue Waffe mit großer Vernichtungskraft handle. Sie ignorierten die Warnungen der Schöpfer der Bombe ebenso, wie das später Chruschtschow und Breschnew mit den Warnungen Sacharows taten. Besonders Roosevelt und Churchill reizten die hartnäckigen Forderungen der Wissenschaftler, mit der Sowjetunion Informationen über die Herstellung der Atombombe auszutauschen.

Natürlich war es bisher in der Geschichte noch nicht vorgekommen, daß irgend ein Land Informationen über eine neue Waffe mit einem anderen ausgetauscht hätte. Ganz im Gegenteil, jede neueste Entwicklung wurde strengstens geheimgehalten. Im vorliegenden Fall jedoch handelte es sich um eine besondere Situation.

Erstens war die Bombe unter Kriegsbedingungen gegen den gemeinsamen Feind hergestellt worden, und damals war es unter den Alliierten üblich, Informationen und Muster neuester Kriegstechnik auszutauschen. Radar, komplizierte Fernmeldesysteme, Raketentechnik, neueste Panzer- und Flugzeugmodelle – dies und vieles andere war sozusagen Gemeingut. Aus welchem Grund sollte bei der Atombombe eine Ausnahme gemacht werden?

Zweitens wußten nicht nur die USA, sondern auch England, also zwei der drei Hauptbeteiligten der Koalition, von der Arbeit an der Bombe. Das Versteckspiel vor dem dritten Partner sah wenig vertrauenerweckend aus.

Drittens war eine prinzipiell neue Waffenart entstanden. Das wußten die Wissenschaftler sehr gut. Ihre Entwicklung erforderte ein völlig neues Vorgehen und eine ihrem Wesen nach völlig neue Weltanschauung. Konnte sich eine solche unter diesen Bedingungen aber überhaupt herausbilden? Wohl kaum. Es war ja fast ein halbes Jahrhundert nötig, bis das neue Denken in der Außenpolitik sich Bahn brechen konnte.

Obwohl man sich in Washington und London durch die Geheimhaltung unwohl fühlte, entschloß man sich, nicht auf die Überzeugungsversuche der »naiven« Wissenschaftler einzugehen.

In welcher Hinsicht haben die Vorstellungen über die Nachkriegsbeziehungen zur Sowjetunion die Positionen Roosevelts und Churchills beeinflußt? Wodurch hat man sich in Washington bei der Entscheidung, die Bombe gegen Japan einzusetzen, leiten lassen?

All dies sind Fragen, die in engem Zusammenhang mit der Entstehung des kalten Krieges zu betrachten sind.

Die USA-Regierung hätte nicht gezögert, die Bombe auf dem europäischen Kriegsschauplatz einzusetzen, wenn sie bereits vor der Beendigung der Kampfhandlungen fertiggestellt worden wäre.

Ausgehend von der Annahme, daß das Monopol an der Atombombe den Vereinigten Staaten eine militärische Überlegenheit verleihen würde, ging man in den USA daran, diesen Faktor auch auf diplomatischem Gebiet zu berücksichtigen. Die maßgebenden Kreise der USA und Englands waren überzeugt davon, daß der Besitz des Atomwaffenmonopols ihnen einen nie dagewesenen Status in der Welt verschaffen würde, der es ihnen gestattete, das eine oder andere Zugeständnis von anderen Staaten, darunter auch von der Sowjetunion, zu erlangen.

Diese Überzeugung fand ihren Ausdruck auch in der Vorgehensweise beim »Manhattan-Projekt«, wie die Herstellung der Atombombe aus Gründen der Geheimhaltung genannt wurde. Der Leiter des Manhattan-Projekts, General Groves, formulierte sein Credo wie folgt:

»Zwei Wochen, nachdem ich die Leitung dieses Projekts übernommen hatte, war mir vollkommen klar, daß Rußland unser Feind ist und das Manhattan-Projekt deshalb realisiert werden muß. Die im Land verbreitete Meinung, Rußland sei unser tapferer Verbündeter, konnte ich ganz und gar nicht teilen.« Groves fügte seinem so offenherzigen Bekenntnis noch etwas hinzu:

»Natürlich habe ich den Präsidenten davon unterrichtet.«

Und dieser? Der Oberkommandierende unternahm nichts, um seinen Untergebenen dafür zur Verantwortung zu ziehen.

Die Sicherheitsoffiziere prüften auf Befehl von General Groves sorgfältig, ob die aus Europa emigrierten Wissenschaftler keine »kommunistischen Verbindungen« besäßen, bevor sie die Arbeit aufnehmen konnten. Einen Physiker, der bereits eingestellt worden war, zwang man, seine Kündigung einzureichen. Ihm wurde vorgeworfen, daß er einmal an einem vom sowjetischen Konsulat gegebenen Empfang zu Ehren des Geigers Isaak Stern teilgenommen hatte. Auch Robert Oppenheimer, der talentierte Wissenschaftler und Direktor des Versuchsgeländes von Los Alamos, wo die erste Bombe entwickelt wurde, stand unter Beobachtung des FBI. Nur der Intervention von Groves selbst hatte er es zu verdanken, daß er als für das Projekt »unabkömmlich« eingestuft wurde und seinen Posten behalten konnte.

Im Januar 1943 unterrichtete Washington die Regierung in Großbritannien offiziell darüber, daß die Engländer künftig lediglich mit Informationen rechnen könnten, die für »diesen Krieg« von Interesse wären. Churchill protestierte zwar gegen diese Maßnahme, erreichte jedoch nichts.

Entsprechend der im Sommer 1943 auf der Konferenz von Quebec verabschiedeten Übereinkunft wurde England die Rolle des Juniorpartners zugewiesen. Dennoch blieb Großbritannien gewissermaßen Mitbesitzer der Bombe. In dem von Roosevelt und Churchill unterzeichneten Dokument hieß es, daß diese Waffe einen entscheidenden Faktor in der Nachkriegswelt darstellen und dem, der den Schlüssel zu ihrem Geheimnis besitzt, absolute Kontrolle ermöglichen werde. Der Präsident und der Premierminister vereinbarten, dem dritten Partner ohne vorherige Absprache keinerlei Information zukommen zu lassen.

Erinnern wir uns daran, daß das Treffen in Quebec zu einer Zeit stattfand, als in Moskau die Konferenz der Außenminister der drei Alliierten – UdSSR, USA und Großbritannien – vorbereitet wurde und auch das erste Treffen der »großen Drei« in Teheran bevorstand. In Moskau hatte der Staatssekretär der USA, Cordell Hull, viel über die Bedeutung der Zusammenarbeit zwischen der Vereinigten Staaten und der Sowjetunion nach dem Krieg und über die gemeinsame Verantwortung für den Weltfrieden gesprochen. In Teheran war Präsident Roosevelt in Gesprächen mit Stalin mehr als einmal auf die Bedeutung der amerikanisch-sowjetischen Zusammenarbeit nach dem Sieg über den Faschismus eingegangen, ja mehr noch, hatte sie als einen entscheidenden Faktor für den Erhalt des Friedens und die

Gewährleistung der internationalen Sicherheit bezeichnet. Und all dies vor dem Hintergrund des Manhattan-Projekts! Roosevelt sprach von den »vier Polizisten« – der USA, der UdSSR, Großbritannien und China, die verpflichtet seien, den Frieden zu schützen, verschwieg dabei aber, daß von diesen vier »Polizisten« nur zwei über Atomwaffen verfügen würden.

In diesem Stadium hatten Washington und London bereits Maßnahmen ergriffen, anderen Ländern den Zugang zu spaltbaren Stoffen unmöglich zu machen. Am 13. Juni 1944 unterzeichneten Roosevelt und Churchill eine Deklaration, die besagte, daß die USA und Großbritannien gemeinsam die Kontrolle über die vorhandenen Uran- und Thoriumvorkommen während und auch nach Ende des Krieges ausüben würden. Weiterhin wurde der Absicht beider Regierungen Ausdruck verliehen, so umfassend wie möglich die Uran- und Thoriumsgewinnung in jenen Gebieten, die ihrer Jurisdiktion unterstehen, sowie in Gebieten außerhalb des Geltungsbereichs der beiden Regierungen und der Regierungen der Dominien Indien und Burma zu kontrollieren.

Auch General Groves unternahm seinerseits alle Anstrengungen, um den Vereinigten Staaten die größtmögliche Kontrolle über die weltweiten Uranvorkommen zu ermöglichen.

Der dänische Physiker Nils Bohr, einer der Schöpfer der amerikanischen Atombombe, unternahm im Juni 1944 einen letzten Versuch, um Roosevelt von der Notwendigkeit zu überzeugen, Moskau über die Arbeit an der neuen Waffe zu informieren. Nachdem er den Wissenschaftler angehört hatte, sagte der Präsident, daß man durchaus versuchen solle, mit der Sowjetunion Kontakt aufzunehmen. Roosevelt, der versicherte, daß er Bohrs Initiative unterstütze, gab der Hoffnung Ausdruck, daß letztendlich auch Churchill sein Einverständnis erklären werde.

Als jedoch Roosevelt und Churchill Mitte September in London zusammentrafen, bekräftigten sie ihren Entschluß zur Geheimhaltung. Beide kamen darüber hinaus auch zu dem Schluß, daß man Bohr nicht vertrauen könne. Im letzten Absatz des Dokuments, daß am 19. September 1944 unterzeichnet wurde, heißt es:

»Es ist unabdingbar, die Tätigkeit Professor Bohrs zu beobachten und Maßnahmen zu ergreifen, damit durch seine Vermittlung keine Informationen nach außen, insbesondere zu den Russen dringen können.« Was Bohrs Vorschlag betraf, so hieß es dazu unmißverständlich im ersten Absatz:

»Der Vorschlag, daß die Welt (d. h. die Sowjetunion – d. A.) über die ›Legierung‹ (dies war die Code-Bezeichnung für die Atomenergie – d. A.) informiert werden soll, mit dem Ziel, ein internationales Abkommen über ihre Kontrolle und ihre Nutzung zu schließen, ist unannehmbar. Diese Angelegenheit muß völlig geheim bleiben.«

Das zitierte Dokument ist auch aus einem anderen Grund interessant: In ihm wurde zum ersten Mal über den Einsatz von Atomwaffen im Krieg gegen Japan gesprochen:

»Wenn die Bombe fertiggestellt ist, kann sie – nach nüchterner Erwägung – möglicherweise gegen die Japaner eingesetzt werden, die dann davon ausgehen müssen, daß die Bombardierung wiederholt werden wird, wenn sie nicht kapitulieren.«

Bei seinem endgültigen Entschluß, Atombomben auf Hiroshima und Nagasaki abzuwerfen, konnte Truman, wie wir gesehen haben, bereits auf Empfehlungen seines Vorgängers zurückgreifen. Auch die Idee von der Nutzung der Atombombe als Druckmittel gegen die Sowjetunion war für die Truman-Administration nicht neu.

In Liwadija, während der Krimkonferenz im Februar 1945, fragte Roosevelt Churchill, ob man Stalin nun nicht über das Manhattan-Projekt informieren solle. Churchill wies diesen Vorschlag, der ihn »schockierte«, entschieden zurück. Und Roosevelt bestand nicht länger darauf.

So war die letzte Möglichkeit vertan, ein günstige Atmosphäre für die Nachkriegsbeziehungen zur Sowjetunion zu schaffen.

Einige der in das Atombombengeheimnis Eingeweihten, die historischen Weitblick besaßen, wie zum Beispiel der Vizepräsident der USA, Henry Wallace, sahen voraus, daß der eingeschlagene angloamerikanische Kurs in Moskau Verdacht erregen und die Nachkriegsbeziehungen erschweren werde. Für sie gab es eine Alternative:

Die Übermittlung von Informationen über die Bombe an die Sowjetunion könnte günstige Bedingungen für einen von den drei Mächten erarbeiteten Maßnahmenkatalog zur Kontrolle der Atomenergie schaffen. So würde man ein Wettrüsten verhindern können.

In Washington und London jedoch war man anderer Ansicht. Hier ging man von dem Gedanken aus, mit Hilfe der Atombombe »den Frieden auf der ganzen Welt kontrollieren zu können«. Von der Illusion befangen, es wäre möglich, das Atommonopol längere Zeit halten zu können, legten amerikanische und britische Politiker den

Grund für eine gefährliche Entwicklung. Die Atomkatastrophe, die seither die Menschheit bedroht, geht auf die entsprechenden Absprachen zwischen England und den USA während des Zweiten Weltkriegs zurück. Und auch Präsident Roosevelt trägt einen Teil der Verantwortung.

Hinzugefügt werden muß, daß die sowjetische Führung bereits im frühen Stadium der Arbeit am Manhattan-Projekt über entsprechende Informationen verfügte. Vielleicht hätte Stalin Roosevelt mitteilen sollen, daß ihm das Manhattan-Projekt bekannt war. Diese Eröffnung hätte unsere Koalitionspartner wohl in Verlegenheit gebracht. Möglicherweise wären sie unter diesen Umständen aber auch bereit gewesen, über eine gemeinsame Atomwaffenkontrolle und auch die Kontrolle der Atomenergie nachzudenken.

Die Amerikaner waren sehr interessiert an einem Eintritt der UdSSR in den Krieg gegen Japan. Im Pazifik fanden schwere Kämpfe statt. Auch die Lage der Alliierten in Westeuropa war so kompliziert geworden, daß sie sogar die Bitte an Stalin richteten, noch vor der Konferenz von Jalta eine neue Offensive zu beginnen. Eine Konfrontation mit der Sowjetunion war unter diesen Bedingungen nicht wünschenswert. In weiten Kreisen der Öffentlichkeit der USA und Englands gab es starke Bestrebungen, die Beziehungen der Freundschaft und Zusammenarbeit mit der UdSSR aufrechtzuerhalten, und Roosevelt hätte sich auf diese Gefühle stützen und den äußersten Rechten entgegenwirken können.

Statt dessen jedoch beauftragte Stalin, der das Schweigen der westlichen Verbündeten als Bedrohung empfand, Berija damit, dafür zu sorgen, daß die Arbeit an der Schaffung sowjetischer Atomwaffen beschleunigt würde.

Somit war die Grundlage für das Wettrüsten gelegt. Gleichzeitig verstärkte sich das Mißtrauen Stalins, seine Zweifel an einer möglichen Zusammenarbeit nach dem Krieg noch mehr.

Erfahrungen von Jalta

Das zweite Treffen der »großen Drei«, das vom 4.–11. Februar 1945 auf der Krim stattfand, markierte die wichtigste Etappe in der Geschichte der Antihitlerkoalition. Auch die persönlichen Beziehungen zwischen Stalin und Roosevelt erhielten eine neue Qualität. Auf der Fahrt vom Flugplatz Saki bei Simferopol nach Jalta konnte der Präsident mit eigenen Augen das Ausmaß der Zerstörungen in den von den Hitlertruppen okkupierten sowjetischen Gebieten sehen, und ich denke, daß er es ehrlich meinte, als er Stalin gegenüber erklärte, daß er den Nazis nun »unerbittlicher« entgegentreten werde. Der Präsident äußerte auch die Überzeugung, daß die Vereinigten Staaten nach dem Sieg vor allem der Sowjetunion ökonomische Hilfe leisten müßten. Wäre der Plan Roosevelts von der Vergabe großer Kredite und der Lieferung amerikanischer Ausrüstungen an die UdSSR realisiert worden, würden uns amerikanische Fachleute beim Wiederaufbau unterstützt haben, die Beziehungen zwischen unseren beiden Staaten hätten sich völlig anders gestaltet.
Als Roosevelt in Liwadija unter vier Augen mit Stalin über die Zukunft sprach, war er wohl tatsächlich geneigt zu glauben, daß nach dem Krieg eine sowjetisch-amerikanische Zusammenarbeit möglich sei. Stalin seinerseits begrüßte eine derartige Möglichkeit.
Insgesamt herrschte eine gute Atmosphäre auf der Konferenz von Jalta, und das wiederum begünstigte die Erzielung einer Übereinkunft bei den Fragen, die auf der Tagesordnung standen. Von Bedeutung war auch die Tatsache, daß das Treffen zu einer Zeit großer Erfolge der Alliierten stattfand. Die Rote Armee hatte das sowjetische Territorium vollständig vom Aggressor befreit und war dabei, die faschistischen Truppen aus Osteuropa zu vertreiben. Die USA und ihre Verbündeten errangen immer neue Siege im Pazifik. In Jalta bekräftigte die sowjetische Delegation auch erneut den Entschluß, nach dem Sieg über Deutschland in den Krieg gegen Japan einzutreten.
Gleichzeitig wurden jedoch mit dem Herannahen des Kriegsendes auch die Widersprüche innerhalb der Koalition immer deutlicher sichtbar. Roosevelt hatte in Gesprächen mit Stalin mehr als einmal betont, daß mit dem Anbruch der Friedensperiode auch Kräfte auf den Plan treten würden, die eine Zusammenarbeit von USA und

UdSSR ablehnten. Aus diesem Grund förderte der Präsident aktiv den Gedanken der Nachkriegsordnung und forcierte die Erarbeitung von Prinzipien, auf deren Grundlage die neue Organisation der internationalen Sicherheit tätig werden sollte.
Die drei Führer erklärten, daß sie den Erhalt der Einheit der großen Mächte als besonders wichtig erachteten. Nur so könne der Erhalt eines dauerhaften Friedens garantiert werden.
Doch glaubten sie auch an eine solche Möglichkeit? Oder stimmten die verkündeten Ziele nicht in allen Punkten mit ihren wahren Plänen überein?
Die vier großen Mächte – USA, Großbritannien, UdSSR und China – hatten unterschiedliche Ausgangspositionen, und nur die USA und England besaßen die Atombombe. Die Sowjetunion, China und auch England litten sehr unter den Auswirkungen des Krieges, während die Vereinigten Staaten wirtschaftlich gestärkt aus dem Krieg hervorgingen. Nur sie konnten den wirtschaftlich geschwächten Ländern eine reale Hilfe erweisen. Dies wiederum würde, davon ging die regierende Elite Amerikas aus, automatisch den Einfluß der Vereinigten Staaten in der Welt vergrößern. All dies trug zum messianischen Gedanken einer amerikanischen Welt (Pax americana) bei.
Stalin, der seine Bereitschaft äußerte, die amerikanischen Kredite anzunehmen, betonte gleichzeitig, daß sie nicht von politischen Forderungen flankiert sein dürften. Roosevelt versicherte ihm, daß dies nicht eintreten werde. Dennoch würde die Situation entstehen, daß die USA Hilfe leistete, während die UdSSR Hilfe annehme, was, wie Roosevelt sich ausdrückte, ganz von selbst eine Überlegenheit für Amerika mit sich bringen würde.
Stalin stand den in Jalta von den Engländern mit Unterstützung der Amerikaner eingeführten Abstimmungsmodalitäten im neu geschaffenen Sicherheitsrat mißtrauisch gegenüber. Er bestand auf der Beibehaltung des Vetorechts. Als eine diesbezügliche Übereinkunft erzielt worden war, bewertete die sowjetische Seite dies als Zeichen der Bereitschaft Washingtons, die Nachkriegsbeziehungen zu Moskau auf der Basis der Gleichberechtigung zu gestalten.
Über die Konferenz von Jalta existiert eine riesige Menge an Literatur. Die Probleme, die dort diskutiert, und auch die Beschlüsse, die verabschiedet wurden, sind allgemein bekannt. Dennoch hält sich noch immer das Gerücht, in Jalta sei Europa geteilt worden. Das entspricht nicht den Tatsachen. Es ging lediglich um die Teilung

Deutschlands. Und auch Roosevelt und Churchill, die noch in Teheran energisch für eine Aufsplitterung Deutschlands in eine Anzahl kleiner Staaten eingetreten waren, bestanden in Liwadija nur noch halbherzig auf ihrem Plan.
Die sowjetische Seite zweifelte von Anfang an, ob die Zerstückelung Deutschlands realisierbar sei. In Jalta wurde deshalb beschlossen, diese Frage einer europäischen Konsultativkommission zur Begutachtung vorzulegen. Später wurde sie gänzlich von der Tagesordnung gestrichen. Was die osteuropäischen Staaten betrifft, war in Jalta von ihnen, mit Ausnahme der bereits erwähnten polnischen Frage, im Zusammenhang mit einer Aufteilung in Interessensphären nicht die Rede.
Churchill brachte seine Idee von einem prozentual geregelten Einfluß der UdSSR und Englands auf eine Reihe osteuropäischer Staaten bei einer Unterredung mit Stalin im Herbst 1944 ins Gespräch. Stalin wich der Diskussion dieser Frage aus, die Amerikaner standen ihr ablehnend gegenüber. In Jalta jedoch wurde darüber überhaupt nicht gesprochen.
Was die territorialen Probleme betrifft, so wurde lediglich ein Beschluß über die Übergabe der Stadt Königsberg und des sich anschließenden Gebiets von Ostpreußen an die Sowjetunion verabschiedet sowie eine Übereinkunft über die Bedingungen getroffen, unter denen die UdSSR in den Krieg gegen Japan eintreten würde (einschließlich der Übergabe von Südsachalin und der Kurilen).
Sowohl Stalin als auch Roosevelt schätzten die Konferenz von Jalta hoch ein. Präsident Roosevelt sprach von einem »Wendepunkt« in der Geschichte der USA und der gesamten Welt. Er erklärte, daß mit diesem Treffen unter das System der einseitigen Handlungen, Sonderbündnisse und Einflußsphären nun ein Strich gezogen werden müsse. Es sei an der Zeit, dies alles durch eine internationale Organisation zu ersetzen, an der sich alle friedliebenden Staaten beteiligen könnten.
Ich habe den Eindruck, daß die Erfahrung von Jalta, der bestimmte Grad an Vertrauen, der damals zwischen Stalin und Roosevelt herrschte, zu einer neuen Ära in den internationalen Beziehungen und insbesondere den Beziehungen zwischen der UdSSR und den USA hätte führen können. Jalta schien den Weg geebnet zu haben. Dieser Ansicht war man jedenfalls in Moskau. Doch bald sollte man dort die Meinung wieder ändern.

Zwischenfall in Bern

In den letzten Lebenswochen Roosevelts waren die Beziehungen zwischen der UdSSR und den USA getrübt. Es war zu Unstimmigkeiten im Zusammenhang mit den in Bern stattfindenden Gesprächen zwischen englischen und amerikanischen Politikern, darunter auch des Leiters des amerikanischen Nachrichtendienstes, Allen Dulles, und dem Gestapochef in Italien, dem SS-General Karl Wolff, gekommen. Über diese Kontakte informierte Botschafter Harriman Molotow erst am 12. März 1945, obwohl die Gespräche bereits in der zweiten Februarhälfte begonnen hatten.

Die sowjetische Seite reagierte äußerst heftig auf diese Kontakte hinter den Kulissen. Stalin vermutete, daß hinter dem Rücken der UdSSR ein Separatabkommen abgeschlossen werden sollte. Die Forderung der sowjetischen Regierung, daß auch Vertreter des militärischen Oberkommandos der Sowjetunion an den Unterredungen teilnehmen sollten, wurde abgelehnt.

Im Verlauf des nun folgenden Briefwechsels rechtfertigte die amerikanische Seite ihre Haltung damit, daß die Gespräche in Bern rein militärischen Charakter trügen und die sowjetische Regierung sich über die Ziele falsche Vorstellungen mache.

Moskau akzeptierte diese Erklärungen jedoch nicht.

»Ich muß feststellen«, hieß es in einem Schreiben Molotows an Harriman vom 22. März, »daß Ihre Erklärung, die Sowjetunion habe falsche Vorstellungen vom Ziel der Kontakte in Bern, jeglicher Grundlage entbehrt ..., da es sich im vorliegenden Fall nicht um falsche Vorstellungen vom Ziel der Kontakte oder um Mißverständnisse handelt, sondern um etwas Schlimmeres ... In Bern werden bereits seit zwei Wochen hinter dem Rücken der Sowjetunion, die die Hauptlast im Krieg gegen Deutschland zu tragen hat, Verhandlungen zwischen Vertretern des deutschen Oberkommandos und Vertretern des englischen und amerikanischen Kommandos geführt. Die sowjetische Regierung hält dies für völlig unannehmbar.«

Da die Angelegenheit skandalös zu werden begann, schaltete sich schließlich Roosevelt ein. Am 25. März traf im Kreml eine persönliche Botschaft des Präsidenten ein. Roosevelt teilte Stalin darin bezugnehmend auf den Briefwechsel zwischen Harriman und Molotow mit, daß aufgrund eines Mißverständnisses die Fakten nicht

richtig dargestellt worden seien. Wie früher zwischen ihnen üblich, entschloß sich Roosevelt, sein Schreiben in versöhnlichem Tonfall abzufassen:
»... ich hoffe, daß Sie die entsprechenden verantwortlichen sowjetischen Amtspersonen darüber informieren werden, wie wünschenswert und notwendig es war, daß wir schnell, effektiv und ohne jeden Aufschub Maßnahmen ergriffen haben, um die Kapitulation jeglicher feindlicher Kräfte, die den amerikanischen Soldaten auf dem Schlachtfeld gegenüberstanden, zu erreichen.«
Am 29. März teilte Stalin dem Präsidenten der USA mit, daß er nicht nur nicht gegen eine Kapitulation der deutschen Armee sei, sondern im Gegenteil gänzlich für eine derartige Kapitulation in diesem oder einem anderen Frontabschnitt eintrete.
»Zu Gesprächen mit dem Feind über derartige Dinge bin ich jedoch nur dann bereit«, fuhr Stalin fort, »wenn diese Gespräche nicht zu einer Erleichterung seiner Lage führen, wenn die Möglichkeit für die Deutschen ausgeschlossen wird, zu manövrieren und die Gespräche dafür zu nutzen, ihre Streitkräfte an andere Frontabschnitte und vor allem an die sowjetische Front zu werfen.«
Stalin besaß Informationen darüber, daß die deutsche Wehrmacht damit begonnen hatte, unter dem Schutz der Berner Verhandlungen Truppen aus Italien an die sowjetisch-deutsche Front zu werfen. Die Angelegenheit begann eine ernste Wendung zu nehmen.
Auf die heftige Reaktion Moskaus hin erwiderte Roosevelt am 1. April 1945 mit einem Schreiben. Darin hieß es, daß im Umkreis der Gespräche mit den Deutschen über die Kapitulation ihrer bewaffneten Streitkräfte in Italien nun eine bedauernswerte Atmosphäre der Angst und des Mißtrauens entstanden sei.
Vor dem Herannahen des Endes sahen ja bekanntlich viele Repräsentanten des »Dritten Reichs« die letzte Chance in einer Übereinkunft mit England und den USA über die Einstellung der Kampfhandlungen im Westen, um eine Konzentration all ihrer Kräfte auf den Osten zu erreichen und die Rote Armee so lange wie möglich aufhalten zu können. Am 25. Januar 1945 hatte sich General Guderian mit dem Vorschlag an Außenminister Ribbentrop gewendet, den Versuch zu unternehmen, mit Washington und London über einen unverzüglichen Waffenstillstand im Westen zu verhandeln, um die noch zur Verfügung stehenden Truppenteile an die Ostfront werfen zu können. Einige Zeit später äußerten Hitler, Göring und an-

dere hohe Führer des Reiches während einer Zusammenkunft in der Reichskanzlei, bei der es um einen möglichen Separatfrieden mit den Westmächten ging, die Ansicht, daß die Engländer und Amerikaner selbst nach einer Möglichkeit suchen würden, gemeinsam mit dem »Dritten Reich« den Kampf gegen den »Bolschewismus« aufzunehmen.

Hatten sie nicht im Hinblick auf die Vorgänge in Bern Grund zu dieser Annahme? Und muß man nicht hier auch den Grund dafür suchen, daß zu diesen Gesprächen keine sowjetischen Vertreter eingeladen waren?

Es ist nicht auszuschließen, daß Präsident Roosevelt nicht über alle Einzelheiten der Berner Verhandlungen informiert war und daß man ihm das Wesen der Dinge verheimlichte. Es gibt genügend Anhaltspunkte für verschiedene derartige »Initiativen« amerikanischer Geheimdienste. So traf im Oktober 1943 ein als Journalist getarnter amerikanischer Agent in der Türkei mit dem deutschen Botschafter von Papen zusammen und übergab ihm ein Dokument, das die Grundlage einer politischen Übereinkunft zwischen den USA, England und Deutschland bilden sollte. In diesem Dokument wurde die Bereitschaft signalisiert, die beherrschende Rolle Deutschlands auf dem europäischen Kontinent, einschließlich Polens, des Baltikums und der Ukraine, anzuerkennen.

Die Urheber dieses erstaunlichen Dokuments machten hier genaugenommen den Vorschlag, die Sowjetunion zu teilen und Deutschland einen Teil ihres Territoriums zukommen zu lassen. Dafür sollten die Deutschen den Amerikanern und Engländern die Front im Westen öffnen.

Nachdem Roosevelt von diesen Aktivitäten erfahren hatte, untersagte er weitere Sondierungen. Dennoch endeten die Geheimkontakte zwischen dem amerikanischen Geheimdienst und den gegnerischen Unterhändlern damit nicht.

Das letzte Schreiben Roosevelts an Stalin bezüglich der Berner Vorfälle ging am 13. April 1945 in Moskau ein, d. h. einen Tag nach dem Tod des Präsidenten. In diesem Telegramm hieß es, diese ganze Geschichte gehöre nun bereits der Vergangenheit an und habe keinerlei Nutzen gebracht ... In jedem Fall solle daraus kein gegenseitiges Mißtrauen erwachsen, und derartige Mißverständnisse sollten in Zukunft nicht mehr auftreten. Roosevelt schrieb, daß er überzeugt sei, daß die Hitlerarmeen zerschlagen werden würden, wenn die Ar-

meen der USA und der Sowjetunion in Deutschland in Kontakt treten und sich vereinigen würden.
Mit dieser letzten Botschaft vor seinem Tod unterstrich Roosevelt die Bedeutung vertrauensvoller Beziehungen, die ja ungeachtet aller Schwierigkeiten das Verhältnis zwischen Roosevelt und Stalin kennzeichneten.

Stalin und Churchill

Die erste Begegnung Stalins mit Churchill stand unter einem sehr ungünstigen Stern. Der britische Premier besuchte Moskau, um dem sowjetischen Staatsoberhaupt mitzuteilen, daß die von den Westmächten etwa zwei Monate zuvor erteilte Zusage, 1942 in Frankreich die zweite Front zu eröffnen, nicht eingehalten werde. Diese Verpflichtung war während eines Besuchs, den Molotow im Mai-Juni 1942 in London und Washington abgestattet hatte, in einem öffentlichen Kommuniqué formuliert worden:
»Hinsichtlich der unaufschiebbaren Aufgaben, die mit der Schaffung einer zweiten Front in Europa im Jahre 1942 verbunden sind, wurde« – so hieß es im veröffentlichten Dokument – »Übereinstimmung erzielt.«
Für die Sowjetunion war das eine sehr schwere Zeit. Auch wenn Hitlers »Blitzkrieg« nicht stattgefunden und die von den Deutschen im Dezember 1941 vor Moskau erlittene Niederlage gezeigt hatte, daß die Rote Armee in der Lage war, den Eindringlingen empfindliche Schläge zu versetzen, war Hitlerdeutschlands militärische Stärke noch riesig. Die Tatsache, daß es keine zweite Front gab, ermöglichte es dem Oberkommando der Wehrmacht, an der sowjetisch-deutschen Front im Frühjahr 1942 gewaltige Kräfte zu konzentrieren. Im Süden stießen die deutschen Truppen während des Sommers zielstrebig in Richtung Wolga und Kaukasus vor. Die in blutige Kämpfe verwickelten sowjetischen Einheiten waren gezwungen, dem Feind immer mehr Land zu überlassen. In Moskau befürchtete man einen neuen Durchbruch der Deutschen. Es war kein Zufall, daß Molotow nach seiner Ankunft in London Churchill die Frage stellte: »Wie wird Großbritannien reagieren, wenn die Rote Armee 1942 dem Ansturm nicht standhält?« Der Premier erwiderte, die vereinigten Kräfte Großbritanniens und der USA würden am Ende die Oberhand gewinnen, er fügte aber hinzu: »Die britische Nation und ihre Armee träumen davon, möglichst bald ihre Kräfte mit dem Feind zu messen und so den heldenmütigen Kampf der sowjetischen Armee und des Sowjetvolkes zu unterstützen.« Eine solche Erklärung konnte man als Bereitschaft der britischen Regierung interpretieren, die Stoßkraft eines Teils der deutschen Divisionen auf sich zu lenken. Der damals von Molotow und Eden unterzeichnete »Vertrag

zwischen der Union der Sozialistischen Sowjetrepubliken und dem Vereinigten Königreich über das Bündnis und den Krieg gegen Hitlerdeutschland und seine Verbündeten in Europa und über Zusammenarbeit und gegenseitige Hilfe nach dem Krieg« war ein wichtiges Dokument, das beide Seiten zum gemeinsamen Vorgehen gegen den gemeinsamen Feind verpflichtete.
Noch mehr ermutigten Molotow die Unterredungen mit Roosevelt in Washington und die feste Zusicherung des Präsidenten, 1942 die zweite Front zu eröffnen. Die Aussicht auf die zweite Front munterte die Soldaten in den vorderen Linien und die Werktätigen im Hinterland auf. Die Menschen, die angesichts der endlosen Kette von Niederlagen und Rückzügen schon jeden Mut verloren hatten, begannen wieder an den Sieg zu glauben und aus der Hoffnung neue Kraft zu schöpfen. Jetzt sollte ihnen ein neuer moralischer Schlag versetzt werden. Auf dem Wege nach Moskau muß bestimmt all dies Churchill durch den Kopf gegangen sein.
Am Nachmittag des 12. August 1942 versammelte sich eine Gruppe führender sowjetischer Funktionäre mit Molotow an der Spitze auf dem Zentralflughafen. Unter denen, die zur Begrüßung erschienen waren, befand sich auch der Chef des Generalstabs der Roten Armee, Marschall Schaposchnikow. Zur Begleitung Churchills gehörten hohe britische Militärs. Es war heiß und windstill. Alle hatten unter dem Vordach des kleinen Flughafengebäudes Platz genommen. Die Luft war geschwängert mit dem Duft blühenden Klees und sonnenerhitzten Wermuts, man hörte das Summen der Bienen und das Gezwitscher der Vögel. Aber dieses scheinbar friedliche Bild stimmte die Anwesenden nicht sorglos. Schon ins zweite Jahr ging der grausame Krieg, den das sowjetische Volk faktisch allein gegen einen starken, unbarmherzigen Feind führte. Die auf dem Flugplatz versammelten Zivilisten und Militärs hatten unmittelbar mit der Organisation des Widerstandes gegen die deutschen Okkupanten zu tun. Sie wußten besser als jeder andere, wie verzweifelt die Lage war, und daher blickten sie mit noch größerer Spannung in den Himmel, in Erwartung des hohen Gastes aus Großbritannien. Was hatte dieser plötzliche Besuch zu bedeuten? Was brachte er in seiner Aktentasche mit?
Am Himmel erschien ein schwarzer Punkt. Er beschrieb einen weiten Halbkreis und wurde rasch immer größer. Bald nahm man die Konturen eines Flugzeuges wahr. Schon hörte man das Dröhnen der

Motoren. Nachdem das Flugzeug über die Häuserdächer hinweggeglitten war, berührten seine Räder die betonierte Landebahn; es bremste und rollte auf den Rasen. Leicht hin und her schaukelnd, überquerte es das grüne Feld und hielt nicht weit von uns entfernt. Das Flugzeug wirkte ungewöhnlich schwerfällig, der Rumpf berührte fast den Boden. Ich nahm an, daß sich an der Bordwand eine kleine Tür öffnen würde, aber stattdessen ließ man aus einer Luke im Bauch des Flugzeugs eine kleine metallene Leiter herab, und gleich danach begann jemand in schweren Schuhen und zerdrückten Hosen herabzusteigen. Die Beine schienen in die Hocke zu gehen, um sich einen Augenblick ausruhen zu wollen und um dem umfangreichen Leib Gelegenheit zu geben, aus der kleinen Flugzeugkabine herauszukommen. Da war schon Churchills Kopf zu sehen. In der Hand einen Hut haltend, sah sich Churchill vorsichtig um, als wolle er die Lage prüfen. Es war keine spaßige Sache! Er war zum ersten Mal im Lande der Bolschewiken, das er nach der Oktoberrevolution »in der Wiege ersticken« wollte und gegen das er die Intervention und den Straffeldzug der Entente organisiert hatte. Ja, und seine jetzige Mission war nicht beneidenswert.

Bei seiner ersten Begegnung mit Stalin hatte er die unangenehme Aufgabe, ihm zu erklären, warum die versprochene Landung in Frankreich nicht stattfinden werde. Es ging nicht darum, was Stalin von ihm hielt. Ihn, einen Sprößling des alten Geschlechts der Malboroughs, scherte wenig, was dieser Sohn eines armen Schusters, ein halbgebildeter Seminarist und blutiger Diktator, von ihm hielt. Die sowjetische Presse hatte die Rede nicht vollständig veröffentlicht, die er, Churchill, am Tage des Angriffs Deutschlands auf die Sowjetunion im Rundfunk gehalten hatte. Das Volk Rußlands hatte nur erfahren, daß England bereit war, es im Kampf gegen die faschistischen Eroberer zu unterstützen. Aber Stalin kannte selbstverständlich den ganzen Text, einschließlich jener Passage, in der es hieß: »das Naziregime unterscheidet sich in nichts von den schlimmsten Wesenszügen des Kommunismus«. Er wußte auch, daß es fünfundzwanzig Jahre lang keinen konsequenteren Gegner des Kommunismus gegeben hatte als Churchill. Churchill hatte nicht eines seiner Worte widerrufen. Stalin überhörte das alles. Mehr noch, in der ersten Rede, die er am 3. Juli nach dem Überfall Hitlers hielt, hatte er Churchills Rede als »historisch« bezeichnet und erklärt, die Bereitschaft Großbritanniens, Hilfe zu leisten, könne »in den Herzen der

Völker der Sowjetunion nur Dankbarkeit hervorrufen«. Im übrigen war auch Churchill der Meinung – und das äußerte er des öfteren gegenüber seinen Kollegen –, jetzt sei nicht die Zeit, an das Sowjetsystem und die Komintern zu denken. Man müsse dem Land, das sich in Not befinde, eine helfende Hand entgegenstrecken.

Stalin hatte es fertiggebracht, sich mehr als ein Jahr zu halten, und obwohl die Rote Armee schwere Verluste erlitt, rieb sie trotzdem die deutsche Kriegsmaschinerie auf. Wichtig war, die Russen nicht zu sehr zu entmutigen. Der sowjetische Widerstand war für Großbritannien und Amerika lebensnotwendig. Er ermöglichte es, Kräfte zu sammeln, um im geeigneten Moment Hitler anzugreifen ...

Als Churchill unter dem Flugzeugrumpf hervorkam, stand Molotow bereits vor ihm. Sie begrüßten sich wie alte Bekannte. Der Volkskommissar stellte dem Premier Marschall Schaposchnikow vor. Churchill erklärte sogleich, er könne den Marschall nicht mit seinen Militärexperten bekanntmachen, da das Flugzeug, mit dem diese von Teheran abgeflogen waren, wegen eines Defekts umkehren mußte; sie würden ebenso wie der mit diesem Flugzeug reisende ständige Verteter des Außenministers, Cadogan, erst morgen eintreffen. In Begleitung von Churchill befand sich nur Harriman als persönlicher Vertreter von Präsident Roosevelt. Diejenigen, die zur Begrüßung gekommen waren, kannten ihn von seinem früheren Besuch in Moskau her. Der britische Premier pries vor dem Mikrophon den heldenhaften Widerstand, den das sowjetische Volk gegen die vordringenden Hitlerfaschisten leistete, versprach Hilfe und äußerte die Überzeugung, daß die gemeinsamen Anstrengungen der Verbündeten zur vollständigen Zerschlagung des Nazismus führen würden.

Ein Orchester spielte die britische und die sowjetische Staatshymne (zu jener Zeit die Internationale). Churchill und Molotow schritten die Formation der Ehrengarde ab. Ohne sich zu bewegen, standen die Soldaten mit Stahlhelm und in voller Ausrüstung da, nur ihren Kopf drehten sie zum Premier hin, der ihnen aufmerksam ins Gesicht blickte, als ob er sich von ihrer Standhaftigkeit überzeugen wollte.

Vom Flughafen wurde er nach der Residenz gebracht, die man ihm in Kunzewo zur Verfügung gestellt hatte; die Autofahrt dorthin dauerte zwanzig Minuten. Harriman erhielt eine städtische Villa in der Ostrowskij-Straße als Domizil zugewiesen. Die übrigen Mitglieder

der Delegation waren im Hotel »National« untergebracht. Churchill versetzte der Luxus seines Hauses in Erstaunen. Damit hatte er im besetzten Moskau einfach nicht gerechnet. Man bereitete ihm ein warmes Bad, das er nach dem langen, ermüdenden Flug ausgiebig genoß. Im Speisesaal wurde ein erlesener Lunch serviert. Geschulte Kellner, die verschiedensten Vorspeisen, roten und schwarzen Kaviar, kaltes Spanferkel, Gerichte der kaukasischen, russischen und französischen Küche, Wein, Schnäpse und kalte Erfrischungsgetränke, kostbares Tafelgeschirr – all das hatte der Führer der Tories im Lande der Bolschewiken nicht erwartet. In der Annahme, in Rußland würde man am Hungertuch nagen, hatte er sich auf jeden Fall aus London Sandwiches mitgebracht. Als er das Stalin später erzählte, bekannte er, im Flugzeug ein paar belegte Brote gegessen und sich damit den Appetit verdorben zu haben, weil er auf eine so reichhaltige Bewirtung nicht gefaßt gewesen war. Und Stalin pflegte in engem Kreise diese Anekdote zu erzählen und hinzuzufügen:

»Was für ein Heuchler, dieser Churchill! Er wollte mir weismachen, er mit seiner Leibesfülle ernähre sich in London nur von Sandwiches ...«

Und Molotow erwähnte, man habe ihm, als Churchill ihn im Frühjahr 1942 in der britischen Hauptstadt zum Lunch eingeladen hätte, nichts anderes als Haferbrei und Gerstenkaffee vorgesetzt.

Churchill blieb nicht viel Zeit, die Behaglichkeit seiner Residenz zu genießen. Am gleichen Abend fand sein erstes Gespräch mit Stalin statt.

Fürchtet die Deutschen nicht!

Kurz nach sieben Uhr fuhr Churchills Auto, nachdem es den Roten Platz überquert hatte, durch das Spasskij-Tor in den Kreml und hielt auf der Rückseite des Gebäudes der Volkskommissare unter dem Vordach des Eingangs, den Stalin gewöhnlich benutzte, wenn er in seine Räume ging. Den britischen Premier begleiteten Averell Harriman, der Botschafter Großbritanniens in der UdSSR, Archibald Clark Kerr und der Dolmetscher Dunlop. Pawlow in seiner Eigenschaft als offizieller Dolmetscher der sowjetischen Seite nahm die ganze Gruppe am Eingang in Empfang, führte sie in den zweiten Stock und weiter den Korridor entlang in das Arbeitszimmer des sowjetischen Staatsoberhauptes. Mich hatte man kurz vor der Ankunft der Gäste auch dorthin beordert, damit ich die Gespräche protokollierte. Mein Erscheinen diente als Zeichen dafür, daß die Ausländer jede Minute eintreffen würden. Stalin und Molotow unterbrachen ihr Gespräch, das den Besuch des britischen Premiers betraf. Ich hörte nur die letzten Worte Stalins:
»Es ist nichts Gutes zu erwarten ...«
Seine Miene war finster und angespannt. Er hatte einen gewöhnlichen Rock halbmilitärischen Zuschnitts zu den Hosen an, die in kaukasischen Stiefeln steckten und schon lange nicht gebügelt schienen.
Die Tür öffnete sich, und es erschien die füllige Figur Churchills. Er blieb einen Augenblick stehen und schaute sich um. Sein Blick streifte die an der Wand hängenden Porträts berühmter russischer Heerführer – Alexander Newskijs, Kutusows, Suworows –, verweilte kurz auf einer vergrößerten Fotografie Lenins und richtete sich dann auf Stalin, der unbeweglich an seinem Schreibtisch stehengeblieben war und aufmerksam den Gast betrachtete. Woran mochte er in diesem zweifellos historischen Moment wohl denken? Empfand er Genugtuung darüber, daß der Führer der britischen Tories, der nie aus seiner Feindschaft gegen das von Stalin geschaffene System einen Hehl gemacht hatte, sich zu ihm in den Kreml bemühte? Selbstverständlich hatten nur außergewöhnliche Umstände Churchill gezwungen, nach Moskau zu kommen. Vor dem Überfall Hitlerdeutschlands auf die Sowjetunion hatte sich Großbritannien in einer verzweifelten Lage befunden. Churchill selbst hatte die

Möglichkeit in Betracht gezogen, daß die Nazis die Britischen Inseln besetzen; in einem solchen Fall sollte, so hatte er versprochen, der Kampf vom Territorium Kanadas aus fortgesetzt werden. Der sowjetisch-deutsche militärische Konflikt hatte grundlegend die Situation verändert. In London hatte man erleichtert aufgeatmet. Je länger dieser Konflikt dauern würde, um so mehr Chancen hätte England, der Gefahr der Invasion zu entgehen und schließlich zu den Siegern zu gehören. Churchill konnte sich aber keinen Hoffnungen hingeben: So einfach würden die Russen ihm nicht zum Erfolg verhelfen. Er mußte auch selbst etwas dazu beisteuern und seinen Tribut an Menschenleben entrichten. Wollte er um die zweite Front feilschen, mußte er beweisen, daß Großbritannien aus ihrer Eröffnung gleichfalls Gefahren erwuchsen.

Mit unverändert düsterem Gesichtsausdruck ging Stalin Churchill langsam auf dem Läufer entgegen. Träge streckte er die Hand aus, die Churchill kräftig schüttelte.

»Ich begrüße Sie in Moskau, Herr Premierminister«, äußerte Stalin mit dumpfer Stimme.

Churchill, der über das ganze Gesicht strahlte, versicherte, er freue sich, in Rußland zu sein und sich mit seinen führenden Funktionären treffen zu können. Das Lächeln des Premiers schien mir schmeichlerisch zu sein und seine Nervosität schlecht zu verbergen. Des öfteren hatte ich Gelegenheit, eine ähnliche Reaktion ausländischer Besucher bei Begegnungen mit Stalin zu beobachten. Die meisten von ihnen hielten ihn zweifellos für einen erbarmungslosen, blutigen Tyrannen und verurteilten seine grausame, unmenschliche Herrschaft. Aber beim Kontakt mit ihm konnten sie sich des Gefühls einer gewissen Ehrfurcht nicht erwehren. Vielleicht trug das Bewußtsein, daß Stalin grenzenlose Macht über Millionen seiner Untertanen besaß, dazu bei, daß den »Führer der Völker« ungeachtet der Methoden, mit denen er diese Macht begründet hatte, eine Art von Aura umgab. Sie forderte nicht nur den Willen eines Menschen heraus, sondern erzeugte auch so etwas wie einen Zwang zur Unterwürfigkeit. Aber vielleicht war es das unwillkürliche Gefühl der Furcht vor einem Ungeheuer. Und die Fähigkeit Stalins, die Rolle eines liebenswürdigen Gastgebers zu spielen, sein Geschick, einen Gesprächspartner zu bezaubern, bewirkten, daß dieser Erleichterung empfand und bestrebt war, mit ihm eine gemeinsame Sprache zu finden und sich wie er ungezwungen zu verhalten ...

Stalin lud alle ein, an einem langen, mit grünem Tuch bedeckten Tisch Platz zu nehmen. Er selbst setzte sich an die Kopfseite. Churchill bat er, sich rechts von ihm zu setzen, und Harriman links von ihm. Die übrigen nahmen weiter von ihm entfernt an beiden Seiten des Tisches Platz. Nach einigen höflichen Fragen, bei denen es darum ging, wie Churchill sich fühle, ob er einen angenehmen Flug gehabt hätte und ob der Premier mit seiner Residenz zufrieden sei, ging Stalin zur Sache über. Sein düsteres Aussehen entsprach den nicht weniger düsteren Äußerungen über die Lage an der Front.

»Die Nachrichten von der kämpfenden Armee sind unerfreulich«, begann er. »Die Deutschen unternehmen ungeheure Anstrengungen, um bis Baku und Stalingrad vorzurücken. Es kann nicht garantiert werden, daß die Russen dem erneuten deutschen Druck standhalten werden. Im Süden war die Rote Armee nicht imstande, den Angriff der Deutschen aufzuhalten ...«

Churchill, der seinem Gesprächspartner offensichtlich Mut machen wollte, bemerkte, daß die Deutschen ohne ausreichende Luftstreitkräfte kaum zu einem neuen Angriff im Gebiet von Woronesch oder nördlich davon übergehen könnten.

»So ist es nicht«, erwiderte Stalin. »Bei der großen Länge der Front ist Hitler durchaus in der Lage, zwanzig Divisionen einzusetzen und eine starke offensive Gruppierung zu schaffen. Dazu genügen zwanzig Divisionen und zwei bis drei Panzerdivisionen völlig. Wenn man berücksichtigt, was Hitler jetzt zur Verfügung steht, fällt es ihm nicht schwer, solche Kräfte einzusetzen. Ich hatte überhaupt nicht gedacht, daß die Deutschen so viele Truppen und Panzer von überall her aus Europa zusammenziehen würden ...«

Das war schon eine direkte Anspielung darauf, daß es in Europa keine zweite Front gab. Länger konnte Churchill mit seiner Erklärung, deretwegen er die Reise nach Moskau unternommen hatte, nicht hinter dem Berg halten.

»Möchten Sie, daß ich jetzt auf die zweite Front zu sprechen komme?« fragte der britische Premier.

»Wie es dem Premierminister beliebt«, antwortete Stalin ausweichend.

»Ich bin hierhergekommen, um ganz offen über reale Probleme zu sprechen. Lassen Sie uns wie Freunde miteinander reden. Ich hoffe, Sie sind damit einverstanden und sagen ebenso offen, was Sie derzeit für richtig halten.«

»Ich bin dazu bereit«, erklärte Stalin.
Unter Hinweis darauf, daß während des Aufenthaltes von Molotow in London und Washington vor kurzem die Eröffnung der zweiten Front erörtert worden sei, begann Churchill zu erläutern, daß die Amerikaner und Engländer aufgrund des Mangels an Truppen und Landungsgerät die Entscheidung treffen müßten, die für September vorgesehenen Operationen zu verschieben. Danach begann er, im einzelnen zu berichten, welche Berechnungen der Entscheidung der westlichen Verbündeten zugrunde lägen. Aber es hatte den Anschein, als ob Stalin ihm nicht zuhörte. Seine Miene wurde immer finsterer, und schließlich unterbrach er seinen Gesprächspartner mit der Frage:
»Habe ich richtig verstanden, daß es in diesem Jahr keine zweite Front geben wird?«
»Aber was verstehen Sie unter der zweiten Front?« fragte Churchill in dem deutlichen Bemühen, die unangenehmen Darlegungen hinauszuzögern.
»Unter der zweiten Front verstehe ich, daß mit starken Kräften in diesem Jahr in das Kriegsgeschehen in Europa eingegriffen wird«, antwortete nicht ohne Erregung Stalin.
»Die Engländer sind in diesem Jahr nicht in der Lage, die zweite Front zu eröffnen. Aber sie nehmen an, daß die zweite Front an einer anderen Stelle errichtet werden kann. Eine Operation an der französischen Küste würde in diesem Jahr mehr Schaden als Nutzen bringen und sich negativ auf die Vorbereitungen auswirken, die für eine große Operation im Jahre 1943 getroffen werden. Ich fürchte, daß das für Sie eine unangenehme Nachricht ist, aber ich möchte erklären, daß wir, wenn eine Operation in diesem Jahr unserem russischen Verbündeten helfen könnte, nicht vor großen Verlusten zurückschrecken würden, um die Kräfte des Gegners zu binden. Aber wenn dieses Vorhaben nicht zum Abzug von Kräften führen würde, so würde es die Aussichten einer künftigen Operation zunichte machen und wäre folglich ein großer Fehler ...«
Churchill bat Harriman, seine Meinung zu äußern, und dieser schloß sich sogleich der des Premiers an. Es wurde klar, daß auch Präsident Roosevelt nicht die Zusagen einhielt, 1942 die zweite Front zu eröffnen. Die Worte langsam, möglicherweise absichtlich mit grusinischem Akzent aussprechend, sagte Stalin:

»Ich habe eine andere Auffassung vom Krieg. Wer nichts riskieren will, wird die Schlachten nicht gewinnen. Die Engländer sollten keine Angst vor den Deutschen haben. Sie sind überhaupt keine Übermenschen. Warum fürchtet ihr euch so vor ihnen? Um die Truppen zu stählen, müssen sie durch das Feuer. Solange die Truppen nicht die Feuertaufe erhalten haben, kann niemand sagen, was sie wert sind. Wenn jetzt die zweite Front eröffnet wird, bietet sich die Gelegenheit, die Truppen im Feuer zu erproben. Nur so würde ich an Stelle der Engländer handeln. Man darf nur nicht die Deutschen fürchten ...«
Diese Bemerkungen empfand Churchill als beleidigend. Eine Zigarre paffend, begann er erregt davon zu sprechen, daß England sich 1940 allein der drohenden Invasion Hitlers gegenübersah. Damit spielte er ziemlich deutlich darauf an, daß Moskau damals »freundschaftliche« Beziehungen zu Deutschland unterhielt. Aber die Engländer, so fuhr der britische Premier fort, zitterten nicht, und Hitler konnte sich wegen der erfolgreichen Operationen der britischen Luftstreitkräfte nicht dazu entschließen, eine Landung vorzunehmen ...
Churchills Tirade machte auf Stalin jedoch keinen Eindruck. Denn obwohl England damals Deutschland tatsächlich allein gegenüberstand, blieb es untätig. Es kam Polen nicht sofort zu Hilfe, reagierte nicht darauf, daß Hitler Norwegen und Dänemark besetzen ließ, und griff nicht aktiv während des Balkanfeldzugs der deutschen und italienischen Faschisten im Frühjahr 1941 ein. Lediglich die britische Luftstreitmacht agierte, aber das war zu wenig ...
Die von Churchill dargelegten Pläne für die Landung amerikanischer und englischer Truppen in Nordafrika trugen dazu bei, daß sich die gespannte Atmosphäre ein wenig löste. Stalin konnte dieser Operation sogar einige positive Seiten abgewinnen. Aber trotzdem bestimmte die Verbitterung wegen der Weigerung, in Frankreich zu landen, fast bis zum Schluß des Besuches von Churchill das Klima im Kreml. Es änderte sich auch nach dem Bankett nicht, das Stalin zu Ehren des Gastes im Jekaterinensaal des Kremls gab. Unter dem Vorwand, müde zu sein, verzichtete Churchill darauf, an der nach dem Abendessen üblichen Filmvorführung teilzunehmen. Das wurde in den Unterhaltungen am Rande der Verhandlungen als Zeichen gespannter Beziehungen zwischen den Verbündeten aufgefaßt. Vielleicht veranlaßte gerade das Stalin, eine jähe Wendung vorzuneh-

men. Er begriff, daß er nichts zu ändern vermochte, daß er England und die USA nicht zur Einhaltung ihres Versprechens zwingen konnte und daß eine weitere Zuspitzung der Beziehungen nur negative Folgen haben würde. Man mußte damit rechnen, daß Informationen über die Uneinigkeit im Lager der Verbündeten nach außen durchsickern und von der Goebbelsschen Propaganda ausgeschlachtet werden könnten. Vor der ganzen Welt mußte die Einigkeit der drei Großmächte demonstriert und gezeigt werden, daß sie gegen den gemeinsamen Feind geschlossen vorgehen wollten. Und auch die Landung in Nordafrika würde – sollte sie stattfinden – die Lage der Deutschen erschweren, ja sie vielleicht zwingen, Truppenteile von der sowjetischen Front abzuziehen. Kurz und gut, es hatte keinen Sinn, sich noch länger mit Churchill zu streiten. Davon würde nichts besser.

In Stalins Wohnung

Die letzte Begegnung der beiden Staatsmänner fand am 15. August, am Vorabend von Churchills Abflug von Moskau, in einer direkt freundschaftlichen Atmosphäre statt. Stalin gab sich liebenswürdig, strahlte Zuversicht aus. Das verblüffte Churchill am Anfang. Aber bald spielte auch er das Spiel der »Freundschaft« mit dem Kremlchef. Sie sprachen über vieles. Stalin betonte von neuem, welche große Bedeutung die Landung der Verbündeten in Nordafrika haben würde, und gab damit zu verstehen, daß er sich mit dem Unvermeidlichen abgefunden hatte.

»Möge Gott Ihnen helfen ...«, sagte Stalin.

»Der Herrgott ist selbstverständlich auf unserer Seite«, stimmte Churchill zu.

»Nun, und der Teufel ist natürlich auf meiner Seite«, ergänzte Stalin. »Und mit vereinten Kräften werden wir den Feind besiegen.« Damit spielte er darauf an, daß Churchill irgendwann einmal erklärt hatte, er sei bereit, einen Pakt mit dem Teufel zu schließen, wenn dieser gegen Hitler zu Felde ziehe.

Danach erinnerte Churchill Stalin daran, daß er Moskau mehrfach durch den Botschafter Crippes vor dem nahe bevorstehenden Überfall Deutschlands auf Rußland warnen ließ. Stalin reagierte darauf überhaupt nicht, sondern bemerkte nur, er habe immer mit einem Angriff gerechnet, aber angenommen, daß es ihm gelingen würde, ihn bis zum Frühjahr 1942 hinauszuzögern. Er konnte jedoch nicht zugeben, daß er die Notiz über ein Gespräch Wyschinskijs mit Crippes mit der Notiz versehen hatte: »Eine gewöhnliche britische Provokation ...«

Sie sprachen über die Vorkriegssituation, wobei Churchill zugab, daß die englisch-französische Delegation, die im Jahre 1939 in Moskau Verhandlungen führte, nicht genügend repräsentativ war und nicht über die Vollmachten verfügte, die für den Abschluß eines ernsthaften Vertrages erforderlich gewesen wären. Stalin schilderte ihm in groben Umrissen die Reise Molotows nach Berlin und seine Verhandlungen mit Hitler und Ribbentrop, und dabei erwähnte er auch, daß es während der letzten Unterredung Molotows mit dem deutschen Außenminister in der Reichshauptstadt Fliegeralarm gegeben hätte.

»Weshalb haben Sie damals meinen Molotow bombardiert?« fragte Stalin in scherzhaftem Ton seinen Gast.

»Ich war immer der Meinung, daß man nie eine sich bietende Gelegenheit verpassen darf«, antwortete ihm im gleichen Ton der britische Premier.

Es war beinahe Mitternacht. Sehr zeitig am Morgen sollte Churchill zum Flugplatz fahren. Aber Stalin wollte ihn nicht fortlassen.

»Möchten Sie mich nicht kurz in meiner Wohnung im Kreml besuchen und mit mir ein Gläschen trinken?« fragte Stalin liebenswürdig.

»Ich lehne solche Vorschläge nie ab«, erwiderte Churchill und nahm die Einladung an.

Und sofort gingen sie los, passierten verschiedene Korridore des Kreml, betraten einen kleinen Hof, durchquerten eine Durchfahrt und befanden sich in Stalins Wohnung, die der britische Premier »bescheiden und mäßig groß« nannte: ein Eßzimmer, ein Wohnzimmer, ein Arbeitszimmer und ein großes Badezimmer. Stalin erwähnte dem Gast gegenüber nicht, daß es einmal die Wohnung Bucharins gewesen war. Nach dem Selbstmord von Nadeschda Allilujewa, der Frau Stalins, hatten sie die Wohnungen getauscht.

Mit der Einladung in seine Wohnung erwies Stalin Churchill eine besondere Aufmerksamkeit. Bis dahin war noch keinem einzigen ausländischen Politiker diese Ehre zuteil geworden. Stalin wollte damit zweifellos betonen, daß ihm trotz der Meinungsverschiedenheiten wegen der zweiten Front die Zusammenarbeit mit Großbritannien am Herzen lag und daß er die dort vorhandene Bereitschaft, die Sowjetunion als gleichberechtigten Partner anzusehen, zu schätzen wußte. Um seiner Sympathie gegenüber dem hohen englischen Gast noch deutlicher Ausdruck zu verleihen und diesen Abend intimer zu gestalten, ließ er seine Tochter Swetlana rufen, die ein Schulmädchen war und am Tisch hantierend die Rolle einer Gastgeberin spielte. Nach einer geraumen Zeit erschien auch Molotow. Er übernahm die Funktion eines Tischmeisters, eines Tamada, und begann, zahlreiche Toasts auszubringen.

»Eines muß man Molotow lassen«, bemerkte Stalin fröhlich. »Er ist ein Spezialist für Gelage und versteht es auch, zu trinken ...«

Die verschiedensten Getränke erschienen auf dem Tisch. Churchill war klar, daß ihm ein reichhaltiges und langes Abendessen bevorstand.

Zu den Themen, die berührt wurden, gehörte auch die Kollektivierung.

»Sagen Sie«, wollte Churchill wissen, »empfinden Sie die Last des jetzigen Krieges persönlich als genauso schwer wie die der Politik der Kollektivierung?«
»Oh nein«, antwortete der »Vater der Völker«, »die Politik der Kollektivierung war ein schrecklicher Kampf ...«
»So habe ich es mir vorgestellt. Denn Sie hatten es nicht nur mit einer Handvoll Aristokraten und Gutsbesitzern zu tun, sondern mit Millionen kleiner Landwirte ...«
»Mit zehn Millionen«, rief Stalin aus und hob dabei die Hände empor. »Das war furchtbar. Und es dauerte vier Jahre lang. Aber es war absolut notwendig für Rußland, um periodisch auftretende Hungersnöte zu vermeiden und das Dorf mit Traktoren auszustatten ...«
Die von Stalin genannte Zahl der Bauern, die in der Zeit der Kollektivierung Repressalien ausgesetzt waren, stimmt ungefähr mit der in letzter Zeit in der sowjetischen Presse erwähnten Zahl überein. Wenn man in Betracht zieht, daß etwa die Hälfte derer, die von ihrem Wohnsitz vertrieben wurden, nach ziellosem Umherirren im Land in die Kolchosen ging, dann kamen etwa fünf Millionen um oder wurden »liquidiert«; diese Zahl weicht nicht sehr von den sechs Millionen ab, die in den meisten Studien genannt wird. Man muß dabei berücksichtigen, daß es sich um die fleißigsten, geschicktesten und fähigsten Ackerbauern und Viehzüchter handelte, die solide Wirtschaften besaßen und sich daher energisch der Enteignung widersetzten, wofür sie mit dem Leben bezahlen mußten. Es ist daher verständlich, warum unser Land, das so riesige Verluste erlitt, bis heute nicht die Krisen der Landwirtschaft überwinden konnte. Das Dorf, das übergenug Traktoren besitzt, aber des wirklichen Herrn des Bodens entbehrt, ist nicht in der Lage, die Bevölkerung zu ernähren ...
»Waren das alles Kulaken?« fragte Churchill.
»Ja«, antwortete Stalin, und nachdem er eine Weile geschwiegen hatte, wiederholte er: »Das war furchtbar schwer, aber notwendig ...«
»Und was ist mit ihnen geschehen?«
»Ja, was nur«, sagte Stalin und machte eine abwehrende Handbewegung. »Viele von ihnen erklärten sich dazu bereit, mit uns zu gehen. Einigen wies man Land zur Bearbeitung im Gebiet von Tomsk oder Irkutsk oder weiter im Norden zu. Aber dort lebten sie sich nicht

ein. Die dort Ansässigen mochten sie nicht. Schließlich rechneten die Landarbeiter mit ihnen ab ...«

Selbstverständlich »liquidierten« nicht die Einheimischen und nicht Landarbeiter die unglücklichen Bauern, die der Zwangskollektivierung zum Opfer gefallen waren, sondern Spezialeinheiten des NKWD. Hat Churchill Stalins Version geglaubt? Er widersprach ihm nicht. In seinen Memoiren vermerkte er nur, daß es ihn, als er Stalins Erklärung hörte, beim Gedanken an die Millionen Männer, Frauen und Kinder, die für immer aus ihrer Heimat verjagt wurden und in den eisigen Weiten Sibiriens starben, schauderte ...

An jenem Abend und in jener Nacht verbrachten Stalin und Churchill insgesamt fast sieben Stunden miteinander. Erst nach drei Uhr nachts kehrte der britische Premier in sein Landhaus zurück, und morgens um fünf Uhr dreißig, am Sonntag, dem 16. August, erhob sich sein Flugzeug auf dem Moskauer Zentralflughafen in die Luft und nahm Kurs auf Teheran.

Der Besuch des britischen Premiers endete friedlich, ja beinahe freundschaftlich. In dem sofort veröffentlichten Kommuniqué hieß es »Die Gespräche, die in einer Atmosphäre der Herzlichkeit und völligen Offenheit verliefen, boten Gelegenheit, von neuem die enge Freundschaft und das gegenseitige Verständnis zwischen der Sowjetunion, Großbritannien und den USA in völliger Übereinstimmung mit den zwischen ihnen bestehenden Bündnisbeziehungen zu konstatieren.«

Aber trotzdem blieb in Moskau ein unangenehmes Gefühl im Zusammenhang mit der Weigerung der Westmächte zurück, 1942, wie versprochen, in Nordfrankreich die zweite Front zu eröffnen. Stalin hegte weiter Mißtrauen gegen Churchill. Es verstärkte sich, als sich die Zahl der Konvois, die militärische Lieferungen über die nördliche Route in die Sowjetunion brachten, stark verminderte.

Auf der Teheraner Konferenz im November–Dezember 1943 war zwischen Stalin und Churchill kein solcher Grad von Vertrautheit zu spüren, wie sie sich zwischen dem sowjetischen Staatsoberhaupt und Präsident Roosevelt herausgebildet hatte. Zwar unterbreitete Churchill die Stalin sehr gelegen kommende Idee, Polen nach dem Westen hin zu »verrücken« und die sowjetisch-polnische Grenze gemäß der Curzon-Linie festzulegen. Doch widersetzte sich der Leiter der britischen Delegation vehement der Entscheidung, Truppen der Verbündeten in der Normandie landen zu lassen, und agi-

tierte auf jede nur erdenkliche Weise für ein Vorrücken auf dem Balkan. Stalin erriet sofort Churchills Absicht. Er wollte der Roten Armee den Weg nach Osteuropa verlegen. Selbst nachdem es der sowjetischen Delegation mit Roosevelts Unterstützung gelungen war, den Beschluß über die Invasion in Nordfrankreich durchzusetzen, versuchte Churchill, die Türkei in den Krieg hineinzuziehen und damit die in Teheran erzielte Übereinkunft zu brechen.
Die Überlegungen des britischen Premiers liefen darauf hinaus, daß die Deutschen nach Kriegserklärung der Türkei Istanbul angreifen und möglicherweise sogar einnehmen würden. Dann bliebe den Verbündeten nichts anderes übrig, als dringend Maßnahmen zur Rettung der Türkei zu ergreifen, wodurch sich der Plan zur Landung in Frankreich von selbst zerschlüge. Churchill versuchte zu erreichen, daß zur gleichen Zeit die militärischen Operationen auf dem Balkan ausgeweitet würden. Aber der Präsident der Türkei, Ismet Inönü, mit dem sich Churchill auf der Heimreise von Teheran traf, wollte Deutschland nicht den Krieg erklären, und so scheiterte das Balkanabenteuer des britischen Premiers endgültig.
Tiefes Mißtrauen rief bei Stalin auch die Position hervor, die die britische Delegation im Sommer 1944 auf der Konferenz in Dumbarton Oaks (Washington) vertrat, wo das Statut einer künftigen internationalen Organisation zur Erhaltung der Sicherheit aufgearbeitet wurde. Die Engländer unterbreiteten, nachdem sie die Amerikaner auf ihre Seite gezogen hatten, einen Vorschlag, wonach die Großmächte, die auch die ständigen Mitglieder des Sicherheitsrates der Vereinten Nationen waren, bei Streitfragen, die sie betrafen, keine Abstimmung durchführen sollten. Da die Sowjetunion damals die einzige nichtkapitalistische Macht war, konnte man annehmen, daß dahinter die Absicht steckte, Moskau unannehmbare Beschlüsse einer internationalen Organisation aufzuzwingen. Denn damals besaßen die USA und England in dieser Organisation die absolute Mehrheit, die sie jederzeit gegen die UdSSR ausnutzen konnten. Der sowjetischen Seite gelang es, das Vetorecht im Sicherheitsrat durchzusetzen, aber Stalin vergaß selbstverständlich den Versuch Londons nicht, die UdSSR in eine nicht gleichberechtigte Position zu bringen.

Eine stumme Szene

Im Oktober 1944 schien eine neue Etappe in den Beziehungen des sowjetischen und des britischen Premiers zu beginnen. Das Hauptthema, um das es bei diesem Treffen Stalins und Churchills ging, war das polnische Problem. Der britische Premier versicherte dem sowjetischen Staatsoberhaupt, daß er alles tun wolle, um die polnische Exilregierung, die in London Zuflucht gesucht hatte, zur Annahme der sowjetischen Forderungen zu bewegen. Dadurch konnte sich eine Möglichkeit eröffnen, zu einer für beide Seiten annehmbaren Übereinkunft zu gelangen und Bedingungen zu schaffen, die es gestatten würden, daß eine reorganisierte Regierung Polens, die bereit wäre, gutnachbarliche Beziehungen zur UdSSR zu unterhalten und die auf der Curzon-Linie basierende sowjetisch-polnische Grenze anzuerkennen, nach der Befreiung Warschaus durch die Rote Armee dorthin übersiedelte. Man kann nicht mit hundertprozentiger Sicherheit sagen, daß sich die Entwicklung in Polen ähnlich wie in Finnland oder Österreich vollzogen hätte, aber es gibt auch keine Gründe dafür, eine solche Möglichkeit auszuschließen. Doch nutzte der Premierminister der polnischen Exilregierung, Mikołajczyk, der sich während des Besuchs von Churchill in Moskau ebenfalls in der sowjetischen Hauptstadt aufhielt, die Gelegenheit nicht, mit der sowjetischen Führung zu verhandeln. War der britische Premier aufrichtig gewesen, als er erklärte, daß er der polnischen Exilregierung dringend empfohlen habe, ein Übereinkommen mit Moskau anzustreben? Oder riet er, ähnlich wie die Amerikaner, Mikołajczyk in Verhandlungen hinter den Kulissen, keine Zugeständnisse zu machen? Es hatte den Anschein, daß Stalin damals geneigt war, Churchill zu glauben. Jedenfalls schien dank der ungezwungenen Atmosphäre der Moskauer Unterredungen gegenseitiges Vertrauen zu herrschen.

Gerade in einer solchen Atmosphäre begann der britische Premier ein Gespräch, das von Historikern und Journalisten verschieden interpretiert und heiß diskutiert wird. Um so wichtiger ist es, hier ausführlicher wiederzugeben, was am 9. Oktober 1944 im Arbeitszimmer Stalins geschah.

Damals war Harriman bereits Botschafter der USA in der Sowjetunion, und Roosevelt hatte ihm die Rolle eines Beobachters bei der

Begegnung Churchills mit Stalin zugewiesen. Der Präsident hatte in einer Botschaft an die sowjetische Regierung betont, daß er nicht an den Verhandlungen teilnehmen wolle und daß die Vereinigten Staaten sich nicht an irgendwelche Übereinkünfte gebunden fühlen würden, die bei dieser Begegnung erzielt werden könnten. Aus diesem Grunde wohnte Harriman bei weitem nicht allen Unterredungen bei, obwohl der britische Premier ihn über das, was geschah, auf dem laufenden hielt.

Beim Treffen, von dem die Rede ist, waren weder der amerikanische Botschafter noch der englische Außenminister Eden, der den Premier bei dieser Reise begleitete, anwesend. Stalin und Churchill trafen sich – nur in Anwesenheit der Dolmetscher – unter vier Augen. Diesmal waren Churchill als Residenz das Landhaus Molotows sowie Appartements im Hotel »National« zur Verfügung gestellt worden. Am 9. Oktober fuhr man ihn vom Flughafen direkt in die Umgebung Moskaus, wo er sich vor der am Abend vorgesehenen Unterredung mit Stalin erfrischen und etwas ausruhen konnte. Das war – wenn man das Teheraner Treffen hinzuzählt – ihre dritte Begegnung, und daher kamen beide Staatsmänner ohne lange Vorreden zur Sache.

Churchill begann damit, daß es ihm wichtig scheine, einige Fragen zu klären, über die beide Staatsmänner in letzter Zeit korrespondiert hatten.

»Ich bin bereit, jede beliebige Frage zu erörtern«, sagte Stalin.

»Es gibt zwei Länder, über die wir sprechen müssen«, begann Churchill seinen Gedanken zu entwickeln. »Das eine ist Griechenland, das andere Rumänien, über das sich die Engländer nicht sonderlich Sorgen machen. Anders verhält es sich im Falle Griechenlands. Großbritannien soll die führende Macht im Mittelmeergebiet sein, und ich hoffe, Marschall Stalin erkennt an, daß das letzte Wort in Griechenland wir haben, ebenso wie ich bereit bin anzuerkennen, daß das letzte Wort in bezug auf Rumänien Marschall Stalin hat. Selbstverständlich wird die britische Regierung mit der sowjetischen Regierung in Kontakt bleiben.«

Stalin brachte dem Standpunkt Großbritanniens Verständnis entgegen, indem er sagte, daß sich England einem ernsten Problem gegenübersähe, wenn sich das Mittelmeer nicht mehr in seinen Händen befände. Daher war er damit einverstanden, daß Churchill das entscheidende Wort in Griechenland habe.

»Ich nehme an«, flocht der britische Premier ein, »daß wir diese Dinge in diplomatischen Termini ausdrücken und die Formulierung von der ›Aufteilung der Einflußsphären‹ vermeiden sollten, weil das die Amerikaner schockieren würde. Aber sobald wir ein gegenseitiges Einvernehmen erzielt haben, werde ich mich mit dem Präsidenten verständigen können ...«
Stalin erinnerte Churchill an den Wunsch Roosevelts, jede Entscheidung dieses Treffens als vorläufig zu betrachten.
»Aber wir beide haben doch keine Geheimnisse vor dem Präsidenten«, bemerkte der Premier. »Ich begrüße sogar die Anwesenheit Harrimans bei einigen unserer Unterredungen. Das sollte uns beide jedoch nicht daran hindern, intime Gespräche zu führen.«
»Mir scheint«, so äußerte Stalin verständnisvoll, »daß die Vereinigten Staaten zu viel Rechte für sich beanspruchen und der Sowjetunion und Großbritannien begrenzte Möglichkeiten einräumen. Wir haben jedoch mit ihnen einen Vertrag über gegenseitige Hilfe ...«
Nach diesem sehr vertraulichen Gedankenaustausch, der nicht der Doppeldeutigkeit entbehrte, ereignete sich die folgende Episode, über die immer noch nicht völlige Klarheit herrscht.
»Ich habe hier ein schmutziges Dokument, das die Überlegungen einiger Personen in London enthält«, sagte Churchill und zog dabei ein vierfach zusammengefaltetes Papier aus der Brusttasche. Nachdem er es auf dem Tisch geglättet hatte, schob er es Stalin zu. Der Text mußte übersetzt werden. Auf dem Blatt Papier standen einige Zeilen:

Romania	
Russia	90 %
The others	10 %
Greece	
Great Britain	90 %
(in accord with USA)	
Russia	10 %
Yugoslavia	50:50 %
Hungary	50:50 %
Bulgaria	
Russia	75 %
The others	25 %

Stalin blickte aufmerksam auf die Zahlen, nahm aus einem Bronzegefäß einen seiner geliebten dicken zweifarbigen Stifte und zeichnete in der oberen Ecke eine kleine blaue Dohle. Dann schob er das Blatt, ohne ein Wort zu sagen, wieder Churchill zu. Es trat eine lange Pause ein. Als erster unterbrach Churchill das Schweigen:
»Wird es nicht für sehr zynisch gehalten werden, daß wir so einfach Fragen entschieden haben, die das Schicksal von Millionen Menschen betreffen? Verbrennen wir lieber dieses Stück Papier ...«
»Nein, behalten Sie es«, sagte Stalin.
Churchill faltete das Papier zusammen und steckte es in die Tasche. Und wieder langes Schweigen ...
Wegen dieser stummen Szene wurden eine Menge Artikel und Monographien verfaßt. In der Sowjetunion weigerte man sich einfach, sie als Übereinkommen über die »Aufteilung der Einflußsphären« in Osteuropa zu interpretieren. »Ein wirklicher Staat«, so hieß es in den Verlautbarungen hoher Instanzen, »konnte nicht an den zweifelhaften Machenschaften des imperialistischen Großbritanniens beteiligt sein.« Dies »hätte den Grundprinzipien Leninscher Außenpolitik der Sowjetunion widersprochen.« Ungefähr so argumentierte auch ich in einer meiner Veröffentlichungen. Die Möglichkeit, den Dingen auf den Grund zu gehen, wurde dadurch erschwert, daß Archivmaterialien nicht zugänglich waren. In dem 1983 vom Außenministerium der UdSSR herausgegebenen Sammelband »Die sowjetisch-amerikanischen Beziehungen während des Großen Vaterländischen Krieges 1941–1945« sind die Aufzeichnungen von den Gesprächen Stalins mit Churchill vom Oktober 1944 überhaupt nicht enthalten. Obwohl die Ereignisse, die nach diesem Treffen folgten, dafür sprechen, daß es irgendeine geheime Übereinkunft gegeben haben kann, ließ sich ein endgültiges Urteil schwer fällen. Jetzt werden die Dinge klarer.
Schon der oben angeführte Dialog, der zwischen den beiden Staatsmännern stattfand, bevor Churchill Stalin sein Blatt Papier zeigte, macht deutlich, daß beide geneigt waren festzulegen, welche Seite den Haupteinfluß in Griechenland bzw. Rumänien haben sollte. Noch mehr Licht in diese Angelegenheit bringt die Unterredung, die am folgenden Tag zwischen Molotow und Eden stattfand. Die entsprechende Aufzeichnung fehlt ebenfalls im oben erwähnten Sammelband des Außenministeriums der UdSSR, sie wurde aber unlängst in der westlichen Presse veröffentlicht.

Unter Bezugnahme auf die Begegnung Stalins und Churchills setzte Molotow seinem britischen Kollegen auseinander, daß der Vorschlag über die Prozente Aufmerksamkeit verdienten.
»Können wir uns nicht darüber verständigen«, fuhr Molotow fort, »daß das Verhältnis 75 : 25 Prozent nicht nur für Bulgarien gilt, sondern auch für Ungarn und Jugoslawien?«
»Aber das Verhältnis ist viel schlechter als jenes, von dem gestern die Rede war«, wandte Eden ein.
»Dann soll es 90 : 10 bei Bulgarien und 50 : 50 bei Jugoslawien sein, und über Ungarn werden wir uns noch einigen ...«
»Wir sind bereit, Ihrem Vorschlag über Ungarn zuzustimmen, möchten aber mehr Einfluß in Bulgarien haben.«
»Wenn bei Ungarn das Verhältnis 75 : 25 beträgt, dann soll dieses Verhältnis auch für Bulgarien gelten. Aber dann muß es bei Jugoslawien 60 : 40 betragen. Das ist das Äußerste. Weiter werden wir nicht gehen.«
Eden schlug 80 : 20 für Bulgarien vor, aber beharrte weiter auf einem Verhältnis 50 : 50 bei Jugoslawien. Molotow wiederum erklärte, daß es, wenn man den englischen Vorschlag für Jugoslawien akzeptiere, 90 : 10 bei Bulgarien betragen solle. Wenn er 60 : 40 für Jugoslawien vorschlage – so fügte er hinzu –, gehe er davon aus, daß sich die sowjetische Seite wenig für die Küstenregionen interessiere, aber mehr Einfluß im Landesinneren haben möchte. Bemerkenswert ist, daß Griechenland in dieser Diskussion überhaupt nicht erwähnt wurde. Folglich erhob die sowjetische Seite keine Einwände gegen den britischen Vorschlag.
Des Feilschens müde, erklärte Eden schließlich, daß es ihm nicht so sehr um die Zahlen gehe. Er verstehe das sowjetische Interesse an Bulgarien, und Großbritannien sei bereit, hier zuzustimmen. Was jedoch Jugoslawien betreffe, so komme es unabhängig davon, ob Tito und die jugoslawische Regierung in London zustimmen würden oder nicht, darauf an, daß die Verbündeten dort eine gemeinsame Politik betrieben.
Als während des Abendessens, das in Churchills Landhaus stattfand, Eden über seine Unterredung mit Molotow berichtete, sagte er, daß es eine »wirkliche Schlacht« gewesen sei, in der er die britischen Interessen nicht verraten habe. Auf ähnliche Weise wurde eine Übereinkunft über die Einflußsphären in Osteuropa erzielt.
Als Churchill am nächsten Morgen aufwachte und wie gewohnt

weiter die Bettruhe genoß, diktierte er einen an Stalin adressierten Brief, der eine Darstellung der prozentualen Verhältnisse enthielt, über die eine Übereinkunft erzielt worden war. Da es ihm offenbar peinlich war, daß das Geschäft hinter Roosevelts Rücken ausgehandelt worden war, zeigte er Harriman, als dieser Churchill im Hotel »National« aufsuchte, den Entwurf des Briefes. Der amerikanische Beobachter wandte sich auf das entschiedenste gegen die Absendung eines solchen Schreibens an Stalin, indem er darauf verwies, daß der Präsident mit dieser ganzen Sache sehr unzufrieden sein würde. Harriman konnte man verstehen, denn in Churchills Papier, mit dem alles angefangen hatte, war der amerikanische Anteil ziemlich nebulös gehalten, und das paßte Washington natürlich nicht. Churchill hörte auf Harriman und sandte den Brief nicht ab. In einem von Stalin und Churchill unterzeichneten Telegramm an Präsident Roosevelt hieß es lediglich: »Wir müssen prüfen, wie wir die Politik hinsichtlich der Balkankänder, einschließlich Ungarns und der Türkei, besser abstimmen.«

Was die Türkei betrifft, so wurde sie bereits im Zusammenhang mit dem Gedankenaustausch erwähnt, den Stalin und Churchill über die Zugehörigkeit der Meerengen führten. Hierbei verhielt sich der britische Premier wohlwollend zum Wunsch des sowjetischen Staatsoberhauptes, diese Frage zugunsten der UdSSR zu prüfen.

Das Problem der Meerengen ließ Stalin keine Ruhe. Die westlichen Verbündeten Rußlands hatten während des ersten Weltkriegs versprochen, dem zaristischen Kaiserreich nach dem Sieg über die feindliche Koalition, zu der auch die Türkei gehörte, die Dardanellen und den Bosporus einschließlich Konstantinopels zu übereignen. Stalin, der seinem Imperium bereits das Baltikum und einen Teil Polens einverleibt hatte, hörte nicht auf, von den Meerengen zu träumen. Er hatte diese Forderung erfolglos Hitler unterbreitet, und jetzt trachtete er danach, mit Hilfe der Verbündeten der Antihitlerkoalition sein Ziel zu erreichen. Diese Spekulationen blieben erfolglos. Stalin erhielt die Meerengen nicht.

Die nachfolgenden Ereignisse in Griechenland, wo die Engländer ziemlich brutal mit den von den Kommunisten geführten Einheiten des bewaffneten Widerstands umgingen, geben Grund zu der Annahme, daß die in Moskau erzielte Übereinkunft eingehalten wurde. Stalin stellte sich taub, als die griechischen Kommunisten um Hilfe baten, und sah ruhig zu, wie London dort repressive Maßnahmen ergriff. Und auch Churchill ignorierte die Forderungen des Foreign Office, energisch auf die Situation in Rumänien zu reagieren, wo nach Meinung des britischen Außenministeriums Moskau grob Druck ausübte. Von der Warte des Moskauer Übereinkommens aus betrachtet, ist zugleich Stalins Erregung verständlich, als später die Westmächte begannen, sich in Ungarn einzumischen.

»Herzliche Übereinstimmung«

Als Beweis dafür, daß die erzielte Übereinkunft Stalin sehr behagte, können schließlich Ehrungen dienen, die er Churchill in den Tagen seines Aufenthaltes in der sowjetischen Hauptstadt zuteil werden ließ. Er lud den britischen Premier nicht nur erneut zum Abendessen in seine Wohnung im Kreml ein, sondern verhielt sich überhaupt ganz ungewöhnlich. Ich erinnere mich, was für eine Aufregung bei uns im Sekretariat Molotows und besonders in der englischen Botschaft am Sophienufer (der heutigen Uferstraße »Maurice Thorez«) herrschte, als Stalin die Einladung Churchills annahm, mit ihm dort zu Abend zu essen. Das schien unglaublich. Denn der »Vater der Völker« hatte bisher noch nie ausländische Botschaften besucht. Wjatscheslaw Michailowitsch* schickte mich vorher mit einer Liste der Hauptgäste dorthin, damit die Botschaft Tischkärtchen vorbereiten konnte. Von unserer Seite nahmen außer Stalin auch Molotow, Wyschinskij, Litwinow und Kaganowitsch teil. Molotow, der mich und Pawlow mitnahm, traf früher als die anderen ein. Wir standen hinter Churchill, der seine Gäste begrüßte. Aus irgendeinem Grunde kam es Molotow in den Sinn, auch mich vorzustellen. Als er meinen Namen nannte, fügte er hinzu:

»Haben Sie von ihm noch nichts gehört? Das macht nichts, bald werden Sie von ihm hören ...«

Was er damit sagen wollte, habe ich nie erfahren. Möglicherweise hatte man vor, mich vom Assistenten des Volkskommissars für Auswärtige Angelegenheiten auf einen höheren Posten zu befördern oder mich mit einer verantwortlichen diplomatischen Tätigkeit im Ausland zu betrauen, und daher wollte er die Aufmerksamkeit der anwesenden hochgestellten Persönlichkeiten auf einen jungen, wenig bekannten, aber schon in Stalins Umgebung befindlichen Menschen lenken. Etwa so läßt sich das erklären, aber nichts dergleichen geschah mit mir, vielleicht wegen eines schriftlichen Berichts, den Berija Stalin zuleitete und von dem später noch die Rede sein soll.

Vor dem Abendessen servierten Kellner Getränke, ein lebhaftes Ge-

*Molotow – Anm. d. Übers.

spräch war im Gange. Churchill drängte sich durch die Menge und wechselte dabei mit den Gästen zwei bis drei Worte, und ich folgte ihm zusammen mit Birse, dem Dolmetscher des Premiers. Pawlow stand während dieser Zeit neben Stalin und Molotow, die von englischen und amerikanischen Diplomaten umringt waren. Als der Premierminister an den Volkskommissar für Verkehrswesen, Kaganowitsch, herantrat, fragte er ihn, wie es ihm gelungen sei, das Verkehrsnetz Rußlands effektiv zu gestalten.

»Wenn ein Lokomotivführer seine Pflichten nicht erfüllt, verfahre ich mit ihm so«, antwortete Lasar Mojssejewitsch, indem er grinsend mit dem Finger eine Bewegung quer zur Kehle vollführte ...

Man muß zugeben, daß der Eisenbahntransport in der äußerst schwierigen Zeit des Krieges – unter den Bedingungen der Luftangriffe, des akuten Mangels an rollendem Material, an Brennstoff und an qualifiziertem Personal – die Prüfung, wenn auch unter furchtbaren Anstrengungen, bestand. Heute aber – fünfundvierzig Jahre nach Kriegsende und nach fünf Jahren Perestrojka – befindet sich unser Eisenbahnwesen an der Grenze des totalen Zusammenbruchs.

Während des Essens war das Krachen von Salven zu hören, draußen erblickte man ein buntes Feuerwerk. Moskau grüßte die Truppen der Roten Armee, die die ungarische Stadt Szeged eingenommen hatten. In den Tagen, in denen Churchill in Moskau weilte, erlebte er des öfteren den Jubel von Moskauern, die sich auf dem Roten Platz versammelten, um einen der gerade errungenen Siege zu feiern. Sowjetische Truppen befreiten Riga und näherten sich Westpreußen. Im Westen bewegten sich die Truppen der Alliierten nach der Befreiung von Paris in Richtung des Rheins. All das führte dazu, daß eine gehobene Stimmung herrschte, die sich auch auf die Atmosphäre während des denkwürdigen Abendessens in der britischen Botschaft auswirkte.

Churchill erzählte Stalin begeistert von seiner jüngsten Reise durch Italien und von dem Jubel, mit dem er dort vom Volke begrüßt wurde. Stalin bemerkte dazu, daß die gleiche Menge noch vor ganz kurzer Zeit Mussolini huldigte. Das gefiel Churchill offensichtlich nicht, und er wechselte rasch das Thema.

Dann begann Churchill darzulegen, wie wichtig es wäre, die Zusammenarbeit der drei Mächte in der Nachkriegszeit fortzusetzen. War er aufrichtig? Ich glaube, kaum. Denn gerade er verkündete in

seiner Fultoner Rede im Jahre 1946 faktisch den Beginn des Kalten Krieges. Aber damals, in einer Situation, in der die UdSSR die Hauptlast des Krieges gegen Hitlerdeutschland trug, war es wichtig, Stalin davon zu überzeugen, daß er in die Gesellschaft der westlichen Demokratien aufgenommen sei.
»In der künftigen Welt, um deretwillen unsere Soldaten ihr Blut an unzähligen Fronten vergießen«, sagte der britische Premier in seiner auf Nachruhm bedachten, hochgestochenen Art, »demonstrieren unsere drei großen Demokratien der ganzen Menschheit, daß sie sowohl im Krieg als auch in Friedenszeiten den hohen Prinzipien der Freiheit, der Würde und des Glücks der Menschen treu bleiben. Aus diesem Grunde messe ich dem guten nachbarschaftlichen Verhältnis zwischen dem wiedererstandenen Polen und der Sowjetunion eine so außerordentliche Bedeutung bei. Wegen der Freiheit und Unabhängigkeit Polens ist Großbritannien in diesen Krieg eingetreten. Die Engländer fühlen sich moralisch verantwortlich für das polnische Volk, für seine geistigen Werte. Wichtig ist auch, daß Polen ein katholisches Land ist. Es darf nicht zugelassen werden, daß die innere Entwicklung dort unser Verhältnis zum Vatikan trübt ...«
»Und über wie viele Divisionen verfügt der römische Papst?« fragte Stalin plötzlich und unterbrach Churchill in seinen Ausführungen. Der britische Premier geriet ins Stocken. Er hatte mit einer solchen Frage überhaupt nicht gerechnet. Es ging doch um den moralischen Einfluß des Papstes, und zwar nicht nur in Polen, sondern in der ganzen Welt. Stalin jedoch, der erneut den Beweis gab, daß bei ihm nur Macht zählte, brachte Churchill wieder in die Wirklichkeit zurück.
Man kam auf das Problem Jugoslawien zu sprechen. Stalin wies darauf hin, daß nach Titos Meinung die Kroaten und Slowenen niemals bereit sein würden, mit König Peter und seiner in London befindlichen Exilregierung zusammenzuarbeiten. Eden sagte, daß König Peter außerordentlich intelligent sei, und Churchill fügte hinzu, daß er sehr jung sei und noch Erfahungen sammeln werde.
»Und wie alt ist er?« fragte Stalin.
»Einundzwanzig«, antwortete Eden.
»Einundzwanzig!« rief Stalin erregt. »Peter der Große begann Rußland mit siebzehn zu regieren ...«
Unser Führer liebte es, auf die zaristischen Herrscher des russischen Imperiums Bezug zu nehmen. Vor der Potsdamer Konferenz fragte

Harriman, der sich unter denen befand, die die sowjetische Delegation auf dem Bahnhof der Hauptstadt des Dritten Reiches begrüßte, Stalin, ob er sich freue, als Sieger in Berlin zu sein.
»Zar Alexander kam bis nach Paris«, erwiderte Stalin gelassen.
Man kam auf die im darauffolgenden Jahr vorgesehenen Parlamentswahlen in England zu sprechen. Stalin sagte aus dem Wunsch heraus, Churchill zu schmeicheln:
»Ich habe keinen Zweifel, daß die Konservativen siegen werden ...«
Das gleiche wiederholte er auch auf der Potsdamer Konferenz, als er sich von Churchill vor dessen Abreise nach London verabschiedete. Als der Premier äußerte, es sei nicht gewiß, ob er nach Cäcilienhof zurückkehren oder ob an seiner Stelle Attlee kommen würde, erklärte Stalin nachdrücklich, daß ein Sieger nicht verliere und daß die Wähler Churchill als militärischen Führer unterstützen würden. Handelte es sich hier um eine Fehleinschätzung der Situation, um Informationsmangel oder einfach darum, daß er Churchill schmeicheln wollte? ...
Bei Churchills Besuch im Bolschoj-Theater wurde auch ein beispielloser Pomp entfaltet. Der Saal war mit britischen und sowjetischen Flaggen geschmückt. Das Orchester spielte die britische Hymne. Als Churchill in der zentral gelegenen »Zarenloge« erschien, begrüßten ihn die Zuschauer mit Applaus und Hochrufen. Und auch diesmal verstieß Stalin gegen seine üblichen Regeln und kam ebenfalls ins Theater, allerdings fünf Minuten später als der britische Premier. Er trat aus der Tiefe der Loge an Churchill heran, und als das Publikum, das zweifellos vorher ausgesucht worden war, die beiden Staatsmänner erblickte, brach ein Sturm der Begeisterung los. Stalin trat in den Schatten, damit der ganze Applaus nur dem Premier gelte. Die Ovationen hielten an. Churchill, der diese ehrerbietige Geste bemerkt hatte, drehte sich um und begann, Stalin heranzuwinken. Dieser näherte sich wieder der Logenbrüstung, und das hatte einen neuen Beifallssturm zur Folge.
Das Licht verlosch langsam, und den Saal erfüllten die berückenden Klänge der Ouvertüre. Das Programm des Abends bestand aus zwei Teilen. Zuerst wurde der erste Akt des Balletts »Giselle« aufgeführt, im zweiten Teil trat das Gesangs- und Tanzensemble der Roten Armee auf. In der Pause wurde im kleinen, intimen Gesellschaftszimmer, das an die Mittelloge grenzte, ein leichtes Abendessen serviert: kalte Vorspeisen, Kaviar, Krabben, Saziwi, Spanferkel,

Wodka, Kognak und Wein, Süßigkeiten, Obst, Tee und Kaffee. Am Tisch herrschte eine ungezwungene Atmosphäre. Es wurden Trinksprüche ausgebracht, man scherzte und erzählte sich lustige Geschichten. Jemand sprach vom »großen Dreigespann« und verglich es mit der Heiligen Dreifaltigkeit. Stalin griff den Scherz auf:
»Wenn es so ist, dann sind Sie, Herr Churchill, natürlich der Heilige Geist, er ist überall ...«
Nach Beendigung ihres Mahls baten Churchill und Eden darum, ihnen zum Händewaschen die Toilette zu zeigen. Schon zum dritten Mal war das Klingelzeichen erklungen, das den Zuschauern den Beginn des zweiten Teils ankündigte, und die hohen Gäste waren noch immer nicht zurückgekehrt. Stalin fing an, sich Sorgen zu machen, und schickte mich, sie zu holen. Als wir zurückkamen, erklärte Eden, der Stalins fragenden Blick bemerkt hatte:
»Dem Premierminister sind dort einige neue Ideen hinsichtlich Polens gekommen. Wir haben uns verplaudert und das Klingeln nicht gehört ...«
Diese Erklärung brachte alle zum Lachen. In die Loge kehrte man mit noch besserer Laune zurück.
Als Stalin nach einer Weile Churchill und Eden in seine Kremlwohnung zum Abendessen einlud und die Gäste im Vorzimmer willkommen hieß, zeigte er auf eine der Türen:
»Hier ist das Badezimmer, wo Sie sich die Hände waschen können, wenn Sie wichtige politische Fragen miteinander besprechen wollen ...«
Dieses spezielle Thema gab aus irgendeinem Grund Anlaß zu vielen Anekdoten, die in den höchsten Kreisen kursierten. Als während der Potsdamer Konferenz Attlee Churchill ersetzte, sagte der neue britische Außenminister Bevin im Scherz in der Toilette zu Wyschinskij:
»Das ist der einzige Ort in der kapitalistischen Welt, wo der Werktätige uneingeschränkt die Produktionsmittel in seine Hände nehmen kann ...«
Während der Teheraner Konferenz wurde bei den zwanglosen Unterhaltungen folgende Anekdote erzählt: Allen war aufgefallen, daß Eden auf einer der Plenarsitzungen Churchill einen Zettel zugesteckt hatte. Churchill überflog ihn, kritzelte etwas darauf und gab ihn seinem Außenminister zurück. Nachdem Eden die Notiz gelesen hatte, knüllte er den Zettel zusammen und warf ihn in einen Pa-

pierkorb. Nach der Sitzung, als der Saal sich geleert hatte, begannen Agenten aller drei Geheimdienste in den Papierkörben zu wühlen, bis sie schließlich den heißersehnten Zettel gefunden hatten. Auf ihm war zu lesen:

»Winston, Ihr Hosenschlitz ist offen.« Und Churchills Antwort lautete: »Ein alter Adler fällt nicht aus dem Nest ...«

Bei jeder Begegnung mit Churchill während dieses Aufenthaltes in Moskau ließ Stalin keine Gelegenheit aus, Churchill seine Sympathie zu zeigen. Vielleicht nahm er an, der Führer der britischen Tories sei endlich bereit, die Beziehungen zur Sowjetunion auf gegenseitiges Vertrauen zu gründen und sich zu ihm, Stalin, wie zu einem Gleichgestellten zu verhalten. Zahlreiche Erklärungen und Gesten Churchills schienen damals darauf hinzudeuten. Besonders mürbe geworden schien der britische Gast nach einem üppigen Abendessen im Kreml, als beide Staatsmänner sich in das kleine, gediegen möblierte und in grünen Tönen gehaltene Arbeitszimmer neben dem Jekaterinensaal zurückzogen, in dem gewöhnlich das Bankett stattfand. Bei Cognak und Kaffee, eine lange Birmazigarre rauchend, gab sich Churchill nicht zum ersten Mal der Selbstzerfleischung hin und bat Stalin, wegen Englands Beteiligung an der gegen das junge sowjetische Rußland unternommenen Intervention keinen Groll zu hegen.

»Wer nachtragend ist, möge ein Auge verlieren«, sprach Stalin versöhnlich.

»Aber können Sie mir persönlich verzeihen, daß ich Feldzüge der Entente organisierte?« bohrte Churchill weiter.

»Nicht mir obliegt es, Ihnen zu verzeihen«, antwortete großherzig der »Führer der Völker«, »Gott möge Ihnen verzeihen ...«

Stalin zeigte auch bei der Abreise des britischen Premiers ein aufmerksames Verhalten. Am Morgen des 19. Oktober, als Churchill sich anschickte, zum Flugplatz zu fahren, überbrachte man ihm zwei große Kartons und ein persönliches Schreiben von Stalin. In den Kartons befanden sich Vasen mit einer feinen Bemalung: Auf der einen, die für die Frau des Premiers bestimmt war, war ein »Steuermann in einem Boot« dargestellt, auf der zweiten ein »Bogenschütze bei der Jagd auf einen Bären«. Hatte das einen tieferen Sinn? In den Briefen, die sich Herr und Frau Churchill in den Tagen der Moskauer Verhandlungen gegenseitig schrieben, nannten sie Stalin den »alten Bären«. Aber wie konnte der Herr des Kremls das wissen?

Zum Flughafen fuhr ich wegen der Verabschiedung Churchills etwas früher los. Das Wetter war miserabel. Es war plötzlich kälter geworden, ein feiner Sprühregen ging nieder. Unter dem kleinen Vordach des Flughafengebäudes fanden nicht alle, die sich versammelt hatten, Platz. Vom Dach rann das Wasser. Mich überraschte die große Zahl von Militärs und von Sicherheitskräften in Zivil. Aber es vergingen nicht einmal fünf Minuten, da wurde klar, warum solche Sicherheitsvorkehrungen getroffen worden waren. Vor dem Vordach hielt eine Autokolonne. Aus dem ersten und dritten Wagen sprangen Offiziere in langen Mänteln. Einer von ihnen öffnete eine Tür des zweiten Autos, und wir erblickten Stalin. Er trug einen grünlichen Regenmantel mit Schulterklappen und eine Marschallsmütze. Außerdem sah man, daß er Hosen mit scharlachroten Streifen anhatte. Sein Erscheinen auf dem Flugplatz war eine weitere ungewöhnliche Geste der Gastfreundschaft, die Stalin Churchill gegenüber bekunden wollte. Niemals mehr erwies er jemand eine solche Ehre. Die Engländer waren noch nicht angekommen, und Stalin, der es abgelehnt hatte, das Gebäude zu betreten, stand im Regen. Schließlich erschien Churchill mit seiner Begleitung. Gleichzeitig waren Molotow und Harriman eingetroffen.
Churchill war angenehm überrascht, als er Stalin erblickte. Beide Staatsmänner hielten kurze Reden. Danach entschloß sich der britische Premier zu einer freundlichen Geste: Er lud Stalin und Molotow zu einer Besichtigung der Kabine seines Flugzeuges ein. Sie war schön und komfortabel eingerichtet. Stalin konnte es sich nicht verkneifen zu bemerken, daß ihm jetzt klar sei, warum der Premier so gern in der ganzen Welt herumreise ...

Die große Ernüchterung

Noch einmal stellte Stalin Ende Dezember 1944 seinen Willen unter Beweis, zu Churchill gute Beziehungen zu unterhalten. Damals gerieten englische und amerikanische Truppen in den Ardennen in eine sehr schwierige Lage. Die Deutschen waren mit starken Kräften zum Gegenangriff übergegangen und hatten die Verbündeten nach dem Westen zurückgeworfen. Es bestand die Gefahr, daß die Front durchbrochen würde und die von General Eisenhower kommandierten Truppen aufgerieben wurden. Churchill bat um Hilfe. Er entsandte Luftmarschall Tedder nach Moskau, damit er der sowjetischen Führung die verzweifelte Lage der Alliierten schilderte und klärte, ob die Rote Armee ihre Winteroffensive nicht früher als vorgesehen beginnen könnte. »Im Westen sind schwere Kämpfe im Gange«, teilte Churchill Stalin mit. »Können wir mit einer russischen Großoffensive an der Weichselfront oder an irgendeiner anderen Stelle im Laufe des Januars rechnen? ... Ich halte die Angelegenheit für dringend.«

Die sowjetische Heerführung hatte noch nicht alle erforderlichen Vorbereitungen abgeschlossen. Das Wetter war äußerst ungünstig. Eine Vorverlegung des Angriffstermins konnte zusätzliche Schwierigkeiten und Verluste zur Folge haben. Stalin jedoch beschloß, den Verbündeten seinen »guten Willen« zu beweisen und sie gleichzeitig daran zu erinnern, daß England und die USA sich nicht beeilt hatten, der sowjetischen Armee zu Hilfe zu kommen, als sie sich im Sommer 1942 in einer kritischen Situation befand. »Unter Berücksichtigung der Lage unserer Verbündeten an der Westfront«, telegrafierte er dem britischen Premier, »hat das Oberkommando beschlossen, die Vorbereitungen beschleunigt zu beenden und ungeachtet der Witterung spätestens in der zweiten Januarhälfte mit breitgefächerten offensiven Kampfhandlungen gegen die Deutschen auf dem ganzen mittleren Frontabschnitt zu beginnen. Sie können gewiß sein, daß wir alles, was nur möglich ist, tun werden, um die mit uns verbündeten ruhmreichen Truppen zu entlasten.«

Dieses Versprechen wurde eingehalten. Vom 12. bis 15. Januar rückte die Rote Armee in breiter Front in einem Abschnitt von 700 km Länge in Richtung Westen vor. Bis zum 1. Februar waren die sowjetischen Truppen in Richtung des Hauptschlages 500 km vorgestoßen, hatten Warschau befreit und die Oder erreicht. Bis zum 4. Februar – dem Tag der Eröffnung der Konferenz von Jalta – befanden sich sowjetische Truppen 60 km von Berlin entfernt. Die Alliierten befanden sich noch 500 km von ihm entfernt.

Gleich auf der ersten Plenarsitzung in Liwadija dankte Churchill Stalin für die Bereitschaft, Eisenhower zu helfen, und teilte mit, daß sich die Lage in den Ardennen gebessert habe. Aber der weitere Verlauf der Erörterung sehr wichtiger Probleme auf der Konferenz von Jalta zeigte, daß Stalins Hoffnungen auf ein gutes »Einvernehmen« mit dem britischen Staatsmann vergebens waren. Über die deutschen Reparationen, das polnische Problem und den Entwurf des UNO-Status kam es zu Kontroversen und Konfrontationen. Er kam viel leichter mit Roosevelt zurecht als mit dem starrköpfigen Führer der Konservativen.

Schon vor der endgültigen Niederlage Deutschlands verschlechterte sich die Lage aufgrund der Geheimverhandlungen, die die Engländer und Amerikaner in Bern mit dem Emissär Himmlers, dem SS-General Wolff, führten. Stalin wertete die Tatsachen, daß die Teilnahme eines sowjetischen Vertreters an diesen Verhandlungen unerwünscht war, als Versuch einer geheimen Verschwörung der westlichen Verbündeten mit den Nazis. Er vermutete, daß ihnen ein separater Waffenstillstand angeboten wurde, der es den englischen und amerikanischen Truppen ermöglichen würde, ungehindert durch Italien nach Osteuropa vorzustoßen, während die Nazis die freigesetzten Truppen an die sowjetisch-deutsche Front werfen konnten. In Moskau trafen Informationen darüber ein, daß solche Truppenverlagerungen bereits stattfanden.

Aus diesem Grunde kam es im Briefwechsel zwischen Stalin und Roosevelt zu ernsten Meinungsverschiedenheiten. Im Kreml war man jedoch der Ansicht, daß diese ganze Geschichte von den Engländern eingefädelt worden war und daß Churchill nicht zufällig schwieg.

Auf der Potsdamer Konferenz spürte Stalin, daß Präsident Truman, dessen feindselige Haltung zur Sowjetunion kein Geheimnis war, in Churchill einen treuen Gesinnungsgenossen fand. Besonders beunruhigte Stalin der in Potsdam unternommene Versuch, Moskau mit der Atombombe zu erpressen. Auf diese Drohung reagierte Stalin damit, daß er die osteuropäischen Länder noch fester im Griff hielt. Das wiederum rief eine heftige Gegenreaktion der Westmächte hervor. Churchills Rede in Fulton, der Truman Beifall spendete, zeigte, daß Stalins Hoffnungen auf eine »Zusammenarbeit« mit Churchill eine Illusion waren.

Sechstes Kapitel

In Berijas Arbeitsräumen

Die Politbüromitglieder besaßen außer den Arbeitsräumen in ihren staatlichen Behörden auch im Kreml Dienstzimmer. Diese befanden sich in der ersten Etage des Gebäudes des Rates der Volkskommissare, wo in einem anderen Flügel auch Stalin und Molotow residierten. Berijas Räume waren denen des Kremlchefs am nächsten gelegen. Als das Volkskommissariat für Auswärtige Angelegenheiten (ebenso wie alle diplomatischen Vertretungen), im Oktober 1941 nach Kuibyschew evakuiert wurde, flog Berija in den Kaukasus, um die Erdöllieferungen für die Armee zu organisieren. In Wirklichkeit wollte er aber wohl in sicherer Entfernung von Moskau die gefährliche Zeit abwarten. Als wir Anfang November 1941 auf Aufforderung Molotows aus Kuibyschew in die Hauptstadt zurückkehrten, stellten Pawlow und ich fest, daß Berijas Arbeitsräume noch immer leer standen. Da Pawlow und ich noch keine Diensträume zugewiesen bekommen hatten, wurden wir auf Molotows Vorschlag in Berijas Räumen untergebracht. Man rief den Kremlkommandanten, der ohne großen Enthusiasmus Molotows Anweisung ausführte und die leerstehenden Zimmer für uns aufschloß. Sie machten einen völlig unbewohnten Eindruck, alles war aufgeräumt, nirgends lag ein Aktendeckel oder ein Blatt Papier herum. Es sah so aus, als wolle der Hausherr gar nicht mehr zurückkehren. Eines jedoch war erstaunlich: Alle Telefone waren angeschlossen, einschließlich der Kremlleitung und der innerstädtischen Regierungsleitung (WTSCH).

Sobald wir allein geblieben waren, konnten wir der Versuchung nicht widerstehen, die Räumlichkeiten genauer in Augenschein zu nehmen, die der allmächtige Chef des Stalinschen Sicherheitsdienstes innegehabt hatte.

Zunächst betrat der Besucher einen Vorraum, in dem die Wache saß. Durch die linke Tür kam man ins Sekretariat, das aus zwei relativ kleinen Zimmern bestand. Die linke Tür im Vorzimmer führte in den großen Sitzungssaal. Dahinter befand sich sein Kabinett, an das sich ein Ruheraum, ein Bad und eine Kochnische anschlossen.

Molotows Privatbereich war bescheidener eingerichtet. Das lag möglicherweise daran, daß er wie Stalin und die meisten Politbüromitglieder im Kreml wohnte.

Als Molotow krank war, hatte ich einmal Gelegenheit, ihn in seiner

Wohnung aufzusuchen, um einige dringende Fragen zu klären. Die Wohnungen, in die die Revolutionsführer nach der Verlegung des Regierungssitzes von Petrograd nach Moskau umgesiedelt waren, hatten recht bescheidene Ausmaße – es waren kleine Zimmer mit niedrigen Decken und altem Mobiliar, das noch aus der Zeit vor der Revolution stammte. Damals hatte hier das Personal gewohnt, das die Zarengemächer im Kreml betreute und die Zarenfamilie während ihrer seltenen Aufenthalte in der altehrwürdigen, ersten Hauptstadt bediente. Die jungen Führer der Revolution waren anspruchslos, ihnen genügten die ehemaligen Gesinderäume vollkommen.
Berija dagegen, der aus Tbilissi nach Moskau gekommen war, hatte sich geweigert, eine solche Wohnung zu beziehen. Es gingen Gerüchte um, die besagten, er habe Stalin davon zu überzeugen gewußt, daß es besser sei, er wohne als Chef der Staatssicherheit außerhalb des Kreml. So könne er im Falle einer Verschwörung oder eines Aufstandes von außen die Rettung der Politbüromitglieder leiten.
Wie dem auch gewesen sein mag, gestattete Stalin, daß er eine Villa an der Ecke Katschalow-Straße und Sadowoje Kolzo bezog. Es gab Situationen, da die Führung sich fast gänzlich hinter den Kremlmauern aufhielt, Berija jedoch über größere Freiheiten verfügte. Diese nutzte er auch weidlich aus.
In seinem Auftrag hielten Personen, die sein Vertrauen besaßen, auf der Straße nach hübschen Mädchen Ausschau. Ohne weitere Umstände stoppte vor der nichtsahnenden Passantin plötzlich ein Fahrzeug, aus dem sie ein Offizier in der Uniform der Staatssicherheit liebenswürdig bat, in einer wichtigen Angelegenheit im Wagen Platz zu nehmen. Die Türen klappten zu, und das nächste Opfer des Lüstlings saß in der Falle. Es wurde zu seinem Haus gebracht, im Speisezimmer bewirtet und dann allein gelassen. Die Ungewißheit über den Zweck des Besuchs hielt nicht lange an. Bald erschien im Raum der dem Mädchen von den allgegenwärtigen Porträts her gut bekannte Mann in Zwicker und Bademantel. Er machte ihr ein entsprechendes Angebot. Lehnte sie ab, vergewaltigte er sie kurzerhand. Der Sicherheitsoffizier, der das Mädchen schließlich zurückbegleitete, warnte es dann davor, zu irgend jemandem über das Vorgefallene zu sprechen. Sollte dies dennoch geschehen, würde man es samt seiner Familie nach Sibirien deportieren.
Und alle schwiegen sie. Erst nach Berijas Erschießung gaben sie ihr Geheimnis preis.

Später wurde auch bekannt, daß Berija in seinem Schlafzimmer über mehr als fünfhundert Frauen Buch geführt hatte, die ihm zu Willen sein mußten.
Nebenbei bemerkt erkannte Chruschtschow nach Stalins Tod sofort die Gefahr, die daraus erwuchs, daß die oberste Führung hinter den Kremlmauern wohnte. In jedem beliebigen Augenblick konnten sie alle Gefangene Berijas werden. Eine seiner ersten Amtshandlungen war die Anordnung über den Auszug der Politbüromitglieder aus den Kremlwohnungen und ihr Umzug in eine eigens errichtete Villensiedlung auf den Leninbergen. Doch bald zogen sie es vor, auch von dort wegzuziehen. Die verwaisten Häuser stehen noch heute leer, gleichsam zur Erinnerung an den »Auszug« der Führer aus dem Kreml.
Unter Stalin hatte unsere oberste Führung keinerlei Wohnungsprobleme: die Kremlwohnungen standen den Funktionären zur Verfügung, solange sie ihren Posten innehatten. Fiel jedoch jemand in Ungnade, so brauchte er keine Wohnung in Moskau mehr, denn er wurde zunächst ins Gefängnis, bald darauf jedoch ins Jenseits befördert. Und auch seine Familie kam ins Lager. Nach Stalins Tod veränderte sich die Situation. Diejenigen, die ihres Postens enthoben wurden, erschoß man jetzt nicht mehr. Allerdings mußten sie nun das Haus auf den Leninbergen verlassen. Damals beschloß man, eine spezielle Baubehörde zu schaffen, die in besonders schönen Vierteln der Stadt Luxuswohnungen errichtete, in die die noch auf ihrem Posten befindlichen Funktionäre einzogen. Im Falle ihres Überwechselns zu einer minder verantwortlichen Funktion oder ihrer Pensionierung mußten sie diese speziell nach ihrem Geschmack ausgestatteten Wohnungen nicht mehr verlassen.
So stellt sich kurzgefaßt die Geschichte des Wohnungsproblems der Führer des proletarischen Staates dar.
Wir fühlten uns in Berijas Arbeitsräumen nicht besonders wohl. Durch das Badezimmer, wo es immer warmes Wasser gab, und das Regierungstelefon wurden wir allerdings entschädigt. Häufig mußten wir uns wegen bestimmter Informationen mit Kuibyschew in Verbindung setzen, wo sich Wyschinskij und auch die für Amerika und England zuständigen Mitarbeiter des Volkskommissariats aufhielten. Auch unsere Frauen, die ebenfalls in Kuibyschew geblieben waren, konnten wir auf diese Weise bisweilen anrufen.
Eines Tages bemerkte ich während eines derartigen Gesprächs, daß

sich jemand zuschaltete. Schnell verabschiedete ich mich von Galja und legte den Hörer auf. Im selben Moment klingelte es auch schon.
»Ja bitte ...«
»Wer gibt Ihnen das Recht, von Lawrentij Pawlowitschs Apparat aus Privatgespräche zu führen?«, ertönte eine scharfe Stimme.
»Wer spricht denn dort? Vielleicht sagen Sie mir erst einmal, wer Sie sind?«
»Ich habe keine Zeit mit Ihnen Liebenswürdigkeiten auszutauschen. Wer hat Ihnen gestattet, diesen Raum zu betreten? Wer sind Sie überhaupt?« frage die Stimme drohend.
Mir war unwohl zumute. Doch ich gab nicht auf. Schließlich war mir dieses Arbeitszimmer ja rechtmäßig zugewiesen worden.
»Sagen Sie mir doch bitte zuerst, wer Sie sind, und warum Sie sich in die Regierungsleitung eingeschaltet haben!«
»General Serow. Ich bin für die Regierungsleitung verantwortlich. Mir wurde mitgeteilt, daß Sie diese Leitung bereits des öfteren für Privatgespräche genutzt haben.«
Ich hatte tatsächlich einige Male in privaten Angelegenheiten in Kuibyschew angerufen. Galja war schwanger. Mein älterer Sohn Sergej sollte geboren werden, der später in mancher Hinsicht in meine Fußstapfen getreten ist, heute im Innenministerium arbeitet, Englisch, Französisch und Spanisch beherrscht und einer der Dolmetscher Gorbatschows ist. Galja fühlte sich sehr schlecht. Ich versuchte, ein Medikament für sie zu besorgen und ihr manchmal bei passender Gelegenheit auch einige Lebensmittel, die ich auftreiben konnte, zu schicken. Ich hatte ihr mitgeteilt, wer ihr das Bündel mitbringen würde, und hatte mich überhaupt nach ihrem Befinden erkundigt. Solche Gespräche hatten nicht mehr als ein paar Minuten in Anspruch genommen, und ich sah darin nichts Ungebührliches.
Wieder war ich, wie damals in Lwow, mit General Serow aneinandergeraten. Doch vermutlich hatte er mich inzwischen vergessen. So antwortete ich.
»Mein Name ist Bereschkow. Wir sind uns bereits einmal in Lwow begegnet, wenn Sie sich erinnern. Ich arbeite in diesem Kabinett während der Abwesenheit des Genossen Berija auf Anweisung von Wjatscheslaw Michailowitsch. Wie kommt es, daß Sie nicht darüber informiert sind?«
»Ich bin zur Zeit in Kuibyschew und deshalb nicht auf dem laufenden«, entgegnete Serow hilflos und hängte ein.

Ich glaube, er hat sich den Vorfall gemerkt, obwohl ja alles seine Richtigkeit hatte, wie er bei einer Nachfrage leicht feststellen konnte.
Als wir schließlich ein eigenes Zimmer gleich neben Molotows Kabinett erhielten, waren wir sehr froh.
Äußerlich verhielt sich Berija bei den seltenen Anlässen, wenn wir zusammentrafen, mir gegenüber stets liebenswürdig. Während der Teheraner Konferenz gehörten der sowjetischen Delegation offiziell nur Stalin, Molotow und Woroschilow an. In der sowjetischen Botschaft jedoch hielt sich auch Berija auf.
Jeden Morgen sah ich auf meinem Weg zum Tagungsgebäude, wie er den Botschaftspark in einem »Buick« mit getönten Scheiben abfuhr, mit hochgestelltem Kragen und in die Stirn gezogenem Filzhut. Lediglich die Gläser seines Zwickers blinkten. Eines Tages begegnete ich ihm vor dem Wachzimmer, neben dem sich unser Speisesaal befand. Er begrüßte mich freundlich, fragte nach dem Stand der Verhandlungen und wiederholte dann ungefähr das gleiche, was ich bereits einmal von Woroschilow gehört hatte – daß ich Stalin gefiele und seine Sympathie im Interesse meiner weiteren Karriere nutzen solle. Ich erwiderte dankend, daß ich meine Arbeit sehr schätze und von keiner anderen träume.
Bei den Kremlbanketts herrschte gewöhnlich folgende Sitzordnung:
In der Mitte saß Stalin, rechts von ihm sein Hauptgast, daneben der Dolmetscher und daneben Berija. So hatte ich häufig das zweifelhafte Vergnügen, neben dem Chef der Staatssicherheit zu sitzen.
Berija rührte die Speisen kaum an. Stets jedoch hatte er ein Tellerchen mit Peperonischoten vor sich zu stehen, von denen er eine nach der anderen in den Mund steckte. Einmal bot er mir eine derartige Schote an, sie brannte wie Feuer, als ich sie nur mit den Lippen berührte. Berija bestand darauf, daß ich sie herunterschlucken sollte. Ich machte Miene, als würde ich dies auch tun, ließ sie aber unbemerkt in meiner Hand verschwinden und warf sie dann unter den Tisch.
»Das ist sehr gesund. Jeder Mann sollte täglich ein Tellerchen dieser Peperoni essen«, belehrte mich Berija.
Auch fragte er mich jedes Mal, warum ich so mager sei.
»Das ist meine Konstitution«, antwortete ich. Ich konnte ihm doch schwerlich sagen, daß die zwei Würstchen, die wir täglich bekamen,

mein Gewicht nicht steigern konnten. Pawlow war, nebenbei gesagt, noch dünner als ich.

In Berijas Anwesenheit fühlte ich mich immer unwohl. Was, wenn er Stalin plötzlich zu verstehen gab, daß ich »zuviel wußte«!

Letzten Endes kam es auch dazu.

Es war im Herbst 1944. Ich trug Molotow den Text eines Telegramms aus Washington vor. Er hörte zu, während er in seinen Papieren blätterte. Dann hob er den Blick, sah mich aufmerksam an und fragte unvermittelt:

»Was haben Sie im Jahre 1934 im polnischen Konsulat in Kiew getan?«

Zunächst verwirrte mich diese Frage, denn ich wußte nicht, was sie bezweckte. Molotow sah mich weiterhin unverwandt an. Eines jedoch war mir klar – ich mußte so schnell wie möglich antworten.

»Im polnischen Konsulat?«, suchte ich mich zu erinnern. »Ja, ich war tatsächlich einmal dort. Es war zu der Zeit, als ich als Reiseleiter bei ›Intourist‹ arbeitete. Die deutschen Touristen fuhren meist über Polen nach Hause. Ich mußte die Transitvisa für sie in der polnischen Vertretung abholen ...«

»Das ist uns bekannt«, sagte Molotow mit eiskaltem Ton.

»Der Besuch des polnischen Konsulats, von dem ich hier rede, fiel nicht in die Touristensaison, sondern fand später statt, im Herbst. Und Sie gingen damals nicht durch den Haupteingang, sondern durch den Seiteneingang. Was haben Sie dort gewollt?«

Es waren inzwischen zehn Jahre vergangen! Kiew hatte währenddessen die Okkupation und die schweren Kämpfe zur Befreiung der Stadt erlebt. Der alte Kreschtschatik war zerstört, die Uspenskij-Kathedrale im Lawra-Kloster gesprengt, unzählige Kunstwerke waren verbrannt, tausende Kiewer umgekommen. Und irgendein Papier, das vor Jahren von einer hinter mir her spionierenden Person verfaßt worden war, hatte die Zeiten unbeschadet überstanden und war nun zu einem gefährlichen Fallstrick für mich geworden.

»Ich habe damals einen Freund besucht. Er arbeitete zuerst als Chauffeur bei ›Intourist‹, meist fuhren wir gemeinsam mit den Touristen durch die Stadt. Später nahm er eine Arbeit im Konsulat an, aber wohl nicht ohne Empfehlung der entsprechenden Organe. Zufällig waren wir uns auf der Straße begegnet, und er hatte mich zu sich in die Garage eingeladen. Wir saßen dort, unterhielten uns, rauchten polnische Zigaretten und tranken deutsches Bier, das war alles ...«

Molotows Blick hellte sich ein wenig auf und er sagte:

»Ich akzeptiere Ihre Erklärung. Berija hat Genossen Stalin ein Dossier über Ihren Besuch im polnischen Konsulat übergeben und um Aufklärung gebeten. Sie können gehen ...«

Ich schien Glück gehabt zu haben. Man hätte mich ja auch zum »polnischen Spion« deklarieren können, der bis ins Allerheiligste, Stalins Büro, eingedrungen war.

Wenn ich heute über diesen Vorfall nachdenke, drängt sich mir der Gedanke auf, wie klein doch die Welt ist. Polnischer Konsul in der Ukraine war seinerzeit Brzezinski, der Vater des bekannten amerikanischen Sowjetologen und ehemaligen Sicherheitsexperten von Präsident Carter, Zbigniew Brzezinski. Hätte man mir damals den Prozeß gemacht und mich gezwungen, alles »zuzugeben«, hätte es geheißen, ich sei von Brezinski sen. angeworben worden.

Dieses Gespräch bei Molotow blieb jedoch nicht folgenlos.

Das Jahr 1944 ging mit Salutschüssen zu Ende. Wir wohnten bereits in der Zweizimmerwohnung in der Moskwin-Straße, die uns im Frühjahr 1942 kurz nach der Geburt unseres Sohnes Sergej zugewiesen worden war. Wir fanden sogar eine Kinderfrau, was besonders für Galja wichtig war, die ja ihre Arbeit bei TASS nicht aufgeben wollte. Wir beschlossen, das neue Jahr zu Hause zu begrüßen. Viele Freunde und Kollegen hatten sich eingefunden, es ging laut und fröhlich zu.

Erst gegen Morgen gingen die Gäste nach Hause. Am 1. Januar hatte Pawlow Dienst, er begab sich direkt von uns aus zum Kreml. Ich hatte einen freien Tag. Wir brachten die Wohnung wieder in Ordnung, gingen spazieren, fuhren mit Sergej Schlitten und legten uns zeitig zu Bett. Gegen drei Uhr morgens läutete das Telefon. Ich wurde aufgefordert, unverzüglich bei Molotow im Kreml zu erscheinen. Nichtsahnend bestellte ich einen Wagen und war bereits einige Minuten später bei uns im Sekretariat. Ich beglückwünschte die Anwesenden zum neuen Jahr und bemerkte bereits, daß sie irgendwie schweigsam und verschlossen waren. Ich wollte wie gewöhnlich ohne vorherige Anmeldung in Molotows Kabinett eintreten, doch Kosyrew bat mich zu warten und ging selbst zum Chef hinein. Dies alles kam mir merkwürdig vor. Schließlich kehrte Kosyrew zurück und wandte sich in offiziellem Ton an mich:

»Genosse Bereschkow, Wjatscheslaw Michailowitsch erwartet Sie ...«
Alles erschien mir mit einem Mal völlig fremd – der große Empfangsraum mit dem langen Tisch und den Stuhlreihen, das Kabinett des Volkskommissars, und doch war ich während der vergangenen vier Jahre hier täglich ein und aus gegangen.
Wie damals, als ich ihm zum ersten Mal begegnet war, saß er über den von Lampenschein erhellten Schreibtisch gebeugt. Unentschlossen, was ich tun solle, blieb ich in der Mitte des Zimmers stehen.
Molotow hob den Kopf und blickte mich aufmerksam an. Schließlich brach er das Schweigen:
»Treten Sie näher, setzen Sie sich ...«
Ich ließ mich in einem Sessel neben dem Schreibtisch nieder und konnte einfach nicht fassen, was vorgefallen war und wessen man mich beschuldigte.
»Haben Sie noch immer nichts von Ihren Eltern gehört?« fragte mich Molotow.
»Nach meiner Rückkehr aus Kiew im November 1943 habe ich Ihnen doch schon berichtet, daß ich sie nicht gefunden habe. Entweder sind sie tot oder von den Nazis nach Deutschland verschleppt worden. Es ist mir nicht gelungen, etwas Neues über sie in Erfahrung zu bringen.
»Berija glaubt, daß sie in den Westen gegangen sind.«
»Hat er dafür Beweise?«
»Er stützt sich auf seine Informanten. Berija hat Genossen Stalin eine Notiz zukommen lassen, in der erneut auf Ihre Kontakte mit dem polnischen Konsulat Bezug genommen wird. Im Zusammenhang mit dem Verschwinden Ihrer Eltern gibt es seiner Ansicht nach neue Gesichtspunkte, die geklärt werden müssen. Unter diesen Umständen hält er es für fraglich, ob Ihre weitere Mitarbeit in unserer Behörde zweckmäßig sei.«
Molotow machte eine Pause und sah mich prüfend an.
Ich saß wie versteinert da. Es war unschwer vorzustellen, was unter Berijas Klärung der Umstände zu verstehen war. Es hieß nichts anderes, als daß meine Karriere, deren Vervollkommnung mir Berija selbst einst mit dem Hinweis auf Stalins Gunst ans Herz gelegt hatte, nun in seinen Händen lag. Ummerklich überkam mich ein Gefühl der Apathie. Komme, was da wolle, ich konnte es ohnehin nicht ändern ...

Molotow fuhr indessen fort:
»Ich habe mit Genossen Stalin beraten, was nun aus Ihnen werden soll. Er ist ebenfalls der Ansicht, daß Sie unter den gegebenen Umständen nicht mehr hier in der obersten Parteispitze verbleiben können. Sie müssen heute noch ihre Unterlagen und den Safeschlüssel an Kosyrew und Pawlow übergeben. Bleiben Sie inzwischen zu Hause, bis wir über Ihre Angelegenheit entschieden haben. Leben Sie wohl!«
Es war aus ... Wie im Nebel wankte ich hinaus, öffnete mechanisch den Safe, ordnete die Aktendeckel mit den Unterlagen auf dem Tisch, verfaßte eine Aufstellung der laufenden Arbeiten und übergab sie Kosyrew und Pawlow, die beide, ohne sich von mir zu verabschieden, irgendwohin verschwanden. Ich blieb allein im Raum zurück. Ich setzte mich und suchte meine Gedanken zu sammeln. Dann zog ich meinen Uniformmantel mit den Generalsschulterstükken über, setzte die Mütze mit der Kokarde auf und begab mich zum Ausgang.
Am Spasskij-Tor nahm der Wachhabende von mir das blaue Büchlein entgegen, das mich berechtigt hatte, den Kreml durch jeden beliebigen Eingang zu betreten, betrachtete es ungewöhnlich lange und sagte dann:
»Ich habe Befehl, Ihnen den Propusk* abzunehmen ...«
Mit diesem Satz schlug gleichsam endgültig die Tür zur Vergangenheit hinter mir zu.
Ohne ein Wort zu entgegnen, trat ich hinaus auf den Roten Platz und begann ziellos durch die Straßen zu laufen. Ich konnte nicht so ohne weiteres nach Hause gehen. Einige Stunden lang irrte ich wie ein Mondsüchtiger durch die menschenleeren Straßen. Erst als meine Frau bereits zur Arbeit gegangen war, machte ich mich auf den Heimweg.
Zwei Wochen lang hörte ich nichts. Die Kollegen und unzähligen Bekannte waren wie vom Erdboden verschluckt. Ich hielt es nicht zu Hause aus. Jeden Tag wanderte ich einige Stunden lang in der Stadt umher. Nachts erwartete ich das Klopfen an der Tür – Berija hatte angekündigt, die Dinge zu untersuchen ...

* Propusk – Passierschein – Anm. d. Übers.

Am 17. Januar schließlich klingelte das Telefon. Man bat mich, in die Redaktion der Zeitschrift »Krieg und Arbeiterklasse« zu kommen. Ich atmete auf. Mit dieser Zeitschrift und ihren Mitarbeitern hatte ich in der Vergangenheit häufig zu tun gehabt. Molotow, der hier faktisch Chefredakteur war, hatte mich oft beauftragt, Material für die Redaktionssitzungen vorzubereiten, Artikel durchzusehen und Molotows Fahnen- und Umbruchkorrekturen an die Redaktion weiterzugeben. Auch den stellvertretenden Chefredakteur Leontjew, der die gesamte praktische Arbeit der Zeitschrift erledigte, kannte ich gut.
Leontjew empfing mich sehr freundlich.
»Gerade haben wir eine Abschrift vom Beschluß des ZK-Sekretariats erhalten, der vom Genossen Stalin unterzeichnet ist. Darin heißt es, daß Sie von Ihren Verpflichtungen als Mitarbeiter des Ministeriums des Äußeren der UdSSR freigestellt sind, um künftig in unserer Zeitschrift zu arbeiten. Ich war bereits seit einiger Zeit darüber informiert, doch ich wollte das offizielle Schreiben abwarten, bevor ich Sie zu mir bat.«
Ich dankte Lew Abramowitsch für die Information und entgegnete, daß ich mich trotz mangelnder journalistischer Erfahrungen bemühen würde, die mir übertragenen Aufgaben nach Kräften zu erfüllen. Daraufhin entgegnete Leontjew:
»Wjatscheslaw Michailowitsch bat mich, Ihnen einige Gedanken mit auf den Weg zu geben. Er rät Ihnen, in Privatgesprächen Zurückhaltung hinsichtlich Ihrer Tätigkeit im Ministerium zu wahren. Sprechen Sie nicht darüber, welche Funktion Sie in seinem Sekretariat innehatten, sagen Sie einfach, daß Sie im Außenministerium gearbeitet haben. Des weiteren rät er Ihnen, Kontakten mit Ausländern aus dem Weg zu gehen, mit denen Sie zuvor dienstlich zu tun hatten. Und schließlich – wenn Sie Artikel publizieren, benutzen Sie ein Pseudonym.«
Dies alles ließ nur einen Schluß zu: Molotow wollte mich vor Berijas Zugriff schützen. Ich sollte nach Möglichkeit unbemerkt meiner neuen Arbeit nachgehen, mein Name sollte nicht in der Presse erscheinen, so daß er nicht noch einmal an den nicht abgeschlossenen »Fall« erinnert werden würde.
»Nun zu Ihrer Arbeit in der Redaktion«, fuhr Leontjew fort. »Unsere Zeitschrift soll in Zukunft auch in englischer und deutscher Sprache herausgegeben werden. Molotow schlägt Ihnen für den An-

fang vor, die Koordinierung dieser Arbeit zu übernehmen. Was halten Sie davon?«
»Das entspricht meinen Fähigkeiten wohl am ehesten. Ich nehme das Angebot dankend an.«
»Ich denke, Sie sollten nicht zögern, hin und wieder auch als Autor in Erscheinung zu treten, selbstverständlich unter Pseudonym ...«, beendete Leontjew unser Gespräch.
Auf dem Heimweg stattete ich in Gedanken Molotow meinen Dank ab. Es kam nicht oft vor, daß er sich für jemanden einsetzte. Seine Unterschrift erschien auch häufig unter Gerichtsurteilen. Nicht selten wurden seine Initialien, »W. M.« von der Bemerkung »W. M.« (Wysschaja Mera), »Höchststrafe«, d. h. Erschießen, begleitet. Aus unerfindlichem Grund hatte er offenbar beschlossen, mich zu retten und mir sogar noch Verhaltensregeln mit auf den Weg gegeben. Mehr noch, bald nach Stalins Tod und der Erschießung Berijas – inzwischen waren zehn Jahre vergangen, in denen er nicht ein einziges Mal mit mir in Kontakt trat – erinnerte sich Molotow meiner und nahm den Bann des »Aussätzigen« von mir. Doch damals war er um ein Haar selbst dem Tode nahe.

Begegnung mit Chou En-lai

Meine Arbeit an der englisch- und deutschsprachigen Ausgabe der Zeitschrift »Krieg und Arbeiterklasse« begann mit der Suche nach qualifizierten Übersetzern. Es gab in Moskau damals zwei Institutionen, für die die besten Übersetzer arbeiteten – den Verlag für internationale Literatur, später in »Progreß«-Verlag umbenannt, und die Redaktion der Zeitung »Moskowskije-Nowosti« (Moskauer Nachrichten). Die russische Ausgabe dieser Zeitung erschien zu jener Zeit nur in einigen Exemplaren und ausschließlich zu dem Zweck, daß die Leitung der Abteilung für Agitation und Propaganda im ZK den Inhalt der Publikation überprüfen konnte. Kaum jemand wußte, daß es überhaupt eine russische Ausgabe gab. Die Zeitung wurde der Einfachheit halber stets »Moscow news« genannt, da man annahm, es existiere lediglich eine englischsprachige Version. Chefredakteur war Borodin, an den ich mich auch mit meinem Anliegen wandte.

Das Zeitungswesen mit all seinen Eigenheiten war ein Buch mit sieben Siegeln für mich. Der Unterstützung von Borodin und seinen Mitarbeitern und ihrer Hilfsbereitschaft war es zu danken, daß ich einige Wochen lang sozusagen als Volontär in der Redaktion von »Moscow news« arbeiten konnte.

Nebenbei gesagt war das besonders günstig für mich, da sich die Redaktion im selben Gebäude befand, in dem ich damals wohnte.

Borodin und ich wurden gute Freunde. Der Umgang mit ihm war sehr lehrreich und interessant für mich, denn er war in den dreißiger und zu Beginn der vierziger Jahre sowjetischer Botschaftsrat bei der Regierung Chiang Kai-sheks in China gewesen und hatte bei der Beilegung des Konflikts zwischen der kommunistischen Partei Chinas und der Kuomintang und der Organisierung einer Einheitsfront gegen die japanischen Interventen eine bedeutende Rolle gespielt.

Als nach der Okkupation weiter Teile Chinas durch die Japaner die chinesische Regierung nach Tschungking übersiedelte, begab sich auch Borodin dorthin. Seine Residenz befand sich direkt neben dem Gebäude der kommunistischen Partei Chinas, die von Chou En-lai geleitet wurde.

Borodin erzählte mir viel von ihm. Er charakterisierte ihn als sehr talentierten Politiker und intelligenten, besonnenen, ruhigen Men-

schen, der jedoch auch unnachgiebig und konsequent sein konnte. Von Borodin erfuhr ich auch Einzelheiten über den »Zwischenfall von Hsian«, der seinerzeit viel Staub aufgewirbelt hatte.
Zwei chinesische Generale – Tschang Hsüeh-liang und Yang-Chutschen – hatten Chiang Kai-shek zu sich in den Stab gebeten, ihn dort gefangengenommen und Vorbereitungen getroffen, ihn zu beseitigen. Die Führung der kommunistischen Partei erkannte, daß Konflikte innerhalb der Kuomintang-Regierung zur Schwächung des antijapanischen Bündnisses führen würden. Obwohl die Kommunisten sehr unter der Kuomintang-Regierung zu leiden hatten, hielten sie es für falsch, die Liquidierung des anerkannten Staatsoberhauptes zuzulassen. Diese delikate Angelegenheit beizulegen, wurde Chou En-lai übertragen.
Während sich Chiang Kai-shek als Gefangener im Nebenraum befand, führte Chou En-lai ein mehrstündiges Gespräch mit den Generalen. Er suchte sie davon zu überzeugen, ihr blutiges Vorhaben nicht auszuführen und den Gefangenen zum Wohle des Landes freizulassen, was ihm letztendlich auch gelang. Man ließ Chiang Kai-shek frei.
Borodin erzählte viel aus seiner Zeit in China und weckte bei mir Interesse für dieses Land, das ich bis dahin noch nicht bereist hatte.
Unser Kontakt fand jedoch ein jähes Ende. Als ich wieder einmal in die Redaktion kam, traf ich Borodin nicht an. Man sagte mir, er fehle bereits seit einigen Tagen, wahrscheinlich sei er krank. Eine Woche später wurde dann bekannt, daß Borodin verhaftet und als japanischer Spion beschuldigt worden war. Niemand hörte je wieder von ihm.
Viele Jahre später war ich dienstlich in China. Ich besuchte auch Tschungking. Dort erinnern zwei Gedenkstätten an die ehemaligen Stabquartiere von Chou En-lai und Borodin. Borodins Porträt hängt gerahmt an der Wand. Es zeigt ihn in Uniform mit offenem Kragen – kämpferisch, mit lachenden, leicht zusammengekniffenen Augen. Und so habe auch ich ihn im Gedächtnis behalten, als einen der Sache ergebenen Kämpfer, einen von vielen, die von Stalins Henkern dahingemordet wurden.
Ich war auch in Hsian. Die Verhaftung Chiang Kai-sheks erfolgte nicht in der Stadt selbst, sondern etwa vierzig Kilometer entfernt in einem Ort, in dem die Heilquelle Chuatsi entspringt. Zur Zeit der Tan-Dynastie, vor mehr als tausend Jahren, erstreckte sich hier auf

dem Lischan-Berg ein exotischer Park. An der Quelle selbst jedoch erhob sich der Palast des Herrschers Min Chuan, in dem als seine Gefangene Yan Guifej – eine der fünf berühmten Schönheiten des alten China, lebte. Ganz in der Nähe, in dem bis in unsere Zeit erhalten gebliebenen Pavillon Yan Guifejs hielt sich Chiang Kai-shek auf, als die Generale des Nachts seine Gefangennahme beschlossen. Die Leibwächter des Premiers versuchten Widerstand zu leisten. Vom Lärm aufgeweckt, versuchte Chiang Kai-shek durch das Fenster zu fliehen, um auf den Felsen zu entkommen, blieb jedoch in einer Felsspalte stecken, wo ihn seine Verfolger schließlich einholten ...

Nachdem ich zu Beginn des Jahres 1957 als Korrespondent der Zeitschrift von Moskau nach Peking geflogen war, hatte ich mich sofort nach meiner Ankunft mit der Bitte an das chinesische Außenministerium gewandt, mir bei der Vermittlung eines Interviewpartners aus den Reihen der chinesischen Führung behilflich zu sein. Auf eine Begegnung mit Mao Tse-tung konnte ich natürlich nicht hoffen, deshalb bat ich in meinem Schreiben um ein Gespräch mit Chou En-lai, Liu Schao-tschi oder Marschall Chou-de.

Nach meinem Besuch in Tschungking, der mir meine Gespräche mit Borodin wieder ins Gedächtnis gerufen hatte, wäre ich sehr gern mit Chou En-lai zusammengetroffen. Als ich jedoch von meiner Reise durchs Land nach Peking zurückkehrte, erwartete mich eine Enttäuschung: Auf meine Bitte hin war keinerlei Antwort erfolgt. Vor meiner Weiterreise in die Mandschurei wollte ich noch einige Tage in der Hauptstadt verbringen, und so bestellte ich an der Rezeption meines Hotels zwei Karten für die Pekinger Oper – für mich und meinen Dolmetscher.

Der Saal war wie gewöhnlich bis zum letzten Platz besetzt. Vor Beginn der Vorstellung schenkten die Platzanweiserinnen in weißen Gewändern aus großen verzinkten Kesseln heißen grünen Tee an die Zuschauer aus.

Wir hatten Karten für die fünfte Reihe, die Plätze befanden sich rechts außen. Doch wie ich feststellte, blieb der ganz rechts von mir gelegene Platz leer.

Das Licht verlöschte, es brannten nur noch einige schwache Lämpchen an der Rampe. Plötzlich bemerkte ich, wie ein Chinese neben mir Platz nahm. Ich sah nur, daß er den gleichen uniformartigen Kittel wie das gesamte Theaterpublikum, eine ebensolche Schirmmütze und einfache Stoffschuhe trug.

Der Vorhang hob sich, und die Gesichter der Zuschauer waren nun besser zu erkennen. Als ich wieder zu meinem Nachbarn blickte, stellte ich fest, daß er große Ähnlichkeit mit Chou En-lai hatte. Er konnte es aber unmöglich sein, denn andernfalls wäre ja das ganze Theater in Aufregung versetzt worden, man hätte applaudiert und Hochrufe ausgebracht. Und außerdem war es undenkbar, daß er sich ohne Leibwache einfach so unters normale Publikum mischen würde. Dennoch beugte ich mich zum Übersetzer, der links von mir saß, um ihn zu fragen, wer der Mann neben mir sei.

»Das ist Chou En-lai«, antwortete er sofort.

Diese Antwort brachte mich ganz aus der Fassung. Die Zuschauer verfolgten mit gespannter Aufmerksamkeit die Intrigen auf der Bühne. Sie ließen sich von der Anwesenheit des Vorsitzenden des Staatsrats des Landes, des berühmten und populären Führers der noch jungen chinesischen Revolution in keiner Weise beirren. Ihre Aufmerksamkeit war völlig vom Kampf des Königs der Affen mit dem Ungeheuer, von der Liebe des Mädchens Pfirsichblüte zu dem einfachen Burschen und ihrer Entführung durch die Räuber in Anspruch genommen. Ich jedoch verfolgte die akrobatischen Kunststücke der Schauspieler nur unaufmerksam und dachte unablässig darüber nach, was es wohl damit auf sich haben könne, daß neben mir der chinesische Führer saß. Würde ich ihn denn ansprechen können? Blieb er während der Pause sitzen, oder verschwand er wieder im Dunkel, wie er gekommen war?

Der Vorhang senkte sich, das Licht ging an. Gewöhnlich gibt es im chinesischen Theater kein Vestibül. Während der Pause geht das Publikum direkt auf die Straße. Der Saal leerte sich schnell. Niemand blickte zu uns herüber. Vielleicht war er nicht erkannt worden, ging es mir durch den Kopf. Chou En-lai blieb auf seinem Platz sitzen. Ich war völlig durcheinander. Wie sollte ich ein Gespräch mit ihm anknüpfen? Womit beginnen?

Ehe ich noch zu einem Entschluß gekommen war, wandte er sich in bestem Englisch an mich:

»Von woher kommen Sie?«

Ganz sicher war er bestens über mich informiert. Ich hatte die Eintrittskarten ja bereits einige Tage zuvor im Hotel bestellt, und wenn er jetzt neben mir saß, so war das sicherlich kein Zufall. Doch auch er brauchte ja einen Anknüpfungspunkt. Damals war ich bereits stellvertretender Chefredakteur der Zeitschrift und für ein halbes

Jahr als Sonderkorrespondent nach China geschickt worden. So stellte ich mich auch vor.
»Und wer ist bei Ihnen jetzt Chefredakteur?«
Ich entgegnete, daß dies seit einiger Zeit Leontjew sei, der bis vor kurzem, seit Gründung der Zeitschrift, stellvertretender Chefredakteur gewesen war.
»Lew Leontjew ist ein bekannter Wirtschaftswissenschaftler. Ich kenne ihn gut. Vor vielen Jahren habe ich bei ihm Vorlesungen in Moskau, am Institut der Völker des Ostens, gehört. Grüßen Sie ihn von mir ...«
»Natürlich.«
»Wissen Sie nicht eventuell, was aus Borodin geworden ist? Wo ist er zur Zeit?«
Diese Frage hatte ich erwartet, zuckte aber dennoch zusammen, als er sie stellte.
Wußte er etwas von seinem tragischen Schicksal? Ich erzählte ihm von unseren Begegnungen in der Redaktion von »Moscow news«, von Borodins Erinnerungen an die Zeit in China und insbesondere an den »Zwischenfall von Hsian«.
»Ja, das waren schwere Zeiten. Hätten sie Chiang Kai-shek damals ermordet, wären in China wieder innere Unruhen ausgebrochen. Und diese Situation hätten sich die Japaner zunutze gemacht. Auch für unsere kommunistische Partei wäre eine ungünstige Situation entstanden ... Aber was ist denn aus Borodin geworden?«
»Genau weiß ich es nicht. Er verschwand Mitte der vierziger Jahre, wie viele andere.«
»Es ist sehr schade um Borodin. Er war ein guter Mensch, ein treuer Freund und aufrechter Kommunist. Wie oft sind wir in komplizierte Situationen geraten, doch er war ein furchtloser, charakterstarker Mensch ...«
Wieviele solcher guter Menschen und starker Charaktere haben die Stalinschen Henker dahingeschlachtet!
Wir unterhielten uns bis zum Ende der Pause. Doch auch nach dem zweiten Akt blieb Chou En-lai auf seinem Platz sitzen. Er erzählte mir, wie schwer es sei, in China das neue Leben aufzubauen.
»Bei uns«, sagte er, »hat es zu verschiedenen Zeiten »Ungarische Zustände« gegeben. In Uchan, Hsian und Tschendu kam es zu ernsthaften Zwischenfällen, an denen nicht nur bürgerliche Elemente, sondern auch Arbeiter und Bauern beteiligt waren. Wir sind aller-

dings ohne fremde Hilfe mit ihnen fertig geworden. Doch mit Gewalt allein löst man die Probleme nicht. Es muß ernsthaft analysiert werden, warum es sowohl in Ungarn, Polen und Ostdeutschland als auch bei uns in China zu derartigen Auseinandersetzungen gekommen ist. Irgend etwas scheint nicht in Ordnung zu sein in den Beziehungen zwischen Führern und Geführten, es gibt Widersprüche innerhalb der Gesellschaft, zwischen Partei und Volk und auch innerhalb der Partei selbst ...«

Chou En-lai erzählte mir, daß er über dieses Problem auch mit einer kürzlich China bereisenden sowjetischen Delegation unter der Leitung von Woroschilow und Raschidow gesprochen habe.

»Sie jedoch«, fuhr er fort, »machten es sich leicht: Die ›Verbotene Stadt‹ liegt doch, genauso wie der Kreml bei uns, hinter hohen Mauern«, sagte Woroschilow. Ich jedoch entgegnete, daß diese Mauern den letzten chinesischen Kaiser auch nicht geschützt hätten. Wir sollten alle darüber nachdenken, was zu tun sei, damit im Volk keine Unzufriedenheit herrscht ...«

Chou En-lai wollte von mir wissen, wo ich bereits in China gewesen sei und welche Reiseabsichten ich für die nächste Zeit hätte. Ich antwortete ihm, daß ich zunächst beabsichtige, in den Nordosten zu fahren, wo ich mir Dalnij und Port Arthur ansehen wolle, und später dann den Süden, die Provinz Yünnan und die Insel Hainan bereisen wolle. Auch würde mich Lantschou interessieren, das Zentrum der chinesischen Atomforschung. Allerdings sei mir klar, daß man einen Ausländer wohl nur ungern an all diese Orte würde reisen lassen.

»Ich werde mich um Ihre Reiseroute kümmern. Ihre Wünsche werden wohl in Erfüllung gehen ...«

Tatsächlich hielt er Wort. Bei meiner weiteren Reise durchs Land gab es keinerlei Probleme.

Nach dem Ende des dritten und letzten Aktes ging das Licht im Zuschauerraum an, keiner der Zuschauer jedoch regte sich. Alle blieben wie versteinert auf ihren Plätzen sitzen. Chou En-lai erhob sich, gab mir die Hand, wünschte mir einen angenehmen Aufenthalt in China und verließ den Saal. Erst jetzt kamen die Zuschauer gleichsam wieder zu sich und strebten dem Ausgang zu. Es hatten also alle gesehen, wie wir uns in den Pausen unterhielten, doch niemand ließ es sich anmerken. Weder durch ein Zeichen noch durch einen Ausruf störten sie unser Gespräch. Später erklärte man mir, daß Chou Enlai häufig die Oper besuche, unter den Zuschauern im Parkett sitze und das Pekinger Publikum sich daran bereits gewöhnt habe. Mir jedoch, der ich unsere Inszenierungen kannte, kam das alles unwahrscheinlich vor.

Wollten Stalin oder Molotow das Theater besuchen, so wurden die Karten zuvor an »vertrauenswürdige« Personen verteilt. Sie betraten das Theater durch einen Sondereingang und fuhren mit einem nur ihnen zur Verfügung stehenden Lift nach oben. Die Loge, in der sie Platz nahmen, war derart mit einem Vorhang drapiert, daß sie sich, wenn sie dies wünschten, zurücklehnen konnten, ohne vom Publikum gesehen zu werden.

Neben der Loge gab es einen kleinen Raum, in dem diverse Speisen und Getränke aufgebaut waren. Mit den Zuschauern, obwohl sie ja sorgfältig ausgewählt worden waren, kamen sie nicht in Kontakt, ringsum jedoch eilten Sicherheitsoffiziere in Uniform und Zivil umher.

Mich verwirrte der Umstand einigermaßen, daß bei Chou En-lai keine Leibwache zu sehen gewesen war. Offenbar hatten sich die Leute vom Sicherheitsdienst ganz in der Nähe aufgehalten, doch sie verhielten sich derart unauffällig, daß man ihre Gegenwart absolut nicht spürte.

Am nächsten Tag traf die Nachricht aus dem Außenministerium ein, daß Marschall Chou-De mir ein Interview gewähren würde. Gleichzeitig wurde mir mitgeteilt, daß das Gespräch mit Chou En-lai vertraulich zu betrachten sei.

Dennoch versuchte ich herauszubekommen, warum er dieses Treffen überhaupt arrangiert hatte. Einige Chinakenner erklärten mir, daß es wohl chinesische Höflichkeit gewesen sei, die ihn zu diesem Zusammentreffen veranlaßt hatte, stand doch sein Name an oberster Stelle auf meiner Wunschliste. So hätte er seine Ablehnung etwas abmildern können.

Könnte es aber nicht auch sein, daß Chou En-lai einfach sein Gefühl der Zuneigung für seinen Freund und Mitstreiter Borodin zum Ausdruck bringen wollte?

Nach meiner Rückkehr aus China, wo ich mich fast ein halbes Jahr lang aufgehalten hatte, saß ich, nachdem ich mit dem Chefredakteur Leontjew eine Abmachung getroffen hatte, von früh bis spät in meinem Kabinett hinter verschlossener Tür und tippte auf der Schreibmaschine Reiseskizzen. Außer mir war noch die Stellvertreterin des Chefredakteurs, Natalja Sergejewna Sergejewa, in der Redaktion.

Während dieser meiner Arbeit hatte sie die Fertigstellung jeder Nummer übernommen.
Als ich einmal mein Kabinett verließ, um meine Pekinger Thermoskanne mit heißem Wasser zu füllen, stieß ich im Korridor mit einem jungen Mädchen zusammen. Es war auffallend hübsch, groß, schlank, hatte auf die Schultern fallendes, gewelltes, kastanienbraunes Haar und zog sofort meine Aufmerksamkeit auf sich. Ich hatte sie vorher noch nie in der Redaktion gesehen. Nachdem ich sie begrüßt hatte, ging ich an ihr vorbei und strebte dem Wasserboiler zu, der immer mit heißem Wasser gefüllt war. Dabei war ich bemüht, mich an die Regel zu halten, einer Frau niemals hinterher zu sehen. Aber als ich etwa zehn Schritte zurückgelegt hatte, hielt ich es nicht aus und drehte mich um. Im selben Augenblick drehte sich auch die geheimnisvolle Unbekannte nach mir um. Eine Sekunde lang trafen sich unsere Blicke ...
Es kostete mich selbstverständlich keine Mühe, herauszufinden, daß das mich interessierende Mädchen während meiner Abwesenheit als Korrektorin bei uns angefangen hatte ...
Als ich meine Skizzen beendet hatte, unternahm ich eine Dienstreise nach England und danach zur Brüsseler Weltausstellung im Jahre 1958. Aber der Blick, den wir ausgetauscht hatten, begleitete mich überall hin ...
Anfang der sechziger Jahre – sie war damals fünfundzwanzig – zog Lera (sie hat es auch heute nicht gern, wenn man sie mit Walerija Michajlowna anredet) zu mir. 1966 heirateten wir, und bald darauf wurde unser Sohn Andrej geboren.
Jetzt, wo ich meine Biographie beende, hat mich Andrej schon mit einem Enkel beglückt, während die älteren Söhne mich mit zwei Enkelinnen erfreut haben.

Polina lebt

Mit Iwan Michailowitsch Majskij, der während des Krieges sowjetischer Botschafter in England gewesen war, traf ich zum letzten Mal kurz vor seinem Tode zusammen. Er lebte sehr zurückgezogen auf seiner Datscha in Moschinko bei Moskau. An einem warmen Sommertag besuchte ich ihn.

Das Haus stand inmitten eines gepflegten, blühenden Gartens. Die ringsum herrschende Stille wurde lediglich vom Summen der Bienen gestört, die von Blüte zu Blüte flogen. Von der hohen Fichte klang von Ferne das Klopfen eines Spechts herüber. Majskij saß auf der Terrasse in einem Schaukelstuhl und hielt einen dicken Folianten in der Hand. Seine Beine waren mit einem bunten Plaid bedeckt. Wir begrüßten uns fröhlich, und ich nahm auf einem Korbstuhl neben ihm Platz. Es wurden Tee und Himbeerkonfitüre serviert. Majskij goß selbst den Tee ein und verteilte die Konfitüre auf den Tellerchen.

Meist begannen unsere Gespräche mit Erinnerungen an die lange zurückliegenden Kriegsjahre. Ich hatte ihn im Dezember 1941 kennengelernt, als er mit dem britischen Außenminister Anthony Eden auf dem Jaroslawler Bahnhof in Moskau eintraf. Sie waren von Schottland aus nach Archangelsk geflogen und dann mit dem Zug weitergereist, denn die deutsche »Luftwaffe« war noch immer rund um die Hauptstadt aktiv, obwohl kurz zuvor die Schlacht um Moskau mit unserem ersten großen Sieg zu Ende gegangen war.

Eden und Majskij trugen weiße Halbpelze mit großem Kragen und Pelzmützen, denn es herrschte strenger Frost in Moskau.

Von da an traf ich häufig mit Majskij zusammen, so während der Churchillbesuche in Moskau, auf der Moskauer Konferenz der drei Außenminister im Herbst 1943 und auch später, als Majskij aus England zurückgekehrt war und den Posten des stellvertretenden Außenministers übernommen hatte. Doch dann wurde ich aus dem Außenministerium entfernt, während Majskij sich hinter den Mauern der Lubjanka* wiederfand.

---

* Lubjanka – Zentralgebäudes des KGB in Moskau, nach dem gleichnamigen Platz so benannt – Anm. d. Übers.

»Es war schrecklich«, erinnerte sich Iwan Michailowitsch mit einem leichten Anflug von Schaudern.
»Berija selbst verhörte mich. Er schlug mit einer Kette und einer Reitpeitsche auf mich ein. Ich sollte gestehen, daß ich die ganze Zeit über für den Intelligence Service gearbeitet hätte. Schließlich gab ich zu, bereits seit langem englischer Spion gewesen zu sein. Wenn man mich nicht erschießt, dachte ich mir, so würde man mich verbannen und in Ruhe lassen. Doch nichts dergleichen geschah. Ich wurde weiterhin in den Verliesen der Lubjanka gefangengehalten. Auch die Verhöre hörten nicht auf. Bald wurde mir klar, daß es nicht nur um mich ging, sondern daß Berija es auf Molotow abgesehen hatte ...«
Bereits gegen Ende der vierziger Jahre geriet Molotows Position ins Wanken. Wyschinskij löste ihn auf dem Posten des Außenministers ab. Molotows Frau, Polina Schemtschuschina, wurde verhaftet.
Sie war leitend in der Parfumindustrie tätig gewesen und hatte viel dazu beigetragen, um das sowjetische schwache Geschlecht schließlich wieder auf den Pfad der Weiblichkeit zurückzuführen. Es ging das Gerücht, Schemtschuschina sei israelische Spionin. Nach der Herstellung diplomatischer Beziehungen zum Staat Israel, an dessen Gründung die Sowjetunion ja aktiv beteiligt gewesen war, wurde Golda Meir zur Botschafterin in Moskau berufen. Polina und sie hatten in ihrer Jugend gemeinsam das Gymnasium besucht, und so war es nur natürlich, daß sie sich in Moskau gegenseitig Besuche abstatteten. Diese Besuche lieferten Berija nun den Vorwand, Stalin davon zu überzeugen, daß Polina Schemtschuschina bereits seit langem für die Zionisten arbeite. Und obwohl Molotow weiterhin Politbüromitglied blieb, schmachtete seine Frau, die er zweifellos liebte, in den Verliesen der Lubjanka. Soviel man hörte, soll sich Molotow erkühnt haben, Stalin nach dem Grund für ihre Inhaftierung zu fragen. Halb im Scherz antwortete Stalin:
»Ich weiß es auch nicht, Wjatscheslaw, auch meine ganze Verwandtschaft wurde ja verhaftet ...«
Tatsächlich saßen fast alle Verwandten von Stalins erster Frau, Jekaterina Swanidse, und auch der zweiten, Nadeschda Allilujewa, entweder im Gefängnis oder waren erschossen worden.
Molotow konnte auf diesen »Scherz« des allmächtigen Führers nichts entgegnen. Um so weniger, als auch die Frauen Kalinins und Poskrebyschews, des wichtigsten Mitarbeiters des »Herrn«, im Gefängnis saßen.

Molotow erzählte später, daß Berija ihm, als er einmal auf dem Korridor mit ihm zusammengetroffen sei, ins Ohr geflüstert habe:

»Polina lebt ...«

Auf die Zuverlässigkeit dieser Information konnte sich Molotow verlassen, befand sich seine geliebte Frau doch in den Händen von Berijas Folterknechten!

Wie glücklich war er, als Berija ihm sofort nach Stalins Tod mit liebenswürdiger Geste Polina zurückerstattete.

Damals ließ man auch Majskij frei. Man führte ihn aus seiner Zelle in Berijas Kabinett. Auf dem Tisch standen eine Schale mit Obst, georgischer Wein und Gläser. Lawrentij Pawlowitsch war die Liebenswürdigkeit selbst:

»Iwan Michailowitsch«, wandte er sich an diesen, »weshalb haben Sie denn alle Schuld auf sich genommen? Was sind Sie schon für ein Spion! Das ist doch alles Unsinn ...«

Majskij, der in seiner Zelle gesessen hatte und von den Veränderungen im Lande nichts wußte, glaubte sich einer besonders ausgeklügelten Verhörmethode des Stalinschen Satrapen ausgesetzt. Er fürchtete, daß man ihn erneut schlagen würde, wenn er behauptete, kein Spion zu sein ...«

»Nein, Lawrentij Pawlowitsch, ich bin ein Spion, mich haben die Engländer angeworben, soviel steht fest ...«

»Lassen Sie doch diese Dummheiten, Iwan Michailowitsch. Sie sind kein Spion, das ist uns jetzt klar. Die Denunzianten werden bestraft werden. Sie aber können nun sofort nach Hause gehen.«

Majskij glaubte seinen Ohren nicht zu trauen. Was war inzwischen vorgefallen? Oder wollte Berija ihn nur auf die Probe stellen und verspottete ihn jetzt?

Ein Offizier trat ein und händigte Majskij die Kleidung aus, die man ihm im Gefängnis abgenommen hatte. Berija begleitete ihn in den angrenzenden Ruheraum, wo er sich umkleiden sollte.

»Das wär's also«, sagte Berija und reichte Majskij die Hand.

»Verzeihen Sie das Mißverständnis. Unten wartet ein Wagen auf Sie ...«

In der kurzen Zeitspanne zwischen Stalins Tod und seiner eigenen Inhaftierung, spielte Berija die Rolle des Entlarvers, der seine Untergebenen des Machtmißbrauchs und der brutalen Behandlung der Gefangenen bezichtigte. Er versuchte sich selbst reinzuwaschen,

indem er den Chef der Untersuchungsabteilung des NKWD, Rjumin und andere Henker verhaften und erschießen ließ.
Unter Stalin waren jedoch sowohl Majskij als auch Polina nötig gewesen, um den »Fall des englischen Spions Molotow« zu konstruieren.
Aus Majskijs Erzählungen von den Verhören durch Berija ergibt sich folgendes Bild:
Molotow wurde verdächtigt, während seiner Reise nach London und Washington im Frühjahr 1942 von den Engländern angeworben worden zu sein!
Pawlow und einige Sicherheitsoffiziere hatten ihn damals begleitet. In einem schnell umgerüsteten sowjetischen Bomber waren sie nach Nordschottland geflogen und von dort aus im Nachtexpreß von Glasgow nach London gefahren. Auf dem Flugplatz war die sowjetische Delegation, die aus Sicherheitsgründen unter der Codebezeichnung »Mission des Mister Brown« reiste, von Anthony Eden begrüßt und in die britische Hauptstadt geleitet worden. Molotow und Eden standen Salonwagen zur Verfügung, in denen sich jeweils neben dem geräumigen Coupé für die Minister noch zwei Schlafabteile befanden – eines für den Übersetzer und eines für die Sicherheitsleute. Spät abends suchte Eden in Begleitung seines Dolmetschers Molotows Wagen auf. Er klopfte an, die Tür wurde geöffnet und beide betraten das Coupé.
Seinerzeit gab es bei uns eine strenge Vorschrift: Unterredungen mit Ausländern, und das galt auch für Politbüromitglieder, durften nur in Anwesenheit eines, besser jedoch zweier »Zeugen« geführt werden. Gewöhnlich war der Dolmetscher dieser »Zeuge«. Diesmal aber blieb Molotow mit Eden und dessen Übersetzer fast zwei Stunden lang allein.
Worüber wurde gesprochen? Es konnte nicht anders sein, als daß man sich »absprach«. Dieser Umstand wurde noch an Ort und Stelle von einem der Molotow begleitenden Berija-Leute schriftlich festgehalten.
Man ließ die entsprechenden Aufzeichnungen dann bis auf weiteres ruhen. Als der Zeitpunkt jedoch gekommen war, dienten sie als »Indiz« dafür, daß Eden in jener Nacht Molotow angeworben habe, der dadurch ein wertvoller Mitarbeiter des Intelligence Service geworden sei. Nur so ließ sich der grobe Verstoß Molotows gegen die strengen Vorschriften Stalins erklären. Molotow war viele Jahre lang

der zweite Mann im Lande gewesen und hatte im Apparat Autorität genossen. Obwohl Stalin nie Wert auf die Meinung seiner Umgebung legte, mußte er in diesem Falle die öffentliche Meinung in geeigneter Weise auf den Vorgang einstimmen. Die Verhaftung von Molotows Frau war ein erster Schritt in diese Richtung, genügte aber noch nicht, da auch andere Ehefrauen von hohen Funktionären im Gefängnis saßen. Aus diesem Grunde suchte er Molotow während der letzten Jahre systematisch zu diskreditieren. In ZK-Sitzungen und im engsten Kreis sprach er von den »Fehlern« Molotows, über seine Unfähigkeit, dem Druck der imperialistischen Kräfte standzuhalten und über seine »Kapitulation« vor dem Westen. Gleichzeitig drängte er Molotow immer weiter in den Hintergrund und entfernte ihn schließlich aus dem Politbüro. Alles deutete darauf hin, daß bald der letzte Schlag erfolgen würde – die Verhaftung und Anklage des ehemals engsten Mitstreiters des Führers als Spion und Volksfeind mit allen sich daraus ergebenden Schlußfolgerungen. Nur der Tod hinderte Stalin daran, diesen Schlag auszuführen.
Die letzten Lebensjahre* verbrachte Molotow auf der Datscha in Schukowka bei Moskau. Er war bereits Witwer. In Gesellschaft brachte er stets drei Toasts aus: auf den Genossen Stalin, auf Polina und auf den Kommunismus ...
Auf die Frage:
»Wie soll man das verstehen, Wjatscheslaw Michailowitsch, Stalin ließ doch Polina verhaften und hat Sie selbst beinahe umgebracht«, antwortete er:
»Stalin war ein bedeutender Mensch ...«

* Er wurde 1962 als »Parteifeind« aus der KPdSU ausgeschlossen und starb 1986 – Anm. d. Übers.

Neue Zeiten

Im März konnten wir schließlich Übersetzer und Redakteure einstellen. Nun stand der Herausgabe der ersten englisch- und deutschsprachigen Ausgaben nichts mehr im Wege. Bald darauf wurde beschlossen, die Zeitschrift auch in französischer Sprache herauszugeben. In meinen Aufgabenbereich fiel die Betreuung der englisch- und deutschsprachigen Ausgabe, meine Französischkenntnisse jedoch waren nicht ausreichend, um auch für Qualität und Genauigkeit der Übersetzung ins Französische zu bürgen. Die Suche nach einem geeigneten Kandidaten wurde mir übertragen. Im Ministerium des Äußeren empfahl man mir Frau Tschegodajewa, die vor dem Krieg in der sowjetischen Botschaft in Frankreich gearbeitet hatte und über hervorragende Französischkenntnisse verfügte.

Nach dem Sieg über Deutschland und der Beendigung des Krieges in Europa war der Titel unserer Zeitschrift nicht mehr zeitgemäß. »Krieg und Arbeiterklasse« entsprach nun nicht mehr der beginnenden Friedensperiode. Leontjew bat alle Mitarbeiter, über einen neuen Titel nachzudenken. Bald hatten wir eine ganze Liste von Varianten zusammengestellt. Einiges wurde im Lauf der nun folgenden Diskussionen verworfen, übrig blieb eine Handvoll Vorschläge, die Leontjew an Molotow weiterleitete und die dieser wiederum zur endgültigen Entscheidung an Stalin sandte.

Zugegeben, unsere Ideen zeichneten sich nicht durch allzu große Originalität aus. Die Liste enthielt Vorschläge wie: »Frieden und Arbeiterklasse«, »Internationales Leben«, »Internationale Rundschau«, »Periskop internationaler Ereignisse«, »Friedliche Umlaufbahn« und ähnliches mehr. Zwei Wochen lang warteten wir auf Stalins Reaktion. Der Erscheinungstermin der nächsten Nummer rückte näher, und in der Redaktion begann man bereits nervös zu werden, denn nach Beendigung des Krieges konnte die alte Bezeichnung ja unmöglich beibehalten werden.

Eines Tages erschien dann schließlich ein Kurier mit einem großen roten, fünffach versiegelten Umschlag bei uns in den Redaktionsräumen; allen war klar, daß er aus Stalins Sekretariat kam. Nachdem er den Eingang der Sendung durch seine Unterschrift bestätigt hatte, öffnete Leontjew das Kuvert und zog die Liste mit unseren Vorschlägen heraus. Sie war mit dem mir bereits bekannten dicken blauen

Stift von oben bis unten durchkreuzt, in der rechten unteren Ecke stand mit schwungvollen Buchstaben »Nowoje wremja« (Neue Zeit) sowie die Initialen »J. S.« Kein einziger unserer Vorschläge hatte die Billigung des Führers gefunden, so war er kurzerhand darangegangen, der Zeitschrift seinen eigenen Titel zu geben. Das Problem war nun gelöst.

Leontjew allerdings brachte die Wahl des »Herrn« in große Verlegenheit. Damals war allen noch die von Suworin herausgegebene, äußerst reaktionäre vorrevolutionäre Zeitung »Nowoje wremja« gut im Gedächtnis. Lenin hatte mit ihr scharf polemisiert und sie auch mehr als einmal beschimpft. Bekanntlich geizte Wladimir Iljitsch bei der Polemik mit politischen Gegnern nicht mit scharfen Epitheta. In diesem Zusammenhang fällt mir eine Episode ein: Korrespondent der amerikanischen »Times« in Moskau war zeitweilig der Journalist russischer Abstammung Amfiteatrow. Als er mich eines Tages besuchte, erzählte er stolz, daß Lenin in seinen Arbeiten häufig seinen Großvater erwähnt hätte. Neugierig geworden, sah ich mir in den Gesammelten Werken Lenins all jene Stellen an, wo von dem Vorfahren des amerikanischen Journalisten die Rede war. Es erwies sich, daß Lenin ihn nicht anders als »die Dirne Amfiteatrow« bezeichnet hatte. Viele der Artikel dieses Autors, der den polemischen Ausfall Lenins hervorgerufen hatte, waren in der »Nowoje wremja« abgedruckt gewesen. Besonders bestürzte meinen Chef jedoch die Tatsache, daß der Chefredakteur des Suworinschen Blattes sein Namensvetter war – er hieß ebenfalls Leontjew.

Wir hatten bereits den Entwurf für den neuen Umschlag in russischer, englischer und deutscher Sprache in Auftrag gegeben, doch Lew Abramowitsch plagten noch immer Zweifel. Sich Stalin zu widersetzen wagte er nicht, aber er konnte den Gedanken an die unpassende Analogie auch nicht auf sich beruhen lassen. Es war ja möglich, daß irgend jemand nach Erscheinen der ersten Nummer die Aufmerksamkeit des »Herrn« auf diese peinliche Analogie lenken und dieser ihn dann zur Verantwortung ziehen würde, weil er ihn nicht rechtzeitig darauf hingewiesen hätte. Nach quälendem Zögern entschloß sich Leontjew schließlich dazu, sich an Stalin zu wenden. Technisch war das einfach, denn in der Redaktion gab es eine Direktleitung zum Kreml, und meist nahm auch Stalin selbst den Hörer ab. Doch allen Mut zusammenzunehmen, um den Führer zu behelligen, und noch dazu Zweifel an der von ihm gefällten Entscheidung zu hegen, das war keine leichte Aufgabe!

Stalin hörte Leontjews Ausführungen an, schwieg eine geraume Zeit und sagte dann:

»Ach was, damals gab es die eine neue Zeit, heute eine andere. Der Krieg hat mit unserem Sieg geendet, die Feinde sind bezwungen. Rings um uns ist man uns freundschaftlich verbunden. Neue Zeiten sind angebrochen ...«

Damit hängte er ein.

Leontjews Zweifel waren zerstoben.

Ob Stalin damals tatsächlich der Überzeugung war, daß eine neue Ära begonnen hatte, daß es möglich wäre, die Beziehungen der Zusammenarbeit mit den Westmächten beizubehalten, daß auch im eigenen Lande künftig keine »Feinde« mehr gejagt zu werden brauchten und daß für die Sowjetunion wie für die gesamte Welt bessere Zeiten angebrochen seien?

Weite Teile des Landes lagen in Trümmern. Millionen von Menschen drängten sich in Erdhütten, ohne selbst das Allernotwendigste zu besitzen. Und es galt noch die Zusage zu erfüllen und in den Krieg gegen Japan einzutreten. Doch das dachte man sich als kurze Episode. Die wichtigste Aufgabe, die es zu meistern galt, war die schnellstmögliche Schaffung von menschenwürdigen Bedingungen für die Bevölkerung und der Wiederaufbau des Zerstörten.

Möglicherweise war Stalin damals noch davon überzeugt, daß uns die Amerikaner dabei zur Seite stehen würden. Vielleicht war er in einem derartigen Fall auch selbst bereit, sich zu mäßigen und Kompromisse einzugehen? Hatte doch der gerade erst ins Weiße Haus eingezogene Truman beteuert, er beabsichtige, Roosevelts Außenpolitik fortzusetzen.

Wen trifft nun die Schuld, daß sich die Beziehungen zwischen den erst unlängst Verbündeten zuzuspitzen begannen? Einige westliche Historiker sind der Ansicht, daß die Regierungschefs aller drei Hauptmächte der Antihitlerkoalition gleichermaßen nicht an einer Fortsetzung der Bündnisbeziehungen interessiert waren. Ich bin jedoch der Auffassung, daß die sowjetische Führung direkt nach Kriegsende bestrebt war, die Atmosphäre des Vertrauens zu wahren, obwohl sie sie in einer Reihe von Fällen durch ihre Handlungen untergrub. Das Mißtrauen Stalins spielte hier eine bedeutende Rolle. Er dachte noch immer in Kategorien des »vergangenen Krieges« und war von der Zwangsvorstellung besessen, um die UdSSR müsse ein Gürtel von Staaten geschaffen werden, auf deren politisches Regime er sich voll und ganz verlassen könne. All dies zog natürlich die entsprechende Reaktion in den USA und in England nach sich. Doch auch dort war man nicht allzu sehr an günstigem Klima interessiert. Die groben Ausfälle Trumans in seinen Gesprächen mit Molotow, der zur Unterzeichnung der UNO-Charta nach San Francisco gereist war, gaben Stalin Grund zu der Annahme, daß die neue US-Administration vom Rooseveltschen Kurs abwich. In Potsdam dann nahm Trumans Versuch, die UdSSR mit der Atombombe zu erpressen, für Moskau die Gestalt einer ernsthaften Drohung an. In diesem Zusammenhang muß man Stalins Handlungen betrachten, die vom Westen als sowjetische Bedrohung interpretiert wurden. Die Konfrontationen spitzten sich zu und mündeten in den »kalten Krieg«. Am Horizont zog nun die Gefahr des Umschlagens in einen »heißen Krieg« auf.

In den Vereinigten Staaten entbrannte eine Kampagne gegen den Kommunismus. Die Sowjetunion antwortete darauf mit einer nicht minder erbitterten Kampagne gegen den Imperialismus. Beide Seiten bereiteten ihre Bevölkerungen, in denen noch immer das Gefühl der gegenseitigen Sympathie vorherrschte, das in den Jahren des vereinten Kampfes gegen den gemeinsamen Feind entstanden war, auf eine mögliche Konfrontation vor. Zu jener Zeit, in der zweiten Hälfte der vierziger Jahre, entfesselte man bei uns den »Kampf gegen das Kosmopolitentum« und »die Liebedienerei vor dem Ausland«. Meiner Ansicht nach wurden damit zwei Ziele verfolgt:

Das Volk sollte gegen den »neuen Aggressor« in Gestalt der USA aufgewiegelt und im Inneren des Landes sollte eine Atmosphäre der Angst erzeugt werden.

Ich denke, daß Stalin das »Gespenst der Dekabristen« verfolgte. Im Vaterländischen Krieg 1812 gegen die Armeen Napoleons waren Hunderttausende russischer Offiziere und Soldaten bis nach Paris gekommen. Unterwegs lernten sie das Leben der verschiedenen Völker Westeuropas kennen, die unter Bedingungen lebten, die sich wesentlich von denen der Leibeigenschaft in Rußland unterschieden. Selbst im nachnapoleonischen Frankreich wehte ein Geist von Freiheit, Gleichheit und Brüderlichkeit, den die russischen Menschen gierig aufnahmen und den sie mit sich nach Petersburg brachten.

Einige Jahre später kam es dann zum Aufstand der Dekabristen* auf dem Senatsplatz.
In unseren Tagen waren Millionen Sowjetsoldaten bis nach Berlin, Wien, Prag und Budapest gelangt, waren durch etliche westeuropäische Staaten gekommen. Sie sahen, daß selbst nach fünf Jahren des zerstörerischen Krieges und der Okkupation durch Hitlerdeutschland das Leben in diesen Ländern bei weitem nicht so düster verlief, wie es unsere Propaganda stets gezeichnet hatte. Die Mehrheit der Bevölkerung lebte besser als der Sowjetmensch. Nicht nur in Ostpreußen, sondern auch in der Tschechoslowakei und in Ungarn hingen in den Vorratskammern der bäuerlichen Wirtschaften Schinken und Würste, lagerten ganze Käselaibe. All diese Dinge hatten die Kolchosbauern, die unter den Bedingungen von Stalins staatlicher Leibeigenschaft lebten, schon lange vergessen.
Dies mußte den »Führer der Völker« natürlich beunruhigen. Was würde sich ereignen, wenn diese Masse, die er fast zwanzig Jahre lang in Isolation und Unwissenheit gehalten hatte, nach Hause zurückkehrte und zu vergleichen begann? Auch etwas anderes beunruhigte ihn: Im Krieg hatten sich viele Menschen auch vom Minderwertigkeitskomplex und vom ihnen vom Apparat anerzogenen Reflex, auf Weisungen von oben zu warten, befreit. Selbst ein einfacher Soldat mußte schon aus Selbsterhaltungstrieb häufig allein Entscheidungen fällen und entsprechend der Situation handeln. Das grenzte bereits an ein Gefühl von Freiheit, das Stalin seinen Untergebenen stets auszutreiben getrachtet hatte. Es führte auch dazu, daß die Angst verschwand. Doch Stalins gesamtes System wurde ja gerade durch diese Angst zusammengehalten. Folglich war das System in Gefahr. Und dies galt es zu verhindern.
So begann die Jagd auf alles »Ausländische«. Es ging sogar so weit, daß selbst die seit eh und je in Rußland bekannten »französischen Brötchen« in »Stadtbrötchen« umbenannt wurden, das beliebte Leningrader »Café Nord«** in »Café Sewer«.*** Überall sollte unsere

* Dekabristen, nach *dekabr* (Dezember), dem Zeitpunkt des Aufstandes, benannte Gruppe russischer Adliger, die im Dezember 1825 vergeblich versuchten, die Selbstherrschaft des Zaren zu stürzen und liberale Reformen durchzuführen – Anm. d. Übers.
** »Café Nord« im russ. Original deutsch – Anm. d. Übers.
*** »Café Sewer«, *sewer* – russ. Norden – Anm. d. Übers.

»Priorität«, wie es hieß, gewahrt werden. Alles andere mußte entschieden abgelehnt werden. Genetik und Kybernetik wurden zu »bürgerlichen Pseudowissenschaften« deklariert. Und jeder, der sich erkühnte, irgendeine westliche Entdeckung positiv zu bewerten, wurde als »vaterlandsloser Kosmopolit« abgestempelt, der vor dem Ausland »liebedienerte«. Das Mißtrauen wurde auch auf all jene ausgedehnt, die in den von den Hitlertruppen okkupierten Gebieten gelebt hatten. In Fragebogen hatte man aus diesem Grunde extra einen neuen Punkt eingeführt. Als hätten die Menschen eine Wahl gehabt und sich dafür entschieden, unter deutscher Besatzung zu leben! Sie wurden verantwortlich gemacht, wo doch die sowjetischen Führer die Verantwortung trugen, die versprochen hatten, den Aggressor auf seinem eigenen Territorium zu vernichten, dann jedoch eine Situation heraufbeschworen hatten, die die Rote Armee zwang, bis zur Wolga und zum Kaukasusvorland zurückzuweichen. Zehntausende Gefangener wurden für schuldig befunden, in Gefangenschaft geraten zu sein, und dafür in die Lager geschickt. Wieder gab es willkürliche Verhaftungen, wurden »Fälle« völlig unschuldiger Menschen konstruiert, angefangen von der »Leningrader Verschwörung« bis hin zum Prozeß gegen die »Mörderärzte«.
Stalin konnte zufrieden sein. Wieder herrschte Angst im Land. Doch diese seine Errungenschaft wendete sich nun gegen ihn selbst. Als er einen Schlaganfall erlitt, gab es niemanden, der ihm helfen konnte. Alle seine behandelnden Ärzte hatte er ins Gefängnis werfen lassen.

Über Patriotismus

Allmählich faßte ich Fuß in der Journalistik. Zuerst beschränkte ich mich auf kleine Anmerkungen, doch bald schon begann ich Artikel über amerikanische und deutsche Thematik zu schreiben. Natürlich nicht unter meinem eigenen Namen! Ich hatte sogar zwei Pseudonyme, »W. Bogdanow« und »W. Borissow«, gewählt, um »meine Spuren zu verwischen«, wie man so schön sagt.

Doch ich war nicht der einzige Mitarbeiter, der seine Artikel unter Pseudonym veröffentlichte, wenn sich meine Gründe dafür auch von denen der anderen unterschieden. So zeichnete Wyschinskij stets mit »Marew«, Litwinow mit »Marinin« und Maiskij mit »Taigin«. Unter dem Namen »Baltijskij« erschienen häufig theoretische Artikel von Kuusinen, der einige Jahre lang einer der Stellvertreter des Chefredakteurs der Zeitschrift war.

Seine Vorliebe galt besonders dem Thema Patriotismus – dem echten und dem vorgetäuschten. Ich denke, das hing damit zusammen, daß er eine kurze Zeit lang Chef der sogenannten »Regierung von Terioki« gewesen war. Als dieses Städtchen in den ersten Wochen des »Winterkrieges« gegen Finnland im Sturm von der Roten Armee genommen worden war, wurde dort, wie TASS meldete, die »Arbeiter- und Bauernregierung« Finnlands mit Kuusinen an der Spitze gebildet. Im Kreml wurde sogleich ein Abkommen über Freundschaft und gegenseitige Hilfe unterzeichnet. Stalin nahm an, daß unsere Truppen das bürgerliche Finnland bezwingen und Helsinki einnehmen würden und mit ihnen die »Regierung Kuusinen« in der Hauptstadt Einzug hielte. Auf diese Weise gedachte Stalin, sein Abkommen mit Hitler über die Ausweitung der sowjetischen Interessensphäre auf Finnland zu realisieren. Die Geschichte jedoch gab den Dingen eine andere Wendung, und Kuusinen mußte zu seinen Pflichten als Vorsitzender des Präsidiums des Obersten Sowjets der Karelo-Finnischen SSR zurückkehren. Im weiteren zog Molotow ihn auch zur Arbeit an der Zeitschrift »Krieg und Arbeiterklasse« heran.

Kuusinen konnte sich nicht damit abfinden, daß man seinen Vorstoß in Finnland nicht nur als nicht patriotisch, sondern sogar als verräterisch wertete. Man warf ihm vor, er hätte in der für das Land schweren Zeit »mit dem Feind zusammengearbeitet«. Er war eine bekannte Persönlichkeit in Finnland. Bereits zu Beginn des Jahrhunderts hatte er in der revolutionären Bewegung eine Rolle gespielt. Als man in Finnland nach dem Sieg der Oktoberrevolution eine Räteregierung der Arbeiter-, Bauern- und Soldatendeputierten einsetzte, wurde er einer ihrer Führer. Bald darauf jedoch wurde die finnische Sowjetmacht blutig gestürzt. Ihre Führer wurden erschossen oder ins Gefängnis geworfen. Auch Kuusinen kam in Festungshaft, doch ihm gelang die Flucht. Bei der Verfolgung über den zugefrorenen Ladogasee wurde er angeschossen. Kuusinen fiel in den Schnee und verharrte dort regungslos, bis seine Verfolger sich in der Annahme, er sei tot, zurückzogen. Schließlich gelangte er nach Petrograd und wurde bald einer der Führer der Komintern, für die er bis zu ihrer Liquidierung durch Stalin arbeitete.

Wie man auch immer zur Vorgeschichte des sowjetisch-finnischen Konfliktes im Jahre 1939 stehen mag, darf man nicht übersehen, daß der Vorschlag über die Verschiebung der sowjetisch-finnischen Grenze, die fast an der Stadtgrenze von Leningrad verlief, weiter nach Westen und die entsprechende Kompensation zulasten Kareliens im Zusammenhang mit den Sicherheitsinteressen dieses Zentrums der Weltkultur zu sehen ist. Das verstanden damals auch einige führende Politiker Finnlands. So auch Marschall Mannerheim, seinerzeit Offizier im Generalstab der zaristischen Armee, der eine Reihe delikater Aufträge der russischen Regierung in Tibet und Nepal erfüllte. Er hatte viele Jahre lang in Petrograd gelebt und wußte, welches Zentrum von Kunst, Architektur und Wissenschaft die Stadt war. Er konnte sich gut vorstellen, welches Schicksal Leningrad im Falle der Okkupation durch die Hitlertruppen zu gewärtigen hätte. Zunächst sprach sich Mannerheim für die Annahme der sowjetischen Vorschläge aus. Doch als die Mehrzahl der finnischen Regierungsmitglieder sie ablehnte und der Krieg begann, hielt es Marschall Mannerheim für seine patriotische Pflicht, die Verteidigung seiner Heimat zu leiten.

Kuusinen hielt diese Einstellung für »falschen Patriotismus«. Im Gegensatz zur alten englischen Redewendung »Right or wrong, my country«, beharrte er darauf, daß »echter Patriotismus« von einem ehrlichen Menschen verlange, gegen die Entscheidung der Regierung des eigenen Landes aufzutreten, wenn er diese Entscheidung für falsch hält. Ebenso wie Mannerheim hielt es Kuusinen unter den damaligen Bedingungen für unabdingbar, den sowjetischen Vorschlag von der Verschiebung der Grenze anzunehmen. So hätte der »Winterkrieg« vermieden werden können. In Helsinki jedoch lehnte man diesen Vorschlag ab, und der Krieg begann. Kuusinen hielt es, im Unterschied zu Mannerheim, für seine Pflicht gegenüber dem finnischen Volk, nicht nur die Regierung nicht zu unterstützen, die seiner Ansicht nach eine falsche Entscheidung getroffen hatte, sondern gegen sie aufzutreten. Das war seine Vorstellung von »echtem Patriotismus«.

Man kann über diese Argumentation denken, wie man will, doch sie brachte Kuusinens Überzeugung zum Ausdruck. Und er verteidigte sie in seinen Artikeln über Patriotismus.

Ich weiß nicht, ob Kuusinen tatsächlich mit allen Entschlüssen und Handlungen Stalins und später Chruschtschows einverstanden war. In der Öffentlichkeit ist er jedoch niemals gegen sie aufgetreten.

Nach der Beseitigung der sogenannten »parteifeindlichen Gruppe« um Molotow, Malenkow, Kaganowitsch und Schepilow im Jahre 1957 schied auch der letzte »Weggefährte Lenins«, Molotow, aus der Regierung aus. Chruschtschow, der überzeugt war, zu den Leninschen Normen zurückzukehren, suchte nun jemanden, der wenigstens Umgang mit Lenin gehabt hatte. Er stellte fest, daß Kuusinen die Zeiten unversehrt überstanden hatte, und machte ihn zum Sekretär des ZK der Partei. Auf welche Weise war Kuusinen das tragische Schicksal der anderen Altbolschewiki erspart geblieben? Vielleicht war es die Erfahrung der dramatischen Minuten, als er verletzt auf dem Eis des Ladogasees gelegen hatte und bestrebt gewesen war, so lange unbeweglich zu bleiben, bis seine Verfolger sich entfernen würden, die ihn gelehrt hatte, in jenen schrecklichen Jahren nicht in die Fänge der Häscher der Stalinschen Repression zu gelangen.

Im privaten Umgang war Kuusinen ein sehr angenehmer, warmherziger Mensch. Seine Pflichten als Mitglied des Redaktionskollegiums der Zeitschrift nahm er sehr ernst. Er las alle eingesandten Artikel und versah sie mit gut fundierten Bemerkungen und Vorschlägen. Während der Redaktionssitzungen hielt er uns häufig interessante Vorträge mit Reminiszenzen und Exkursen in die Vergangenheit. Stets trug er ein finnisches Messer bei sich, das am Gürtel befestigt war und mit dem er seine Bleistifte spitzte.

Ich war auch bei ihm zu Hause in seiner Stadtwohnung in dem berühmten »Haus an der Moskwa«, gegenüber dem Kreml, und auch auf seiner Datscha bei Moskau. Seine Tochter, Herta Kuusinen,

schickte ihm regelmäßig aus Helsinki frisch gebeizten Lachs, den er dann mit Pellkartoffeln servierte. Er erzählte gern Anekdoten, auch über sich selbst. Er lebte in Moskau, doch während der Wahlen begab er sich in die karelo-finnische Hauptstadt Petrosawodsk, um sich bei seinen Wählern sehen zu lassen.
Eines Tages reiste er von Stadt zu Stadt und besuchte die Betriebe. Auf der Rückfahrt nach Petrosawodsk überholte der Wagen einen alten Mann. Mühsam bewegte er sich vorwärts. Kuusinen bedeutete dem Chauffeur anzuhalten und fragte den Alten, wohin er wolle. Es erwies sich, daß er auch nach Petrosawodsk unterwegs war.
»Steigen Sie ein«, schlug Kuusinen vor.
Der Alte bedankte sich und nahm neben dem Fahrer Platz. Zunächst fuhren sie schweigend. Dann begann Kuusinen, der einen starken finnischen Akzent hatte, seinen Reisegenossen nach dessen Lebensumständen und dem Grund seiner Reise in die Hauptstadt zu fragen.
»Na ja, ich verheirate meine Enkeltochter. Ich möchte ihr ein Klavier, Möbel und eine Nähmaschine kaufen ...«
Dem Mitarbeiter des karelo-finnischen Präsidenten, der ebenfalls im Wagen saß, schienen diese Auskünfte des ärmlich gekleideten alten Mannes nicht sehr glaubwürdig zu sein. Er fragte:
»Großvater, weißt du denn, wer hier mit uns fährt?«
»Natürlich weiß ich das, ein Tourist aus Finnland ...«
»Was denn für ein Tourist. Das ist Genosse Kuusinen, dein Vorsitzender des Obersten Sowjets ...«
»Ach, ich habe ihn nicht erkannt, hab ihn ja noch nie von Angesicht zu Angesicht gesehen ...«
Eine Weile schwiegen sie. Dann fragte Kuusinen, der mittlerweile spürte, daß der Alte nicht die Wahrheit gesagt hatte, erneut:
»Also warum fährst du nun wirklich nach Petrosawodsk, Großväterchen?«
»Pulver kaufen, die Wanzen fressen uns auf ...«
Sich über diese Geschichte amüsierend, fügte Kuusinen hinzu:
»Das ist echter Patriotismus!«

Die Empfehlungen des Joseph Wirth

Blicke ich heute auf die erste Zeit in der Redaktion zurück, kann ich sagen, daß die Arbeit dort recht interessant war. Nach kurzer Zeit wurde ich in das Redaktionskollegium aufgenommen und zum verantwortlichen Redaktionssekretär ernannt. Die fremdsprachigen Ausgaben erhielten neue Redakteure, für die ich nun verantwortlich war. Der Aufgabenbereich eines verantwortlichen Redakteurs war weit gefächert: Ich hatte mich um rein journalistische und editorische, aber auch um wirtschaftliche und finanzielle Belange sowie um Personalentscheidungen zu kümmern. Auch in materieller Hinsicht konnte ich nicht klagen. Die Honorare für meine Artikel waren ein gutes Zubrot zu meinem Gehalt. Im Verlag »Molodaja Gwardija« (Junge Garde) erschien 1947 mein erstes Buch, »Die betrogene Generation«, eine Untersuchung über die Lage der englischen Jugend. Wir hatten damals großes Mitgefühl für das schwere Los der britischen Jugendlichen, ohne darüber nachzudenken, daß in Wirklichkeit einige unserer Generationen betrogen worden waren. Man hatte ihnen im Laufe ihres Lebens suggeriert, daß lediglich zwei, drei Fünfjahrpläne vergehen würden, dann jedoch das glückliche Leben für alle begänne und die kapitalistischen Länder weit abgeschlagen zurückbleiben würden. Heute aber sehen wir, daß wir selbst vor einem Scherbenhaufen stehen. Damals war ich jedoch sehr stolz auf meine erste größere Arbeit, die auch ins Englische übersetzt wurde.

Die Redaktion war an ein spezielles Lebensmittelversorgungsnetz angeschlossen, und die Auswahl, die jedes Mitglied des Redaktionskollegiums auf diese Weise treffen konnte, war sehr vielfältig und die Produkte hochwertig. In dieser Beziehung ging es mir in der Redaktion entschieden besser als in Molotows Sekretariat. Dennoch befriedigte mich die Arbeit nicht gänzlich. Oft gingen mir Erinnerungen an die Vergangenheit durch den Kopf. Ich dachte daran, wie ich, wenn auch nur mittelbar, an der großen Politik beteiligt gewesen war, an der Beschlußfassung politischer Entscheidungen hinter verschlossenen Türen auf höchster Ebene teilgenommen hatte, und, ich verhehle es nicht, auch an die Empfindung der Nähe zu den Führern – Stalin und Molotow.

Jede Nacht suchten mich schmerzlich-verlockende Träume heim, häufig jedoch waren es Alpträume, in denen lichte Erscheinungen durch einen schrecklichen Fall in finstere Tiefe jäh beendet wurden. In schlaflosen Nächten kreisten immer wieder die Augenblicke höchster Nervenanspannung, die ich vor jedem Ruf zu Stalin durchlebt hatte, durch mein Gehirn. In meiner Phantasie sah ich den geheimnisvollen Korridor, der in seine Räume führte, im Nebel verschwinden.

Ich nähere mich dem Posten, der vor mir salutiert, dort – die Tür, vor der, wie gewöhnlich, General Wlassik schlummert. Ich versuche sie zu öffnen, doch sie gibt nicht nach. Wlassik erhebt sich in seiner ganzen Größe, schiebt mich mit der Hand beiseite. Aus weiter Ferne dringt eine Stimme an mein Ohr:

»Sie haben hier keinen Zutritt!«

Der Boden öffnet sich unter meinen Füßen – ich falle in einen Abgrund ...

So wiederholten sich Nacht für Nacht die verschiedensten Varianten der »Vertreibung aus dem Paradies«.

Die langjährige Gewohnheit, bis in die Morgenstunden zu arbeiten, hinderte mich daran, rechtzeitig nach Hause zu gehen. Wenn alle bereits die Redaktion verlassen hatten, saß ich noch immer in meinem Arbeitszimmer, las die Informationsbulletins von TASS und amerikanische und englische Zeitungen, die die Redaktion erhielt. Die Namen der amerikanischen und englischen Politiker, die mir bei der Lektüre stets entgegenblitzten und die vor meinem geistigen Auge gleichsam in Fleisch und Blut erstanden und mir so bekannt waren, erinnerten mich stets daran, daß ich aus ihrem Zirkel verbannt worden war. Ich hätte diese Zeitungen wohl besser links liegenlassen sollen, doch, wie bei einer juckenden Wunde, zog es meine Hand wieder und wieder zu ihnen hin, und es zerriß mir die schmerzende Brust.

Meine ehemaligen Kollegen vom Außenministerium, denen ich bei den ersten Schritten ihrer diplomatischen Karriere geholfen hatte, wurden jetzt Generalkonsule, Gesandte, Botschafter ..., mir jedoch war dieser Weg für immer versperrt! Und alle hatten sich von mir abgewendet.

Am Tag des Sieges, als die Freude groß war, suchte mich niemand auf oder rief wenigstens an. Dabei war es noch gar nicht lange her, daß wir uns reihum besucht hatten ...

Am 9. Mai 1945 besuchten mich lediglich zwei Freunde aus den

Tagen des Dienstes in der Flotte mit einer Flasche Champagner in der Redaktion, und wir gingen gemeinsam zum Roten Platz, der voller jubelnder Menschen war.

Besonders schwer fiel mir die Lektüre über die Konferenz von Jalta. Es schien, als seien mir noch gestern alle Teilnehmer ganz nah gewesen. Ich hätte doch eigentlich gemeinsam mit ihnen auf die Krim fahren müssen und in Liwadija* die Gespräche zwischen Stalin, Roosevelt und Churchill dolmetschen sollen! Vier Jahre lang hatte ich in der Überzeugung gelebt, für derartige Gespräche unbedingt nötig zu sein. Es war mir unbegreiflich, daß ich nicht dort war, alles aber so ablief, als hätte es mich nie gegeben. Das war beleidigend und kränkend. Ohne den Übersetzer sind die Gesprächspartner quasi taubstumm. Er ist unabdingbar und unentbehrlich. Doch wie ich nun sah, wurde er lediglich als Fachmann benötigt, nicht aber als Persönlichkeit.

Der Mensch verschwindet, der Fachmann jedoch bleibt, in Gestalt eines anderen Menschen. Den bisherigen schien es nie gegeben zu haben.

Rational verstand ich das, doch abfinden konnte ich mich mit dieser Erkenntnis nicht. Meine Wunde leckend, kam ich zu dem Schluß, daß ich ja nicht nur Dolmetscher, sondern auch Assistent des Außenministers gewesen war. Also bedeutete es anscheinend auch in dieser Funktion nichts, gewissenhaft seine Verpflichtungen zu erfüllen.

Ich überschätzte mich damals natürlich in der Annahme, über besondere Fähigkeiten zu verfügen, die ins Kalkül hätten gezogen werden müssen, bevor man mich so einfach hinauswarf. Ich dachte an die Äußerung des »großen Führers«, daß die »Kader alles entscheiden«, doch es gab auch noch eine andere Sentenz von ihm: »Es gibt keine unersetzlichen Menschen.«

Weitaus fähigere und dem Lande nützlichere Menschen als ich wurden in jenen Jahren auf den »Müllhaufen der Geschichte« geworfen oder physisch liquidiert. Ich mußte dankbar sein, noch zu leben und einer interessanten Arbeit nachgehen zu können. Doch in meinem Innern nagte der Wurm des Stolzes. Das Leben schien zu Ende zu

---

* Liwadija – Im ehemaligen Zarenpalast von L. tagte die »Jalta-Konferenz« – Anm. d. Übers.

sein. Der Körper schmerzte, immer häufiger verfiel ich in Apathie. Ich fühlte mich alt und schwach.
Die nächtlichen Alpträume beeinträchtigten mein Familienleben. Auch die Geburt unseres zweiten Sohnes im Jahre 1947 konnte unsere Ehe, die unaufhaltsam der Trennung zustrebte, nicht mehr retten.
Später verliebte ich mich wieder bis zur Besinnungslosigkeit, es gab wilde Szenen der Eifersucht. Diese seelischen Bewegungen jedoch heilten mich von meiner Hypochondrie und halfen mir über meine Trauer um das »verlorene Paradies« hinweg.
Als Stalin im März 1953 starb, beweinte ich ihn, wie auch Millionen anderer Sowjetmenschen. Das Gefühl des unverdienten Ausgestoßenseins hatte ich jedoch inzwischen überwunden.
Einen Monat später, im April, klingelte in meinem Junggesellenzimmer das Telefon. Kosyrew, dessen Stimme ich ganze acht Jahre lang nicht mehr gehört hatte, sagte, als sei nichts gewesen:
»Wjatscheslaw Michailowitsch bittet Sie dringend zu sich ...«
Nach dem Tode Stalins war Molotow, dessen Leben selbst noch unlängst am seidenen Faden gehangen hatte, erneut erster Stellvertreter des Vorsitzenden des Ministerrats der UdSSR und Außenminister geworden. Vorsitzender des Ministerrats wurde Malenkow. Sein zweiter Stellvertreter, Berija, erhielt erneut den Posten des Innenministers. Chruschtschow übertrug man die Funktion eines Sekretärs des ZK der Partei, die damals als nicht so sehr wichtig betrachtet wurde.
In den zurückliegenden Jahren waren in Moskau einige den Kremltürmen nachempfundene Hochhäuser erbaut worden, die Stalin sehr gefielen. In einem von ihnen, am Smolensker Platz, befand sich nun das Außenministerium. Am Haupteingang lag bereits ein Passierschein für mich bereit. Von Unruhe ergriffen, was diese plötzliche Aufforderung, zum Minister zu kommen, bedeutete, begab ich mich in den sechsten Stock, wo sich sein Sekretariat befand. Ich dachte darüber nach, daß es gut sei, daß das Ministerium umgezogen war und daß Molotow mich nun nicht in dem altbekannten Kabinett empfangen würde. Andernfalls wäre mir erneut bang ums Herz geworden. Hier jedoch war mir alles fremd.
Kaum war ich im Sekretariat angekommen, als mir Kosyrew auch schon mitteilte, daß der Minister mich bereits erwarte.
Molotow blieb hinter seinem Schreibtisch sitzen, nickte zur Begrü-

ßung mit dem Kopf und bat mich, auf dem Sessel ihm gegenüber Platz zu nehmen.

Alles kam mir genauso vor wie während der vier Jahre, die ich bei ihm gearbeitet hatte. Als wären nicht inzwischen acht lange Jahre vergangen! Es schien mir, als hätte ich ihn erst gestern oder vielleicht auch heute früh zum letzten Mal gesehen. Er fragte weder nach meinem Befinden noch danach, wie es mir in all der Zeit ergangen sei, sondern ging gleich zum Thema über:

»Morgen wird in Wien die Sitzung des Weltfriedensrates eröffnet. Wir möchten Sie mit einem Auftrag dorthin entsenden. Höchstwahrscheinlich wird auch der ehemalige deutsche Kanzler der Weimarer Republik – Joseph Wirth – daran teilnehmen. Sie müssen seine Bekanntschaft machen. Am besten wird es sein, Sie reisen in der Eigenschaft als Korrespondent der ›Nowoje wremja‹. In dieser Eigenschaft stellen Sie sich auch Wirth vor. Erbitten Sie von ihm ein Interview für Ihre Zeitschrift über die Bewegung zum Erhalt des Weltfriedens. Uns allerdings interessiert etwas anderes. Wir sind dabei, die internationale Lage neu zu bewerten. Wir haben uns in eine Isolation hineinmanövriert und müssen nun etwas unternehmen, daraus wieder herauszukommen.

Vor allem die Europapolitik muß neu durchdacht werden. Wirth, der bereits während der Zeit des Rapallo-Vertrages eine positive Rolle im Zusammenhang mit der Zusammenarbeit zwischen Deutschland und der Sowjetunion gespielt hat, wird interessante Gedanken darüber äußern können, wie wir heute an das europäische Problem herangehen sollen und besonders welche Vorgehensweise wir bezüglich Westdeutschlands anstreben sollten. Ich hoffe, Sie verstehen, worum es geht?«

»Ich glaube, ja. Ich werde mich bemühen, Ihren Auftrag zu erfüllen.«

Während ich Molotow zugehört hatte, dachte ich: Wieder hat mein Schicksal eine neue Wendung genommen. Er hätte ja auch jeden beliebigen Mitarbeiter des Ministeriums mit dieser Aufgabe betrauen können, doch er hatte sich für mich entschieden. Vielleicht war seine Wahl auf mich gefallen, weil ich noch aus der Vorkriegszeit den Umgang mit den Deutschen gewohnt war?

Die letzten Jahre hatte Molotow fern von der Außenpolitik und dem Ministerialapparat verbracht. Mich aber kannte er persönlich. Aus diesem Grunde wird er mir wohl auch diese delikate Angelegenheit übertragen haben. Besonders frappierte mich jedoch, daß der Auftrag mit einer Auslandsreise verbunden war. Zwar waren zu jener Zeit in Österreich noch sowjetische Truppen stationiert, aber es gab auch amerikanische, englische und französische Streitkräfte im Lande, und zwischen den vier Besatzungszonen in Wien bestanden keinerlei Grenzen. Man konnte sich in Österreich frei bewegen.

In jenen Zeiten konnte eine derartige Reise, besonders wenn man meine spezielle Situation berücksichtigt, als besonderer Vertrauensbeweis gewertet werden. Und diesen erwies mir nun Molotow, der mich jahrelang nicht gesehen hatte. Dies, wie auch die Tatsache, daß er mich 1945 faktisch aus den Klauen Berijas gerettet hatte, kam mir unwahrscheinlich vor und schien so gar nicht zu dem Bild des unerbittlichen Funktionärs zu passen, der sich selbst so gern auf seine unerschütterliche Härte berief. Er war alles andere als sentimental. Doch vielleicht war er der Ansicht, daß die Zeit gekommen sei, die Ungerechtigkeit, die mir widerfahren war, wiedergutzumachen. Möglicherweise war er auch milder geworden aufgrund der Ungerechtigkeit, die ihm selbst widerfahren war?

»Natürlich darf Wirth nicht erfahren, daß Sie im Regierungsauftrag mit ihm sprechen«, erläuterte Molotow.

»Deuten Sie lediglich an, daß einflußreiche Personen in Moskau großen Wert auf seine Meinung legen. Sobald Sie zurück sind, erstatten Sie mir ausführlichen Bericht. Sie werden noch heute ein spezielles Dokument erhalten, das Sie zur Ausreise nach Österreich berechtigt. Morgen früh geht Ihr Flugzeug, ein Hotelzimmer in Wien ist bereits bestellt. Ich wünsche Ihnen Erfolg.«

»Ich danke für Ihr Vertrauen«, erwiderte ich, wie es sich bei uns eingebürgert hatte, für alles der Partei zu danken, selbst dann, wenn sie, was sehr selten vorkam, eine Sünde wiedergutmachte ...

Es war erstaunlich zu sehen, mit welch blitzartiger Geschwindigkeit unser System arbeiten konnte. Ich hatte Molotows Kabinett kaum verlassen, als mir Kosyrew bereits einen Paß mit gültigem Ausreisevisum und mein Flugticket aushändigte. All diese Jahre hindurch hatte man also im Sekretariat meine Unterlagen aufbewahrt!

Das Flugzeug sollte um sieben Uhr morgens vom Flughafen Wnukowo starten. So blieb mir nicht einmal mehr Zeit, um in der Redaktion Bescheid zu sagen. Doch Leontjew war, wie sich später herausstellte, durch Molotow bereits informiert worden.

Auf dem Flugplatz in Wien wurde ich von einem Vertreter unserer

Botschaft erwartet, meine Ankunft war durch ein chiffriertes Telegramm angekündigt worden. Ich erhielt ein Zimmer im Hotel »Imperial«, das vom Stab der Sowjetarmee konfisziert worden war und von der Wirtschaftsabteilung mehr schlecht als recht verwaltet wurde. Während der Okkupation war das einstmalige Luxushotel in einen jammervollen Zustand versetzt worden. Es funktionierte nur noch einer der beiden Lifte, die Zimmer wurden nur unregelmäßig gesäubert, in Waschbecken und Badewanne hatte sich ein rotbrauner Satz von den defekten Wasserleitungen abgesetzt. Restaurant und Café waren geschlossen, man konnte sich nicht einmal irgendwo heißes Wasser für den Tee bereiten. Doch das waren für mich nur Kleinigkeiten, die nicht der Rede wert waren, befand ich mich doch nach acht Jahren der Auslandssperre plötzlich in Wien, und das sogar in Regierungsauftrag!

Am Abend begab ich mich zur Eröffnung der Sitzung des Weltfriedensrates. Im Foyer drängten sich bereits viele Sitzungsteilnehmer, Gäste und Journalisten. Ein Duft von frisch gebrühtem Kaffee, teuren Zigaretten und betörendem Parfum lag in der Luft. Später stellte ich fest, daß es »Chanel Nr. 5« war, das man damals bei uns noch nicht kannte.

In der Friedensbewegung waren bekannte Politiker, Wissenschaftler und Schriftsteller engagiert. Ich traf dort mit Bertrand Russell, Joliot-Curie, Ilja Ehrenburg und natürlich mit Joseph Wirth zusammen.

Ich beschloß, nichts zu überstürzen und mich vorerst mit meinem Interview nicht aufzudrängen, sondern zunächst erst einmal die mir noch wenig bekannten Zusammenhänge kennenzulernen und so viele Kontakte wie möglich zu den Sitzungsteilnehmern aufzunehmen. Vormittags und nachmittags wurden die Sitzungen abgehalten, abends gab es Kulturveranstaltungen. So luden die Besatzungsmächte in die Wiener Oper zur »Entführung aus dem Serail« von Mozart, es gab ein Konzert mit Werken von Johann Strauß und auch politisches Kabarett. Eine Nummer ist mir gut im Gedächtnis geblieben:

In der Mitte der Bühne saß ein Schauspieler in einer seltsamen Uniform auf einem Stuhl – das linke Bein steckte in einer grünen Rotarmistenhose und einem Filzstiefel, das rechte in einer Golfhose und einem amerikanischen Schuh. Die Hälfte des Oberkörpers, das Schulterstück und der Ärmel waren englisch, die andere Hälfte französisch ausgestattet. Ein Österreicher mit Tirolerhut lief auf die Bühne und rief etwas, worauf lediglich ein Körperteil reagierte, sagen wir, das sowjetische Bein, der übrige Körper verharrte unbeweglich auf dem Stuhl. Das gleiche wiederholte sich mit dem amerikanischen Bein, dem französischen und auch mit dem englischen Arm. Die Körperteile bewegten sich unabhängig voneinander, doch der Soldat in seinen vier verschiedenen Uniformen blieb auf der selben Stelle sitzen. Schließlich unternahm der Österreicher einen letzten Versuch und schrie aus voller Kehle: »Die Chinesen kommen«! Nun sprang der Mann vom Stuhl und lief in Windeseile unter Gelächter und Applaus des Publikums hinter die Kulissen. Jeder verstand die Anspielung auf das Bestreben der Österreicher, so schnell wie möglich die vier Besatzungsmächte loszuwerden.

Eines Abends hatte der sowjetische Politkommissar die beim Friedensrat akkreditierten Journalisten zu sich in die Residenz geladen. Es sollte der Dokumentarfilm über die Einnahme von Berlin gezeigt werden. In der Pause gab es einen kleinen Empfang mit eisgekühltem Wodka und verschiedensten kleinen Speisen. Ein Kellner im Smoking schenkte die Getränke aus. Als ich ihn aus der Nähe sah, glaubte ich meinen Augen nicht zu trauen – es war Lakomow, der Koch von Botschafter Dekanosow aus dem Vorkriegsberlin. Wir freuten uns beide sehr über dieses Wiedersehen, umarmten und küßten uns. Zwölf Jahre lang hatten wir einander nicht gesehen! Wir dachten daran zurück, wie wir bereits nach dem Überfall auf die Sowjetunion Ende Juni 1941 im Botschaftsgebäude interniert gewesen waren und dennoch für den Oberleutnant der SS Heinemann ein Frühstück gegeben hatten. Er hatte diese Aufmerksamkeit ja verdient, da er uns – wie bereits berichtet – eine geheime Ausfahrt aus dem Botschaftsgelände ermöglicht hatte, die wir für ein Treffen mit Antifaschisten im Untergrund genutzt hatten.

Joseph Wirt war sofort einverstanden, der Zeitschrift »Nowoje wremja« ein Interview zu geben. Wir trafen uns im Hotel »Ambassador«, wo er abgestiegen war. Hier herrschte im Gegensatz zu unserem »Imperial« mustergültige Ordnung. Alles blitzte, das Vestibül schmückten Teppiche und exotische Pflanzen, am Lift wartete ein livrierter Liftboy. Er beförderte mich in seinem geräuschlosen, schnellen Lift zur entsprechenden Etage. Überhaupt hatten die Österreicher es vermocht, das Leben innerhalb der wenigen Jahre, die seit Kriegsende vergangen waren, wieder in normale, ja angenehme Bahnen zu lenken. In hübsch dekorierten Geschäften erfreute eine Vielzahl von Waren das Auge des Käufers. Das Publikum in Cafés und auf der Straße war geschmackvoll, wenn auch etwas extravagant gekleidet. Überall blühten Blumen, Autos gab es noch wenige, doch überall wimmelte es von den in Mode gekommenen, verhältnismäßig billigen Motorrollern. Die jungen Männer und die hinter ihnen sitzenden Mädchen mit den im Wind flatternden Haaren verschönten auf ihre Weise die Stadt.

Es war ein sonniger, wolkenloser Tag, durch das geöffnete Fenster in Wirths Zimmer war das bunte Dach des Stephansdoms zu sehen. Mein liebenswürdiger Gastgeber bestellte Kaffee, und wir nahmen in Korbstühlen an einem niedrigen runden Tischchen Platz. Zunächst drehte sich die Unterhaltung um die Sitzung des Weltfriedensrats. Wirth sprach von der Bedeutung des Friedenskampfes und der Beteiligung bekannter Persönlichkeiten an ihm. Er bedauerte den fehlenden Massencharakter der Friedensbewegung. Dies habe zur Folge, daß die Staatsmänner die Aufrufe zur Abrüstung ignorierten und das Wettrüsten fortsetzten. Eine wichtige Rolle könne hier die Presse übernehmen, doch leider entstelle sie die Ziele der Friedensbewegung eher, als daß sie sie erläutere. Wirth hielt die internationale Lage für kompliziert und äußerte die Ansicht, daß der »kalte Krieg« Europa, das sich noch immer nicht vom Zweiten Weltkrieg erholt habe, lähme. Hier konnte ich nun mit meinen Fragen einhaken.

»Ich glaube«, sagte Joseph Wirth, »daß das deutsche Problem eines der Hauptprobleme Europas ist. Es gibt jetzt zwei Deutschlands, und ich denke, daß Washington die sowjetischen Vorschläge einer Konföderation oder einer anderen Form der Union der beiden deutschen Staaten nicht akzeptieren wird. Die Vereinigten Staaten halten den westlichen Teil des Landes fest in ihren Händen und geben ihn nicht her. Die UdSSR hat ja zur Zeit sehr schlechte Beziehungen zu Bonn. Ihre Propaganda stellt Adenauer als Militaristen, wenn nicht gar als Neofaschisten dar. Das ist in der Sache falsch und erschwert nur die Angelegenheit. In Wirklichkeit ist Adenauer, der ja in der Vergangenheit selbst Opfer nationalsozialistischer Verfolgung war, bei weitem keine derart einseitige Figur. Natürlich ist er Antikommunist, doch gleichzeitig ist er auf seine Weise auch ein deutscher Patriot. Er strebt die ›Freundschaft‹ der Amerikaner an, möchte aber auch mit Moskau in Dialog treten. Doch dazu bedarf es natürlich der Bereitschaft von Ihrer Seite ...«

»Was sollen wir also Ihrer Meinung nach unternehmen, Herr Kanzler?«

»In sowjetischer Hand befinden sich wichtige Trümpfe. Zunächst einmal Hunderttausende von Kriegsgefangenen, deren Schicksal alle Deutschen bewegt. Auch das Problem der Gräber der deutschen Soldaten, die auf sowjetischem Territorium gefallen sind, ist von nicht geringer Bedeutung. Viele Gräber sind längst dem Erdboden gleichgemacht worden, eine Geste in dieser Beziehung wäre für Adenauer in moralischer Hinsicht sehr wichtig. Und schließlich wäre da noch das Problem des zweiten deutschen Staates, der von Bonn nach wie vor als sowjetische Besatzungszone betrachtet wird. Hier spielen Fragen der Vereinigung von Familien, Vermögensansprüche und anderes eine Rolle. Ich denke, Sie sollten die Möglichkeiten einer Normalisierung der Beziehungen zu Westdeutschland prüfen. Den Anfang könnte die Diskussion über die Möglichkeit der Rückkehr der Kriegsgefangenen machen. Parallel sollte die Frage der Herstellung diplomatischer Beziehungen zwischen Moskau und Bonn ins Kalkül gezogen werden. Ich nehme an, daß Adenauer bereit sein wird, Moskau zu besuchen, wenn die Dinge nach vorbereitenden Kontakten in Gang kommen, und das wäre sowohl in praktischer als auch in symbolischer Hinsicht von großer Bedeutung ...«

All diese Überlegungen schienen mir sehr begründet zu sein. Die Lösung des Kriegsgefangenenproblems war schon lange überfällig. Zehn und mehr Jahre waren seit dem Zeitpunkt ihrer Gefangennahme vergangen. Mit vielen war ich in den letzten Jahren zusammengetroffen. In Pawschino bei Moskau gab es Werkstätten, in denen deutsche Kriegsgefangene arbeiteten. Sie übten die verschiedensten Berufe aus, arbeiteten als Schneider, Tischler, Schlosser. Zahlreiche Einrichtungen, so auch unsere Redaktion, erhielten Talons, mit denen man in diesen Werkstätten vieles bestellen konnte. Manch einer kaufte dort ganze Küchen- oder Wohnzimmereinrichtungen, Sanitärartikel oder Holzschnitzereien. Ich ließ mir einige Anzüge nähen, die, nebenbei gesagt, von sehr guter Qualität waren. Während der Anproben unterhielt ich mich mit meinem Schneider auf deutsch, und man kann beinahe sagen, daß wir Freunde wurden. Die meisten dieser Gefangenen lebten damals nicht schlecht. Sie arbeiteten in ihren Berufen, und wie es schien, taten sie das mit Begeisterung. Ihr Dorf, das aus kleinen Häuschen bestand, war gepflegt, besaß einen Klub, Sportplätze, Blumenbeete, gelbe Sandwege, die von frisch gepflanzten jungen Bäumen gesäumt waren. Im Vergleich zu den unmenschlichen Bedingungen, unter denen sowjetische Kriegsgefangene während des Krieges in Deutschland leben mußten, waren das einfach paradiesische Zustände. Dennoch zog es sie nach so vielen Jahren der Gefangenschaft natürlich unwiderstehlich in die Heimat. Dieses Gefühl war nur allzu verständlich ...

»Und wie schätzen Sie die Europapolitik der Sowjetunion ein, Herr Wirth?«

»Auch hier muß der Ring der Isolation und Feindseligkeit gesprengt werden. Das Feindbild hat sich im Laufe der Nachkriegszeit tief im Bewußtsein von Millionen Menschen im Westen verankert. Die Sowjetunion muß sich bemühen, deutlich zu machen, und dies auch mit entsprechenden Handlungen untermauern, daß sie für Westeuropa keine Bedrohung darstellt. Zuallererst muß die Frage des Abzugs aller Besatzungstruppen aus Österreich geklärt werden. Auch sollten regelmäßige Konsultationen zwischen den Außenministern der Siegermächte eingeführt werden. Und obwohl Indochina weit entfernt ist, wird eine Regulierung in dieser Region sich positiv auf die Normalisierung der Lage in Europa auswirken. Die Franzosen haben sich dort verstrickt und möchten, möglichst ohne das Gesicht zu verlieren, aus Indochina abziehen. Hierbei könnten ihnen Ihre Freunde, die Chinesen, helfen. Am allerbesten wäre allerdings eine internationale Indochina-Konferenz. Bei dieser Gelegenheit könnte auch der Kontakt zwischen den führenden politischen Persönlichkeiten der Großmächte hergestellt werden. Mit einem Wort, viele Probleme harren jetzt der sowjetischen Initiative.«

Es schien so, als hätte ich eine ganze Auswahl verschiedenster Vorschläge präsentiert bekommen. Ich würde Molotow allerhand zu berichten haben!

Doch ich wollte Wirth auch als Zeitzeugen zu wichtigen Ereignissen der Vergangenheit befragen. Die Geschichte selbst saß ja in Gestalt meines Gesprächspartners vor mir.

Rapallo, Frühjahr 1922. Tschitscherin führt in Italien mit Vollmachten Lenins Verhandlungen mit den Führern der Entente. Die Verbündeten fordern von Sowjetrußland, das sie offiziell noch nicht anerkennen, die Rückzahlung der Schulden der zaristischen und der Übergangsregierung. Erst dann könne über eine Anerkennung verhandelt werden. Tschitscherin lehnt es entschieden ab, diese ungesetzlichen Forderungen zu erfüllen. Hinter dem Rücken der Verhandlungspartner taucht der Schatten des besiegten Deutschland auf. Führende Politiker – der britische Premier Lloyd George, der französische Außenminister Barthou, der deutsche Kanzler Wirth sowie der deutsche Außenminister Rathenau – treten in offizielle und inoffizielle Beziehungen. Auch Tschitscherin, der Englisch, Französisch, Deutsch und Italienisch spricht, führt inoffizielle Gespräche. Die Westmächte möchten Sowjetrußland weiterhin in der Isolation halten. Doch Tschitscherin gelingt der Durchbruch. Er macht den Deutschen, die von England und Frankreich kurz gehalten werden, verlockende Angebote. Der für die Ostpolitik des deutschen Außenministeriums verantwortliche Maltzan überzeugt Rathenau, die sowjetischen Vorschläge anzunehmen. Auch Wirth erklärt sich einverstanden. Am 16. April 1922 wird der Vertrag von Rapallo unterzeichnet. Die diplomatischen Beziehungen zwischen Deutschland und Sowjetrußland werden unverzüglich wieder aufgenommen ...

Ich fragte Wirth, wie sich ihm die Ereignisse damals dargestellt hätten.

»Die Situation war tatsächlich dramatisch. Über alles wurde im Verlaufe einer einzigen Nacht verhandelt, und gegen Morgengrauen war der Vertrag unter Dach und Fach. Er schlug wie eine Bombe ein. Die Engländer und Franzosen waren außer sich und forderten die Annullierung des Vertrages. Auch wir befanden uns in keiner leichten Situation. Präsident Ebert neigte zur Übereinkunft mit den westlichen Verbündeten, und es kostete uns nicht wenig Anstrengung, ihn umzustimmen. Insgesamt jedoch war es ein guter, richtiger Vertrag, der die Lage Deutschlands erleichterte ...«

»Sie werden bei uns im Land im Zusammenhang mit Ihrer Rolle beim Abschluß des Rapallo-Vertrags sehr geachtet, Herr Kanzler.«

»Ich bin sehr dankbar dafür.«

Wir verabschiedeten uns, und ich begab mich in mein Hotel, um mir ausführliche Notizen über das Gespräch zu machen.

Am nächsten Tag erstattete ich Molotow sofort nach meiner Rückkehr nach Moskau Bericht über das Zusammentreffen mit Joseph Wirth und übergab ihm die Abschrift meiner Aufzeichnungen. Molotow sah sie flüchtig durch und sagte dann:

»Wie ich sehe, kommen Sie gut mit Ihren Aufträgen zurecht. Was

haben Sie für weitere Pläne? Vielleicht möchten Sie wieder ins Ministerium zurückkehren?«
Ich war nicht unbedingt auf ein derartiges Angebot vorbereitet gewesen, dennoch hatte ich mir bereits einige Gedanken darüber gemacht. Die journalistische Arbeit füllte mich mittlerweile ganz aus. Ich hatte größere Freiheiten als im Außenministerium, größere Selbständigkeit und die Möglichkeit, selbst Initiative zu entwickeln. Und schließlich, was man mir auch geboten hätte, auch in materieller Hinsicht ging es mir in der Redaktion unvergleichlich besser. Auch wäre es nicht gut gewesen, nach langjähriger Pause wieder zum Alten zurückzukehren. Ich lehnte das Angebot mit der Begründung, daß ich lieber in der Journalistik bleiben wolle, dankend ab.
»Sie haben die freie Wahl der Entscheidung«, entgegnete Molotow, ohne mich weiter zu bedrängen.
Ich würde nun auch in der Zeitschrift über die Sitzung des Weltfriedensrates in Wien und über das Gespräch mit Wirth zu berichten haben. Bislang hatte ich stets unter Pseudonym publiziert. Nach Wien war ich jedoch unter meinem eigenen Namen gereist und hatte mich Wirth auch so vorgestellt. Ich mußte Molotow fragen, wie ich mich nun verhalten sollte.
»Ab sofort können Sie wieder unter Ihrem eigenen Namen schreiben«, antwortete er entschieden. »Es besteht keine Notwendigkeit mehr für Pseudonyme ...«
Das hieß nichts anderes, als daß Molotow Berija nun nicht mehr fürchtete. Bis zur Verhaftung und Erschießung der Gruppe um Berija blieb noch ein knappes Jahr.
Molotow protegierte mich noch eine geraume Zeit lang.
Er schickte mich mit einer Korrespondentengruppe zum Genfer Abkommen über die Herstellung des Friedens in Indochina im Jahre 1954 und zum Gipfeltreffen in Wien im Sommer 1955. 1955 fuhr ich mit einer Gruppe sowjetischer Journalisten in die Vereinigten Staaten – es war die erste offizielle Reise einer sowjetischen Journalistengruppe in die USA nach Beginn des »kalten Krieges«.
Alles weitere ergab sich ganz von selbst.
Was die Empfehlungen von Joseph Wirth angeht, so wurden viele seiner Gedanken bald realisiert. Ende 1953 fand in Berlin ein Treffen der Außenminister der Großmächte und 1954 in Genf die Indochina-Konferenz statt. 1955 wurde der Staatsvertrag mit Österreich

paraphiert und in seinem Gefolge der Abzug der Besatzungstruppen von dessen Territorium realisiert. Adenauer fuhr nach Moskau, und es wurden diplomatische Beziehungen zwischen der UdSSR und der BRD aufgenommen, und schließlich wurde ein Abkommen über die Rückkehr der deutschen Kriegsgefangenen in die Heimat verabschiedet ...

Viel Lärm um nichts

Ein Sprichwort lautet: »Das Leben ist kein Spaziergang.« Tatsächlich gibt es im Leben eines jeden Menschen ein Auf und Ab. Der vorgezeichnete Weg ist nicht glatt und eben. Manchmal versperren ihn Spalten und Geröllmassen, Betonmauern und Abgründe. Je länger der Weg, desto deutlicher wird, daß ein glatter Abschnitt und ein dorniger sich unweigerlich abwechseln, und das bleibt ein Leben lang so. Das Urteil über das Leben, das hinter einem liegt, wird wesentlich davon bestimmt, welche Abschnitte auf dem Lebenswege überwogen: die freudvollen oder die düsteren. Die Menschen sind trotzdem so veranlagt, daß, wenn sie an ihre Kindheit denken, sie sich gewöhnlich an die sonnigen, strahlenden Tage erinnern, obwohl es sicher auch traurige Zeiten, schwarze Wolken, Regenschauer und Schneestürme gab. Betrachtet man aber genauer, was man erlebt hat, merkt man, wieviel Schicksalsschläge und Katastrophen es gegeben hat, bei denen kein Ausweg möglich schien. Überdies kam ein Unglück meist völlig unerwartet, wie ein Blitz aus heiterem Himmel. Nachdem ich wie durch ein Wunder von der Kugel der Banditen im Hotel »Hay Adams« verschont geblieben war, begann für unsere Familie anscheinend wieder ein glücklicher Zeitabschnitt. Die Arbeit in der sowjetischen Botschaft in Washington, wo ich für die Pflege der Verbindungen zur amerikanischen »scientific community« verantwortlich war, erwies sich als sehr interessant und lehrreich. Aus den verschiedensten Gegenden der USA trafen Einladungen verbunden mit der Bitte ein, Vorträge zu halten. Lera und ich reisten im Lande umher und gewannen viele amerikanische Freunde. Wir bemühten uns, keine Premiere im Kennedy Center zu verpassen, und sahen uns alle bedeutenden Filme an. Unser beider Sohn Andrej besuchte die Botschaftsschule und konnte schon gut Englisch. Seine übermäßige Begeisterung für Rockmusik regte uns etwas auf, obwohl wir verstanden, daß es eine Zeiterscheinung war. Wir schenkten ihm eine Gitarre, und er lernte sie nach einer Anleitung zum Selbstunterricht ziemlich gut spielen. Wir mieteten eine Wohnung in Chavy Chase in Maryland gleich jenseits der Grenze des Columbiadistrikts, in dem Washington gelegen ist. Hier gab es viele Grünanlagen, Parks und Sportplätze, auf denen Andrej mit den hiesigen Kindern spielte. Bei einem der Laienrockkonzerte in der Nähe unseres

Hauses lernte er einen jungen Mann namens Sulhan kennen. Mit ihm traf er sich regelmäßig. Es war ein schwarzhaariger, orientalisch aussehender, etwa fünfundzwanzig Jahre alter Bursche, der sich mit unserem sechzehnjährigen Sohn gut verstand, weil beide für Rock und den Rockstar Mick Jagger schwärmten. Lera gefiel die neue Freundschaft wegen des großen Altersunterschieds nicht besonders, aber ich maß ihr keine Bedeutung bei.

Eines Tages Anfang August 1983 kam ich zum Mittagessen nach Hause, fuhr das Auto in die unterirdische Garage und beschloß, wie gewöhnlich so lange schwimmen zu gehen, wie Lera mit dem Tischdecken beschäftigt war. Das Schwimmbecken befand sich auf dem Dach unseres zweiundzwanzigstöckigen Hauses. Während ich mich umzog, rief Andrej:

»Darf ich die Autoschlüssel nehmen? In einem Fach liegt eine Kassette, die ich brauche.«

»Nimm sie und komm hinauf aufs Dach. Wir wollen zusammen schwimmen ...«

Von oben hatte man einen herrlichen Ausblick auf die Stadt und die bewaldeten Hügel Virginias. Um das mit bläulichem Wasser angefüllte Schwimmbecken standen Liegen, Liegestühle und bunte Sonnenschirme. Als ich mich ein wenig gesonnt hatte und einige Runden geschwommen war, war Andrej immer noch nicht da. Ich nahm an, Lera habe ihn in ein Geschäft geschickt, und fuhr in unsere Wohnung in den fünften Stock hinab.

»Wo ist Andrej?« fragte ich die Hausfrau, die noch in der Küche hantierte.

»Wo soll er sein? War er denn nicht bei dir im Schwimmbecken?«

»Oben war er nicht. Hat er sich hier nicht blicken lassen?«

»Nein. Sieh doch bitte in der Garage nach, vielleicht hört er im Auto seine idiotische Musik. Er ist ganz auf sie versessen ...«

Ich fuhr in die Garage hinunter. Dort, wo ich das Auto abgestellt hatte, befand es sich nicht. Ich nahm an, daß Andrej, der schon etwas fahren gelernt hatte, vielleicht ein bißchen in der Garage herumgekurvt war und das Auto woanders abgestellt hatte. Ich sah in allen vier unterirdischen Etagen nach, fand aber weder das Auto noch Andrej. Ich wurde unruhig und ahnte etwas Schreckliches voraus. In der Garage konnte sich ein Verbrecher versteckt haben. Nachdem er den Jungen beim Auto erblickt hatte, hatte er ihn vielleicht geknebelt, betäubt, in den Kofferraum gesperrt und das Auto gestohlen. Ich hatte ein neues großes Oldsmobil, das von Geldern des USA-Kanada-Instituts gekauft worden war. Aber das Auto war nicht das Wichtigste. Es war versichert. Aber was war mit Andrej? Wo steckte er? Ich verließ die Garage und suchte das ganze Viertel ab. Nirgends fand ich eine Spur. Was sollte ich Lera sagen, wenn ich nach Hause kam? Ich erspare mir die Beschreibung dessen, wie sie auf das Verschwinden des Sohnes reagierte. Wir waren beide verzweifelt. Als Lera sich etwas gefaßt hatte, begann sie Andrejs Notizbuch durchzublättern. Sie fand Sulhans Telefonnummer; er wohnte im Haus gegenüber. Ich wählte die Nummer. Am Telefon sagte ein Stimme:

»Hier spricht Sulhan ...«

»Es ruft Sie der Vater von Andrej an, mit dem Sie sich in letzter Zeit oft getroffen haben.«

»Ich höre.«

»Er ist verschwunden. Wissen Sie vielleicht etwas?«

»Ich habe ihn heute gesehen. Er wollte anscheinend nach New York fahren ...«

Was für ein Unsinn! Wir waren alle zusammen in der vorigen Woche in New York gewesen. Wir hatten nicht vor, in nächster Zeit schon wieder dorthin zu fahren. Das sagte ich auch Sulhan.

»Dann weiß ich nicht«, antwortete er mit einem leisen Lachen. »Wahrscheinlich hat er einfach phantasiert. Leider kann ich Ihnen nicht helfen ...«

Was wäre, wenn Andrej tatsächlich auf diese verrückte Idee gekommen wäre? Es stand dort wohl ein Gastspiel von Mick Jagger bevor. Aber das war undenkbar! Ohne Führerschein, ohne den Weg zu kennen, ohne die mindeste Erfahrung, was das Fahren auf einer überlasteten Autobahn mit vielen Verzweigungen, Abfahrten, Tunnels, Brücken betraf. Auf jedem Streckenabschnitt mußte man für die Durchfahrt bezahlen. Woher hatte er das Geld?

Ich beschloß, mich an die Polizei zu wenden. Nach etwa zehn Minuten läutete ein Streifenpolizist von Maryland an der Tür. Ich erklärte ihm die Situation und erwähnte, daß sich Andrej vielleicht auf einer der Straßen nach New York befand.

»Wie alt ist er?« wollte der Polizist wissen.

»Sechzehn.«

»Oh, diese Kinder stellen noch ganz andere Dinge an. Sie haben die wildesten Phantasien im Kopf. Aber beunruhigen Sie sich nicht. Wir werden ihn rasch finden. Der Wagen mit Diplomatennummer fällt auf. Auf solche Autos achtet eine spezielle Patrouille. In weniger als einer Stunde liefere ich den Ausreißer hier ab ...«

Wir wurden etwas zuversichtlicher. Einen solchen Wagen zu finden, und dazu noch mit einem Halbwüchsigen am Steuer, war ein Kinderspiel. Es verging eine Stunde, dann waren es zwei, aber die Polizei ließ nichts von sich hören. Ich rief von neuem in der Polizeistation an.

»Wir befassen uns mit dieser Sache«, antwortete man mir. »Beunruhigen Sie sich nicht. Wir werden Sie gleich verständigen.«

Die Zeit verging, ohne daß wir eine Nachricht über Andrej erhielten. So unangenehm es auch sein mochte, wir mußten den Konsul informieren. Natürlich geriet man in der Botschaft in Aufregung, denn ein sowjetischer Junge war verschwunden.

Der Konsul versprach, sofort zu kommen, und bat uns, das Haus nicht zu verlassen. Es verging noch eine Stunde. Offenbar beriet die Leitung der Botschaft, was mit der Familie Bereschkow »vorgefallen« war ...

»Nun, ist Andrej zurückgekehrt?« fragte der Konsul forsch, als er eintrat.

Als er erfuhr, daß Andrej nicht da war, fing er an, uns zu beruhigen und ähnliche Beispiele anzuführen. Andrej werde, so versicherte er, schon zurückkommen, nachdem er in der Stadt spazierengefahren sei. Wir dankten ihm für seine Anteilnahme. Lera erzählte von Andrejs Bekanntschaft mit Sulhan und von dessen seltsamer Bemerkung, daß Andrej nach New York gefahren sei.

»Lassen Sie mich selbst mit diesem Sulhan sprechen«, schlug der Konsul vor.

Ich wählte die mir schon bekannte Nummer. Eine weibliche Person meldete sich.

»Kann ich mit Herrn Sulhan sprechen«, fragte ich.

»Herr Sulhan wohnt nicht mehr hier.«

»Aber ich habe doch erst vor einer Stunde mit ihm gesprochen ...«

»Ich wiederhole, Herr Sulhan wohnt nicht mehr hier. Er hat überhaupt das Land verlassen.« Und sie legte auf ...

»Was für eine mysteriöse Geschichte«, begann der Konsul seine Meinung darzulegen. »Wenn dieser Sulhan wirklich etwas mit Andrejs Sache zu tun hat, nimmt sie eine ernste Wendung ...«

Wir wußten auch ohne ihn, daß alles nicht so einfach war. Warum war die Polizei bis jetzt nicht imstande gewesen, den Wagen zu finden? Entweder war Sulhan ein Gangster, der Andrej entführt und ihn gut versteckt hatte, oder in die ganze Geschichte waren andere Kräfte verwickelt. Aber wozu brauchten sie den Jungen? Was für einen Sinn hatte es, mit uns Versteck zu spielen?

Die Arbeitszeit in der Botschaft war zu Ende. Der Konsul blieb noch eine Weile bei uns. Bevor er ging, bat er uns, ihn zu Hause anzurufen, sobald wir etwas Neues erfahren hätten. Wir blieben völlig verstört allein zurück. Ich konnte Lera nicht beruhigen, und ich selbst begriff, daß über uns ein Unglück hereingebrochen war.

Alle Pläne wurden über den Haufen geworfen. Das letzte Jahr meiner Arbeit in den USA ging zu Ende. Das hing damit zusammen, daß Andrej die Achtklassenschule der Botschaft beendet hatte und in Moskau in die neunte Klasse gehen sollte. Da man noch keinen anderen Mitarbeiter des USA-Kanada-Instituts als meinen Nachfolger bestätigt hatte, wollte Lera mit Andrej abreisen, um ihn an der Schule unterzubringen, und danach wieder nach Washington zurückkehren, um alles für unsere endgültige Heimreise vorzubereiten. Ich hatte für beide schon Flugkarten für Mitte August gekauft. Solange wir Andrej nicht gefunden hätten, stünde alles in Frage. Wir saßen im Wohnzimmer einander gegenüber und warteten. Worauf?

Um zwei Uhr nachts klingelte das Telefon. Ich nahm den Hörer ab.

»Ich bin hier, im Vestibül. Bitte komm herunter«, hörte ich die lang ersehnte Stimme.

»Das ist Andrej«, teilte ich Lera erfreut mit. »Er ist unten.«

»Lies ihm ordentlich die Leviten«, sagte sie erleichtert.

Ich eilte zum Lift. Andrej stand erschöpft, bleich und, wie es schien, mit aufgedunsenem Gesicht inmitten des Vestibüls.

»Der Wagen steht an der Einfahrt. Ich habe den Motor nicht abgestellt. Aber mir fällt es schwer, in die Garage zu fahren ...«

Wir gingen zum Auto. Ich merkte gleich, daß der Sitz sehr weit nach vorn gerückt war. Andrej war fast so groß wie ich, und wenn er sich ans Steuer setzte, erreichte er mit Leichtigkeit die Pedale. Hier hatte also jemand mit kurzen Beinen gesessen. Aber ringsum war niemand zu sehen. Der Tachometer zeigte an, daß in der Zwischenzeit einige hundert Meilen zurückgelegt worden waren. Ich fragte nichts, da ich sah, in welchem Zustand sich mein Sohn befand. Wir stellten den Wagen in die Garage und fuhren hinauf in die Wohnung.

Stürmisch umarmte Lera Andrej und fing an, ihn abzuküssen. Aber er stand teilnahmslos da und schwieg.
»Sag, was ist mit dir passiert?« fragte ich schließlich.
»Ich erzähle es morgen. Ich bin sehr müde. Gebt mir bitte etwas zu trinken ...«
Er trank hintereinander zwei große Gläser leer. Sich mit der Hand die Lippen abwischend, sagte er:
»Ich möchte nur noch schlafen ...«
Er wankte in sein Zimmer, warf sich angezogen auf sein Bett und schlief sofort ein ...
Wir machten natürlich die ganze Nacht kein Auge zu. Ich rief den Konsul an. Er schlief auch nicht. Ich ärgerte mich etwas über einen seiner Sätze:
»Geb's Gott, daß damit alles vorüber ist ...«
Sollte die Sache wirklich noch kein Ende haben, und sollten uns neue Überraschungen bevorstehen?
Am Morgen versuchte ich vergebens, von Andrej zu erfahren, was mit ihm geschehen war. Er schwieg entweder oder sagte, er könne sich an nichts erinnern.
»Und wohin ist Sulhan verschwunden?«
»Ich weiß es nicht ...«
Andrej rührte am Frühstückstisch nichts an und trank nur Wasser.
»Was hast du gegessen? Vielleicht hast du dich mit irgend etwas vergiftet?« versuchte Lera, ihn auszuforschen.
»Ich habe nichts gegessen«, versicherte Andrej.
»Warum trinkst du dann soviel?«
»Ich weiß nicht.«
»Und warum ist der Sitz nach vorn gerückt?« mischte ich mich in die Befragung ein.
»Ich habe es nicht bemerkt ...«
Es hatte keinen Sinn, länger mit ihm zu sprechen.
Für Lera und mich war es Zeit, uns auf den Weg zur Arbeit zu machen. Aber wir konnten Andrej nicht allein lassen. Daher nahm ich ihn mit. Während ich den Geschäftsträger Oleg Sokolow über die Situation informierte (Dobrynin war zu jener Zeit in Moskau), ließ ich den Sohn in der Imbißstube der Botschaft zurück. Oleg war auch nicht überzeugt, daß alles schon vorbei sei. Es war ein gar zu abstruser Zwischenfall. Wir beschlossen, Leras und Andrejs Abreise zu beschleunigen. Sokolow erteilte sogleich den Auftrag, Flugtik-

kets für den kommenden Tag auszustellen. Zum Glück flog eine Maschine der Aeroflot nach Moskau.
Wir waren miteinander befreundet. Ich wußte, er wollte mir aufrichtig helfen, damit alles möglichst rasch in Ordnung kam.
Da klingelte das Telefon. Oleg griff zum Hörer und lauschte. Sein Gesichtsausdruck änderte sich. Als er den Hörer wieder aufgelegt hatte, sah er mich teilnahmsvoll an:
»Unser gemeinsamer Freund aus dem Washingtoner Büro der ›New York Times‹ hat angerufen. Auf seinem Tisch ist soeben ein an Präsident Reagan adressierter Brief gelandet. In ihm wird die Bitte geäußert, Andrej Asyl in den Vereinigten Staaten zu gewähren. Der Brief wird heute in der letzten Ausgabe der Zeitung veröffentlicht ...«
Da war der Schlag, den ich vorausgeahnt hatte. Aber ich wollte noch nicht glauben, daß es wahr wäre. Warum hatte Andrej nichts davon gesagt? Wer brauchte ihn hier eigentlich? Man würde etwas die Trommel rühren wegen der Flucht des Sohnes eines sowjetischen Diplomaten und ihn dann fallen lassen. Man mußte ganz den Verstand verloren haben, um auf so etwas zu spekulieren.
»Ich denke«, sagte Solokow, »ihr solltet alle besser gleich aus Chavy Chase verschwinden. Dort wird man jetzt von Reportern und vielleicht noch von anderen Leuten belagert werden. Zieht in den Botschaftskomplex.«
»Offenbar ist es nötig«, willigte ich ein, ohne die Folgen des Vorfalls schon in vollem Umfang zu erfassen.
Ich ging zu Andrej hinunter in die Imbißstube. Mit einem Trinkhalm Coca Cola einsaugend, saß er da, als ob überhaupt nichts passiert wäre. Es fiel mir schwer, ihm nicht ein paar deutliche Worte zu sagen. Doch ich nahm mich zusammen. Wir durften die Nerven nicht verlieren, mußten Lera abholen, um gleich nach Hause zu fahren, mußten das Allernötigste packen und in den Botschaftskomplex ziehen. Schweigend gingen wir zum Wagen. Hier konnte ich meinen Zorn nicht länger zügeln. Aber Andrej reagierte überhaupt nicht.
»Sag die Wahrheit, hast du diesen Brief geschrieben oder nicht?« fragte ich ihn unter Verwendung meines ganzen Vorrats an Überredungskunst.
»Ich erinnere mich nicht. Ich glaube, ich habe ihn nicht geschrieben. Aber ich wollte wirklich hierbleiben. In Moskau gefällt es mir nicht. Hier ist das Leben viel interessanter ...«

»Würdest du zu Hause die Schule und die Hochschule beenden, einen Beruf erlernen, könntest du herkommen, um hier zu arbeiten ...«
»Wer läßt mich schon gehen? Meine einzige Chance ist jetzt ...«
»Aber wer braucht dich hier ohne fachliche Qualifikation. Sie haben hier genug eigene Arbeitslose ...«
»Ich würde es versuchen. Entweder bleibe ich am Leben und habe Erfolg, oder ich gehe zugrunde. Das ist trotzdem besser, als zu Hause dahinzuvegetieren. Du hast Glück gehabt, daß du hierherkommen durftest. Aber ich habe keine Aussichten ...«
»Hast du denn nicht an Mama und an mich gedacht?«
»Ja, deshalb bin ich auch zurückgekehrt ...«
Was sollte ich ihm darauf antworten? Natürlich wußte er, daß die Lage in unserem Land immer schlechter wurde – und für die Jugend unerträglich. Wir – die alte Generation – hatten uns schon daran gewöhnt, nach der Formel zu leben: »Right or wrong, my country.« Alle hatten wir schon damals im engsten Kreise, irgendwo auf einer öden Waldwiese, davon geredet, daß diejenigen, die bei uns an der Spitze standen, ganz und gar nicht an die Heimat dachten, sondern nur an ihr eigenes Wohl und an das ihrer Sprößlinge. Für uns war jedoch noch nicht die Zeit gekommen, offen die Wahrheit zu sagen, und selbstvergessen nannten wir weiterhin – besonders, wenn wir uns im Ausland befanden – weiß, was schwarz war. Aber wie schwer war es für die Jugendlichen, die außerdem an so etwas nicht gewöhnt waren ...
Zu Hause packten wir rasch die Sachen, die wir brauchten, und fuhren, ohne zu zögern, zum Botschaftskomplex. Dort hatte man für eine Weile eine Dreizimmerwohnung für uns vorbereitet.
Das in der »New York Times« abgedruckte Faksimilie ähnelte nur entfernt Andrejs Handschrift. Außerdem war die Unterschrift falsch: »Berkow« statt »Bereschkow«. Erwähnenswert ist, daß im Brief, der am darauffolgenden Tag in der »Washington Post« veröffentlicht wurde, die Unterschrift weggelassen war.
Ich zeigte Andrej die Zeitung.
»Sieh sie dir genau an, hast du das geschrieben oder nicht?«
Er antwortete wieder, daß er sich nicht erinnere ...
»Komm und laß uns ruhig miteinander reden«, schlug ich vor.
Vor allem mußte ich herausfinden, ob er wirklich von der verrückten Idee Abstand genommen hatte, sich einer Rockgruppe anzuschlie-

ßen, ob er nun bei den Eltern bleiben und nach Moskau zurückkehren würde. Nur danach ließ sich entscheiden, wie man vorgehen mußte, um zu verhindern, daß sich der Skandal weiter zuspitzte, woran irgendwelche Kreise in Washington interessiert waren.
»Bedenke«, sagte ich zu ihm eindringlich, »daß wir aus dieser Affäre nur dann mit Würde und Anstand herauskommen, wenn wir uns wirklich einig sind und zu unserem Wort stehen, egal, was geschieht. Bist du damit einverstanden?«
»Ja, ich bin es.«
»Gut, überdenke alles gründlich. Morgen werden wir weiter darüber reden, aber jetzt lege dich hin.«
Wir hatten rechtzeitig die Wohnung in Chavy Chase verlassen. Unser Hausnachbar, ein Mitarbeiter der Presseagentur APN, der uns im Botschaftskomplex einen kurzen Besuch abstattete, teilte uns mit:
»Im Vestibül und auf Ihrer Etage flanieren irgendwelche Leute in Zivil und drängen sich Reporter mit Filmkameras. Sie warten auf Sie, ohne zu wissen, daß Sie umgezogen sind ...«
Wir hätten dort unweigerlich auf Fragen unter Bedingungen antworten müssen, unter denen ich noch keine Vorstellungen davon besaß, wie wir in diese unglaubliche Situation geraten waren. Erst mußte ich selbst mit Andrej, überhaupt in unserer Familie, eine Linie für unser Verhalten entwickeln. Was würden wir z. B. machen, wenn die amerikanischen Behörden Andrejs Ausreise blockierten? Sollten wir ohne ihn nach Hause fliegen? Sollten wir einen nicht flügge gewordenen Jungen, der überdies vom Rockgruppenfieber gepackt war, in den USA ins sichere Verderben rennen lassen? Oder sollten wir bei ihm bleiben und zu »Nichtheimkehrern« werden. 1983 waren wir doch noch weit von der Perestrojka entfernt. Die Tatsache, daß Andropow ans Ruder gekommen war, hatte schon einiges geändert, aber all die anderen geltenden Regeln waren unangetastet geblieben. Ja, und auch wir selbst – Lera und ich – waren innerlich, psychisch, nicht bereit, einen solchen Schritt zu vollziehen. Da waren unsere Freunde in der UdSSR, die Menschen, denen wir zugetan waren, mein Name, der unter Lesern schon weithin bekannt war ... Meine beiden älteren Söhne und ihre Familien arbeiteten in Moskau. Was würde mit ihnen geschehen? Bei uns im Lande hatte man sich damals noch nicht von der stalinistischen Praxis losgesagt, in solchen Fällen alle nahen Verwandten und Freunde Re-

pressalien auszusetzen. Nein, wir konnten auf keinen Fall bleiben. Ich glaube, wenn man zu diesem Zeitpunkt Andrej in den USA festgehalten hätte, wären Lera und ich trotzdem nach Moskau zurückgekehrt. Heute mögen viele einen solchen Entschluß für inhuman halten, aber wir waren, wie die große Mehrheit der sowjetischen Menschen, komplexbeladen.

In jedem Fall schien es nach meinem Dafürhalten noch nicht ratsam, daß wir uns den Reportern stellten.

Auf allen Kanälen des Fernsehens wurde in den Abendprogrammen mitgeteilt, »der Sohn eines sowjetischen Diplomaten« habe an Präsident Reagan die Bitte um Gewährung des Asyls gerichtet. Man zeigte Fotografien von mir und Andrej sowie den in der Zeitung veröffentlichten Brief. Es war klar: Es begann ein richtiger Propagandafeldzug. Auch so schon waren die Leidenschaften durch die Formel vom »Reich des Bösen« in die Höhe getrieben. Unsere Geschichte hatte gerade noch gefehlt!

An dieser ganzen Sache war vieles unklar. Selbst wenn man davon ausging, daß Andrej nachts den Brief abgeschickt hatte, war es unbegreiflich, wie er am Morgen schon in der Zeitungsredaktion hatte sein können. Wer hatte ihn dorthin gebracht? Aus eigenen Erfahrungen wußte ich, daß Briefe von einem Stadtbezirk Washingtons in einen anderen mindestens zwei Tage lang unterwegs waren. Aber hier handelte es sich um ein Schreiben an den Präsidenten. Seine Kanzlei erhielt sicherlich mehrere tausend Briefe täglich. Wieso wurde ausgerechnet dieser Brief binnen weniger Stunden befördert? Wer hatte ihn aus der ganzen Masse der Post herausgefischt? Und auf wessen Befehl landete er im Handumdrehen bei der »New York Times«? All das war sehr rätselhaft.

Wie konnte ich mir selbst das Vorgefallene zusammenreimen? Jemand hatte von Andrejs Begeisterung für eine Rockgruppe erfahren. Es war nicht schwer, einen Jugendlichen herumzukriegen, der von einer Karriere bei seinem Idol Mick Jagger träumte. Aber weshalb hatte man das getan? Vielleicht, um seinen Vater zu diskreditieren? Dieser hielt Vorträge in ganz Amerika, propagierte die Politik der UdSSR, sein Sohn dagegen war hingerissen von der amerikanischen Lebensweise! Also sagte dieser Propagandist nicht die ganze Wahrheit. Wie konnte man ihm denn glauben, wenn sogar sein Sohn abtrünnig geworden war. Auf Grund unserer damals üblichen Regeln konnten die geistigen Väter eines solchen Szenariums damit rechnen, daß, nachdem der Sohn in einen derartigen Skandal verwikkelt war, der Vater sofort nach Moskau zurückbeordert würde. Das State Department hatte mir einige Male unter verschiedensten Vorwänden keine Genehmigung erteilt, in diese oder jene Stadt zu reisen, in die ich eingeladen worden war. Trotzdem konnten meine Ausführungen die Behörden nicht weiß Gott wie beunruhigen. Außerdem war es kein Geheimnis, daß mich nach fünfjähriger Tätigkeit in Washington bald ein anderer Vertreter des USA-Kanada-Instituts ablösen würde. Daher glaubte ich, daß die Sache nicht auf mich abzielte. Andrej und unsere ganze Familie waren ein Opfer des Bestrebens der damaligen Administration geworden, noch einen Beweis für die These vom »Reich des Bösen« zu erhalten. Dieses Reich war ja schon so zerrüttet, daß sogar Kinder von dort flüchteten. Aus diesem Grunde machte man einen solchen Wirbel und unternahm alles mögliche, um einen jungen Burschen mit dem »süßen Leben« in den USA zu locken. Mir kam es damals in der Hauptsache darauf an, daß Andrej von seinem Verstand Gebrauch machte und mit seinen Eltern, die ihn liebten, nicht gezwungenermaßen, sondern aus freien Stücken nach Hause zurückkehrte.

Wenn er tatsächlich zu seinem Wort stehen wollte, dann mußte man, ohne lange zu zögern, sich mit den Jornalisten treffen, ihnen erzählen, wie alles gewesen war, die Frage aus der Welt schaffen und denen, die diese Kampagne dirigierten, die Waffe aus den Händen schlagen.

Am Morgen sprachen wir gründlich mit Andrej. Er sagte, daß er zur Zusammenarbeit mit den Reportern bereit sei und auf ihre Fragen antworten wolle.

»Kann ich sicher sein, daß du uns nicht an der Nase herumführst?«

»Ja, Papa, ich verspreche es dir und werde Wort halten ...«

Mit den Verantwortlichen der Botschaft erörterten wir am selben Morgen die Situation. Ich schlug vor, in den Wohnkomplex der Botschaft unverzüglich die Presse einzuladen, damit wir zusammen mit Andrej das Problem klärten. Danach würde er mit der Mutter nach Moskau fliegen, und ich würde, wie geplant, bis zur Ankunft meiner Ablösung hierbleiben. Aber meine Kollegen begannen zu zweifeln. Was wäre, wenn Andrej plötzlich wieder seinen Sinn änderte und erklärte, er wolle in den USA bleiben! Ich versuchte sie umzustimmen. Es gelang mir leider nicht. Sie beschlossen, zuerst in Moskau anzufragen und auf Hinweise zu warten. Ich bedaure, daß damals

Dobrynin nicht in Washington war. Ich glaube, er hätte die Verantwortung übernommen und uns gestattet, mit den Reportern zu reden. Dann hätten die amerikanischen Behörden keinen Grund gehabt, Andrej die Rückreise zu verweigern, und auch der ganze propagandistische Klamauk hätte seinen Sinn verloren. Es war schon so viel Zeit verstrichen.

Bereits gegen Abend war der ganze Gebäudekomplex von einem verstärkten Polizeiaufgebot umzingelt. Über unserem Dach kreiste ein Hubschrauber. Im Nachtprogramm des Fernsehens erklärte der Vertreter des Präsidenten, Herbert Mease, die amerikanischen Behörden würden nicht zulassen, daß Andrej »gewaltsam« aus dem Land gebracht würde. Zugleich wurde gemeldet, auf Grund einer Direktive des Präsidenten seien alle Grenzen der USA geschlossen. So etwas hatte es seit Kriegsende nicht ein einziges Mal gegeben! Am nächsten Morgen versammelten sich am Tor des Gebäudekomplexes Scharen von Demonstranten, die auf Transparenten Andrejs »Freilassung« forderten. Das State Department teilte der Botschaft im Auftrage des Präsidenten offiziell mit, die Einwanderungsbehörden bestünden darauf, daß Andrej ihnen zur Klärung seiner Absichten übergeben würde. Die Erklärung des Botschaftsvertreters, wonach Andrej nicht vorhabe, in Amerika zu bleiben, sondern mit den Eltern nach Hause reisen möchte, wurde zurückgewiesen. Die amerikanische Seite forderte eine direkte Gegenüberstellung.

Tagaus, tagein begannen alle Nachrichtensendungen des Fernsehens und des Rundfunks mit einer Meldung über den »Fall des jungen Flüchtlings«. Dabei blendete das Fernsehen, um einen größeren Effekt zu erzielen, jedesmal einen Spot ein: ein kleines Männchen, das vor Hammer und Sichel Reißaus nimmt. Die Hysterie steigerte sich immer mehr. Im Fernsehen fanden »wissenschaftliche Diskussionen« darüber statt, was Andrej und seine Eltern zu Hause erwarten würde, wenn sie zurückkehrten. Der populäre Sowjetologe Dimitrij Sajus (vor der Übersiedelung in die USA Sekretär der Organisation des Kommunistischen Jugendverbandes am Institut für Weltwirtschaft und Internationale Beziehungen) schwang drohend einen dikken Band des Strafgesetzbuches der UdSSR und versicherte, man würde unsere ganze Familie nach Sibirien schicken und Andrej im besten Falle zu Zwangsarbeit verurteilen. Eine so mächtige psychologische Attacke zielte deutlich darauf ab, daß, wenn schon nicht die ganze Familie, so doch Andrej durch diese Prophezeiungen Angst bekommen und es vorziehen sollte, in Amerika zu bleiben; dort war für ihn eine unwahrscheinliche Reklame gemacht worden. Aber er schwankte nicht und stand zu seinem Wort.

Ein solcher »Dauerbeschuß« mußte sich indessen auf unser Befinden auswirken. Andrej und ich ertrugen es einigermaßen. Aber Lera war nahe an einem Nervenzusammenbruch. Als endlich am zehnten Tag mit Zustimmung Moskaus eine Pressekonferenz abgehalten wurde, auf der unsere ganze Familie mit Journalisten zusammentreffen sollte, mußte ein Arzt Lera vorher einige Beruhigungsspritzen geben, damit sie es durchstehen konnte.

Die Abmachung, die mit der amerikanischen Seite getroffen worden war, sah vor, daß wir gleich im Anschluß an die Zusammenkunft mit den Journalisten zum Flugplatz fahren und Washington verlassen dürften. Da an jenem Tag keine Maschine der Aeroflot auf der Strecke nach Moskau verkehrte, hatten wir Tickets für einen Flug mit der TWA nach Paris gekauft. Dort sollten wir in eine sowjetische Linienmaschine umsteigen, die am selben Tag nach Moskau flog.

Inzwischen lag die Pressekonferenz hinter uns. Andrej hatte die Prüfung bestanden. Auf die vielen Fragen der Reporter hatte er geantwortet, daß er den Brief nicht geschrieben hätte, daß er den Wagen des Vaters genommen habe, um damit in der Stadt herumzufahren, und daß er jetzt mit den Eltern nach Hause zurückkehren wolle. Viele der Journalisten kannte ich gut, und als alles vorüber war, äußerten sie uns gegenüber ihre Sympathie. Am improvisierten Büfett gab es einen kleinen Imbiß, einige Schlückchen kalten Wodkas wurden getrunken, und dann stiegen wir in den mit einer kleinen Flagge versehenen Wagen der Botschaft. Mit uns fuhr der Geschäftsträger der UdSSR, Oleg Sokolow. Hinter uns befand sich noch ein Wagen mit Freunden. Aber aus irgendeinem Grunde fuhren wir nicht auf die Ringstraße, sondern bogen ab und fuhren auf den Parkplatz einer Polizeistation. Ich wurde schon unruhig, aber Oleg versicherte mir, es sei so geplant. Nach kurzem Warten kamen zwei große offizielle Limousinen an. In jeder von ihnen saß ein Stellvertreter des Secretary of State. Vorn stellten sich Motorradfahrer in Reihen auf, dann kam ein Wagen des FBI mit rotierender Polizeileuchte, es folgten unsere beiden Limousinen, die beiden Autos des State Department und noch ein Wagen des FBI, und den Schluß bildeten wieder einige Reihen von Motorradfahrern. Diese ganze Formation jagte mit jaulenden Polizeisirenen, ohne auf das Rot der Ampeln an Stra-

ßenkreuzungen zu achten, durch die Boulevards der Hauptstadt, bog in die Ringmagistrale ein und raste dann die zum John-Foster-Dulles-Flughafen führende Autobahn entlang.
Niemals hätte ich mir eine solche Eskorte erträumt! Möglicherweise wird nicht einmal mit jedem Staatspräsidenten bei der Verabschiedung ein solches Aufheben gemacht. Bis jetzt kann ich nicht verstehen, warum das geschah. Etwa zu dem Zweck, im letzten Moment noch einmal zu versuchen, dem »jungen Flüchtling« den Kopf zu verdrehen?
Doch es erwies sich, daß auch das noch nicht die letzte Prüfung war. Schon von weitem erblickten wir auf der Terrasse des Flughafengebäudes eine riesige Menschenmenge, die Stative der Fernsehgesellschaften und Spruchbänder: »Andrej – reise nicht fort!«, »Amerika oder Sibirien«, »Wir sind an deiner Seite«, »Gruß von Mick«. Das ähnelte weniger einer Prüfung als vielmehr einer Folter. Wann würde all das ein Ende haben? Man fuhr mit uns direkt auf den Flugplatz zum Diensteingang. Wir passierten dort sozusagen die Staatsgrenze der USA, verabschiedeten uns von den Botschaftskollegen und umarmten die Freunde. Unsere Diplomatenpässe übergab Sokolow einem Offizier des Emigration Office. Uns begleitete weiter einer der Stellvertreter des Secretary of State, Richard Bird, sowie ein sowjetischer Vizekonsul, der beauftragt worden war, mit uns nach Paris zu fliegen.
Wir nahmen an, daß wir uns nun zum Ausgang für die abfliegenden Passagiere begeben würden. Aber das war nicht der Fall. Bird erklärte, mit Andrej wünsche ein Journalist zu sprechen, der vorhabe, eine große Reportage über diese gesamte Geschichte zu schreiben.
»Aber es hat doch schon eine Pressekonferenz stattgefunden«, wandte ich ein.
»Sehen Sie, wir haben es ihm versprochen. Er ist ein sehr bekannter Publizist. Für Sie ist es besser, wenn er das schreibt. Ihn liest ganz Amerika.«
Und Bird dirigierte uns zur Tür eines kleinen Raums. In ihm saßen zwei Männer an einem kleinen Tisch, auf dem ein Mikrofon stand (später erfuhren wir aus der Presse, daß wir uns nicht mit einem Publizisten getroffen hatten, sondern mit Psychiatern, die Spezialisten für die Anwendung von Lügendetektoren waren). Die Tür wurde hinter uns geschlossen. Man konnte nichts dagegen tun. Andrej und ich setzten uns an das Tischchen. Lera, Bird und der Vizekonsul nah-

men auf dem Sofa Platz. Nur einer stellte Fragen. Aber auch diesen Test bestand Andrej.
Schließlich saßen wir im Zubringerbus. Niemand außer uns fünf befand sich in ihm. Die Zeit des Abflugs war herangekommen, und ich fragte Bird, ob wir uns nicht verspäten würden.
»Man wird auf uns warten«, antwortete er sorglos.
Dann fing er an, sich gemächlich mit Andrej zu unterhalten. Er erzählte ihm, daß er sich in seinen jungen Jahren für Jazz interessiert und sogar in einer Band Saxophon gespielt habe.
»Die Zeit war sehr interessant, und wir haben nicht schlecht verdient. Jetzt aber bin ich im diplomatischen Dienst gelandet und befasse mit mit langweiligen Angelegenheiten ...«
Andrej erzählte ihm von einem Konzert, das Mick Jagger kürzlich gegeben hatte. Ihr ganzes Gespräch drehte sich um Jazz und Rock. Bird erwähnte, daß er Jagger persönlich kenne, und beim Abschied bat ihn Andrej, ihm einen Gruß zu bestellen. Danach erschien dieser Satz »Say hi to Mick Jagger« als Titel in vielen Zeitungen der Welt. Warum vergeudete dieser hohe Beamte so viel Zeit mit uns, fragte ich mich. Er hätte uns zum Flugzeug begleiten können, und damit basta! Oder hatte er einen Auftrag, noch einmal zu versuchen, Andrej herumzukriegen? ...
Bird entschuldigte sich und erklärte, er müsse uns für eine Minute verlassen. Bald kehrte er zurück und fing noch einmal ein banales Gespräch an.
»Gibt es ein Problem?« fragte ich ihn. »Es ist doch unangenehm, ein Flugzeug mit Passagieren warten zu lassen.«
»Es handelt sich darum, daß irgendwo Ihre Pässe abhanden gekommen sind. Man sucht sie zur Zeit.«
Das hatte noch gefehlt! Ich hatte selbst gesehen, wie Sokolow sie dem Offizier des Emigration Office übergab. Ich erinnerte Bird daran.
»Ja, ich habe es auch gesehen, wie Sie sie übergaben. Machen Sie sich keine Gedanken, man findet sie bestimmt ...«
Es vergingen noch dreißig Minuten. Bird stieg wieder aus dem Bus. Als er wiederkam, brachte er die Pässe. Offensichtlich hatte er die Genehmigung erhalten, uns abfliegen zu lassen.
Beim Abschied sagte Bird:
»Ich möchte sie warnen. Einige Zeitungen, Nachrichtenagenturen und Fernsehgesellschaften haben fast alle Plätze in der 1. Klasse auf-

gekauft, in der auch Sie fliegen. Wir bitten Sie, sich nicht zu beunruhigen, aber Sie werden verstehen, daß ich ihnen keine Befehle geben konnte ...«
Also hatte die Vorstellung noch kein Ende ...
Mister Bird verließ uns, und der Bus brachte uns zur Startbahn, wo die riesige Boeing 747 stand. Die Passagiere hatten wegen unserer Verspätung in ihr fast eineinhalb Stunden schmachten müssen. Ich war davon überzeugt, daß wir einige unangenehme Bemerkungen zu hören bekommen würden. Aber als wir den Salon betraten, applaudierte man uns. Die Leute fühlten mit uns und wollten uns ihre Sympathie zeigen. Während unseres unfreiwilligen »Asyls« in unserer Botschaft erhielt ich viele Briefe und Telegramme von Bekannten und Fremden. Sie brachten zum Ausdruck, daß sie uns unterstützten. Bei einigen von ihnen waren auch Halbwüchsige von zu Hause durchgebrannt; sie teilten uns ihre Gefühle mit und tadelten diejenigen, die versuchten, unseren Fall zu politischen Zwecken auszunutzen. In vielen Briefen schrieb man, daß der ganzen Sache niemand Aufmerksamkeit geschenkt hätte, wenn der Ausreißer ein englischer oder ein französischer Junge gewesen wäre. Hätte es freilich in unserem Lande damals schon ein Gesetz über die freie Ausreise gegeben, wäre niemand auf die Idee gekommen, ein solches Theater zu machen. Aber auch so mußte man sich fragen: Warum diese Hysterie? Warum soviel Lärm um nichts?
Wir hatten Plätze neben dem Durchgang. Lera, die nach der doppelten Dosis des Beruhigungsmittels immer noch halb besinnungslos war, setzte sich neben den Vizekonsul. Andrej und ich nahmen in der Reihe vor ihnen Platz. Die Stewardessen brachten Getränke, Zigarren und Zigaretten. Ich bestellte ein Glas Whisky mit Eiswürfeln und nahm mir, obwohl ich schon lange das Rauchen aufgegeben hatte, aus einem hübschen Holzkästchen die allergrößte Zigarre, die es gab – eine, wie Churchill sie bevorzugte. Ich mußte mich entspannen.
Bis jetzt war noch alles ruhig geblieben. Man hatte uns zwar fotografiert, als wir den Salon betraten, aber damit hatte man sich begnügt. Entsprechend der Speisekarte für die 1. Klasse einer internationalen Fluglinie wurden die Vorspeisen serviert. Die Journalisten zierten sich nicht. Sie bestellten noch einmal Whisky mit Soda, Campari und Gin Tonic. Sie hielten sich für Glückspilze. Wir hatten faktisch dafür gesorgt, daß sie auf Kosten der Redaktionen nach Paris flogen.

Vielleicht würden sie uns deswegen schonen? Aber ihr Beruf und ihre Verpflichtungen den Redakteuren gegenüber zwangen sie, auf Edelmut zu verzichten. Es begann die Attacke. Ich versuchte auf jede erdenkliche Weise abzulehnen. Aber ich begriff, daß sie nicht nachgeben würden.
»Lassen Sie uns die Sache vernünftig regeln«, wandte ich mich an alle zusammen. »Andrej beantwortet fünf Fragen, und dann ist Schluß ...«
Sie willigten ein. Nach dem Mahl wollten auch sie sich ausruhen. Endlich war die Séance beendet. Das Licht im Salon war gedämpft. Die Passagiere machten es sich bequemer in ihren Sesseln. Einige Stunden schlummerte auch ich. Als die Journalisten wieder wach geworden waren, fing einer nach dem anderen an, Andrej zuzusetzen. Blitzlichter flammten auf, grelle Lampen wurden eingeschaltet, Filmkameras surrten, Fragen wurden gestellt. Ich begann, die Geduld zu verlieren. Plötzlich kam die Rettung. Zwei Stewardessen traten mit Plaids heran.
»Der Flugkapitän bittet Sie wegen der Ruhestörung um Entschuldigung. Er hat uns beauftragt, Sie abzuschirmen.«
Sich gegenseitig abwechselnd, hielten sie die Plaids bis Paris und schufen damit ein Coupé, das unsere vier Sitze umgab. Und als durchgegeben worden war, daß die Maschine die Flughöhe verringerte, brachte uns eine Stewardeß eine Flasche französischen Champagner und eine Büchse iranischen Kaviar als Geschenk des Flugkapitäns. Ich war sehr gerührt, und Lera standen sogar Tränen in den Augen ...
Schon in Washington hatte man mir gesagt, daß der Vertreter der Aeroflot uns in Paris am Flugzeug erwarten und uns in sein Dienstzimmer bringen würde. Aber statt dessen sahen wir uns der Weltpresse gegenüber. Wie eine Wand standen französische, englische, japanische, deutsche, italienische und andere Journalisten mit Filmkameras, Fotoapparaten, Bandgeräten und Notizblöcken ...
Es stimmte tatsächlich: Wenn Amerika niest, hat die ganze Welt Schnupfen. Sich gegenseitig schubsend, drängten sich Reporter zu Andrej durch, packten ihn an den Händen und versuchten, ihn von uns wegzuzerren. Einer schrie auf russisch:
»Das ist deine letzte Chance, du bist noch in einem freien Lande ...«
Schließlich befreite uns der Diensthabende des Flughafens Charles de Gaulles aus dem Gedränge. Er half uns, den Ring der Journalisten

zu durchbrechen, und führte uns in das Dienstzimmer der Aeroflot. Derjenige, der uns am Flugzeug abholen sollte, erklärte, daß er, als er die Ansammlung der Pressevertreter sah, geglaubt habe, sie seien zur Ankunft des neuen amerikanischen Botschafters und seiner Familie erschienen, und wir würden wahrscheinlich mit einem anderen Flugzeug ankommen. Er führte uns über den Flugplatz zur »IL-62« und begleitete uns bis in den noch völlig leeren Salon. Bald füllte er sich mit Passagieren, und nach vier Stunden landeten wir in Scheremetjewo. Hier wartete auch schon eine Schar von Reportern, aber Freunde brachten uns rasch zum Auto.

Nun waren wir zu Hause. Diese ganze gespenstische Geschichte war zu Ende. Wir wurden weder nach Sibirien geschickt noch zur Zwangsarbeit verurteilt. Bald übernahm ich wieder den Posten des Chefredakteurs der Zeitschrift, die vom Institut herausgegeben wird. Andrej beendete die Zehnklassenschule und begann, am Moskauer Luftfahrtinstitut zu studieren. Als er es verließ, wurde er zum Studium an das Institut für Kosmosforschung delegiert. Vielleicht hätten wir in anderen Zeiten auch »Unannehmlichkeiten« gehabt, aber es wehte schon ein neuer Wind. Allerdings beeilte sich in einem der Verlage, in dem mein Buch erscheinen sollte, ein Redakteur, es aus dem Plan zu nehmen. In einem Dokumentarfilm über den zweiten Weltkrieg schnitt man die Stelle heraus, wo mein Name erwähnt wurde, doch blieb die Aussage eines namenlosen sowjetischen Diplomaten, der in Berlin im Jahre 1941 tätig war, erhalten ...

All das waren eigentlich schon Überreste alten Denkens.

* * *

Jetzt hat sich die Lage entscheidend verändert. Die in unserem Lande verkündete Politik der Perestrojka und des neuen Denkens und die Wandlungen, die sich in den letzten Jahren sowohl in der Sowjetunion als auch in den osteuropäischen Ländern vollzogen haben, finden in der Welt Resonanz. Heute sagen die führenden Vertreter der Sowjetunion offen, daß sie die USA nicht als Feind betrachten, und in Washington erklärt man, daß man die UdSSR nicht zu bedrohen beabsichtigt. Die Ideen der allgemeinen und unteilbaren Sicherheit setzen sich durch.

Aber alle diese an sich positiven Veränderungen rufen bei vielen Menschen in unserem Lande ernste Bedenken hervor. Zu Beginn der Perestrojka überwog die Meinung, man brauche unser System

nur von den Deformationen zu befreien, eine Politik der Transparenz – der Glasnost – zu praktizieren, die Korruption zu bekämpfen und genossenschaftliche wie individuelle Erwerbstätigkeit zu gestatten, so werde alles rasch ins Lot kommen. Man brauche dazu nur zwei bis drei Jahre, nicht mehr. Aber nun befinden wir uns im sechsten Jahr der Perestrojka, es gibt Glasnost, es gibt Genossenschaften und Bauernhöfe in privater Hand, aber die Lage ist nicht besser geworden, sondern schlechter. Das administrative Kommandosystem, das, wie versprochen, abgeschafft werden sollte, existiert weiter und widersetzt sich immer stärker der Perestrojka. Die vielen Kongresse, Konferenzen, Parlamentssitzungen, Beschlüsse und präsidialen Anordnungen zeigen nicht die gewünschte Wirkung.
Was geht vor sich? Darüber denken die klügsten Köpfe sowohl in unserem als auch in anderen Ländern angestrengt nach. Ich möchte nicht in ihren Chor einstimmen. Ich glaube jedoch, daß die Ereignisse in Osteuropa zeigen, in welcher Richtung man die Suche betreiben muß.
Unter Berufung auf die Tschechoslowakei, auf Ungarn und besonders auf die DDR behaupten viele, daß der Aufbau des Sozialismus zu Wohlstand geführt habe; man brauche nur ihre Erfahrungen zu übernehmen, dann würden wir auch sorgenfrei leben und zuversichtlich den Weg zum Kommunismus weiter fortsetzen. Da wurde plötzlich bekannt, daß Moskau den osteuropäischen Ländern freie Hand läßt, daß es nicht die Absicht hat, sich in ihre inneren Angelegenheiten einzumischen, und sich nicht anschickt, Gewalt anzuwenden, um dort die »Errungenschaften des Sozialismus« zu schützen. Und was passierte? Ihre scheinbar unerschütterlichen Regimes stürzten wie ein Kartenhaus zusammen. Es fiel die Berliner Mauer. Es verschwand die DDR, auf die die »sozialistische Staatengemeinschaft« so stolz war, die die DDR als Verkörperung der marxistischen Ideen auf deutschem Boden ansah. Jetzt möchte die überwiegende Mehrheit der Bevölkerung dieser Länder nicht einmal den Begriff »Aufbau des Kommunismus« hören.
Worauf ist diese Reaktion zurückzuführen? Es wird die Meinung vertreten, daß an allem Stalin schuld sei, der den Ländern Osteuropas sein Modell des Administrierens und Kommandierens aufgezwungen habe. Das stimmt, ist aber bei weitem nicht die ganze Wahrheit. Nehmen wir z. B. Jugoslawien. Stalin selbst »exkommunizierte« Tito. Aber auch dort ist das spezifisch jugoslawische Mo-

dell am Scheitern. All das erfordert gründliche Überlegungen und eine ehrliche, unvoreingenommene Analyse.

Alles, was jetzt geschieht, nimmt die Menschen meiner Generation – obwohl nicht mehr so viele am Leben sind – schwer mit, und zwar nicht deshalb, weil wir in eine Epoche tiefgreifender Veränderungen der Gesellschaft eintreten. Zumindest ich persönlich begrüße die Wandlungen. Heute spricht man viel von »revolutionären Umgestaltungen«, ja man vergleicht die »Perestrojka« mit der Oktoberrevolution des Jahres 1917. Man betont die Notwendigkeit, die damals getroffene »Entscheidung für den Sozialismus« zu bekräftigen. Aber wenn man weiß, was danach geschah, fragt man sich: Wer hat diese Entscheidung getroffen? Wenn das System der Kolchosen gemeint ist – jene »Stütze« des Sozialismus, wie einige Agrarexperten es bezeichnen –, dann haben die mehr als zehn Millionen Bauern, die bei der Zwangskollektivierung umgekommen sind, gewiß eine solche Entscheidung nicht getroffen. Mancher prophezeit uns auch einen neuen Bürgerkrieg. Eigentlich ist er in den Randgebieten der Sowjetunion schon im Gange. Aber all das habe ich schon einmal erlebt. Wir hatten bereits den Oktober 1919, den Bürgerkrieg und auch die »Entscheidung für den Sozialismus«. Sollen wir das alles noch einmal durchmachen? Handeln wir richtig, wenn wir zur Wiederholung der Vergangenheit, wenn auch in einer besseren Variante, aufrufen? Und wer weiß, ob sie besser sein wird? Wir treten schon sechs Jahre lang auf der Stelle, und die Lage in unserem Lande hat sich so zugespitzt, daß die Gefahr einer Explosion besteht.

Wenn ich heute meinen Lebensweg überdenke, sehe ich, wie viele Entbehrungen und was für schweres Leid unser Volk erfahren mußte. Diese Opfer gebieten meiner Meinung nach, daß wir nicht wieder alles von vorn anfangen, sondern daß wir etwas völlig Neues entwickeln müssen, das keine Wiederholung des Vergangenen ist, sondern unser Land in eine bessere Zukunft führt. Es fällt schwer, sich voll der Tatsache bewußt zu werden, daß wir, nachdem wir sieben Jahrzehnte und fast hundert Millionen Menschenleben geopfert haben, an einem Punkt angelangt sind, wo alle Träume zerronnen sind. Doch jetzt scheinen wir zu begreifen, daß wir nicht allein auf diesem Planeten leben. Um uns herum gibt es ziemlich viele Länder, in denen die Wirtschaft floriert und die ihre Bevölkerung mit allem, was nötig ist, versorgen. Ist es nicht besser, ihre Erfahrungen zu nutzen, als erneut am lebenden Körper des Landes zu experimentieren?

Personenregister

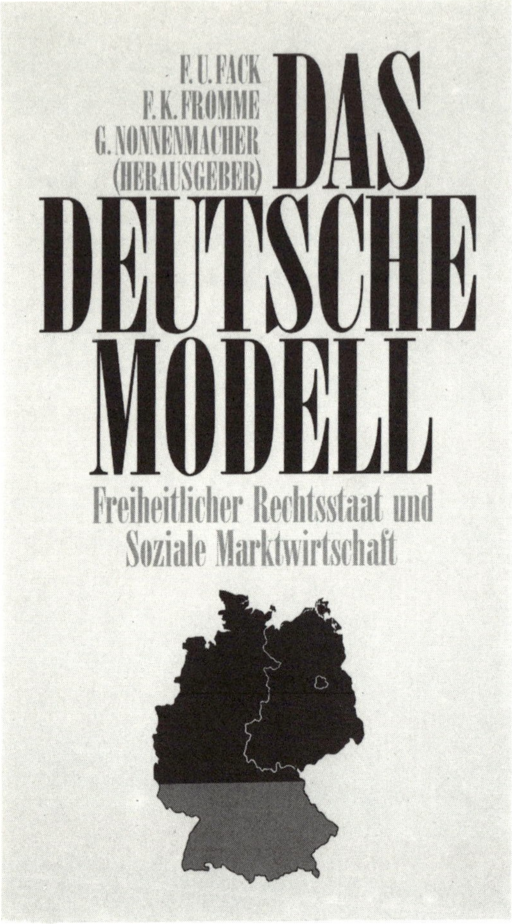

241 Seiten, DM 32,–